# एकत्र

[अप्रकाशित-असंकलित रचनाएँ]

# एकत्र

[अप्रकाशित-असंकलित रचनाएँ]

**मोहन राकेश**

संपादक
डॉ. जयदेव तनेजा

राधाकृष्ण प्रकाशन

ISBN : 978-81-7119-392-9

**एकत्र**



**पहला संस्करण** : 1998
**तीसरा संस्करण** : 2019

**मूल्य** : ₹1450

**प्रकाशक**
राधाकृष्ण प्रकाशन प्राइवेट लिमिटेड
जी-17, जगतपुरी, दिल्ली-110 051

**शाखाएँ** : अशोक राजपथ, साइंस कॉलेज के सामने, पटना-800 006
पहली मंजिल, दरबारी बिल्डिंग, महात्मा गांधी मार्ग, इलाहाबाद-211 001
36 ए, शेक्सपियर सरणी, कोलकाता-700 017

वेबसाइट : www.radhakrishnaprakashan.com
ई-मेल : info@radhakrishnaprakashan.com

**मुद्रक**
बी.के. ऑफसेट
नवीन शाहदरा, दिल्ली-110 032

EKATRA : ASANKALIT RACHNAYEN
*by* Mohan Rakesh
*Edited by* Jaidev Taneja

राकेश के हमदम और दोस्त
कमलेश्वर
के लिए

पुस्तक एक जीवित इकाई है जो तब तक ग्रो करती रह सकती है जब तक कि उसका लेखक जीवित है।

**—मोहन राकेश**

# अंतर्कथा

लेखन मोहन राकेश की पहली प्राथमिकता थी। उनके लिए जीना भी रचना का ही पर्याय था। इसीलिए वह सायास जीवन भर बेचैन, बेसब्र, अस्थिर, अशांत और असंतुष्ट बने रहे। जीवन के किसी एक वर्ष, माह, सप्ताह या दिन तो क्या, एक साँस को भी बिना किसी नए स्पंदन, संवेदन या अनुभव के यूँ ही गुज़ारना, दोहराना या गँवा देना उन्हें मंजूर नहीं था। उन्होंने रोम-रोम से अपने जीवन, समाज, जगत, समय और परिवेश को अपनी चेतना में जज़्ब करके उस भोगे हुए यथार्थ तथा कई रंग-रूपों में अनुभूत सत्य का पूरा सत निचोड़कर अपनी रचनाओं में उँडेल दिया। यही कारण है कि उनकी रचनाएँ उनके अपने जीवन और प्राणों की ऊर्जा से स्पंदित हैं। यह सच है कि राकेश को उनके लेखन की अधिकांश सामग्री उनके दुस्साहसी और प्रयोगधर्मी जीवन ने ही उन्हें दी। परंतु इस दृष्टि से परानुभव को स्वानुभव बना देनेवाली उनकी चमत्कारी संवेदनशीलता की भूमिका भी कम महत्त्वपूर्ण नहीं है।

रचना-प्रक्रिया को राकेश किसी दिव्य-शक्ति की प्रेरणा, अंतर्ज्ञान (इंट्यूशन), प्रातिभ स्फुरण या रहस्यमयता इत्यादि से न जोड़कर एक सचेतन मानसिक प्रक्रिया मानते थे, जिसे नियंत्रित एवं मर्यादित किया जा सकता है। यह नियंत्रण और मर्यादा ही कला है। अनुभूति और अनुभव तो मन की स्वाभाविक प्रक्रिया हैं, परंतु अभिव्यक्ति में स्वाभाविकता एवं जीवंतता लाने के लिए जिस दक्षता, शिल्प के अधिकार और कला-निपुणता की अपेक्षा होती है—उसे सतत प्रयास और अभ्यास से ही सिद्ध किया जा सकता है। राकेश की रचना-प्रक्रिया, अनुभूति को उसकी पूरी स्वाभाविकता, तीव्रता एवं सघनता के साथ अभिव्यक्त करने की, कभी न खत्म होनेवाली कोशिश और कशिश का ही दूसरा नाम है। इसलिए यह अकारण नहीं है कि राकेश अपनी रचनाओं को कई-कई बार लिखते और रद्द करते रहते थे। जब तक वह किसी रचना से पूर्णतः संतुष्ट न हो जाते, उसे छपने के लिए नहीं देते थे। कई बार तो ऐसा भी होता था कि प्रकाशन के लिए दे दी गई रचना को भी वह वापस लेकर दुबारा-तिबारा लिखने या संशोधित करने की प्रक्रिया में जुट जाते थे। वह अपने व्यक्तिगत जीवन में नौकरी, शहर, घर और पत्नी को लेकर कितने ही अस्थिर, उतावले और लापरवाह क्यों न रहे हों, अपने लेखन

के संबंध में वह अत्यंत गंभीर, कठोर, सतर्क और बहुत हद तक संपूर्णतावादी (परफ़ैक्शनिस्ट) थे।

यही कारण था कि अब से लगभग छः साल पहले अनीताजी और अशोकजी (राधाकृष्ण प्रकाशन प्रा.लि.) द्वारा राकेश की आरंभिक, अप्रकाशित एवं असंकलित रचनाओं को ढूँढ़ने तथा संपादित करने का प्रस्ताव मैंने अस्वीकार कर दिया था। परंतु **राकेश और परिवेश : पत्रों में** के प्रकाशन के बाद जब अनीताजी ने राकेश की डायरियों और फाइलों का बंडल मुझे देकर यह काम करने का पुनः आग्रह किया तो मैं मना नहीं कर सका। फिर भी, मन एक विचित्र-सी दुविधा में फँस गया था। एक ओर यदि राकेश के शेष सम्पूर्ण साहित्य के प्रकाशित होने का माध्यम बनने की प्रसन्नता थी, उनकी रचना-प्रक्रिया को जानने-समझने की उत्सुकता थी, तो दूसरी ओर यह सवाल भी कम महत्त्वपूर्ण नहीं था कि क्या राकेश जैसे संपूर्णतावादी रचनाकार की असंपूर्ण, आधी-अधूरी और नितांत आरंभिक कच्ची-पक्की रचनाओं का प्रकाशन उनके प्रति अन्याय और अतिचार नहीं होगा? उनकी श्रेष्ठ एवं प्रौढ़ प्रकाशित रचनाओं के आधार पर अब तक उनकी जो छवि बनी है अथवा उनका जो मूल्यांकन हुआ है—क्या उसे क्षति नहीं पहुँचेगी? और यदि किसी भी दृष्टि से ऐसा होता है या हो सकता है तो क्या किसी को भी ऐसा करने का नैतिक अधिकार है या होना चाहिए? उत्तर हमेशा 'नहीं' में मिलता और काम करने का उत्साह प्रायः खत्म हो जाता।

इसी उधेड़बुन में काफी वक्त यूँ ही निकल गया। फिर अचानक एक दिन विचार आया कि राकेश की फाइलों और डायरियों की अप्रकाशित सामग्री न सही, लेकिन वे रचनाएँ तो छापी ही जा सकती हैं जिन्हें पूरा करके वह स्वयं पत्र-पत्रिकाओं में प्रकाशित करवा चुके थे। राकेश के मरणोपरान्त उनके अभिन्न मित्र ओमप्रकाशजी द्वारा प्रकाशित **अंडे के छिलके : अन्य एकांकी तथा बीज नाटक, रात बीतने तक तथा अन्य ध्वनि नाटक** एवं **मोहन राकेश : साहित्यिक और सांस्कृतिक दृष्टि** तथा कमलेश्वर द्वारा राकेश की आरंभिक-अप्रकाशित बारह कहानियों को **मोहन राकेश की संपूर्ण कहानियाँ** संग्रह में शामिल किए जाने और उनकी **डायरी** के प्रकाशन ने इस तर्क को बल प्रदान किया। **पतझड़ का रंगमंच** नामक पुस्तक के प्रकाशन की घोषणा तो राकेश के रहते ही की जा चुकी थी और दो उपन्यासों को भी वह पुस्तकाकार छपने के लिए देने ही वाले थे। समय मिलता तो वह अन्य संशोधित रचनाओं को भी शायद छपवाते ही। सोच के इस बिंदु पर पहुँचते ही मैं तुरंत उनकी रचनाओं को ढूँढ़ने और इकट्ठा करने में जुट गया। 'आत्मकथा', 'व्यक्तिगत', यात्रा-संस्मरणों, साक्षात्कारों, नाट्य-भाषा संबंधी लेखों और विजन्स-1919 के संपूर्ण आलेख जैसी प्रौढ़ एवं परिपक्व रचनाओं को पढ़ने के बाद तो इरादा एकदम मजबूत हो गया। परंतु 1949 में प्रकाशित

एकांकी संकलन **सत्य और कल्पना** की तलाश में जब मैं उनके मित्र सत्येंद्र शरत् तक पहुँचा तो उन्होंने बताया कि स्वयं राकेश द्वारा भेंट की गई उसकी (शायद अंतिम) प्रति भी अब उनके पास नहीं है, क्योंकि बहुत पहले राकेश ने उसे वापस लेकर और उनके सामने ही यमुना में फेंककर हमेशा के लिए उससे मुक्ति पा ली थी। उन्होंने उसे 'डिसऑन' कर दिया था और यही कारण है कि उनकी प्रकाशित पुस्तकों की सूची में अब कहीं भी उसका उल्लेख नहीं मिलता। मन को फिर एक धक्का-सा लगा। असमंजस भी पैदा हुआ। लेकिन तब तक राकेश की कई उत्कृष्ट रचनाएँ मुझे मिल चुकी थीं, इसलिए मैं इस काम में लगा ही रहा। उनका उपन्यास **काँपता हुआ दरिया** उपलब्ध हो गया था और टाइप हो रहा था कि तभी अचानक एक दिन अनीताजी के सहयोग से राकेश के 'सामान' में से **सत्य और कल्पना** की एक खंडित प्रति भी प्राप्त हो गई। पढ़कर लगा कि ये आरंभिक एकांकी न केवल हमें सन् 1940-50 के हिंदी एकांकी-रचना के एक ऐतिहासिक दौर से ही साक्षात्कार कराते हैं, बल्कि स्वयं रचनाकार के प्रारंभ-बिंदु से लेकर अंतिम समय तक की उसकी रंग-दृष्टि की विकास-यात्रा और 'ग्रोथ' को जानने-समझने का प्रामाणिक आधार भी प्रस्तुत करते हैं। इसी दृष्टि से मुझे सत्रह वर्ष की उम्र में लिखे राकेश के सर्वप्रथम और अप्रकाशित एकांकी **समझ का फेर** की तलाश भी जरूरी लगी और सौभाग्य से उनकी एक फाइल में वह उनके हस्तलेख में मिल भी गया। इन्हीं फाइलों में मुझे और कई एकांकी भी मिले। 'सत्य और कल्पना' में प्रकाशित कुछ एकांकियों के संशोधित और नए प्रारूप भी मिले। इनके अध्ययन से अनेक रोचक तथ्य सामने आए। उदाहरण के लिए **घड़ी भर का एकांत** के कवि नीरद को **स्वयंवर** में कवि दिवाकर बनाकर उसकी कविता को ज्यों का त्यों इस्तेमाल कर लिया गया है और चरित्र-भेद के बावजूद दोनों की नायिका का नाम भी करुणा ही है। **मनहूस आदमी** का संशोधित रूप **प्यालियाँ टूटती हैं** तथा **प्रतीक्षा** का **सिपाही की माँ** बन गया है। **मिट्टी और मानव** के 'सरस्वती' में प्रकाशित रूप पर कई संशोधन किए गए हैं और दिलचस्प बात यह है कि 'सत्य और कल्पना' में छपा इसका प्रारूप इस संशोधित रूप से भी भिन्न है। अंत-परिवर्तन के कारण इसके समग्र-प्रभाव के स्वरूप में काफी अंतर आ गया है। **कलिंग विजय** 1945 में 'सरस्वती' में प्रकाशित हुआ था। 1947-48 में इसका किंचित संशोधित रूप बंबई रेडियो से प्रसारित हुआ। इससे भी भिन्न रूप 1949 में एकांकी-संग्रह 'सत्य और कल्पना' में छपा। फिर भी इसकी संशोधन-यात्रा खत्म नहीं हुई। 1958 में राकेश ने इसे फिर से लिखा। और 'कलिंग विजय' का यह नया रूप पहले से काफी अलग है। पहले प्रारूप में मौजूद असंधिमित्रा की दासी पद्मा वृद्धा का गीत (बेबस मन जो आस लगाए/उसकी डोरी हाथ न तेरे, फिर तू क्यों भरमाए?) तथा देवगुप्त एवं विजयगुप्त (चर) नामक गौण पात्रों को यहाँ

हटा दिया गया है। इनके स्थान पर महामात्य की पत्नी और पाटलिपुत्र के सेनानायक कुमार की माँ सुजाता के नए चरित्र की सृष्टि की गई है। इसके अतिरिक्त, पहले प्रारूप की सद्यःविधवा अनाम युवती को तारा का निश्चित चरित्र देकर विद्रोही युवक की बहन के रूप में प्रस्तुत किया गया है। इस परिवर्तन से एकांकी में मानवीय संबंधों की ऊष्मा और नाट्य-विडंबना में तीव्रता पैदा हुई है। इस सारी संशोध ान-परिवर्तन प्रक्रिया से इतना तो स्पष्ट है ही कि राकेश की किसी रचना का पत्रिका में ही नहीं बल्कि पुस्तकाकार प्रकाशित रूप भी अंतिम नहीं होता था और कालांतर में वह उसमें भी परिवर्तन-संशोधन करते रहते थे।

यह सच है कि **आखिरी चट्टान तक, इनसान के खंडहर, नये बादल, जानवर और जानवर, आषाढ़ का एक दिन** तथा **परिवेश** जैसी बहुचर्चित एवं बहुप्रशंसित रचनाओं के प्रकाशन के बाद भी राकेश को लगता था कि "मैंने आज तक ऐसा कुछ भी नहीं लिखा जिसे संतोषजनक कह सकूँ।" अपने कृतित्व के लिए उनकी कसौटियाँ एवं अपेक्षाएँ बहुत बड़ी थीं। और शायद इसीलिए कुछ भी छपवा सकने की सहज स्थिति के बावजूद उन्होंने बहुत कम छपवाया। परंतु इसी सिक्के का एक दूसरा पहलू भी है। राकेश की डायरी, आत्मकथ्य और उनके पत्र बार-बार इस तथ्य की ओर इशारा करते हैं कि अध्यापकी और संपादकी वाले पाँच-सात वर्षों को छोड़ दें तो उनका लगभग संपूर्ण जीवन ही स्वयं चुनी और स्वीकार की गई आर्थिक कठिनाइयों, संकटपूर्ण स्थितियों तथा चुनौतियों की संघर्ष-गाथा रहा है। स्वतंत्र लेखक की जरूरतों, रेडियो तथा पत्र-पत्रिकाओं की माँगों और मित्र-संपादकों के न टाले जा सकनेवाले अधिकारपूर्ण आग्रहों के चलते उन्हें अनेक रचनाएँ निश्चित समय की सीमा के दबाव और तनाव में अक्सर जैसे-तैसे पूरी करके तुरंत देनी होती थीं। यही कारण है कि कालांतर में पुस्तक रूप में छपवाते समय वह उन्हें पुनः संशोधित, संपादित और कभी-कभी तो काफी परिवर्तित तक कर देते थे। यह प्रक्रिया केवल शब्द और वाक्य-विन्यास को ही नहीं, रचना के कथ्य और शिल्प तक को भी प्रभावित करती थी। 'लहरों के राजहंस', का लंबा रचना-इतिहास तो सर्वविदित है ही, 'इनसान के खंडहर', नये बादल', 'जानवर और जानवर' में छपीं **धुँधला दीप, लक्ष्यहीन, मरुस्थल, एक आलोचना, वासना की छाया में, शिकार, काला रोजगार** और **उसकी रोटी** जैसी कहानियों को उनके प्रथम और द्वितीय संस्करणों में छपे रूप और उपन्यास **नीली रोशनी की बाँहें** को उसके परिवर्तित रूप **अंतराल** से मिलाकर देखने पर इनके कथ्य, शिल्प और प्रभावगत अंतर को आसानी से देखा जा सकता है। इसलिए उनकी अप्रकाशित ही नहीं, प्रकाशित रचनाओं के बारे में भी निश्चित रूप से यह कह सकना सचमुच कठिन है कि यदि राकेश हमारे बीच से इतनी जल्दी चले न गए होते तो आज उनकी उन रचनाओं का अंतिम रूप क्या होता? इसके अतिरिक्त अपनी आरंभिक

रचनाओं या उनके संशोधित प्रारूपों को पच्चीस-तीस सालों तक सँभाले रखने के पीछे भी तो निर्मोही राकेश का कोई न कोई मोह, तर्क या कारण रहा ही होगा!

राकेश की रचना-प्रक्रिया के इसी साक्षात्कार के बाद इस पुस्तक के बारे में मेरे संशय और द्वंद्व काफी हद तक समाप्त हो गए। इसीलिए मुझे उनकी डायरियों और फाइलों से प्राप्त बिलकुल अप्रकाशित सामग्री को भी इस पुस्तक में शामिल करने में कोई खास संकोच नहीं हुआ। यह अलग बात है कि अंग्रेजी-हिंदी में बेहद घसीटकर लिखी गई इनकी ज्यादातर सामग्री बहुत कोशिश के बाद भी पूरी तरह पढ़ी नहीं जा सकी। हाँ, **दिन ढले** तथा **विजन्स–1919** का आलेख काफी साफ-सुथरा था और **स्पॉट नोट्स** के कुछ अंश भी जैसे-तैसे पढ़ ही लिए गए। किसी भी रचनाकार का मूल्यांकन उसके शिखर से होता है, होना भी चाहिए। परंतु यदि उसे पूरी तरह जानना-समझना हो तो उसकी बुनियाद—उसके कच्चे-पक्के आरंभ और लड़खड़ाते, जूझते, भटकते, सँभलते मध्य को भी गंभीरता से देखना जरूरी होता है। मेरा विश्वास है कि यदि हम इन रचनाओं को इनके वास्तविक अनंतिम स्वरूप, रचना-काल और सही समय-संदर्भ में पढ़ने-परखने का प्रयास करेंगे तो इनसे राकेश का कद कुछ बड़ा ही होगा—क्योंकि तभी हम जान पाएँगे कि वह रचनाकार कहाँ से चलकर कहाँ तक पहुँचा था!

मोहन राकेश की पाँच फाइलों और दस डायरियों के साथ मुझे इस पुस्तक का संपादन-कार्य सौंपने के लिए ही नहीं, बल्कि ऐतिहासिक महत्त्व की इस दस्तावेजी सामग्री को इतने वर्षों तक सँभाले रखने और अंग्रेजी की तीन रचनाओं का तत्परता से हिंदी अनुवाद करने के लिए भी मैं श्रीमती अनीता राकेश का हृदय से आभारी हूँ। और मैं आभारी हूँ—कमलेश्वर का, जिन्होंने 'नई कहानियाँ' और 'सारिका' के कुछ वर्षों की फाइल तथा राकेश की एक डायरी उपलब्ध कराई; श्रीमती अमृता प्रीतम का जिन्होंने 'विजन्स-1919' के अपने लिखे गीतों को प्रकाशित करने की सहर्ष अनुमति दी तथा 'नटरंग', 'इनैक्ट' और 'सारिका' के संपादकों का जिनके मोहन राकेश विशेषांकों से राकेश की कुछ महत्त्वपूर्ण सामग्री इस पुस्तक में शामिल की गई है।

यह पुस्तक विषयानुसार आठ खंडों में विभक्त है और इसमें राकेश की अब तक अप्रकाशित या असंकलित रही अधिकांश रचनाएँ समाहित कर ली गई हैं। फिर भी, मुझे खेद है कि बहुत कोशिश करने के बावजूद मैं उनके उपन्यास 'कई एक अकेले' के प्रकाशित अंशों को ढूँढ़ पाने में असमर्थ रहा। और रेडियो से प्रसारित उनकी कुछ अन्य रचनाएँ भी मुझे नहीं मिल सकीं। आशा करता हूँ कि पुस्तक के अगले संस्करण में शायद उन्हें भी शामिल किया जा सकेगा।

इस भूमिका के अंत में मैं मोहन राकेश द्वारा 18-12-1952 को नई दिल्ली

के जंगपुरा एक्सटेंशन के एक मकान में रात/सुबह तीन बजे देखे गए एक विचित्र स्वप्न का उल्लेख करना चाहूँगा। उस दिन राकेश ने अपनी डायरी में लिखा था :

"अचानक नींद खुल गई है। अभी-अभी एक सपना देख रहा था। बहुत पुराना टूटा-फूटा-सा घर था। या शायद कोई लॉन था। उसके निचली मंजिल के एक कमरे में मैं मरा हुआ पड़ा था। लाश के आसपास जितने लोग जमा थे, उनमें से कोई मुझे नहीं जानता है। वे सब परेशान थे कि कहाँ और किसे इस मृत्यु की सूचना भेजी जाए! तभी एक आदमी को मेरी डायरी मिल गई और वह उसमें से कुछ अंश पढ़कर लोगों को सुनाने लगा। फिर मेरे सामान की तलाशी ली जाने लगी। पहले वहीं, फिर शिमला के घर में, फिर आगरा के घर में। पर पता कहीं से भी नहीं मिला। एक आदमी कह रहा था कि अगर पता मिल जाए तो यह फिर से जी सकता है। कुछ लोगों ने मुझे हिलाकर मुझसे जानने की कोशिश की। मुझे हैरानी हुई कि ये लोग कैसे सोच रहे हैं कि मरा हुआ आदमी उन्हें अपना पता बता सकता है। जब लोग बिलकुल निराश हो गए तो उन्होंने तय किया कि इसे फिलहाल कपड़े में लपेटकर रख देना चाहिए—क्या पता, बाद में कभी पता मिल जाए और इसे जिंदा किया जा सके।"

कैसी विडंबना है कि 3 दिसंबर, 1972 की शाम, इस सपने के बिलकुल निराश हो गए लोगों की तरह, कुछ लोगों ने राकेश के जिस्म के साथ उनके रचनाकार को भी विस्मृति के जिस कपड़े में लपेटकर रख दिया था, आज पच्चीस साल बाद हमने उसे फिर से हटाने की कोशिश की है—इस उम्मीद के साथ कि शायद उनके प्रबुद्ध पाठकों-आलोचकों को एकत्र की रचनाएँ पढ़ने के बाद राकेश के वास्तविक 'घर' का पता मिल जाए और इस तरह उनके बहुआयामी संपूर्ण व्यक्तित्व को पूरी तरह पहचाना जा सके।

नई दिल्ली —जयदेव तनेजा

# अनुक्रम

खंड चार

**ध्वन्यालोकन**



खंड-पाँच

**उपन्यास**



खंड छः

**फिल्मालेख**



खंड सात

**डायरी**



खंड आठ

**इंद्रधनुप**

# खंड एक

# जीवन

(क) आत्मकथ्य

1. आत्मकथा
2. आरंभिक जीवन
3. व्यक्तिगत

(ख) यात्रा संस्मरण

1. ऊँची झील
2. मकबरे और आज

# (क) आत्मकथ्य

विस्मयसूचक और प्रश्नवाचक चिह्नों से भरी मोहन राकेश के जीवन की इबारत में अर्द्ध-विराम तो फिर भी कुछ थे, लेकिन पूर्ण-विराम के लिए कहीं कोई जगह नहीं थी। शांति, सुरक्षा और स्थिरता से उन्हें डर लगता था और संघर्ष के अभाव में बस 'खाना पीना और बीतना' की बात सोचकर ही वह सिहर उठते थे। वह दुनिया के नियमों-कानूनों को मानकर सीधी राह चलने की बजाए अपने विवेक की टेढ़ी-मेढ़ी लीक पर चलने तथा अपनी शर्तों पर जीवन जीने के आग्रही थे। अनपेक्षित और अनिश्चित के सम्मोहन ने राकेश को उनके जीते-जी इतना विचित्र और चुनौतीपूर्ण बना दिया था कि वह एक जिंदा आदमी की जगह किंवदंती-सी प्रतीत होने लगे थे। एक वैष्णव और सात्विक परिवार में पैदा होने के बावजूद राकेश कालांतर में क्यों और कैसे इतने विद्रोही बन गए कि दूर से देखनेवालों ने उन्हें सिर्फ एक शराबी-कबाबी और औरतबाज खानाबदोश व्यक्ति तक समझ लिया? उनके स्वभाव और अभाव तथा उन पर पड़नेवाले प्रभाव को गहराई से जाने बिना राकेश के बहु-आयामी एवं जटिल व्यक्तित्व को समझा नहीं जा सकता। उनके व्यक्तित्व का सूक्ष्म मनोवैज्ञानिक विश्लेषण उनके जीवन ही नहीं, साहित्य को जाँचने-परखने के लिए भी बेहद ज़रूरी है।

मोहन राकेश हिंदी के सर्वाधिक एक्स्पोज़्ड रचनाकार माने जाते हैं। लेकिन कैसी विडंबना है कि उनके आरंभिक जीवन के बारे में बहुत ही कम प्रामाणिक सामग्री उपलब्ध है। इस पुस्तक के इस 'आत्मकथ्य' नामक खंड-एक से संभवतः यह कमी काफी हद तक दूर हो सकेगी। इसका पहला अंश 'आत्मकथा' है जिसे राकेश ने लिखना शुरू तो किया था, लेकिन उसे पूरा नहीं कर सके। 'आत्मकथा' का यहाँ दिया गया अंश मरणोपरांत उनकी

फाइलों में मिला था, जो नोट बुक के छोटे पन्नों पर लिखा गया है और कुछ पृष्ठों के बाद 'आत्मकथा' के अध्यायों की सूची भी इसमें दी गई है। दूसरे अंश में 'इनैक्ट' के संपादक राजिंदर पॉल द्वारा लिया गया राकेश का एक ऐसा अंतरंग साक्षात्कार है, जो उनके आरंभिक जीवन की प्रामाणिक और दिलचस्प झाँकी प्रस्तुत करता है। पॉल और राकेश (दुर्भाग्य से अब दोनों ही नहीं हैं) मित्र भी थे और साढू भी। राकेश की मृत्यु से लगभग दो महीने पहले इस बातचीत को टेपरिकॉर्डर पर रिकॉर्ड किया गया था। बातचीत अंग्रेजी में थी। दूसरा टेप बाद में कहीं खो गया, जिसमें राकेश ने 'सारिका' छोड़ने के अपने परवर्ती जीवन के बारे में विस्तार से बताया था। 'आत्मकथा' में मोहन राकेश ने अपने जन्म-स्थान अमृतसर की जंडीवाली तंग और अँधेरी गली के उस छोटे से घर का बड़ा बेबाक चित्रण किया है जो दादी के अंधविश्वासों एवं निषेधों के साथ-साथ सुरुचि संपन्न वैष्णव पिता की पवित्र छाया से एक साथ आच्छादित था। 'साक्षात्कार' में अपने जीवन के इन आरंभिक अंतर्विरोधों से लेकर लाहौर की छद्म-बौद्धिक और चकाचौंध भरी नई सम्मोहक दुनिया के प्रभावों, अपने रचनाकार व्यक्तित्व के विकास तथा अनीता और पुर्वा-शालीन के साथ अपने संबंधों की लंबी दास्तान राकेश बड़ी सहज ईमानदारी से बयान करते हैं। इस खंड का तीसरा अंश 'व्यक्तिगत' वास्तव में राकेश की डायरी का हिस्सा है, जिसमें उन्होंने लुधियाना स्टेशन की रात (1949) से शिमला में मिशनरी स्कूल की नौकरी (1950-51) तथा आगरा में अपने विवाहित जीवन की दूसरी सालगिरह के तनाव, अंतर्द्वंद्व एवं संशय और दिल्ली में नई संभावनाओं की तलाश (1951-52) का रोचक और मार्मिक चित्रण किया है। अंतिम दो अंश 1964 में ट्रेन और दिल्ली में राकेश की उचाट मनःस्थिति से संबद्ध हैं। डायरी के ये अंश राकेश की पुस्तकाकार प्रकाशित 'डायरी' में उपलब्ध नहीं हैं।

हमारा विश्वास है कि 'आत्मकथ्य' की यह सामग्री मोहन राकेश की 'डायरी', अनीता राकेश की 'चंद सतरें और...', तथा 'राकेश और परिवेश : पत्रों में' के साथ मिलकर राकेश के जीवन के आसपास छाए धुंधलके को साफ करके उनके विवादास्पद जीवन की वास्तविक और स्पष्ट छवि बनाने में सहायक सिद्ध होगी।

# 1.

# आत्मकथा...

मुझे वर्षा बहुत प्रिय है और मैं किसी वर्षा के दिन से ही अपने जीवन की कहानी आरंभ करना चाहता हूँ। मेरी कल्पना मुझे बहका रही है। मस्तिष्क में एक चित्र बन रहा है—पुराने घर की छत पर वर्षा की बूँदें पड़ रही हैं। वर्षा की बूँदों से जहाँ-तहाँ बुलबुले बन जाते हैं, जो तैरते हुए एक कोने की ओर, जिधर ढलान है, चले जाते हैं। हवा हलके-से दबाव से एक दरवाजे को खोलकर एक कमरे में प्रवेश करती है और उसके स्पर्श से सिहरकर एक शिशु माँ के वक्ष के साथ सट जाता है, जो कि उसके लिए एक विस्तीर्ण उष्ण सुखद प्रदेश है और जिसकी सीमाएँ अभी उसे ज्ञात नहीं...

यह वास्तविकता भी हो सकती है, परंतु चेतन रूप से मेरे लिए यह कल्पना ही है। वास्तविकता का मुझे इतना ही स्मरण है कि हमारा वह पुराना घर बहुत अँधेरा था, शायद तंग भी था, क्योंकि मुझे उस घर में दो मंजिलों का और दो ही कमरों का होना याद है, यद्यपि तब मुझे घर का इतना विस्तार बहुत बड़ा लगा करता था। उस घर की निचली मंजिल के कमरे में एक अलमारी थी, जिसमें माँ की कई सुंदर और रहस्यमय चीजें रखी रहती थीं, जिन्हें हाथ में लेकर तोड़ने की मेरी उत्कट इच्छा रहती थी। उसी कमरे में एक ऊँची सामान रखने की जगह बनी हुई थी, जहाँ पर पिता का सितार रखा रहता था। मैं प्रायः वह सितार लेने के लिए हठ किया करता था। दादी मुझे बहलाने के लिए कहती थीं—अभी नहीं, जब तू बड़ा होगा, तब तुझे सितार देंगे।

और मैं एड़ियाँ उठाकर यथासंभव लंबा होने की चेष्टा करता हुआ यह प्रमाणित करना चाहा करता था कि अब मैं पहले से बड़ा हो गया हूँ, अतः मुझे सितार मिल जाना चाहिए।

हमारे उस घर के आगे भी गली थी और बाईं ओर भी। बाईं ओर की गली हमारे घर के सिरे पर बाल कौर के घर के आगे समाप्त हो जाती थी, जो हमारे घर के साथ सटा हुआ था। बाल कौर के घर के सामने टाइलों का छोटा-सा दालान

था। बिजली जली रहती थी, हम प्रायः रात को उस दालान में खेला करते थे। परंतु हम वहाँ उन्हीं दिनों खेल पाते थे, जब दादी की बाल कौर के साथ मित्रता रहती थी। जब उन दोनों की लड़ाई हो जाती थी, तो हमारा वहाँ खेलना बंद हो जाता था—और उनकी लड़ाई अक्सर ही हो जाया करती थी। एक बार लड़ाई हो जाने पर कई-कई सप्ताह तक उनका वैमनस्य बना रहता था, और अंत में किसी त्योहार या उत्सव के दिन दोनों में से कोई एक दूसरी को कुछ मिठाई या फल भिजवा देती थीं, जिससे पुनः उनके मित्रता-काल का आरंभ हो जाता था। इस मित्रता-काल के आरंभ होते ही हम लोग बाल कौर के दालान में खेलने पहुँच जाते था। लड़कियाँ 'किक्कली' का, या ठीकरियाँ और छोटे-छोटे पत्थरों को उछालकर उलटे हाथ पर लेने और फिर उलटे हाथ के उछाल पर सीधे हाथ में दबोचने का खेल खेलने लगती थीं, या आपस में बाँहें उलझाकर गाने लगती थीं : 'विमला को लेने आते हैं आते हैं ठंडी मौसम में।'

मैं तब तक ठीक तरह से चलना नहीं सीख पाया था, यद्यपि बोलना सीख गया था। मैं अस्थिर ढंग से खड़ा होकर दालान में एक पैर से प्रहार करता हुआ बोला करता था—कबड्डी, कबड्डी, कबड्डी...

अपनी वह छोटी-सी गली मेरे लिए संसार का अभ्यंतर भाग था, और गली के बाहर का बाजार, जहाँ मेरे ताऊजी की पंसारी की दुकान थी, संसार का बाह्य भाग, जहाँ जाना खतरे से खाली नहीं था। जब मैं एक-डेढ़ वर्ष का था, तो एक दिन मेरी बहन, जो मुझसे डेढ़ साल बड़ी थी, मुझे उठाकर ताऊजी की दुकान की ओर ले चली। गली से निकलकर बाजार में आते ही उसने दाईं ओर से एक गौओं के झुंड को आते देखा। झुंड बहुत पास आ गया था, अतः संभवतः डरकर उसने मुझे वहीं फेंक दिया और स्वयं भाग गई। गौएँ एक-एक करके मेरे ऊपर से गुजरने लगीं। मैं उस समय बहुत सहम गया था, पर पूरी तरह चेतन था। गौओं के हिलते हुए स्तनों को नीचे से हाथ बढ़ाकर पकड़ लेने को मेरा मन होता था, परंतु बड़े-बड़े वक्र स्तंभों की पंक्तियों की तरह चलकर जाती हुई अनंत टाँगें मुझे निश्चल बनाए हुए थीं। गौएँ मेरे ऊपर से गुजरती गईं—किसी का पैर मेरे शरीर पर नहीं पड़ा। बहन मुझे वहाँ छोड़कर गली के अंदर माँ को बताने चली गई थी कि मैं गौओं के नीचे आ गया हूँ। कुछ देर बार जब मुझे वहाँ से उठाया गया, तो गौओं की टाँगों से मुक्त होकर और माँ के वक्ष के आश्रय का विश्वास पाकर मैंने रोना आरंभ कर दिया।

गली, वह छोटी-सी सुरक्षित दुनिया, भी प्रकटतः उतनी सुरक्षित नहीं थी, क्योंकि गली की अधिकांश बूढ़ी स्त्रियों के विषय में दादी हमें जो कुछ बतलाया करती थीं, उससे हमारी यही धारणा बनी हुई थी कि वे सब जादू करनेवाली मानवेतर जाति की स्त्रियाँ हैं, जो छोटे-छोटे बच्चों को पकड़कर अपने घरों की

कोठरियों में बंद कर लेती हैं। उन स्त्रियों में एक को सब लोग बुआ कहकर पुकारते थे। उसका घर गली के सिरे पर था। उसका लड़का उस इलाके का सबसे बड़ा पहलवान और शरीफ घरों की बहू-बेटियों के लिए खतरा समझा जाता था। उसका नाम कुछ और था, पर लोग उसे 'ढग्गा' कहकर पुकारते थे। पंजाबी में 'ढग्गा' शब्द का अर्थ हैं 'साँड़'। ढग्गा जब गली में आता था, तो थड़ों पर बैठी हुई युवतियाँ जल्दी-जल्दी घरों के अंदर चली जाती थीं। ढग्गे से लोगों की आशंका उसके स्वास्थ्य के कारण ही थी, या किन्हीं विशेष घटनाओं के कारण, यह मैं नहीं कह सकता। इतना आभास मुझे है कि गली में लोग उसके असाधारण स्वास्थ्य के कारण ही उससे जलते थे और उसी वजह से उसके विषय में टीका-टिप्पणी न करके चुप रहते थे। बाहर बाजार में बाईं ओर थोड़ा आगे जाकर चौक में उसकी पान की दुकान थी, जो उस इलाके के हिंदू बदमाशों का अड्डा समझी जाती थी। और चीजों की तरह बदमाशी का भी सांप्रदायिक विभाजन था और इस दिशा में भी दूसरे संप्रदाय को मात करने के ठोस प्रयत्न किए जाते थे।

बुआ के अतिरिक्त एक और स्त्री गुरदेई थी, और और भी कितनी ही स्त्रियाँ थीं, जिन्हें मैं तब जादू-करनेवाली समझकर उनसे डरा करता था। एक तरह से अपनी माँ और दादी को छोड़कर शेष सभी स्त्रियाँ, जिनमें हमारी ताई भी सम्मिलित थीं, मेरे लिए भय का विषय थीं। अब मुझे लगता है कि गली के कुछ दूसरे बच्चे, जो मेरी दादी से दूर-दूर रहा करते थे, शायद यह विश्वास रखते थे कि वह भी जादू करनेवाली है और बच्चों को पकड़कर अँधेरी कोठरी में डाल देती है!

जीवन में जो पहली शिक्षा मुझे प्राप्त हुई, वह यही थी कि घर के बाहर (और इस अर्थ में ताई का कमरा भी घर के बाहर ही था) कोई भी व्यक्ति स्नेह और विश्वास का पात्र नहीं; और घरों के बच्चों में बुरी आदतें होती हैं; भिखमंगे बच्चों को थैलियों में बंद करके ले जाते हैं; कोई यदि चीज दे, तो नहीं लेनी चाहिए, क्योंकि उसमें कुछ मिला रहता है, जो बीमार बना देता है; अच्छी चीज गली में जाकर नहीं खानी चाहिए, क्योंकि नजर लग जाती है; और लोगों की छाया से बचना चाहिए, क्योंकि न जाने किसकी छाया बुरी हो और किसी रोग को जन्म दे दे। उस जीवन की कल्पना कुछ ऐसी थी, जैसे चारों ओर बुने हुए मकड़ी के जाले के अंदर थोड़ी-सी ही जगह खाली थी, जहाँ हम रह रहे थे; जरा भी हिलने-डुलने में उस जाले में फँस जाने की संभावना थी, अतः सुरक्षा इसी में थी कि अपने कोने में यथासंभव निश्चेष्ट रहा जाए। आमोद खतरे का विषय था। साहस खतरे का विषय था। जीवन का कोई भी प्रयत्न खतरे का विषय था। डिबिया में बंद कीड़े की तरह जीना ही जीने का एक रास्ता था।

मेरे बाबा वल्लभ संप्रदाय के वैष्णव थे। मेरे जन्म के पहले ही उनकी मृत्यु हो चुकी थी। उन्होंने दो विवाह किए थे। ताऊजी उनकी पहली पत्नी से थे। शायद

इसी कारण दादी का ताऊजी के परिवार से स्नेह नहीं था, और क्योंकि अब ताऊजी ही दुकान पर बैठते थे, अतः उनके प्रति दादी के हृदय में प्रतिद्वंद्विता का भाव भी था। वह अपने को दुकान की असली मालकिन समझती थीं और उन्हें सदा यह शिकायत रहती थी कि ताऊजी दुकान की बिक्री का उन्हें ठीक हिसाब नहीं देते। इस बात पर प्रायः ताई के साथ उनकी चखचख हो जाया करती थी। वास्तविकता यह थी कि बाबा के जीवन के अंतिम दिनों में बाजार में मंदी आ जाने के कारण दुकान पर काफी ऋण हो गया था, जिसे चुकाने के लिए मकान गिरवी रख दिया गया था। दुकान की आय का कुछ भाग भी ऋण चुकाने में चला जाता था। परंतु दादी घोषणा करके कहा करती थीं कि ताऊजी दुकान की आय गुप्त रूप से अपनी पत्नी को लाकर दे देते हैं, और ताई उत्तर में वैसे ही सुनाया करती थीं कि उनके पति दादी के परिवार का पालन करने के लिए अपने परिवार को भूखा रख रहे हैं, और कि वे मूर्ख हैं, जो ऐसा करते हैं, क्योंकि दादी का अपना लड़का कमाने लायक है, जिसे अपनी माँ और परिवार का बोझ अब स्वयं सँभालना चाहिए।

बाबा की मृत्यु के समय मेरे पिता एल.एल.बी में पढ़ रहे थे। इसमें संदेह नहीं कि उनके इतना पढ़ लेने का श्रेय दादी की महत्त्वाकांक्षा को ही था। बाबा की मृत्यु के अनंतर उस विकट परिस्थिति में भी उनका अध्ययन जारी रहा, इसका श्रेय भी दादी के हठी स्वभाव को था। वह प्रतिदिन अमृतसर से लाहौर पढ़ने जाते थे। उनके पास एक ही सफ़ेद कोट था, जिसे माँ इतवार के दिन धो दिया करती थीं। वह सबेरे सात बजे घर से खाकर जाते थे और फिर बारह घंटे बाद घर आकर खाते थे। इसका कारण घर की आर्थिक स्थिति ही नहीं, उनका धार्मिक नियम भी था। उन्होंने सोलह वर्ष की आयु में ही 'ब्रह्म संबंध' ले लिया था। वल्लभ संप्रदाय में 'ब्रह्म संबंध' ले लेनेवाला व्यक्ति भगवदर्पित समझा जाता है और वह घर के या किसी ब्राह्मण के चौके के अतिरिक्त और कहीं का बना भोजन नहीं करता। पानी भी वह कुएँ में से शुद्ध पात्र में अपने या ब्राह्मण के हाथ का खींचा हुआ ही पीता है। इस तरह पिताजी के लिए वह संयम आवश्यक ही नहीं, अनिवार्य भी था। गरमी में भी बारह घंटे बिना पानी पिये रहना एक तरह से तपस्या ही थी। इसका उस आयु में ही उनके स्वास्थ्य पर प्रभाव दिखाई देने लगा था।

# 2

## मोहन राकेश : आरंभिक जीवन

[राजिंदर पॉल और राकेश की अंतरंग बातचीत]

**राजिंदर पॉल :** आपके लेखन में, विशेषकर आपके नाटकों में उन लोगों की संवेदना को अतिरिक्त सेंसिटिविटी से दर्शाया गया है, जो लोग अधिक स्ट्रैस में जीते हैं। क्या यह सही होगा कि हम आपकी इस सेंसिटिविटी को आपके बचपन से जोड़ें? या फिर यों कहें कि आपका बचपन खुशहाल नहीं था?

**मोहन राकेश :** जहाँ तक मेरे बचपन का सवाल है, मैं नहीं समझता कि मैं खुश नहीं था। सोलह वर्ष की उम्र तक या फिर यों कहें कि जब तक पिताजी थे, हमें कभी किसी चीज की कमी महसूस नहीं हुई। उस ज़माने को देखते हुए मेरे पिता की खासी अच्छी प्रैक्टिस थी, हालाँकि वह अधिक समय अन्य क्रियाकलापों को देते रहे। मैं मानता हूँ कि मैं एक अंतर्मुखी व्यक्ति था और हो सकता है कि इसी की वजह से काफी उदास भी रहता था। हमारे घर में या फिर हमारे घर के माहौल की वजह से जिनमें मेरी दादी, माँ, चाचा, चाची, बहन, (मेरा छोटा भाई जो बहुत बाद में पैदा हुआ था) सबके सब एक तनाव से ग्रस्त रहे। मैं समझता हूँ कि यह तनाव उन सब परिवारों में था—और हमारे रिश्तेदारों में भी—जैसे मेरे पिता के मौसेरे भाई, उनका परिवार, या फिर अन्य परिवार कि जिनको हम जानते थे—सबके सब इस तनाव से ग्रस्त थे। और मुझे लगता था कि यह तनाव बहुत ही गौण बातों को लेकर होता था। मेरे कहने का मतलब है कि यह तनाव पैसे को लेकर अधिक था। जिन बातों को लेकर मेरे पिता से अपेक्षाएँ की जाती थीं, उन सबके बावजूद उन पर यही आरोप लगाया जाता

था कि जितना वह करते हैं, उससे कहीं अधिक वे कर सकते थे। यही उस समय के और आज के मध्यमवर्गीय परिवारों के जीने का तरीका था। एक बच्चा होने के नाते मैं यही सोचता था कि पिताजी एक खुली जिंदगी नहीं जी सके, क्योंकि बहुत कुछ था जो छुपाना पड़ता था। कितनी बार आपको दोगलापन अपनाना पड़ता। अगर मेरे पास, एक बच्चा होने के नाते, कुछ होता जो कि मुझे खुशी दे सकता तो उसे मुझे राज़ रखना पड़ता। और यही राज़ मेरी खुशियों को तोड़ता था। इसके अलावा मेरे पिता का हाथ बहुत खुला था, और इसलिए नहीं कि उन्हें पैसा उड़ाना पसंद था वरन इसलिए कि घर में कोई न कोई आर्थिक संकट आया ही रहता था। साथ ही परिवार की दो वरिष्ठ महिलाओं के आपसी द्वंद्वों का भी सामना करना पड़ता था—जैसे कि माँ और दादी के बीच का द्वंद्व। यह सब मुझे तल्ख किए रहता था।

रा.पा. : आपने महसूस किया कि आपको इस प्रकार के तनावों में रहना था, इसलिए आपको उनके प्रति अपने रैस्पांसेस अख्तियार करने पड़े?

मो.रा. : मेरे ख्याल में इस प्रकार की चेतना मुझमें बहुत बाद में आई। उस समय तो शायद उन सबसे बच निकलनें के ख्यालों में ही जीता रहा। मेरे अंदर यह भावना उत्तरोत्तर बढ़ने लगी कि मैं अपने आसपास के वातावरण को बदल डालूँ। उदाहरण के लिए मैं एक नए घर, एक नए वातावरण के सपने देखता। घर में एक हलका-सा आभास कि हम घर बदलनेवाले हैं, मुझमें उल्लास भर देता कि जिससे मेरी जिंदगी और आसपास के माहौल में ताज़गी आ जाएगी। मेरे मन में घर बदलने का एहसास इतना गहरा था कि पिताजी के जाने तक यह बात मेरे मन में एक लगातार कशमकश का बायस बनी रही। मैं अमृतसर की एक छोटी-सी गली में पैदा हुआ था और मेरे दो वर्ष के होते-होते हमने घर बदल लिया था। वो असल में पिताजी का दफ्तर भी था। और इस बात को ठीक से समझने की शक्ति शायद उस समय मुझमें नहीं थी। मैं महज़ एक इंट्रोवर्ट था जो कि स्थितियों को किसी न किसी तरह बदलने की फेरबदल में लगा रहता था।

रा.पा. : हो सकता था कि वह आपकी निजी इच्छा थी न कि आपके

वातावरण से उत्पन्न हुई एक अनिवार्यता?

**मो.रा.** : मैं तुमसे सहमत नहीं हूँ, क्योंकि मैं किसी निजी कारण से बदलाव नहीं चाहता था। हो सकता है मात्र बदलाव ही मेरी इच्छा रही हो। यह मुझमें तब से अब तक है। मुझे लगता था कि जो है उसमें बदलाव आना चाहिए। मैंने कई बार अपने आसपास को बदलने के लिए काफी हलचल पैदा की है, मात्र इसीलिए कि मैं बदलाव महसूस कर सकूँ। लेकिन एक बच्चा होने के नाते मैं ऐसा कुछ नहीं कर सका। मैं फैसले नहीं ले सकता था, और संभवतः इसी से घुटन महसूस करता था।

**रा.पा.** : आप बहुत छोटे थे जब आपके पिता चल बसे। वो समय आपने कैसे निकाला? क्या कहीं से कोई सहायता मिली?

**मो.रा.** : दरअसल होश में मैं पिताजी के अचानक देहांत के बाद ही आया, क्योंकि वो इतना अचानक था कि जिसने आसपास के वातावरण को झकझोर कर रख दिया था। जैसा कि मैंने बताया कि हमारे घर में बेहिसाब खर्चा होता था—नतीजा कि पिताजी के चले जाने के बाद न सिर्फ हम पैसे-पैसे को मोहताज हुए वरन कई अनाप-शनाप कर्जों से भी घिरे थे—और घर में कोई पुरुष नहीं था जो उन्हें उतार सके। मेरा छोटा भाई साढ़े चार साल का था। इसलिए कुछ समय के लिए बोझ मेरी बहन पर आ गया। जो मुझसे एक साल बड़ी थी। उसने स्कूल में पढ़ाना शुरू किया जब तक मैंने एम.ए. पूरा किया। हालाँकि आर्थिक रूप से मैं अपना खर्चा निकाल लेता था, जैसे कि छुटपुट ट्यूशनों से, जिससे मैंने अपनी पढ़ाई पूरी की। लेकिन एम.ए. के अंतिम वर्ष में घर के हालात कुछ ऐसे बदले कि बहन को नौकरी छोड़नी पड़ी और ठीक उसी समय मेरी ट्यूशनें भी छूट गईं। मैं पढ़ाई छोड़ नौकरी ढूँढ़ने ही वाला था कि ओरिएंटल कॉलेज के मेरे प्रिंसिपल स्व. डॉ. लक्ष्मण स्वरूप मेरी मदद को आए। नतीजा मेरे फाइनल इयर का खर्चा उन्होंने ही वहन किया।

**रा.पा.** : क्या आपके जीवन पर आपके पिताजी का कुछ प्रभाव पड़ा?

**मो.रा.** : वे एक ऐसे इनसान थे जो अपने बच्चों में और उनकी पढ़ाई में पूरी दिलचस्पी रखते थे। जब मैं बारह वर्ष का था तो वे मुझसे एक दोस्त-सा व्यवहार करने लगे। लेकिन आज मैं महसूस करता हूँ कि वे एक बच्चे से बातें करते थे, यह एहसास

दिलाकर कि जैसे वे एक दोस्त से बातें कर रहे थे। लेकिन उन्होंने वो सब अपने बच्चों को देना चाहा, जो उनके पास था। उन्होंने मेरी बहन को वाद-विवाद प्रतियोगिताओं में जाने को काफी प्रोत्साहन दिया। वे इससे भी खुश थे कि बारह वर्ष की उम्र में मैंने संस्कृत के श्लोक लिख डाले।

रा.पा. : क्या घर में तनाव पैदा करने के लिए आपके पिता को छोड़ घर के अन्य लोग ही जिम्मेदार थे? जैसा कि आपने कहा कि उनके साथ आपका तालमेल ठीक था।

मो.रा. : मैं समझता हूँ कि मैं अपने पिता का प्रशंसक हूँ। मात्र इस शिकायत को छोड़कर कि वो हमें कंगाली में छोड़ गए, मुझे उनसे और कोई गिला नहीं। लेकिन यह शिकायत भी क्यों—क्योंकि यह आदत तो मुझमें भी वैसी की वैसी ही है। मैं भी पैसे नहीं जोड़ पाता। लेकिन इस सबके बावजूद मैं उस समय की दुर्दशा को नहीं भूल पाता। मैं इसे अमानवीय समझता हूँ कि जिस तरह भले लोगों का लोग फायदा उठाते हैं और उन्हें नोंच-नोंचकर खाते हैं। वो छोटे-छोटे आर्थिक दबाव, छोटे-छोटे अंधविश्वास और ईर्ष्याएँ जो आपकी जिंदगी के मानवीय रिश्तों को खंड-खंड कर जाएँ। मैं इस प्रकार की जिंदगी नहीं जी सकता। मैं अपने पिता जैसी जिंदगी नहीं जी सकता। मैं उस तरह के लोगों के बीच नहीं जी सकता। मैं इधर अपने पिता के रिश्तेदारों से अलग हो चुका हूँ। और आज भी मैं एक बच्चे की तरह उनसे पीड़ित महसूस करता हूँ, और आज भी मुझे उनसे वैसी ही झुरझुरी महसूस होती है। इस एहसास से मैं आज भी भागता हूँ। इसलिए मेरा लोगों से रिश्ता, जो कि परिवारों में बहुत जुड़ा हुआ-सा होता है, मैं कहीं तटस्थ रह जाता हूँ।

रा.पा. : अपने उभरते लड़कपन के वर्षों में किन बातों से आप प्रभावित हुए?

मो.रा. : अपने उभरते लड़कपन के दिनों की एक खास बात जिससे मैं जरूर प्रभावित हुआ था वह है मानवीय रिश्ते। मेरे पिता जो कि घर के माहौल से काफी त्रस्त रहते, अपने मित्रों के साथ अपनी बैठक में काफी रिलैक्स्ड महसूस करते थे। हर शाम को जब उनके मुवक्किल चले जाते थे तो उनके दोस्तों का एक के बाद एक का आना शुरू हो जाता था। और कोई

दो-तीन घंटे तक वहाँ एक सौहार्द का माहौल बन जाता था। साहित्य पर चर्चाएँ होतीं और संगीत का भी रस लिया जाता था। हँसने-हँसाने का भी दौर चलता और लगता था कि पिताजी तभी जीते थे। सिर्फ मेरे पिता ही नहीं, बल्कि मैं भी अपने से बड़े लोगों की उन शामों की प्रतीक्षा करता था। एक तरह से मैं उसी के लिए बना था, क्योंकि मैं नहीं समझता कि मुझे सिर्फ बच्चों का साथ अच्छा लगता था। हालाँकि हो सकता है कि वो बुजुर्गियत मेरे काफी आड़े आई हो, जिसका कि मैं अभी विश्लेषण नहीं कर सकता। लेकिन इतना सच है कि इससे मेरे अंदर मानवीय रिश्तों में एक अटूट विश्वास पैदा हो गया, जो कि आपसी बातचीत या फिर व्यवहार से उत्पन्न होता है। मेरे पिता का भी सही मानों में वही अपना परिवार था कि जिनके साथ उनका व्यक्तिगत संवाद था और मेरा विश्वास है कि मैंने यह न सिर्फ विरासत में पाया है, वरन यह चीज़ मेरे जीवन में गहरे कहीं घर भी कर चुकी है।

रा.पा. : आपने 13 वर्ष की उम्र में कविताएँ लिखीं तो अब उस समय से लेकर मैच्योरिटी तक की कथा-यात्रा के विषय में बात करें।

मो.रा. : इसके लिए मुझे पीछे जाना होगा। तब जबकि आठ-नौ वर्ष की उम्र में मैंने हिंदी कविता में जोड़-तोड़ करना शुरू किया था। हो सकता है, यह कदम मेरे साहसिक मित्र पिता की ही देन रही हो। और इसी तरह संस्कृत में कविताएँ भी आईं। एक तरह से संस्कृत ही मेरी पहली भाषा थी। मैंने वो भाषा इसलिए पढ़ी क्योंकि पिताजी ने संस्कृत का व्याकरण समझाने के बाद मुझे उस भाषा का 'गरीबान' दिया। मैं नहीं जानता कि इस शब्द को अंग्रेजी में क्या कहते हैं। एक मौखिक पाठ। 'देवो, देवा, देवन' यह मेरा पहला वास्तविक पाठ था। मैंने यह भाषा बहुत पहले सीखनी शुरू कर दी थी, और चूँकि तब तक मुझमें शब्दों की जोड़-तोड़ का कीटाणु कुछ ऐसा दाखिल हो चुका था कि जिससे मैं आसानी से संस्कृत में कविता कर सकता था। मैं कभी-कभी हैरान होता हूँ कि जो कविता मैं तब करता था वह व्याकरण के हिसाब से बिलकुल गलत नहीं होती थी। लेकिन पिताजी के चले जाने तक मैंने कोई गंभीर लेखन नहीं किया। मेरी बहन जो कि पिताजी की चहेती थी और हिंदी में कविता लिखा करती थी, मात्र उसे मात देने

के लिए ही कुछ न कुछ लिखता रहता था और इसीलिए परीक्षा में उससे ज्यादा अंक लाना मुझे खुशी देता। मेरे ख्याल में मेरे लिखने के मामले में मेरी पहली खुशी यही थी कि मैं अपने पिता का ध्यान अपनी तरफ मोड़ सका, और मुझे लगता कि मैंने अपने को साबित कर दिया है। हालाँकि मैं समझता हूँ कि अपने जीवन काल में वे मेरी बहन के लेखन को ज्यादा ठोस समझते थे।

सोलह वर्ष की आयु में मैंने शास्त्री यानी संस्कृत ऑनर्स की परीक्षा पास की। ठीक उसी साल पिताजी चल बसे। यह परीक्षा मैंने उनके चले जाने के तीन महीने उपरांत दी थी। फिर लाहौर जाकर ओरिएंटल कॉलेज से अंग्रेजी में बी.ए. किया। इस तरह सत्रह साल की उम्र में मैं लाहौर आ गया और उन्नीस साल की उम्र में एम.ए. किया। उन दिनों लाहौर में पहली बार मैं युवा और वयस्क दिमाग के लोगों के संपर्क में आया। अभी तक तो अपने परिवार के बुजुर्ग लोगों से या फिर अपनी दीदी से ही सरोकार था, जिसके साथ मेरा सही मानों में कोई संवाद ही नहीं था। तो यह लाहौर था, जहाँ मैं अपनी बीती जिंदगी को समझ सका था और अपनी कमियों को सही मानों में आँक सका। इसलिए इसी दौरान मैंने लिखना शुरू किया, हालाँकि तब भी मैंने कुछ भी प्रकाशित नहीं करवाया। मैं कभी अपने मित्रों को भी नहीं बताता था कि मैं लिखता हूँ, क्योंकि अभी मुझे अपने पर पूरा विश्वास नहीं था। मैं अपने को सुधारता चला गया इस उम्मीद में कि किसी दिन मैं अपने मित्रों को प्रभावित कर सकूँगा। लेकिन हुआ कुछ ऐसे कि स्वयं ही अपने काम से प्रभावित नहीं हुआ और इसलिए मित्रों को पढ़कर सुना नहीं सका। उस समय मैंने कुछ कविताएँ लिखी थीं।

रा.पा. : आपकी पहली प्रकाशित रचना कौन-सी थी?

मो.रा. : वह आठ वर्ष में लिखी एक कविता थी जो एक हिंदी दैनिक में बच्चों के कॉलम में छपी थी। आश्चर्य यह है कि मेरी संस्कृत में लिखी कविताएँ भी कुछ संस्कृत पत्रिकाओं में छप गईं। और जहाँ तक गद्य लेखन का प्रश्न है मेरी पहली प्रकाशित रचना एक कहानी थी जो कि शाकाहारिता के बारे में थी।

रा.पा. : कविताएँ कैसी और किस विषय पर थीं?

**मो.रा. :** मेरे विचार से मेरी वे कविताएँ हिंदी काव्य-लेखन की दो धाराओं से प्रभावित थीं। कुछ कविताएँ मैंने सुमित्रानंदन पंत या फिर महादेवी वर्मा आदि से प्रभावित होकर लिखी थी और दूसरी प्रकार की राष्ट्रीय या प्रगतिशील किस्म की थीं। मेरा मतलब है कि उस प्रकार की कविता जिसमें देश को लेकर जोश और जज़्बात भरा हो, जो प्रबल रूपकों से ओत-प्रोत हो। लेकिन मैंने बहुत जल्दी समझ लिया था कि जिस कविता में तर्क भरा हो वह कोई कविता नहीं होती।

**रा.पा. :** अपनी संस्कृत की कविताओं में तो आप किसी से प्रभावित नहीं हुए होंगे?

**मो.रा. :** वहाँ पर भी मैं क्लासिकल संस्कृत साहित्य से प्रभावित था, जो मैं पढ़ा करता था। लेकिन मैंने अपने को काफी बचाने की कोशिश की जहाँ मैंने एक कविता में मात्र पहले पद्यांश का आधा कालिदास के 'मेवदूत' से लिया था। उसका नाम था युद्धरत भारत्रीकायाः स्वप्नः (उस औरत का सपना जिसका पति युद्ध में गया हो) ये वे दिन थे जब दूसरा महायुद्ध लड़ा जा रहा था। दूसरा महायुद्ध '39 में शुरू हुआ था जब मैं मात्र 14 वर्ष का था। मेरे ख्याल में ठीक इसी समय मैंने यह कविता लिखी थी, जब युद्ध शुरू हुआ ही था। इस कविता में मैंने उस स्त्री को कालिदास के यक्ष द्वारा देखे गए बादल की जगह वायुयान को देखते हुए चित्रित किया था, जिसने उसे सोचने पर मजबूर किया था। वह सपना देखती है कि वह युद्ध में अपने पति की जगह खड़ी है और चारों ओर से बंदूकों से घिरी हुई है।

**रा.पा. :** आप अपनी कौन-सी रचना को पहली गंभीर साहित्यिक कृति मानते हैं?

**मो.रा. :** उसे मैं कोई साहित्यिक या गंभीर रचना नहीं मानूँगा, लेकिन साथ ही साथ वह मुझे लीक पर जरूर ले आई। वह एक एकांकी था। इसे मैंने सत्रह साल की उम्र में लिखा जिसका शीर्षक 'समझ का फेर' था। इसे मैंने अपने पिता की मौत पर लिखा था। यह मेरी दादी के अंधविश्वास पर आधारित था जिसकी वजह से उनका समुचित इलाज नहीं हो पाया था। इसलिए मैं समझता हूँ कि कहीं न कहीं मैं उस समय लिखे जा रहे यथार्थवादी नाटकों से काफी प्रभावित था। हालाँकि कहानी

मेरे अपने अनुभवों पर ही आधारित थी। वह कोई खास नाटक नहीं था लेकिन मैं समझता हूँ कि उसने मुझे अपने अनुभवों पर लिखने की दिशा दी। पिता की मौत ने मेरे अंदर एक गहरी छाप छोड़ दी। मैंने अपने अंदर उन सभी बंधनों को कटा महसूस किया जो मेरे पिता और उनके परिवेश से मुझे बाँधे हुए थे। उससे पैदा हुए उन जख्मों की मरहमपट्टी भी मैं कर सका। उसने मुझे नाटक लिखने पर मजबूर किया। उसके बाद शायद काफी समय तक नाटक नहीं लिखा। मैं नहीं जानता कि मैंने क्यों दिशा बदली। लेकिन उसके बाद मैं लघु कहानियों में जुट गया। अभी पीछे ही मैंने अपनी कुछ कहानियाँ पढ़ीं जो मैंने बाईस की आयु में लिखी थीं। वे कहानियाँ एक सचित्र पत्रिका में छपी थीं जिसका नाम 'सरिता' है। यह पत्रिका अभी भी प्रकाशित होती है जिसके संपादक विश्वनाथ हैं, जिसे दिल्ली प्रेस प्रकाशित करता है।

**रा.पा. :** तो आप दिल्ली आ गए?

**मो.रा. :** नहीं, मैं दिल्ली नहीं आया। मैं लाहौर से 'सरिता' के लिए लिखा करता था। मेरी पहली कहानी 'सरिता' में 1947 में प्रकाशित हुई थी, जब मैं बाईस वर्ष का था। इन कहानियों को पढ़ते हुए मुझे उनमें से झूठ की बू आने लगी। जिनमें थी एक झूठी बौद्धिकता और साथ ही, एक प्रकार के छद्म बौद्धिक फिकरेबाजी के लिए प्यार। मैं समझता हूँ कि यह मेरी उस समय के मित्रों की देन है जिनसे मैं बहुत प्रभावित था। क्योंकि इन्हीं दोस्तों की बदौलत, 'यह लड़का', जो कल तथा शाकाहारी भोजन करता था, जिसमें प्याज तक नहीं शामिल था और जिसके घर में चाय के नाम पर दूध में दो चम्मच चाय हुआ करती थी, आज अचानक एक ऐसी जिंदगी में दाखिल हो चुका था जहाँ मैखाने (बार), रेस्तराँ और कैबरे शामिल थे। यह वो दौर था जहाँ मैं कुछ समय के लिए पटरी से उतर चुका था और ऐसी कहानियाँ लिखने लगा था, जो पढ़ने लायक नहीं थीं।

**रा.पा. :** आपको उस अनुभव पर अफसोस है?

**मो.रा. :** नहीं, मुझे आज उस जिंदगी को जीने का अफसोस नहीं है। लेकिन मुझे इस बात का अफसोस है कि मैंने जिंदगी को जीने का जो रवैया अपना लिया था, मैं समझता हूँ, वो मेरे लिए

ठीक नहीं था। उसने मेरे सामने नए क्षितिज उद्‌घाटित किए, मुझे वो सब दिखाया जो शायद मैं काफी समय तक देख न पाता, और शायद मैं उन अंधविश्वासों और वर्जनाओं में ही तड़पता रहता जिनके बीच मैं पला-बढ़ा था। लेकिन मैं चाहता हूँ कि काश, मुझे वे लोग न मिलते जिन्होंने आधुनिकता को ग्लैमराइज़ करके मुझे उसमें अंध-श्रद्धा पैदा कर दी थी। एक ऐसे दोस्त का नाम मैं लेना चाहूँगा—उसका नाम है ज्ञानचंद शर्मा। वह पंजाबी एक्साइज़ में कुछ महीने या कुछ सालों से काम कर रहा था और सुपर बाजार दिल्ली का चीफ़ एकाउंटेंट भी था। वह एक सनकी था। सनकी उस तरह से नहीं जिसे पसंद किया जाए। लेकिन वह मुझे उस समय बेहद अच्छा लगता था। वह एक ऐसा व्यक्ति था जो किसी भी चीज को नापसंद करने की लियाकत रखता था। उसकी जबान में वो ताकत थी कि दोस्तों को प्रभावित कर देता था। और मुझे वो बात सबसे ज्यादा पसंद थी कि मेरी रचनाएँ उसके ग्लैमरस सेंटेंसेज़ से भरी होती थीं। मैंने तीन कहानियाँ लिखीं, खासकर वह जिसके नायक का नाम केसरी था। वह एक ऐसा इनसान था जो लड़कियों के साथ घूमता फिरता था और जुमलों-मुहावरों में बातें करता था, और वे जुमले-मुहावरे अक्सर उस वक्त कॉफी हाउस में बैठकर आमतौर से बोली जानेवाली हमारी बातों के ग्लैमराइज्ड और बौद्धिक रूप थे।

रा.पा. : आपने अपनी पहली किताब कब लिखी?

मो.रा. : वह एक यात्रा-विवरण है जो मैंने वैस्ट कोस्ट पर 1953 में लिखा था—'आखिरी चट्टान तक'। जिससे मुझे एक बार फिर राहत मिली। वह एक ऐसी रचना है जिसे, अपनी सब कमियों के बावजूद, मुझे अपना स्वीकार करने में कोई संकोच नहीं। लघु कहानियों में जिसे मैं अपनी प्रथम रचना मानकर चलना चाहता हूँ, वो है 'सौदा' जो कि 54 में लिखी थी। 'आखिरी चट्टान तक' से काफी पहले, जब मैं लाहौर में था, तो विभाजन के समय मैंने 'कर्फ़्यू' नामक एक नाटक लिखा था। यह बस स्टॉप पर खड़े रह गए उन लोगों के बारे में था, जब अचानक कर्फ़्यू लगा दिया गया और बसें चलनी बंद हो गईं। इन लोगों में एक महात्मा और दो जवान लड़कियाँ थीं, एक सरदारजी और उनकी पत्नी, एक अधेड़ औरत, एक छोटा बच्चा...

अन्य लोग। वे एक ऐसी बस के इंतजार में थे जो नहीं आती और जो कभी नहीं आएगी।

**रा.पा.** : यह क्या कभी खेला गया था या फिर रेडियो के लिए था?

**मो.रा.** : मैंने इसे रेडियो के लिए नहीं लिखा था। लेकिन यह कभी खेला भी नहीं गया, क्योंकि उन दिनों इतनी सुविधाएँ नहीं थीं। यह रेडियो पर बहुत बार प्रसारित हुआ लेकिन उसके लिए मुझे इसमें तब्दीली करनी पड़ी।

**रा.पा.** : क्या आप नाटक देखने जाते थे?

**मो.रा.** : उन दिनों मेरे आसपास नाटक नहीं होते थे। मुझे मालूम था कि लाहौर के खुले ऑडीटोरियम में नाटक खेले जाते हैं। हालाँकि मैं अपने मित्रों के साथ बार और रेस्त्राओं में जाया करता था, तब भी मैं यह नहीं भूल पाया था कि मैं निम्न-मध्य वर्गीय परिवार से हूँ। मेरे पास इतना पैसा भी नहीं था कि मैं नाटक देख सकता। और अगर होता भी तो मैं नहीं समझता मैं जाने की हिम्मत कर सकता था। क्योंकि ऐसा लगता था कि नाटकों को देखने जानेवाले लाहौर की अभिजातवर्गीय जनता है, जिसमें मैं शामिल नहीं हूँ। लेकिन मेरे स्कूल के दिनों में मैं अपने ड्रामा टीचर का बहुत चहेता था, क्योंकि मैं उनके हर अंदाज की औरों से ज्यादा हू-ब-हू नकल उतार सकता था। फिर जब मैं पंजाब यूनिवर्सिटी से एम.ए. कर रहा था तब संस्कृत सोसाइटी ने संस्कृत नाटक 'वेणी संहार' खेलने का फैसला किया। उस नाटक में मैंने 'पद्मावती' की एक स्त्री-भूमिका निभाई। मेरे प्रिंसिपल डॉ. लक्ष्मण स्वरूप मेरे प्रदर्शन से इतना खुश हुए कि अगले वर्ष एक नाटक के लिए उन्होंने मुझे निर्देशक चुना। यह शायद '45-'46 की बात है, जब मैंने दो नाटकों का निर्देशन पंजाब यूनिवर्सिटी संस्कृत सोसाइटी के लिए किया। प्रोडक्शन आजकल के हिसाब से काफी पुराने तरीके का था। लिपटवाँ परदे, फुट लाइट्स, भारी मेकअप और पार्श्व-संगीत। लेकिन फिर भी मैं आज अपनी पीठ थपथपा सकता हूँ क्योंकि मैंने सही उच्चारण पर काफी मेहनत की थी। कुछ एक्टर तो मुझसे बड़े भी थे, क्योंकि वह हमारे कॉलेज के लेक्चरर थे और अन्य एक्टर काफी 'लोकप्रिय' थे। लेकिन मुझे बहुत निराशा हुई थी कि वे अपने संवादों को सीधे-सपाट तरीके से बोल देते थे। उनकी दृष्टि केवल उन शब्दों के उच्चारण

और व्याकरण तक ही सीमित रहती। लेकिन जहाँ तक उसकी नाटकीयता का प्रश्न था वे उससे पूर्णतया अनभिज्ञ थे। मुझे अपने एक सहपाठी की याद है जो इनमें से एक नाटक में काम कर रहा था। उसे यह समझाना बहुत मुश्किल था कि जो शब्द वह बोल रहा है उनका अर्थ वही न होकर उससे नितांत भिन्न है। कोई बीस दिन या एक महीने की रिहर्सल के बाद मैंने इस बात पर ही संतोष कर लिया कि कम से कम वह उच्चारण तो सही कर सका। इसलिए मैं उन आदिम-स्तरीय प्रस्तुतियों के बावजूद अपने इस योगदान से तो संतुष्ट था ही कि कम से कम शब्दों को काफ़ी नाटकीय ढंग से बोला तो जा सका। काफी संतुष्ट था। नाटक संस्कृत के पंडितों के आगे खेला गया। मैं समझता हूँ कि लोगों ने न सिर्फ उसके काव्यात्मक गुणों को ही सराहा वरन उसमें छिपे नाटक का भी आनंद उठाया था।

**रा.पा. :** क्या आपने कभी एक निर्देशक या एक्टर होने की संभावना पर सोचा?

**मो.रा. :** हाँ, बिलकुल। काफी समय तक मुझे महसूस होता रहा कि मैं एक एक्टर बन सकता हूँ। यह बात मेरे अंदर आज भी मेरा पीछे किए हुए है। हाँ, और कुछ निर्देशन करने का भी सपना था। लेकिन मुझे बाद में पता चला कि निर्देशक और अभिनेता बनने में कुछ कारण हैं जो आड़े आ सकते हैं। वह है मेरा जबरदस्त नरवस टैंपरामेंट। मैं परदे के पीछे और रिहर्सलों में बहुत अच्छा कर सकता था लेकिन दर्शकों के सामने मैं समझता हूँ कि सबसे ख़राब अभिनेता सिद्ध होऊँगा। पंद्रह मिनट के अच्छे अभिनय के बाद सब कुछ ठीक होते-होते अगर थोड़ी-सी भी चूक हो जाए तो शायद मैं सब कुछ गड़बड़ा सकता था। हाँ, निर्देशक होने का छुपा शौक हमेशा से रहा है, लेकिन वह न करने का एक कारण यह था कि मैं ड्रामैटिक प्रोडक्शन में अभिनेता के लिए ज्यादा कर सकता था—जैसे अच्छी रिहर्सल ले सकता था लेकिन जहाँ तक एक प्रोडक्शन के पंद्रह अन्य पहलुओं का सवाल उठता है तो उसके लिए मेरे पास टैंपरामेंट नहीं था। मैं इसकी एक मिसाल संपादन की दे सकता हूँ। मैं एक मैगज़ीन का एक साल संपादक रहा। मैं समझता हूँ कि मैंने मैगज़ीन अच्छी ही चलाई थी। बहरहाल

बुरी भी नहीं थी। मैंने पूरा एक साल संपादक के पद पर अनथक काम किया। लेकिन मैं एक बार भी 'टाइम्स आफ इंडिया' के मशीन रूम में नहीं गया। मुझे न तो प्रूफ पढ़ने आते थे और न 'फ़ोटोग्रेव्युर प्रोसेस' (प्रकाशोत्कीर्णन-प्रक्रिया) ही समझ में आता था। मुझे इतना पता था जितना मैं चाहता था। मैं कलाकारों से बात करता, अपने उपसंपादक से बात करता, कहानियों का चयन करता, उन्हें पढ़ता और कुछ टुकड़े पत्रिका के लिए लिखता। मैं ले-आउट बनाता। लेकिन जहाँ तक मैकेनिक्स का सवाल है, सीधे-सीधे काम कराने का सवाल है, वहाँ जाकर हिदायतें देना मुझमें नहीं था। मुझे लगता है कि इन्हीं सबके कारण मैं इनसे दूर रहा।

रा.पा. : आपने कौन-कौन-सी नौकरियाँ की हैं? क्या आपने कभी सोचा था कि आप मात्र लेखन पर जी सकेंगे?

मो.रा. : यह सपना तो हमेशा से था। एम.ए. करने के बाद मेरे प्रिंसिपल डॉ. स्वरूप ने, जो कि मुझसे स्नेह करते थे या मेरे बारे में अपने ग़लत अनुमान के कारण, परीक्षा-परिणाम घोषित होने से पहले ही मुझे दो वर्ष की शोध-वृत्ति दे दी थी। मैंने कुछ पांडुलिपियाँ पढ़ीं, उनके निर्देश पर ब्राह्मणों के धर्म पर कुछ कैटेलॉग भी तैयार किए। लेकिन मैंने उस काम में कोई सच्ची दिलचस्पी नहीं ली। वो सारा समय मैंने इधर-उधर ताक-झाँक में निकाल दिया, कोई ऐसी जुगाड़ करने में जिससे मुझे एक कॉलेज की रुटीन नौकरी न करनी पड़े।

अपनी स्कॉलरशिप के समाप्त होने पर मैंने पहली नौकरी इक्कीस की उम्र में एक फिल्म कंपनी में की। और इस उम्र में भी मैंने उनको एक कहानी खरीद लेने पर सहमत कर लिया था। कहानी बहुत कठिन थी, लेकिन मैं जानता था कि मैं उसे बेच सकता हूँ और मैं उसमें सफल भी हो गया। मुझे एकमुश्त पैसा तो नहीं मिला लेकिन मैं उस छत्रक कंपनी के स्टाफ में शामिल कर लिया गया जो उन दिनों लाहौर में बनी थी। मैं लगभग सवा साल उस कंपनी के साथ एक बौद्धिक की हैसियत से जुड़ा रहा। मैंने कोई पंद्रह महीने वहाँ काम किया। वो फिल्म बनी भी नहीं। यह विभाजन का समय था, जब मैंने महसूस किया कि मुझे जिंदगी की सच्चाइयों को स्वीकारना होगा। एम.ए. करने के साढ़े तीन साल बाद तक

मैंने लगातार कुछ नहीं किया। वह समय कॉफी हाउसों में झूठी बौद्धिकवादिता का था। दिन में मात्र एक या दो घंटे ऑफिस जाना और बाकी के समय में मैं एक तरह से अपने 'बौद्धिक' काम में जुटा हुआ था। यह विभाजन के बाद महसूस हुआ कि मैं अकेला पड़ गया हूँ। उन सब दोस्तों के बिना जो शायद मुझे जिंदगी में कोई शुरुआत दे सकते थे। मैं बंबई चला आया। लेकिन मेरा बंबई जाना भी मात्र फिल्मों में घुसने का ही आकर्षण था। मैंने थोड़ा-सा पत्र व्यवहार निर्देशक विजय भट्ट से किया था जिन्होंने 'रामराज्य' बनाई थी। उन्होंने मेरे लिखे पत्र की प्रशंसा की थी, चूँकि वह लिखा भी इसीलिए गया था। लेकिन बंबई आते ही मुझे तुरंत पता चल गया कि मैं इस माहौल में काम नहीं कर सकता। वह मुझे संवाद को फिर से लिखने का काम दे रहे थे, लेकिन मेरी प्रतिभा, जो कि मैं सोचता था कि मैं हूँ, मुझे यह काम करने की इजाज़त नहीं दे रही थी। मुझे वह काम करना अपनी हैसियत से बहुत छोटा लगा।

उस समय के लिए, मेरे लिए यह फिल्मों से मेरे सम्पर्क का अंत था। और वक्त आया जब मुझे लगा कि मुझे बंबई छोड़ देना चाहिए, क्योंकि मुझे काम चाहिए था। स्कॉलरशिप के समय मैंने बहन की नौकरी छुड़वा दी थी, और चूँकि इस समय मेरे परिवार को मेरी जरूरत थी, इसलिए मैं आर्थिक दबाव से ग्रस्त था। मैंने सब जगह नौकरी की अर्जियाँ भेजीं। जब मैं सब ओर से निराश होकर, बम्बई छोड़ने की तैयारी कर रहा था कि तभी मुझे पचहत्तर रुपए महीने की सिडेनहम कॉलेज ऑफ कॉमर्स में पार्ट टाइम प्राध्यापक की नौकरी मिली। लेकिन यह नौकरी भी इसलिए की, क्योंकि मुझे लगातार 72 घंटे भूखे रहने के कारण ये पता चल चुका था कि भूख क्या होती है। मैंने नौकरी ले ली और जल्दी ही मुझे एलफिन्स्टन कॉलेज में एक लेक्चरर की फुल टाइम नौकरी मिल गई। शायद वहाँ दो साल तक काम किया। जब पक्का होने के लिए मैडिकल हुआ तो कमजोर आँखों की वजह से रह गया। उस समय सरकारी नौकरी के लिए चश्मे का नंबर-0.6 था जबकि मेरा -1.0 था। इस तरह उस नौकरी से छुट्टी मिल गई।

इसके बावजूद मैंने उस शहर में रहना तय किया। उस

समय मेरे पास जो थोड़े पैसे थे, उनसे एक स्वतंत्र काम शुरू किया। मैंने अनुवाद ब्यूरो खोला। मैं एक या डेढ़ साल तक इस इंतजार में बैठा रहा कि लोग अनुवाद कराने आएँगे और मैं कुछ पैसे कमा सकूँगा, लेकिन जब टाइम्स ऑफ इंडिया में दिए दो या तीन इश्तिहारों के बाद भी कुछ नहीं हुआ, तो मात्र सौ रुपए बचने के बाद मैंने बंबई छोड़ने का फैसला किया। मैं दिल्ली आ गया। तब तक मैं 'सरिता' के लिए लगातार लिखता था और सोचता था कि मुझे इसी मैगजीन में नौकरी मिल जाए तो अच्छा हो। संपादक जो उन दिनों मेरे बहुत बड़े प्रशंसक भी थे, उन्होंने मुझे काम दिलाने का वादा किया। उन्होंने पहले तो मुझे वार्षिक अंक का संपादन दिया और उसके बाद उन्होंने मुझे अपने सामान्य स्टाफ पर लेने का आश्वासन दिया। परंतु उनसे अपने मधुर संबंधों के बावजूद पत्राचार या दिल्ली में उनसे अनौपचारिक मुलाकातों के बाद मुझे लगने लगा कि ऐसे जोड़-तोड़ करनेवाले व्यक्ति के साथ मैं काम नहीं कर सकता। मुझे उस व्यक्ति के अधीन काम करना स्वीकार्य नहीं था।

फिर मैंने पंजाब और यहाँ-वहाँ पढ़ाने की अर्जियाँ भेजीं। मुझे डी.ए.वी. कॉलेज जालंधर में नौकरी मिली। वहाँ मैंने हिंदी विभाग में पाँचवें नंबर पर काम शुरू किया। यहाँ मैं कुल पाँच महीने रहा। वहाँ मुझे स्थायी नहीं किया गया था क्योंकि वे मुझसे हिंदी अध्यापन के साथ धर्मग्रंथ (वेद) पढ़ाने का काम भी कराना चाहते थे जो मुझे मंजूर नहीं था। वे उसे भी पचाने को तैयार थे। लेकिन तभी अचानक सीनेट चुनाव आन खड़े हुए, उसमें टीचर्स यूनियन का एक उम्मीदवार था जिसे मैं समर्थन देना चाहता था। उसके मुकाबले प्रिंसिपल का भी एक उम्मीदवार था। बस इसी पर मैंने ठान ली। मुझे पक्का नहीं किया गया था। मैंने सोचा कि टीचर्स यूनियन मेरे हक के लिए लड़ेगी, लेकिन ऐसा कुछ नहीं हुआ। मुझे फिर से नौकरी तलाशनी थी। इसी दौरान मुझे किसी ने बताया कि शिमला में एक नौकरी है। मैं शिमला इंटरव्यू के लिए चला गया। स्कूल का नाम बिशप काटन्स स्कूल था। बहरहाल वो नौकरी मुझे मिल गई और मैं दो साल शिमला रहा। इस दौरान मैं बहुत गंभीरता से मात्र लेखन पर जीवित रहने की सोचता रहा।

क्योंकि उस समय तक मेरा एक कहानी संग्रह छप चुका था और मैं सोचता था कि अब मात्र निर्णय लेना ही रह गया है, बाकी तो सब अपने आप होता रहेगा। बिशप कॉटन्स स्कूल में ढाई सालों के दौरान मैंने दो बार त्याग पत्र दिया था लेकिन हैडमास्टर द्वारा काम करते रहने के लिए मना लिया गया था। 1952 के अंत तक अन्ततः मैंने इस्तीफा दे दिया और फैसला किया कि अपना पूरा समय लिखने में ही लगाऊँगा।

**रा.पा.** : क्या आपने ऐसा किया?

**मो.रा.** : बिशप कॉटन्स स्कूल छोड़ने के बाद कोई आठ महीने मैंने वैस्ट कोस्ट का दौरा किया। यह कोई दिसंबर 1952 से फरवरी 1953 का समय था। मार्च-अप्रैल 1953 में मैंने 'आखिरी चट्टान तक' लिखा जो जुलाई 1953 में छपा। इस किताब के छपने तक मैं जान गया था कि किताब छपाना आसान काम है लेकिन प्रकाशक से पैसा वसूलना बहुत मुश्किल। बहरहाल काफी समय तक तो मैं इन लोगों के आगे-पीछे छुट-पुट पैसा उगाहता रहा, लेकिन यह मुझे बहुत शर्मनाक लगा।

एक बात जिसका ज़िक्र मैंने अभी तक नहीं किया वह यह कि लगभग ढाई साल पहले यानी 1950 के अंत तक मैंने विवाह कर लिया था। जब मैंने नौकरी छोड़ी थी तब मैं समझता था कि चूँकि मेरी पत्नी वीमेन्स ट्रेनिंग कॉलेज, दयालबाग आगरा में नौकरी करती है तो वो मेरी माँ और भाई की पूरी जिम्मेदारी ले लेगी, जो कि उन दिनों अमृतसर में रहते थे और मुझ पर आश्रित थे। तब शायद मैं अपने लेखन से थोड़ा बहुत कमाकर गुजारा कर सकता था। लेकिन लेखन से अपने गुज़ारे लायक थोड़ा बहुत भी मैं नहीं कमा सका, और मेरी पत्नी को भी मेरी माँ तथा भाई का खर्चा भेजना अच्छा नहीं लगा (जो कि वो मेरे दिए गए प्रोविडेंट फंड में से भेजती थी, जो मैंने उसके पास रखवाया था)। जैसे ही वो पैसा समाप्त होने को आया मुझे लगा वह काफी तनी-सी रहने लगी। तब मैंने फिर से नौकरी का इरादा बनाकर इधर-उधर अर्जियाँ भेजनी शुरू कर दीं। मैं ऐसी कई जगह इंटरव्यू देने गया जहाँ मैंने अपने से कम क्वालिफाइड लोगों को ऊँचे-ऊँचे पद सँभाले देखा। चाहे इसे बदकिस्मती कहो या फिर विडंबना कि मुझे उसी डी.ए.वी कॉलेज, जालंधर में हिंदी विभाग में अध्यक्ष की

नौकरी मिल गई, जहाँ पर कुछ साल पहले मुझे पक्का भी नहीं किया गया था। इसकी वजह डॉ. इंद्रनाथ मदान थे जो उन दिनों हिंदी यूनिवर्सिटी विभाग के अध्यक्ष थे। वे मुझे शिमला से जानते थे और मेरे बहुत बड़े प्रशंसक भी थे। उस समय तक मैंने एम.ए. हिंदी में फर्स्ट क्लास फर्स्ट होकर पास किया था। उन्होंने प्रिंसिपल सूरजभान के पीछे पड़कर मुझे नौकरी दिलाई। मेरे ख्याल में इस नौक़री की अवधि सबसे ज्यादा थी, साढ़े चार साल, जो कि मैंने 1957 के अंत तक की।

**रा.पा. :** यह नौकरी आपने क्यों छोड़ी?

**मो.रा. :** सबसे बड़ा कारण तो मेरा बेचैन स्वभाव ही था। मैं तरकीब लड़ाता रहता कि मैं लेखन पर जी सकूँ। सबसे बड़ा कारण हमारा 1957 में तलाक था। उस छोटे से शहर में जहाँ पुरानी रूढ़िवाले लोग रहते थे, रहना मुश्किल-सा था। हालाँकि प्रिंसिपल और छात्रों में मैं अभी भी लोकप्रिय था लेकिन शहर और स्टाफ खुश नहीं था। इसलिए मैंने इस्तीफा दे दिया और इस बार के इस्तीफे के बाद सोचा था कि अब कभी नौकरी नहीं करूँगा। मैंने सोचा कि अपनी जरूरतें कम कर लूँगा। मेरी कहानियों से कुछ पैसे भी आने शुरू हो गए थे। मैंने वो सब हिसाब-किताब लगाए जो ऐसे में कोई भी करता। हर महीने दो-तीन कहानियाँ लिख लूँगा, हर छः महीने में एक किताब छपवा लूँगा और उसी में जीने की आदत डाल लूँगा।

**रा.पा. :** क्या उसके बाद आपने कोई और नौकरी की? अगर की तो कौन-सी मजबूरी थी कि जिसने आपको अपने निर्णय के खिलाफ जाने पर मजबूर किया?

**मो.रा. :** जो नौकरी मैंने उसके बाद की, वह चार साल के बाद की। 1958-61 तक मैंने कोई नौकरी नहीं की। मैंने जैसे-तैसे अपने लेखन पर ही निर्भर किया। यह नौकरी मैंने महज जरूरत के लिए नहीं वरन शौक के लिए की। मुझे 'सारिका' की नौकरी का प्रस्ताव आया था। मैंने वहाँ आवेदन नहीं भेजा था। बेनेट कोलमैन एंड कंपनी के मालिकों ने मुझे तार देकर कलकत्ता बुलाया और सीधे नौकरी थमा दी। उस समय को देखते हुए एक हिंदी लेखक या हिंदी भाषा से जुड़े किसी भी व्यक्ति के लिए दो हजार की नौकरी काफी आकर्षक हो सकती थी। सो

इसलिए कि एक साहित्यिक पत्रिका के सम्पादन के साथ-साथ अच्छे पैसों ने भी मुझे उस नौकरी के लिए मजबूर कर दिया। लेकिन कुछ ही महीनों में उस कुरसी पर बैठे-बैठे मैं काफी बेचैन होने लगा। मैं स्वभाव से ही किसी दफ़्तर में दस से पाँच बजे तक की नौकरी करने के अनुपयुक्त हूँ। मैं किसी काम को सरसरी तौर से नहीं ले पाता। इसलिए छः महीने के अंदर-अंदर मैंने इस्तीफा दे दिया जिसे मंजूर होने-होने में पाँच महीने लग गए। इसलिए कुल मिलाकर इस पद पर मैं लगभग ग्यारह महीने रहा और वह आखिरी नौकरी थी जो मैंने की।

**रा.पा. :** आपने कहा कि आप इस्तीफा देने के पाँच महीने बाद तक काम करते रहे। क्या आपको पूरा विश्वास नहीं था कि आप लेखन पर जी पाएँगे?

**मो.रा. :** मुझे पूरा विश्वास था। जैसा मैंने आपको कहा कि इससे पहले चार वर्षों तक भी मैं लेखन पर ही जी रहा था। हालाँकि काफी तंगी में। कभी-कभी लगता था कि मुसीबतों से घिर जाऊँगा, लेकिन जैसे तैसे चलता ही रहा। वो यही उधेड़बुन थी कि जिसने मुझे इस्तीफा देने पर मजबूर किया। मैंने सोचा कि अपनी जरूरतों के लिए तो मैं लेखन से कमा ही लेता हूँ। मैं मानता हूँ उसके बाद ऐसे आर्थिक संकट मेरी जिंदगी में कई बार आए। लेकिन इसको अब तो नौ साल हो चले हैं मुझे तनिक भी अफसोस नहीं हुआ। और आज तो नौकरी मिलने पर भी मैं कभी वापस नहीं जा सकता।

**रा.पा. :** नौकरी न करने का निर्णय आपने तब लिया था जब आपके पास परिवार नहीं था।

**मो.रा. :** मैं नहीं जानता कि मैं क्या करता अगर मेरे पास परिवार होता। लेकिन मेरे ख्याल से मैं इस्तीफा तब भी देता, यद्यपि थोड़ा ठहरकर। क्योंकि मैं उस केबिन में और बर्दाश्त नहीं कर सकता था। मैं अच्छा काम कर रहा था, लेकिन अंदर से बेचैन था। मैं जानता था कि इस काम में संतुष्टि है, लेकिन साथ ही मन में विद्रोह भी था। मैं अपनी हर सुबह अपने काम (लेखन) के लिए चाहता था, हालाँकि यह भी सच है कि नौकरी छोड़ने के बाद कोई जरूरी नहीं कि मैंने हर सुबह काम किया ही हो।

रा.पा. : कुछ दो एक व्यक्तिगत प्रश्न पूछ रहा हूँ। आशा है, आप बुरा नहीं मानेंगे। आपने बताया कि पहली पत्नी से तलाक हो गया था, जबकि यह मध्यवर्गीय परिवारों में आसान नहीं है। क्योंकि चाहे रिश्ते कितने भी सड़ ही क्यों न जाएँ, आदमी किसी न किसी तरह निभाए ही चलता है। आपने इस स्थिति को कैसे सँभाला?

मो.रा. : दरअसल शादी के बाद 1950 में हम मुश्किल से एक या डेढ़ साल ही साथ रहे। यह शिमला की बात है। वहीं से उसने बी.टी. की और फिर नौकरी के लिए आगरा चली गई। मुझे लगा (कम से कम अपने बारे में तो मैं कह ही सकता हूँ) कि हम दोनों का स्वभाव एक दूसरे से अलग था। कहीं भी, कैसा भी कोई मेल नहीं था। यह एक समझौता था जिसे दोनों निभाए जा रहे थे। हम दोनों अलग-अलग शहर में काम करते रहे। शिमला के बाद मैं जालंधर चला गया और वो आगरा में काम करती रही—1952 के मध्य से लेकर 57 तक। कोई पाँच साल हम एक दूसरे से अलग रहते रहे, काम करते रहे, और यदा-कदा यहाँ-वहाँ मिलते रहे। अपने इस अजीबोगरीब रहन-सहन को हम आधुनिकता का नाम देते रहे कि हम दोनों अलग-अलग व्यक्ति हैं, अलग-अलग पहचान लिए हुए और यह कि प्रत्येक अपने अलग-अलग व्यक्तित्व को निखार रहा है। लेकिन इसके अंदर का कारण था आपसी अजनबीपन और अहम् भाव। ऐसा कोई विषय नहीं था जिस पर हम झगड़ते नहीं थे। अतः इस समझौते को हमने पाँच साल दिए जब तक मुझे यह पता चला कि वो माँ बननेवाली है, हालाँकि मैं पूरी एहतियात बरतता था। मुझे लगा कि बच्चा होने से पहले फैसला ले लेना चाहिए, क्योंकि बच्चे की ख़बर सुनकर मैं काफी मानसिक तनाव से घिर गया था। मैंने उससे कहा, "तुम और मैं साथ-साथ नहीं रह सकते। बच्चा हो जाने के बाद हममें से कोई एक उसकी पूरी जिम्मेदारी ले लेगा।" उसने सोचा शायद मैं हवाबाजी कर रहा हूँ, और बच्चा हो जाने के बाद सब ठीक हो जाएगा। बहरहाल बच्चा पैदा हो गया। हम एक-दो बार मिले भी, बातें भी कीं लेकिन तलाक का उसने भरपूर विरोध किया और कहा कि वह सुप्रीम कोर्ट तक लड़ेगी। अंत में मैं उसे समझा सका कि एक साथ रहना बेकार

होगा, क्योंकि पति-पत्नी की तरह अब हम लोग नहीं रह सकते।

**रा.पा.** : इसी व्यक्तिगत कड़ी को आगे बढ़ाते क्या मैं यह पूछ सकता हूँ कि क्या आपकी किसी स्त्री से मित्रता थी? क्या आप अपनी पत्नी से बेवफा थे?

**मो.रा.** : हाँ, यह सही है।

**रा.पा.** : इतना बड़ा निर्णय लेने के पीछे, क्या यही कारण था?

**मो.रा.** : नहीं। उस जबरदस्त निर्णय के पीछे यह वजह नहीं थी। मुझे तलाक उस वजह से नहीं चाहिए था। असल में यह उस विवाहित कड़ुवाहट भरी जिंदगी का ही नतीजा था कि हमें वह निजी/प्रच्छन्न जीवन जीते हुए अलग-अलग रहना पड़ा। मैं मानता हूँ कि मुझे हर हालत में स्त्री का साथ चाहिए था, चाहे किसी भी तौर-तरीके से क्यों न हो और ये इंतजाम मैंने कर लिया था।

**रा.पा.** : क्या आपकी पत्नी को इसके बारे में पता था और वे इसके बारे में क्या सोचती थीं?

**मो.रा.** : थोड़ा बहुत तो उसे पता था, लेकिन पूरा नहीं।

**रा.पा.** : क्या आप 'सारिका' छोड़ देने और तलाक के बाद की जिंदगी के बारे में कुछ बताएँगे?

**मो.रा.** : 'सारिका' छोड़ने के बाद मैं दो-एक साल घूमता फिरता रहा। तभी मैं अनीता से मिला, वह लड़की जिसके साथ मैं आजकल रह रहा हूँ। मुझे यहाँ बताना चाहिए, जैसा कि तुम जानते हो, इस बीच मैंने अपने एक मित्र की बहन के साथ शादी कर ली थी, लेकिन उसके साथ मैं एक दिन भी नहीं रह सका। मुझे एक घर चाहिए था, एक पत्नी चाहिए थी, एक महिला साथी चाहिए था। और शायद इसलिए बिना सोचे समझे मैं दूसरी शादी में फिर से कूदा। लेकिन हम एक दूसरे के लिए बिलकुल नहीं थे। मैं पागल हो जाता अगर उसके साथ रह जाता। वो एक दुःस्वप्न था। मैं उसे छोड़ सका और एक बार फिर संभावित विवाह की ओर बढ़ सका।

**रा.पा.** : राकेश, मैं एक बहुत ही नाजुक तथा व्यक्तिगत प्रश्न पूछना चाहूँगा। तुम्हें अक्सर सही या फिर गलती से घर तोड़नेवाला, अपनी पत्नियों से और नौकरियों से बेचैन होनेवाला बताया जाता है, तो फिर यह कैसे संभव हुआ, क्योंकि मैं देख रहा हूँ कि पिछले आठ-नौ वर्षों से तुम अनीता के साथ एक सुकूनभरी

जिंदगी बिता रहे हो?

**मो.रा. :** मुझे अच्छा लगे या बुरा, अब जब तुमने यह प्रश्न पूछ ही लिया है तो बता देता हूँ। और उत्तर देते हुए मुझे जरा भी संकोच नहीं है कि यह रिकॉर्ड पर जा रहा है। हाँ, मैं घर तोड़नेवाला, नौकरियाँ और पत्नियाँ बदलनेवाला इनसान बताया जाता हूँ, क्योंकि मैं लोगों की जबान नहीं बंद कर सकता। लेकिन मैं यह कहना चाहूँगा कि मैं वही करता हूँ, जिसे मेरा मन गवाही देता है। मैं मानता हूँ कि मैंने होशो-हवास में घर तोड़े हैं, जो कि हमारे हिंदू मध्यवर्गीय परिवारों में अक्षम्य है। लेकिन मैं उन लोगों में से नहीं हूँ जो सतही और झूठे रिश्तों को कायम रखते हैं। मैं एक ही समय में लम्पट होकर भी आदर्श-पति होने का नाटक नहीं कर सकता।

तुम मेरे मौजूदा रिश्ते को कोई भी नाम दे सकते हो। तुम्हें पता ही है कि मैंने अनीता से शादी नहीं की। मैं इसके लिए उसकी हिम्मत की दाद देता हूँ। उसके मेरे प्रति बेपनाह प्यार की मैं कद्र करता हूँ। मैंने कभी इतना सैटल्ड महसूस नहीं किया। वह एक नेक लड़की है, कभी-कभी शरारती भी, लेकिन भरपूर सादगी और प्यार लिए हुए। हमारी काफी झड़पें हुई हैं, लेकिन ऐसा कुछ नहीं कि मैं उसे छोड़ सकूँ। मैं जो कुछ भी करूँ लेकिन उसे छोड़ नहीं सकता। जब वह मेरे साथ हो ही ली थी तभी मैंने उसे यह कह दिया था कि मैं जीवन भर उसके प्रति प्रतिबद्ध रहूँगा। मेरे बारे में लोग जो कुछ भी कहते या सोचते हैं, मैं इतना जानता हूँ कि मैं सैटल्ड हूँ। मैं अनीता और अपने बच्चों—पुर्वा और शैली—से बहुत प्यार करता हूँ। तुमको तो पता ही है कि कैसे शिमला से रोज रात आठ बजे मैं पुर्वा से फोन पर बात करता था। वो मेरे बिना रह नहीं पाती....तुम तो जानते ही हो...।

*(असम्पूर्ण)*

# 3

# व्यक्तिगत (डायरी)

रात के दस बज चुके हैं। गाड़ी सवा ग्यारह बजे आएगी। दो नंबर प्लेटफार्म पर ज्यादा लोग नहीं हैं। इस बेंच पर मैं अकेला हूँ। आसपास कोई अजनबी भी नहीं। अच्छा ही है। होता, तो किसी और बेंच पर जा बैठने की जरूरत महसूस होती। इस समय यह बेंच ही नहीं, सारा प्लेटफार्म अपना है। रेल की पटरियों समेत। वह सारी जगह उसी की तो होती है, जो जहाँ अकेला हो।

घिसा हुआ चमड़े का अटैची केस साथ में है। आधा पिताजी के जमाने में घिसा था, आधा इन तीन-चार सालों में। लाहौर छोड़ने के बाद से कितने सफर किए हैं, कोशिश करके गिने जा सकते हैं।

अटैची केस में दो जोड़ी कपड़े हैं। एक एक्स्ट्रा कलम है। कैमल इंक की दवात है। यह इसलिए कि पूरी क्रिसमस किसी एक जगह रहना हो सका, तो कागज काले करने के लिए औजार तो पास में हों। यह बहाना तो न मिल सके कि कागज नहीं थे, स्याही नहीं थी, कलम नहीं थी...

नीली वर्दीवाला एक खलासी (?) लैंप हाथ में लिए सामने से जा रहा है। इस लैंप से इसे क्या करना है? या यह भी अपना औजार साथ में रखने के लिए ही....?

पगड़ी और चादर में सिर-मुँह लपेटे एक आदमी खंबे के पास आ खड़ा हुआ है। मुझे घूर रहा है। ऊपर लैंप के गिर्द एक कीड़ा—अकेला—मंडरा रहा है।

●

एक नंबर पर दिल्ली जानेवाली गाड़ी आई है। जाने कितने नंबर अप या डाउन। दिल्ली जानेवाली इसलिए कि इंजन का मुँह उस तरफ है। यूँ, चाहे यह अंबाला तक भी न पहुँचे, पर पहुँचेगी जरूर। गाड़ियाँ आवारा नहीं होतीं। होतीं, तो सफर में बहुत मजा आता। टिकट अंबाला का और ज़ा पहुँचे गढ़ मुक्तेश्वर। यह गढ़ मुक्तेश्वर कहाँ से याद आ गया? कभी नक्शे में भी नहीं देखा।

धम-धपक की आवाज के साथ सामान चढ़ाया और उतारा जा रहा है। एक

आदमी जोर से चिल्ला रहा है। अंग्रेजी में। सफर पैसेंजर से करेंगे, चिल्लाएँगे अंग्रेजी में। यह आदमी जरूर ब्रांच लाइन के किसी स्टेशन का रहनेवाला होगा। वरना हिंदुस्तानी में चिल्लाता।

कोई किसी को आवाज दे रहा है, "फतह स्यां! ओ फतह स्यां!" इतनी जोर से जैसे फतेह स्यां को घर से बुलाना हो।

और कोई हलचल नहीं, सिर्फ कुछ ऊँघती-सी आवाजें—"सोडा लैमन, लैमन सोडा...चाय गरेम, चाय...आंडे लाओ जी आंडे"—और सबसे मरी मद्धिम आवाज—"दूधवाला, गरम दूधवाला..." और इंजन की लंबी सू-ऊँ-ऊँ-ऊँ....

●

दो नंबर प्लेटफार्म अब फिर बिलकुल सुनसान है। खलासी का लैंप और पगड़ीवाले की आँखें, दोनों को अँधेरा निगल गया है, 'तम आसीत तमसा गूल्हमग्ने।' अँधेरे में लिपटा अँधेरा। वह क्या हमेशा वैसा ही नहीं रहा? कितनी भी रोशनियाँ जला लो, उनसे कितना अँधेरा मिटता है? और हर रोशनी कुछ देर जलकर आखिर बुझ जाती है। एक नहीं बुझता, तो अँधेरा, 'न सदासीन्नासदासीत्तदानीम्'। झूठ बात। सत् जरूर नहीं था। पर असत् भी न हो, यह कैसे हो सकता है? (यह सब खुराफात किस वजह से? खलासी के लैंप और पगड़ीवाले की आँखों से इसका क्या रिश्ता है?)

सर्दी काफी है। हाथ लिखते-लिखते सुन्न हुआ जा रहा है। लिखने से रुके नहीं, इसके लिए बहुत कोशिश करनी पड़ रही है।

लाइनों के उस तरफ क्या है? घर, जंगल या खाली अँधेरा—कुछ पता नहीं चल रहा। उधर से आती हवा से खंबे की रोशनी बार-बार काँप जाती है। मेरा जिस्म भी काँप जाता है। क्या इस कँपकँपी को मैं किसी तरह कागज पर उतार सकता हूँ? इस तरह कि जो इसे पढ़े, उसे भी इतनी ही ठंड महसूस हो। उसके भी हाथ सुन्न पड़ जाएँ। होंठ सिकुड़कर जबान की गर्मी ढूँढ़ें। गरदन कंधों की ओट में छिप जाना चाहें। आँखें खुलकर देखने से कतराएँ। और वह भी सिहर कर किसी से कहना चाहें, "सच, आज कितनी ठंड है!"

ठंड वाकई बहुत है। कोट के नीचे पुलोवर, पुलोवर के नीचे कमीज, कमीज के नीचे बनियान, बनियान के नीचे खाल, और खाल के नीचे—सिर्फ ठंड।

एक नंबर से गाड़ी चल दी है। तेज होते इंजन की फफक दूर-दूर होती जा रही है।

मेरे अंदर एक कीड़ा पंख फड़फड़ा रहा है— काँच के जलते हंडे में बंद कीड़ा। उसे बाहर निकलने के लिए रास्ता चाहिए। मगर बिना हंडे को फोड़े क्या यह संभव है?

मैं क्या लिखना चाहता हूँ, यह कभी मन में स्पष्ट नहीं होता। जो कुछ लिखा

जाता है, वह सब अधूरा या अतिरिक्त लगता है। लिखते हुए लगता है कि एक मकड़ी कागज पर बेकार का जाला बुन रही है। सिर बाईं तरफ को तिरछा कर लेने से जाला बुनने की शुरुआत हो जाती है। रेशों की तरह कागज पर लकीरें बनने लगती हैं। पर अंदर पंख फड़फड़ाते कीड़े को यह जाला नहीं, कुछ और चाहिए। कुछ और—यानी सेक्स?

कीड़ा हंडे के अंदर है और हंडा बना है ऐसे काँच का कि हर आँख की चमक और चुभन उस पर अपनी एक छाप छोड़ जाती है। जब जो भी इसकी तरफ देखता है, उस समय उसी की आँख से अपने को देखने लगता है। इससे कीड़े को अपना आप हंडे के अतिरिक्त कई-कई आँखों के कारावास में बंद लगता है, वह मुक्ति चाहता है—हंडे से, उसे घेरनेवाली आँखों से...फिर सेक्स?

कागज चुक गया है। हाथों में इतनी जान नहीं कि अटैची केस खोलकर उसमें से और कागज निकाल लूँ। और कागज निकालने का मतलब क्या होगा? अटैची केस में जो कुछ है, उस सबका उथल-पुथल हो जाना। वैसे भी गाड़ी का सिग्नल हो गया है। दस-बीस कुली लाइनें पार करके इस तरफ दौड़े आ रहे हैं। वह रहा दूधवाला...गर्म दूधवाला...

●

**1950**

●●●●●●●

**2**

**शिमला...?**

बहुत अचानक हुआ। बस देखा, चाहा और सब हो गया। जिंदगी में पहली बार। उसे हैरानी हुई कि यह मेरी पहली बार है, शायद खुशी भी। उसने पता माँगा, तो सिगरेट की डब्बी फाड़कर उसे लिखकर दे दिया। पर असली पता नहीं। मार्फत...

उसने अपना पता भी दिया। अलीगढ़ का। कहा कि वहाँ आऊँ, तो किसी से भी वकील...का घर पूछ लूँ। दस से पाँच तक वह अक्सर घर में अकेली होती है। फिर उसने पहली बार डब्बी के कार्ड पर लिखा मेरा नाम पढ़ा। काम पूछा। उससे इतना ही कहा कि यहाँ नौकरी के इंटरव्यू के लिए आया हूँ। “आप कल शाम ही आए हैं,” वह बोली। “हम लोग दो दिन से यहाँ थे।” अफसोस मुझे भी हो रहा था कि मैं कल शाम को ही क्यों आया? उन्हें आज दोपहर को ही क्यों चले जाना है? “कहीं चलकर चाय पीते हैं,” उसने कहा। “इन्हें अभी एक-आध घंटा और लगेगा हाई कोर्ट में। कह रहे थे बारह से पहले नहीं लौट पाएँगे।”

पर मना कर दिया कि चाय-वाय जैसी बेकार चीजें पहले के लिए ठीक हैं। अब सब हो चुकने के बाद क्या करना है चाय पीकर? और चाय पीने बैठेंगे, तो बात करनी होगी। क्या बात करेंगे? कहा, "नहीं, मैं सीधे होटल के कमरे में जाऊँगा। वहाँ किसी को वक्त दे रखा है।" वक्त दे भी रखा था वाकई। हरिमोहन को। इसलिए अपने सफ़ेद पुलोवर की बाँहों को देख रहा था, जो सुरंग की कालिख से स्याह हो गई थीं। सोच रहा था कि हरिमोहन देखकर पूछेगा, तो...? वह हरगिज नहीं मानेगा कि यह मेरी पहली बार थी।

"ड्राई-क्लीन कराना पड़ेगा," वह हँसी।

"इसी समय पहने-पहने तो ड्राई-क्लीन हो नहीं सकता," मैं खीझ के साथ बुदबुदाया। सोचा कि उसे तो पता होगा पहले से सुरंग की कालिख का। जब उसे सुरंग का पता था कि दिन के दस बजे वहाँ आउट-डोर में यह हो सकता है, तो और सब भी पता होगा। तो क्या दो दिन में भी वह एक से ज्यादा बार वहाँ आ चुकी थी? उसने कहा था कि वे लोग शिमला पहली बार आए हैं।

"आप चले जाइए शार्ट-कट से। हम बाद में सड़क से घूमकर आएँगे," वह बोली। शार्ट-कट के पास अलग होने के साथ ही हम पहले की तरह अजनबी हो गए। जैसे उस समय थे जब होटल से निकले थे। अलग-अलग और दस मिनट के फर्क से।

पगडंडी से हिंदू लॉज की तरफ चढ़ते हुए सोच रहा था कि आसान शायद यही होता है—एक अजनबी का अजनबी के साथ। कल शाम को सिर्फ देखा भर। सुबह दो-चार मिनट बात हुई। बालकनी पर, मौसम के बारे में। फिर कमरे के सामने से गुजरते हुए एक मुसकराहट और सवाल, "घूमने चलिएगा? हमारे ये तो हाई कोर्ट गए हैं। हम सोच रहे हैं दो घंटे कहीं घूम आएँ। हम चल रहे हैं माल पर। आप आ जाइए दस मिनट में आना हो तो।" और बस।

पगडंडी पर चढ़ते हुए कुछ छोटी-छोटी टहनियाँ तोड़ लीं। टूट-टूटकर इतनी छोटी हो गईं कि और नहीं तोड़ी जा सकीं, तो फेंक दीं। इससे पहले कितनी बार चाहता था कि यह हो सके—कितनी-कितनी मंजिलें तय की थीं इसके लिए। योजनाएँ और भूमिकाएँ। नतीजा कुछ नहीं। क्योंकि परिचय से एक दीवार उठ आती थी। 'परवाह' हो जाती थी। 'जानने' की कुंठा।

माल पर आकर होटल में उतरने से पहले कुछ देर 'पुरुष' के अंदर रुका रहा। अपने को देखता रहा, कि क्या कुछ फर्क पड़ा है? और क्या बस यही होता है—इतना ही?

होटल के लकड़ी के जीने पर आकर फिर एक बार रुक गया। हरिमोहन आ चुका था। अपने पुलोवर की बाँहों को एक नजर देख लिया। लगा कि उसके अलावा भी शायद पता चलने को बहुत कुछ है। साँस में बसी सुरंग के रिसते पानी की गंध। आँखों में भरी गोलाइयाँ जिन्हें पहली बार इतना नंगा और भरपूर

देखा था—और किसी भी क्षण गाड़ी के सुरंग में आ जाने का डर।

●

3

**शिमला...?**

माल। कॉफी हाउस से स्कैंडल पाइंट। स्कैंडल पाइंट से छोटा शिमला। बातें, बहस-मुबाहिसे, कहकहे। पैरों के नीच डेढ़-डेढ़ फुट की एड़ियाँ। इतने से भी काम न चलने पर ऊँचे-से-ऊँचे उछलने की कोशिश। "मेरे दृष्टिकोण से..." उस दृष्टिकोण के रास्ते में ही कट जाने पर दूसरा दृष्टिकोण। फिर तीसरा। उसमें भी मार खा कर पैर ज़मीन पर, एड़ियाँ गायब। दृष्टि का केवल एक ही कोण—कोलतार की सड़क से नब्बे डिग्री का।

●

4

**शिमला...?**

मैं अपने किसी भी व्यवहार के लिए उत्तरदायी क्यों हूँ? जब जो हो जाता है, हो जाता है, और जैसे हो जाता है, वैसे ही होना स्वाभाविक है। मैं अपने गाल पर उस तरह थप्पड़ नहीं मार सकता जैसे दूसरे के गाल पर। दूसरा इससे रोने लगे या मेरे दाँत तोड़ दे, यह उस पर निर्भर करता है। यह फिर मुझ पर निर्भर करता है कि मैं उसकी पीठ सहला दूँ या उसके बाल नोंच लूँ। क्योंकि आवेश का हर क्षण—मेरा या दूसरे का—स्वयं अपने लिए उत्तरदायी है। ऐसा न हो, तो मर जाए आदमी—एक ही दिन में पचास-पचास तरह के उत्तरदायित्व ढोते। सब एक-दूसरे के विपरीत और एक-दूसरे को काटते हुए। अजब आवेशों पर वश नहीं अपना, तो उत्तरदायित्व भी अपना कोई नहीं। अगर कभी खाँसी उठती है, तो मैं उत्तरदायी होता हूँ? बुखार चढ़ता है, तो मैं उत्तरदायी होता हूँ? तो फिर अपने स्नायुओं की और सब प्रतिक्रियाओं के लिए क्यों मैं अपने को उत्तरदायी मानूँ? ...अब इस बात का डिप्रेशन है कि सुबह गुस्सा क्यों किया। न किया होता, तो दूसरा डिप्रेशन होता कि क्यों नहीं किया। उत्तरदायी दोनों हालतों में मैं ही—क्यों?

●

## 5

**शिमला...?**

अभी बाहर से आया, तो इतना खुश था। पर खिड़की खोलकर कुर्सी पर बैठने तक मन उदास क्यों हो गया? समुद्र के ज्वार-भाटे का तो एक निश्चित गणित है, पर मन के ज्वार-भाटे का?

शायद है इसका भी एक गणित। अकेलेपन से भीड़ में जाने का ज्वार। भीड़ से अकेलेपन में लौट आने पर भाटा। कानों से कई-कई स्वर टकराते रहने पर ज्वार। स्वरों के ऊब जाने पर भाटा। आँखों के रंगों में भटकते रहने पर ज्वार। रंगों से अँधेरे में लौट आने पर भाटा। पर नहीं। अभी जीना चढ़ने-उतरने तक तो मन ज्वार में था। खिड़की खोलते ही अचानक इसे क्या हो गया?

शायद भाटा ही रहा दिनभर। सतह पर ज्वार नहीं, झाग था—रोज की तरह आज भी अपने को दोहराने का। वही जगह, वही लोग, वही बातें। उसी तरह हँसना, लड़कियों को ताकना, फब्तियाँ कसना। मन में आई बात कह सकने के लिए अपने से बाहर उबल-उबल पड़ना। इतना झाग उछालना कि हर दूसरे का झाग बैठ जाए। इस सबसे पैदा हुई ऊब और थकान को कहीं नीचे दबाए रखना। उत्साह के साथ हाथ हिलाकर साथियों से विदा लेना। डग-डग-डग-डग कच्ची पगडंडी से घर की तरफ उतरना। घुटनों में जबर्दस्ती चुस्ती लाकर जीना चढ़ना। झटककर ताला खोलना और अँधेरे में ड्रेसिंग टेबल के आईने से गुजरते अपने अक्स को देखना। स्टडी में आकर खिड़की की चटखनी खोलना, हवा से सिहरना, देवदारों की सरसराहट शरीर में महसूस करना। लिखने का पैड सामने रखकर बाहर देखना, सोचना। सतह का फेन बैठ जाने से उदासी की तहों में उतरते जाना। फिर अपने को झटककर उठ जाना। खाना गर्म करने के लिए स्टोव का बटन दबा देना। टिफिन के डिब्बों की सूँ-सूँ, दाँतों की चपर-चपर। फिर खिड़की बंद कर देना...सो जाना।

क्या यह भाटा इसी बात का नहीं कि वास्तविक ज्वार कभी नहीं आता? जो ज्वार की तरह महसूस होता है, वह केवल ज्वार का अभिनय होता है? मेरा दूसरों से, दूसरों का मुझसे—हममें से हर-एक का हर-एक से!

अब?

क्या?

उठो।

क्यों?

खाना खाओ।

क्यों?

भाड़ में जाओ।

क्यों?

●

## 6

## शिमला...?

बहुत कोफ्त होती है इस जिंदगी से। सुबह उठते ही पहला ख्याल कि गिरजे की घंटियाँ बजने में कितना वक्त है। कभी बीस मिनट मिलते हैं, कभी तीस मिनट। उतने में ही नहाना, खाना, तैयार होना होता है। प्रभु ईसा को कभी नौकरी नहीं करनी पड़ी। वरना सारा टेस्टामेंट ही बदल गया होता। खासतौर से अगर नौकरी मिशनरी स्कूल की होती। मिस्टर फिशर जैसे हेडमास्टर से पाला पड़ा होता। 'दि ग्रोटो' इस कोठी का नाम है जो हमें स्कूल से मिली हुई है। ईसा मसीह के जन्म-स्थान के नाम पर। क्या ईसा मसीह को भी उस तबेले में वैसी ही उलझन होती रही होगी जैसी मुझे यहाँ होती है?

सुबह उठते ही बेड-टी का बटन ऑन। पानी जरा-सा गर्म होते ही शेव, टॉयलेट और सूट-बूट। काला चोगा। चलते-चलते चाय की प्याली। स्कूल के आधे रास्ते में डिंग-डांग, डिंग-डांग। वक्त पर गिरजे में पहुँचने के लिए दौड़। हाँफते हुए मास्टरों की लाइन में शामिल। दूसरी लाइन में तीसरी सीट। "अवर फादर, हू आर्ट इन हैवन, हैलोड बी दाई नेम..." एक-एक करके सात पीरियड। पढ़ा सकते थे ईसा मसीह इतने पीरियड? इससे कहीं आसान था क्रॉस कंधे पर लेकर चलना।

वही रोज की जिंदगी—अनचाही। अनमने ढंग से किया काम। फुसफुसी फुलझड़ियों जैसी बातें : "हऊ फाइन!", "हऊ नाइस!", "डिड यू गो टु द माल येस्टरडे?", "हऊ इज द लिवर?", "हऊ मैनी पीरियड्स मोर?"

ऑक्स फॉर सेल—कैन ऊ सैवन पीरियड्स ए डे!

वही सब जो कल हुआ था, आज भी हुआ और कल भी होगा। एक लंबे सिलसिले की एक-सी कड़ियाँ, एक-से ढंग से रोज-रोज जोड़ते जाना। ऐसा कुछ नहीं, जो इस सिलसिले से बाहर या हटकर हो। सीधी-सीधी कड़ियाँ और ढीली-ढीली गाँठें। जैसे यह जिंदगी नहीं, फकत एक जिंदगीनुमा खेला है। हम सब ईसा मसीह के बच्चे रोज यह खेल खेलते हैं। "अवर फादर, हू आर्ट इन हैवन..."

दिन बीतने तक एक थकान। होने की नहीं, न होने की। क्यों आज का दिन कल के दिन में ऐसा नहीं उलझ जाता कि सचमुच होने का एहसास हो? गाँठें

कुछ इस तरह उलझ जाएँ कि उन्हें सुलझाने-सुलझाने में उँगलियों के पोर टूटने लगें? अपना आप उन गाँठों में इस तरह कसा लगे कि एक-एक दिन उन्हें खोलने या तोड़ने के हताश संघर्ष में बीते? लगे कि होने की वास्तविकता यह है। मैं यह हूँ जो सुबह से शाम के बीच इतना दुखता हूँ, इतना छटपटाता हूँ। यह नहीं जो दो स्लाइसों के साथ दो अंडों की जर्दी निगलकर चॉक से ब्लैक-बोर्ड पर लकीरें खींचता हूँ। "हऊ आर यू टुडे?", "क्वाइट वैल, थैंक यू" वाला मैं नहीं—"डैम यू, यू राटन स्वाइंज! डैम यू, यू स्टिकिंग बिचिज" वाला मैं। पर वह मैं कहाँ हूँ?

●

## 7

**शिमला...?**

रात। खिड़की के बाहर सरसराते देवदार और अँधेरा। कुछ आवाजें। चिचियाते कीड़ों की। एक भौंकते कुत्ते की। हवा। दूर एक धुँधली-सी रेखा—सामने की पहाड़ी के 'वी' कट की।

हवा में कुछ सिहर रहा है। अँधेरे में भी। मेरे अंदर में भी। जैसे अभी-अभी कुछ होने को है। हवा, अँधेरा और मैं—सब उसके होने की प्रतीक्षा में हैं। हर क्षण सोच रहे हैं कि बस अब अगले ही क्षण से वह होना शुरू होगा। इससे अगले क्षण से।

निचले रास्ते से कोई सीटी बजाता जा रहा है। हवा, अँधेरा और मैं—तीनों उस आवाज की पृष्ठभूमि हैं। वह भी, जो सीटी बजा रहा है। वास्तविकता है सिर्फ आवाज। जैसे वह गुजरकर जानेवाले की नहीं, रास्ते की अपनी आवाज है। जैसे दूर से पैरों की आवाज सुनकर रास्ता ही सीटी बजाता उस आवाज के पीछे हो लिया है। इस समय करना क्या है? यहीं बैठे रहना है, या बत्ती बुझाकर नीचे उतर चलना है? इस आवाज को सुनते रहना है या इसका पीछा करना है?

कुछ नहीं करना है। सिर्फ बैठकर सोचते रहना है। सिगरेट के दो-चार कश खींचकर सोने की सोचना है।

कितने-कितने रास्ते हैं, जिन पर चल पड़ने को मन करता है। उनसे आगे भी कितने रास्ते हैं, जिनके मोड़ तक भी कभी नहीं पहुँचेंगे। सड़कों, पटरियों और पगडंडियों की शक्ल में कितना बड़ा गुंझल है रास्तों का। उस गुंझल में पहाड़ और समुद्र, उत्तरी और दक्षिणी ध्रुव, सभी-सभी एक-दूसरे से मिले हुए हैं। यहाँ का स्कैंडल पाइंट न जाने कहाँ की अबरक की खानों से, यह घर 'दि ग्रोटो', न जाने कहाँ के 'विला मैरीना' या 'विला पैरेडाइज' से। सब एक-दूसरे से मिले होने पर भी उस गुंझल में खोए हुए—उसके इस सिरे से उस सिरे तक का तार निकाल

लेने में असमर्थ।

कैसे हो सकता है कि, चाहे एक क्षण के लिए ही, आदमी सब रास्तों को एक साथ एक नजर से देख सके? धुंध में लिपटे इस सारे भूलभुलैया का एक क्षणिक-सा ग्राफ हासिल कर सके? जिंदगी भर 'दि ग्रोटो' के लॉन में ही चहलकदमी न करता रहकर हर 'विला मैरीना' और हर 'विला पैरेडाइज' को भी, चाहे आँख से ही, एक-एक बार छू सके?

सीटी की आवाज अब नहीं रही। चलो, एक रास्ते से तो छुट्टी मिली। खामखाह सोने से पहले यह रास्तों का गुंझल दिमाग में भर लिया। इससे अच्छा था किताब पढ़ते या आग तापते हुए कोयलों से झड़ती राख को देखते। या चुपचाप दराज खोल लेते और जो चिट्ठी सबसे पहले हाथ लगती, उसका जवाब लिखने लगते। समस्या इतनी ही तो है कि अभी साढ़े दस बजे हैं और नींद बारह-साढ़े बारह से पहले नहीं आएगी। और कुछ न करते, तो आनेवाले महीने का खर्चा ही गिनते।

●

## 8

**शिमला...?**

परसों पूर्णिमा थी। घर लौटते हुए अचानक सड़क के एक मोड़ पर रुक गया था। घाटी में फैली चाँदनी हलके पानी की नदी जैसी लग रही थी। जैसे सड़क की मुंडेर लाँघकर उसमें उतरा जा सकता हो।

आज लौटते हुए फिर उसी मोड़ पर रुका। उसी तरह घाटी की तरफ देखा। अपने पर हँसी आई कि परसों क्या बेवकूफी की बात सोच रहा था।

आज टेंपरेचर फ्रीजिंग पाइंट से पाँच डिग्री कम है।

●

## 9

**शिमला...?**

आज म... को दो बार रुला दिया। बुरी तरह। उसने तीखे स्वर में एक बात कह दी—बस चोट खाए अहं से उसे डसने लगा। डस लेने के बाद जब उसका बुरा हाल देखा, तो उस जहर को चूसना शुरू किया। मगर इसके बाद उसे फिर स्वस्थ होते पाया, तो सारे चूसे हुए जहर से फिर डस लिया। फिर इस तरह, जैसे ज्यादती उसी की हो, उसके पास से उठकर चला आया। डेविकोज में अकेले बैठकर बियर पी—बर्फानी सर्दी से ठंडी। फिर माल पर दोस्तों के बीच हँसने की कोशिश की।

पर हँसते हुए भी अपना-आप अंदर के जहर से अपने को डसता रहा। एक बार सोचा कि जाकर उससे माफी माँग लूँ। उस रास्ते की तरफ बढ़ा भी। मगर गया नहीं। अपने जहर में घुलता हुआ घर लौट आया।

●

## 10

### शिमला...?

रिपोर्टें पूरी कर लीं आज। कल और परसों रात-रात तक कॉमनरूम में बैठकर यह काम पूरा करते रहे सब लोग। बीच-बीच में हलके मजाक। छुट्टियों में कौन क्या करेगा। कहाँ जाएगा, इसकी चर्चा। अँधेरा होने से पहले घिरते सायों के साथ घिरती एक उदासी। अपने ही किए निर्णय को लेकर मन में एक संघर्ष। "छुट्टियों के बाद तो अब तुम्हें तुम्हारी मिसेज के साथ ही देखेंगे।" इस वाक्य का एक हलका आतंक। हर बार इससे बचने की कोशिश। मुसकराकर या व्यस्त होकर इसे टाल जाने की कुशलता।

...मन में क्यों उत्साह नहीं है? उस दिन, सिर्फ एक दिन, उत्साह हुआ था, जिस दिन उसे स्वीकृति का पत्र लिखा था। उसके बाद मन जैसे उस स्वीकृति के शिकंजे में कसा रहा है। कितना चाहा है कि किसी तरह इससे निजात मिल जाए—कुछ ऐसा हो जाए, जिससे यह बात टूट जाए, या कम से कम टल तो जाए ही। उस दिन सोच रहा था कि दुर्घटना हो जाने का तार दे दूँ। या पत्र लिख दूँ कि डॉक्टर ने टी.बी. बता दिया है। फिर एक ख्याल कि दूसरे को मानसिक रूप से इस बिंदु तक लाकर पीछे हट जाना, यह बहुत ज्यादती होगी। क्या कुछ ऐसा नहीं हो सकता, जिससे उसी तरफ से इस संबंध को तोड़ने का प्रस्ताव आ जाए?

कारणों में एक कारण क्या म... भी नहीं है? उससे परिचय हुआ, जब स्वीकृति भेज चुका था। म... ने उस दिन कहा था, "क्यों नहीं इनकार का पत्र लिख देते? इस विषय की चर्चा से तुम्हारा चेहरा ऐसे उतर जाता है कि मुझे नहीं लगता तुम शादी करके खुश हो सकोगे।" उसके सामने इस बात पर हँसा था। जिद करके कहा था कि मैं उसे प्यार करता हूँ। "तुम्हारी बातों से तो लगता है कि तुम प्यार उसे नहीं, उन पत्रों को करते हो, जो उसने तुम्हें लिखे हैं।" वह बोली थी। इस पर एम.पी. ने उसे डाँट दिया था, "यह क्या हिमाकत है कि तुम शादी से पहले ही उसके मन में इस तरह के विचार बिठा रही हो?" वह इससे तल्ख होकर उठ गई थी। चाय पीने भी नहीं आई थी।

एम.पी. बिलकुल दूसरे ढंग से बात करता है। "अपनी पसंद की लड़की से शादी करने से अच्छी कोई बात नहीं। तुम जिस तरह नौकरी छोड़कर सिर्फ लिखने

में लगे रहना चाहते हो, उसमें वह तुम्हारी मदद करेगी। म... तो बेवकूफ लड़की है। ऐसे ही जो मुँह में आता है, बक जाती है।"

अगर एम.पी. उत्साह देता, तो शायद दूसरा निर्णय कर लेता। उसने कभी ऐसा आभास नहीं दिया कि उसकी इसमें दिलचस्पी हो सकती है। और दिलचस्पी किसी तरह की आज तक म... ने भी जाहिर नहीं की। सिर्फ परिचय के दिन से ही इस संबंध को लेकर अपनी नापसंदी जाहिर की है, बस। रुकाव उसे भी एम.पी. की ही वजह से महसूस होता है शायद। मैंने उनके सामने अपनी जिद रखने के लिए हमेशा एक वाक्य की आड़ ली है। "मेरे मन में स्त्री की जो कल्पना रही है, वह उससे इतनी अलग है कि मुझे विश्वास है, मैं उससे प्यार कर सकूँगा।" म... इस पर मुँह बना देती है, पर एम.पी. को यह वाक्य बहुत अच्छा लगता है। "यह वाक्य तुम्हें किसी कहानी में इस्तेमाल करना चाहिए," वह कहता है।

मैं शायद चाहता रहा हूँ कि वे लोग मुझे जबरदस्ती इस संबंध से रोकें, जिससे मैं उन पर एहसान करके उस संबंध को तोड़ दूँ। मगर वे जबरदस्ती क्यों रोकें? और म... के सिवा बाकी सब लोग तो इसके पक्ष में हैं ही। म... की भी इसमें क्या दिलचस्पी हो सकती है? वह अब भी जितना कहती है, एक परिचित का 'भला' चाहने के नाते ही तो कहती है? इससे ज्यादा उसे क्या है?

कुल तीन दिन हैं यहाँ से चलने में। दस दिन शादी में। ऐसे में मुझे इस तरह की बातें हरगिज नहीं सोचनी चाहिए। शीला में अपना एक व्यक्तित्व है। उस समय उसके पक्ष की बात मैं नहीं सोच पाता—यह इसलिए न कि वह अपना पक्ष रखने के लिए सामने नहीं है?

यहाँ से चलने तक तीनों दिन कुछ करने को नहीं है। अच्छा होता अगर ये दिन इतने खाली न होते। पिछले दस दिन से व्यस्तता के कारण ही एम.पी के यहाँ नहीं गया। ये तीन दिन भी उसी तरह निकल जाते, तो सिर्फ जाते हुए एक बार मिल आता। मगर आज रात का खाना एम.पी के यहाँ है। उसने फोन पर कहा था, "म... कह रही है, आज वह खुद तुम्हारे लिए गोश्त पकाएगी।" अगर किसी तरह आज के खाने से बच सकता...

फोन से हटा, तो ए.डी. ने अपनी अंग्रेजी शिष्टाचार की मुसकराहट के साथ पूछ लिया, "समथिंग रांग समव्हेअर? व्हाइ आर यू लुकिंग सो पेल?"

"ऐम आई?" उसी मुसकराहट के साथ मैंने भी उससे कहा, "जस्ट ए क्वेश्चन ऑफ लाइट एंड शेड आई थिंक।"

"आई बिलीव सो," उसने जिस अंदाज से कहा, उसका मतलब था, "आई टोंड बिलीव इट।" मैं एक बार और उसी तरह मुसकराकर ऑफिस से बाहर चला आया।

●

11

**शिमला...?**

? ? ?

●

1951

●●●●●●●

12

**शिमला...?**

वापस घर...घर?

ब्लैंक, ब्लैंक, ब्लैंक।

इसका क्या करना होगा—इस डायरी का?

अच्छा है, अकेला ही लौट कर आया। वह नोटिस पीरियड पूरा करके आएगी। माँ और वरीन कल अमृतसर से आ जाएँगे।

स्कूल खुलने के दिन बर्फ पड़ गई। अकेले घर में बिना बुखारी के हाथ-पैर सुन्न हो रहे हैं। कमरों में जो कुछ बिखरा है, उसे समेटने की हिम्मत नहीं है। बिखराव उस दिन का है जिस दिन हम दोनों यहाँ आए थे। कुछ घंटों के लिए। सुबह कालका से स्टेशन-वैगन में यहाँ, शाम को यहाँ से टैक्सी में वापस। खास किसी से मिले नहीं, सिवाय डॉ. मदान और शरर के। शरर ने कॉफी पिलाई। डॉ. मदान ने क्वालिटी में खाना खिलाया। जाने से पहले उन्होंने कहा था, "मुबारकबाद देखने के बाद दूँगा।" मगर मुबारकबाद उन्होंने नहीं दी। शरर ने बल्कि एक बहुत क्रूड बात उससे कह दी। "किसी नाजुक-सी लड़की का इस गोल-मटोल आदमी के साथ गुजारा भी न हो पाता।" वह इससे काफी बुरा मान गई थी।

उससे पहले बंबई गए थे—हनीमून के लिए। बंबई से लौटकर अमृतसर। अमृतसर से जालंधर। जालंधर में दुर्गा ने कुछ तसवीरें ली थीं। अपने बोहीमियन अंदाज में सिगरेट फूँकते हुए हँसकर कहा था, "देखिए, इस आदमी को आपको काफी कसकर रखना होगा। हम लोगों के काबू में तो यह आया नहीं। मैं इससे कहता रहा हूँ कि एक ही बार तेरी ऐसी लगाम खिंचेगी बच्चू कि..."

दुर्गा ने प्रिंट इलाहाबाद भेजे थे। हर तसवीर दोनों की थी। वह देखकर परेशान हो गई थी। "ये कैसी खींची हैं तसवीरें उसने? आपकी तो हर तसवीर अच्छी है, और हमारी..."

तसवीरें दोपहर की डाक से मिली थीं। रात को फाड़ दी थीं। "यहाँ पटेल के स्टूडियो में तसवीर खिंचवाएँगे।" उसने बिस्तर में साथ लिपटे हुए कहा था।

इलाहाबाद। होटल फिनारो। बंबई। सी-व्यू। पहली रात जब रेखा, चमन और शील भी वहाँ रहे थे। लारेंस होटल। वापस इलाहाबाद। उनका घर। अश्क परिवार। सिविल लाइंस। ईवनिंग इन पेरिस। ऊपर के स्टोर में बिस्तर। नीला बल्ब। उसके माँ-बाप, भाई। मटर, गुझिया। हनी-ड्यू।

अमृतसर। कीचड़। ननिहाल का घर। म्यानी की रात। दिन। खुले बालों ऊपर से उतरी वह।

इलाहाबाद। एक अदृश्य व्यक्ति, राजा भैया। बिस्तर में लेटे हुए उसका एक वाक्य "पत्र हमने लिखा था।" बादल। मुक्ति? नहीं।

अमृतसर से वरीन का पत्र। चल देने का बहाना। दिल्ली। शील और सतिंदर।

शिमला...इसके बाद?

●

कई दिनों से आँखें दर्द कर रही हैं। कल आया सिंह को दिखाया था। पता चला, चश्मे का नंबर बदल गया है। नया चश्मा लगेगा।

●

## 1952

●●●●●●●

## 13

### शिमला...?

विवाहित जीवन के उन्नीस महीनों के बाद...

उसे गाड़ी में बैठाने के बाद काफी देर डेविकोज और कॉफी हाउस में बैठा रहा। हँसने की कोशिश की। उसे विमेंज ट्रेनिंग कॉलेज, दयालबाग कॉलेज में लेक्चरर-इन-इकनॉमिक्स की जगह मिल गई है। सात तारीख से जॉयन करेगी।

उसे छोड़कर स्टेशन से लौटते हुए मन बहुत बेचैन हो गया था। डेविकोज में जाने से पहले डाकखाने में रुककर उसे एक पत्र लिखा। उसे वहाँ पहुँचने के अगले रोज मिल जाएगा।

डेविकोज में बियर और तली हुई मछली। फिश फिंगर्स। कॉफी-हाउस में डोसा। शाम का खाना हो गया। घर जल्दी लौटने की कोई वजह नहीं थी, फिर भी ज्यादा देर बाहर नहीं रुका गया।

सिंह की कोठी के पास रुककर नीचे अपने घर को देखा। बत्तियाँ बुझी होने से अच्छा नहीं लगा। जीने से ऊपर आते हुए अपने पैरों की आवाज अजीब-सी

लगी। जैसे जीने की लकड़ी आज वह न रही हो जो कल तक थी। ठंडक भी कुछ ज्यादा महसूस हुई।

कमरे में आकर साथ-साथ सटे पलंगों को देखा। स्कूल से मिले हुए अलग-अलग आकारों के दो पलंग, जो कभी ठीक से एक दूसरे से नहीं सट पाते—एक कमान-सी दरार हमेशा उनके बीच बनी रहती है। उसके जाने से पहले तय किया था कि लौटकर अपना पलंग मैं स्टडी में कर लूँगा। आज तक घर का सिर्फ यही हिस्सा—यह ग्लेज्ड बरामदा, जिसमें मैंने अपनी पढ़ने की मेज लगा रखी है, मुझे अपना लगता रहा है। खासतौर से माँ और वरीन को अमृतसर भेजने के बाद से। निचले हिस्से में तो उसके बाद कभी खास बैठा ही नहीं। जिस दिन माँ और वरीन को स्टोर में शिफ्ट करके नीचे बाहर के कमरे को उसने 'प्रॉपर' ड्राइंग-रूम बनाया था, उस दिन से उस कमरे में सिर्फ मिलने आनेवालों के साथ ही बैठा हूँ, अकेला शायद कभी नहीं। मगर आज जब कि नीचे-ऊपर कहीं कोई नहीं है, यह स्टडी भी अपनी नहीं लग रही। बेड-रूम से पलंग यहाँ ले आने को मन नहीं कर रहा। मन में एक धुकधुकी-सी महसूस हो रही है कि क्यों न मैं भी अब इस घर को खाली कर दूँ? माँ और वरीन चले गए हैं, शीला चली गई है—कारण चाहे जो भी रहे हैं—तो मैं ही क्यों अब यहाँ रहूँ? मगर सोचना शायद यह है कि मुझे सिर्फ क्वार्टर बदलना है या इस शहर को ही छोड़ देना है?

कभी-कभी लगता है कि दिमाग बूढ़ा हो गया है। कुछ भी सोचने या तय करने की शक्ति इसमें नहीं रह गई। शीला के जाने का निश्चिय भी तो कितने-कितने अनिश्चयों के बीच से हुआ है। क्यों यह सब ऐसे हुआ है और वैसे नहीं जैसे कि इसे होना चाहिए था?

उसका पत्र शायद सात-आठ तक मिलेगा। पता नहीं वहाँ जाकर उसे कैसा लगता है। और मुझे कैसा लग रहा है? कल शाम तक कनविंस तो अपने को यही कर रहे थे कि दूर रहकर शायद हम ज्यादा अच्छे मित्र बने रह सकते हैं। मगर यह सब कहना-सोचना क्या सिर्फ लॉजिक के स्तर पर ही नहीं था? या अपने को झुठलानेवाले एक विश्वास के स्तर पर? कहीं हम दोनों, इस कार्यक्रम को लेकर, एक-दूसरे से अभिनय नहीं करते रहे हैं? स्टेशन पर भी, जब वह मैगजीन के पन्ने पलट रही थी, यह अभिनय ही नहीं चल रहा था? उसे कब कितनी छुट्टियाँ होंगी और मुझे कब कितनी, इसका हिसाब क्या अपने बीच की वास्तविकता को ढाँपने का एक बहाना ही नहीं था?

सच कितनी तोड़-फोड़ हुई है इस बीच। उसके अंदर, मेरे अंदर। शायद माँ और वरीन के अंदर भी। कहीं हम सब एक-दूसरे के प्रति शिष्ट होने के प्रयत्न में अपने-अपने को कितना छीलते रहे हैं! जहाँ अंदर की एकात्मकता न हो, वहाँ एक का दूसरे को बर्दाश्त करना कितना बड़ा संकट होता है! यह संकट हममें

से हर एक ने सहा है और सहते-सहते घर खाली होता गया है। शायद अंतिम परिणाम इसका यही होना है कि मैं भी इस घर को खाली कर जाऊँ।

परीक्षा का परिणाम अभी नहीं आया। शायद उससे निर्णय लेने में सहायता मिले।

मन हो रहा है कि फिर बाहर निकल जाऊँ, कुछ देर अकेला घूम लूँ। मगर...लौटकर फिर उसी तरह जीना चढ़ना होगा, उसी तरह अकेले कमरे में दाखिल...यूँ भी डेढ़ बज गया है और...

●

## 14

### शिमला–15–9

क्यों ये अस्थिरता और तनाव हर वक्त बने रहते हैं? क्यों नहीं किसी भी वक्त अपने को सहज और सुस्थित महसूस कर पाता? कभी लगता है कि यह अस्थिरता अपनी व्यक्तिगत परिस्थितियों के कारण है। कभी लगता है कि यह निश्चिंत होकर लिखना चाहने और न लिख पाने के कारण है।

अंदर जो लावा उफनता रहता है, वह शारीरिक है या मानसिक? इतना तो लगता है कि वह लावा अपने लिए रास्ता चाहता है—यह उसे रास्ता न मिलने की ही खलबली है, जो इतना बेचैन बनाए रखती है। मगर लिखने बैठने पर सिर पथरा जाता है और जो थोड़ा-बहुत लिखा जाता है, वह सब बेकार और अवास्तविक लगता है। इस बीच कई बार कोशिश की है एक उपन्यास लिखने की, पर हर बार बीस-तीस पन्ने लिखने के बाद फाड़ दिए हैं। घटनाएँ, व्यक्ति, अपना जाना-समझा सब कुछ—वह किसी तरह ढलता ही नहीं एक ढाँचे में। इससे लगता है कि वह कुछ मेरे अंदर नहीं है जिससे व्यक्ति सचमुच लिख सकता है। वरना लिखने के लिए क्या पहाड़ खोदने की जरूरत है?

कभी-कभी लगता है कि शब्दों का माध्यम ही बहुत अधूरा है। अपनी बात कह सकने के लिए कोई और माध्यम चाहिए—संपूर्ण माध्यम। पर संपूर्ण माध्यम क्या कोई भी है? कहीं आदमी रंगों से जकड़ा रहता है, कहीं मुद्राओं से। फिर?

परंतु अभिव्यक्ति का कोई माध्यम हो, यही क्यों आवश्यक है? क्यों नहीं मैं केवलजी कर—देख-सुन-चखकर—संतुष्ट रह सकता?

क्यों नहीं—अब इसका क्या उत्तर है? कोई तर्क-संगत उत्तर हो भी, तो क्या उससे इस लावे से छुटकारा पाया जा सकता है?

उस दिन म...से भेंट हुई थी। उसकी शादी के बाद पहली बार। शादी में हम दोनों गए थे, मगर बीच से ही उठ आए थे। मुश्किल से पाँच मिनट बैठे

थे। एम.पी. के पिता ने तब कहा था, "फीलिंग आउट ऑफ सॉर्ट्स?" इसलिए कि जमघट सरकारी अफसरों का था?

म...से भेंट हुई गेंडामल में। वह कुछ खरीद रही थी। "आजकल क्या लिख रहे हो?" उसने पूछा। उसे एक लंबा-सा जवाब दिया। पर बोलते हुए अपने को ही लगा था कि उसमें कुछ कह सकने से ज्यादा कोशिश सिर्फ बोलते जाने की है। बीच में वह दुकानदार से बात करने लगी, तो विश करके जल्दी से बाहर निकल आया।

कुछ किताबें पढ़ी हैं। बहुत दिनों के बाद। प्राण नागपाल ने 'नदी के द्वीप' की प्रशंसा की थी। पढ़ते हुए लगता रहा जैसे कोई लगातार मुझसे झूठ बोल रहा हो, अपना एक अधूरा-सा अनुभव पूरे अनुभव के रूप में मेरे ऊपर लादने की स्मार्ट कोशिश कर रहा हो।

दिमाग में या जंग लग गया है या किसी मकड़ी ने जाला बुन दिया है। कोई ऐसा पाउडर या स्प्रे होना चाहिए जिससे किसी इतवार को इसकी सफाई की जा सके।

●

## 15

### शिमला--3–10

स्कूल। ड्यूटी का दिन। प्रेप टाइम।

लड़के क्लासों में हैं। अब घंटा-सवा घंटा सिवाय बरामदों में घूमकर 'ड्यूटी' देने के कोई काम नहीं। सिक्स्थ फार्म से इस तरफ को आते हुए हँसी आई अपने पर। अपने काले चोगे की वजह से। क्लासें पढ़ाने के लिए ही नहीं, शाम की ड्यूटी देने के लिए भी चोगा पहना। क्यों? क्योंकि तुम मास्टर हो। मतलब जो ड्यूटी दे रहा है, वह मास्टर है। तुम जाओ भाड़ में।

इस समय मन में आ रहा है कि अगर मैं अभी अपना चोगा उतारकर यहीं रख दूँ और अलग खड़ा हो जाऊँ? तब न चोगा मास्टर रहेगा, न मैं। तो फिर मास्टर हम दोनों में से कौन है? हम दोनों एक मास्टर-यूनिट के दो स्पेयर-पार्ट हैं, जिन्हें जोड़ने से मास्टर नाम का यंत्र तैयार होता है? या एक कैमिकल मैं हूँ जिसमें यह दूसरा कैमिकल चोगा मिलाने से मास्टर नाम का सॉल्यूशन हासिल होता है।

बरामदे के इस हिस्से में आकर हर बार कदमों की रफ्तार सुस्त पड़ जाती है। सामने स्कूल की घंटी का पीतल ऊबते सूरज की लाली में बहुत अकेला और उदास नजर आता है। उसे देखकर लगता है कि वह भी एक स्पेयर-पार्ट है जो

अपने अंदर से गूँज पैदा करने के लिए गांग की चोट की प्रतीक्षा करता है—मगर क्या सचमुच इसकी हस्ती एक स्पेयर-पार्ट के रूप में ही है—वरना पीतल के चमकते डिस्क के रूप में यह कुछ भी नहीं?

मन होता है कि चोगा उतार दूँ और इस पीतल के डिस्क को लेकर स्कूल से नीचे जानेवाली किसी कच्ची पगडंडी पर उतर जाऊँ। वह चाहे जहाँ ले जाए। उसके बाद कम से कम हम दो तो ड्यूटी देने से बच जाएँ—यह पीतल और मैं।

सामने वी कट की पहाड़ी है। पहाड़ियाँ तो सभी वी कट की होती हैं। यह भी है। इसे देखते हुए हर बार लगता है कि किसी दिन इसके वी कट को पार करके उस तरफ जाना है, जो यहाँ से ओट में है, उसे उधर जाकर देखना है।

जाने क्यों हर वक्त यह बेचैनी मन में बनी रहती है कि यहाँ नहीं रहना है—बल्कि जहाँ कहीं भी होऊँ, वहाँ नहीं रहना है, रहना कहीं और जाकर है। आनेवाले कल की शाम यहाँ इस तरह यह करते हुए नहीं काटनी, कहीं और जाकर काटनी है, किसी और तरह, कुछ और करते हुए।

ड्यूटी के दो राउंड और पूरे कर लिए हैं। अँधेरा हो गया है। पीतल अब नहीं चमक रहा। अब वह एक काला डिस्क है, जिसके नीचे तीन पैरों का स्टैंड है। मेरे दिमाग से भी कच्ची पगडंडी गायब हो गई है। चपरासी घंटी बजाने जा रहा है। मुझे भूख लग गई है। घंटी बजते ही घर की तरफ भागना है—अर्थात् एक खाली जीने और तीन खाली कमरों की तरफ जहाँ एक बंद टिफिन-कैरियर और तीन घंटे की छटपटाहट इंतजार कर रही होगी।

●

## 16

### शिमला...?

दिन भर काफी शोर मचाया। मदन, पुरुषोत्तम तथा दो-एक और लोगों के साथ। तस्नीम की बहुत लेग-पुलिंग की। उस बेचारे को एक तरह से रुला ही दिया। जहाँ जो अंट-संट मिला, खा लिया। जिंदगी में पहली बार ठर्रा चढ़ाया। वापसी में डेढ़ घंटा गिरजे में बिताने के बाद बहुत बेचैनी महसूस की। घर लौटकर काफी देर चहलकदमी की—एक चक्कर सड़क का भी लगा लिया। फिर भी नींद नहीं आई, तो बैठकर त्यागपत्र लिख दिया।

●

## 16

**शिमला...?**

हरामजादे। मेरी नोटबुक चुरा ली। रोज की तरह अपने पिजनहोल में छोड़ आया था। दावा करते हैं अपने कल्चर्ड होने का। डेढ़ महीने की मेहनत चली गई। पूरा-पूरा खाली पीरियड बैठकर लिखता रहा था। फुलस्केप साइज की कॉपी के कुछ नहीं तो साठ-सत्तर पन्ने तो लिखे ही थे। पता था सिर्फ त...ब...और ज...को। कसूर अपना ही है जो शेखी में इन्हें बता दिया था। इन्हीं में से किसी ने पहुँचा दी होगी रिपोर्ट अपने अब्बा के पास। पर क्या मेरा दिमाग भी चुरा लेगा कोई?

●

## 18

**शिमला...?**

आज म... से काफी बातें हुईं। एम.पी. के यहाँ गया, तो वह पहले से वहाँ थी, जिस तरह सादी पोशाक में थी, उसे लगा कि शायद दो-तीन दिन से वहाँ आई हुई है। चेहरे पर एक प्रौढ़ता सी भी लगी, दस महीने के विवाहित जीवन की। शरीर शाल से ढँका होने पर भी स्पष्ट था कि उसे चौथा या पाँचवाँ महीना चल रहा है। चाय बनाने में उसने तत्परता पहले से ज्यादा दिखाई। फिर भी लगा कि उसमें पहले की-सी सहजता न होकर कहीं एक प्रयत्न है। यह बात अच्छी लगी कि उसके चेहरे पर वैसा मेक-अप नहीं था, जैसा उस दिन गेंडामल में था।

पहले कुछ देर सिर्फ औपचारिक बातें हुईं। दोनों अनुपस्थित व्यक्तियों (उसके पति, मेरी पत्नी) के बारे में थोड़ी बहुत जानकारी का आदान-प्रदान। मैंने शीला का जिक्र होने पर काफी कुछ झूठ कहा। इससे मन को यह राहत मिली कि शायद वह भी उसी तरह झूठ बोल रही हो। फिर बातचीत आबोहवा को छूती हुई आदमी की 'सुख' की खोज पर आ गई। इस मुकाम पर भी दोनों तरफ से साफ कुछ नहीं कहा गया। 'फर्ज करो' के आश्रय से अपने जीवन के हलके संकेत। 'जो मैं उनके लिए नहीं कर पाती', 'जो मैं उससे नहीं कह पाता' जैसी परोक्ष बातें। फिर धीरे-धीरे पहले के धरातल पर पहुँचकर एक हलकी झड़प। "जो आदमी व्यक्ति रूप में अपने को बहुत अलग या विशिष्ट मानता है, वह जरूर अपने अंदर एक हीनभावना का शिकार होता है," उसने कहा। हालाँकि जिक्र किसी और का हो रहा था, फिर भी लगा कि यह बात उसने मुझे सुनाकर कही है। इससे खामखाह साधारण और असाधारण की बहस छेड़ बैठा। "असाधारण दुनिया में कोई नहीं होता। हो ही नहीं सकता।" उसकी इस जिद से काफी देर माथा फोड़ता रहा।

पर जो कुछ कहा, उस पर स्वयं अपने को विश्वास नहीं था। "किताबों में जो कुछ मिलता है, जिया जा रहा जीवन उससे बिलकुल मेल नहीं खाता।" उसका यह आक्षेप भी अपने ही ऊपर ले लिया। इससे उन किताबों की वकालत पर उतर आया जो खुद को भी बेकार लगती हैं। चेखव का हवाला देते हुए कहा, "साहित्य वास्तव में एक जेहाद है—झूठ, धोखा, दुराव-छिपाव, बेईमानी, अंधविश्वास, दकियानूसी और क्रूरता आदि के खिलाफ।" "मतलब लेखक का अपने खिलाफ जेहाद?" उसने जिस इतमीनान के साथ कहा, उससे अपना आप काफी छोटा महसूस हुआ। आखिर जब उठकर वहाँ से चला, तो यह बात लगातार मन को कोंच रही थी कि उसने जान-बूझकर बार-बार मुझे छोटा करने की कोशिश की है। यह क्या सिर्फ इसलिए नहीं था कि...?

●

## 19

**शिमला...?**

दिनभर हँसने, बकवास करने और बेलगाम होकर जीने के बाद अब अपने से चिढ़ क्यों हो रही है? 'वह भी मैं ही था', यह स्वीकार करते नहीं बनता क्या?

लेकिन उसमें बुराई क्या थी? खुलकर जीना गुनाह है क्या? जोर-जोर से हँसना, गालियाँ बकना और अपने को पूरी तरह वातावरण में खो देना, इसमें कुछ ऐसा नहीं था जो कोशिश से किया गया। फिर यह कुढ़न क्यों?

●

## 20

**शिमला–11–11**

विशाल समुद्र में एक लंबी और अनिश्चित यात्रा...कुछ ऐसा ही अपना भविष्य मुझे लगता है। जो अनिश्चित है, वह है यात्रा का आरंभ। आगे इठलाता समुद्र है, जिसमें साहिल कभी भी, कहीं भी, कोई भी मिल सकता है। मगर लक्ष्य किसी भी साहिल को पा लेना नहीं, उस पानी में लगातार चलते चलना है, जो इस साहिल से उस साहिल तक, और उस साहिल से अगले साहिल तक अनेकानेक चुनौतियाँ लिए फैला है, और जो अपनी सारी बदलती मुद्राओं के बावजूद सब जगह एक-सा गहरा, खारा और तूफानी है।

बस, अब तीन ही हफ्ते हैं यहाँ से चलने में। क्या सचमुच उसके बाद में एक नई जिंदगी की शुरुआत होगी?

मैं उन सब पत्थरों और पत्तों को छूना चाहता हूँ जो मुझसे बहुत दूर हैं, जो जितने दूर हैं, उन्हें उतनी ही चाहना के साथ। क्या मेरी इस चाहना की उन-उन पत्थरों और पत्तों पर भी कुछ प्रतिक्रिया होती है?

ओह! आनेवाली जिंदगी में मैं कितनी अप्रत्याशित स्थितियों की कामना करता हूँ! कितना चाहता हूँ कि हर आनेवाला दिन बीते दिन से बिलकुल अलग और नया हो—उस कल के बीच से उगकर भी 'एक और वैसा ही दिन' नहीं।

## 21

### शिमला–17–11

पादरी ने भाषण दिया। ईश्वर और शैतान के संघर्ष को लेकर। मतलब हुआ कि ईश्वर और शैतान दो समकक्ष इकाइयाँ हैं। ईश्वर की तरह शैतान भी अपने में एक पूर्ण शक्ति है जिसके होने में उसके अपने सिवा और किसी का दखल नहीं। कि सृष्टि या तो दोनों की मिली-जुली चेष्टा से बनी है, या दोनों से अलग वह तीसरी स्वतंत्र इकाई है, जिसे लेकर दोनों में संघर्ष चलता है।

फिर उसने बात की आध्यात्मिक सुख और शारीरिक सुख की—मनुष्य जीवन में ईश्वर और शैतान की देन के रूप में। कहा कि पहला सुख जहाँ वास्तविक है, संपूर्ण और चितरंजन, वहाँ, दूसरा एक आभास मात्र है, छद्म और अस्थायी, जैसे काई पर से फिसलते पाँव का रोमांच। न जाने क्यों सब अध्यात्मवादियों को शरीर का निषेध करने की बात ही सबसे पहले सूझती है। जहाँ 'आत्म' की चेतना जागती है, अपने शरीर के उस स्पंदन की क्या इन्हें अनुभूति ही नहीं होती? या कि उस स्पंदन को ये विराट जीवन की संगति के अंतर्गत देख ही नहीं पाते? या ये बात केवल बात के लिए ही करते हैं, क्योंकि जीते ये भी तो आखिर उन्हीं स्पंदनों की व्याप्ति में हैं।

मैं चुपचाप बैठा सुनता रहा। फिर प्रार्थनाएँ शुरू हुईं, तो झुकी खोपड़ियों की कतारों को हिलते देखता रहा। दुनियाभर के मंदिरों, मस्जिदों और गिरजाघरों में ये कतारें इसी तरह हिलती हैं, जैसेकि अनेकानेक शरीरों को एक जगह पथरा दिया गया हो और किसी यंत्र से उनके पेंच कसकर उन्हें उस यंत्र की इच्छा से ही हिलाया जा रहा हो। ऐसे में हर जगह मुझे लगता है जैसे वर्तमान से धकेल कर मुझे अतीत के किसी बंद तहखाने में डाल दिया गया हो, जबकि वर्तमान समय पाकर पेड़ की डालों में उचक-उचककर अंदर झाँकने की चेष्टा कर रहा हो।

प्रार्थनाएँ इतनी देर चलती रहीं कि बैठे-बैठे पैर सुन्न हो गए। मैं सारा समय चुपचाप सामने के क्रॉस को देखता रहा। सोचता रहा कि यदि सचमुच ईश्वर

और शैतान के नाम की दो अलग-अलग इकाइयों की सत्ता है, तो शैतान नाम की इकाई को ईश्वर नाम की इकाई से कहीं अधिक शक्तिशाली होना चाहिए क्योंकि उसे ईश्वर की तरह अपना बेटा दुनिया में भेजने की आवश्यकता नहीं पड़ती। उसका काम बिना सलीब और पादरियों के ही चल जाता है। साथ यह कि अगर शैतान को भी ये सब करतब करने की आवश्यकता महसूस होती, तो उसका मंदिर या गिरजाघर कैसा होता? उसमें शायद दो बड़े-बड़े सींग और दो बड़े-बड़े कान होते, जिनके बीच एक लंबी-सी पूँछ लटका करती। शैतान के पुजारी या पादरी तब लोगों को पूँछ का महत्त्व समझाते हुए भाषण देते और लोग इसी तरह झुक-झुककर उसके सामने भी ऐसी ही प्रार्थनाएँ किया करते..?

●

**22**

**शिमला–23–11**

जो महसूस कर रहा हूँ, उसे शब्दों में नहीं रख पाऊँगा। इसलिए नहीं कि साहस नहीं है, बल्कि इसलिए कि उसके लिए ठीक शब्द मिल नहीं पाएँगे।

मन पर एक कोहरा-सा छाया है। मगर यह अंधा-घना कोहरा नहीं है। इस कोहरे में कहीं एक पारदर्शी-सी अनुभूति भी है—आरपार देख सकने का हलका-सा आभास। यह पारदर्शिता कोहरे को चीरकर नहीं, उसके अंदर ही है। इससे एक ओर तो लगता है कि मेरी सोच पर इस समय एक गहरी धुंध छाई है और दूसरी ओर, कि जिस गहराई तक इस धुंध में सोचा जा सकता है, उस तक बिना इसके नहीं। जैसे कि कुछ अदृश्य परतें, जो सदा से मस्तिष्क को घेरे रही हैं, अब कोहरीली होकर ही पारदर्शी हो पाई हैं। यह इस कोहरे का ही प्रकाश है जिसमें कि परतों का होना महसूस किया जा सकता है। इन परतों में घिरा-ढका मैं अपने को पहले से कुछ अधिक सूक्ष्म रूप से देख पा रहा हूँ—कुछ ऐसा-सा लगता है।

मगर जो महसूस कर रहा हूँ, उसे व्यक्त करने के लिए शब्द? साथ त... के कमरे से आती रेडियो की ऊँची आवाज मुझे उन शब्दों तक पहुँचने नहीं दे रही है। परंतु कहीं यह भी लगता है कि जब तक वह आवाज चल रही है, तभी तक यह अनुभूति भी है। उस आवाज के बंद होते ही यह भी स्विच-ऑफ हो जाएगी और इस वेव-लेंग्थ को मैं फिर कभी नहीं छू पाऊँगा।

●

## 23

### शिमला–25–11

आज फिर हिमाकत की है—डायरी साथ स्कूल में ले आने की। एक उद्देश्य त...ब...और ज.. को यह जतलाना था कि नोटबुक चुराकर वे लोग मेरा कुछ नहीं बिगाड़ सके। त... से यह कहा भी कि जो कुछ मैं दिन में अपनी नोटबुक में लिखता था, वह घर जाकर रात को डायरी में भी लिख लेता था। हालाँकि बात बिलकुल झूठ थी, फिर भी कहते हुए अपने को काफी उत्साहित पाया। पर बाद में मन उदास हो गया क्योंकि त...के चेहरे पर इसकी कोई प्रतिक्रिया नजर नहीं आई।

कुछ अजीब-सा भाव हो गया है सब लोगों का। शायद इसलिए कि उन्हें लगता है अब मुझे अब यहाँ से चले जाना है। हर आदमी एक दूरी के साथ बात करता है—वह दूरी जो कि अतिरिक्त आदर का रूप ले लेती है। मैं खुद भी अपने को सबसे अलग-थलग एक मेहमान की तरह महसूस करता हूँ। इसलिए अक्सर टी और लंच ब्रेक में बिलकुल अकेला पड़ जाता हूँ। लोग पास आकर बात भी करते हैं, तो बहुत रस्मी तौर पर। स्कूल की पॉलिटिक्स की बात अब मुझसे कोई नहीं करता; बल्कि मुझे आते देखकर चल रही बात का रुख भी पलट दिया जाता है। हर खाली दिन, आज के दिन की तरह, बहुत ही खाली लगता है। परीक्षाओं से पहले जब तक क्लासें चल रही थीं, तब तक तीन बजे तक बँधकर स्कूल में रहना उतना भारी नहीं लगता था जितना इन दिनों लगता है।

कॉमन-रूम में धूप नहीं थी, इसलिए यहाँ पैविलियन में चला आया हूँ। रात को देर तक नींद नहीं आई थी। इसलिए आँखें नींद से भरी हो रही हैं। नींद के अलावा ऊब से भी। तीन बजे तक यहाँ कुछ करने को नहीं है, फिर भी तब तक इमारत को छोड़कर जाने की इजाजत नहीं है।

अभी दो साल पहले की तो बात है, जब इस पैविलियन में बैठकर सब कुछ नया-नया-सा लगता करता था। महसूस होता था कि आनेवाली जिंदगी का सब कुछ अपने हाथ में है—अपनी मुट्ठी में बंद। मैं एक-एक उँगली खोलकर उसे मुट्ठी से अपने सामने खुलते देखता रह सकता हूँ। मगर अब लगता है कि हाथ में जो कुछ था, वह हाथ में ही गल-सड़ गया है—जो कुछ जीने को है, वह सब अपने हाथ से बाहर का है। लोगों के बीच हँसता आज भी उसी तरह से हूँ, मगर कहीं अपनी हँसी बहुत झूठी और खोखली जान पड़ती है। और अगर वह खोखली नहीं होती, तो भी हँसने के क्षणों तक ही सीमित होती है। बाद में मन पर उसका कोई प्रभाव नहीं रह जाता। नहीं, प्रभाव तो रह जाता है, पर वह पानी में डूबे कागज पर हवा से पड़ी लकीरों जैसा होता है। ऐसे, भीगकर सूखे कागज की फड़फड़ाहट बल्कि खड़खड़ाहट कितनी बेचैन कर देने वाली होती है।

पैविलियन की नीचे की एक बेंच पर बैठे सिक्स्थ फार्म के कुछ लड़के आपस में बात कर रहे हैं। बातचीत का विषय एक न होते हुए भी एक ही है। परीक्षा, अंक, रिपोर्टें, भूगोल, इतिहास, हिंदी, अंग्रेजी, रुपए-पैसे, ड्राई-क्लीनिंग, बर्थडे पार्टी और अगला साल। वास्तविक विषय यह अगला साल ही है जिसके विषय में हर एक की अपनी-अपनी योजना है। "मैं तुम्हें बताऊँ मेरा क्या प्लान है? मेरे डैडी कहते हैं कि..." उनमें से किसी ने सुझाया है कि उन्हें नीचे ग्राउंड में चलकर सॉकर खेलना चाहिए। किसी बात पर उनमें झगड़ा हो रहा है, पर वे अब उठकर चल देने की तैयारी में हैं।

पैविलियन के नीचे क्रिकेट और सॉकर का ग्राउंड है, जिसके तीन तरफ ऊँची जाली लगी है। उससे नीचे एक और ग्राउंड है। दाएँ, बाएँ खुली घाटी है। दाईं तरफ घाटी से आगे पहाड़ियों की तीन श्रृंखलाएँ हैं। आगे की श्रृंखला बीच से मालाकार हो गई है, जिससे पीछे की श्रृंखलाओं के डाइमेनशंस अधिक उभर आए हैं। बाईं तरफ भी तीन-चार श्रृंखलाएँ हैं, परंतु उधर चोटियों के कोण इस तरह एक-दूसरे को काटते गए हैं कि पहली नजर में वे एक साथ उठी कितनी ही पहाड़ियों जैसी लगती हैं। देखकर एकाएक कब्रिस्तान का भ्रम होता है। धूप और छाया में उनके डोम्ज कुछ इसी रूप में उभरे हैं। जहाँ दाईं तरफ देखने पर आज से परे भविष्य का एक मार्ग-सा खुला प्रतीत होता है, वहाँ बाईं तरफ नजर जाते ही सब कुछ रुँधा-रुँधा और रुका-रुका-सा महसूस होने लगता है। दाईं तरफ एक संभावना है और बाईं तरफ एक नकार-सूना, रहस्यमय और चिरकालिक। दाईं तरफ तैरती चीलें भी खुले आकाश में उड़ती हुई लगती हैं जबकि बाईं तरफ वे एक अभिशाप से घिरी, चुपचाप एक उदास परिधि में मँडराती नजर आती हैं।

लड़कों की आवाजें नीचे ग्राउंड में चली गई हैं। अभी थोड़ी देर में फुटबाल पर पड़ती पैरों की चोट भी उन आवाजों में शामिल हो जाएगी।

मुझे समझ नहीं आता कि मैं क्यों यह सब लिखता रहता हूँ। लिखने से मन हलका न होकर भारी हो जाता है। क्या कोई ऐसा खेल है, जिसे खेलने से मन सचमुच हलका हो सके? मैं सॉकर क्यों नहीं खेलता?

●

## 24

### शिमला–26–11

जीना चाहते हो, तो तुम्हें जीना चाहिए। सिर्फ जीने की बात सोचते रहने का कोई अर्थ नहीं। यह जीने के नाम पर एक तरह की आत्मरति है। तुम बाहर की वर्जनाओं से इतना छटपटाते हो। पर अपने अंदर की वर्जनाओं को क्यों चुपचाप

स्वीकार किए रहते हो? वास्तव में जिस हेडमास्टर के नियंत्रण से तुम्हें छुट्टी पानी है, वह तुम स्वयं ही हो।

●

## 25

### शिमला–28–11

यहाँ से जाना तो है, मगर कहाँ?

सिवाय आगरा के कौन-सी जगह है जाने को? अमृतसर जाकर दो दिन से ज्यादा नहीं रह सकता। उस शहर से उसी दिन जड़ें उखड़ गई थीं जिस दिन पिता का शवदाह किया था। उसके बाद वहाँ रहने पर भी वह शहर कभी अपना नहीं लगा। लाहौर में सैटल होना चाहता था, पर विभाजन ने वहाँ से भी उखाड़ दिया। बंबई में, दिल्ली में, जालंधर में और यहाँ—आज तक सब जगह अपने को बेगाना महसूस किया है। हर जगह लगता रहा है कि यह 'बीच का समय' है जिसे किसी तरह काटकर कहीं और जाकर सैटल होना है। पर बारह साल निकल गए गर्दिश में, और यह बीच का समय समाप्त होने में नहीं आया।

आगरा और अमृतसर, दोनों जगह पत्र लिखते मन उखड़ता है। दिन-ब-दिन एहसास गहरा होता जाता है कि न मैं यहाँ से जुड़ा हूँ, न वहाँ से। विभाजन से जो लोग विस्थापित हुए, उन्हें पीछे के एक घर का मोह तो था। पर मुझे न पीछे के किसी घर का मोह है, न आगे के। अगर कुछ है, तो सिर्फ एक जिम्मेदारी का एहसास। वह न हो, तो कभी एक दिन के लिए भी अमृतसर न जाऊँ। माँ को हर महीने जो रुपए भेजने होते हैं, वे भेजकर ही निश्चिंत हो रहूँ। दूसरी तरफ आगरा स्टेशन पर भी कभी न उतरूँ। गाड़ी के एक बार वहाँ से आगे निकल आने पर विश्वास कर लूँ कि वह स्टेशन हमेशा के लिए पीछे छूट गया है।

एक बात मन में आती है कि क्यों न सामान आगरा डालकर तीन-चार महीने के लंबे सफर पर निकल जाऊँ। रात-दिन थर्ड क्लास के डब्बों में धक्के खाता फिरूँ। जहाँ जो गाड़ी तैयार मिले, उसी का टिकट लेकर आगे को रवाना हो लूँ। रहने के नाम पर कहीं एक दिन के लिए भी न रहूँ। हो सकता है इससे मन को कुछ राहत मिले और बाद में कहीं टिककर रहने की बात सोची जा सके।

चलते समय कुल चौदह सौ रुपए होंगे अपने पास—प्रॉविडेंट फंड और छुट्टियों की तनखाह के। इतने से सफर का खर्च तो निकल ही सकता है। बाद के लिए हो सकता है कि प्रगति प्रकाशनवालों से बात करके कुछ व्यवस्था हो जाए। प्राण नागपाल पहले उपन्यास चाहता है। उससे बात करूँगा, अगर वह थर्ड क्लास की एक लंबी यात्रा का विवरण पहले छापने को तैयार हो जाए।

स्कूल से और इस घर से मन का रिश्ता इस तरह टूट गया है कि आज अपने को यहाँ एक प्रेतात्मा की तरह महसूस करता हूँ। अपने इस स्वभाव से दहशत होती है। एक बार मन जिससे टूट जाता है वह व्यक्ति, घर हो, या परिस्थिति—लौटकर उसकी तरफ देखने की भी बात नहीं सोचता। संकल्प का एक क्षण आता है जिसके बाद वह 'कुछ' हमेशा के लिए अतीत हो जाता है। अपना मन, जो कछुए के पेट जैसा है, एकाएक कछुए की पीठ में बदल जाता है। उसके बाद कुछ भी हो, संकल्प नहीं बदलता। वितृष्णा इतनी गहरी होती है कि किसी भी परिणाम की चिंता नहीं रह जाती। जैसे एक 'कैंची' सीधे से उस 'कुछ' को काटकर दिमाग से अलग कर देती है। उसके बाद और कुछ भी हो, वह 'कुछ' नहीं रह जाता। परंतु जब तक संकल्प का क्षण नहीं आता, तब तक लगता रहता है कि मैं निर्णय ले ही नहीं सकता। 'एक बार फिर वैसा होगा', यह तब तक संदिग्ध रहता है जब तक कि 'लो, फिर एक बार वैसा हो गया' का क्षण नहीं आ जाता।

एक बात मन में आती है कि और सब कुछ भूलकर कुछ दिनों के लिए कन्याकुमारी चला जाऊँ। यह आकर्षण एक अनदेखे स्थान का है या केवल नाम का? या कि ऐसे सीमांत का जिससे आगे स्थल नहीं है?

●

## 26

**शिमला–29–11**

तेज-तेज सोचना चाहता हूँ...

मैंने विवाह क्यों किया?

इसलिए कि शरीर की भूख मिटाने का कोई उपाय नहीं था?

पर उसका तो उपाय किया जा सकता था।

इसलिए कि अपनी बेघर होने की अनुभूति से बचना चाहता था?

पर उसके साथ हुए पत्र-व्यवहार में घर की खोज कहाँ थी?

इसलिए कि कमानेवाली पत्नी लाकर अपने आर्थिक दायित्वों से मुक्ति चाहता था?

ऐसा था तो उसे पहली नौकरी छोड़कर यहाँ आने के लिए मजबूर क्यों किया था?

इसलिए कि विवाह करना ही था, और जिस पहली लड़की से इस संबंध में पत्र-व्यवहार हुआ, उसी को स्वीकृति भेज दी।

शायद यही कारण वास्तविकता के अधिक निकट है। बाद में उसे जो पत्र लिखे, उनमें अपने मन में आग्रह न होने के कई संकेत थे। पर उसने या तो उन्हें

समझा नहीं, या समझना चाहा नहीं। और एक बार 'हाँ' कह देने के बाद अपने में इतना साहस नहीं बटोर सका कि अपनी तरफ से इनकार लिख दूँ। इस तरह एक तकल्लुफ में ही भाँवरें ले लीं और तकल्लुफ-तकल्लुफ में ही...

●

आज हम दो व्यक्ति हैं जो पति-पत्नी के रूप में जाने जाते हैं। दोनों की जीने की अपनी-अपनी कामना है। उस कामना की पूर्ति के लिए दोनों एक-दूसरे से कुछ चाहते हैं, जो एक-दूसरे को दे सकने के लिए दोनों के पास नहीं है।

क्या हम इस स्थिति को स्वीकार करके इसे बदल नहीं सकते?

लेकिन कैसे?

मैं वहाँ जाने से पहले उसे एक पत्र लिख सकता हूँ।

परंतु पत्र वह ठीक मनःस्थिति में पढ़ेगी, इसका क्या भरोसा है? बात जो भी करनी हो, सामने बैठकर की जानी चाहिए।

लेकिन सामने बैठकर की गई बात पर किसे विश्वास आता है? और जो बात सामने बैठकर की जानी है, वह बात क्या है?

●

साथ-साथ जीने के लिए दो व्यक्तियों में परस्पर किसी तरह का तो आकर्षण होना चाहिए। बिना किसी आकर्षण के ढो-ढोकर रात-दिन निकालते जाने का अर्थ ही क्या है?

देखो, विवाह एक संस्था है—एक सामाजिक नियम। उस नियम को तोड़ने की बात सोचना उच्छृंखलता है।

नियम, निमय, नियम। क्या हर सामाजिक नियम किसी न किसी प्राकृतिक नियम का उल्लंघन और उसके प्रति उच्छृंखलता नहीं? और हर नियम के, वह सामाजिक हो या प्राकृतिक, टूटने से ही एक नए नियम की ओर नहीं बढ़ा जाता?

सामाजिक दृष्टि से यह सच हो सकता है, प्राकृतिक दृष्टि से नहीं। प्रकृति में निश्चित तत्त्वों की सदैव निश्चित प्रतिक्रियाएँ होती हैं। जहाँ अपवाद मिलता है, वहाँ तत्त्वों का कुछ-न-कुछ विपर्यय अवश्य रहता है। प्रकृति में जो कुछ है, नियमित है। अपनी सारी विषमता में नियमित। इसलिए जो भी प्राकृतिक है, वह नियम से हटकर न होने के कारण उच्छृंखल नहीं है। सामाजिक नियम केवल सुविधा के हैं। उनमें से किसी नियम को तोड़ने की बात सामाजिक दृष्टि से चाहे उच्छृंखलता है, प्राकृतिक दृष्टि से वही नियम की विवशता हो सकती है। स्त्री और पुरुष का पारस्परिक आकर्षण या अपकर्षण, जो कि एक प्राकृतिक नियम का पालन है, सामाजिक दृष्टि से यदि नियम का उल्लंघन हो, तो क्यों जीवन भर अपने-आप का निषेध करके उस नियम की दासता को निबाहा जाए?

निवृत्ति का कोई भी दर्शन मन को नहीं बाँधता। परमाणु से अनेकानेक

सौर-परिवारों तक की निरंतर गतिशीलता का आधार किसी तरह की निवृत्ति नहीं, एक आंतरिक प्रवृत्ति है—एक ऐसी वासना जिसकी सृष्टि के विकास-क्रम में चाहे जो भी देन हो, पर जो अपने में ही एक पूर्ति है। विकास के चरम से—यदि उसका कोई चरम है, तो—हटकर इस प्रवृत्ति या वासना का अपना स्पंदन ही क्या उसका पूर्ण और सार्वकालिक उद्देश्य नहीं? प्रवृत्ति के तिरस्कार का अर्थ है मृत्यु। इसलिए निवृत्ति का हर दर्शन अंततः मृत्यु को स्वीकृति की ओर ले जाता है।

●

परंतु नहीं। जिसे मैं नियम मानकर स्वीकार कर रहा हूँ, वह तत्त्वों के लावे का प्राकृतिक उफान मात्र ही तो है। वह उफान अपनी प्रवृत्ति में एक बीच की स्थिति है। जीवन की अंतिम परिणति नहीं। विकास के कुछ अपने नियम हैं जो इस परिणति को शासित करते हैं। उन नियमों के शासन में परस्पर आकृष्ट होते अणुओं की कई-कई अभिव्यक्तियों—जीवों और पदार्थों के रूप में—लाखों वर्ष वर्तमान रहकर लुप्त हो जाती है। नक्षत्रों की धुराएँ बदल जाती हैं। सब कुछ जैसा आज है, वैसा न रहकर कुछ और हो जाता है। विकास का वह रूप जो प्राकृतिक न होकर मनुष्यकृत अर्थात् सामाजिक है, क्या उसमें भी कहीं उसी शासन का विस्तार नहीं? मनुष्य की चेतना, उस विराट विकास-चेतना की प्रतिनिधि के रूप में, या उसके एक अंश के रूप में, जीवन को आनेवाले कल की उस परिणति की ओर ले जाने में उपादान नहीं बनती? इसका अर्थ है कि निवृत्ति का एक रूप जीवन को प्रवृत्ति के किसी नए मार्ग की ओर ले जाने का पूर्व-चरण भी हो सकता है। इसे स्वीकार न करने का अर्थ होगा मनुष्य के आदिम रूप को ही आदर्श और वास्तविक मानकर चलना। बल्कि उससे भी पीछे जाकर स्पंज को आदमी से अधिक आदर्श मानना—कि समुद्र के गुनगुने पानी में बिना हाथ-पैर हिलाए पड़े हैं और उस पानी के नमक अपने-आप हमारा भरण-पोषण कर रहे हैं!

प्रकृति के पूरे स्पंदन में यदि विकास की बात को स्वीकार किया जाए, तो सामाजिक रूप में मनुष्य के विकास को अस्वीकार करके नहीं चला जा सकता। इस स्वीकार के साथ मनुष्य की सामाजिक व्यवस्था और उस द्वारा लादी गई निवृत्तियों के स्वीकार की शुरुआत हो जाती है। परंतु अपने समय-संदर्भों में, कौन-सी निवृत्ति कल की प्रवृत्ति का पूर्व-चरण है और कौन-सी केवल अंधा निषेध, इसका निर्णय बिना परिणाम तक पहुँचे कैसे किया जा सकता है?

●

दिमाग जड़ हो गया। नहीं जानता कि जो अपने-आप सोचा जा रहा है, वही सोच रहा हूँ, या जो सोचना चाहता हूँ, वही सोचने की कोशिश कर रहा हूँ। या शायद इन दोनों के बीच में वास्तविक स्थिति यह है कि सोचने के बहाने मैं सिर्फ सोचने से बचना चाह रहा हूँ।

सुनो। माथे पर हाथ फेरो और कुर्सी से उठ जाओ। पहले कब तुम्हारे सोचने का कुछ नतीजा निकला है जो अब निकलेगा?

●

**27**

**शिमला–1–12**

कुछ ऐसा-सा लग रहा है जैसे एक ऊँचे पुल पर खड़े होकर नीचे नदी में कूदने वाले व्यक्ति को लग सकता है जबकि उसे पता ही न हो कि नदी का पानी कितना गहरा है, कि सतह से नीचे चिकनी मिट्टी है या खुरदरी चट्टानें...और कि उसे खुद को तैरना आता भी है या नहीं।

●

**28**

**आगरा–7–12**

नए वातावरण का एक नया-सा असर महसूस हो रहा है अपने पर।

रात देर तक बात करते रहे। सचमुच दो मित्रों की तरह। सोने से पहले उसने जो कुछ कहा—यहाँ अपने अकेलेपन को लेकर—उससे मन को काफी तकलीफ हुई। अगर उसने शिमला में भी कभी इस तरह बात की होती, तो शायद स्थिति बिलकुल दूसरी होती। पर एक तरह से अच्छा भी है। शिमला के घर के साथ इतनी कड़वाहटें जुड़ गई थीं कि उनके प्रभाव से छुटकारा पाना आसान नहीं था। यह छोटा-सा क्वार्टर उस बंगले से कहीं घर-नुमा है। वहाँ शायद इसलिए भी तनाव रहता था कि दोनों में से किसी का भी संस्कार साहिबाना जिंदगी के अनुकूल नहीं था।

सोचता हूँ बाहर के कमरे को अपना पढ़ने का कमरा बना लूँ। वह दिनभर कॉलेज में रहेगी। मैं यहाँ अपना काम करता रहूँगा। अगर कल और आज का-सा वातावरण हमेशा बना रहे तो दो या तीन महीनों में एक उपन्यास पूरा किया जा सकता है। जो उपन्यास शिमला में शुरू किया था, उसे छोड़कर सोचता हूँ, पहले 'कुत्तेवाली गली' शीर्षक उपन्यास पूरा कर लूँ। अमृतसर की वह गली इतने दिन गुजर जाने पर भी दिमाग से नहीं निकली। विभाजन के दिनों में उस शहर में रहते जो कुछ देखा है, वह सब इस उपन्यास में उँडेल दिया जा सकता है। उपन्यास के अधिकांश चरित्र तो मन में स्पष्ट हैं ही। उसका ढाँचा थोड़ा और स्पष्ट कर लेना है। एक तरीका यह हो सकता है कि जो कुछ मन में है, उसे बिना किसी क्रम की चिंता किए एक बार कागजों पर उतार लिया जाए।

उसके बाद उपन्यास लिखने की शुरुआत की जाए। पर इतना सब करने के लिए जिस तरह जमकर बैठने की जरूरत है, वह क्या सचमुच यहाँ रहकर संभव होगा?

कम से कम आज तो लग रहा है कि संभव हो सकता है। कितना भरा-भरा लग रहा है आज अपना आप! किसी का डुबा लेनेवाला स्नेह पा चुकने के बाद रोम-रोम को कितनी सांत्वना मिलती है! क्षण बीत जाते हैं। पर जो हलका आभास अपने अंदर बना रहता है—सिंचाई के बाद मिट्टी में उठते स्पंदन जैसा—उससे जीने और काम करने की कामना को कितनी उकसाहट मिलती है!

केवल होंठ ही नहीं, शरीर का एक-एक अणु मुसकराता है। लेकिन उस मुसकराहट को आँख देख नहीं पाती। मुझे लगता है मेरी उँगलियों के पोर इस समय मुसकरा रहे हैं।

●

## 29

**आगरा-9-12**

'ले मिजराब' पढ़ते-पढ़ते बिस्तर में आ गया हूँ। कल से मन फिर रुँधा हुआ है, बात खास कुछ नहीं हुई। फिर भी दोनों को ही एक हलका तनाव महसूस होने लगा है। कारण शायद उस दिन की बातचीत से पैदा हुई अपेक्षा है, जिसकी पूर्ति दोनों एक-दूसरे से चाह रहे हैं। मुझसे उसकी अपेक्षा क्या है और मैं किस तरह उसे पूरा कर सकता हूँ, समझ में नहीं आ रहा।

मेरी अलग रहकर काम करने की अपेक्षा का उसने जो अर्थ लिया है, वह मन को और उलझा रहा है। उससे अपनी स्थिति उस पत्नी की-सी लग रही है जिसे दिन भर का काम सौंपकर उसका पति सुबह से शाम तक के लिए घर से बाहर चला जाता हो। उस दिन उसने अपने अकेलेपन की बात की थी। पर उसकी व्यस्तताओं को देखकर वैसा बिलकुल नहीं लगता। क्लासों के बाद मीटिंगें, पार्टियाँ और मिलने-जुलनेवाले लोग। उस सबके बीच से समय निकालकर वह दस मिनट के लिए घर में झाँक जाती है। सबसे अजीब कल शाम को लगा जब उसके कॉलेज की कुछ प्राध्यापिकाएँ उससे मिलने आईं। और उसने उनसे परिचय भी नहीं कराया। डेढ़ घंटा बाहर के कमरे में बैठकर उनसे बातें करती रही, 'आ गए हैं आपके वे?' के रूप में मेरा जिक्र भी हुआ। मैं उतनी देर अंदर बिस्तर पर लेटकर अनिवार्य कारावास भोगता रहा। उन्हें विदा देते समय उसने किसी दिन लेकर आने की स्वीकृति भी दी। उसके बाद खाना खाकर किसी बीमार की मिजाज-पुरसी करने चली गई। इस सबके साथ कल और आज के बीच दो बार उसने पूछ लिया है, "अभी उपन्यास का काम शुरू नहीं किया?" चेहरे पर उसके

शिकायत भी थी कि देखो, हम तुम्हें इतना वक्त दे रहे हैं, फिर भी तुम कुछ न कर पाओ, तो कोई क्या कर सकता है?

कल से फिर मन हो रहा है कि पहले दो-तीन महीने बाहर घूमने का कार्यक्रम ही ठीक है। अगर काम करना है, तो कहीं पर भी बिलकुल अकेले रहने की योजना बनानी होगी। जितनी जगह अब तक रहा हूँ, उनमें से दिल्ली ही ऐसी जगह है जहाँ कुछ दिन टिका जा सकता है। पर बगैर आमदनी का कोई जरिया निकले वहाँ जाकर रहने की बात सोचना बेकार है। बहरहाल यहाँ से तो निकलना चाहिए। आगे जो होगा, देखा जाएगा।

●

## 30

**आगरा–10–12**

शादी की दूसरी सालगिरह। दिन में पिकनिक। लंच साथ लेकर सिकंदरा चले गए थे अकबर का मकबरा देखने। घर से चलते समय फिर भी कुछ उत्साह था मन में। पर सिकंदरा पहुँचने तक वह बिलकुल समाप्त हो गया। इसमें रास्ते की जहमत का हाथ नहीं था। लौटते हुए काफी रास्ता पैदल गाह कर आना पड़ा।

एक झड़प सुबह चलने से पहले ही हो गई थी। सामने के क्वार्टर से मिस... मिलने चली आई थी। पहली बार उसे देखा था, तो सोचा था, पंजाब के किसी देहात की होगी। पर नाम से पता चला था, बंगालिन है। उन्हीं के कॉलेज में एक विभाग की इंचार्ज है। उसने आकर खास कहा भी, "आपके वे कहाँ हैं? उनसे मिलवाइए तो सही।" पर उसने उसे बाहर से ही टाल दिया। दहलीज लाँघकर अंदर कदम नहीं रखने दिया। उसके जाने के बाद खुद अंदर आई, तो भन्नाई हुई थी, "भई, तुम्हें बुरा लगा हो या कैसा, मैं इस औरत को अपने घर में नहीं आने देना चाहती।" अपनी पवित्रतावादी नजर से मेरे कसे हुए चेहरे को देखती हुई बोली, "सारे कॉलेज में इस औरत की इतनी बदनामी है, फिर भी इसे कोई बात छूती ही नहीं। आज इसके साथ घूमती नजर आती है, तो कल उसके साथ। एक आदमी आता है इसके पास जो रात को भी इसके क्वार्टर में रह जाता है। कहती है उसके साथ इसकी सगाई हो चुकी है, शादी होनेवाली है। पर कोई नहीं मानता कि इसकी सगाई-अगाई हुई है। अगर सचमुच सगाई हुई है, तो दूसरों के साथ क्यों सिर मुंड़ाती घूमती है? सूँघती रहती है किस घर में कौन आदमी आया है, कौन वहाँ से गया है। मैं तो प्रिंसिपल से कहनेवाली हूँ कि मुझे कहीं और क्वार्टर एलॉट कर दें। मैं इसके पड़ोस में नहीं रहना चाहती।"

कहा मैंने कुछ नहीं। पर लगा यही कि ज्यां बेल्ज्यां की तरह अपनी भी जिंदगी

एक पुलिस चीफ की निगरानी में बीत रही है। स्थिति उस स्त्री की-सी भी है, जिसके चरित्र की रक्षा उसका पति अपना कर्तव्य समझता है।

कुछ देर मूड ऑफ रहे। पर चलने तक दोनों ने अपने को काफी सँभाल लिया था। एक-दूसरे की आँखों में इस शिकायत के कारण कि देखो, सालगिरह के दिन तो मूड ऐसा नहीं रखना चाहिए। रास्ते में मैंने दो-एक मजाक की कोशिश की। पर उसके हर शब्द को गंभीरतापूर्वक लेने से सिलसिला जमा नहीं। बातचीत 'यह इतना बड़ा टूरिस्ट सेंटर है, फिर भी यहाँ का ट्रांसपोर्ट कितना खराब है,' 'इस तरह से घर से बाहर आकर खाना खाना कितना अच्छा लगता है,' और 'क्यों न वैसे भी कभी-कभार इस तरह घर से निकल आया करें?' के घेरे में ही घूमती रही।

मकबरे में घूमते हुए अपना अकेले न होना काफी अखरा—कुछ भी बात करते रहने की मजबूरी मन को सालती रही। एक वक्त था जब अपने मन की हर बात बाहर कह सकने पर गर्व किया करता था। पर इधर अपनी लगातार बढ़ती खामोशी अपने को बहुत भयावनी लगती है। जैसे अंदर की कोई चीज मर गई है और मैं उसके जिंदा स्मारक की तरह चलता-फिरता हूँ। हालाँकि बाहर से कोई मुझे उस रूप में देख नहीं पाता। पर सचमुच क्या अंदर की वह चीज मर चुकी है, या मर नहीं रही, इसलिए मैं जबरदस्ती उसे कब्र में दफना देने की कोशिश करता रहता हूँ? जिस दिन वह चीज मर जाएगी, उस दिन यह स्मारक भी क्या पत्थर का नहीं हो जाएगा?

अकबर की कब्र के अलावा वहाँ और भी कब्रें थीं। अकबर की दो बेटियों की, जहाँगीर के एक बेटे की, औरंगजेब की बेटी बदरुन्निसा की और कुछ और लोगों की। जेबुन्निसा की बहन बदरुन्निसा भरी जवानी में मौत के मुँह में चली गई थी। उसकी कब्र के पास खड़ा सोचता रहा कि क्या हड्डियों के ढाँचों में भी बूढ़े और जवान का फर्क होता है। तो जवानी में मरनेवाले को एक तो विशेषता मिल ही जाती है कि उसका ढाँचा मौत के बाद भी उसकी जवानी को बरकरार रखता है। एक बूढ़े ढाँचे पर कितना भी बढ़िया स्मारक बना दो, जवान ढाँचे के सामने वह हमेशा बूढ़ा ही रहेगा। ऊपर के ईंट-पत्थर कितने भी आकर्षक क्यों न हों, नीचे के बुढ़ापे को वे नहीं देख सकते। फिर क्यों ईंट-पत्थरों के स्मारक खड़े करके मृत्यु की वास्तविकता को नकारने का प्रयत्न किया जाता है? यह प्रयत्न क्या मृत्यु की संजीदगी पर एक अश्लील आरोप नहीं? मृत्यु को, जो व्यक्ति का संबंध उसके वातावरण से बिलकुल काट देती है, एक नया वातावरण दे सकने की कोशिश यूँ भी कितनी व्यंग्यपूर्ण और उपहासास्पद है!

मुख्य कब्र के तहखाने में एक बार दोनों साथ गए। एक बार अकेला हो आया। उस बार बाहर आते हुए सीढ़ियों के पत्थरों को देखता रहा। लगा कि वे पत्थर

चाहे एक ऐतिहासिक स्मारक की सीढ़ियाँ बने रहने के लिए मजबूर हैं, पर वास्तव में वे अपने-अपने अंदर की किसी मरी हुई चीज के ही स्मारक हैं। अगर उनके अंदर की वह चीज कुछ भी जिंदा होती, तो क्या वे चुपचाप जिंदगीभर एक मकबरे की सीढ़ियाँ बने रहना पसंद करते? हर उतरते-चढ़ते पैर को एक झटका देकर गिरा देने की कोशिश न करते?

खाना खाने के बाद और रुकने को मन नहीं था, पर उसने रुकने का प्रस्ताव किया, तो हामी भर दी। अपना उत्साह जतलाने के लिए घास पर लेट भी गया। बातें वही होती रहीं—एक दूसरे का चेहरा देखकर कही गई। वह सुझाव देती रही कि मुझे काम न भी करना हो, तो मैं अपना वक्त किस तरह काट सकता हूँ—पर कि इससे अच्छा काम करने का वातावरण मुझे नहीं मिल सकता। मैं किसी के बाल नोंचने की तरह मुट्ठी-मुट्ठी भर तिगलियाँ तोड़ता हुआ आँखें झपकाता रहा। सोचता रहा कि एक खामोश व्यक्ति के अंदर जो कुछ अनकहा रह जाता है, उसकी भी कुछ छाप क्या उसके ढाँचे पर अंकित होती है? कोई ऐसा आविष्कार हो सकता है जिससे ढाँचे की परीक्षा करके यह जाना जा सके कि बाहर के इतिहास से हटकर उस व्यक्ति के अंदर घटित होनेवाले इतिहास का रूप क्या था? सचमुच जाना जा सके, तो वह इतिहास पुस्तकों के इतिहास से कितना भिन्न होगा!

लौटकर आए, तो थकान के मारे बुरा हाल था। उसे थकान इतनी थी कि खाना खाते ही सो गई है। मुझे इतनी कि लगता है नींद आएगी ही नहीं।

●

## 31

### आगरा–11–12

सुबह-सुबह बारिश हो गई। एक आदमी को देखकर हँसी आई जो नन्हा-सा बच्चों वाला छाता लिये अपने को बारिश से बचाने की कोशिश कर रहा था। फिर भी उसका शरीर पूरा भीग गया था। "कुछ तो बचाव होता ही है," अपनी सकपकाहट छिपाने के लिए उसने पास से निकलते हुए कहा।

मैं सोचता रहा कि भीगने की मजबूरी आ ही पड़े, तो क्यों नहीं आदमी अपने को खुलकर भीग लेने देता? हिचकिचाहट उस क्षण तक ही तो होती है जब तक वह छाता सिर से हटा नहीं देता। उसके बाद पहली सिहरन, जब बूँदें सिर से टकराती हैं—फिर कोई दुविधा-बाधा नहीं रह जाती। मगर आदमी इसे आसानी से स्वीकार कहाँ कर पाता है? 'कुछ तो बचाव' की कोशिश चाहे उसे जिंदगीभर विदूषक बनाए रखे, वह कोशिश कहाँ छोड़ता है?

●

## 32

### आगरा-12-12

दो खाली कमरे, पूरा दिन और अपना आप।

एक तरफ तो मैं बिलकुल अकेला रहना चाहता हूँ, और दूसरी तरफ अकेलेपन के कुछ घंटे भी मुझे दुश्वार लगते हैं। सोचता हूँ, कहीं मैं एक विभक्त व्यक्तित्व तो नहीं लिए हूँ? अपने स्वभाव के कई-कई अंतर्विरोधों को देखकर कई बार ऐसा संदेह होता है। अकेलेपन को चाह शायद मुझे माँ से मिली है और भीड़ की ललक पिता से। उन दोनों के विरोधी स्वभाव एक-दूसरे के लिए शायद पूरक रहे हों, पर मेरे अंदर एक ही व्यक्ति में ढलकर वे मेरे मन को हर समय एक युद्धभूमि बनाए रहते हैं। इसीलिए जो भी कहता, सोचता या करता हूँ, उसके प्रति मन में संदेह बना रहता है। पर बाहर का हठ (वह दादी माँ का स्वभाव!) किसी के सामने अपनी कमजोरी को स्वीकार नहीं करने देता।

हर गुजरते दिन के साथ महसूस होता है कि एक दिन का समय और हाथ से निकल गया है—कि मुझे कोई निश्चय करना था जिसे न कर पाने के कारण ही रोज-रोज ऐसा होता जा रहा है। जब मैं अपने को आश्वासन देना चाहता हूँ तो अपनी उम्र के साल बढ़वा लेता हूँ। सोचता हूँ कि मुझे छिहत्तर साल जीना है (वह इसलिए कि इक्कीसवीं शताब्दी को छू सकूँ) जिनमें से अभी कुल अट्ठाइस साल ही बीते हैं, अड़तालीस साल का पूरा समय मेरे पास है। पर जब दुखी होना चाहता हूँ तो छिहत्तर में से पूरे चालीस साल निकाल देता हूँ और मान लेता हूँ कि छत्तीस के बाद तो मैं किसी तरह जी ही नहीं सकता, कुल मिलाकर मुश्किल से आठ साल हैं मेरे पास। अगर इनमें से भी एक-एक दिन इसी तरह निकलता गया तो निश्चय करने-करने में ही करने का दिन आ पहुँचेगा और एक निरर्थक जिंदगी ढोने की कुढ़न मन में लिए मैं यहाँ से रुख्सत हो जाऊँगा। सोचूँ चाहे किसी भी तरह से, दिन बीत जाने पर उसके बीतने का एहसास मन को सालता जरूर है। एक छटपटाहट-सी बनी रहती है अंदर कि जितने दिन बाकी हैं, उन्हें इस तरह जाया नहीं होने देना चाहिए। रात को सोता हूँ तो इस एहसास के साथ कि कल सुबह के साथ एक नई शुरुआत हो सकेगी। पर वह सुबह भी जब दोपहर में बदलकर शाम में ढलने लगती है तो अंदर की छटपटाहट नई शुरुआत का संबंध आनेवाली सुबह से जोड़ देती है।

बहुत बार अपनी यह छटपटाहट बेमानी लगती है। जीवन का निश्चित अंत मृत्यु है—वह छिहत्तर साल की उम्र में हो या बत्तीस साल की। तो फिर कुछ भी करने का अर्थ ही क्या है?

व्यक्ति की दृष्टि से शायद कुछ भी अर्थ नहीं है, फिर भी अंदर से एक विवशता-सी

महसूस होती रहती है। वह विवशता भूख और सेक्स की-सी ही एक अनिवार्यता है। अपने आपके प्रक्षेपण की। जीवन की समग्रता में उसका प्रभाव आईने में देखी गई एक छाया से अधिक न हो तो भी उस विवशता से बचा कैसे जा सकता है?

परंतु अपने आपका प्रक्षेपण—इस विवशता को यह नाम देना भी एक खोखली-सी बात नहीं? क्योंकि अपने आपका प्रक्षेपण व्यक्ति कुछ करने की प्रक्रिया में ही नहीं, कुछ न करने की प्रक्रिया में भी करता है। यदि मैं रात-दिन अपने अंदर एक अस्थिरता या हताशा महसूस करता हूँ तो वह भी क्या मेरे अपने आपका प्रक्षेपण ही नहीं?

शायद कुछ भी करने का अर्थ अस्तित्व और मृत्यु के बीच के अंतराल को स्वीकार्य रूप से भरना ही है। रूप इसका कुछ भी हो सकता है—पढ़ना-लिखना, डाका डालना, आविष्कार करना, इमारतें खड़ी करना, किसी चीज की बुनियाद डालना, किसी चीज को ध्वस्त करना....

सिर्फ पड़े रहना और सोचते रहना नहीं?

वह भी हो सकता है—यदि अपने आपको स्वीकार्य हो तो। दिक्कत यही तो है कि वर्तमान रूप में अपने समय को बिताना मुझे स्वीकार्य नहीं लगता। ऐसी कोई गलतफहमी नहीं है कि इस रूप से हटकर जिस रूप में मैं अपना प्रक्षेपण चाहता हूँ, उसका कोई विशेष अर्थ होगा। जीवन की समग्रता को किसी भी व्यक्ति के किए न किए से कुछ अंतर नहीं पड़ता। और पड़ता भी है तो व्यक्ति की दृष्टि से वह इतना नगण्य है कि उसे अपनी महत्त्वाकांक्षा मानना अपने को धोखा देना है। व्यक्ति की यदि कोई आकांक्षा हो सकती है, तो इतनी ही कि वह अपने स्वाभाविक अनुपात में जी सके, अपने कद की ऊँचाई में खड़ा रह सके। कोई बोझ उसके घुटनों को पस्त किए रहे, इसका विरोध उसे करना ही चाहिए। यों अपने में उसकी ऊँचाई कितनी बड़ी है और कइयों की तुलना में कितनी छोटी—इससे उसकी आकांक्षा का कोई संबंध नहीं।

तो मेरी भी आकांक्षा है अपने कद में खड़े रह सकने की। मेरे जीवन की इतनी ही संभावना है। अपने से बाहर हर व्यक्ति से मेरा संबंध इतने से ही निर्धारित होता है कि वह कहाँ तक इस संभावना की पूर्ति में सहायक होता है या बाधक।

पर सचमुच क्या ऐसा होता है? अपने हर संबंध को व्यक्ति अकेला निर्धारित कर सकता है? और फिर हर दूसरे की भी तो अपनी एक संभावना है...

●

## 33

### आगरा-15-12

यहाँ से चल देने की छटपटाहट बढ़ती जा रही है। पर और कहीं भी जाने से पहले एक बार दिल्ली हो आना आवश्यक है—अपने प्रकाशकों से बात करने के लिए।

कुछ समय राजेंद्र यादव के साथ यहाँ के साहित्यिक समुदाय के बीच बिताया है। पर दो-तीन घंटे उन लोगों के साथ रह चुकने के बाद घर लौटने पर कुछ भी काम न करने की परेशानी और बढ़ जाती है। अपना खालीपन एक अपराध की तरह लगता है, जिसके लिए अपने को ही उत्तरदायी नहीं मान पाता। जिन लोगों से यहाँ परिचय हुआ है, वे सब अपने-अपने काम में जुटे हुए लगते हैं—विशेष रूप से राजेंद्र यादव। अपने शारीरिक हैंडीकैप के बावजूद उसमें कितना आत्मविश्वास है! कह नहीं सकता कि यह उसमें जन्मजात ही है या जमकर काम करने से पैदा हुआ है।

हालाँकि परिचय बहुत थोड़े दिनों का है, फिर भी यह आदमी किसी तरह की दूरी महसूस नहीं होने देता। जब भी मिलता है, लगता है जैसे हम बरसों से एक-दूसरे को जानते हों। उस दिन उसने अपने उपन्यास का जो अंश सुनाया, वह बहुत अच्छा लगा। यह आदमी जिस तरह अपनी मेज से बँधकर काम करता है, उससे सचमुच स्पर्धा होती है। चिट्ठियाँ, कागज, रोज का काम, सब कुछ व्यवस्थित। कह रहा था, "उपन्यास का एक-एक शब्द पहले मेरे दिमाग में लिखा जाता है, फिर मैं कागज पर लिखना शुरू करता हूँ।" ऐसा क्या सचमुच संभव है? यदि संभव है, तब तो अपने पास लिखनेवाला दिमाग है ही नहीं। "मैं अपने उपन्यास का कोई भी अध्याय पहले लिख सकता हूँ।" उसकी यह बात कोरी गप लगी थी। पर जिस गंभीरता से उसने बात कही थी, उससे अपना अविश्वास ही ओछा लगता है।

और जितने लोग मिले हैं, उनके साथ औपचारिकता की एक लकीर बनी रही है। हँसना, बहस करना, चाय पीना, सब उस लकीर के इस-उस तरफ से ही होता है। सिर्फ यही आदमी है जो जैसे लंगोट कसकर चुनौती देता लकीर लाँघ आता है, "आओ, लड़ो मुझसे कुश्ती। लड़ोगे?"

और लोग जब किसी रचना या रचनाकार की आलोचना करते हैं, तो वह पान चबाने जैसा अचिंतित काम करने लगता है। पर यह आदमी जैसे रात-दिन की मालिश और कसरत से अपने को इसके लिए तैयार किए रहता है। आजकल यह उपेंद्रनाथ अश्क और भगवतीचरण वर्मा पर गरमी खाए है। कहता है, जिंदगी भर नौकरी नहीं करेगा। अपना प्रकाशन चलाएगा और लिखेगा।

इसकी कई बातें बचकाना लगती हैं, पर उनमें समसामयिक साहित्य को

लेकर एक आंतरिक जिज्ञासा और आवेश झलकता है। उन लोगों की तरह नहीं जो केवल साहित्यकार होने के नाते साहित्य-चर्चा करते हैं—जैसे कि बात करके साहित्य नाम के जीवन का कुछ उपकार कर रहे हों। उस दिन दोस्तोएव्स्की के संबंध में लोगों की बातचीत सुनकर कुछ ऐसा ही लगा था। पर आदमी जैसे अपनी कसौटी जेब में लिए घूमता हो। बात चलने पर वह कसौटी इतमीनान से जेब से निकाली और रचना या लेखक को उस पर घिसकर बता दिया कि वह डेकेडेंट है या क्या है। उस समय दोस्तोएव्स्की की वकालत में बहुत कुछ कहना चाहता था, पर चुप रह गया था, क्योंकि अपनी जेब में उस तरह की कोई कसौटी थी ही नहीं!

फिर भी उस तरह की साहित्यिक मारधाड़ के बीच जितना समय बीतता है, वह मन को जमकर काम करने के लिए काफी उकसाता है। राजा की मंडी से दयालबाग की तरफ लौटते हुए मन में एक ऐसी अस्थिरता भरी रहती है, जैसेकि घर पहुँचते ही किसी चीज में जुट जाना हो। पर घर की चौखट लाँघने के साथ ही एक डिप्रेशन घिर आता है। पता नहीं यह डिप्रेशन अपनी असमर्थता का होता है या इस वातावरण के दबाव का?

●

## 34

## जंगपुरा एक्सटेंशन, नई दिल्ली–17–12

यहाँ आकर हर बार यह बात मन को कुरेदती है कि मैं लगातार इस शहर में ही क्यों नहीं रहता, हालाँकि इस शहर के साथ अपना रिश्ता क्वीन्स वे के उस सेमी-स्क्वेयर तक सीमित है जिसमें कॉफी हाउस, एल्स और ए.एन. जॉन की दुकान है। कभी 'सरिता' कार्यालय में बहुत आना-जाना था। वह भी उसी सेमी-स्क्वेयर में है।

सबसे ज्यादा आत्मीयता महसूस होती है कॉफी हाउस से। वहाँ भी पिछले कोने की उस सीट से जिस पर सबसे ज्यादा बैठता रहा हूँ। अंदर दाखिल होने पर वह सीट खाली नहीं मिलती, तो अपनी एक चीज अपने से छिन जाने का एहसास होता है। खाली मिल जाती है, तो वहाँ अकेले बैठकर भी लगता है कि मैं उस पूरे हुजूम के बीच उसका एक हिस्सा हूँ, कि कॉफी हाउस या उस शहर में ही नहीं, पूरी दुनिया में वही एक जगह है जो मेरी अपनी है और जहाँ पर बैठकर मैं सचमुच रिलैक्स कर सकता हूँ।

इस शहर की जो चीज सबसे ज्यादा मन को खींचती है, वह है यहाँ की उत्तेजना। हर आदमी इस वक्त किसी न किसी वजह से उत्तेजित नजर आता

है—किसी हो चुकी, हो रही या होनेवाली बात से उत्तेजित—हालाँकि उस उत्तेजना में तनाव नहीं होता। हर आदमी किसी तेज चलती गाड़ी के स्टियरिंग पर एक 'रिलैक्सड एक्साइटमेंट' में बैठा नजर आता है। इसीलिए हर एक बहुत व्यस्त भी लगता है और काफी फुरसत से भी। पर घंटों कॉफी हाउस में बैठे रहने की यह फुरसत निष्क्रियता या निठल्लेपन की नहीं होती। कुछ ऐसा लगता है जैसे बाहर की दुनिया से अपनी-अपनी उत्तेजनाएँ यहाँ लाकर लोग आपस में उनका बँटवारा कर लेते हों, या एक-दूसरे की सहायता से उनकी जमा-बाकी निकाल लेते हों। कॉफी हाउस उनके कारोबारी जीवन में सटा हुआ एक पैविलियन है, जहाँ आकर वे कुछ देर आराम भी करते हैं और अगले राउंड पर निकलने की तैयारी भी।

इस शहर के प्रति मेरा आकर्षण शायद मुख्य रूप से कॉफी हाउस के ही कारण है। लाहौर छोड़ने के बाद इस तरह का वातावरण और कहीं नहीं मिला। इसलिए जहाँ कहीं भी रहते अपनी जिंदगी में एक रुकाव-सा महसूस होता रहा है। लाहौर कॉफी हाउस के कई-एक चेहरे भी यहाँ नजर आ जाते हैं जिससे कुछ हद तक फिर से उस कांटीन्युइटी में जी लेने का एहसास होता है। मगर महीनों के व्यवधान के बाद यहाँ आने के कारण अपने कटे होने की अनुभूति भी कम नहीं होती। एक-एक करके जब सब लोगों से मुलाकात हो चुकती है और वे 'कहो कब आए' से शुरू करके 'अच्छा, फिर मिलेंगे' तक की पटरियाँ लाँघकर पास से उठ जाते हैं, तो यह अनुभूति और गहरी होने लगती है। लगता है कि बाहर रहने पर अपना बाहर होना केवल मुझी को महसूस होता है—उनमें से किसी के लिए मेरे यहाँ होने या बाहर रहने में कोई फर्क नहीं है। इसका कारण भी शायद यहाँ का रिलैक्स्ड एक्साइटमेंट ही है। फर्क उसी को पड़ सकता है जिसे अपनी जिंदगी में न रिलैक्सेशन महसूस होता हो, न एक्साइटमेंट।

सुबह साहनी से कहा था कि यहाँ जगह का इंतजाम हो जाए तो मैं कुछ महीने यहाँ रह जाना चाहूँगा। वह 'तुम अभी दो-चार दिन रहकर देखो तो सही' कहकर चला गया था। उसे शायद इसलिए विश्वास नहीं हुआ कि तीन साल पहले भी मैंने बहुत जोर देकर यह बात कहनी शुरू की थी। उन दिनों विश्वनाथ (सरिता—संपादक) की ओर से दो सौ रुपए महीने का आश्वासन भी था—रचनाओं के पारिश्रमिक तथा संपादन-कार्य में सहायता के सिलसिले में। पर उससे बात होने के दूसरे-तीसरे दिन ही मन उस व्यवस्था से उखड़ गया था। एक कारण डी.ए.वी. कॉलेज, जालंधर से आया नियुक्ति-पत्र भी था। 'इस बार तुम्हें कोई और बहाना मिल जाएगा' कहने में साहनी के अविश्वास के अतिरिक्त और भी कुछ था—शायद इस बात का डर कि कहीं मैं उसी पर बोझ बनकर न रह जाऊँ।

●

"इस शहर में सब सड़कें पार्लियामेंट हाउस की तरफ जाती हैं," कॉफी हाउस में कंवर कह रहा था। "पर उनमें से ज्यादातर सेंट्रल सेक्रेटेरियट के अंदर जाकर खो जाती हैं।"

उसने इस शहर के जिन दो चेहरों का जिक्र किया, उनमें से एक सेंट्रल सेक्रेटेरियट मार्का चेहरा, साहनी का है। पिछले तीन सालों में तीन सौ से एकाएक साढ़े आठ सौ पहुँचकर यह आदमी आज सीधे सेक्रेटेरियट के ऊपरी बरामदे की सीढ़ियाँ गिनता नजर आता है। "वे लोग बेवकूफ हैं जो सत्ताइस-अट्ठाइस की उम्र तक पहुँचकर भी अपने लिए अगले तीस सालों का रास्ता निश्चित नहीं कर पाते," वह कहता है। "परमात्मा का शुक्र है कि मुझे अपने रास्तों का पता है।"

उसे सचमुच पता है। तभी न उसने अभी से अपने लिए गाड़ी बुक करा ली है। ड्राइंग रूम का सामान खरीद लिया है और अलमारी में वाट सिक्स्टी नाइन की बोतल रखने लगा है। गाड़ी तो खैर जब आएगी, आएगी, पर गालीचा मैला न हो जाए, बेड-कवर में सलवटें न पड़ जाएँ, इसके लिए जिस तरह वह अपने हाथ-पैरों पर नियंत्रण रखकर चलता है, सोफे के पीछे जाने के लिए बिना उस पर पाँव रखे जिम्नास्टिक का प्रयोग करता है, उससे सचमुच लगता है कि ये सब चीजें तीस साल तक इतनी ही नई बनी रहने को हैं। यहाँ तक कि रात को वाट सिक्स्टी नाइन की बोतल से जिस तरह वह कुछ गिनी हुई बूँदें गिलासों में डालता है, उससे यह भी विश्वास करने को मन होता है कि वह बोतल भी उतने ही साल उसका साथ देने के लिए है। अगर डर लगता है तो सिर्फ उसके शरीर से जो कि सोफे और गालीचे जितना पुख्ता नहीं है।

दूसरा पार्लियामेंट हाउस मार्का चेहरा, उसी समय कॉफी हाउस में दिख गया था। डॉक्टर एस. कांत को, जब हम उनसे पढ़ते थे, तब से सालभर पहले तक रैंकन के सिले बढ़िया सूटों में ही देखा था। अचानक वह खादी का पाजामा, खादी की अचकन और कांग्रेसी टोपी पहने सामने आ खड़े हुए तो पलभर आश्चर्य से उन्हें देखता रह गया। पता चला कि इस बीच पंजाब विधान परिषद् के सदस्य नामजद हो गए हैं और उसके साथ ही उन्होंने कांग्रेस पार्टी की सदस्यता स्वीकार कर ली है।

डॉक्टर साहब प्रदेश से केंद्र में आ सकने के प्रयत्न में दिल्ली आए हुए थे। लौटने से पहले कुछ खरीदारी करने कनॉट प्लेस चले आए थे। कॉफी हाउस में उनकी आमद का कारण इतना ही था वह जिस उद्देश्य से आए थे, वह पूरा नहीं हो सका था और वह कुछ समय 'जनता' के बीच बैठकर अपने मन का गुबार निकाल लेना चाहते थे।

बैठते ही डॉक्टर साहब ने रूस, चीन और उनके साथ-साथ भारत सरकार को कोसना शुरू कर दिया। "साम्यवादी देशों में व्यक्ति की स्वतंत्रता का एक तरह

से हनन हो रहा है, यहाँ दूसरी तरह से," उन्होंने कहा, "बल्कि वहाँ तो स्वतंत्रता का हनन हो रहा है, यहाँ ये लोग स्वतंत्रता का अर्थ जानते ही नहीं। ये समझते हैं कि ब्रिटेन की प्रभुता से छुटकारा पाकर इन्होंने स्वतंत्रता पा ली है, पर इन्हें नहीं पता कि यह तो स्वतंत्रता का क ख ग भी नहीं है। जिस देश में यहाँ जितनी अनैतिकता और भ्रष्टाचार हो, वह किस मुँह से अपने को स्वतंत्र कह सकता है? संसार का कोई देश यदि वास्तव में स्वतंत्रता का अर्थ जानता है तो वह है ब्रिटेन। बस, वह एक ही देश है जिसे इस दृष्टि से आदर्श कहा जा सकता है। लड़ाई से पहले के ब्रिटेन की तो खैर बात ही क्या थी, पर आज भी जो देश सबसे ऊँचे नैतिक मानदंड रखता है, वह ब्रिटेन है। बीच में समाजवादी सरकार के आ जाने से वहाँ की हालत भी काफी खराब हो गई है—जीवन के जो मानदंड टोरियों ने बना रखे थे, वे बिलकुल वैसे नहीं रहे—फिर भी उस देश का नैतिक ढाँचा ऐसे फौलाद का बना है कि कोई भी चीज उसे नहीं तोड़ सकती। हाँ, वह देश भी कभी पंद्रह-बीस साल लगातार समाजवादी सरकार के नीचे रह जाए, तो कहा नहीं जा सकता कि वहाँ की भी क्या हालत हो जाए। मैं तुम्हें उन दिनों का एक किस्सा सुनाता हूँ जब मैं ऑक्सफोर्ड में पढ़ता था। वहाँ उन दिनों एक अफ्रीकन लड़का स्कॉलरशिप पर आया हुआ था। सेक्स के लिहाज से अफ्रीकन बिलकुल दैत्य होते हैं, यह तुम लोगों ने सुना ही होगा। तो यह अफ्रीकन लड़का एक दिन वहाँ एक वेश्या के यहाँ चला गया। उसने उससे दो ट्रिप्स की बात की और पैसे तय कर लिए। पर पहले ट्रिप के बाद ही उस वेश्या का इतना बुरा हाल हो गया कि उसने दूसरे ट्रिप से इनकार कर दिया। कहने लगी कि वह उसे आधे पैसे दे दे। पर अफ्रीकन इसके लिए राजी नहीं हुआ। उसका कहना था कि जो बात तय हुई है, वह पूरी होनी चाहिए—और तब वह पूरे पैसे ही देगा। इस पर काफी चख-चख हुई। पुलिस बुला ली गई। पुलिस इंस्पेक्टर ने पूरी बात जानी तो उसने अपना फैसला अफ्रीकन के हक में दिया। वेश्या से कहा कि या तो उसे दोनों ट्रिप पूरे करने देने होंगे, वरना उसे पैसे लेने का कोई अधिकार नहीं। अब बताओ... एक तरफ काला अफ्रीकन, दूसरी तरफ गोरी वेश्या। पर पुलिस इंस्पेक्टर रंग के इस भेद-भाव में नहीं पड़ा। उसकी नजर में वेश्या को पैसे लेने का नैतिक अधिकार तभी था, जब वह तय की गई बात का पालन करे। अफ्रीकन की माँग उसके लिए अनैतिक नहीं थी, वेश्या का इनकार अनैतिक था। पर ब्रिटेन की जगह यह बात होती न इस देश में—पुलिस तो दूर, लोग-बाग ही उस आदमी की हड्डी-पसली एक करके उसे कहीं दफना देते और किसी को पता भी न चलता। अब वहाँ की समाजवादी सरकार के जमाने का हाल सुन लो! मुझे एक ऐसे आदमी ने बताया है जो उन दिनों वहाँ था। गाड़ियों में बल्ब ही नहीं थे। आधी गाड़ी में रोशनी होती थी, आधी में नहीं। बताओ...क्या देश था, क्या हो गया!"

डॉक्टर साहब काफी देर इस देश की अनैतिकता पर भाषण कर चुके, तो मैंने हलके-से उनसे पूछ लिया कि उन्होंने रैंकन के सिले सूट पहनना क्यों छोड़ दिया है। वह इस पर खुलकर मुसकराए और बोले, "भाई, अब उन चीजों को देखनेवाला यहाँ कौन रह गया है? पहले वे कपड़े पहनकर सर मनोहरलाल के यहाँ जाते थे, बख्शी टेकचंद के यहाँ जाते थे। वे लोग देखकर पूछते थे, यह जूता कहाँ से लिया? यह सूट कहाँ से सिलाया? तब अपने को भी पहनने का कुछ मतलब लगता था। पर अब क्या है? जालंधर-चंडीगढ़ की धूल में बढ़िया-से-बढ़िया कपड़े पहनकर मैले करते रहो, किसी के पास आँख भी नहीं जो देखे और पूछे। सो हमने भी सिला ली है पाँच रुपए गज की अचकन और इसे पहनकर घूमते रहते हैं यहाँ से वहाँ।"

चलते-चलते डॉक्टर साहब ने अपने अनुभव का निष्कर्ष भी दे दिया। "कुल पच्चीस सौ आदमी होते हैं जो हर देश को अपने ढंग से चलाते हैं। वही पच्चीस सौ अमरीका में होंगे, वही पच्चीस सौ रूस में होंगे, और वही पच्चीस सौ यहाँ भी हैं। बस यही पचीस सौ आदमी देश की नाक में नकेल डालकर उसे जिधर को चाहें, उधर को ले चलते हैं। तुम चाहो कि उनमें से पच्चीस सौ एकवें तुम हो जाओ तो नहीं हो सकते। ऐसी सख्त गुटबंदी होती है उन पच्चीस सौ आदमियों की—जिनमें सरकारी दल और विरोधी दल दोनों के लोग शामिल होते हैं—कि किसी और को वे बाहर से दाखिल होने ही नहीं देते। मतलब कि जब तक किसी एक के मरने से उसकी जगह खाली नहीं हो जाती। पर खाली जगहों को भरने के लिए भी लंबी सूचियाँ पहले से ही तैयार रहती हैं। अब यहाँ कांग्रेस और विरोधी पार्टियों की जो मिली-जुली फेहरिस्त है, उसमें से पच्चीस सौ आदमी अंदर हैं और उतने ही बाहर हैं। इसलिए अगले पचास साल तक किसी नए आदमी के लिए किसी तरफ से भी कोई गुंजाइश नहीं है!"

डॉक्टर साहब के जाने के बाद कंवर ने कहा, "लगता है इन्होंने भी अपने जाने जिंदगी से दो ट्रिप्स की बात तय कर रखी है। पर दूसरे ट्रिप का मौका नहीं मिल रहा है, इसलिए..."

"पुलिस की मदद से ही कुछ हो सकता है," किसी दूसरे ने जड़ दिया।

"उसके लिए भी ब्रिटेन में होते, तब बात थी।"

"हाँ, सन् सैंतीस के ब्रिटेन में।"

और काफी देर तक हम लोग हँसते रहे।

●

"दिल्ली में रहना है तो इन दो तरह के चेहरों में से एक चेहरा चुन लो," कंवर ने कहा, "इनसे हटकर किसी और तरह का चेहरा चुनना चाहते हो तो यह शहर तुम्हारे लिए नहीं है।"

कंवर सिनिसिज्म की बात हमेशा ही करता रहा है, पर इधर कुछ ज्यादा

ही सिनिक हो गया है। उसके ढंग से लगा कि वह मेरे यहाँ आकर रहने की बात का भी कुछ दूसरा ही अर्थ ले रहा है। उससे ज्यादा माथापच्ची नहीं की क्योंकि उसे यह समझा सकना मुश्किल था कि पार्लियामेंट हाउस और सेक्रेटेरियट की तरफ जानेवाली सड़कों पर एक तमाशबीन की तरह खड़े रहना और सामने से गुजरनेवालों पर फब्तियाँ कसना भी जिंदगी की एक दिलचस्पी हो सकती है। "तुम्हारे बहुत-से लेखकों को देखा है," वह कहता रहा। "उनके लिए यही बड़ी बात है कि कभी-कभार उन लोगों के सहभोज में शामिल होने का निमंत्रण-पत्र उन्हें मिल जाता है।"

लेखकों के बारे में वह जिस अंदाज से बात करने लगा, उससे थोड़ी बदमजगी भी हो गई। कॉफी हाउस से बाहर आए तो दोनों के चेहरे कसे हुए थे। वह खुद इस शहर को छोड़कर चला जाना चाहता है, शायद इसीलिए...

●

## 35

### जंगपुरा एक्सटेंशन, नई दिल्ली–18–12 सुबह तीन बजे

अचानक नींद खुल गई है। अभी-अभी एक सपना देख रहा था। एक बहुत पुराना टूटा-फूटा-सा घर था। या शायद कोई लॉज था। उसके निचली मंजिल के एक कमरे में मैं मरा हुआ पड़ा था। लाश के आसपास जितने लोग जमा थे, उनमें से कोई मुझे नहीं जानता है। वे सब परेशान थे कि कहाँ और किसे इस मृत्यु की सूचना भेजी जाए। तभी एक आदमी को मेरी डायरी मिल गई और वह उसमें से कुछ अंश पढ़कर लोगों को सुनाने लगा। फिर मेरे सामान की तलाशी ली जाने लगी। पहले वहीं, फिर शिमला के घर में, फिर आगरा के घर में। पर पता कहीं से भी नहीं मिला। एक आदमी कह रहा था कि अगर पता मिल जाए तो यह फिर से जी सकता है। कुछ लोगों ने मुझे हिलाकर मुझसे जानने की कोशिश की। मुझे हैरानी हुई कि ये लोग कैसे सोच रहे हैं कि मरा हुआ आदमी उन्हें अपना पता बता सकता है। जब लोग बिलकुल निराश हो गए तो उन्होंने तय किया कि इसे फिलहाल कपड़े में लपेटकर रख देना चाहिए—क्या पता, बाद में कभी पता मिल जाए और इसे जिंदा किया जा सके...

आँख खुली, तो बिस्तर में उलटा पड़ा था। उठकर दो गिलास पानी पी लिया है। बरामदे में निकलकर साहनी के कमरे तक हो आया हूँ, पर उसे जगाया नहीं।

अब नींद तो आने की नहीं। कोई किताब पढ़ी जा सकती है। पर पढ़ने को बिलकुल मन नहीं है। लगता है कि रोशनदान के शीशों को ताकते हुए ही सुबह कर देनी होगी।

# (ख) यात्रा-संस्मरण

*नई-अनजान पगडंडियों का मोह, जहाँ हो वहाँ से तुरंत कहीं भी अन्यत्र चल देने का रोमांच, कठिनाइयों, बाधाओं और चुनौतियों से हरदम टकराते रहने का हौसला तथा अनिश्चित, असुरक्षित एवं अज्ञात गंतव्य का सम्मोहन—इसी उफनती हुई बेचैनी-बेसब्री का दूसरा नाम मोहन राकेश था। राकेश पैदाइशी खानाबदोश थे। उनके लिए यायावरी शौक नहीं, जीवन-शैली थी। इसलिए यह महज संयोग नहीं है कि न केवल वह जीवन भर शहर, नौकरियाँ, बीवियाँ, मोहल्ले और घर बदलते रहे बल्कि प्रकाशित होनेवाली उनकी पहली उल्लेखनीय पुस्तक 'आखिरी चट्टान तक'—यात्रावृत्तांत ही थी।*

*यहाँ हम राकेश के दो यात्रा-संस्मरण प्रस्तुत कर रहे हैं। कोल्हाई ग्लेशियर के ऊपर दूधसर झील का संस्मरण 'ऊँची झील' 1 मई, 1960 को आकाशवाणी, इलाहाबाद से प्रसारित हुआ था। इस कठिन और रोमांचक यात्रा पर उपेंद्रनाथ अश्क और कमलेश्वर उनके सहयात्री थे। इसी संस्मरण को राकेश ने अपनी पुस्तक 'परिवेश' में संकलित महत्त्वपूर्ण निबंध 'यात्रा का रोमांस' में भी थोड़ा भिन्न रूप में इस्तेमाल किया है।*

*नेहरू फ़ैलोशिप के अपने अनुसंधान-कार्य के तहत राकेश ने कई देशों की अध्ययन-यात्राएँ की थीं। उन यात्राओं के संस्मरणों एवं अनुभवों पर आधारित 'पतझड़ का रंगमंच' नामक उनकी एक पुस्तक के प्रकाशन की पूर्व-घोषणा भी कर दी गई थी। परंतु राकेश के आकस्मिक निधन के कारण वह पूरी लिखी ही नहीं जा सकी। राकेश की रूस-यात्रा के दौरान वहाँ के ऐतिहासिक नगर समरकंद में गुज़ारे गए यादगार लम्हों और मूल्यवान अनुभवों में रचा-बसा यह संस्मरण 'मकबरे और आज' वास्तव में राकेश की प्रस्तावित पुस्तक 'पतझड़ का रंगमंच' का हिस्सा था, जो सर्वप्रथम 'सारिका' के सितंबर, 1972 के अंक में प्रकाशित हुआ था।*

# 1
# ऊँची झील

ठिठुरे हुए हाथों में चाय की प्यालियाँ थामे, हम अपने सामने फैले हुए ग्लेशियर को देख रहे थे। सर्दियों की जमी हुई बर्फ जगह-जगह से स्याह नजर आती थी, जैसे अपने अंदर की सर्दी से ही ठिठुरकर जकड़ गई हो। बीच में दो बड़ी-बड़ी दरारें थीं जिनकी वजह से लगता था जैसे ग्लेशियर जबड़े फाड़े हर चीज को देख रहा हो। हम लोग सुबह लिद्दरवट के डाक बंगले से चले थे और खच्चरों पर आने के बावजूद वहाँ तक पहुँचते-पहुँचते काफी थक गए थे। मगर कोल्हाई ग्लेशियर का वह विराट मकान तो क्या, किसी भी अनुभूति को भुला दे सकता था। हम लोग ऐसे देख रहे थे जैसे जीवन के साथ या सृष्टि के साथ हमारा अभी नया-नया ही परिचय हुआ हो और हम समझ न पा रहे हों कि हम जो देख रहे हैं, वह कहाँ तक स्थूल है और कहाँ तक सूक्ष्म...

एक तरफ बर्फ का पहाड़ था, तो दूसरी तरफ हरियाली से लदा हुआ दूसरा पहाड़ जो उससे भी ऊँचा चला गया था। उसे कहीं बर्फ ने छुआ भी नहीं था। उसी ऊँचाई की ओर संकेत करते हुए हमारा खच्चरवाला, लस्सू रैना कह रहा था—वहाँ उस चोटी के ऊपर वह झील, दूधसर, जहाँ कभी ही कोई जाता है। रास्ता अच्छा नहीं है। बल्कि रास्ता है ही नहीं, बर्फ ऐसा ही जान पड़ता है।

बर्फ का पानी पास से गुजर रहा था और पहाड़ के पीछे से बादल का एक टुकड़ा इस तरह झाँक रहा था जैसे इधर की कुछ खोज-खबर लेने का इरादा रखता हो। हवा में हमारे कपड़े काँप रहे थे, सर्दी से शरीर सुन्न हुए जा रहे थे। हम तीनों साथी एक दूसरे की तरफ प्रश्नात्मक दृष्टि से देख रखे थे कि किसमें उस पहाड़ की चोटी पर दूधसर झील देखने जाने की हिम्मत है। तीनों में से किसी ने भी प्रतिवाद नहीं किया, इसलिए यह अपने आप ही तय हो गया कि हम ऊपर जाएँगे। लस्सू ने दूसरे खच्चरवालों से कह दिया कि दो घंटे बाद वे खच्चर लेकर एक मील आगे ठीक ग्लेशियर के पैरों के पास पहुँच जाएँ। हमने अपनी छड़ियाँ सँभालीं और लस्सू के साथ इधर का रुख किया।

एक फुट चौड़ी पगडंडी थी, एक दिन पहले की वर्षा के कारण दलदल हुई। पाँव या तो फिसलता था, और जमता था, तो जम ही जाता था। मगर उत्साह था इसलिए विशेष असुविधा नहीं हुई। कुछ और ऊपर जाकर वह पगडंडी भी नहीं रही। पहाड़ नीचे से जितना ऊँचा लगता था, चढ़ते हुए पता चलने लगा कि वह उससे कहीं ऊँचा है। मगर हमने हिम्मत नहीं छोड़ी। आखिर उस चोटी को पा ही लिया। मगर वहाँ पहुँचकर भी झील नजर नहीं आई। देखा, कि मैदान है और फिर एक और चोटी है। फिर हिम्मत बाँधी और उसी तरह उस चोटी के ऊपर पहुँचे। झील वहाँ भी नहीं थी। और उसके बाद जब झील की बात भूलकर गुस्से के मारे अंधाधुंध चढ़े जा रहे थे, तो सहसा वह झील सामने आ गई।

—झील! हममें से किसी ने कहा। शेष दोनों भी जल्दी से पास पहुँच गए। हम लोग जहाँ पहुँचे थे, वह जगह झील से ऊँचाई पर थी और झील कुछ नीचे थी। हम लोग स्तब्ध होकर देखते रहे। खामोश जहर मोहरा रंग का पानी, हलकी लहरियों में काँपता हुआ, जैसे कोई सोया हुआ बच्चा नींद में मुसकरा रहा हो। दो-एक तरफ बर्फ जमी थी। एक साँप किनारे-किनारे रेंगता जा रहा था।

एक साथी ऊपर ही रहा, हम दो आदमी नीचे किनारे पर पहुँच गए। मानसबल और शेषतान से कहीं बड़ी झील थी वह, कहीं अधिक एकांत, आत्मनिष्ठ और सुंदर। उसमें पत्थर फेंकते रहे। ऊपर से साथी ने चेतावनी दी कि वर्षा होने लगी है, तो लौट आए।

अब? प्रश्न बहुत बड़ा था। जिस रास्ते से किसी तरह ऊपर चढ़ आए थे, उस रास्ते वर्षा में लौटते तो जाने कहाँ से सीधे नीचे लुढ़क जाते। लस्सू ने हमारा रास्ता पकड़ा। मगर रास्ते ने दो-एक करवटों के बाद ही खुले पत्थरों की पहाड़ी पर पहुँचा दिया। चलने की जगह रेंगने लगे। रेंगते-रेंगते लुढ़कने लगे। एक साथी लुढ़का, तो उसने नीचे पहुँचकर ही दम लिया। शेष दोनों एक दूसरे को सावधान करते रेंगते रहे। जब किसी तरह नीचे पहुँचे तो पता चला कि पैरों के नीचे ठोस जमीन नहीं, ग्लेशियर का जमा हुआ बर्फ है।

बर्फ, बर्फ! बर्फ का रास्ता, उस पर बर्फ के पत्थर, बीच से बहते हुए बर्फ के नाले। दो मील बर्फ का रास्ता तय किया। जगह-जगह बर्फ में सुरंगें बनी थीं जो जाने कहाँ ले आती थीं। खच्चरों तक पहुँचे, तो अँधेरा होने लगा था। खच्चरें भगाईं, मगर सतलुंजन तक पहुँचते अमावस की रात उतर आई। पथरीला नालों से घिरा ऊबड़ खाबड़ रास्ता, साथ बहता हुआ दरिया और थके हुए खच्चरों की लगामें थामे चलते हुए हम लोग। टॉर्च का सेल चुक गया था, दियासलाइयाँ समाप्त हो गई थीं, घुटनों तक हम कीचड़ से लथपथ थे, ऊपर से वर्षा पड़ रही थी। जाने कहाँ से रास्ता ऊपर को चढ़ने लगता था और फिर कहाँ से नीचे को उतरने

लगता था। लस्सू 'शाबाश महिबा (साहबा—सं.), शाबाश' कहकर सबकी हिम्मत बँधा रहा था मगर हमारे पैर साथ नहीं दे रहे थे। हममें से एक के पैर में चोट भी आ गई थी। फिर भी हम किसी तरह चले जा रहे थे क्योंकि हमारी आँखों में वह ऊँची झील समाई थी, जिसे हमने एक बच्चे की तरह मुसकराते देखा था।

# 2
# मकबरे और आज

तमारा को सात बजे नीचे फायेर में मिलना था। सात बजे का मतलब था, सात बजे। छह चालीस पर बिस्तर से निकलने पर कुल बीस मिनट में पैक और पॉलिश होकर नीचे पहुँच जाना कुछ माने रखता था। पर तमारा तब तक नहीं आई थी।

सर्विस ब्यूरो की मादाम परेशान थी।

—फ्लाइट का टाइम क्या है? आपका टिकट आपके पास है, या...?

अपने को तो इतना पता भी नहीं था कि यात्रा सड़क से होगी, रेल से, या हवाई जहाज से। जो बात बताई न जाए, उसे पूछकर जान लेने की आदत डाली ही नहीं थी।

तमारा दस मिनट लेट आई। तब तक मादाम की हरारत अपने चरम पर पहुँच चुकी थी।

—तुम्हें जानना चाहिए, तुम्हें एक मेहमान को साथ लेकर जाना है! मेहमान बेचारा सात बजे से इंतजार कर रहा है!

तमारा ने गंभीर रहकर झिड़की को झेल लिया। पर एयरपोर्ट पर उन दस मिनटों की क्षतिपूर्ति के लिए उसे काफी दौड़-धूप करनी पड़ी। बैग बैगेज-रूम में छोड़ने के बाद इनटूरिस्ट की एक लड़की की सहायता से पीछे की तरफ से जाकर प्लेन तक ले जानेवाली ट्रॉली पकड़ी जा सकी। लगा कि वह ट्रॉली खास तौर से हमारे ही लिए रुकी हुई थी।

छोटा-सा जहाज था। डकोटा का कोई भाई-बंद। पोलिश यात्रियों का एक जत्था हमसे आगे था। वह जत्था बाद दोपहर तक हर जगह अपने से आगे-आगे मिला।

पैंतालीस मिनट की उड़ान में तमारा से ज्यादा बात नहीं हुई। इतना पता चला कि कुछ दिन पहले जब सुमन और नागार्जुन वहाँ आए थे, तब उन्हें भी वही समरकंद घुमाने लाई थी। समरकंद और बुखारा। वह एक इंटरप्रेटर के रूप में उसका पहला एसाइनमेंट था।

साथ की सीट पर आँखें मूँदकर बैठी वह लड़की एक कठपुतली की तरह लगती थी। उसी तरह बीच-बीच में आँखें झपककर खोल लेती थी और 'क्षमा करना' के ढंग से मुसकरा देती थी। या तो वह रात को ठीक से सोई नहीं थी, या कोई और बात थी। जिसने उसे काफी अंतर्मुख बना रखा था। जब वह मुसकराती नहीं थी, तो बहुत उदास लगती थी। पर मुसकराने पर एकाएक उसका चेहरा बहुत ताजा हो जाता था।

अगर मेरा नाम शिवमंगल सिंह 'सुमन' होता, तो मैंने अवश्य उस पर एक कविता लिख दी होती।

हँसिए और हथौड़े की बड़ी-सी आकृति के सामने होटल समरकंद। एक छोटे शहर में होने की विशेष सुंदरता लिए। तमारा की उदासी कुछ-कुछ मेरे ऊपर भी घिर आई थी। वह जब तक काउंटर पर बात करती रही, मैं एक कोने में पिक्चर-पोस्टकार्ड छाँटता रहा। जिसे-जिसे भेजना चाहता था, उस-उसके नाम के साथ कार्ड की तसवीर का संबंध जोड़ता रहा, जैसे कि एक-एक पंक्ति लिखकर उन तसवीरों को अपना एक अर्थ दिया जा सकता हो। पर वह सारी खींच-तान बेकार लगी। पिक्चर-पोस्टकार्ड मनःस्थितियों के ग्राफ नहीं हो सकते। उनसे अपने यहाँ या वहाँ होने के अतिरिक्त कोई बात नहीं कहीं जा सकती।

कमरों की चाबियाँ लेकर तमारा ने दिन का कार्यक्रम बतलाया। पहले शहर का एक्सकर्शन। फिर म्यूजियम की सैर।

शहर और म्यूजियम, इन दो चीजों से हटकर एक बाहर से आए यात्री की और दिलचस्पी हो भी क्या सकती है? 'दिखाया' वही कुछ जा सकता है, जो 'देखा' जा सकता हो।

तमारा ने मेरी उदासी का कुछ और ही अर्थ ले लिया।

—कल तुम्हें बहुत असुविधा हुई होगी, क्योंकि मैं अंग्रेजी ठीक से नहीं बोल पा रही थी। पर सात दिन उस हंगेरियन लेखक के साथ रहकर अंग्रेजी बिलकुल बोलनी नहीं पड़ी, इसलिए मुझे लगता है, मुझे यह भाषा भूल ही गई थी। रात को मैं अपने को कोसती रही और आज ठीक से बोल सकने का अभ्यास करती रही। पर एक्सकर्शन में एक और लड़का हमारे साथ चलेगा, जो बहुत अच्छी अंग्रेजी बोलता है। वह इस शहर के बारे में सब कुछ जानता भी है। इसलिए आज तुम्हें कल जैसा नहीं लगेगा।

कुछ देर बाद नाश्ता हो चुकने पर वह युवक हमसे आ मिला।

—मैं हूँ अकबर। आपके देश का महान सम्राट! आप मेरे नाम से परिचित हैं न?

और उसी खुशमिजाजी के साथ वह हमें एक-एक जगह ले चला।

तैमूर लंग के पोते उलुग बेग की वेधशाला। उस काल की सीमाओं में बाहर

के विश्व की खोज तथा निरीक्षण का एक गंभीर प्रयत्न। पुरानी ईंटों की गंध में रुका हुआ समय। सीलन में खोई जिज्ञासाएँ। अँधेरे में कँपकँपाते उपलब्धि के क्षण। क्या एक दिन ऐसा भी आएगा, जिस दिन अतीत की आकांक्षाओं का जीवित साक्षात्कार भी मनुष्य के लिए संभव होगा? ठोस वैज्ञानिक भूमि पर?

उलुग बेग म्यूजियम में उस काल के बहुत-से चित्र। उमर खय्याम, मधुशाला के कवि, एक वैज्ञानिक और विचारक के रूप में। 'कविता की पुस्तक, पैमाना और तू' से आगे उनके अंतर की खोज। अलबेरूनी तथा भारतीय इतिहास के पन्नों में से और कई नाम। एक बार किसी ने कहा था—समय में पीछे की ओर यात्रा वैज्ञानिक दृष्टि से, कम से कम गणित में, संभव है। वह गणित केवल मानव-मन का ही है, या उससे बाहर का भी?

एफ्रोसिओब की खुदाइयाँ। पुराने समरकंद के घर और गलियाँ। सीधी चिलचिलाती धूप सिर पर झेलते हुए उन गलियों में से गुजरते ऊँटों की कल्पना। एक घर और दूसरे घर के बीच के मानव-संबंध। पर आज केवल नंगी सपाट ईंटें, जिन्हें एक ऊँचाई से देखकर 'दृश्य' की स्वीकृति-भर दी जा सकती है। क्या भविष्य के किसी मुकाम से देखने पर आज का सब कुछ भी इसी तरह सपाट नजर आएगा?

चित्रों के समरकंद में नजर आनेवाली जमीन की हलकी गोलाइयाँ, उन गोलाइयों में एक निशान—एफ्रोसिओब म्यूजियम। एक गोल चेहरे और आकर्षक आँखोंवाली लड़की एक-एक चीज का परिचय देती है। खुदाई से निकले मिट्टी के पुराने बरतन और सिक्के। उस जमाने की दीवारें। दरवाजे। टैराकोटा। पिछले वर्ष, समरकंद की अढ़ाई हजारवीं वर्षगांठ पर विभिन्न गणराज्यों से आए तोहफे। गालीचों पर बनी लेनिन की आकृतियाँ। कल से टकराता कल। उस कल से टकराता आज—एक-एक चीज का ब्योरा देती उस लड़की की आवाज।

—यह म्यूजियम हाल ही का है। अभी और बहुत कुछ है, जो यहाँ प्रदर्शित किए जाने को है। फिर भी आप खुशकिस्मत हैं, जो इतना कुछ भी देख पा रहे हैं।

दीवारों से जो साँसें टकराती होंगी, दरवाजों को जो हाथ खोलते होंगे, सिक्कों से जो चाहतें जुड़ी होंगी, उन सबका म्यूजियम? कब और कहाँ?

शाहि जिंदा। नीले और मरकती रंग की नक्काशी में सदियों पहले का इतिहास। एक ही ऊँची चढ़ती गली में दोनों ओर अनेकानेक मकबरे और मसजिद। एक-एक व्यक्ति का अकेला जीवन। पूरी हुई-न-हुई आकांक्षाएँ। नामों के साथ जुड़ी किंवदंतियाँ। बीते संघर्षों से निरपेक्ष एक दूसरी के सामने और समानांतर कई-कई पथराई आत्माएँ। कलात्मक उपलब्धियों में बदली युद्ध-संपदा। भारत तथा अन्य देशों में हुई मार-काट की आध्यात्मिक परिणति। कितनी-कितनी मौतों से उपजा

सौंदर्य। वह क्या था, जो उस समय के कलाकार को इतनी सूक्ष्म सौंदर्य-दृष्टि देता था? उसकी नामहीन पूर्ति का रहस्य क्या था? आस्था, आकर्षण या आतंक? सत्ता से अनुप्राणित होते हुए भी शाहि जिंदां में सत्ता के तो मकबरे ही हैं। जीवन है, तो उन आँखों का, जिन्होंने उस छतों और दीवारों की कल्पना की। इस दृष्टि से शाहि जिंदां मकबरों का समूह नहीं, उन भावनाओं की सामाजिक भूमि है, जो ईंटों और पत्थरों में एक अमूर्त कला-योजना का साक्षात्कार कर सकीं।

बीबी खोनुम की भव्यता ने मन को सकते में ला दिया। सौंदर्य की एक स्थिति वह भी होती है, जहाँ उसे आत्मसात नहीं किया जा सकता। वह आँखों से टकराकर भी उनसे बाहर और अलग एक चुनौती की तरह बना रहता है। आदमी उसके सामने इतना छोटा पड़ जाता है कि अपने को दर्शक रुतबा भी नहीं दे पाता। मन इस तरह चारों ओर से घिर जाता है कि उसे मुक्त करने के लिए संघर्ष करना पड़ता है। इधर नहीं, उधर। उधर नहीं, इधर। पर सौंदर्य का वह आतंक कि उससे बचने का रास्ता ही नहीं मिलता।

अकबर किस्सा सुना रहा था।

तैमूर की पत्नी बीबी खोनुम बहुत सुंदर थी। तैमूर उन दिनों भारत में युद्ध लड़ रहा था। बीबी खोनुम अपने पति को युद्ध से लौटने पर एक ऐसा उपहार देना चाहती थी, जिसे वह चकित होकर देखता रह जाए। पर इमारत अभी पूरी नहीं हो पाई थी, जब संदेश मिला कि तैमूर युद्ध से लौटकर आ रहा है। बीबी खोनुम को सहन नहीं हुआ कि उसका उपहार अधूरा रह जाए। उसने एक युवा भवन-शिल्पी से अनुरोध किया कि वह जैसे भी हो, तैमूर के लौटने तक उस कार्य का पूरा कर दे। युवा शिल्पी का मन बीबी खोनुम के सौंदर्य से आक्रांत था। उसने कार्य पूरा करने की एक शर्त रखी। बीबी खोनुम का एक चुंबन। बीबी खोनुम ने उसे समझाने की चेष्टा की। अलग-अलग रंगों के कई एक अंडे मँगवाकर उसके सामने रख दिए। कहा कि रंग अलग-अलग होने पर भी उनका स्वाद एक ही है। इसलिए उसे छोड़कर वह किसी भी और सुंदर-से-सुंदर स्त्री से प्रेम कर सकता है। पर युवा शिल्पी ने इस तर्क को स्वीकार नहीं किया। उसने दो प्याले मँगवा लिए। एक में शराब भर दी, दूसरे में पानी। कहा कि एक से नजर आने पर भी दोनों पानी एक नहीं हैं। एक से जो नशा मिल सकता है, वह दूसरे से नहीं। बीबी खोनुम ने बहुत सोचकर फैसला कर लिया। उपहार किसी भी तरह अधूरा नहीं रहना चाहिए था। उसने युवा शिल्पी को अपने गाल पर एक चुंबन की अनुमति दे दी। परंतु शिल्पी के चुंबन में इतनी जलन थी कि बीबी खोनुम के गाल पर गहरा दाग पड़ गया। तैमूर ने लौटने पर वह दाग देखा, तो उसका कारण जानना चाहा। बीबी खोनुम को वास्तविक कारण बताना पड़ा। तैमूर ने आदेश दिया कि उस शिल्पी को तुरंत उसके सामने हाजिर किया जाए। अधिकारी उसे ढूँढ़ने निकले,

तो पता चला कि वह उस समय भी उस उपहार-भवन की छत पर चल रहे पूर्ति-कार्य का निरीक्षण कर रहा है। परंतु वे लोग उसे पकड़ने के लिए जब छत पर पहुँचे, तो वह वहाँ नहीं था। केवल उसके दो शागिर्द वहाँ थे, जिन्होंने बतलाया कि वह वहाँ से उड़कर ईरान चला गया है। क्योंकि उसके मन में पहले से ही आशंका थी, इसलिए अपनी उड़ान के लिए दो पर उसने कब से तैयार कर रखे थे।

और सुनाने के साथ ही अपने सुनाए हर किस्से की तरह अकबर ने इसका खंडन भी कर दिया।

—यह केवल एक दंतकथा है। असलियत यह है कि यह इमारत तैमूर के आदेश से और उसके सामने ही बनाई गई थी।

पर एक दंतकथा की शुरुआत कहाँ से शुरू होती है? यह बीबी खोनुम के सौंदर्य को लेकर किसी के मन की अधूरी आकांक्षा थी, जिसने यह कल्पना का ताना-बाना बुन दिया, या तैमूर के प्रवास और जलते चुंबन के बीच इतिहास की कुछ गुमशुदा कड़ियाँ थीं, जिन्हें किसी ने इस रूप में जोड़ लेना चाहा था?

रेगिस्तां स्क्वेयर। मदरस्सा उलुग बेग। मदरस्सा शेरदौर। मदरस्सा तिल्लकोरी। धर्म, चिंतन और विज्ञान के क्षेत्र में उलुक बेग की मार्मिकता। उलुग बेग का एक वाक्य—धर्म कुहासा है और विज्ञान की वह धूप, जिससे कुहासा घट जाता है। पर मुल्लाओं को उलुग बेग की इस दृष्टि पर इतनी आपत्ति थी कि अंत में उन्होंने उसे कत्ल करवा दिया।

पुराने शहर के बाद नए शहर का एक चक्कर काटकर एक्सकर्शन समाप्त हो गया। म्यूजियम के बाहर अकबर ने हम लोगों से विदा ले ली।

—अगर इतिहास में आपकी दिलचस्पी है, तो आप समरकंद को कभी नहीं भूल सकते, और न ही अकबर को।

अभी एक नहीं बजा था। तमारा म्यूजियम के अंदर चलने के लिए मुझे देख रही थी।

—तो?

—तुम्हारी म्यूजियम में दिलचस्पी है?

—नहीं। लेकिन कार्यक्रम में यह भी है, इसलिए...

तमारा गाइड लेना चाहती थी, पर मैंने उसके लिए मना कर दिया और कुल दस मिनट में पूरे म्यूजियम का चक्कर काटकर बाहर निकल आया।

—लो, कार्यक्रम पूरा हो गया।

वह हँसने लगी।

—दिल्ली में भी एक म्यूजियम है। वह मैंने आज तक नहीं देखा।

—मैं भी कभी देखने न आती, अगर...

—कार्यक्रम के अनुसार न आना पड़ता?

वह फिर हँस दी।

—हर शहर अपने में एक म्यूजियम होता है। मेरी ज्यादा दिलचस्पी उस म्यूजियम को देखने में रहती है। तुम्हें भी हर नया मेहमान एक म्यूजियम-पीस लगता होगा!

वह गंभीर हो गई।

—अब?

—दिनभर अब क्या करेंगे?

—तुम जो बताओगे।

—मेरा बताना भी कार्यक्रम में है क्या?

—मेरी ड्यूटी है तुमसे पूछना।

—तुम्हारा अपना कुछ भी मन नहीं है?

—मेरा मन वही होगा, जो तुम्हारा मन होगा।

—अगर मेरा मन हो जंगल में घूमने का?

—यहाँ जंगल नहीं है। हाँ, पार्क में घूमा जा सकता है।

लड़की बहुत सीधी थी। पता नहीं, किस चीज ने उसे एकाएक मुरझा दिया था। मुझे लगा कि वह उस समय अकेली होना चाहती है, लेकिन यह कहने का अधिकार अपने को नहीं दे रही।

—यहाँ तुम किसी को जानती हो?

—नहीं।

—इतनी बार आकर भी तुमने यहाँ किसी को नहीं जाना?

—नहीं।

—तब तो बार-बार यहाँ आने में तुम्हारा मन बहुत ऊबता होगा?

—नहीं, ऐसा नहीं।

—उस हंगेरियन लेखक के साथ सात दिन बाहर रहकर भी तुम्हारा मन कभी नहीं ऊबा?

—नहीं।

—सचमुच नहीं?

—सचमुच नहीं।

—मुझे विश्वास नहीं होता।

—हम तीन लोग थे। वह लड़का अपनी बातों से सबका मन बहलाए रखता था।

—कौन...मास्को से आया इंटरप्रेटर?

—हाँ।

—तुम उसे पहले से जानती थीं?

—नहीं, इसी बार परिचय हुआ था।

मुझे याद आया, कल लेखक संघ से चलते वक्त वह लड़का गाड़ी में इसके साथ बैठने के लिए कितना उत्सुक था। उसके हठ के कारण ही यूलिया समेत चार लोग पीछे की सीट पर बैठे थे और मैं अकेला ड्राइवर के साथ आगे।

—वह लड़का आज ताशकंद में है?

—नहीं। उसे वापस मास्को चले जाना था।

—तुम यहाँ आने के कारण उसे सी-ऑफ नहीं कर सकीं?

उसने आँखें झपक लीं।

—अच्छा होगा, अगर खाना खाकर तुम कुछ देर आराम कर लो। पार्क में घूमना हो, तो शाम को ही घूमा जा सकता है।

और होटल पहुँचने के साथ ही वह खाने का ऑर्डर देने में व्यस्त हो गई।

●

दो व्यक्ति एक-दूसरे के साथ टहलते बात करते हुए भी कितने अकेले हो सकते हैं, इसका उदाहरण थी शाम की सैर। जिस तरह मेरी आँखों से वह मुझे एक कठपुतली-सी लग रही थी, उस तरह उसकी आँखों से मैं उसे क्या लग रहा था, पता नहीं। होटल समरकंद से चलकर एक चक्कर शहर के अंदरूनी हिस्से का लगाते हुए रेगिस्तां स्क्वेयर। लोगों जैसे लोग, सड़कों जैसी सड़कें, मार्केट जैसा मार्केट, पर छह बजने-बजने तक ही सब कुछ खाली-खाली। एक फुटपाथ और दूसरे फुटपाथ के बीच दो-दो चार-चार वाक्यों में बदलते विषय। उसकी पसंद के लेखक—बाल्जाक, वाल्सवर्दी। भारतीय जीवन से उसका परिचय—राजकपूर की फिल्म श्री चार सौ बीस।

—तुम कितने सालों से ताशकंद में हो?

—हिंदुस्तान में लोग शाम किस तरह गुजारते हैं?

—पता नहीं, जो चिट्ठियाँ कल डाक में छोड़ी थीं, वे कब तक दिल्ली पहुँचेंगी!

—कल सनीचर है। सनीचर-इतवार सब जगह छुट्टी रहती है। मैं अपना वीक-एंड ताशकंद में नहीं बिताती। कहीं दूर निकल जाती हूँ। घंटों चुपचाप नदी के किनारे बैठे रहना मुझे बहुत अच्छा लगता है।

—मैं दो महीने दो दिन बाद वापस पहुँचूँगा। बारह नवंबर को। उस दिन मेरे लड़के की पहली वर्षगाँठ है।

—अगर कल मुझे फिर किसी के साथ समरकंद आने को कहा गया, तो मैं जरूर इनकार कर दूँगी। रोज-रोज इस तरह सफर करना मन पर बहुत भारी पड़ता है। कभी सोचती हूँ, अब जल्दी ही मुझे शादी कर लेनी चाहिए। पर फिर सोचती हूँ कि अभी इतनी जल्दी नहीं। अब तो सफर से घबराती हूँ, शादी के बाद सफर के लिए तरस जाया करूँगी।

—रोम में एक चश्मा है, फाउंटेन ऑफ त्रेवी। उसमें सिक्का डालकर लोग तीन मानताएँ मानते हैं। एक कि हम फिर लौटकर रोम आएँ। दूसरी कि हमारी शादी हो जाए। और तीसरी कि शादी के बाद संबंध-विच्छेद हो जाए।

घंटे भर की चहलकदमी में वह पहली बार हँसी।

—मैं एक बार रोम जरूर जाऊँगी।

—शादी के पहले, या बाद?

वह फिर हँस दी।

पर रेगिस्तां स्क्वेयर पहुँचने तक दोनों अंदर से एक-दूसरे से और दूर पड़ गए थे। वह हाथ गोदी में रखे चुपचाप एक जगह बैठ गई। मैं तीनों मदरस्सों के बीच के अहाते में टहलता रहा।

बुझ गई धूप के साथ एक और दिन के गुजर जाने की अस्थिरता। रेतीली मिट्टी के बीच हर चीज के खंडहर होते जाने की प्रक्रिया। मन में उठते हर विचार को लेकर एक प्रश्नचिह्न। आज का विचार कल के संदर्भ में क्या होगा? किन्हीं मुल्लाओं के षड्यंत्र का शिकार यह समय की उदासीनता की बलि? आज का हर निर्माण कल के लिए एक स्मारक बनकर रह जाता है। आज की हर भावना कल के लिए केवल इतिहास। फिर भी जीवित क्षण में व्यक्ति जीता उतना नहीं, जितना जी सकने की बात सोचता है। जीना उसे अपने से आगे लगता है और एकाएक वह पीछे रह चुका होता है। सुबह के समरकंद और शाम के समरकंद के बीच वह कौन-सा क्षण था, जब यह परिचय 'इस एक क्षण' की अनुभूति से स्पंदित हो सका था?

—पार्क में चलोगे?

तमारा की आँखें किसी और अँधेरे से लड़ रही थीं। रेगिस्तां स्क्वेयर से थोड़ी ही दूर फुटपाथों से जुड़ा जगमग पार्क था। जैसे एक बहुत बड़ा क्लब। खुले में सिनेमा, टेबल टेनिस और आर्केस्ट्रा।

—तुम टेबल टेनिस खेलना चाहोगे?

—मुझे नहीं आता। तुम्हें?

—मुझे भी नहीं आता।

आर्केस्ट्रा के मंच पर बारह वादक थे। पर सामने लॉन की कुर्सियों पर श्रोता केवल दो। हम लोगों के जा बैठने से श्रोता चार हो गए, तो आर्केस्ट्रा बजना शुरू हो गया। कुछ देर वह धुन तमारा के पैरों में समाई रही। पर धुन समाप्त होते ही वह उठ खड़ी हुई।

—आओ, चलें।

—अब कहाँ?

—वापस। सुबह जल्दी उठकर फ्लाइट पकड़नी है। तुम्हारा मास्को का कनेक्शन

मिस नहीं होना चाहिए।

रेतीली जमीन पर अपने पैरों की आवाज। पास से गुजरते और बेंचों पर बैठे हँसते बात करते लोग।

—जीना कितनी अच्छी चीज है!

—हाँ, है तो।

—पर हर वक्त आदमी इस तरह महसूस नहीं करता। पता नहीं, क्यों।

अँधेरा फुटपाथ। मेरे लिए अँधेरा होते ही रास्ते गुम हो जाते हैं। कोई दूसरा साथ में हो, तो जानने की कोशिश भी नहीं रहती।

—पता नहीं, मैं शादी करके खुश हो सकूँगी, या नहीं।

—क्यों?

—यह उस आदमी पर निर्भर नहीं करता?

—बहुत हद तक। पर उससे ज्यादा हद तक अपने पर।

खाली सड़क। फिर भी इधर-उधर देखकर उसे पार किया। पेड़ों से घिरा तंग रास्ता तमारा ने शायद शॉर्टकट होने के कारण पकड़ लिया था। दूर से होटल समरकंद की बत्तियाँ देखी जा सकती थीं। सड़क पर अपने आगे-पीछे चलते साए वहाँ आकर गुम हो गए थे। दो तरफ अँधेरे की दीवारों के बीच एक सीधी संकरी लकीर। जितने खामोश हम थे, उतने ही खामोश दो व्यक्ति सामने से आ रहे थे। शायद दोनों तरफ आनेवालों के गुजर जाने की प्रतीक्षा थी।

—तुम मास्को में बहुत-से लोगों को जानते हो?

—बहुत-से लोगों को तो नहीं, कुछ-एक को जानता हूँ।

—वहाँ तुम्हारी उससे भी भेंट हो शायद।

—किससे?

—वह जो लड़का हमारे साथ था। वहाँ से आया इंटरप्रेटर।

—कह नहीं सकता। तुम्हें कुछ कहलाना है उससे?

—नहीं। या कह देना अगर मिले तो...मैं उसे याद कर रही थी।

—रेतीले रास्ते से कांक्रीट के अहाते में।

—सुबह कितने बजे तैयार होना होगा?

—छह दस पर नीचे आ जाना। और देखो...उससे तुम कुछ मत कहना अगर तुम्हें मिले भी। इस तरह मुझे अच्छा नहीं लगेगा।

और डाइनिंग हॉल की गहमागहमी में फिर एक और धुन....

**5.8.64, ट्रेन में**

आँखें बार-बार इस तरफ से हटकर उस तरफ चली जाती हैं। बेइंतिहा खूबसूरती

है दोनों तरफ...बादलों से ढकी हरियाली की। घने नाटे पेड़ों के बीच-बीच से उठे हुए नारियल के पेड़...गहरे बादलों के आगे अंकित और हलकी धुंध से ढके ...एक तरफ हलकी ऊँचाइयाँ और दूसरी तरफ हरे रोयों का समतल...बरसों का और बार-बार का परिचित, फिर भी एकदम नया और अजनबी, अपनी जगह स्थिर, फिर भी लगातार दौड़ता हुआ...

आँख इसके एक-एक चप्पे और हर चप्पे के एक-एक क्षण को अपने में भर लेना चाहती है। तेज दौड़ती गाड़ी में लेकिन यह एक से दूसरे क्षण के लिए भी संभव नहीं थे और एक क्षण के लिए भी कहाँ? गति के अनुपात से हर क्षण अविभाज्य रूप में विभाजित होता चलता है...इतनी सुंदरता है, इतनी सजीवता...क्यों संभव नहीं इसे पूरा अपने में भर पाना...चारों ओर के विस्तार में एक क्षण ही पूरा जी पाना...

धुआँ-सा उठता है मन में, लहू में, शिराओं में फैल जाता है। वही संभवतः मन को दृष्टि देता है...प्रस्तुत क्षण के लिए आनेवाले क्षण की भूमि प्रस्तुत करता है। वही मुझे मेरे और दृश्य के बीच एकात्मकता और अंतराल का बोध कराता है।

नहीं, नहीं हुआ। वह जो चाहता था व्यक्त करना, नहीं हो पाया। बात दृश्य को लेकर ही थी, इसके सौंदर्य को...पर बुझकर अँधेरे में खो गई लौ-सी अपने में ही गुम हो गई। हरियाली है, हलकी-हलकी धूप है, आवाजें हैं...सबसे तेज एक औरत की आवाज...और गाड़ी के पहियों की...मगर जो बात अचानक मन को छू गई थी, वह नहीं है...

●

स्त्रियाँ प्रायः इस तरह क्यों व्यवहार करती हैं, जैसे पुरुष से उन्हें किसी बात का बदला लेना हो! अच्छे-से-अच्छा खाना बनाएँगी, उसे खिला देंगी और खुद जैसे उसका दिल रखने के लिए लिए थोड़ा-सा चख लेंगी। उसकी जरा-सी बीमारी में अच्छे-से-अच्छा इलाज और तीमारदारी करेंगी, पर अपनी बीमारी में आँख मूँदकर पड़ी रहेंगी। या इत्तला भी न करके सिर पर हाथ फेरती हुई काम करती रहेंगी और किसी को डॉक्टर का नाम नहीं लेने देंगी। जब आदमी चाहेगा कि वे अच्छे कपड़े पहनकर आएँ, तो बहुत साधारण-से कपड़े निकाल लेंगी और साबित करेंगी कि उनसे अच्छे कपड़े उनके पास हैं ही नहीं। मुद्दआ यह कि आदमी पर जिंदगीभर ऐसी एकतरफा डिग्री किए रहेंगी कि वह सब कुछ हासिल करके भी हीन भावना से भरा रहे।

●

एक वक्त था, जब रेलवे स्टेशनों की बेंचों से ज्यादा घरेलूपन का एहसास होता था—कमरों और रेलवे-डब्बों की अपेक्षा। रात के वक्त बिना गाड़ी का प्लेटफार्म

और दो-एक सोए-अधसोए-से आदमियों का साथ—बातचीत का नहीं, खामोशी का—मन को घर के खालीपन का त्राण देता था। पर आज जब गाड़ी देर तक अहमदाबाद स्टेशन पर रुकी रही, तो दो मिनट से ज्यादा प्लेटफार्म पर टहलने को मन नहीं हुआ। वापस आकर अपनी सीट पर बैठ गाया और खाली प्लेटफार्म के दूसरी तरफ खड़ी खाली गाड़ी को देखता रहा, देखता रहा...

**12.8.64, दिल्ली**

अपने से ऊबा हुआ मन। अकेले कमरे में रेडियो पर संगीत। परदों की फड़फड़ाहट। पाँच उँगलियोंवाली एश-ट्रे कुछ माँगती-चाहती-सी। मनीप्लांट सूखा-मुरझाया हुआ। चिट्ठी लिखने के कागज, मगर लिखने से नितांत विरक्ति। सामने नहाने का सामान, मगर नहाने से भी विरक्ति। एक दोस्त का दिया वक्त, मगर घर से निकलने से भी विरक्ति। मगर चाह दीवारों में बंद होकर बैठे रहने की भी नहीं। केवल एक दाह। हलका-हलका भारीपन। उदासी। आलस।

मिलने के प्रोग्राम। वक्त की पाबंदी की कोशिश। कुछ दूसरे काम टालकर भी निश्चित स्थान पर पहुँच जाना। मिलने पर हलका-सा उत्साह, बासी बियर के हलके मरियल झाग-सा। हाथों में कोशिश से लाया गया दबाव। फिर आमने-सामने बैठकर एक शून्य। वही कल के सवाल आज। वही लंबी शाम को रात तक खींच ले जाने की कोशिश। वहीं रहने, घर जाने या कहीं और जाने के बीच का असमंजस। अंदर से बाहर और बाहर से अंदर आने जाने की—मात्र इतनी ही—हलचल।

## खंड दो

# विचार और रचनात्मकता

**(क) नाट्य-भाषा**

(1) शुद्ध शब्द की खोज
(2) रंगकर्म में शब्दों की बदलती भूमिका
(3) शब्द और ध्वनि

**(ख) रचना-प्रक्रिया**

(1) एक नाटक का जन्म
(2) नाटक न लिखने पर

# (क) नाट्य भाषा

*मोहन राकेश के सम्पूर्ण नाट्य-लेखन को बदले और लगातार बदल रहे मानवीय संबंधों के संदर्भ में सही नाट्य-भाषा की तलाश कहा जा सकता है। जानने के बजाए जीने की भाषा की तलाश और नाटक में इस रंग-भाषा का सार्थक एवं प्रभावशाली रचनात्मक प्रयोग—नाटककार मोहन राकेश की अत्यंत महत्त्वपूर्ण उपलब्धि है। नेहरू फैलोशिप के अंतर्गत वह 'नाटकीय शब्द' के विविध रूपों, रंगों, प्रयोगों और प्रभावों पर गंभीर अनुसंधान कार्य कर रहे थे। राकेश की आकस्मिक मृत्यु के कारण इस शोध के ठोस परिणाम तो सामने नहीं आ सके, परंतु उनके चिंतन और रंग प्रयोगों की दिशा का कुछ अनुमान 'रंगमंच और शब्द' के रूप में पूर्व प्रकाशित सोवियत नाटककार आर्बुज़ोफ़ के साथ उनकी बातचीत तथा उनके बहुचर्चित प्रयोगधर्मी नाट्यालेख 'मैड डिलाइट' (छतरियाँ) से लगाया जा सकता है। इस संदर्भ में सिद्धांत और व्यावहारिकता तथा विचार और रचनात्मकता का संश्लिष्ट प्रतिफल उनकी यहाँ प्रकाशित की जा रही रचनाओं में साफ़ तौर से देखा जा सकता है।*

*नाटक में उस सही शब्द की तलाश जो नाटककार की उलझी हुई अनुभूति और उसके पेचीदा अनुभव को यथासंभव सटीक और संपूर्ण रूप से अभिव्यक्त कर सके—राकेश का पहला सरोकार था। 'शुद्ध शब्द की खोज' में संघर्षरत लेखक के इस सरोकार की स्पष्ट झलक मौजूद है। मोहन राकेश से मोहन महर्षि का साक्षात्कार 'चेंजिंग रोल ऑफ़ वर्ड्स इन थियेटर' राकेश के रंग-विवेक का अत्यंत महत्त्वपूर्ण दस्तावेज़ है जिसमें उन्होंने शब्द-शोध तथा बोध के अपने परिणामों और समकालीन भारतीय नाट्य-लेखन पर बेबाक टिप्पणी की है। 'शब्द और ध्वनि' में उनके भाषा-चिंतन का निचोड़ संक्षिप्त किंतु बेहद सघन रूप में व्यक्त हुआ है। अपने समय के जटिल जीवन और अस्तित्व के सूक्ष्म-गहन स्तरों को प्रामाणिक अभिव्यक्ति देने के लिए राकेश एक ऐसी सच्ची, खरी, तनावपूर्ण और स्वतःस्फूर्त रंग-भाषा की सृष्टि करते हैं जो नाटक, रंगमंच और जीवन को एक बिंदु पर लाकर जीवन्त बना देती है।*

# 1
# शुद्ध शब्द की खोज

### एक

*[राकेश खिड़की के पास।]*

**एक मिनट :** आज की अस्थिरता, नकारात्मकता और तोड़-फोड़...विद्यार्थी, मजदूर—अपनी जगह परेशान...क्या आज तक की जिंदगी सचमुच भुलावे की जिंदगी थी और किसी चीज का भी कोई अर्थ नहीं है?

*[राकेश खिड़की से हटकर मेज के पास आ जाता है। शब्द : 'लगता है दिमाग में एक जंगल उग आया है।']*

### दो

**क**—जंगल। राकेश छत से जंगल की तरफ देखता हुआ।
**ख**—जंगल में भटकते कदम।
**ग**—खुला, सूना आकाश।
**घ**—एक छोटा-सा बच्चा, नंगा घूमता हुआ।
**च**—उड़ते पक्षी।

**दो मिनट :** "और सचमुच यह विश्वास हो जाता, तो मन में भटकन तो न बनी रहती, परंतु भटकन नहीं जाती क्योंकि कुछ ऐसा है जो गहरे सूनेपन के अंदर से भी एक अर्थ का आभास देता रहता है। वह कुछ, जिसकी फड़फड़ाहट मन के किसी कोने में हर वक्त बनी रहती है।"

*[शब्द : 'मन उस फड़फड़ाहट को पकड़ना चाहता है, उसे नाम देना चाहता है।']*

### तीन

*[राकेश आराम कुर्सी पर बैठा एक तसवीर देख रहा है।]*

एक मिनट : मगर बहुत-बहुत-से प्रभाव हैं जो इस फड़फड़ाहट को दबा देते हैं। रोज़मर्रा की ज़िंदगी। मिलनेवाले लोग। कंधों पर एक पूरा शहर। दिमाग पर चलता स्टीम-रोलर।

*[राकेश तसवीर को तिपाई पर फेंक देता है। शब्द : 'अँधेरा! अँधेरा! अँधेरा! क्या इस अँधेरे का कुछ उत्तर हो सकता है?]'*

### चार

क—अँधेरे में हिलती लालटेन।

ख—शहर की बत्तियाँ।

ग—शहर की भीड़भाड़।

घ—राकेश सड़क पार करता हुआ। मोटरों की आवाजें।

दो मिनट : एक बत्ती और झिलमिल विश्वास। कई बत्तियाँ और भ्राँति। भीड़। भीड़ का जंगल। उस जंगल में खोया हुआ आदमी।

*[शब्द : 'आदमी नहीं, शब्द...']*

### पाँच

*[राकेश मेज के पास खड़ा कुर्सी को पीठ से पकड़े हिला रहा है।]*

आधा मिनट : बहुत कोशिश करने पर भी वह एक शब्द नहीं मिलता, जो आदमी की पूरी तलाश और तलाश के हर उत्तर को व्यक्त कर सके।

*[राकेश कुर्सी हिलाना छोड़ देता है। शब्द : 'और शब्द की जगह सामने आ जाती हैं आँखें।']*

### छह

क—कुछ जोड़ी आँखें—अलग-अलग भाव लिए।

ख—अँधेरा और उसमें रुकती गाड़ी की आवाज।

ग—एक अंधे की झपकती आँखें।

घ—मातमी चेहरे।

डेढ़ मिनट : कहना चाहता हूँ कि यह है जिंदगी। उत्साह होता है। पर उस उत्साह को रौंद जाती है कोई दुर्घटना। आदमी एक अंधे की तरह आँखें झपकता रह जाता है। जिंदगी तब नजर आती है सिर्फ एक तसवीर मातम की—एक नहीं, कई-कई तस्वीरें मातम की।

*[शब्द : 'एक छटपटाहट होती है तब हर चीज से अपने को अलग कर लेने की।']*

## सात

*[राकेश का क्लोज-अप]*

आधा मिनट : "अपना चेहरा ही अपने को बेगाना लगने लगता है। लगता है तलाश करना बेकार है। सोचना ही बेकार है। किसी चीज का कुछ अर्थ नहीं है।

*[क्लोज-अप धुँधला होकर नाचते कदमों में घुल-मिल जाता है। शब्द : 'मगर यहाँ आकर भी मन रुकता नहीं।']*

## आठ

क—उस चेहरे के आगे नर्तकियों के नाचते कदम।

ख—उस चेहरे के आगे काँपती लहरें।

ग—उस चेहरे के आगे एक बच्चे की मुसकराहट।

घ—उस चेहरे के आगे सड़क पर चलते राकेश के कदम।

एक मिनट : आदमी की धड़कनों में फिर जिंदगी का नृत्य शुरू हो जाता है। इस सबके लिए एक शब्द क्या है? उसमें फिर तरह-तरह की लहरें उठ आती हैं। एक मुसकराहट फिर चीजों में अर्थ भरने लगती है। इस सबके लिए एक शब्द क्या है?

*[शब्द : 'तलाश जारी रहती है।']*

फेड आउट

## 2
# रंगकर्म में शब्दों की बदलती भूमिका
[राकेश से मोहन महर्षि की बातचीत]

*[इससे पहले कि हम अंततः साक्षात्कार का दौर शुरू करते, राकेशजी ने एक छोटा-सा प्रयोगात्मक आलेख मुझे पढ़कर सुनाया, जिसका शीर्षक 'मैड डिलाइट' था। शिमला में इनके चार अलग-अलग परिवर्तित चार आलेखों पर दस दिन की वर्कशाप के दौरान अलग-अलग निर्देशन हुए। आलेख मात्र एक रूपरेखा थी, जिससे निर्देशक को ध्वनि, शब्दों और दृश्यों के आपसी सामंजस्य होने का मात्र संकेत भर देती थी।]*

*[मोहन राकेश थियेटर की आज की स्थिति के प्रति काफी परेशान थे, और हम सबकी तरह वह भी थियेटर के मौलिक रूप तक जाने की प्रबल इच्छा रखते थे और अपनी इसी सोच को ठीक से समझने में 'मैड डिलाइट' इस दिशा में उनका पहला व्यावहारिक प्रयोग था, ऐसा उन्होंने बताया।]*

**मोहन महर्षि :** इस स्क्रिप्ट से आपने क्या प्राप्त करना चाहा है?

**मोहन राकेश :** यह तो पहला कदम है जो मुझे पहले ध्वनि और बाद में शब्दों के विखंडन की ओर ले जाएँगे। ऐसे विखंडन के बारे में मैं काफी अरसे से सोच रहा था। मैं महसूस करता हूँ कि नाटक के क्षेत्र में बहुत लोगों ने दृश्यों के विखंडन पर काफी महत्त्वपूर्ण प्रयोग किए हैं। लेकिन वह महज सिनेमा के साथ प्रतियोगिता के स्तर पर ही थे। क्योंकि कुछ लोग सोचते हैं नाटक के माध्यम में कुछ सीमाएँ हैं जिसकी वजह से वह सिनेमा जैसे प्रबल माध्यम की तरह दृश्यों का निरंतर द्रुत सिलसिला नहीं दे पाता है। इसलिए वे अलग-अलग तकनीकी उपायों के माध्यम से थियेटर में एक प्रकार का भ्रम लाने का असफल प्रयास कर रहे हैं जो केवल सिनेमा में ही संभव है।

यही वजह है जिसे बहुत से लोगों को 'थियेटर ऑफ फिक्स्ड मूविज़' के तर्क पर सोचने पर मजबूर किया अर्थात् दृश्यों का विखंडन करने के लिए अलग-अलग माध्यमों का सम्मिश्रण। मैं ऐसे प्रयोगों की तर्कसंगति को चुनौती नहीं देता। लेकिन अगर हम थियेटर की स्थान संबंधी वस्तुगत सीमाओं को ठीक से समझें तो हम जान जाएँगे कि हम कितने सीमाबद्ध हैं और दृश्यों का विखंडन एक सीमा तक ही कर सकते हैं तथा हमारी सारी मेहनत बेकार गई है। इससे बेहतर होगा यदि आज हम केवल थियेटर के बारे में ही कुछ विशेष तरीके सोचें।

महर्षि : और वह क्या है...? *(या फिर 'जैसे?')*

राकेश : अपने लिखने तथा सोचने के दौरान मैंने महसूस किया कि शब्दों और दृश्यों के आपसी विखंडन की बहुत संभावनाएँ हैं। मेरी जिस छोटी-सी स्क्रिप्ट का आपने जिक्र किया है, वह उस तरफ बढ़ा हुआ एक पहला कदम है। यह केवल शब्दों और ध्वनि को कुछ सीमा तक अलग करती है। इसमें मैं इतना कह सका हूँ कि अपने दर्शकों को गहरा मानवीय अनुभव न सही, अधिक समसामयिक अनुभव देने में जो समर्थ हो, ऐसी अलग प्रकार की भाषा देने के लिए हम ध्वनि और शब्दों के तार्किक क्रम को तोड़ सकते हैं। तुमने ध्यान दिया होगा कि 'मैड डिलाइट' के आलेख के दृश्यों में ज्यादा परिवर्तन नहीं है। इसमें एक आदमी और एक खुंभी हैं जिनके बीच अधिक कुछ नहीं होता, सिवाय इसके कि आदमी खुंभी तोड़ता है और इसके बाद उसकी चेष्टाओं से उन दोनों के आपसी व्यवहार से संबंधों में बदलाव दिखाई पड़ता है। दूसरी तरफ साउंड ट्रैक द्वारा उस व्यक्ति के अंतर्द्वंद्व को बखूबी उजागर किया गया है। इसमें ध्वनि और शब्द का आपसी मेल किसी विशेष तर्क का आसंजन नहीं करता। दरअसल इस आलेख में केवल दो ही पात्र हैं—ध्वनि और दृश्य। रचना की नाटकीयता उनकी नाटकीयता के सान्निध्य में ही है। दृश्य और ध्वनि के इन दोनों पात्रों में से विखंडन मात्र ध्वनि का ही है। वह भी सीमित रूप में।

इसी विषय पर काम करते-करते हो सकता है कि कोई ऐसा रूप ईजाद कर ले जहाँ ऐसे विखंडन नाटकीय गठन का एक महत्त्वपूर्ण हिस्सा बन जाएँ। 'मैड डिलाइट' मेरी अपनी सोच को समझने की मात्र शुरुआत ही है।

महर्षि : आपने खोज के लिए शब्दों और ध्वनि के विषय को ही क्यों चुना? यह उससे किस प्रकार संबद्ध है जिस पर आप आगे नाटक लिखेंगे?

राकेश : मैं समझता हूँ कि आज की जिंदगी में एक भिन्न प्रकार की गति आ गई है। यह जिंदगी भी खंडों में विभाजित ठहरी हुई संवेदना है जो कभी हमारे जीवन का एक हिस्सा हुआ करती थी, आज वह उसी रूप में ठहरी हुई नहीं है। यह विखंडन ही है जिससे पिछले कुछ वर्षों में सिनेमा काफी आगे पहुँच गया है। हमारी आज की जिंदगी अर्थात् हमारे आस-पास विज्ञान तथा तकनीक और अन्य संबद्ध क्षेत्रों में इतना कुछ घट रहा है जिससे हमारी जिंदगी भिन्न प्रकार की हो गई है और उसमें इतनी तेजी आ गई है जिसकी वजह से कहानी अथवा नाटक में हम आराम अथवा ठहरी हुई गति से नहीं चल सकते आधुनिक सिनेमा ने इसे दृश्यों के विखंडन में पा लिया है। यदि आज के लोगों की अपेक्षाओं को पूरा करना है तो यही गति नाटक में भी लानी होगी। और मैं समझता हूँ कि इस गति को दृश्य में खोजने की अपेक्षा हमें उसे शब्दों और ध्वनि में खोजना होगा।

महर्षि : मैंने ध्यान दिया है कि 'मैड डिलाइट' में स्टेज पर पार्श्व संगीत है और कि इससे ध्वनि, ट्रैक पर काफी जोर पड़ता है। इससे क्या पात्र के अभिनय पर इससे प्रतिकूल प्रभाव नहीं पड़ेगा?

राकेश : नहीं, अभिनेता की एक भूमिका रही है और हमेशा रहेगी। मैं यह कहना चाह रहा हूँ कि नाटक में जिस गति की हमें आज आवश्यकता है वह दृश्य की तरफ से तकनीकी या किसी अन्य माध्यम से थियेटर में संभव नहीं है। मेरा यह प्रयोग सफल या फिर असफल हो सकता है, लेकिन मेरे कहने का अभिप्राय यह कि हम नाटकीयकरण द्वारा ध्वनि और शब्दों का ऐसा तालमेल कर सकते हैं जो आज के जीवन और विचारों की गति के साथ जुड़ सके। अभिनेता महत्त्वपूर्ण बना रहेगा क्योंकि उसकी चेष्टाओं और भंगिमाओं से ही हम उसके शब्दों और ध्वनि का अर्थ समझ पाते हैं। निर्देशक की भी महत्त्वपूर्ण भूमिका है, क्योंकि वही है जो उन दोनों के बीच ध्वनि और दृश्य में संबंध स्थापित करता है। शब्दों, अभिनेता और निर्देशक इन तीनों को छोड़ और किसी भी विषय पर जोर देना बेकार है। जहाँ सिनेमा में मूलतत्व बिंब (इमेज) है वहीं नाटक में शब्द महत्त्व रखते हैं। नाटक की मूल विशेषता उसके शब्दों की रवानगी में है और दृश्य के माध्यम

से उस रवानगी का पता चलता है।

**महर्षि :** नाटक में दृश्य का रूप सिनेमा से भिन्न है। नाटक में दृश्य का अर्थ एक जीता जागता अभिनेता होता है। दूसरी तरफ सिनेमा में निर्जीव चीजों को भी सजीव दिखाने की जबर्दस्त क्षमता है। कुछ मामलों में तो स्क्रीन पर कोई व्यक्ति नहीं आता है फिर भी फिल्म तीव्र मानवीय अनुभव देती है जबकि नाटक में बिना अभिनेता के कोई स्टेज प्रदर्शन ही नहीं हो सकता। इसलिए दोनों की तुलना से जो निष्कर्ष निकाले जाते हैं वे बेबुनियाद हैं। नाटक में अभिनेता ही महत्त्वपूर्ण है।

**राकेश :** हम इन विषयों में न उलझें। यह सोचना गलत होगा कि मेरी खोज अभिनेता के विरुद्ध है। यदि मेरी सोच का अर्थ थियेटर में अभिनेता की भूमिका को नकारने जा रहा है तो यह पूर्णतः गलतफहमी है। जिस प्रकार के थियेटर की परिकल्पना मैंने की है उसमें अभिनेता न केवल अपनी वही जगह रखेगा जो पहले रखता था बल्कि उसका महत्त्व उससे भी ज्यादा हो सकता है, किंतु उसकी जिम्मेदारी अलग तरह की हो सकती है। मैं बहुत दृढ़ता से ऐसा सोचता हूँ कि अभिनेता को अपने को अभिव्यक्त करने की स्वतंत्रता मिलनी चाहिए। मैं इन अनुभवों को 'घटनाओं' की तरह देखता हूँ जहाँ एक अभिनेता परंपरागत थियेटर द्वारा उस पर थोपी गई जड़ता के प्रति विद्रोह पर उतर आया हो। इस जड़ता को अब जाना होगा।

**महर्षि :** रूढ़िवादी जड़ता को तोड़ने का अर्थ नया ढूँढ़ना होगा। क्या आप यह कहना चाहते हैं कि आपके नाटकों को जनता तक पहुँचाने के लिए अभिनेता को दूसरा तरीका अपनाना होगा जिसके लिए उसे एक अलग तरह के प्रशिक्षण की आवश्यकता पड़ेगी? आप क्या समझते हैं, इस तरह की 'आजादी' पा सकेगा?

**राकेश :** शब्द और ध्वनि में इतनी शक्ति होगी जिससे अभिनेता अपने को आजाद स्वच्छंद महसूस करेगा।

हमारे लोक नाटकों में ऐसा ही है। मैं समझता हूँ कि इन लोक नाटकों में से हम स्पष्टता की 'एप्रोच' को अपना सकते हैं। उनमें अभिनेता तनावमुक्त होता है। मेरे विचार से आज के एक अच्छे नाटक में अभिनेता को ठीक वैसी ही व्यक्तिगत विश्रांति मिलनी चाहिए जो लोक कलाकार (अभिनेता) को कब से प्राप्त है। आज मुझे स्टेज पर विशेष हिदायतें देना बहुत बेतुका

लगता है जिसमें ऐसे निर्देश हों—वह खिड़की पर लगे परदों के पास जाता है जो स्टेज के बाईं ओर है और उन पर पीली धारियाँ हैं। नहीं, मैं समझता हूँ कि अभिनेता को जागरूकता के दायरे में छोड़ देना चाहिए जहाँ वह अपने मन तथा आत्मा को आजादी से सुन और समझ सके। वह अपने को सख्त निर्देशनों में जकड़ा हुआ महसूस न करे। मैं जानता हूँ कि अभिनेता की मानसिक आजादी के बारे में अभी यह बात करना असामयिक है। सबसे पहले तो स्क्रिप्ट ही होनी ऐसी चाहिए जिसमें अभिनेता की भूमिका में कुछ परिवर्तन हो।

**महर्षि :** 'मैड डिलाइट' में मैंने ध्यान दिया है कि जहाँ ध्वनि को पार्श्व में रखा गया है, स्टेज पर व्यक्ति और कुकुरमुत्ता हैं और उनके बीच एक रिश्ता बनता जा रहा है लेकिन वहाँ अभिनेता को अपनी अंग-मुद्राओं द्वारा कहने को तो बहुत कुछ है पर मुँह से वह मूक है।

**राकेश :** हाँ। इसमें ऐसा ही है, क्योंकि इसमें मैंने शब्द और दृश्य को अलग-अलग अस्तित्व दिया है। ध्वनि को स्टेज के पीछे अलग डाल दिया है। इससे मैं स्वयं यह जानना चाहता था कि क्या पार्श्व संगीत मुख्य व्यक्तित्व पर हावी हो सकता है? मैं यह नहीं कह रहा कि हमेशा ऐसा ही होगा। लेकिन मेरा विश्वास है कि इस तरीके पर काम करने से हम एक ऐसा तरीका बना पाएँगे जहाँ शब्द और ध्वनि स्टेज के अभिनेता की धरोहर बन जाएँगी।

**महर्षि :** लेकिन यह आपके उस अमूर्तिकरण के दायरे को बहुत ही सीमित कर देगी जिसे आप तलाश रहे हैं, क्योंकि अभिनेता शरीर और गले की मानवीय सीमाएँ रखता है।

**राकेश :** मुझे अफसोस है कि तुम्हारी सोच अभी भी मेरी इस स्क्रिप्ट के इर्द-गिर्द ही घूम रही है। हो सकता है कि यह स्क्रिप्ट अभिनेता से किसी विशेष प्रकार के अंदाज की अपेक्षा करती हो, लेकिन मैं ऐसा नहीं समझता कि यह हमेशा ऐसी रहेगी। कभी-कभी एक अभिनेता सामान्य से अभिनय और फिर एक पूर्णतया रियलिस्टिक हरकत से भी कुछ शब्दों तथा ध्वनियों में सान्निध्य द्वारा एक रियलिस्टिक अथवा अल्ट्रा रियलिस्टिक लक्ष्यार्थ प्राप्त कर सकता है। चूँकि हम इस बिंदु पर काफी देर से अटके हुए हैं इसलिए यह कहकर इससे अलग हटा जाए कि यह एक दिशा में केवल एक खोज है। यह कहना असामयिक होगा कि यह जबरदस्त

बदलाव मेरे लिखने के अंदाज में मेरी कितनी सहायता कर सकेगा। फिर भी कहीं न कहीं मैं एक शुरुआत जरूर करना चाहूँगा और इसीलिए इस पर खोज जारी रखूँगा।

महर्षि : भारतीय थियेटर की मौजूदा स्थिति के बारे में आप क्या सोचते हैं?

राकेश : हम इससे इनकार नहीं कर सकते कि हम संकट के दौर से गुजर रहे हैं। रंगमंच का आज के समय से अभी वास्तविक संबंध नहीं जुड़ा है। और यह भी नहीं कि वैस्टर्न थियेटर ऐसा कर पाया है। अभी पीछे ही मैंने लंदन में पिंटर का 'ओल्ड टाइम्स' नाटक देखा। एक अच्छा नाटक, अच्छा अभिनय और अच्छा निर्देशन लिए हुए। लेकिन अभी हाल ही में ब्रिटिश नाटककार जो कुछ सप्ताह पहले भारत आया हुआ था, हैरान रह गया जब मैंने उस नाटक को रूढ़िवादी थियेटर की अच्छी मिसाल बताया। 'रूढ़िवादी रंगमंच' वह चौंका। तुम पिंटर को रूढ़िवादी कहते हो? मैंने उत्तर दिया, "हाँ, मैं भी रूढ़िवादी हूँ। मैं अपने आसपास होते सभी नाटकों को रूढ़िवादी मानता हूँ।"

आजकल अधिकतर नाटक अच्छे होते हैं या फिर प्रोडक्शन अच्छा होता है और कभी-कभी दोनों ही अच्छे होते हैं। लेकिन वह आज के अनुभव नहीं होते। इसी कारण यदि आज पश्चिमी युवा अभिनेता तथा निर्देशकों में विद्रोह पैदा हो रहा है तो इसमें कुछ गलत नहीं है। हालाँकि कुछ एक प्रयोग अवश्य सही नहीं हुए हैं। किंतु हम उन्हें दोषी नहीं ठहरा सकते क्योंकि यह नाटककार हैं, जो खरे नहीं उतरे। कुछ देशों में मैंने प्रोडक्शन के क्षेत्र में परिवर्तन होते देखे हैं। लेकिन सबसे ज्यादा उत्साहित मैं तब हुआ जब मैंने युवा लोगों को राजनीति से संबंधित नाटक करते पाया। एक तरह से ये लोग अपने समय के असंतोष को व्यक्त करने में सफल हुए हैं। लेकिन सही थियेटर में संभव ही इस तरह बहुत कम काम हो पाया है। अफसोस है कि बहुत करके भी ये थियेटर मात्र अपनी ही गिमिक्स पर आ सके। और कुछ लोग जिन पर दर्शकों की साझेदारी की धुन सवार थी, उसके परिणाम बड़े अजीबोगरीब निकले। दर्शकों की वास्तविक भागीदारी के नाम पर अपने कुछ कलाकारों को ऑडिटोरियम में डाल-भर देने से क्या होता है? अभी हाल ही में मैंने उत्पल दत्त के कुछ नाटक देखे, जिनमें से कुछ एक के बारे में मैं कहना चाहूँगा। जहाँ शब्दों

का आनंद लेते, वहाँ शब्दों की बौछार थी। नाटककार ने वे शब्द मात्र अपने लिए ही प्रयोग किए थे। लगातार चलते रहनेवाले वार्तालाप का लोगों ने इसलिए आनंद उठाया क्योंकि अभिनेता बढ़िया थे। हालाँकि शब्दों की बौछार काफी उबाऊ थी। हममें से अधिकतर की हालत ऐसी ही थी। लोग शब्दों का प्रयोग उनके साहित्यिक प्रभाव (सार्थकता) के लिए करते हैं। अब तक नाटककार मूलतः साहित्य का व्यक्ति ही होता है जिसे शब्दों का साहित्यिक लक्ष्यार्थ बहुत पसंद है।

प्रायः एक नाटक में आवश्यकता से अधिक शब्द लिख दिए जाते हैं। फिर भी कुछ ड्रामा रह जाता है क्योंकि कुछ शब्द ऐसे होते ही हैं जो सही अर्थों में 'ड्रेमेटिक टैक्स्चर' लिए होते हैं। ऐसे शब्दों का यदि मितव्ययता से उपयोग न किया जाए तो वे ड्रेमेटिक प्रभाव उत्पन्न नहीं करते। मैं अपने ही नाटकों के बारे में बात करना चाहूँगा। मेरे पहले दो नाटक अपनी साहित्यिक खूबसूरती की वजह से पसंद किए गए। और मुझे लगा कि यही वजह थी कि जिससे वे मेरे अपने आसपास के माहौल और गति को नहीं व्यक्त कर पाए। यद्यपि मैंने पात्रों को इतिहास से आधुनिक कलेवर देना चाहा लेकिन तब भी मुझे लगा कि शब्दों के अतिरेक से कहीं उसके नाटकीय प्रयोजन और उन शब्दों के अर्थ के बीच समानता थी।

अपने तीसरे नाटक में मैंने अपने आसपास के माहौल को पकड़ने में सही मानों में संघर्ष किया और ऐसी भाषा तलाश की जो कि आम बोलचाल की भाषा थी। लेकिन वह भी कुछ खास नहीं थी। पिछले तीन वर्षों से मैं शब्दों के समसामयिक आइडिया की खोज में लगा हुआ हूँ जो सिर्फ थियेटर का हो। नाटक के अंत में नाटककार अपने मुख्य पात्रों के मुख से लंबे-लंबे व्याख्यानों द्वारा अपनी बात कहना चाहता है, मुझे इससे चिढ़ होती है। यह कमी मात्र मेरे ही नाटकों में नहीं है बल्कि मेरे समय के लगभग सभी नाटककारों में विद्यमान है। बादल सरकार के 'बाजी इतिहास' में वह सीताराम का भूत, जो नाटक के अंत में नाटककार के अभिप्राय को बताने के लिए लंबे भावुकता भरे वाक्यों की बौछार करता है। ऐसा ही तेंदूलकर के 'शान्तता' की मिस बेनारे और 'आधे अधूरे' की सावित्री तथा जुनेजा के साथ है।

इन लंबे व्याख्यानों पर नाटककार शायद इसलिए निर्भर करता

है क्योंकि वह अपनी बात नाटक के मूल भाग में नाटकीय ढंग से नहीं कह पाता है। शब्दों की बौछार केवल शब्दों का अतिरेक ही नहीं, हैक्शन थियेटर में शब्दों के प्रति कुछ हद तक एक पूर्वाग्रह पैदा करने के लिए भी जिम्मेदार है।

पिछले तीन चार साल से थियेटर से जुड़ा रहने के कारण मैं काफी सनकी हो गया हूँ। मैं अपने को और अन्यों को भी लेकर काफी नाराज हूँ। अपने आनेवाले (चौथे) नाटक में जो अभी लिखना है, मैं अपने को उन शब्दों से दूर रख रहा हूँ जिनसे मैं आज तक जुड़ा हुआ था। मैं उस भाषा के करीब जाना चाहता हूँ जो कि अस्तित्व की भाषा हो, न कि जानने की भाषा हो। यह काफी लोगों को अनाधुनिक लगेगी, लेकिन मैं तीव्रता से महसूस करता हूँ कि वे विचारित अनुच्छेद अथवा ज्ञानयुक्त गद्य के अंश साहित्यिक घुसपैठिए हैं जो थियेटर के कतई नहीं हैं।

यदि ऐसे उत्कृष्ट गद्यांश, जिनका अर्थ कुछ लोगों द्वारा थियेट्रिकली बहुत असर छोड़ता है, तो केवल इसलिए कि उन्हें बोलनेवाला अभिनेता सशक्त होता है। या फिर महज उनके भारी व्यक्तित्व का प्रभाव भी हो सकता है। लेकिन ये उतने ही थोथे होते हैं जितने थोथे मंच पर खड़े राजनीतिक, अक्सर जनता को सुनाया करते हैं।

**महर्षि :** क्या आप अपने आनेवाले नाटकों में बौद्धिक तत्त्व से बिलकुल परे रहेंगे?

**राकेश :** यह बौद्धिक तत्त्व से परे होनेवाली बात नहीं है। आज की कविताओं में काफी विखंडन पाया जाता है लेकिन उनका बौद्धिक तत्त्व तो समाप्त नहीं हुआ। इसके विपरीत उसमें बौद्धिक तत्त्व अधिक तीव्र हो गया है। चाहे भिन्न मुहावरे के साथ। ठीक उसी तरह थियेटर की विखंडित भाषा भी हमारे होने की भाषा होनी चाहिए कि जिससे हमें अपने समय के बारे में पता चल सके। और इसमें कोई शक नहीं कि हम भाषा के उस तरफ जाते रहे हैं। हमारी आज की भाषा हमारे पूर्ववर्ती लेखकों की भाषा से काफी भिन्न है, यद्यपि पूर्णतया नहीं बदली है और हम अभी भी साहित्यिक भाषा का प्रयोग कर रहे हैं जोकि थियेटर भाषा नहीं है; और जो पूर्ण नाटकीय अनुभव को प्रस्तुत नहीं करती है। इसके अलावा यह हमारी आज की जिंदगी की मनोदशा से नहीं जुड़ती।

**महर्षि :** आपका आज की मनोदशा जिंदगी से क्या तात्पर्य है? या फिर

यों कहूँ कि आप रोजमर्रा की जिंदगी को कैसे देखते हैं?

**राकेश :** आज की जिंदगी की वास्तविकता बहुत जटिल होती जा रही है। हमारे जीवन में लगातार कुछ न कुछ घटता रहता है और हम अपने आस-पास की तब्दीलियों के साथ एक तारतम्य जोड़ने की हताश कोशिश में लगे रहते हैं। हम सभी एक खंडित जीवन जी रहे हैं। पूरे एक दिन में भिन्न-भिन्न प्रकार के दस रोल अदा करते हैं और कभी-कभी एक से भी अधिक परिवर्तित रोल। लेकिन जो चीज लगातार बनी रहती है, वह है आपके होने की; या फिर किसी संकट पर विचार की। इसे मैं आज की जिंदगी की मनोदशा कहता हूँ और इसी से हम खंडित होते चलते हैं। हर किसी में कहीं अंदर कुछ न कुछ घटित होता रहता है। एक ऐसा आभास जिसे बताना बहुत मुश्किल है। मन के धरातल पर कहीं एटम फूटने जैसा है। हम इसे महसूस कर सकते हैं लेकिन पूर्णतः वर्णन नहीं कर पाते। मैं समझता हूँ कि आदमी के मन में जो घटता रहता है उसे थियेटर की भाषा में जगह लेनी होगी जिससे शब्दों और दर्शकों के बीच एक गहरा और तात्कालिक संबंध बन सके।

**महर्षि :** ब्रेख्तकालीन थियेटर के बारे में आपकी क्या राय है, जहाँ वस्तुपरक सोच और समझने की प्रक्रिया नाटकीय हो जाती है?

**राकेश :** थियेटर की खूबसूरती यह है कि वह हमारे आसपास की अन्य चीजों जैसे बढ़ता चलता है। जहाँ तक ब्रेख्त का सवाल है, उन्होंने अपने को अपने पूर्ववर्ती थियेटर से काफी हद तक अलग रखा हुआ था। ऐसा उन्होंने थियेटर की उन शक्तियों के साथ जोड़कर किया जो उनके आसपास की जिंदगी से ऊर्जा पाती हैं। उनकी शैली और तरीके के विषय में आज बात करना अधिक संगत नहीं है। यद्यपि एक जमाने में उनके नाटक काफी प्रभावशाली रहे हैं पर वह समय भी विशेष प्रकार युद्ध के बाद का समय था। और इसी तरीके से उन्होंने मनुष्य-मनुष्य के बीच के संबंध को तथा मनुष्य और उसके परिवेश को समझा और जाना। उन्होंने अपने दर्शक को उस समय की सच्चाई से अलग-अलग रखा, जिसे उन्होंने उस समय जरूरी समझा। उस समय का वह एक प्रभावशाली थियेटर था। वह आज भी प्रभावशाली है क्योंकि उसमें बहुत-सी बातें आज भी सार्थक हैं। हालाँकि पिछले कुछ सालों से चीजें बहुत तेजी से बदली हैं। हर सुबह उठने के बाद आप में पिछड़ेपन का एहसास होने लगता है। और इसी बदलाव

और जीवन की तेज रफ्तार ने न केवल हमारे परिवेश में अपितु उसके साथ हमारे संबंधों में एक क्रांति ला दी है। एक ही दशक में काफी कुछ घट गया है। मेरे लिए सबसे अहम विषय है कि इस तेजी से बदली सच्चाई के साथ बार-बार टूटने और फिर जुड़ने का संबंध रखना।

महर्षि : मेरे खयाल से आज की जिंदगी का तेजी से बदलनेवाला गुण उस 'स्थिर' के संबंध में सार्थक है, जिसे बदलने से इनकार न हो। जिंदगी की यह खींचतान मुझे थियेट्रीकल लगती है।

राकेश : मैं इससे असहमत नहीं हूँ। मैं जानता हूँ कि इनसान मूलतः इनसान ही रहता है लेकिन आज उसे अपने आसपास के बदलते वातावरण के साथ समझौता करते देख दुख होता है। क्योंकि जीवन में निरंतर खींचतान चलती रहेगी, इसलिए उसके लिए सही अभिव्यक्ति ढूँढ़ना जरूरी है। जो भाषा द्वंद्व की स्थिति को व्यक्त करती है उसे स्वयं भी इस द्वंद्व का हिस्सा बनना होगा।

महर्षि : आप कहाँ तक समझते हैं कि यह जागरूकता थियेटर को कितना बदल पाएगी? पर यह मात्र उसकी शैली (रूप रेखा) बदल पाएगी या फिर यह थियेटर के कार्यों को भी बदल देगी?

राकेश : बहरहाल, शैली को तो बदलना ही है, किंतु मैं यह नहीं समझता कि थियेटर का प्रकार्य मौलिक रूप में बदल जाएगा। हालाँकि इतनी संभावना जरूर है कि थियेटर अधिक सीमांकित और पृथक हो जाएगा। थियेटर को अपनी एक अलग पहचान ढूँढ़नी है और इसलिए कुछ हद तक संभवतः उसके कार्यों पर भी कुछ असर पड़े।

महर्षि : थियेटर का क्या कार्य है?

राकेश : मेरे खयाल से थियेटर का काम महज मानव मस्तिष्क और व्यवहार की विडंबनाओं और विरोधाभासों को उद्घाटित करना ही नहीं है और न ही सामाजिक-राजनीतिक मसलों पर चिंतन करना अथवा उपदेश देना है। मेरे लिए थियेटर का मुख्य कार्य आज मनुष्य को उसके परिवेश के संबंध में अपने आपको जानने और खोजने में उसकी मदद करना है। हालाँकि थियेटर का मात्र यही कार्य नहीं होना चाहिए लेकिन यहाँ एक मुख्य काम अवश्य होगा जिसे थियेटर ने अभी तक किया है और आज उसे अधिक प्रभावी ढंग से करना है और यह कार्य साहित्य से कहीं ज्यादा नाटक कर सकता है।

**महर्षि :** एक चीज जो मुझे हमेशा तंग करती है वह है भारतीय नाटकों की अपील का अत्यधिक सीमित होना, जबकि हमारे समाज में बहुत-सी विषमताएँ हैं जैसे जाति, धर्म, भाषा, बौद्धिक स्तर और फिर आर्थिक भेद। क्या कोई ऐसी नाटकीय शैली हो सकती है जो राष्ट्रीय बंधनों पर अपील कर सके जिसमें इन बंधनों को तोड़ा गया हो?

**राकेश :** वह एक जबर्दस्त क्षण होगा जब हम इस स्थिति को पा सकेंगे। मैं दिल से महसूस करता हूँ कि ऐसा संभव है। नाटककार के शब्द कुछ इस तरह काम करें जिससे दर्शक की अनुभूति पर उनका ऐसा प्रभाव पड़े कि वह अचानक अपने आपको आसपास के परिवेश से जुड़ा पाए। यह उन सीमाओं को सही माने में तोड़ने की कोशिश होगी। जब मैं अस्तित्व की ऐसी भाषा के बारे में बात करता हूँ, तो मेरा तात्पर्य उस भाषा से होता है जो मानव मन तक पहुँच सके चाहे उसमें दबावों के प्रति विश्लेषणात्मक जागरूकता न हो। मैं समझता हूँ कि धर्म ने एक समय जो काम किया था, वही काम आज थियेटर कर सकता है। लेकिन कैसे और कब यह कहना बहुत मुश्किल है। कुछ कहा नहीं जा सकता।

# 3
# शब्द और ध्वनि

शब्द मूलतः ध्वनि है, इस बात को स्वीकार करने में बहुतों को आपत्ति है। उनका विचार है कि शब्द अपने संगठित रूप में एक अर्थवान इकाई है, और एक विशेष क्रम में एक से अधिक शब्दों की योजना उसी क्रम में अर्थ-योजना कर देती हैं; अर्थात् हर शब्द किसी न किसी अर्थ या किन्हीं अर्थों का प्रतीक है और जिस क्रम में शब्दों को रखा जाता है, उसी से उनके एक या दूसरे विशेष अर्थ का उद्घाटन हो जाता है। एक शब्द का अर्थ दूसरे शब्द या शब्दों के अर्थ से मिलकर विशेष क्रम-संगति के अनुसार इकाई-इकाई के अर्थ से अलग एक नए अर्थ का भी उद्घाटन कर सकता है। उस क्रम-संगति में शब्दों के उच्चारण से अर्थ को ध्वनित किया जाता है, हाँ, एक या दूसरे शब्द या स्वर पर बल देने से उसी अर्थ के एक या दूसरे पक्ष को अधिक रेखांकित किया जा सकता है।

परंतु शब्द और अर्थ के इस संबंध को स्वीकार करते हुए भी हम समझते हैं कि स्थिति के इससे सूक्ष्मतर पहलुओं पर विचार करने की अपेक्षा है। शब्द क्या है? वह एक विशेष अर्थ या एक से अधिक अर्थों का प्रतीक कैसे बन जाता है? एक से अधिक शब्दों की क्रम-संगति उनके विशिष्ट अर्थों से अलग एक नए अर्थ का उद्घाटन किस रूप में करती है? क्या वह शब्द से शब्द के मिलने की रासायनिक प्रक्रिया से ही हो जाता है, या इसके मूल में प्रत्येक शब्द-समूह के विकास की ऐतिहासिक प्रक्रिया है जो शब्दों के नए से नए संयोजन को भी किसी न किसी रूप में अपनी सीमा में बाँधे रहती है?

शब्द के इतिहास को उठाने से पहले इस बात की ओर संकेत कर देना आवश्यक जान पड़ता है कि शब्द की उत्पत्ति नाद से हुई है, अपने मूल रूप में शब्द नाद की ही परिणति है, और यही कारण है कि वह वस्तुतः एक मूर्त माध्यम न होकर एक अमूर्त माध्यम है। भाषा का लिंखित रूप बहुत बाद में विकसित हुआ है और इस लिखित रूप ने ही आकलन की सुविधा के लिए शब्द और शब्द की

अलग सत्ता को प्रतिष्ठित किया है। यूँ भाषा का विकास शब्द से शब्द जोड़ने की प्रक्रिया के अनुसार न होकर मानव-मन के भाव-संकेतों को ध्वनि में परिणित करने की प्रक्रिया के अनुसार हुआ है। इसलिए आरंभ एक-एक शब्द से न होकर एक साथ प्रयोग किए गए कई-कई शब्द समूहों से ही हुआ है। इसलिए आज का शिक्षा-विज्ञान भी वाक्यों से शब्दों की ओर यात्रा पर बल देता है। शब्द अपने में एक आरंभिक इकाई है जिसका महत्त्व भाषा के ढाँचे को समझने की दृष्टि से है। इसलिए उसका किसी विशेष अर्थ या किन्हीं विशेष अर्थों का प्रतीक होना केवल उसकी ऐतिहासिक संगतियों में से कुछ एक को छाँट लेने का उपक्रम है। जिस शब्द की कोई ऐतिहासिक संगति नहीं, वह केवल निरर्थक ध्वनियों का समूह मात्र हो सकता है, भाषा का एक सार्थक अवयव नहीं। यहाँ उन शब्दों का प्रश्न उठाया जा सकता है जो एक विशेष अर्थ की निष्पत्ति के लिए विशेष रूप से तराशे जाते हैं। आज भाषा की लंबी ऐतिहासिक संगति प्राप्त रहने पर इस तरह के प्रयत्न संभव हैं। कोई नए से नया तराशा गया शब्द भी ऐतिहासिक संगतियों से सर्वथा मुक्त नहीं होता। धातु, उपसर्ग, प्रत्यय—ये सब अपने में वे संगतियाँ हैं जो हमें इतिहास या परंपरा से प्राप्त हैं। कोई भी नया शब्द इन्हीं संगतियों का पुनराख्यान होता है। जिस मात्रा में ये संगतियाँ उसे अर्थ प्रदान करती हैं, उसी मात्रा में वह शब्द अपना अर्थ देने की क्षमता रखता है। फिर भी एक शब्द के रूप में उसके प्रयोग की ऐतिहासिक संगति न रहने से, ग्राफ्ट की गई त्वचा की तरह, आरंभ में वह एक पेच की तरह ही लगता है जिसे भाषा अपने कलेवर में तुरंत आत्मसात् नहीं कर पाती। परंतु धीरे-धीरे अपने लिए एक नई ऐतिहासिक संगति तैयार करके वह शब्द भाषा के कलेवर में समा भी जाता है, यद्यपि बहुत बार, ऐसी संगति तैयार कर सकने की असमर्थता के कारण, वह भाषा द्वारा अस्वीकार भी कर दिया जाता है। स्वतंत्रता के बाद हिंदी भाषा को समृद्ध करने के लिए विशेष रूप से तराशे गए अनेकानेक शब्दों में से कुछ एक का भाषा में समाहित हो जाना और बहुतों का समाहित न हो पाना इसका प्रमाण है।

मानव-मन के भाव-संकेतों को ध्वनित करने की प्रक्रिया अपने में ही शब्द के ध्वनि-रूप को उद्घोषित करती है। भाव-संकेतों की लय के अनुसार ही ध्वनि-संकेत अपनी लय ग्रहण करते हैं। शब्दों की अर्थवत्ता का संबंध इस लय से जुड़ा रहने से एक-एक शब्द के इकाई अर्थ को सिवाय शिक्षण की सुविधा के और कोई महत्त्व नहीं दिया जा सकता। क्योंकि किसी भी भाव के संप्रेषण के लिए सृष्टि शब्दों की नहीं, एक विशेष लय में कुछ ध्वनियों की होती है। ये ध्वनियाँ अपने लंबे ऐतिहासिक संदर्भ में अलग-अलग शब्दों के रूप में पहचानी जा सकती हैं। शब्दों का सर्जनात्मक प्रयोग उन संदर्भों की लय में और नई-नई लय खोज सकना है। इसलिए कोई भी शब्द-योजना बिना अपनी एक आंतरिक लय के प्राणवान

नहीं होती, और यह लय या ध्वनि का ग्राफ ही उसकी वास्तविक अर्थवत्ता है। अकेले शब्द केवल वे कैटलौग हैं जहाँ से उनके ऐतिहासिक संदर्भों के रैफरेंस ढूँढ़े जा सकते हैं। वे अपने में अर्थवान इकाइयाँ न होकर उन ऐतिहासिक संदर्भों के संकेत-मात्र हैं। नाद से उत्पत्ति से लेकर आज तक, शब्द मूलतः नाद-धर्मा ही हैं। इसलिए नाद के आरोह-अवरोह में ही शब्द का आंतरिक नाटक निहित है। नाद शब्द की मूल प्रकृति है, शायद इतना कहना ही पर्याप्त नहीं। कहना चाहिए कि नाद ही शब्द है और उसके आरोह-अवरोह की लय उसकी अर्थ-संगति। लय की संगति ही अर्थ-संगति की रूढ़ि है। इस रूढ़ि का परिचय वहाँ विशेष रूप से पाया जा सकता है जहाँ एक ही स्पैलिंग रहने पर भी अलग-अलग उच्चारण से एक शब्द के क्रिया या संज्ञा होने का आभास पाया जाता है, या बलाघात मात्र बदल देने से एक निश्चित अर्थ के स्थान पर दूसरे निश्चित अर्थ का बोध हो जाता है।

शब्दों की लय किस प्रकार ऐतिहासिक संदर्भों के उद्‌बोध द्वारा एक या दूसरे प्रकार का विद्युत प्रभाव मन में उत्पन्न कर सकती है, इसका प्रमाण भारतीय काव्यशास्त्र में काकु, वक्रोक्ति तथा ध्वनि के नियोजन से प्राप्त किया जा सकता है। परंतु यह काव्यशास्त्रीय विश्लेषण अपने में बहुत स्थूल इसलिए है कि इसमें लय का संबंध कुछ गिनी-चुनी विशेष प्रकार की काव्यात्मक उपलब्धियों के लिए ही स्वीकार किया गया है। परंतु वास्तविकता यह है कि शब्द मूलतः ध्वनि तथा लय ध्वनि का धर्म, होने से किसी भी तरह के शब्द प्रयोग की सार्थकता उसके लय-नियोजन पर निर्भर करती है। यह लय-नियोजन अपने से ही कई-कई बिंबों तथा मिथकों के संसर्ग मन में जाकर शब्दों के व्याकरण-विश्लेषित अर्थ से परे बहुत-से अनिर्वचनीय तथा विश्लेषणातीत अर्थों की अनुगूँज मन में पैदा कर सकता है।

इस लय-नियोजन के नाटकीय प्रयोग की संभावनाएँ असीमित हैं। एक नाटक के अंतर्गत साधारण से साधारण ढंग से बोले गए शब्दों के तो अपने अर्थ-संसर्ग रहते ही हैं, उन अर्थ-संसर्गों में किसी विशेष लय के संयोग से बहुत चामत्कारिक प्रभाव पैदा करनेवाले दूसरे-दूसरे अर्थ-संसर्ग भी लाए जा सकते हैं। इसका एक उदाहरण दिया जा सकता है : श्यामानंद के शुतुरमुर्ग में नए मंत्री के शपथ-ग्रहण के समय शब्दों का अनुष्ठानात्मक उच्चारण। इसका एक और उदाहरण था शिमला में मैड डिलाइट के मंचीकरण में राजिंदरनाथ द्वारा किया गया परोक्ष शब्दों में विभिन्न लयों का प्रयोग, जो कि अपने ऐतिहासिक संसर्गों से कई तरह से अमूर्त बिंबों को दर्शक (श्रोता?) के मन में मूर्त कर सकने में समर्थ हो सका। इसके विपरीत स्थिति का उदाहरण लेना हो, तो 'आषाढ़ का एक दिन' के साथ किए गए मणि कौल के प्रयोग को लिया जा सकता है। उसमें न तो शब्दों की अपनी स्वाभाविक

लय को ही उद्‌घाटित किया गया है, और न ही किसी और लय के संसर्ग में लाकर उनमें कोई दूसरी अर्थवत्ता लाने का प्रयत्न किया गया है। उसमें कोई प्रयास है, तो शब्द को किसी भी लय के संसर्ग के मुक्त करके एक संसर्गहीन सपाट लय में उनको प्रस्तुत करने का, जिसके परिणामस्वरूप अधिकांश स्थलों में शब्दों में किसी तरह की अर्थवत्ता रह ही नहीं गई है। यदि कहीं अर्थवत्ता बची है, तो वह अभिनेताओं की सर्वथा संसर्गहीन उच्चारण की अक्षमता के कारण। मणि जो प्रभाव (यदि कोई प्रभाव) लाना चाहता था, तो उसे ला सकने की उसकी असमर्थता के कारण ही रजतपट पर प्रस्तुत नाटक के इस संस्करण में एक निश्चित सीमा तक अर्थवत्ता बची रह गई है। नाटक का एक प्रकरण—अनुस्वार-आनुनासिक संवाद—जिसमें शब्दों की आंतरिक लय पर एक और लय आरोपित की गई है, अर्थवत्ता की दृष्टि से सबसे अधिक प्रभावशाली है।

# (ख) रचना प्रक्रिया

*किसी भी लेखक अथवा कलाकार की रचना-प्रक्रिया एक जटिल एवं संश्लिष्ट कार्य-व्यापार है जिसे समझना-समझाना और विश्लेषित करना सचमुच अत्यन्त कठिन है। कुछ विद्वान इसे किसी दिव्य-अलौकिक शक्ति की प्रेरणा या प्रतिभा के प्रस्फुरण से जोड़कर और भी रहस्यमय बना देते हैं। मोहन राकेश एक बौद्धिक और श्रमजीवी रचनाकार थे। वह रचना को एक सचेतन प्रक्रिया मानते थे—एक कला, जिस पर निरंतर अभ्यास से निपुणता और दक्षता पाई जा सकती है। संभवतः इसीलिए राकेश की संपूर्ण रचना-प्रक्रिया मूलतः संशोधन, सम्पादन और परिवर्तन पर आधारित है। वह रचना को एक जीवित इकाई मानते थे जो रचनाकार के साथ-साथ आजीवन ग्रो करती रहती है। उनकी रचनाओं के कई-कई प्रारूप मिलने का भी यही कारण है।*

*राकेश अपने तमाम अनुभवों-विचारों को प्रायः तत्काल नोट्स या प्वाइंट्स के रूप में अपनी डायरी में दर्ज कर लेते थे। वह इन नोट्स को कई बार हिंदी और अधिकांशतः अंग्रेजी में लिखते थे। फिर वह उस चरित्र, घटना, प्रसंग, अनुभव या सोच को, सैलर में पड़ी शराब की तरह, मन-मस्तिष्क में परिपक्व होने के लिए छोड़ देते थे। चरित्रों को प्रायः बिंबों या प्रतीकों के रूप में देखते थे और घटना के विकास-क्रम, आदि और अंत के बारे में पहले से काफ़ी सोच-विचार करते थे। रचना की विस्तृत रूपरेखा बनाते थे।*

*राकेश दस पन्ने रद्द करके फिर एक पन्ना लिखते थे। फिर रचना को सुधार-सँवार कर किसी पत्रिका या रेडियो को प्रकाशन/प्रसारण के लिए देते थे। पुस्तकाकार छपवाने से पहले उसे पुनः संशोधित करते थे और यह परिवर्तन-प्रक्रिया संस्करण-दर-संस्करण चलती रहती थी। यह परिवर्तन ज्यादातर*

तो शब्द अथवा भाषागत संशोधनों से ही जुड़े हैं। (देखें पृ. 134) परंतु चरित्रों, संबंधों, संवादों, अभिप्रायों और संरचनात्मक दृष्टि से किए गए परिवर्तनों-संशोधनों की संख्या भी कम नहीं है। राकेश परफ़ैक्शनिष्ट रचनाकार थे। वह जब तक स्वयं संतुष्ट न हो जाएँ किसी रचना का पीछा नहीं छोड़ते थे। और विडंबना यह है कि संतुष्ट कभी होते नहीं थे। यही कारण है कि वह अपनी अधिकांश रचनाओं को कभी निश्चित और अंतिम नहीं मान सके। 'लहरों के राजहंस' के लंबे रचना-इतिहास से तो हम सब भली भाँति परिचित हैं ही। उनके अधूरे रहे अंतिम नाटक "पैर तले की ज़मीन" की रचना-प्रक्रिया भी सहज-सरल नहीं रही है। क्लब में बाढ़ आने और मृत्यु से प्रत्यक्ष साक्षात्कार का स्वानुभव राकेश को संभवतः 1959 में कश्मीर में हुआ था। इस नाटक के कथा-बीज का पहला संकेत हमें उपेन्द्रनाथ को लिखे गए राकेश के 11-7-1959 के एक (प्रकाशित) पत्र में मिलता है। इसके नोट्स और रूपरेखाएँ राकेश की तीन डायरियों में उपलब्ध हैं। एक डायरी की सामग्री "एक नाटक का जन्म" यहाँ 'नटरंग' से साभार प्रकाशित की जा रही है। अपने नाटकों के रंगमंचीय पहलुओं एवं सूक्ष्म ब्योरों के प्रति राकेश कितने जागरूक एवं सचेत थे—इसका प्रमाण इसके रेखांकनों और नोट्स में देखा जा सकता है। 'पैर तले की ज़मीन' का संपूर्ण आलेख राकेश नेमिजी को 'नटरंग' में छापने के लिए दे चुके थे। परंतु अंतिम समय पर उसे संशोधन के लिए वापस ले लिया गया। फिर इसके पुनर्लेखन की लंबी प्रक्रिया पुनः हो गई। अंतिम समय तक राकेश इसी नाटक पर काम कर रहे थे। मरणोपरांत उनके टाइप राइटर पर इसी का एक अधलिखा पृष्ठ मिला था। अनीताजी के आग्रह पर अभिन्न मित्र कमलेश्वर ने, राकेश के नोट्स के आधार पर, इसे पूरा किया और 4 नवंबर, 1972 के अंक में प्रकाशित "ऑन नॉट राइटिंग अ प्ले" नामक उस छोटी-सी टिप्पणी का हिंदी अनुवाद है जिसमें राकेश जैसे संवेदनशील, गंभीर और सचेत नाटककार द्वारा नाट्य-लेखन की सर्जनात्मक चुनौतियों एवं समस्याओं का सूक्ष्म किंतु रोचक विवेचन किया गया है। इन दोनों रचनाओं के माध्यम से हम राकेश की रंग-दृष्टि और रचना-प्रक्रिया का अनुमान सहज ही लगा सकते हैं।

# 1
# एक नाटक का जन्म
## 'पैर तले की ज़मीन' की रचना-प्रक्रिया

नाटक के नीचे लिखे मुख्य भाग हो सकते हैं :

1. बाढ़
2. ज़मीन कटना
3. आत्मस्वीकार
4. बाढ़ का उतरना

चरित्रों को अयथार्थवादी नाम दिए जाएँ; पर वे हमारे संस्कारों के अंग हों।

निर्वहण अर्ध-काव्यात्मक हो। चरित्रों की कोटियाँ कुछ इस प्रकार हों :

1. असंतुष्ट लोग जो ठोकर मारना चाहेंगे।
2. उदास-हताश लोग जो आत्महत्या करना चाहेंगे।
3. भ्रष्ट लोग जो अब भी कोई रास्ता निकालने की बात सोचेंगे।
4. चापलूस लोग जो सबसे सहमत होंगे।

पहली कोटि में तीन होंगे : एक इक्कीस साल का लड़का, एक अठारह साल की लड़की, और एक बारह साल की लड़की।

दूसरी कोटि में दो होंगे : एक पैंतीस का पुरुष और एक अट्ठाइस की स्त्री।

तीसरी कोटि में तीन होंगे : एक व्यापारी का दलाल, एक राजनैतिक कार्यकर्ता और एक अफसर।

चौथी कोटि में होंगे पाँच : बारमैन, चपरासी, बेयरा, क्लर्क और क्लर्क की माँ।

••••••

छोटी लड़की की चीख...क्या किसी ने उससे बलात्कार करने की कोशिश की...? वह नदी में कूद गई है...बड़ी लड़की पागलपन की हालत में। कौन था?

कोई जवाब नहीं दे पाता...पर बाद में रात को जब बाढ़ का पानी और नजदीक आ जाता है और वे सब एक जगह इकट्ठे हो जाते हैं, तो एक व्यक्ति आत्मस्वीकार करने लगता है...

चरित्रों की संख्या कम करके छः या सात की जा सकती है, अगर शुरू एनैक्सी के पानी से कटकर डूब जाने के बाद किया जाए, जिसमें कुछ पहले ही खत्म हो चुके होंगे।

••••••

नाटक बारमैन की फोन पर लंबी बातचीत से शुरू हो सकता है।...दूसरा चरित्र जो सामने आता है वह है बूढ़ी माँ...जिसका अपना बेटा एनैक्सी में था (क्या वह मर चुका है?)...वह अभी तक दूसरों के बारे में चिंतित है; वही बारमैन को दूसरे लोगों की मौजूदगी के बारे में बताती है।

'माँ!' शब्द का दुरुपयोग। बूढ़ी पागल-सी हो जाती है—या कि वह बस चुप रहती है?

••••••

'बढ़ती कीमतें...'

'कीमतें रही ही नहीं...।'

या 'कोई कीमतें नहीं रह जाएँगी।'

••••••

एक जगह बारमैन बंद पड़े टेलिफोन में बोलता है; वहाँ जरूरत की सब चीजों की माँग करता हुआ; बचाव की सारी कोशिशें; जब दूसरे सवाल करते हैं, तो वह उन्हें 'डैड' टेलिफोन पेश करता है।

••••••

कुछ संकट इस बात का है कि नाटक के विभिन्न चरित्रों के बीच कोई संप्रेषण नहीं है : उनके बोलने के लिए अलग-अलग 'वेव लैंग्थ्स' का इस्तेमाल करके उनकी ट्रेजेडी को उभारा जा सकता है।

मुख्य समस्या यह है कि उन्हें किसी एक मुद्दे के इर्दगिर्द कैसे लाया जाए;
जिंदगी में उनके बीच संबंध मौत के डर का है।
उनका संघर्ष जिंदा रहने का संघर्ष है—
उनकी चरम स्थिति—
हर चीज की—मौत की भी (?)—स्वीकृति!

••••••

लिखने के दौरान सारा वक्त दिल्ली में ही रहो—इस शहर की एक क्लब के रूप में कल्पना करते हुए।

••••••

अब्दुल्ला की टेलिफोन पर बातचीत के बाद झुनझुनवाला की क्लब को खरीद लेने की बात।

......

सात लोगों का ही परिवार?

पर फिर विभिन्न वर्गों का क्या हो?
क्यों न दो-तीन वाचक लाए जाएँ?
स्वयं चरित्र भी बारी-बारी से वाचक का रूप ले सकते हैं—
ऐसा ही कुछ—

......

छोटी लड़की चीखती है और फिर उसके बाद अंत तक मूक रही आती है। हर आदमी से पूछा जाता है 'क्या हुआ?' बलात्कार था—धक्का—या कोई बुरा सपना, क्या था?

......

क्लब में रेडियो। एक जगह उस पर संगीत बजता है; एक जगह खबरें, जब संकट तीव्रतम है।

......

एनैक्सी में रोते हुए कुत्ते को 'एस्टेब्लिश' करना है। वह घुटनों तक पानी में छपछप करता है...यह छपछप भी सुनाई देती है।

......

पूरी बात छोटे-छोटे दृश्यों में (स्वतंत्र 'शाट्स' की तरह) लिखी जानी है; सीधी लकीर के प्रभाव से बचते हुए सबसे मिलकर पूरा अर्थ अभिव्यक्त होना चाहिए।

......

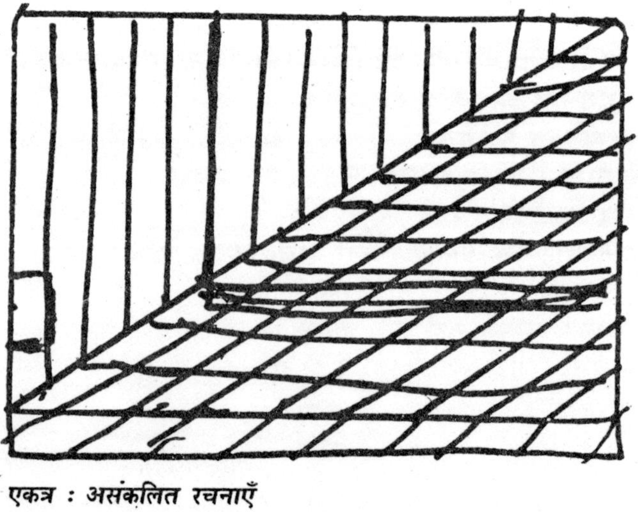

चरित्र :

दलाल—व्यापारी, पुलिसमैन, अफसर
नाराज लड़की
छोटी स्त्री
बूढ़ी स्त्री
बारमैन
आत्महत्या करनेवाला—एकमात्र आत्मस्वीकार करनेवाला।

••••••

नाटक बारमैन और बूढ़ी स्त्री के बीच संवाद से शुरू होता है।...बूढ़ी बाद में बच्ची को एक कहानी सुनाए—कहानी घटना का बार-बार होना व्यंजित करती है, मानो जो चीज अब हुई है वह पहले भी हो चुकी है, और आगे फिर होगी...

••••••

विभिन्न दृश्य एक-दूसरे में घुलते जाते हैं—

1. फोन पर बारमैन—
2. बारमैन और बूढ़ी स्त्री
3. दो लड़कियाँ, आदि

इन्हें 'थियेट्रिकली' प्रतिष्ठित करो, शब्दों और ध्वनियों के द्वारा।

••••••

नहीं, ऐसी कोई 'गिमिक' नहीं हो चाहिए जिससे नाटक की गंभीरता पर असर पड़े।

••••••

चार अधूरे दृश्य एक-दूसरे में विलीन हो जाते हैं। अँधेरे में आवाजों से शुरू।

••••••

एक और तरीका हो सकता है : 'मैं टूरिस्ट क्लब हूँ—या शायद यह कहना ज्यादा सही है कि मैं टूरिस्ट क्लब था।'

••••••

मंच का थोड़ा-सा ही हिस्सा दिखाया जाए और पूरा मंच कभी न प्रकट हो।

••••••

बावन पत्ते बावन सप्ताह हैं और तुम हो अलग खड़े विदूषक—जोकर।

पंडित और कुँवर अपनी सारी भ्रष्टता के बावजूद नैतिकता के संरक्षक बनने की कोशिश करते हैं।

पुरुष उन्हें अपनी दुर्दशा का कारण मानता है और उनसे बदला लेने के इरादे से काम करता है।

सिर्फ पुरुष पर ही खुल्लमखुल्ला औरतों में दिलचस्पी लेने का दोष लगाया जाता है—स्त्री इसी रूप में उसका जिक्र करती है—मगर असल में दूसरे लोग ही—खासकर कुँवर—लड़कियों पर हाथ डालता है और स्त्री पर भी।

••••••

स्त्री और पुरुष की ऊपर पहाड़ी पर यात्रा का वर्णन—वह सुंदर दृश्य जिसकी ओर से स्त्री आँखें मूँदे रही।

पुरुष में इतनी विनोदप्रियता है कि वह स्त्री की बात का विरोध नहीं करता—उसे जिंदगी में बहुत खूबसूरती नजर आती है, पर स्त्री को विश्वास दिलाने की कोशिश करता है कि उसका जीवन के प्रति दृष्टिकोण वैसा ही है और अंत तक यह खेल खेलता रहता है।

••••••

नाटक टेलिफोन पर बातचीत से शुरू होता है जिसमें अब्दुल्ला दुर्घटनाग्रस्त जोड़े के आने की सूचना देने की कोशिश करता है पर इसके बजाय उसे पुल के टूटने की सूचना मिलती है।

••••••

पुरुष पूछता है—क्या वे अंतिम 'रिचुअल' चाहते हैं—तमाम स्त्रियों और पुरुषों के बीच 'संभोग आयोजन'?

वह तमाम नैतिकता, वर्जनाओं, तमाम धर्मों और दूसरी हर चीज के मूल्य के बारे में शंका प्रकट करता है। घर से स्त्री के साथ चलने के बारे में पुरुष का कहना है : यह बस एक और शुरुआत थी। वह उम्मीद से शुरू हुई—पर यह पता नहीं कि किस बात की उम्मीद। हम एक दूसरे से अच्छा बर्ताव करते रहे...पर शहर से दस मील बाहर आए होंगे कि फिर वही शुरू हो गया। उसने

मेरा इतना ध्यान बँटाया कि गाड़ी मेरे नियंत्रण से बाहर हो गई। मैं नहीं जानता हम क्या चाहते हैं। शांतिपूर्वक एक साथ रहना? आत्महत्या करना? फिल्म देखने जाना? एक दूसरे को जहर देना? दूसरों की हँसी उड़ाना? खेलना?—मुझे नहीं पता।'

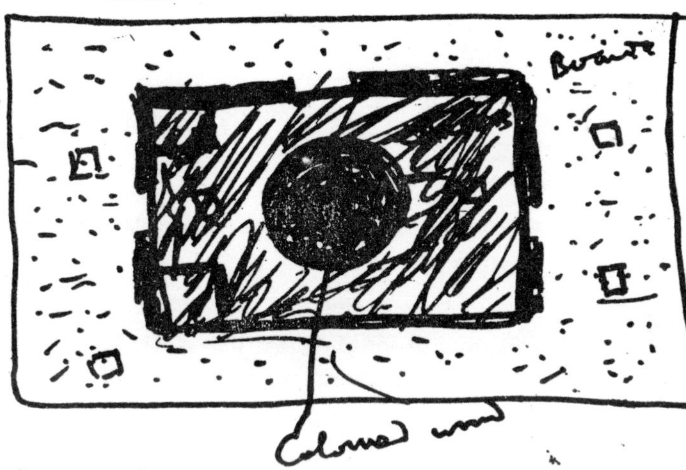

स्त्री का कहना है : 'यह उसकी चाल थी। मैं उसे एकदम छोड़कर जाना चाहती थी, पर उसने मुझसे मिन्नत की कि कम से कम एक बार उसके साथ बाहर चली चलूँ—साथ रहने के अभिशप्त वर्षों के अंत के रूप में। पर शहर से बाहर दस मील ही आए होंगे कि मैं समझ गई कि उसका इरादा ठीक नहीं, वह इसे अच्छा अंत नहीं बनाना चाहता। उसने अपने पुराने रंगढंग फिर शुरू कर दिए। रास्ते में हर जवान लड़की को भूखी नजरों से घूरता। मुझे यकीन है कि उसने जान-बूझकर गाड़ी पेड़ से टकराई। मैं ऐसे बैठी थी कि मर ही जाती।...जब मैं गर्भवती हुई तो इसने तरह-तरह की बातें कहकर गर्भ गिरवा दिया...।'

••••••

दूसरी ओर से रोशनी आने के साथ सब लोग एक-एक कर बैठने लगते हैं और छोटी लड़की पूछती है : 'क्या हुआ था, दीदी? तुम लोग सब उस तरह क्यों खड़े थे और अब सब लोग इस तरह क्यों बैठ रहे हैं?'

••••••

क्या अब्दुल्ला को 'डेलिरियम' देना चाहिए?

••••••

पानी और अँधेरे का अर्थ।

••••••

कौन क्या है का खेल। एक जगह तो हर आदमी हर दूसरे पर शक करता है। अब्दुल्ला और नियामत उनके डर दूर करने की कोशिश करते हैं। उन्हें यह पक्ष जाहिर करना चाहिए कि हम कैसे दूसरों को जानते हैं।

••••••

बाहर मोटर और मोटर इंजिन। जैसे वह भीतर के तनाव को समझता हो और उनसे उसका जी मतलाता हो।

••••••

बड़ी लड़की—ऐसा व्यक्तित्व जो तरह-तरह की अफवाहों के लिए निमंत्रण देता हो—आश्वस्त और विद्रोही।

••••••

कुँवर 'पुरुष' के बोलने से घबराता है। वह भाषा उसकी समझ में नहीं आती, इसलिए वह उससे डरता है।

••••••

पुरुष स्त्री के साथ रहने के अपने जीवन को इस तरह देखता है : हम हर रोज़ सबेरे और रात को एक दूसरे को देखते और अपने आपसे कहते—'हे ईश्वर! फिर वही इनसान! मैं तो सोचता था थोड़ा-बहुत फ़र्क ज़रूर आया होगा!'

स्त्री : 'मैंने कितना अपने आपको बदला—मैं उसके पैर चाटना, तलवे चाटना सीख गई, पर कोई फायदा नहीं। अब उसको यह शिकायत थी कि मैं चाटते वक्त सिसकारी भरती हूँ। आखिरकार मैं भी और जानवरों जैसी ही बनी हूँ। मैं सिसकारी की आवाज के बिना कैसे चाट सकती हूँ!'

••••••

लोग इधर-उधर चले जाते हैं तो अब्दुल्ला और नियामत को पता नहीं रहता। (कौन जानता है, कौन किसके साथ है!)

••••••

अँधेरे में एक चीख—क्या हुआ, कहाँ और किसके साथ? और किसने क्या किया किसके साथ?

••••••

कैसे प्रत्येक मरना चाहता...मृत्यु के 'उस' चित्र की तुलना में उनकी 'यह' मृत्यु।

••••••

अब्दुल्ला अपने आपको भीतर बंद कर लेता है और बाहर ही नहीं आता।

••••••

पंडित का परिवार-संबंधी विचार : हम सब एक परिवार हैं; या कम से कम हो तो सकते हैं।

••••••

हताशा के क्षण में अब्दुल्ला कॉपी में 'ऐंट्री' ठीक करने की कोशिश करता है—वह अपराधी होने की चेतना के साथ नहीं मरना चाहता।

••••••

बाढ़ के पानी में डूबने के पहले गुड्डी यह कहती हुई स्विमिंग पुल में जाने की इच्छा जाहिर करती है कि 'मैं अपने चारों ओर पानी के स्पर्श का अनुभव करना चाहती हूँ।'

••••••

क्या अब्दुल्ला या नियामत में से एक से ऐसे सीधे सवाल करवाने चाहिए जिनके बड़े रहस्यमय उत्तर मिलें?

••••••

आदमी—मैं प्रकृति से डरता हूँ—उससे मेरे मन में मौत की तस्वीर उभरती है—।

••••••

1) बारमैन फोन करता हुआ।
2) बारमैन और दूसरों के मौजूद होने की जानकारी। पुल के टूटने की खबर।
3) 'कन्सोलिडेशन'—डिनर टेबल के दृश्य में पुरुष ही एकमात्र विवादी स्वर।
4) विघटन—एनैक्सी में कुत्ता।
5) ईश्वर और बलात्कार।
6) असहायता का द्वीप।
7) आत्मस्वीकार।

## दृश्यबंध

बाहर—भीतर।

प्रकाश का क्षेत्र—अंधकार का क्षेत्र।

प्रकाश का क्षेत्र एक-एक चरण में कम होता जाता है।

अंधकार का क्षेत्र एक-एक चरण में बढ़ता जाता है।

यह क्षेत्र निश्चित नहीं है और विंग्स समेत पूरे क्षेत्र को घेरता है।

प्रकाश के क्षेत्र का विस्तार से वर्णन करना चाहिए। इस तरह से व्यवस्था करनी चाहिए कि रेखा के धुँधला पड़ने के साथ-साथ उपकरण गायब हो जाएँ।

प्रकाश के क्षेत्र से द्वीप का आभास मिलना चाहिए।

••••••

एक ही व्यक्ति की तीन जिंदगियाँ।

व्यक्तिगत द्वीप जहाँ वह अकेला है; केवल एक ही औरत उस द्वीप में प्रवेश कर पाती है।

सामाजिक-राजनैतिक द्वीप जहाँ उसकी प्रमुखता है।

नटरंग

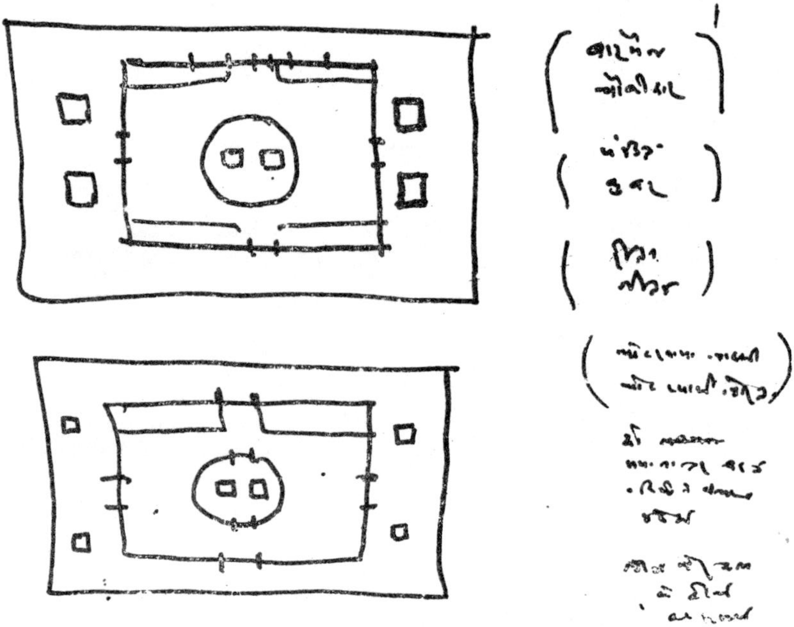

शाश्वत शक्तियों का द्वीप जहाँ वह नगण्य है।

••••••

(1) अब्दुल्ला की असहायता और नियामत।

(2) पट्टी बाँधे हुए पुरुष और स्त्री।

(3) आखिरी दृश्य—खाली—सब दीवारें गायब हैं।

(4) धर्मसंकट—क्या हम छोटे बच्चे को बचा सकते हैं?

(5) एक ओर पट्टीवाले पुरुष और पट्टीवाली स्त्री के बीच आंतरिक तत्त्वों के नियंत्रण के लिए और दूसरी ओर पट्टीवाले पुरुष और 'दलाल' के बीच बाह्य

तत्त्वों के नियंत्रण के लिए संघर्ष।

(6) 'दलाल' सारा वक्त यही कहता है कि 'कोई न कोई रास्ता जरूर होगा।' अंत में पट्टीवाला पुरुष कहता है : 'हाँ, है रास्ता।' 'क्या?' 'बताऊँगा नहीं।' 'हम तुम्हें मार डालेंगे।' 'उससे तुम्हें रास्ते का पता तो नहीं चलेगा। मेरे जिंदा रहने में ही तुम्हारे लिए कोई आशा हो सकती है।' 'तो फिर बताओ।' 'तुम बताओ, तुममें से किसी को भी क्यों बचाया जाए?' उसका आरोप; अब्दुल्ला और नियामत की सूचना के अनुसार चढ़ता हुआ बाढ़ का पानी। जमीन के और-और कटते जाने के साथ हर व्यक्ति का विघटन।

(7) 'पत्थरों की दीवार बन सके तो हम बच सकते हैं,' दलाल कहता है। 'पानी पत्थरों को नहीं, जमीन को काट रहा है। जमीन ही नहीं होगी जिस पर पत्थर रखे जा सकें।'

(8) 'शायद हम लोग आत्म-स्वीकार द्वारा बच सकें।'

(9) पट्टीवाले आदमी का प्रस्ताव—'हम लोग आत्महत्या कर लें। यह बाढ़ में बह जाने से तो अच्छा ही होगा।'

(10)पट्टीवाले का चरित्र बहुत-कुछ छोटी लड़की के जागने पर निर्भर है। वह बेहोश हो गई है। इस बीच बाढ़ का खतरा बढ़ता जा रहा है। जब कि ये सब चाहते थे कि वह आत्मस्वीकार करे, स्थिति की विडंबना उन्हें आत्मस्वीकार के लिए लाचार करती है।

(11)मरने तक आदमी की जरूरतों का सवाल। खाना। पीना। सैक्स। 'क्या मौत सामने खड़ी हो तो सैक्स संभव है?' 'भूख लगेगी तो खाना नहीं खाओगे? या जरूरत हुई तो पियोगे नहीं?'

(12)पुरुष क्रांतिकारी दृष्टिकोण की वकालत करता है, जबकि दलाल योजना का पक्षपाती है।

(13)साधनों और शक्तियों का एकत्रीकरण (पुलिंग)। एकत्रीकरण से नया मतलब? हरेक के लिए लेने का बराबर का अधिकार।

(14)दृश्य विभाजन :

(i) भीतर
दृश्य 1, दृश्य 2, दृश्य 3

(ii) बाहर
दृश्य 1, दृश्य 2, दृश्य 3

(iii) भीतर
दृश्य 1, दृश्य 2, दृश्य 3।

# 2
# नाटक न लिखने पर

जहाँ नाटक लिखना बेहद आसान काम है वहाँ उतना ही मुश्किल भी। यह सबसे आसान काम इसलिए है कि जब आपके पास एक विचार होता है और आप पात्रों को चुन लेते हैं, तो उसके बाद मात्र दृश्यों की रूप-रेखा और संवाद-भर लिखने रह जाते हैं। इसके लिए संभवतः लेखक को कोई ज्यादा मेहनत नहीं करनी पड़ती। इसमें कोई वर्णनात्मकता नहीं, पात्रों को समझने के लिए कोई विश्लेषणात्मक अध्ययन और न ही उसमें उपन्यास या कहानी की तरह कोई काव्यात्मक अथवा विवरणात्मक ब्यौरे ही होते हैं। नाटक आखिरकार महज एक बुनियादी ढाँचा—एक कंकाल मात्र ही होता है जिसको रूपाकार देने और जीवंत बनाने का काम मंच पर अभिनेताओं द्वारा किया जाता है।

इसलिए आपकी किस्मत इस बात पर निर्भर करती है कि कौन उसका मंचन कर रहा है और कौन संवाद बोल रहा है? और इस सबमें आपका अपना निजी दिमागी जमाखर्च बहुम कम होता है। समीक्षक-पत्रकार का ज्यादा ध्यान नाटक की लय या फिर शब्दों के अंतर्वेशन की अपेक्षा, नृत्य-संरचना और वेश-भूषा पर अधिक रहता है, और इससे भी कम ध्यान उसका नाटक की समग्र-परिकल्पना और उसमें चित्रित जिंदगी से उठी सच्चाइयों से आपकी रचनात्मक भिड़ंत पर जाता है। लेकिन अगर आपका ध्यान उस बुत से हटकर कि जिसने लोगों द्वारा दिए जामे को ओढ़ा हुआ है, तो अपने बनाए ढाँचे की बनावट से सचेत रहें, जोकि एक ऐसा जीता जागता ऑरगेनिस्म है कि जिसमें अपने आसपास के फैले ढेरों कणों की बनने, बढ़ने और पनपने की ऊर्जा पैदा करने की ताकत है तो फिर उसे किसी भी तरीके की अधिरचना का आधार बनाया जा सकता है। इस तरह आप अपना काम मुश्किल कर लेते हैं। अब जो जिम्मेदारी आप पर आन पड़ी है वह मात्र किसी विषय के दृश्यों का जोड़-तोड़ करना ही नहीं, वरन आपके दिमाग के इर्द-गिर्द घूमते उन ढेरों सूक्ष्म कणों को एकत्रित कर उनसे अपने विषय को एक नवीनता में ढालने का प्रयास होगा। अब आपको मात्र संवाद ही नहीं लिखने, वरन शब्दों की एक न समाप्त होने वाली कड़ी को एक दूसरे के इर्द-गिर्द, ऊपर नीचे आपस में बुनते बनाते सीधे जाकर

प्रेक्षागृह में बैठे लोगों के दिमागों तक संप्रेषित करते हैं।

एक ऐसे सीधे प्रहार के लिए आपको एक ऐसी भाषा अपनानी होगी जोकि ज्यादा उलझी हुई न हो, यद्यपि आपकी परिकल्पना काफी उलझी हुई हो सकती हैं। जो कि विरोधी आकार न लिए हुए हो, भले ही आप जो कहना चाह रहे हैं उसमें विरोध ही क्यों न हो। एक मायावयी सरलता को अपनाना होगा, लेकिन इतनी मायावयी भी नहीं कि ओढ़ी हुई लगे। यहाँ आप अलंकृत भाषा के प्रति उत्तर की स्वच्छंदता का प्रयोग नहीं कर सकते। क्योंकि आपका काम प्रभावित करना नहीं वरन् भाँति-भाँति के लोगों के मन को भेदना है। शायद किसी विशेष जाति या फिर पूरी जनजाति के लिए। लिखने से आप साफ इनकार कर सकते हैं, लेकिन वह नाटक, नाटक नहीं, यदि वह उन लोगों तक न पहुँच सके कि जो उसे देख रहे हैं।

यदि आपका नाटक ऐसा होने से रह जाता है तो यह दर्शक की नहीं, आपकी असफलता है। अपनी असफलता के लिए निर्देशक, अभिनेता या फिर दर्शक को दोष देना सबसे आसान काम है। लेकिन सही मानो में यह नाटककार की असफलता होती है। यह असफलता उसमें सृजनात्मक सरलता की कमी की वजह से हो सकती है। ठीक उस तरह जैसे असृजनात्मक सरलता में होती है; जबकि दूसरे प्रकार के व्यक्ति के आगे कम समस्याएँ होती हैं।

और यही कारण है कि कोई-कोई नाटक, महीनों या फिर सालों बिना लिखे रह जाता है, चाहे आपने उसे कई बार लिखने की कोशिश ही क्यों न की हो। अक्सर एक सवाल जो एक नाटककार से किया जाता है कि वह क्यों अपने पिछले नाटक जैसी सफलता अपने नए नाटक में नहीं ला पाया, जबकि ऐसी ही सफलता उसने पहले भी कई बार पाई है, जबकि नाटक की विषयवस्तु एक ही जैसी थी।

वह इस प्रश्न को नजरअंदाज कर देगा। इसका पूर्वाभास लगाया जा सकता है कि कोई भी नया नाटक किसी एक के लिए नई चुनौतियाँ पैदा कर सकता है, और दूसरे के लिए नहीं। बहुत चित्रकार हैं, कभी-कभी महान भी हैं, जो एक ही पेंटिंग दर्जनों कैनवास पर पेंट करके भी संतुष्ट हैं। उसके बावजूद कुछ कम ख्यातिप्राप्त भी हैं जो ऐसा नहीं करते। इसलिए नहीं कि वह कर नहीं सकते, वरन् वह करना नहीं चाहते, यही बात नाटककारों के साथ भी है।

एक नाटककार को मात्र अपने व्यक्तित्व की ही नहीं वरन् कहीं वह अपने आप से (लेखन से) भी प्रतिबद्ध होता है जिसमें उसे नए विषय, चरित्रों और नई स्थितियों की चुनौती को भी स्वीकारना पड़ता है। क्योंकि हो सकता है कि वह केवल सुविधाजनक दृश्य विभाजन विषय या फिर संवाद के नाम पर सहज शब्दों के प्रवाह से ही संतुष्ट न रहना चाहे। किसी अन्य चीज की तलाश में हो सकता है जो कि संभव है एक समीक्षक के लिए उतनी महत्त्वपूर्ण न हो जितनी कि स्वयं नाटककार के लिए।

## खंड तीन

# आरंभिक एकांकी

1. समझ का फेर
2. रिहर्सल
3. घड़ी भर एकांत
4. मिट्टी का मानव
5. कर्फ़्यू
6. स्वयंवर
7. कलिंग विजय
8. विदा निशा
9. तुलसीदास
10. खालिस और नाखालिस
11. रात बीतने तक (अप्रकाशित अंश)

संशोधन-दर-संशोधन–

## 'मनहूस आदमी' का एक पृष्ठ

१६

को मैं न मिलता , इसका बाप मिल जाता ... वह इसे छोड़ देता ?

मीरा- लेकिन आप उसका ब्याह करेंगे तो उसके लिए पैसे-टैके की ज़रूरत नहीं पड़ेगी ? आप तो कह रहे थे कि आप के पास ...

दीवानचंद- इसी लिए तो आज मैं भोलानाथ के पास आया हूँ।

भोलानाथ- मेरे पास ?

दीवानचंद- हाँ , मैंने कहा जिस तरह पम्मी को मैं अपनी बेटी समझता हूँ उसी तरह - उसी तरह तुम मेरी लड़की को ... ।

भोलानाथ फिर खड़ा हो जाता है।

भोलानाथ- आप की लड़की को ? ... आप का मतलब है उस भिखारिन को .... ?

दीवानचंद- अब वह भिखारिन नहीं है बाबू भोलानाथ ! मैं उसे लड़की बना कर घर ले आया हूँ। अब वह मेरी लड़की ही है। तुम्हें पता है शुक्ला के लिए मेरे दिल में कितनी-कितनी साधें थीं ...

माधुरी- वह आपके पास होती तो आप की सब साधें पूरी हो जातीं।

दीवानचंद- लेकिन मैं अब भी सब साधें पूरी करना चाहता हूँ। माधुरी बीबी , तुम इस लड़की को भी मेरी शुक्ला ही समझो और ...

महिपत चाय की प्याली लिये हुए चम्मच से हिलाता हुआ आता है।

मीरा- चाय की प्याली आ गयी है।

माधुरी चाय की प्याली महिपत से लेकर दीवानचंद के हाथ में दे देती है।

माधुरी- लीजिए जीजा जी , चाय पी लीजिए।

मीरा- साथ कुछ खाने को लीजिएगा ?

दीवानचंद- नहीं , मेरे लिए चाय की प्याली ही काफ़ी है।

चाय का घूँट भरता है , परन्तु होंठ जल जाते से प्याली छलक जाती है।

होंठों पर ज़बान फेरता है और प्याली में फूँक मारता है।

दीवानचंद- तुम लोग चाय नहीं पियोगे ? ... अच्छा हाँ , तुम लोगों को तो अभी पार्टी है।

माधुरी व्यस्तता और चिन्ता से घड़ी की ओर देखती है।

माधुरी- हाँ वे लोग अब चार-छः मिनिट में आया ही चाहते हैं।

परेशानी से होंठ काटकर मीरा की ओर देखती है।

मिसेज़ मेहता इज़ वेरी पंक्चुअल।

मीरा- जीजा जी आप चाय पी लीजिए और .... मेरा मतलब है कि वे लोग ज़रा और तरह के आदमी हैं। आप को भी उन लोगों में बुरा लगेगा। इसलिए ... ।

# आरंभिक एकांकी

*मोहन राकेश ने अपने रचनाशील व्यक्तित्व की पहली और गंभीर अभिव्यक्ति सत्रह वर्ष की आयु में 'समझ का फेर' नामक एकांकी लिखकर की थी। यथार्थवादी किस्म की यह समस्या एकांकी स्वयं राकेश के पिता की मृत्यु और दादी माँ के अंधविश्वासी चरित्र की त्रासदी के स्वानुभव पर आधारित थी। इसकी चर्चा तो अक्सर होती रही है, लेकिन अप्रसारित एवं अप्रकाशित होने के कारण कभी कोई इसे सुन-पढ़ नहीं सका। 1941 में स्कूल की कॉपी के पन्नों पर राकेश के हाथ से लिखा उनका यह पहला एकांकी, उनकी पुरानी फ़ाइलों में से मिल गया है और इस पुस्तक में पहली बार प्रकाशित हो रहा है। 'रिहर्सल' का प्रथम पृष्ठ 'समझ का फेर' के अंतिम पृष्ठ पर ही लिखा गया है। यह 1942 में लिखा, 'उषा' में छपा और 1947 में अभिमंचित हुआ था। दूसरी बार किंचित संशोधित रूप में इसे बंबई में खेला गया और इसका वही रूप यहाँ दिया जा रहा है। 1945 में लिखित 'घड़ी भर एकांत' राकेश के हस्तलेख में मिला है, जो इस पुस्तक में ही पहली बार प्रकाशित हो रहा है। 'मिट्टी का मानव' संभवतः 1946 में 'सरस्वती' में छपा था। इसका वर्तमान रूप इसके पहले प्रारूप से थोड़ा भिन्न है। उनका चर्चित एकांकी 'कर्फ़्यू' देश के विभाजन के समय लाहौर में रहते हुए ही लिखा गया था और 1947 में ही दिल्ली से निकलनेवाली सचित्र पत्रिका 'सरिता' में प्रकाशित हुआ था। इसके अंत का छोटा-सा हिस्सा राकेश के पुराने कागजों में कहीं नहीं मिला इसलिए यहाँ इसे खंडित रूप में ही सम्मिलित किया गया है। 'स्वयंवर' को 1947-48 में दो बार अभिमंचित किया गया। ऐतिहासिक एकांकी 'कलिंग विजय' भी उसी दौर की रचना है। यह 'सरस्वती' में प्रकाशित और बंबई रेडियो से प्रसारित हुआ। इसका किंचित परिवर्तित रूप 1949 में राकेश के एकांकी संग्रह में छपा। 1958 में नाटककार ने इसे फिर से संशोधित*

किया तो इसके पात्रों, प्रसंगों और संवादों में काफी बदलाव आ गया। दुर्भाग्य से इस एकांकी के नए रूप की ऐसी टंकित प्रति मिली जिसमें रंग-निर्देशों के स्थान रिक्त हैं और प्रथम एवं अंतिम पृष्ठ भी गायब हैं। इसलिए संपादक द्वारा पहले प्रारूप के आधार पर इसे पूरा करके यहाँ प्रकाशित किया जा रहा है। 'विदा-निशा' जुलाई, 1954 में और रेडियो रूपक 'तुलसीदास' नवंबर, 1954 में 'विश्व ज्योति' में प्रकाशित हुए थे। 1949 में अपने इन एकांकियों में से चुने हुए छः एकांकियों का एक संकलन राकेश ने 'सत्य और कल्पना' के नाम से छपवाया था। उसमें 'कलिंग विजय', 'मिट्टी और मानव', 'प्रतीक्षा', 'स्वयंवर' और 'रिहर्सल' के अलावा एक हास्यरस प्रधान पारिवारिक व्यंग्य-एकांकी 'बिजली का बिल' भी शामिल था, जो काफी कोशिश के बाद भी न मिल पाने के कारण इस पुस्तक में सम्मिलित नहीं किया जा सका है। 'प्रतीक्षा' का पुनर्लिखित-संशोधित रूप ही राकेश का चर्चित एकांकी 'सिपाही की माँ' है, जो उनके प्रसिद्ध संग्रह 'अंडे के छिलके : अन्य एकांकी तथा बीज नाटक' में प्रकाशित और कई बार सफलतापूर्वक अभिमंचित भी किया जा चुका है। इसी प्रकार पूर्वलिखित 'मनहूस आदमी' का ही नया रूप अब 'प्यालियाँ टूटती हैं' के रूप में सहज उपलब्ध है। 1958 में लिखित 'खालिस नाखालिस' टंकित रूप में मिला है, लेकिन उसका अंतिम पृष्ठ गायब है। परंतु फतहसिंह के चरित्र का उद्घाटन उसके अंतिम संवाद से लगभग पूर्ण रूप में हो जाता है, इसलिए कथ्य की दृष्टि से इसका खंडित रूप भी आस्वाद में कोई खास अवरोध पैदा नहीं करता। यही कारण है कि इन एकांकियों के मुकाबले बाद (1958) में लिखे गए इस अधूरे एकांकी को भी पुस्तक में शामिल कर लिया गया है। और अंत में प्रकाशित है 'रात बीतने तक' का एक ऐसा अप्रकाशित एवं महत्त्वपूर्ण अंश (नंद और मैत्रेय का संवाद) जो इसके प्रसारण एवं प्रकाशन—दोनों ही अवसरों पर शामिल नहीं किया गया और जो रचनाकार के सोच-विचार तथा रचना के समग्र-प्रभाव की दृष्टि से काफी महत्त्वपूर्ण प्रतीत होता है।

आशा करते हैं कि राकेश के आरंभिक एकांकियों की यह प्रचुर किंतु लगभग अनुपलब्ध सामग्री हिंदी नाटक के उद्भव और विकास तथा राकेश की रंग-यात्रा का गंभीर अध्ययन करनेवाले प्रबुद्ध पाठकों एवं अनुसंधाताओं के लिए काफी रोचक और महत्त्वपूर्ण सिद्ध होगी।

# समझ का फेर

## पात्र

**दयाशंकर** : संभ्रांत मध्यवर्गीय रोगी
**विनोदशंकर** : दयाशंकर का पुत्र, आयु लगभग 19 वर्ष
**विजयशंकर** : दयाशंकर का बड़ा सौतेला भाई
**जानकी देवी** : दयाशंकर की माता
**शीला** : दयाशंकर की पत्नी; विनोदशंकर की माता
वैद्यजी, डॉक्टर, टूनेवाला, कुछ स्त्रियाँ।
**स्थान** : दयाशंकर का घर। **समय** : बाद दोपहर (फरवरी)

*[पर्दा उठने पर स्टेज दो भागों में विभक्त दिखाई देता है। दाईं ओर का भाग रोगी का कमरा है। रोगी का पलंग पिछली दीवार से सटा हुआ है। पलंग पर का कीमती बिछावन अस्तव्यस्त-सा हो रहा है। पलंग से कुछ हटकर तीन-चार कुर्सियाँ बेतरतीब पड़ी हैं। सिरहाने के पास एक छोटी-सी मेज है, जिस पर कई तरह की दवाई की शीशियाँ खाली-अधखाली और भरी हुई, कुछ डिब्बियाँ और ऐसा ही सामान पड़ा है।*

*इस कमरे को बाएँ भाग से, जो कि दालान है, अलग करने के लिए एक दरवाजा है। दरवाजे के ऊपर रौशनदान है। इस समय दरवाजे पर एक सिरकी पड़ी हुई है। दालान में दो-तीन चटाइयाँ बिछी हैं और एक कुरसी भी पड़ी है।*

*रोगी दयाशंकर कराह उठता है। जानकी देवी कुछ व्यस्तता से गंगाजली का जल उसपर छिड़कती जाती हैं। विनोदशंकर व्यग्रता से उसके पाँव दबाए जाता है। नेपथ्य में कुछ पग-ध्वनि सुनाई देती है। जानकी गंगाजली को मेज पर रखकर चुपचाप दालान में आ जाती है।]*

**जानकी** : कौन है? *(नेपथ्य से स्त्री कंठ की आवाज आती है।)*
: सेठ सागरमल के घर से खबर पूछने आई हैं माँ जी!

**जानकी :** *(व्यग्रता से)* आई मैं! *(बाहर निकल जाती हैं।)*

*[इधर रोगी कराहकर करवट बदलता है। विनोद अधिक संलग्नता से पैर दबाने लगता है। विजयशंकर वैद्यजी को लिए हुए दालान में आ जाता है। विजयशंकर दालान पार करके पहले कमरे में झाँककर देखता है। फिर वैद्यजी को आने के लिए संकेत करता है। दोनों अंदर प्रवेश करते हैं।]*

**विजय :** *(धीमे स्वर से)* सो गया?

**विनोद :** *(उदास स्वर से)* नहीं...नींद नहीं आई। अभी-अभी कराहकर करवट बदली है।

**विजय :** *(वैद्य से)* आवाज दूँ या नहीं?

**वैद्यजी :** नींद नहीं आई—बिलकुल भी नहीं आई?

**विनोद :** जी नहीं।

**वैद्यजी :** वमन हुआ?

**विनोद :** आपके जाने के बाद तीन बार।

*[वैद्यजी का मुख गंभीर हो जाता है। रोगी फिर कराहकर करवट बदलता है। वैद्यजी चिंता-व्यंजक भाव से रोगी की नाड़ी देखने लगते हैं।]*

**विजय :** पैरों की सूजन जरा भी नहीं घटती।

*[वैद्यजी उत्तर दिए बिना उठकर दालान में आ जाते हैं। विजयशंकर भी साथ ही। विनोद पूर्ववत् पैर दबाता रहता है।]*

**विजय :** *(डूबती हुई उत्सुकता से)* कैसी हालत है?

**वैद्यजी :** बुखार आगे से तेज है। कमजोरी बढ़ती जा रही है।

**विजय :** *(घबराकर)* फिर?

**वैद्यजी :** भगवान पर ही भरोसा है। दवाई तो कोई काम नहीं करती। यदि हालत ऐसे ही बिगड़ती गई तो बारह घंटे...

**विजय :** *(आँखों में आँसू भरकर)* वैद्यजी!

**वैद्यजी :** आप दिल हलका न करें। मैंने एक वैद्य के नाते नहीं, एक घनिष्ठ मित्र के नाते अपनी पूरी शक्ति लगाकर देख ली है। पर अब बात मेरी समझ से बाहर होती जा रही है। डॉक्टर व्यास को एक बार फिर बुलाकर दिखा दीजिए। हो सकता है शायद...

**विजय :** *(करुणा दीनता से)* आप सचमुच ही आशा छोड़ रहे हैं?

*[वैद्यजी चुपचाप दालान से बाहर निकल जाते हैं। विजयशंकर भी आँखें पोंछते हुए पीछे ही निकल जाते हैं। उसी समय जानकी*

*देवी दो-तीन स्त्रियों के साथ प्रवेश करती हैं।]*

**जानकी :** *(कमरे के बाहर से)* विनोद!

**विनोद :** *(अंदर से)* माँ जी!

**जानकी :** जरा बाहर आओ।

*[विनोद अनिच्छापूर्वक रोगी के पास से उठकर बाहर दालान में आ जाता है।]*

**जानकी :** उधर बैठक में इनका छोटा लड़का बैठा है, जरा दो मिनट उसका दिल बहलाओ। नौकर को मैंने बाजार भेजा है।

*[विनोद आगंतुक स्त्रियों की ओर देखता है, फिर कुछ खिन्न-सा जानकी देवी की ओर।]*

**विनोद :** मैं जरा उनके पाँव दाब रहा था...

*[जानकी देवी भृकुटी चढ़ाकर उसकी ओर देखती हैं। वह सिर झुकाकर चुपचाप बाहर चला जाता है। जानकी देवी चिक उठाकर सबको अंदर चलने के लिए निर्देश करती हैं, और अंत में स्वयं भी कमरे के अंदर आ जाती हैं। रोगी उन सबकी ओर देखकर एक बार जोर से कराहता है।]*

**जानकी :** कितने वैद्य डॉक्टर और न जाने कौन-कौन आए, पर लगती तो किसी की है ही नहीं। कितना कमजोर हो गया है। *(ठंडी साँस भरती है।)*

**स्त्री–1 :** डॉक्टरों, हकीमों से आजकल कुछ नहीं होता। *(जरा धीमे स्वर से)* किसी जादू टूनेवाले को दिखाया होता। हमारे घर के पास ही एक डूम रहता है। कितनों को मौत के मुँह से बचा लाया है।

*[रोगी जोर से कराहता है।]*

**स्त्री–2 :** उसे जरूर दिखाइए। हमने भी उसकी बहुत तारीफ सुनी है। देखिए न क्या हाल हो गया है! हड्डियों के सिवाय कुछ बचा ही नहीं! पर उसके हाथ में बड़ी ताकत है।

**स्त्री–1 :** वह सब जगह तो वैसे जाता भी नहीं। पर हमारा उसे लिहाज है। यदि आप कहें...

*[जानकी देवी उन्हें बाहर चलने का संकेत करती हैं। सब निकलकर दालान में आ जाती हैं।]*

**जानकी :** *(दबे हुए स्वर में)* यह सब इन बातों को मानते नहीं। पर अब वैद्य डॉक्टरों के भरोसे बहुत दिन देख लिया!...आप जरूर कष्ट करें। आप जैसे भी हो...

**स्त्री–1 :** आप चिंता न करें। एक बार उसके हाथ डाल देने से फिर चिंता

की कोई बात ही नहीं रह जाएगी। मैं अभी जाऊँगी। इनकी इतनी कमजोरी देखकर मेरा तो दिल डरने लगा है। अच्छा...

**जानकी :** उधर चलकर पहले कुछ जलपान कीजिए।...आइए—

*[सब स्त्रियों के साथ बाहर चली जाती हैं। विनोद तत्परता से अंदर आकर उसी प्रकार पिता के पैर दबाने लगता है। रोगी कराहता है। विनोद झट उठकर मेज पर से दवाई की एक शीशी उठाकर उसे हिलाने लगता है। जानकी देवी आती हैं।]*

**विनोद :** आप उधर चली गईं। इधर यह अकेले...

**जानकी :** कुछ समझ भी है? बड़े घर की स्त्रियाँ थीं। वह बेचारी इतना कष्ट उठाकर यहाँ तक हाल पूछने आईं और मैं...यह कौन-सी दवाई है?

**विनोद :** जो वैद्यजी ने कल दी थी। इससे गले के छाले...

**जानकी :** हो गए ठीक! कल से हालत और भी बिगड़ गई है। फिर यही दवाई देकर अब बिलकुल ही...

**विनोद :** जरा धीरे बात करें। उनकी हालत...

**जानकी :** *(क्रोधपूर्वक)* मैं उसकी दुश्मन हूँ? मैंने ही उसे पैदा किया, पढ़ाया, लिखाया और इतना बड़ा किया। पहले भी तो बीमार होता था। पर तुम लोगों की हिकमत के बगैर ही राजी कर लेती थी। अब तुम सब मिलकर जो न करो वही थोड़ा है।

*[विनोद सिर लटकाकर दवाई की शीशी वहीं रख देता है। उसी समय बाहर पग-ध्वनि सुनाई देती है। विजयशंकर हाथ में चमड़े का बॉक्स लिए डॉक्टर के साथ प्रवेश करते हैं। जानकी देवी एक ओर को हट जाती हैं। वह कुर्सियों पर बैठ जाते हैं।]*

**डॉक्टर :** टेंपरेचर कितना है?

**विनोद :** जी घंटा भर पहले एक सौ तीन था। उसके बाद कम तो नहीं हुआ।

*[रोगी करवट बदलकर कराहता है।]*

**डाक्टर :** *(हृदय-गति की परीक्षा करते हुए)* बोल सकते हैं?

**विनोद :** छत्तीस घंटे से कोई बात नहीं की। वैद्यजी कहते थे गला बहुत पक गया है। यदि पानी पिला दें तो कोई हर्ज तो नहीं?

**डाक्टर :** नहीं...नहीं...। थोड़ा-थोड़ा पानी जरूर देते जाना चाहिए।

**विनोद :** बड़े माँजी का ख्याल था...

*[जानकी देवी उसे घूरकर देखती हैं। वह चुप हो जाता है।]*

**डाक्टर :** मैं चार खुराकें भेजता हूँ। तीन-तीन घंटे बाद देते जाइए। *(विजयशंकर से)* आप चलिए मेरे साथ।

*[विजयशंकर और डॉक्टर बाहर दालान में आ जाते हैं। उनके पीछे-पीछे जानकी देवी भी।]*

**विजय :** क्यों डॉक्टर साहब?

**डॉक्टर :** हालत नाजुक है। बहुत सावधानी की जरूरत है।

**विजय :** आप जैसे कहें, वैसे ही किया जाएगा।

**डॉक्टर :** उस कमरे में ताजी हवा बिलकुल नहीं जाती। इस दालान में लिटाएँ तो ज्यादा अच्छा है। देखभाल करनेवालों के अलावा और किसी को पास न आने दें। इससे रोगी को कष्ट होता है। दवाई ठीक समय पर दीजिए। शायद...

**विजय :** शायद?

**डॉक्टर :** हाँ-हाँ! कोशिश करना अपने हाथ में है। मेरे साथ आइए।

*[डॉक्टर और पीछे-पीछे विजयशंकर बाहर चले जाते हैं। जानकी देवी झल्लाई-सी कुछ सोचने लगती हैं। शीला आती है। हाथ आटे में सने हुए हैं।]*

**शीला :** *(विषादपूर्ण स्वर में)* डॉक्टर ने क्या कहा?

**जानकी :** *(झल्लाहट से)* कहा है यहाँ लाकर लिटाओ।

**शीला :** *(कुछ धीरे से)* उस दिन वैद्यजी ने भी तो यही कहा था।

**जानकी :** तो फिर सोचना क्या है? ले आओ यहाँ। एक बुखार है, दूसरे हवा लग जाए। जो नहीं हुआ, वह भी हो जाए।

*[शीला व्यथित-सी होकर सिर झुका लेती है।]*

**शीला :** और कुछ कहा है?

**जानकी :** कहा है सबका आना-जाना बंद कर दो। जैसे वह लोग बीमारी हाथ में पकड़कर लाते हैं और लगा जाते हैं। जिस किसी के दिल में लगाव है, वही तो पूछने आता है। अपनी बहनों-बेटियों को रोक दूँ? सेठ सागरमल की धर्मपत्नी खुद चलकर आई थीं। उन्हें उलटे पैरों लौटा दूँ? बड़े आदमी इसे अपनी हेठी समझेंगे। तो सारी उमर के लिए बिगाड़ लूँ?

*[शीला चुपचाप अंदर झाँककर एक ठंडी साँस ले, धीरे-धीरे बाहर जाने लगती है।]*

**जानकी :** चुप तो ऐसे हो जैसे बोलना सीखा ही नहीं। बेटा बात-बात पर नोक-टोक करता रहता है। जैसे एक ही समझदार पैदा हुआ है।

*[शीला बाहर चली जाती है। जानकी देवी झुँझलाकर अंदर आ जाती हैं। विनोद पानी का गिलास उठा चुका है, और चम्मच से पानी पिता के मुँह में डालने जा रहा है। रोगी विकलता से सूखे होंठों को खोलने की चेष्टा कर रहा है।]*

**जानकी :** *(अत्यंत क्रोध से)* जहर पिला दो। पानी से जल्दी बिगाड़ न होगा। खाने के नाम से तो उसके अंदर कुछ जाता नहीं। खाली अँतड़ियों में जाकर पानी चाहे कलेजा चीर दे, पर तुम्हारी बला से।

*[रोगी करुण दृष्टि से दोनों की ओर देखता है। विनोद दो चम्मच पानी उसके मुँह में डाल देता है।]*

**जानकी :** पिला दिया? जान लेकर ही रहोगे?...कर लो जो तुमसे हो सके।

*[आवेश में निकलकर बाहर दालान में आ जाती हैं। कुछ निस्तब्धता। दवाई लिए हुए विजयशंकर का प्रवेश।]*

**विजय :** कैसी हालत है? *(जानकी देवी चुप रहती हैं।)*

**विजय :** चलकर यह खुराक तो पिला दो।

**जानकी :** तुम ही जाकर पिला दो। मैं अपने हाथों अपने बेटे की जान लेना नहीं चाहती।

**विजय :** *(मलिन आवेश के साथ)* यह दवाई भी बुरी हो गई? यह तो डॉक्टर ने पहली बार ही दी है।

**जानकी :** सभी दवाइयाँ पहली बार ही दी जाती हैं। यह लाल-लाल-सा पानी है। न जाने किसी जानवर का खून है।

**विजय :** दवाई खिलाए बगैर तो कुछ नहीं होगा।

**जानकी :** हाँ! ऐसी दवाई ही फायदा करेगी। धर्म डुबोकर ही फायदा मिलेगा। ऐसी-ऐसी दवाइयाँ खिला-खिलाकर आगे ही यह हाल कर दिया है। अब बाकी कसर भी न रहे।

*[विजयशंकर विवश क्रोधमय मुद्रा से अंदर चले जाते हैं।]*

**विजय :** *(दवाई रखते हुए)* विनोद! डॉक्टर ने यह दवाई दी है।

*[विनोद शीशी हिलाकर एक प्याली में दवाई उँडेलता है, और चम्मच से रोगी के मुँह में डालता है। जानकी देवी अंदर आती हैं।]*

**जानकी :** पिला दी? यों ही गला घोंट दो! *(रोगी जोर से कराहता है।)*

**विजय :** *(भर्त्सना भरे स्वर से)* कुछ तो धीरे बात करो।

**जानकी :** मेरे सामने तुम लोग मेरे बेटे को जहर दो, और मैं मुँह देखती रहूँ? कुछ भी न कहूँ?

**विजय :** इतना मत चिल्लाओ। आज तक जितनी दवाइयाँ आई हैं, कोई

भी तुमने पूरी तरह देने दी है? शुरू से ही दवाई ठीक तरह होती तो हालत यहाँ तक न पहुँचती।

**जानकी** : मैं ही उसकी दुश्मन हूँ न? सौतेले भाई को चिंता है, और जिसने पैदा किया है, उसे नहीं! देखती हूँ बहुत बढ़कर बातें करने लगे हो।

*[विनोद तिरस्कारपूर्ण दृष्टि से जानकी देवी की ओर देखता है। विजयशंकर चुपचाप खिन्न से बाहर की ओर चल देते हैं। जानकी देवी भी पीछे-पीछे दालान में आ जाती हैं।]*

**जानकी** : जरा सुनोगे?

**विजय** : *(घूमकर)* क्या है?

**जानकी** : मैं कहती हूँ इन वैद्यों-हकीमों के सिर पर कब तक चलेगा?

**विजय** : समझ में नहीं आता कि तुम क्या चाहती हो। *(ठंडी साँस भरकर)* डॉक्टर पर अंतिम भरोसा था.

**जानकी** : *(चमककर)* अंतिम भरोसा?

**विजय** : हाँ! वैद्यजी आशा छोड़ गए हैं। *(उमड़ते हुए आँसुओं को रोकते हुए)* वह तो कहते थे कि बारह घंटे भी...*(आवाज रुक जाती है।)*

**जानकी** : *(विह्वल उत्तेजना के साथ)* बारह घंटे! कहते हुए शर्म नहीं आती? ...उसे हुआ क्या है? ऐसी अपशगुन की बात सौतेले भाई के सिवाय कौन मुँह से निकाले?

**विजय** : बस चुप रहो। सौतेला भाई तो हूँ, पर तुम्हारे जैसा कलेजा नहीं है। यदि जान देकर भी उसे बचा सकता...

*[बाहर पैरों की आवाज सुनाई देती है। वही स्त्री एक काले से व्यक्ति को साथ लिए आती है, जो फटे कपड़ों में भी अकड़कर चलता है। जानकी देवी अभिवादन करती हैं। विजयशंकर गंभीर अर्थपूर्ण दृष्टि से जानकी देवी की ओर देखते हैं। वह उपेक्षा करके, उन दोनों को रोगी के कमरे में ले जाती हैं। विनोद आश्चर्य से उन सबकी ओर देखता है। रोगी कराहता है। डूम रोगी के निकट ही बैठ जाता है। विजयशंकर भी खिन्न से वहीं आ जाते हैं। डूम आँखें बंदकर के हाथ हवा में हिलाता है, फिर कुछ बड़बड़ाकर आँखें खोलता है। वह स्त्री और जानकी देवी श्रद्धापूर्ण दृष्टि से उसकी ओर देखती रहती हैं।]*

**डूम** : *(कृत्रिम गंभीरता से)* खुदा के घर से दूत चल चुके हैं, भाई!

**विजय** : *(उतावले आवेश के साथ)* आपने जो कुछ कहना हो बाहर चलकर कहें।

*[जानकी देवी क्रोध से विजयशंकर को घूरती हैं। डूम चुपचाप दालान में आ जाता है, साथ ही वह स्त्री, जानकी देवी और विजयशंकर।]*

**जानकी :** *(माथे से पसीना पोंछते हुए)* आप इसकी जान बचा दें। मैं जो कहोगे दूँगी।

**डूम :** हम ऐसा उपाय कर सकते हैं जिससे खुदा के दूत खुद ही रास्ते में मर जाएँ।

**जानकी :** आप जरा बाहर आ जाएँ। *(विजयशंकर से)* तुम उसके पास बैठो।

*[विजयशंकर वहीं खड़े रहते हैं। डूम स्त्री और जानकी देवी बाहर चले जाते हैं। विजयशंकर एक ठंडी साँस लेकर अंदर रोगी के पास आ जाते हैं।]*

**विजय :** उठो विनोद बेटा! अब मैं जरा पाँव दबाऊँगा।

**विनोद :** नहीं...नहीं आप...

**विजय :** कोई बात नहीं। विपत्ति के समय कोई डर नहीं होता।

*[बाँह पकड़कर विनोद को उठा देते हैं, और स्वयं पाँव दबाने लगते हैं। जानकी देवी फिर अंदर आ जाती हैं।]*

**जानकी :** उसे रजाई से अच्छी तरह ढक दो।

**विनोद :** यह कैसे हो सकता है? डॉक्टर ने तो कहा था...

**जानकी :** मैं जो कह रही हूँ, वह करो। आज तक तुम सब अपनी मर्जी से सब कुछ करते रहे, अब मैं अपनी मर्जी से करूँगी जो डॉक्टरों से पंद्रह दिन में न हो सका, वह अब मिनटों में हो जाएगा।

*[रजाई खोलने लगती हैं। रोगी कराहता है, पर कराहट में अब तीव्रता नहीं। शीला धीरे-धीरे आकर चुपचाप एक कोने में खड़ी हो जाती है।]*

**विजय :** *(रोगी के पैरों को, फिर हाथों को छूकर देखते हुए)* बुखार तो बिलकुल उतरता-सा मालूम होता है।

**शीला :** *(घबराई हुई आवाज में)* माँजी ! यह उनकी आँखों को क्या होता जा रहा है?

*[सब चौंककर देखते हैं। रोगी की आँखें चढ़ती जा रही हैं। हाथ-पैर निश्चेष्ट होते जा रहे हैं।]*

**विनोद :** *(ऊँचे स्वर में)* बाबूजी! बाबूजी!!

**विजय :** *(हिलाने चेष्टा करते हुए)* दयाशंकर! दयाशंकर!!

**विनोद :** *(रोकर)* यह बाबूजी को क्या हो रहा है?

**जानकी :** *(माथे पर हाथ मारकर)* जो तुम लोगों ने किया है।... आखिर

उसकी जान ले ही ली!

*[जोर से रोने लगती है। शीला आँखें फाड़कर सबको देखती है। विजयशंकर रोगी को पलंग से नीचे उतारने लगते हैं।]*

**विजय** : *(रोती हुई आवाज में)* बेटा विनोद! *(विनोद चीख उठता है।)*

*[पर्दा गिरता है।]*

# रिहर्सल

## पात्र

| | |
|---|---|
| जयराम : | कॉलेज थियेट्रिकल क्लब का सेक्रेटरी |
| जगदीश : | कॉलेज द्वारा खेले जानेवाले नाटक 'अंजना' के अभिनेता |
| केशव : | |
| दयाल : | |
| सरला : | जयराम की पत्नी |
| मुन्नी : | जयराम की नन्हीं |

*[स्थान : जयराम का ड्राइंगरूम। समय : जून की दोपहर। न बहुत बड़ा, न बहुत छोटा कमरा। कमरे में बिछी हुई दरी, कुर्सियाँ, एक टेबल। दो एक तस्वीरें। एक जापानी कैलेंडर। मेज पर एक टाइमपीस, एक टेबलफैन। एक दरवाजा सामने की दीवार में घर के अंदर खुलने के लिए। दूसरा दरवाजा बाईं ओर, बाहर से आने के लिए।*

*पर्दा उठने पर दूर से मुँह की सीटी बजने की आवाज, जयराम सीटी बजाता हुआ बाईं ओर से आता है।]*

**जयराम :** ओह! मार डाला इस गर्मी ने। थियेट्रिकल क्लब का सेक्रेटरी बनना भी क्या आफँत है। ... *(टेबलफैन का प्लग लगाता है, पर पंखा नहीं चलता। निराश हो, कमीज पतलून से बाहर निकालकर उसी से हवा करने लगता है।)* ...एक पिउन तक नहीं। लोगों को खबर देते-देते बारह बज गए।

*[पीछे का दरवाजा 'खट्' से खोलकर सरला अंदर आती है।]*

**सरला :** आ गए जी! आज भी होटल में खा लिया होगा खाना?

**जयराम :** नहीं-नहीं, आज किसी दोस्त का जन्मदिन थोड़े ही था! बात यह थी कि...

**सरला** : अमुक की सगाई हुई थी। बहुत मना किया पर खिलाए बिना नहीं माने—यही या और कुछ?

**जयराम** : बाबा बिलकुल भूखे पेट हूँ। तुम तो आज खूब गरम हो। हुआ क्या है?

**सरला** : हुआ क्या, दस बजे से इंतजार करते-करते बारह बज गए, और खाना ठंडा हो गया सो अलग।

**जयराम** : कोई बात नहीं। तुम भी मिजाज जरा ठंडा करो। अब यह पंखा चलता नहीं, नहीं तो तुम्हें थोड़ी हवा दे देता।

**सरला** : बस बात ही करते हो। जिसे इस गरमी में चूल्हे के आगे बैठना पड़ता है, वह तो तुम्हारे जाने पशु है।

**जयराम** : कैसी बातें करती हो? तुम पशु हुईं तो मैं क्या हुआ, बोलो?... देखो आज बिजली चली गई, पंखा चलता नहीं, और अभी यहाँ होनी है रिहर्सल।

**सरला** : क्या होनी है?

**जयराम** : रिहर्सल, रिहर्सल! तुम नहीं समझतीं। तुम्हारे मतलब की बात भी नहीं। खाना लगाकर आवाज दो, दो कौर निगल लूँ। बारह बजे सब लोग आ जाएँगे।

**सरला** : क्या होगा, कौन आ जाएँगे, कुछ पता भी चले।

**जयराम** : कहा न, तुम्हारे मतलब की बात नहीं। अभी देखो...*(सीढ़ियों पर खट्-खट् की आवाज)* लो कोई आ भी गया। तुम अंदर जाकर बैठो।

**सरला** : *(माथे पर बल डालकर)* और खाना?

**जयराम** : खाना अब धरा रहने दो। समय मिला तो देख लूँगा जाओ।

*[सरला मुँह लटकाकर अनमनी-सी अंदर चली जाती है। जगदीश आता है—सफेद धोती और कुर्ते में।]*

**जयराम** : हल्लो जगदीश *(हाथ मिलाते हुए)* समय के बहुत पाबंद हो।

**जगदीश** : *(कुर्सी पर बैठते हुए)* मैं तो डर रहा था कि कहीं देर हो गई।

**जयराम** : नहीं, अभी बारह बजने में पाँच मिनट हैं।

**जगदीश** : तुम्हारी बात बिलकुल ठीक थी। कॉलेज में आज जलसे के कारण इतना शोर है कि वहाँ रिहर्सल हो ही नहीं सकती थी।

**जयराम** : इसीलिए तो मैंने यहाँ बुला लिया सबको।... अच्छा, पहले बताओ, तुम खाओ पियोगे क्या?

**जगदीश** : बस शुक्रिया। अभी-अभी मुर्गी और मटन के कोफ्ते खाकर चला आ रहा हूँ। *(पसीना पोंछते हुए)* दयाल और केशव नहीं आए?

**जयराम :** अभी आ जाएँगे। तुम थोड़ी देर अखबार देखो, और मैं जरा *(सीढ़ियों पर फिर खट्-खट् की आवाज)*...लो शायद वे आ गए।

**जगदीश :** वही दोनों हैं। मैं उनके पैरों की आवाज खूब पहचानता हूँ।

*[केशव और दयाल दोनों हाथ में हाथ डाले आते हैं। केशव सफेद पैंट और कमीज पहने है। दयाल चुस्त पायजामा और शेरवानी पहने है। सब परस्पर हाथ मिलाते हैं।]*

**जगदीश :** *(अँगूठा और उँगली मिलाकर अदा के साथ)* 'कहीं अल्लाह ने यह जोड़ी'—

**केशव :** *(हँसते हुए)* मालूम नहीं था कि श्रीमान पहले से ही उपस्थित हैं।

**जगदीश :** जी, स्वागत करना तो सेवक का फर्ज है। रास्ते में आँखें बिछा रखी थीं।

*[सब बैठ जाते हैं।]*

**केशव :** रास्ते में मत बिछाया करो, जरा मैली हो गई तो धुलाई भी नहीं होने की।

**दयाल :** *(नजाकत से पैर सहलाकर)* यह सेक्रेटरी साहब का मकान कम्बख्त इतनी दूर है कि आते-आते साइकिल ने भी पाँव छील दिए।

**जगदीश :** क्या कहने हैं! बीमा करा लीजिए न पैरों का।

**जयराम :** अरे दोस्त, आखिर नायिका का पार्ट करना कोई मजाक नहीं। यह नजाकत रंग लाएगी।

**जगदीश :** हमारे लिए खाक लाएगी। मुबारक हो केशव को जिसे नायक बनना है।

**केशव :** क्षमा हो। इसी नायकत्व के कारण आज जूते खाते-खाते रह गया।

**जगदीश :** बड़ा अफसोस है। किस क्वालिटी के जूते थे?

**केशव :** यह तो परमात्मा जानता है। तीसरे सीन में मेरे जो वाक्य हैं, उन्हें सबेरे बाग में बैठा दोहरा रहा था। जब मेरे मुँह से निकला—'काश, तुम जानतीं कि किसी के दिल पर क्या गुजर रही है'—तो पीछे से एक देवी जी अचानक चमक पड़ीं। बोलीं, 'बदमाश! ईडियट!'

*[सब हँसते हैं।]*

**केशव :** खैर यह हुई कि कोई आसपास था नहीं और हम दुम दबाए चले आए, नहीं तो टूटा बाजू और लंगड़ी टाँग लिए घूमते।

**जयराम :** देखो भाई, देर हो रही है। अब हमें काम शुरू कर देना चाहिए।

**दयाल :** पर मैं तो सीधा खाना खाकर ही चला आ रहा हूँ। कुछ देर सुस्ता

लूँ, तभी काम हो सकेगा।

**जयराम :** हमने खाना नहीं खाया क्या? पर काम तो करना ही है। क्यों केशव?

**केशव :** सेक्रेटरी साहब, यह पंखा-वंखा नहीं चलता? कितनी तारीफ करते थे कि हमारा कमरा हवादार है, यह है, वह है। पर यहाँ तो मारे गरमी के मरे जा रहे हैं।

**जगदीश :** बेशक हवादार है। जब हम आए थे, तो बराबर हवा आ रही थी। पर मालूम होता है कि पुराने जमाने का होने की वजह से कुछ हवादार भी है। इतने आदमियों को एकसाथ देखकर बेचारा गुमसुम-सा हो गया है।

**जयराम :** साहब, बिजली समय पर धोखा दे दे, तो मैं क्या करूँ, और बेचारा पंखा क्या करे? अब धैर्य से काम लीजिए। यहाँ यूँ ही एक बजा जा रहा है।

**केशव :** मेरा विचार है, पहले थोड़ा दिमाग ठंडा हो जाए।

**जगदीश :** भले आदमी, दिमाग की गरमी उतरते-उतरते ही उतरेगी।

**जयराम :** देखो, बात यह है कि आज मुझे थोड़ा और भी काम है। जहाँ तक हो सके, हमें जल्दी ही खाली हो जाना चाहिए।

**केशव :** तो मना कौन करता है? शुरू कीजिए।

*[दयाल अब तक कुर्सी की पीठ से टेक लगाकर ऊँघने लगा है।]*

**केशव :** *(दयाल को हिलाकर)* दयाल! *(जयराम से)* यह तो सचमुच नींद का शिकार हुआ जा रहा है। *(शरारत भरी आवाज में दयाल से)*—उठो मिस अंजना! मेरी रानी अंजना।

**दयाल :** *(स्त्रियों जैसी आवाज में)* नहीं, आप पिताजी से पूछिए। मैं उनकी आज्ञा के बिना कुछ नहीं कर सकती।

*[सब हँसते हैं।]*

**दयाल :** *(अचकचाकर जागने का अभिनय करते हुए)* क्यों, क्या हुआ जी?

**जगदीश :** कुछ नहीं बेटी! जरा जागकर अभिनय करो।

**जयराम :** एक से चार तक दृश्यों की रिहर्सल तो कई बार हो चुकी। आज पाँचवें दृश्य से शुरू करेंगे।

*[ड्राअर खोलकर साड़ी निकालता है।]*

: *(दयाल से)* तुम यह साड़ी बाँध लो। *(केशव से)* तुम अपने इन्हीं कपड़ों में अभिनय कर सकते हो।

*[दयाल उठकर साड़ी बाँधने लगता है। साड़ी शेरवानी में उलझ*

*जाती है। वह कठिनता से शेरवानी उतारकर साड़ी ठीक करता है।]*

**जगदीश** : नर-नारी का भेद क्या, कह गए भगत कबीर!

**जयराम** : बस-बस, क्यों बेचारे कबीर की आत्मा को कष्ट देते हो? काम होने दो। *(रुककर)* अब शुरू करो। तुम कुरसी जरा निकट कर लो केशव!—बस, ठीक है। तैयार।

**केशव** : *(कुछ खाँसकर)* 'चलो, अंजना! इस दुनिया से दूर—'

**दयाल** : *(बाँहें और टाँगें फैलाकर अंगड़ाई और जम्हाई लेते हुए)* अभी नींद का खुमार भी दूर नहीं हुआ।

**जयराम** : क्या करते हो दयाल?

**दयाल** : मेरे बस की बात नहीं साहब! यह तुम्हारी जल्दबाजी का फल है। जरा ऊँघ लेने देते!

**जयराम** : अब समय मत गँवाओ। तुम बोलो केशव!

**केशव** : *(फिर कुछ खाँसकर)*—जहाँ हमारे शरीर और मन हवा की हिलोरों और जल लहरियों में खो जाया करें। हम भावनाओं में तेरे, चंद्रकिरणों के साथ मुसकराएँ और ओस के साथ सिहरा करें।

**दयाल** : मु-मु-झे-ए-ए—

**जयराम** : अरे भई, सिसकियाँ भी तो लो साथ।

**दयाल** : यह किताब में कहाँ लिखा है? खैर *(सिसकते हुए)* 'मु-मु-झे-ए-ए-भू-अ-ल जा-ओ-ओ....'

**केशव** : भूल कैसे जाऊँ अंजना? आकाश और पृथ्वी में कितना अंतर है? पर क्षितिज के पास जाकर आकाश भी पृथ्वी को पा लेता है। क्या इसी तरह क्षितिज के किसी कोण में हम दोनों नहीं मिल सकते?

**दयाल** : 'किशो-ओ-ओ-' *(स्त्री की तरह रोने का अभिनय करता है। आवाज कुछ मोटी निकल पड़ती है।)*

**केशव** : धत्तेरे की। तुम्हें किसी ने रोना भी नहीं सिखाया?

**दयाल** : तुम्हीं जरा रोकर दिखा दो न।

**जयराम** : भई अभिनय करो, क्या करते हो?

**केशव** : *(जैसे मजबूर होकर)* '—क्या तुम यह सह लोगी अंजना कि तुम्हारा पिता उस शराबी देवदास के साथ तुम्हारा ब्याह कर दे? रो-रोकर जान न दो अंजना! *(दयाल की ठुड्डी को हाथ से ऊपर उठाते हुए)* तुम्हारे इन गोरे मुलायम गालों पर वे आँसू—*(एकदम चीखकर हाथ खींचते हुए)* उफ्-अ!'

**जयराम :** क्यों, क्या हुआ?

**केशव :** हाथों में काँटे गड़ गए, और क्या? कम्बख्त चला है नायिका बनने। सात दिन से शायद शेव ही नहीं की।

**दयाल :** वाह! कल ही तो शेव की है।

**केशव :** खाक की है। जरा और हाथ रगड़ जाता तो लहू निकल आता। परमात्मा बचाए इस प्रेम से।

**जयराम :** क्या कर रहे हो केशव? काम जल्दी पूरा होना चाहिए। मैंने तो खाना—*(जबान काटकर)* जरा ज्यादा ही खा लिया है। *(हाथ से पेट को दबाता है।)*

**केशव :** अब तो मिस अंजना बोलेंगी।

**दयाल :** *(सिसकते हुए)* भूल जा-आ-आ-ओ कि-इ-शोर!

**केशव :** अंजना, यदि हृदय चीरकर दिखाया जा सकता तो तुम देखतीं—*(जयराम को फिर पेट दबाते देखकर)* सेक्रेटरी साहब! पेट में दर्द हो रहा है?

**जयराम :** कुछ भी तो नहीं। तुम काम मत बिगाड़ो।

**केशव :** —तो तुम देखतीं कि तुम्हारे लिए—*(जयराम से)* सेक्रेटरी साहब, थोड़ा-सा चूरन खा लो।

**जयराम :** केशव, मैं कहता हूँ दो बजे से पहले हमें खाली हो जाना चाहिए।

*[जगदीश अब तक ऊँघकर खर्राटे लेने लगा है।]*

**केशव :** अंजना, अपना और मेरा जीवन मत बिगाड़ो। स्वयं आँखें खोलकर देखो—*(जगदीश को ऊँघते देखकर)* लो तुम्हारे पिताजी को नींद आ गई। बाकी नाटक कल।

**जयराम :** छोड़ो केशव, तुम आज मूड में नहीं हो। हम अगले दृश्य की रिहर्सल करते हैं।

**केशव :** पर पहले जगदीश को तो जगा लो। वह तो दृश्य ही अंजना के पिता का है।

**जयराम :** जगदीश! *(कंधा पकड़कर हिलाते हुए)* जगदीश!

**जगदीश :** *(हड़बड़ाकर)* अरे भूचाल आ गया क्या? इतना चीख क्यों रहे हो?

**जयराम :** महाशय, रिहर्सल करने आए हो या नींद लेने?

**जगदीश :** क्यों, रिहर्सल करनेवालों को नींद लेने की मनाही है क्या? यहाँ सपने में ब्याह होने जा रहा था, एक आवाज ने सारा खेल बिगाड़ दिया।

**केशव :** अरे, अपना ब्याह फिर करा लेना। पहले अपनी बेटी का ब्याह

तो रोको।

**जगदीश** : *(कृत्रिम ठंडी साँस लेकर)* अच्छा भई, लाओ कहाँ है मूँछ-दाढ़ी?

*[जयराम उठकर ड्राअर से मूँछ-दाढ़ी इत्यादि निकालता है।]*

**जयराम** : यह लो! काम जल्दी-जल्दी होना चाहिए।

**जगदीश** : मिनटों में?

**जयराम** : हाँ, मिनटों में।

*[जगदीश दाढ़ी बाँधते हुए हँसता है। फिर किसी तरह हँसी दबाता है।]*

**जगदीश** : *(दयाल को लक्षित कर)* तुमने अपना विचार बदल लिया न बेटी?

**जयराम** : सबके सब एक ही रोग के शिकार हैं। अरे बाबा, तुम्हें तो बाहर से प्रवेश करना है।

**जगदीश** : फिर काम मिनटों में कैसे होगा? अब बोलने दो अंजना को।

**दयाल** : *(मुसकराहट दबाकर)* मुझे क्षमा कीजिए पिताजी! मैं—

**जगदीश** : अब भी तेरा वही हठ है री? मेरी सफेद दाढ़ी का तुझे कुछ भी विचार नहीं?

*[हाथ से दाढ़ी को छूता है। वह सरक जाती है।]*

**दयाल** : इसे ठीक तरह से बाँधो, नहीं तो गिर पड़ेगी।

**जगदीश** : यहाँ कौन देखनेवाला है? हाँ, देखो बेटी, मैं देवदास को वचन, इत्यादि, इत्यादि।

**जयराम** : *(हताश होकर)* अब यह क्या है?

**जगदीश** : याद तो मुझे सारा है, पर मिनटों में समाप्त करना है न। चलो बोलो अंजना!

**दयाल** : *(फिर मुसकराहट दबाते हुए)* पिताजी, मैं देवदास को कभी नहीं इत्यादि इत्यादि।

**जगदीश** : *(ऊँची आवाज में)* मैं कहता हूँ, तुझे यह पता होना—इत्यादि, इत्यादि।

**दयाल** : क्षमा कीजिए, मैं आपसे इत्यादि इत्यादि।

**जगदीश** : *(और भी गरजकर)* चुप रह पिता की आज्ञा...

**केशव** : इत्यादि इत्यादि—और समाप्त।

**जगदीश** : *(पसीना पोंछते हुए साधारण स्वर में जयराम से)* लो, क्या मैं और क्या मेरी सूझ! मिनटों में समाप्त करके रख दिया। जरा दाद तो दो।

**केशव** : *(हँसते हुए)* क्या बात है! मंच पर जहाँ भी कहीं कुछ भूला, वहीं मैं यह रामबाण 'इत्यादि-इत्यादि' जोड़ दूँगा। क्या सूझ है! अब

सेक्रेटरी साहब, देवदास बनो।

**जयराम** : काम को मैं काम की तरह करना पसंद करता हूँ। *(उठकर)* तुम बाहर जाओ दयाल!

*[दयाल बाहर चला जाता है।]*

बस, ठीक है। अब मैं अभिनय करता हूँ! *(कुर्सी से उठकर इधर-उधर देखते हुए)* अरे कहाँ गई वह बन की चिड़िया? कित ढूँढूँ? कित जाऊँ? लो लो लो लो, वह तो इधर ही आ रही है! अटकती, मटकती, लटकती!

*[दयाल अंदर आता है।]*

**जयराम** : *(सामने आकर)* अंजना।

*[पीछे का दरवाजा खुलता है। मुन्नी अंदर से झाँकती है।]*

**मुन्नी** : बाबूजी!

*[जयराम आगे बढ़ता है। दयाल पीछे हटता है।]*

**जयराम** : आओ, अंजना! तुम नहीं जानतीं कि मैं तुम्हारी कब से प्रतीक्षा कर रहा हूँ—

*[मुन्नी निकलकर बाहर आ जाती है और ताली बजाकर नाचने लगती है।]*

**मुन्नी** : बाबूजी! बीबीजी!!

*[जयराम मुन्नी को घूरता है।]*

**जयराम** : *(क्रोधावेश में मुन्नी से)* तू क्यों आ मरी? चल अंदर!

*[अंदर का दरवाजा खट से खुलता है। सरला घूँघट निकाले अंदर से निकली है।]*

**सरला** : *(चमककर)* भेज दो अंदर! जहाँ माँ मरेगी, वहाँ वह भी मर जाएगी।

**जयराम** : *(सटपटाकर)* हुआ क्या है?

**सरला** : *(रुँधे गले से)* रहा ही क्या है? घर में यही कुछ करना था, तो ब्याह करने की जरूरत क्या थी? खाना-पीना भूलकर यहाँ राँडसैल करते हो?

*[जगदीश और केशव परस्पर आँख से इशारा करते हैं। मुन्नी सिसकती हुई माँ के पास चली जाती है।]*

**जगदीश** : *(धीरे से)* भूखे पेट राँडसैल!

**सरला** : *(मुन्नी को पीटती हुई रुआँसे स्वर में)* क्यों मरी तू यहाँ? किससे पूछकर आई?

**जयराम** : *(घबराकर)* कुछ समझती भी हो? अब यह तुम्हें क्या बताऊँ, क्या

है?

**सरला :** बहाने की क्या जरूरत है? मैं आज ही चली जाऊँगी माँ के घर...

**केशव :** *(जयराम से)* देखो, मैं समझाता हूँ। *(सरला से)* सुनो भाभी, ये जो देवी जी हैं न, ये मेरी—नहीं—जगदीश की—नहीं सेक्रेटरी साहब की—

**जयराम :** क्या बकते हो?

**केशव :** तो लीजिए, मैं चुप हो जाता हूँ।

*[सरला मुन्नी को खींचकर अंदर ले चलती है। दयाल जल्दी से अपनी साड़ी उतारता है।]*

**दयाल :** भाभी, भाभी, इधर तो देखो।

*[सरला बिना देखे अंदर चली जाती है। दयाल साड़ी और शेरवानी उठाकर जयराम को खींचता हुआ अंदर चलता है।]*

**दयाल :** *(जाते-जाते)* ओ भाभी, जरा देखो तो सही!

*[दोनों अंदर चले जाते हैं। जगदीश और केशव हँसते हैं।]*

*[पर्दा गिरता है]*

# घड़ीभर एकांत

## पात्र

**राजदेव** : एक प्रौढ़ वकील जो कवि भी हैं
**करुणादेवी** : एक तरुण विधवा
**रामधन** : एक नौकर
**नीरद** : एक नवयुवक कवि
**सुषमा** : राजदेव की लड़की, एम.ए. की छात्रा
**राधा** : सुषमा की सहेली

*[राजदेव का ऑफिस—दीवारों के साथ अलमारियों व शेल्फों में कानून की किताबें चुनी हुई हैं। बीच में एक मेज है जिस पर कानूनी किताबों के अलावा दो-चार हिंदी की किताबें भी पड़ी हैं। वहीं पर इंक स्टैंड और कॉलबैल भी रखी हैं। कागज कुछ अस्तव्यस्त से हैं। मेज के गिर्द छः-सात कुर्सियाँ अर्द्ध-चंद्राकार बिछी हुई हैं। सामनेवाली दीवार और मेज के मध्य में एक बढ़िया गोल कुर्सी राजदेव के बैठने के लिए है। दोनों ओर दो दरवाजे हैं जिन पर पर्दे डाल दिए गए हैं।*

*[पर्दा उठने पर राजदेव ऑफिस में अपनी कुर्सी पर बैठे सिगार पी रहे हैं। उनके पास ही करुणादेवी चिंतित-सी बैठी हैं। कुछ निःस्तब्धता।]*

**राजदेव** : *(मुख से धुआँ निकालते हुए)* मैंने सब समझ लिया है। चिंता की कोई बात नहीं।

**करुणा** : मुझे अब आप पर ही भरोसा है। मुझे असहाय समझकर वे लोग मेरा सब हिस्सा हड़प जाना चाहते हैं। *(आर्द कंठ से)* मेरा कोई अपना लड़का-बाला या सगा-संबंधी होता तो इनकी क्या मजाल थी!

**राजदेव** : *(कश खींचते हुए)* वह कुछ भी नहीं कर सकते। वसीयतनामा बिलकुल साफ है। आप विश्वास रखें। मैं हर तरह से आपकी

सहायता करूँगा। इससे मुझे मानसिक खुशी होगी।

**करुणा :** आपकी कृपा को मैं जन्म भर न भूलूँगी। मैं इस समय दरिद्र हूँ। आपकी फीस तक भी नहीं दे सकती। फिर भी आप इतनी दया दिखा रहे हैं! यदि मैं जीत गई, तो आपकी एक-एक पाई चुका दूँगी।

**राजदेव :** *(एक कागज पर राख छिटकते हुए)* यह आप कैसी बातें करती हैं! इनकी आवश्यकता नहीं। यदि मैं आपके लिए कुछ भी कर सकूँ तो...*(फिर कश खींचते हैं।)*

**करुणा :** *(उठते हुए)* अच्छा, अब मैं चलती हूँ। आप कागजात देख लें। फिर आपके दर्शन करूँगी। *(हाथ जोड़ती है)*

**राजदेव :** पर देखिए, अभी मुझे आपसे...

**करुणा :** कहिए।

**राजदेव :** ...कुछ नहीं। अच्छा, मैं कागजात देख लूँ।

**करुणा :** तो मैं जा सकती हूँ?

**राजदेव :** आप?...देखिए, मेरे खयाल में अभी...*(जैसे सजग होकर)* हाँ! आप जाइए।...पर वह चिट्ठी जिसकी बात आप कह रही थीं...हाँ, वह ढूँढ़कर थोड़ी देर में मुझे दे जाइए। मैं तब तक और विचार करूँगा। ...फिर आपको भी बहुत-सी बातें समझानी हैं।

**करुणा :** बहुत अच्छा। आपको फिर कष्ट दूँगी।

*[हाथ जोड़कर दाईं ओर से निकल जाती है।]*

**राजदेव :** *(एक कागज उठाते हुए)* करुणा—करुणा बनाम वासुदेव। करुणा बेचारी! छोटी उम्र में विधवा हो गई, ऊपर से लोग तंग करते हैं। मुख की कांति में कितनी दीनता मिली हुई थी! बेचारी करुणा-सी! हाँ, करुणा-सी!

*[कागजात परे हटाकर कुछ सोचने लगते हैं।]*

**राजदेव :** *(गुनगुनाते हुए)* करुणा! तुम करुणा-सी दीन।

*[पेंसिल उठाकर लैटर पैड पर एक पंक्ति लिखते हैं।]*

**राजदेव :** वाह! क्या सुंदर आइडिया है! 'करुणा तुम करुणा-सी दीन।'

*[एकदम बैल बजाते हैं। दाईं ओर से नौकर रामधन अंदर आता है।]*

**रामधन :** जी हुजूर!

**राजदेव :** देखो रामधन! हम इस समय एक बहुत जरूरी काम कर रहे हैं। हमें घड़ीभर एकांत चाहिए। किसी को अंदर मत आने देना, समझे?

**रामधन :** जी, हुजूर! *(बाहर चला जाता है।)*

**राजदेव :** *(कुछ सोचते हुए)* 'करुणा! तुम करुणा-सी दीन!'—दीन...छीन... टीन...तीन...बीन....मीन...लीन...हीन...। हूँ! 'बज उठी मेरे उर की बीन।' *(लिखते हैं।)*—बीन, बीन, बीन,—'लिया किसने मेरा मन छीन?' *(लिखते हैं।)*...'करुणा! तुम करुणा-सी दीन!'

*[रामधन का प्रवेश]*

**रामधन :** बाबूजी! बाहर वह...

**राजदेव :** *(क्रोध से)* मैंने तुमसे क्या कहा था?

**रामधन :** जी, पर वह तो...

*[गुनगुनाते हुए नीरद का प्रवेश। सिर से टखनों तक खद्दर पोश। पैर में विलायती पंप-शू। दुर्भाग्यवश एक आँख नष्ट हो चुकी है, और जो है वह बार-बार झपककर अकेली ही दो आँखों का कर्तव्य पूरा कर देती है।]*

**नीरद :** नमस्ते वकील साहब! कहिए, क्या लिखा जा रहा है?

**राजदेव :** *(कुछ चिढ़े हुए स्वर में)* कुछ नहीं। आइए। बैठिए।

*[रामधन चुपचाप बाहर चला जाता है।]*

**नीरद :** *(बैठते हुए)* इस नौकर को तो बात करने की भी तमीज नहीं।

**राजदेव :** क्या किया जाए? आखिर काम तो ऐसों से ही लेना पड़ता है। कहिए, कैसे कृपा की?

**नीरद :** खास तो कुछ भी नहीं। एक नई चीज लिखी थी। सुनाए बिना दिल नहीं माना। सीधा चल पड़ा। डर था शायद आप न मिलें। पर आप मिल ही गए।...आप कुछ चिंतित-से क्यों हैं?

**राजदेव :** मैं! नहीं मैं...मुझे बहुत खुशी है कि आप चले आए।

**नीरद :** ऐसे लगता है जैसे आप कुछ सोच रहे हैं।

**राजदेव :** हाँ! आपका अनुमान ठीक है। मैं कुछ सोच रहा था। मैंने ही नौकर से कहा था कि मुझे घड़ीभर एकांत चाहिए।...पर आप अपनी चीज सुनाइए।

**नीरद :** तब तो मैंने आकर गलती की। मुझे नहीं मालूम था कि आप कुछ सोच रहे होंगे। खैर, आप सोचिए। मैं तब तक जरा अखबार देखता हूँ।

*[मेज पर पड़ा हुआ अखबार उठा लेता है।]*

**राजदेव :** देखिए, मैं एक जरूरी दस्तावेज पर विचार कर रहा हूँ। और आप जानते ही हैं कि यह काम बिलकुल एकांत में ही संभव है। इसलिए यदि आप मुझे क्षमा करें तो...

**नीरद** : वाह! इसमें क्षमा की कौन-सी बात है! आप काम कीजिए। मुझे वापस जाने की जल्दी नहीं है।

*[बाईं ओर से सुषमा आती है। राधा भी उसके साथ है, पर वह दरवाजे के पास ही रुक जाती है।]*

**सुषमा** : पिताजी!...*(नीरद को देखकर)* नमस्ते!

**नीरद** : नमस्ते।

**सुषमा** : *(राधा की ओर मुड़कर)* राधा! वहाँ क्यों खड़ी है? आ जा।

*[राधा धीरे से आकर राजदेव और नीरद को अभिवादन करती है। दोनों उसका उत्तर देते हैं।]*

**राजदेव** : क्यों, क्या बात है, सुषमा? मैं इस समय बहुत...

**नीरद** : आप खड़ी क्यों हैं? बैठ जाइए न।

*[सुषमा राधा को बिठाकर स्वयं भी बैठ जाती है।]*

**सुषमा** : पिताजी! हमें आपसे एक जरूरी काम है।

**राजदेव** : *(मीठी झुँझलाहट के साथ)* तुम देख रही हो, मैं इस समय अपना काम कर रहा हूँ। बाहर के आदमी से तो कुछ नहीं कहा जा सकता। तुम्हें तो इन बातों का ध्यान रखना चाहिए।

*[राधा सुषमा की ओर देखती है।]*

**सुषमा** : पिताजी, यह इतनी दूर से चलकर जरा-से काम के लिए आई है। यह है राधा, मेरे साथ पढ़ती है। कल हमारे कॉलेज का फंक्शन है।

**राजदेव** : पर मेरे पास इतना समय कहाँ कि तुम्हारा फंक्शन देखने जा सकूँ। मुझे कल तक बहुत-से कागजात देखने हैं। यह देखो, अभी हाथ का काम भी अधूरा पड़ा है।

*[अनजाने हाथ का कागज सुषमा की ओर बढ़ा देते हैं।]*

**सुषमा** : *(देखकर)* ओ पिताजी! आप तो कविता लिख रहे हैं। इसलिए तो मैं भी आई थी।

**नीरद** : *(चमककर)* कविता लिख रहे हैं? वाह साहब, वाह! मैं भी तो कहूँ, चेहरा ही कविता करता हुआ नजर आता है। तब तो खूब रही।

**सुषमा** : *(राधा से)* तू खुद ही अपना काम कह दे।

**राधा** : जी, कल फंक्शन में मैंने राष्ट्रभाषा पर एक कविता पढ़नी है। मैंने बहुत-से संग्रह देखे, पर कोई अच्छी-सी कविता नहीं मिली। इसीलिए सुषमा के पास आई थी। आप यदि कष्ट करके...

**नीरद** : *(एकदम)* इसमें कष्ट क्या है? यह तो मामूली-सी बात है। मैंने

आज ही भारत माता पर एक कविता लिखी है। पहले मालूम होता तो राष्ट्रभाषा पर लिखता। पर मैं अभी लिखकर दे सकता हूँ।

**सुषमा :** तो आप लिख देंगे? पिताजी तो इस समय काम कर रहे हैं।

**राधा :** पर सुषमा!...

**नीरद :** *(राधा से)* आपको शायद विश्वास नहीं। मैं पहले आपको अपनी आज की लिखी चीज सुनाता हूँ। आप स्वयं ही फिर कहिएगा ...जी! मैं तो लिखकर खुद ही फड़क उठा था। *(जेब से कागज निकालकर खोलते हुए)* कहा है—

जय जय जय भारत माता!
कवि मुक्त-कंठ यश गाता।
जो नभ औ' पृथ्वी की जननी
जो भवसागर की लघु-तरणी

*[राजदेव उकताकर उसकी ओर देखते हैं।]*

**नीरद :** *(माथे से पसीना पोंछते हुए)*

जो रवि-शशि की निर्माण-हेतु
जो स्वर्ग प्राप्ति की आदि-सेतु!
जय जय जय भारत माता!
कवि मुक्त-कंठ यश गाता!

**सुषमा :** *(मुसकराते हुए)* वाह! वाह! वाह! आपने तो बंकिमचंद्र को भी मात कर दिया। सचमुच भारत माता का इतना गौरव आज तक किसी की लेखनी नहीं आँक सकी।

*[आँख से राधा को संकेत करती है।]*

**राधा :** *(गंभीरता प्रदर्शन की चेष्टा करते हुए)* हिंदी साहित्य में ऐसी अनोखी चीज तो कभी देखने को नहीं मिली।

**नीरद :** यह तो आपकी गुण ग्राहिता है। नहीं तो, मैं तो जैसे-तैसे तुक बाँध लेता हूँ।

**सुषमा :** यदि यही कविता राष्ट्रभाषा हिंदी को लेकर लिखी गई होती, तो राधा सचमुच कल प्रथम पुरस्कार पा जाती।

*[राधा मुसकराती है।*

*[राजदेव विवश क्रोध से सबकी ओर देखकर चुप बैठे रहते हैं।]*

**नीरद :** इसमें कौन-सी बड़ी बात है! मैं हिंदी भाषा पर इससे भी सुंदर छंद लिख सकता हूँ। यदि आप कहें तो...

सुषमा : नहीं, इस कविता की बात दूसरी है। मैं कहती हूँ, यह छंद हिंदी भाषा पर ही होने चाहिए।

नीरद : *(कुछ गर्वित होते हुए)* आप ठीक कहती हैं। इन उत्कृष्ट छंदों को सामयिक न बनाकर मैंने जरा-सी भूल की है, यह मैं समझ पा रहा हूँ। पर यह तो कोई बात नहीं। जरा ठहरिए—देखिए—ऊँ—ऊँ—ऊँ—बस, बन गई है। देखिए, पलक में ही बन गई। यदि पहली पंक्ति को बदलकर 'जय जय जय हिंदी भाषा' कर दिया जाए तो कैसा रहे?

*[सब खिलखिलाकर हँस पड़ते हैं। नीरद कुछ भौचक्का-सा उनकी ओर देखता है।]*

राधा : *(हँसी रोकते हुए)* अब तो सचमुच मुझे प्रथम पुरस्कार मिल जाएगा।

नीरद : जी, मेरी तो यह साधारण तुकें हैं। पर यह दावे के साथ कह सकता हूँ कि ऐसी तुकें मिला लेना हर एक के बूते की बात नहीं। और फिर आजकल यहाँ तो ऐसा एक भी नहीं...

राजदेव : *(एकदम)* आपका मतलब?

नीरद : *(सँभलकर)* ओ, वकील साहब! मैंने सोचा, आप काम कर रहे हैं, विघ्न डालना उचित न होगा। आपने मेरी कविता सुन ली न? इसीलिए तो मैं इतनी दूर से आया था। *(रुककर)* पर आप भी तो शायद कविता कर रहे थे।

राजदेव : मैं कविता कर रहा था या नहीं, पर आप एक बहुत बड़े साहस की बात कर रहे थे।

नीरद : इसका मतलब है आपने मेरी कविता नहीं सुनी।...सच कहता हूँ, आपसे दो छंद कभी सुनने को मिल जाते हैं, नहीं तो कौन यहाँ लिखनेवाला है? और मैं भी तो आप ही की दया से कुछ ऐसे छंद लिख लेता हूँ जो शीर्ष-पंक्ति भर बदल देने से कई-कई भावों को व्यक्त कर सकें।

*[राधा और सुषमा मुसकराती हैं।]*

राजदेव : छंद नहीं, मंत्र कहिए। प्रगतिवाद की आड़ में सब कुछ संभव है! यदि सच पूछें तो ऐसी बे-सिर-पैर की कविता मैंने आज तक नहीं सुनी।

नीरद : *(सावेश)* क्या कह रहे हैं आप? मैंने एक-से-एक बढ़कर कविताएँ लिखी हैं। मेरी कविता...मेरी कविता...*(राधा और सुषमा की ओर देखता है।)*

**राधा** : *(मुसकराकर)* आपने इससे बढ़कर भी कुछ लिखा है?

**नीरद** : क्यों नहीं! अभी आपको पचासों सुना सकता हूँ। अभी और पचासों बना सकता हूँ। पिछले रविवार के ही छंद हैं—

उदित ज्योतिमय किरण पुंज,
पुष्पित सुरभित लता कुंज,
मधुमय[1] बसंत,
गा[2] रहा पथिक पथ पर अनंत,
कोकिल कलकल,
सरिता छल छल,
सब बैठे नहा रहे मलमल!
जलथल, जलथल,
हलचल, हलचल।

**राजदेव** : इसका अर्थ?

**सुषमा** : इसका शीर्षक?

**नीरद** : अर्थ? शीर्षक? यह सब बारहवीं सदी की बातें थीं। आज की कविता का शीर्षक नहीं होता। आज की कविता का अर्थ नहीं होता।

**राजदेव** : आज की या आपकी?

**नीरद** : मुझे इस पर गर्व है। मेरी कविता शीर्षकों या अर्थों के पीछे नहीं चलती। उसमें भाव हैं। उसमें गहराई है। उसका प्रत्येक अंग...प्रत्येक अंग...

**राधा** : तो उसके हाथ-पैर भी हैं?

**नीरद** : उसका एक-एक अंग, एक-एक अंश, एक-एक शब्द, एक-एक अक्षर अपने में ही पूर्ण होता है। एक पूरी कविता होता है। उसकी प्रेरणा छूती है चंद्रलोक को, सूर्यलोक को, देवलोक को...

**राजदेव** : जहन्नुम को नहीं?

**नीरद** : *(उत्तेजित होकर)* आप मेरा अपमान कर सकते हैं, कविता का अपमान नहीं कर सकते, कवि का अपमान नहीं कर सकते। मैं व्यक्तिगत रूप से आपका आदर करता हूँ। पर कवि किसी का आदर नहीं करता। वह स्वच्छंद है। वह निर्माता है। कवि अपनी कल्पना में आप जैसे कितने ही मनुष्यों से खिलवाड़ कर सकता है।

**राजदेव** : खिलवाड़? *(हँसकर)* बंदा आप जैसे कितने ही कवियों को जेल भिजवा सकता है। मैं आपको छः महीने के लिए बंद करा सकता

---

'मधुमय[1]' और 'गा[2]' शब्दों के ऊपर राकेश ने पैंसिल से क्रमशः 'पतझर' और 'जा' शब्द लिख रखे हैं।—सं.

हूँ—चाहूँ तो साल भर के लिए, या दस साल के लिए, या आयु भर के लिए। कानून की सरल जंजीरों की जकड़ में कविता बेहोश भी हो जाती है। मर भी जाती है।

**सुषमा :** पिताजी! आपकी चाय का समय हो रहा है।

**नीरद :** *(आवेश में)* कविता मर नहीं सकती। मुझे जेल भिजवाएँगे? भिजवा दीजिए मुझे जेल। अपनी कविता के लिए जेल जाने से बढ़कर कवि के लिए कोई गर्व की वस्तु नहीं। दुनिया के सब बड़े-बड़े कवियों ने कष्ट उठाए हैं।

**सुषमा :** पिताजी तो मजाक कर रहे थे। आप व्यर्थ ही जरा-सी बात को बढ़ा रहे हैं। आज के हिंदी के कवि तो सचमुच युग के प्रवर्तक है। आपका उनमें ऊँचा स्थान है।...ठहरिए, मैं चाय लाती हूँ।

**नीरद :** *(पसीना पोंछते हुए)* क्षमा कीजिए, मैं बहुत उत्तेजित हो गया था। पर जो स्वयं उत्तेजित न हो सके, वह दूसरों को क्या उत्तेजना देगा? यही तो कविता की यथार्थता है। *(रुककर)* फिर भी मैं क्षमा माँगता हूँ।

*[सुषमा राधा को संकेत करती है। दोनों उठकर अंदर जाने लगती हैं।]*

**नीरद :** *(सुषमा से)* आप चाय ले आइए। *(राधा से)* आप तो बैठिए—मैंने एक बार कवि-सम्मेलन में...

**राधा :** आप ठहरिए, हम अभी आती हैं।

*[दोनों अंदर चली जाती हैं।]*

**नीरद :** *(राजदेव की ओर एक क्षण देखते रहकर)* क्षमा कीजिएगा वकील साहब! आज आपके सामने भी गुस्ताखी कर बैठा। न जाने मुझे किसी-किसी समय क्या हो जाता है!

**राजदेव :** खैर, कोई बात नहीं। पर मैं आपके भले के लिए ही कहता हूँ। इसी तरह आगे चलकर कइयों को हिस्टीरिया हो जाया करता है।

**नीरद :** हिस्टीरिया?...सचमुच? वही जो 'पथयात्री जी' को हुआ था? तो फिर?

**राजदेव :** शीघ्र ही किसी अच्छे-से डॉक्टर को दिखाइए। इसमें तो चाय इत्यादि पी लेने से कई बार एकदम हार्टफेल भी हो जाता है।

**नीरद :** *(घबराकर)* हार्टफेल हो जाता है? जैसे गत मास गवर्नमेंट कॉलेज के प्रोफेसर का हुआ था? तो क्या करूँ? चाय न पिऊँ? *(उठते हुए)* अच्छा, आज्ञा दीजिए। डॉक्टर मेहता के यहाँ चलता हूँ। कविता सुनाने के लिए क़ह रहे थे। उन्हीं से परामर्श करूँगा।

*(जाते हुए मुड़कर)*...उनसे कह दीजिएगा यदि भाग्य हुआ तो फिर कभी आकर चाय पिऊँगा। अच्छा, नमस्ते! *(हाथ जोड़ता है।)*

**राजदेव :** नमस्ते! *(नीरद चला जाता है। राजदेव मुसकराते हुए अपनी पेंसिल उठाते हैं। रामधन का प्रवेश।)*

**रामधन :** बाबूजी!

**राजदेव :** क्या बात है?

**रामधन :** जी, वह औरत आई थी जो कुछ देर पहले यहाँ से गई थी।

**राजदेव :** अंदर क्यों नहीं भेजा?

**रामधन :** जी, अंदर उस समय बहुत जोर-जोर से बात हो रही थी। मैंने उससे कह दिया कि साहब घड़ी भर एकांत में बैठे हैं, किसी के अंदर जाने की मनाही है, तो वह चली गई।

**राजदेव :** *(क्रोध से)* चली गई? गधा कहीं का!

*[रामधन सिर झुका लेता है।]*

**राजदेव :** चल यहाँ से, नालायक!...जा उधर जाकर कह आ कि हम अभी चाय नहीं पिएँगे। हमें घड़ी-भर एकांत चाहिए। जा।

*[रामधन चुपचाप बाईं ओर चला जाता है।]*

**राजदेव :** *(कागज पर अस्त-व्यस्त-सी रेखाएँ खींचते हुए)* करुणा! करुणा बनाम वासुदेव। करुणा! बेवकूफ ने अंदर नहीं आने दिया। बाहर से ही लौटा दिया। इधर यह सिर खाने आया है, कवि बने फिरते हैं! ...बेचारी करुणा!...बदतमीज! जाहिल! नॉनसेन्स!...कितनी दूर से चलकर आई होगी...अहमक! पाजी! ईडियट! *(एक लंबी साँस लेकर अपना लिखा कागज पढ़ते हुए)* 'करुणा! तुम करुणा-सी दीन!' दीन...छीन...टीन...बे सींग का गधा! डर्टी फूल!

**[पर्दा गिरता है]**

# मिट्टी का मानव

## पात्र

**सीता** : पैंतीस वर्ष की संभ्रांत महिला
**शारदा** : सीता की छोटी बहन, जो अभी विधवा हुई है
**लल्लू** : सीता का पाँच वर्ष का लड़का
**चानन** : सीता का नौकर
**विनायक** : शारदा का लड़का, आयु लगभग पंद्रह वर्ष
**शांति** : सीता की छोटी नौकरानी
**जानकी** : एक पड़ोसिन
**हरदेव** : सीता का पति

*[पर्दा उठने पर एक आधुनिक ढंग से सजा हुआ कमरा दिखाई देता है। बाईं ओर की दीवार के एक कोने में छोटा दरवाजा है जो अंदर की ओर खुलता है।*

*[कमरा खाली है। बाईं ओर के दरवाजे से सीता शारदा के साथ प्रवेश करती है। सीता की वेशभूषा यदि भड़कीली नहीं तो सादा भी नहीं, शारदा उससे दो-एक वर्ष छोटी है। वह खादी की सफेद साड़ी पहने है। चेहरा और बाल बिलकुल रूखे हैं।]*

**सीता** : *(एक हाथ शारदा के कंधे पर रखे, दूसरे हाथ से उसका मुँह अपनी ओर करती हुई)* तू दिन-रात रोया करती है शारदा! एक ही महीने में तेरी कुंदन-सी देह आधी हो गई। लाल आँखें, पीला चेहरा, रूखे बाल, तू कुछ तो अपना खयाल कर।

*[शारदा एक ठंडी साँस लेती है। उसकी आँखों में पानी भर आता है।]*

**शारदा** : अपने को बहुतेरा समझाती हूँ दीदी! आँसू आँखों में ही सुखाने की चेष्टा करती हूँ। जितना हो सके, मन को रोकती हूँ पर वश

नहीं चलता। पता नहीं, कभी-क्या हो जाता है?

*[शारदा कुर्सी पर बैठने लगती है।]*

**सीता :** उधर बैठ पंखे के नीचे। यहाँ हवा नहीं आएगी। *(उसे सोफे पर बिठाकर पास ही आप भी बैठती है।)* चानन!

*[चानन अंदर से उत्तर देता है :]*

**चानन :** बीबीजी!

**सीता :** दो गिलास ठंडा पानी ला। *(शारदा से)* तू इस तरह क्यों बैठी है? आराम से बैठ। *(अपने बालों को ठीक करती हुई)* मैं रात को उनसे...*(रुककर)* हाय, मेरा हेयर पिन! *(गोदी में देखकर)* यह रहा, यहाँ। *(हेयर पिन लगाती हुई)* मैं रात को उनसे तेरी ही बात कर रही थी...

*[चानन पानी के दो गिलास लेकर आता है। उसे देखकर।]*

: क्यों, चाँदी के गिलास नहीं थे? तुझे समझ किस दिन आएगी?

*[चानन चुपचाप लौट जाता है।]*

**शारदा :** मुझे तो प्यास नहीं है दीदी!

**सीता :** होंठ तेरे सूख रहे हैं, और कहती है, प्यास नहीं। मैं तो तुझे देख-देखकर हैरान होती हूँ...

*[चानन चाँदी के गिलासों में पानी लाता है।]*

**सीता :** *(एक गिलास शारदा को देकर तथा दूसरा गिलास स्वयं लेकर)* केवड़ा डाला है?

**चानन :** बीबीजी, याद नहीं रहा।

**सीता :** अपने लिए याद रहता है, हम लोगों के लिए याद नहीं रहता? जा, जलपान का सामान ठीक कर। वे अभी आनेवाले हैं।

*[चानन अंदर चला जाता है।]*

**शारदा :** *(केवल दो घूँट पीकर)* खाते-पीते दिल उमड़ आता है। बार-बार यही मन होता है कि क्यों नहीं मैं भी उनके साथ ही चली गई! *(आँखों में पानी भर आता है।)*

**सीता :** पगली, यह दुख रोकर दूर हो जाता तो दुनिया रो-रोकर धरती को सागर में मिला देती।

*[शारदा एक ठंडी साँस लेकर छत की ओर देखने लगती है।]*

**सीता :** रोने से कुछ नहीं बनता। तू अपना नहीं तो बच्चों का तो ध्यान कर। उन्हें सँभालनेवाला कौन है?

**शारदा :** दीदी, बच्चों का ध्यान न होता तो ये प्राण क्या अटके रहते? सोचती हूँ, इस जीवन का भार ढो-ढोकर अब मुझे शांति कहाँ

मिलेगी! *(फिर आँखें भर लेती है।)*

सीता : तेरे धीरज रखने से उनकी आत्मा को तो स्वर्ग में शांति मिलेगी। मैं तुझे क्या समझाऊँ? तू तो आप गीता पढ़ती है।

शारदा : अब तो गीता भी नहीं पढ़ी जाती। उनके कमरे में जाती हूँ तो डर लगता है। वहाँ जैसे कोई मेरा गला दबाकर कहता है—मर, मर, तू मरती क्यों नहीं?

सीता : बच्चों के सामने भी तू ऐसी ही बातें किया करती है? जानती है, उन पर इसका क्या प्रभाव पड़ता होगा?

शारदा : क्या करूँ दीदी! विनायक है कि पिता के बाद से पहचाना भी नहीं जाता। बिना बात के किसी न किसी बहाने से रोने लगता है। उसका दिल बहुत हलका पड़ गया है।

*[लल्लू एक लकड़ी की मोटर के पहियों को हाथ से घुमाता हुआ बाहर के दरवाजे से अंदर आता है।]*

लल्लू : बुर्र-बू-बुर्र!

सीता : तू विनायक को समझाया कर। यह जीवन कभी किसी का रहा भी है? चार दिन की मोह-ममता, फिर मिट्टी की मिट्टी।

लल्लू : *(पास आकर)* ममी, मेरी मोतल चलती बी है, बोलती बी है। *(मोटर के पहिए घुमाकर)* बुर्र-बुर्र!

सीता : इधर आ, मौछी को जय कर। अच्छा बता, तेरी मोटर में कौन बैठेगा?

लल्लू : मैं औल मेली मेम।

सीता : *(मुसकराकर)* बिन्नो कहाँ गई?

लल्लू : छछुलाल।

सीता : *(शारदा से)* उसके कॉलेज को ससुराल कहता है। वह होती है, तो बहुत चिढ़ती है।

*[शारदा लल्लू को बाँह से पकड़कर अपनी ओर खींचना चाहती है। वह बाँह छुड़ाकर अपनी माँ की गोदी में सिर डाल लेता है।]*

लल्लू : *(माँ के गले में बाँहें डालकर)* दो आने दे!

*[सीता उसका मुँह चूमकर दो आने उसके हाथ में दे देती है।]*

सीता : ले, पर खाएगा क्या?

लल्लू : *(बाहर जाते हुए)* आदमी लूँगा, मिट्टी की छिपाई।

सीता : आगे इतने खिलौने हैं, घोड़ा, हाथी, सरकस। फिर सिपाही क्या करेगा?

**लल्लू :** छलकछ पल पैला देगा।

**सीता :** *(शारदा से)* बड़ी बातें करता है। *(लल्लू से)* बाहर ही खेलना। सड़क पर धूल-मिट्टी होगी, वहाँ मत जाना।

*[लल्लू 'बुर्‌र-बू-बुर्‌र' करता हुआ निकल जाता है।]*

**सीता :** *(शारदा से)* विनायक अभी बच्चा है। बच्चों के दिल में शोक बैठ जाए, तो देर तक नहीं जाता।

**शारदा :** उसे देख-देखकर तो मेरा दिल और भी गिर जाता है। सोचती हूँ, इस बेचारे ने क्या अपराध किया था जो पंद्रहवें बरस में ही पिता की छाया सिर से उठ गई?

**सीता :** यह समय दिल पर पत्थर रखने का है, शारदा! उनकी बातों की तू अब याद मत किया कर।

**शारदा :** *(ठंडी साँस लेकर)* याद न करने से कुछ नहीं भूलता दीदी! रानी का सिंदूर पुँछ गया था, तो मैं उसे दिन-रात दिलासा दिया करती थी। आज अपने पर पड़ी है तो ज्ञान-विवेक कुछ नहीं सूझता।

**सीता :** यही तो हम लोगों की भूल है। देह मिट्टी है पर उसे मिट्टी नहीं समझते। अंत में जब स्वयं मिट्टी में मिल जाते हैं, तब हमें पता नहीं रहता। *(कुछ रुककर)* विनायक ने इस साल मैट्रिक कर लिया है न?

*[अंदर का दरवाजा खुलता है। चानन अंदर से झाँकता है।]*

**चानन :** बीबीजी!

**सीता :** क्या है?

**चानन :** जी, ग्वालन दूध आज अच्छा नहीं दे गई।

**सीता :** क्या बात है?

**चानन :** दूध कड़ाही में चढ़ाया है, उस पर कुछ मिट्टी तैर रही है।

**सीता :** *(क्रोध से)* तो दूध लेते समय अंधा हो गया था? आँख मूँदकर दूध ले लिया और अब कहता है, मिट्टी तैर रही है! वे दफ्तर से आकर क्या पिएँगे?

**चानन :** बीबीजी, आगे तो हर रोज दूध अच्छा होता था।

**सीता :** इसलिए आज तुझे मिट्टी दिखाई नहीं दी? जा, उनके लिए हलवाई की दुकान से और दूध ले आ।

*[चानन अंदर चला जाता है।]*

**सीता :** नौकर तो आजकल आँखों में धूल झोंकना जानते हैं। मालिक के पैसों को कुछ समझते ही नहीं। *(कुछ रुककर)* विनायक ने मैट्रिक कर लिया है न?

**शारदा :** परीक्षा दे चुका है। परिणाम अभी नहीं निकला।

**सीता :** मैं उनसे आज कहूँगी कि इसे कहीं न कहीं कोई नौकरी दिला दें।

**शारदा :** दीदी, मुझे तो अब तुम्हारा ही भरोसा है।

**सीता :** वैसे कोई बड़ी बात नहीं। इनके अपने ही दफ्तर में क्लर्कों की जगह निकलती ही रहती है। कई-कई सिफारिशवाले आते हैं। तू विनायक को साथ नहीं लाई?

**शारदा :** कह-कहकर लाई हूँ। रास्ते में कोई उनकी पहचानवाले मिल गए। उन्हीं की बातें करने लगे। मैं आगे आ गई हूँ, वह पीछे आता होगा।

**सीता :** *(व्यग्रता से)* यह नौकर गया है तो जल्दी थोड़े ही आएगा? उनके आने का समय हो रहा है। *(उठती हुई)* मैं जरा देखूँ कि जलपान का सामान रख गया है या नहीं।

*[उठकर अंदर चली जाती है। शारदा चुपचाप छत की ओर देखने लगती है। तभी विनायक गोरा और दुबला-पतला बाहर के दरवाजे से झाँकता है।]*

**विनायक :** माँ!

**शारदा :** विनायक! आ जा बेटा अंदर!

*[विनायक आकर चुपके से माँ के पास बैठ जाता है।]*

**शारदा :** कौन मिला था?

**विनायक :** स्कूल के हेडमास्टर साहब थे।

**शारदा :** क्या कहते थे?

**विनायक :** कुछ नहीं, यूँ ही।

**शारदा :** *(उसके सिर पर हाथ फेरकर)* बाबूजी की बात करते थे? *(विनायक की आँखें भर आती हैं। वह किसी तरह आवेग को रोकता है।)*

**विनायक :** *(सिर हिलाकर)* हाँ।

**शारदा :** और भी कोई बात की?

**विनायक :** नहीं।

*[शारदा चुपचाप विनायक के सिर पर हाथ फेरती है। सीता अंदर से आती है।]*

**सीता :** *(विनायक को देखकर)* आ गया बेटा? कैसा हालचाल है?

*[विनायक उत्तर न देकर हाथ जोड़ देता है।]*

**शारदा :** *(प्यार से)* मौसी ने क्या पूछा है? उत्तर तो दे।

**विनायक :** *(धीमे स्वर में)* जी, अच्छा हूँ।

*[फिर अपना होंठ काटकर सिर झुका लेता है।]*

**सीता** : बहुत सीधा लड़का है। जब से पैदा हुआ है, मेरे घर अधिक से अधिक दस बार आया होगा। और बच्चे तो माँ के और मौसी के घर में कोई भेद नहीं समझते।

*[विनायक का सिर और भी झुक जाता है।]*

**सीता** : चानन अब गया है तो वहीं बैठा रहेगा। शांति! शांति!

*[शांति अंदर से आती है।]*

**शांति** : बीबीजी!

**सीता** : अंदर से बड़ी प्लेट में खाने को मठरी और मिठाई रख ला। *(कुछ रुककर)* और देख, गरम हो गया हो तो दूध भी चीनी मिला कर चाँदी के गिलास में ले आ।

**शारदा** : रहने दो न दीदी, इसकी भला क्या आवश्यकता है?

**सीता** : तू मत बोल। विनायक मेरा भी तो बेटा है। *(शांति से)* जा जल्दी ला। और सुन, बाहर लल्लू खेल रहा होगा। पहले उसे अंदर भेज दे।

*[शांति बाहर जाने लगती है। उसका पैर मेज से टकरा जाता है। मेज पर पड़ा फूलदान हिल जाता है।]*

**सीता** : अंधी हो रही है? अभी गिरकर टूट जाता तो पाँच रुपए मिट्टी में मिल जाते *(जरा और तीखे स्वर में)* अब मेरी ओर क्या देख रही है? जा, काम कर।

*[शांति चुपचाप बाहर चली जाती है।]*

**शारदा** : देखो दीदी, अभी घर से दूध पीकर ही चला था।

**विनायक** : *(संकोच के साथ)* मुझे और भूख नहीं है।

**सीता** : भूख लग आएगी। तेरी उम्र के लड़कों को तो सारा दिन भूख रहती है। माँ रोज दूध पिलाती है, एक दिन मौसी के हाथ से भी पी ले।

*[शारदा कुछ कहना चाहती है पर सीता बीच में ही बोल पड़ती है।]*

**सीता** : तुझे कहा न, तू मत बोल! *(विनायक से)* मेरे पास आ बेटा! *(विनायक थोड़ा निकट होकर बैठता है।)*

**सीता** : *(उसे ध्यान से देखकर)* तूने कमीज इतनी मैली क्यों पहन रखी है?

*[विनायक का सिर झुक जाता है।]*

**शारदा** : *(फीकी पड़कर)* मैंने तो कहा था कपड़े बदल ले। पर जल्दी में

जैसे बैठा था, वैसे ही चला आया।

**सीता** : *(सहानुभूतिपूर्वक)* यह ठीक नहीं। मैले कपड़ों नें जो धूल-मिट्टी होती है, वह पसीने के साथ शरीर के अंदर चली जाती है। मिट्टी से शरीर को सदा बचाना चाहिए। मैं तो लल्लू के कपड़े दिन में कई कई बार बदलती हूँ।

*[शांति वापस आती है।]*

**शांति** : बीबीजी, लल्लू बाहर तो नहीं है।

**सीता** : बाहर कैसे नहीं है? अभी-अभी तो यहाँ से गया है। देख इधर-उधर कहीं खेल रहा होगा।

**शांति** : जी, मैंने चारों तरफ देखा है। वह बाहर नहीं है।

**सीता** : *(कुछ क्रोध से)* काम से कितना बचती है! तुझे यहाँ रखा किसके लिए है? चल, मैं तेरे साथ चलूँ। दिखाऊँ बाहर है या नहीं।

*[सीता उठकर बाहर चली जाती है। शांति भी सहमी हुई पीछे-पीछे जाती है।]*

**विनायक** : *(अवकाश पाकर)* माँ, मैं यहाँ कुछ नहीं खाऊँगा।

**शारदा** : *(बढ़ावा देकर)* थोड़ा-बहुत खा लेना, नहीं तो वे बुरा मान जाएँगी।

**विनायक** : पर मुझसे कुछ भी खाया नहीं जाएगा।

**शारदा** : ऐसे कहना ठीक नहीं। कुछ तो तुझे खाना ही चाहिए। तेरे आने से पहले वे तेरी नौकरी की बात कर रही थीं। *(कुछ रुककर)* दूध चाहे...चल पी लेना थोड़ा-सा दूध भी।

*[कुछ देर निस्तब्धता रहती है। फिर सीता घबराई हुई बाहर से आती है! शांति भी पीछे-पीछे आती है।]*

**सीता** : लल्लू इधर तो नहीं आया?

**शारदा** : नहीं तो। वहाँ बाहर नहीं है क्या?

**सीता** : बाहर वह इधर-उधर कहीं नहीं है। *(पुकारकर)* चानन! चानन!!

**शांति** : बीबीजी, चानन दूध लाने गया है।

**सीता** : अब गया है तो वापस थोड़े ही आएगा? हे भगवान!

**शारदा** : घबराओ नहीं दीदी! लल्लू अभी आ जाएगा।

**सीता** : शांति!

*[शांति सामने आती है।]*

**सीता** : चुपचाप क्यों खड़ी है? नीली कोठी में जाकर पूछ। शायद वहाँ चला गया हो; उनके बच्चों के साथ खेल रहा हो।

*[शांति शीघ्रता से बाहर जाती है।]*

**शारदा** : आगे भी कहीं खेलने चला जाता है?

**सीता** : कहीं भी नहीं जाता। अपनी कोठी के बाहर ही खेला करता है। सड़कों पर धूल-मिट्टी बहुत होती है, इसलिए मैं जाने नहीं देती।

*[चानन दूध का गिलास उठाए आता है।]*

**सीता** : तूने उसे देखा है?

**चानन** : किसे बीबीजी?

**सीता** : लल्लू नहीं मिल रहा! जल्दी से बाग में इधर-उधर दौड़कर देख।

**चानन** : दूध अंदर रख दूँ?

**सीता** : दूध यहीं रख दे। जल्दी जा! जैसे भी हो, उसे ढूँढ़कर ला।

*[चानन गिलास मेज पर रखकर बाहर जाता है। सीता टेबल पर कुहनियाँ रखकर कुर्सी पर बैठ जाती है। फिर उठकर घबराहट में इधर-उधर टहलती है। फिर दरवाजे की ओर देखने लगती है।]*

**सीता** : *(अपने आप)* अभी तक नहीं आई, जैसे कोस भर गई हो।

**शारदा** : नीली कोठी किधर है, दीदी? विनायक जाकर देख आता है। *(विनायक माँ की बात सुनकर उठने की मुद्रा बनाता है।)*

**सीता** : कोठी तो पास ही है, पर वह गई जो है। अब रानियों की चाल चलती आएगी।

*[फिर कुर्सी पर बैठ जाती है! शांति हाँफती हुई आती है।]*

**शांति** : लल्लू वहाँ नहीं है, बीबीजी! वह उधर नहीं गया। उनके सब बच्चे घर में हैं। उनमें से किसी ने लल्लू को नहीं देखा।

*[सीता देवी का चेहरा उतर जाता है।]*

**सीता** : *(बहुत उद्विग्न होकर)* तो फिर वह चला कहाँ गया? हे भगवान! *(आँखों में पानी भर आता है।)*

**शारदा** : दीदी, मन क्यों भरती हो? बच्चा जाएगा कहाँ? देख लेना अभी चानन के साथ आ जाएगा।

**सीता** : चानन भी नहीं आया। शांति, देख चानन किधर गया है?

*[शांति बाहर के दरवाजे तक जाकर फिर वापस आती है।]*

**शांति** : चानन आ रहा है।

**सीता** : लल्लू साथ है?

**शांति** : लल्लू तो नहीं है बीबीजी!

**सीता** : लल्लू नहीं है?

*[स्वयं दरवाजे के पास जाकर देखती है। फिर बदहवास होकर कुर्सी पर बैठ जाती है।]*

**शारदा** : दीदी, क्यों ऐसी हो रही हो?

*[चानन अंदर आता है।]*

**चानन** : बीबीजी, इधर-उधर के सब प्लाटों में देख आया हूँ। वह बाग में कहीं नहीं है। माली ने भी उसे नहीं देखा।

*[सीता का चेहरा काला पड़ जाता है।]*

**सीता** : *(रुँधे गले से)* तू कहीं से पता लगा, चानन! तुझे इनाम मिलेगा। एक बार फिर देखकर आ।

*[चानन सिर झुकाए फिर जाता है। पड़ोसिन जानकी आती है।]*

**जानकी** : क्यों सीता बहन, लल्लू का कुछ पता चला? शांति ढूँढ़ती फिर रही थी।

**सीता** : वह कहीं नहीं मिल रहा बहन! मैं क्या करूँ? वे भी अभी दफ्तर से नहीं आए। मैं और किसे भेजूँ?

**जानकी** : इतना नहीं घबराओ। मैं जाकर अपने नौकर को सेवा-समिति में सूचना देने भेजती हूँ। इस तरह दिल हलका करने से काम नहीं चलता। *(जाती हुई)* अगर अभी आ जाए तो पता भेजना।

*[चली जाती है। चानन आता है।]*

**शारदा** : *(चानन से)* कुछ पता चला?

*[चानन चुप रहता है।]*

**सीता** : बोलता क्यों नहीं? कहीं पता चला?

**चानन** : जी, नहीं।

**सीता** : *(रूमाल में आँखें छिपाकर)* शारदा! शारदा! अब क्या होगा?

**शारदा** : *(उसके कंधे पर हाथ रखकर)* ऐसे मत करो दीदी! जीजाजी आकर झटपट उसका पता निकाल लेंगे।

**सीता** : *(रूमाल हटाकर)* शारदा, मैं लल्लू के बिना पलभर भी नहीं जी सकती...मैं...*(गला रुँध जाता है।)*

**शारदा** : *(बाहर की ओर देखकर)* जीजाजी आ गए।

*[हरदेव फलों का बड़ा-सा लिफाफा लिए प्रवेश करता है। शारदा पीछे हट जाती है। सीता उठकर खड़ी हो जाती है।]*

**सीता** : *(एकदम)* आपने सुना है?

**हरदेव** : क्या बात है? तुम्हें हो क्या गया है? इतनी बदहवास क्यों हो?

*[लिफाफा मेज पर रखकर कोट उतारने लगता है।]*

**शारदा** : लल्लू बाहर खेलने गया था, पर न जाने किस तरफ चला गया? हम सब उसी के लिए घबरा रहे हैं।

**हरदेव** : बस, इतनी-सी बात है?

सीता : *(आँखों में पानी भरकर)* इतनी-सी बात नहीं है। उसका कहीं पता नहीं चल रहा। वह कहीं नहीं मिल रहा।

*[कहते-कहते गला फिर रुँध जाता है। मुँह से और शब्द नहीं निकलते]*

हरदेव : पर लल्लू तो बाहर सड़क पर मिट्टी के खिलौने के साथ खेल रहा था। मैं ही उसे अपनी साइकिल पर बिठाकर जरा फल लाने चला गया था।

सीता : सच? *(आँखों में चमक आ जाती है। उसी समय लल्लू, सिर से पैर तक धूल में लथपथ, एक हाथ में आम और दूसरे में मिट्टी का सिपाही पकड़े अंदर आता है।]*

सीता : *(झपटकर)* मेरा लल्लू!

*[उसे उठा लेती है और छाती से चिपकाकर बार-बार उसका मुँह चूमती है। झटका लगने से लल्लू के हाथ से मिट्टी का सिपाही गिरकर टूट जाता है। लल्लू सिपाही की ओर बाँह फैलाकर रोता है।]*

लल्लू : *(मचलता हुआ)* मेला छिपाई, मेला मिट्टी का छिपाई...*(माँ की बाँहों से निकलकर, जमीन पर औंधा लेट जाता है और चीखता है :)*

ऊँ, ऊँ, ऊँ! मेला मिट्टी का छिपाई! मेला मिट्टी का छिपाई!

# कर्फ्यू

*[लाहौर की मालरोड। रीगल का बस स्टॉप। एक बजे दोपहर। पत्थर की बैंच पर एक संन्यासी बैठा है। साथ में झोला, हुक्का और कमंडल। खंभे के पास एक युवक टहल रहा है]*

**युवक** : *(घड़ी देखता हुआ)* एक बस पौन बजे गुजरती है, दूसरी एक बजे।

*[संन्यासी जरा खाँसता है]*

क्यों, बाबा, पहले कोई बस गई है?

**संन्यासी** : जरूर गई होगी, साहब। हमारे सामने नहीं गई। आधे घंटे से बैठे हैं। आ जाएगी, बैठ जाइए। *(अपनापन दिखलाकर)* जगह गरम है, टाट बिछा दें?

**युवक** : *(गंभीरतापूर्वक)* नहीं। *(फिर टहलने लगता है)*।

**संन्यासी** : *(हुक्के का कश लगाकर)* बस की भी क्या सवारी है! *(जरा हँसकर)* बड़े-बड़े बाबू पीछे दौड़ते हैं, पर जगह नहीं मिलती। *(युवक से)* आपको कहाँ जाना है, सरकार?

*[युवक उत्तर नहीं देता। संन्यासी उठकर उसके पास आ जाता है]*

**संन्यासी** : हम तो लाट साहब के दफ्तर जा रहे हैं। आप आगे जाएँगे?

**युवक** : *(धीरे से)* कृष्णनगर।

**संन्यासी** : लगते तो वही दो आने हैं—कृष्णनगर उतरो, चाहे लाट साहब के दफ्तर। उस दिन कोई कह रहा था किराए घटनेवाले हैं। क्यों, ठीक है, जी?

**युवक** : *(उकताया-सा)* पता नहीं।

**संन्यासी** : *(बैंच पर बैठते हुए)* बैठ जाइए। क्या पता, कब आए! पतलून के कारण बैठा नहीं जाता। हाँ, साहब, सरकारी पहनावा है!

*[एक स्त्री आधुनिक वेशभूषा में, अपने पाँच-छः साल के बच्चे*

*को साथ लिए आती है। वह असाधारण रूप से घबराई हुई है]*

**स्त्री :** *(युवक से)* क्यों जी, तीन नंबर की बस चली गई?

**युवक :** *(शिष्टता दिखाते हुए)* अभी आनेवाली होगी।

**स्त्री :** *(कुछ शांत होकर)* शुक्र है! मैं दो फरलांग से दौड़ी आ रही हूँ। शहर में फिर दंगा हो गया।

**युवक :** *(चौंककर)* फिर दंगा हो गया?

**स्त्री :** आपको नहीं मालूम? वहाँ तो अभी तक खूनखराबा जारी है। देखते-देखते सारी बीडन रोड बंद हो गई। बच्चे के लिए रेशमी मफलर लेना था, वह बीच में ही रह गया। बस, यह चार तौलिए लिए थे कि शोर मच गया। आजकल तो घर से निकलना बिलकुल ठीक नहीं।

**बच्चा :** ममी, बोतल नहीं पिलाई?

**स्त्री :** बोतल, बेटा, घर चल कर पीना। *(युवक से)* मारे गरमी के बुरा हाल है। इतनी तेज धूप है, ऊपर से दंगाफसाद! यह बस जाने कब आएगी!

**संन्यासी :** *(हुक्का गुड़गुड़ाता हुआ)* क्यों, मेम साहब, तौलिए क्या भाव हैं?

**स्त्री :** तुझे इस समय तौलिए सूझते हैं? बहुत महँगे तौलिए हैं।

**संन्यासी :** हम भी भाव ही पूछ रहे हैं। अच्छा, दंगा किधर हुआ है? शहर में अपना एक भतीजा रहता है, पापड़ मंडी के आसपास।

**युवक :** *(उकताया-सा)* जा, बाबा, पहले भतीजे की खबर ले आ।

**संन्यासी :** दो साल का देखा था, साहब। अब तो बड़ा हो गया होगा। पिछली लड़ाई में घर से निकले महीना पहले आए हैं। *(कश लगाता है)*।

**स्त्री :** *(युवक से)* आप कितनी देर से खड़े हैं?

**युवक :** पाँच-सात मिनट हो गए।

**संन्यासी :** हमें बैठे आधा घंटा हो गया। *(युवक से)* क्यों, सरकार, लाट साहब का दफ्तर कितने बजे बंद होता है?

**युवक :** *(क्रोध से)* डैम! ब्लडी!

**संन्यासी :** कितने बजे कहा, सरकार? यह सरकारी बोली समझ में नहीं आई।

**युवक :** वहाँ जाकर गवर्नर से मिलना है? *(घड़ी देखकर अपने आप)* लंच के समय घर पहुँच जाना चाहिए था। बस भी पहुँचने में पंद्रह मिनट लगा देती है।

**बच्चा :** ममी, लाल बोतल ले दे।

संन्यासी : लाल बोतल! *(ज़रा हँसकर)* ह ह ह ह! बच्चा लाल बोतल का मतलब नहीं समझता। मेम साहब, क्या बजा है?

स्त्री : *(क्षुब्ध होकर)* ईडियट!

*[दो नवयुवतियाँ आती हैं]*

एक नवयुवती : *(दूसरी से)* बेवकूफी की बातें मत करो, रेणु! यह समय मजाक करने का है?

रेणु : मेरी समझ में नहीं आता कि तू क्यों मोहन का पक्ष लेती है? सांप्रदायिक दंगे के दिनों में वह घर बैठकर मधुबाला के गीत लिखता है। मैं भी मान लूँ जो तू कविता के पंखों पर बैठकर घर तक पहुँच जाए। अब बस न मिली तो सारी भावुकता धरी रह जाएगी। मेरी शील, तू स्वप्नलोक में रहना छोड़ दे।

संन्यासी : *(रेणु से)* बीबी, आपके पास घड़ी है?

रेणु : *(उपेक्षापूर्वक)* सवा बजा है।

युवक : *(अपने आप)* मेरी घड़ी में एक बज कर दस मिनट हुए हैं। यह रेडियो टाइम है।

स्त्री : बस तो आज आने में ही नहीं आती।

रेणु : *(स्त्री से)* आप चौबुर्जी जाएँगी?

स्त्री : नए कोट।

रेणु : हमें भी वही बस पकड़नी है।

संन्यासी : क्यों जी, लाट साहब के दफ्तर सब बसें जाती हैं?

*[कोई उत्तर नहीं देता]*

संन्यासी : *(अपने आप)* जरूर जाती होंगी। बड़े लाट का दफ्तर है! *(जमीन से एक काला चश्मा उठाकर युवक से)* यह चश्मा, बाबूजी, आपका है?

शील : *(देखकर)* ओ, मेरे गॉगल्स!

संन्यासी : *(चश्मा शील को देता हुआ)* इसको क्या कहते हैं?

शील : *(चश्मा लेकर)* थैंक यू!

संन्यासी : नहीं, पहले आपने कुछ और नाम लिया था।

शील : *(मुसकराकर)* फनी!

संन्यासी : *(मुँह बनाकर)* बड़े नाम हैं!

रेणु : *(शील से)* देख, वह बस आ रही है।

स्त्री : *(उत्सुकतापूर्वक)* तीन नंबर लगती है।

युवक : *(चश्मा ठीक करते हुए)* नहीं, दो नंबर है।

रेणु : इस पर तो कोई नंबर ही नहीं।

**शील :** वह उधर चली गई, वर्कशॉप को।

**युवक :** *(रूमाल हिलाकर हवा करता हुआ)* बड़ी गंदी सर्विस है। बंबई में तो हर तीन-चार मिनट के बाद बस मिल जाती है।

*[नेपथ्य से धम्-धम् की आवाज सुनाई देती है]*

**स्त्री :** *(बच्चे का हाथ पकड़कर सहमी-सी)* क्यों जी, यह गोली की आवाज है?

**शील :** गोली की आवाज?

**स्त्री :** जरा ध्यान से सुनिए। सारे शहर में दंगा हो रहा है। आपको नहीं मालूम?

**रेणु :** हमने तो सुना है, केवल एक ही बाजार में झगड़ा हुआ है।

**युवक :** *(पास आकर)* जी नहीं। शहरभर में जोर का दंगा हो रहा है। *(स्त्री से)* मुझे भी यह गोली की ही आवाज लगती है। पर गोली इस तरफ क्यों चल रही है?

**शील :** *(रेणु का हाथ पकड़कर)* रेणु, चल लौट चलें।

**रेणु :** श्यामा के घर? तू जा। मुझसे उसके उपदेश नहीं सुने जाते।

*[दूर से शोर की आवाज आती है]*

**स्त्री :** *(और भी घबराकर)* सुनिए, यह शोर इधर को ही आ रहा है।

**युवक :** *(घबराकर)* लोग भागते हुए आ रहे हैं। चलिए, पिछली गली में छिप जाएँ। *(शीघ्रता से गली की ओर चला जाता है)*।

**स्त्री :** *(बच्चे को घसीटती हुई)* चल, रोहित, जल्दी चल। मेरी भी जान लेगा तू?

**रोहित :** *(चलता हुआ)* ममी, पैर में जूता काटता है।

**स्त्री :** उतारकर हाथ में ले ले! जल्दी कर, जल्दी।

*[रोहित जूता उतारकर हाथ में ले लेता है। स्त्री फिर उसे खींचती है।]*

**रोहित :** *(चलता-चलता)* ममी, एक जूता पीछे रह गया।

*[स्त्री झपटकर गिरा हुआ जूता उठा लेती है। फिर रोहित को खींचकर ले जाती है]*

**शील :** अब क्या करना है, रेणु? चल, गली में हम भी छिप जाएँ।

**रेणु :** तू कॉलेज में तो एथलीट थी, अब बुजदिल हो गई? ठहर, मैं वह कार रोकती हूँ।

*[रेणु हाथ देती है। कार सर्र से निकल जाती है]*

**शील :** रेणु, देख, दुनिया भाग रही है।

*[दो-तीन आदमी भागते हुए निकलते हैं]*

**रेणु :** *(एक व्यक्ति से)* इधर क्या बात हुई है, भाई साहब?

*[व्यक्ति बिना उत्तर दिए निकल जाता है।]*

**शील :** *(रेणु का हाथ पकड़कर)* रेणु!

**रेणु :** ठहर, वह एक और कार आ रही है।

*[रेणु फिर हाथ देती है। कार पास आकर रुक जाती है। एक नवयुवक चला रहा है। एक अधेड़ व्यक्ति साथ बैठा है]*

**रेणु :** *(पास आकर)* भाई साहब, आप हमें घर तक पहुँचा सकते हैं? सुना है, दंगा हो रहा है। हम दोनों यहाँ अकेली हैं। अभी कोई बस भी नहीं आ रही।

*[दोनों एक-दूसरे का मुँह देखते हैं]*

**नवयुवक :** आपको कहाँ जाना है?

**रेणु :** चौबुर्जी।

**अधेड़ :** पर हम तो मॉडल टाउन जा रहे हैं।

**नवयुवक :** क्या हर्ज है, चाचाजी हम उधर से होकर भी जा सकते हैं। यहाँ पर इनकी जान को खतरा है।

*[अधेड़ अर्द्धसहमत होकर सिर हिलाता है]*

**नवयुवक :** *(रेणु से)* आ जाइए आप।

**रेणु :** आपको बहुत-बहुत धन्यवाद। आपको तकलीफ तो बहुत होगी।

**नवयुवक :** कोई बात नहीं। इनसान की जान खतरे में छोड़ जाना पाप है। आइए, पीछे बैठिए।

**रेणु :** बड़ी मेहरबानी। आ, शील।

*[रेणु और शील पिछली सीट पर बैठ जाती हैं। नवयुवक मोटर चलाने लगता है]*

**संन्यासी :** बाबूजी!

**नवयुवक :** क्यों, क्या है?

**संन्यासी :** हमें लाट साहब के दफ्तर जाना है।

**नवयुवक :** *(मोटर चलाकर)* सीधी सड़क जाती है। आगे से बाएँ हाथ को मुड़कर पूछ लेना।

*[कार चली जाती है]*

**संन्यासी :** *(आकाश की ओर देखकर)* वाह रे तेरी माया!

*[नेपथ्य में शोर बढ़ जाता है। फिर दो-चार व्यक्ति शीघ्रता से निकलते हैं। एक मियाँ की फटी हुई जेब से कुछ पैसे गिर जाते हैं। वह रुककर पैसे ढूँढ़ने लगता है]*

**संन्यासी :** *(संकेत करके)* एक चवन्नी उधर है, मियाँजी! कहाँ हो रहा है

दंगा?

**मियाँ** : शहर में कहते हैं।

**संन्यासी** : इधर लोग क्यों इस तरह भाग रहे हैं?

**मियाँ** : कुछ ठीक मालूम नहीं।

**संन्यासी** : आप भी तो भाग रहे हैं।

**मियाँ** : बाबा, और सब भागनेवाले कोई बेवकूफ थोड़े ही हैं! कोई खतरे की ही बात होगी। *(शीघ्रता से जाने लगता है)*।

**संन्यासी** : मियाँजी, उधर से आए हो; कोई बस तो नहीं आ रही?

**मियाँ** : *(जाते हुए)* पीछे आप देख लें, बाबा।

*[मियाँ चला जाता है। नेपथ्य में शोर पहले से कुछ कम हो रहा है। दो व्यक्ति बदहवास से बस स्टॉप के पास आते हैं।]*

**पहला व्यक्ति** : बाबा, बस चल रही हैं?

**संन्यासी** : एक उधर को गई है धरम प्राण। इधरवाली अभी नहीं आई।

**पहला व्यक्ति** : कितनी देर से बैठे हो?

**संन्यासी** : कोई आधा घंटा हो गया।

**पहला व्यक्ति** : *(अपने साथी से)* देखा, कहते थे कि गोली चल गई। मैं तो पहले ही जानता था कि मुनादी की आवाज है।

**दूसरा व्यक्ति** : खैर, आपको मान लिया, लालाजी। भागे आप बहुत तेज। पहनी भी आपने धोती थी, मेरी तो पतलून ढीली हो गई।

**लाला** : *(कुछ गर्वित-सा)* पिछले साल मैं हर रोज लॉरेंस बाग में दौड़ा करता था। आदमी को हर तरह से तैयार रहना चाहिए। *(धीरे से)* क्यों, शर्मा साहब, पास में कोई हथियार तो नहीं है?

**शर्मा** : मेरे पास? फल काटने का एक चाकू जेब में पड़ा है।

**लाला** : *(और भी धीरे से)* यहीं कहीं फेंक दीजिए। क्या पता तलाशी-वलाशी होने लगे।

**शर्मा** : *(भयभीत-सा)* किस तरफ फेंकूँ?

**लाला** : *(इधर-उधर देखकर)* उस कोने में जाकर गली की तरफ फेंक दीजिए।

*[शर्मा गली की तरफ जाता है]*

**शर्मा** : *(जेब में हाथ डालकर)* कोई देख तो नहीं रहा?

**लाला** : नहीं। लोग अभी दूर हैं।

*[शर्मा चाकू गली की तरफ फेंककर शीघ्रता से आ जाता है। गली की ओर से स्त्री की चीख सुनाई देती है]*

**लाला** : *(घबराकर)* बाबा, उधर कौन लोग हैं?

**संन्यासी :** दो नंबर और तीन नंबर।

**लाला :** पुलिस के आदमी?

*[लाला और शर्मा का रंग फक हो जाता है]*

**संन्यासी :** नहीं, जी, बस की सवारियाँ हैं।

*[गली की ओर से युवक की डरी हुई आवाज आती है]*

**युवक :** क्यों, बाबा, पत्थर चल रहे हैं?

**संन्यासी :** *(पुकारकर)* नहीं, सरकार आ जाइए। लालाजी ने अपना हथियार फेंका है।

*[युवक दुबकता हुआ निकलकर आता है]*

**युवक :** *(लाला से)* आपने हथियार फेंका है?

**लाला :** नहीं। आपको गलतफहमी हुई साहब। हमारे पास तो कोई हथियार नहीं। चाहे तलाशी ले लीजिए।

**युवक :** *(अपनी ही धुन में)* आज तो बड़ी मुश्किल में जान आ पड़ी।

**लाला :** *(आराम की साँस लेकर)* तो आप भी भागनेवालों में से ही हैं?

**युवक :** जी नहीं। मैं लंच के लिए घर जा रहा था। मेरा घर कृष्णनगर में है।

**लाला :** हमें भी वहीं जाना है। यहीं आ जाइए। माल रोड पर फिलहाल कोई खतरा नहीं।

*[रोहित चाकू हाथ में लेकर भागता हुआ आता है।]*

**रोहित :** *(नाचता हुआ)* ममी, यह देख चाकू!

*[स्त्री घबराई हुई पीछे से आकर उसकी बाँह पकड़ती है]*

**स्त्री :** चल भी, रोहित! आज तू मेरी जान ही लेगा?

**युवक :** *(स्त्री से)* डरिए नहीं। बलवा खत्म हो गया है।

**लाला :** इधर तो कोई बलवाई नहीं आए।

**युवक :** गोली तो चल रही थी।

**लाला :** वह गोली नहीं, मुनादी थी।

**स्त्री :** मुनादी? मेरी तो जान ही निकल गई थी। *(रोहित से)* इधर चल, बेटा! बस आ रही होगी।

**रोहित :** ममी, मैं यह चाकू ले लूँ?

**स्त्री :** ले लें, बाबा! पहले तू चल तो सही। ला इधर, मुझे दे, पर्स में रख लूँ। घर चलकर ले लेना। *(चाकू लेकर पर्स में रखती हुई जैसे व्यथित-सी)* इसे तो हर जगह खेल ही सूझता है।

*[एक सरदार अपनी पत्नी के साथ जल्दी-जल्दी आता है]*

**सरदार :** *(पत्नी से)* अब भी ठुमक-ठुमककर चल रही है? जब भी तुझे

साथ लेकर निकलता हूँ, कोई न कोई मुसीबत खड़ी हो जाती है। पिछली बार आँधी आई थी, अब के दंगा हो गया।

**पत्नी :** मैंने कब कहा था मुझे साथ लेकर चलो? आप ही कहते थे शरीफ आदमी बिना बीवी को साथ लिए किसी के घर नहीं जाते। न चलूँ तो गँवार, अनपढ़; चलूँ तो मुसीबत। तुम्हें तो मेरी जान ही बुरी लगती है।

**सरदार :** अब चुप भी कर। राह चलते भी झगड़ने लगती है।

**पत्नी :** मैं कहती हूँ ताँगा ले लो। मुनादीवाले कह रहे थे जल्दी से घरों में पहुँच जाओ।

**सरदार :** तेरे तो कान बोलते हैं। मुनादीवाले कह रहे थे कि भागो नहीं, शहर में अमन होता जा रहा है। कुछ सुना भी है?

**लाला :** *(पास आकर)* सरदारजी, कहाँ सुनी है आपने मुनादी?

**सरदार :** जी, पास से नहीं सुनी। दूर से आवाज आ रही थी।

**लाला :** आवाज आपने भी ठीक से नहीं सुनी। वह कह रहे थे कि मेवा मंडी...

**शर्मा :** मेवा मंडी नहीं, अकबरी मंडी।

**लाला :** अकबरी मंडी में कई आदमी आग में जल गए।

**शर्मा :** आदमी नहीं, कई मकान आग में जल गए।

**लाला :** दोनों बातें होंगी।

**युवक :** *(आगे आकर)* पर वह ऐसी मुनादी तो कर ही नहीं सकते। यह कानूनन अपराध है।

**लाला :** *(मुँह लटकाकर)* तो कोई और बात होगी। मुनादी हो जरूर रही थी।

**शर्मा :** बीच में अकबरी मंडी का नाम भी जरूर था।

**स. की पत्नी :** *(सरदार से)* आज बस कोई नहीं आएगी। कहीं से ताँगा ले लो।

**सरदार :** *(झुँझलाकर)* ताँगा-वाँगा है कहाँ? इधर भी सड़क खाली है, उधर भी।

**संन्यासी :** आधे घंटे से कोई भी ताँगा नहीं आया।

**स्त्री :** *(संन्यासी से)* बाबा, वह दो लड़कियाँ कैसे चली गईं?

**संन्यासी :** मोटर में चढ़कर।

**स्त्री :** हाए, तीन नंबर की बस चली गई?

**संन्यासी :** बस नहीं, छोटी मोटर आई थी। बाबू उनको बैठाकर ले गए। हमको नहीं ले गए।

**स्त्री :** *(ईर्ष्या के साथ)* वह कोई उनकी जान-पहचानवाले थे?

**संन्यासी :** थे तो नहीं। अब जाते-जाते हो गए होंगे।

**स्त्री :** मुझे तो वह लड़कियाँ देखने में ही वैसी लगती थीं।

**संन्यासी :** हाँजी, पढ़े-लिखे लोग ही पढ़े-लिखों को पहचानते हैं।

*[स्त्री खिसियानी-सी हो जाती है। नेपथ्य से मुनादी के नगाड़े की आवाज सुनाई देती है]*

**लाला :** लीजिए, मुनादी सुनिए।

*[नेपथ्य से मुनादीवाले की आवाज सुनाई देती है]*

**मुनादीवाला :** सुनिए, साहबान! बहुक्म जनाब डिप्टी कमिश्नर साहब बहादुर, लाहौर, मुंदरजाज़ैल इलाकों में फसादात की वजह से आज दोपहर बारह बजे से कल सुबह नौ बजे तक कर्फ्यू ऑर्डर जारी रहेगा।

**लाला :** आज बारह बजे से?

**युवक :** ठहरिए, सुन लेने दीजिए।

**मुनादी वाला :** अंदरून शहर, ग्वाल मंडी और निस्बत रोड। इनके अलावा राम नगर, संत नगर, कृष्ण नगर, चौबुर्जी, नया कोट...

**स्त्री :** हाए, नए कोट में भी लग गया?

**शर्मा :** सुनिए, सुनिए!

**मुनादीवाला :** मुजंग और चेयरिंग क्रॉस से नीचे माल रोड। इन सब इलाकों में आज दो बजे से...

**सब :** *(एकदम)* दो बजे से!

**शर्मा :** यह तो बिलकुल अँधेर है।

**लाला :** तो फिर घर कैसे पहुँचेंगे?

**स. की पत्नी :** कहती थी, ताँगा ले लो।

# स्वयंवर

## पात्र

| | |
|---|---|
| **मधुकर** : | सर मुरलीधर का सेक्रेटरी |
| **मिस रोज** : | सर मुरलीधर की बेटी करुणा की गवर्नेस |
| **सर मुरलीधर** : | एक सनकी सरमायादार, जिसके मस्तिष्क में पूर्वी और पश्चिमी विचारों की खिचड़ी पका करती है। |
| **दिवाकर** : | कवि |
| **करुणा** : | सर मुरलीधर की बेटी |
| **दत्ता** : | मनोवैज्ञानिक |
| **मार्तंड** : | थानेदार |
| **भुवनभास्कर पांडे** : | पत्र संपादक |
| | कॉलेजों के विद्यार्थी |
| | होटल का वेटर |
| | होटल का मैनेजर |

## पहला दृश्य

*[पर्दा उठने पर मुरलीधर का ड्राइंगरूम दिखाई देता है। कमरे की सजावट आधुनिक है, पर दीवारों पर राम, कृष्ण, लक्ष्मी और हनुमान के चित्र भी टँगे हैं। कमरा खाली है।*

*[मधुकर का प्रवेश। उसके हाथ में अखबारों की फाइल है।]*

**मधु.** : *(फाइल को मेज पर पटककर)* वाह जी सेठ सर मुरलीधर, धन्य तुम्हारी चाकरी! नौकरी करते ही हम तो मधुकर से मधुखर हो गए। अब तीन साल में हमारा मधु भी निकल गया, और हम

रह गए कोरे खर, वह भी बिना पूँछ के।

*[सोफे पर गिरकर घंटी बजाता है। मिस रोज का प्रवेश]*

**मिस रोज :** ओ, मधुकर बाबू!

**मधु. :** मधुकर नहीं, मधुखर बाबू!

**मि. रोज :** मैं समझी, डॉक्टर साहब आए हैं।

**मधु. :** क्यों, आज फिर डॉक्टर साहब को बुला भेजा है? सेठजी को गले में पानी ठंडा लगता है, या धूप में बैठने से पसीना आता है?

**मिस रोज :** *(मुसकराकर)* नहीं, बात यह है कि कल बिट्टी का दिल एक मिनट में अस्सी बार धड़कता था। आज एक मिनट में इक्यासी बार धड़क रहा है।

**मधु. :** अस्सी, इक्यासी, बयासी और फिस्। वहम, डिलीरियम, हिस्टीरिया और हार्ट फेल!

**मिस रोज :** आप इन्हें समझाते क्यों नहीं, मधुकर बाबू?

**मधु. :** *(उठकर टहलते हुए)* मैं यहाँ पर नौकर हूँ मिस रोज! और नौकर की कीमत है यह...

*[जेब से निकालकर छेदवाला पैसा दिखाता है।]*

**मिस रोज :** *(रसपूर्वक)* आपकी बहुत कीमत है मधुकर बाबू! आप नौजवान हैं, ग्रेजुएट हैं।

**मधु. :** नो, नो, नो, नो। न मैं नौजवान हूँ, न ग्रेजुएट। चार साल कॉलेज में रहकर नौजवान का बन गया था एक पुर्जा, यानी ग्रेजुएट। अब नौकरी की मशीन में फिट होकर, वह पुर्जा भी घिसकर गोल हो गया है।

*[नेपथ्य में खाँसने की आवाज]*

**मिस रोज :** *(धीरे से)* सेठजी!

*[खाँसते हुए सर मुरलीधर का प्रवेश]*

**सर मुरली. :** मधुकर!

**मधुकर :** जी, सेठजी!

**सर मुरली. :** *(बैठकर)* आज के अखबारों में अपना विज्ञापन निकल गया?

**मधुकर :** जी, हाँ! मैं पूरी फाइल साथ लेता आया हूँ।

**सर मुरली. :** *(मिस रोज को देखकर)* तुम यहाँ क्या कर रही हो?

**मिस रोज :** जी...जी...

**सर मुरली. :** अच्छा, अंदर जाओ। थर्मामीटर और स्टेथेस्कोप लगाकर बिट्टी का टेंपरेचर और पेल्पीटेशन देखो। अगर नॉर्मल हो, तो उसे घूमने

चलने के लिए तैयार करो।

**मिस रोज :** जी। *(जाने लगती है)*

**सर मुरली. :** और देखो, उसे दो चम्मच ग्राइप वाटर पिलाकर ऊपर से तुलसी के दो पत्ते और थोड़ा-सा ठाकुरजी का चरणामृत दे दो।

**मिस रोज :** जी। *(जाने के लिए बढ़ती है)*

**सर मुरली. :** मिस रोज!

**मिस रोज :** *(रुककर)* जी!

**सर मुरली. :** कुछ नहीं।

*[मिस रोज मुसकराहट दबाकर चली जाती है।]*

**सर मुरली. :** *(मधुकर से)* आज हमारी बिट्टी करुणा पूरे पंद्रह साल ग्यारह महीने और अट्ठारह दिन की हो गई। धर्मशास्त्र के अनुसार सोलह वर्ष की कन्या को घर में कुमारी रखनेवाला पिता कुंभीपाक नरक में जाता है। इधर तुम्हारा कानून कहता है कि सोलह बरस से कम की कन्या का विवाह किया ही नहीं जा सकता। अब हमें केवल एक मुहूर्त मिलता है। परसों सायंकाल आठ बजे, ज्यों ही बिट्टी पूरे सोलह बरस की हो, त्यों ही उसका वाग्दान कर दिया जाए। ठीक है न?

**मधुकर :** जी, बिलकुल ठीक है।

**सर मुरली. :** और इसके लिए हमारे विज्ञापन के उत्तर में जो लोग आएँ, उनमें से कुछ को चुनकर एक होटल में बुला लिया जाए। वहीं पर शास्त्रोक्त-विधि से स्वयंवर हो। बिट्टी जिसके गले में वरमाला डाल दे, वही उसका पति और मेरा उत्तराधिकारी! ठीक है न?

**मधु. :** जी, बहुत सुंदर विचार है।

**सर मुरली. :** विज्ञापन में लिख दिया था कि वर की अवस्था बीस बरस से अधिक नहीं होनी चाहिए, क्योंकि लड़की की आयु में चार वर्ष का अंतर हो तो हाइजिनिक दृष्टिकोण से—वह क्या लिखा है, अंग्रेज डॉक्टर ने—एक तरह का गड़बड़झाला हो जाता है?

**मधु. :** जी, लिख दिया है।

**सर मुरली. :** यह भी लिख दिया है कि बीस वर्ष का युवक न मिलने पर पच्चीस वर्ष के ब्रह्मचारी पर भी विचार किया जा सकता है, क्योंकि धर्मशास्त्र के अनुसार पच्चीस वर्ष का ब्रह्मचारी ब्रह्मा के तुल्य होता है।

**मधु. :** जी, यह भी लिख दिया है।

**सर मुरली. :** और क्या-क्या लिखा है, जरा सुनाओ तो।

**मधु.** : जी लिखा है—*(अखबार उठाकर पढ़ता है।)* वह सुंदर हो, सुभाग्य हो, सुशील हो तथा सुचतुर हो। पूर्वी तथा पश्चिमी साहित्य का पंडित हो। शेष सब कुछ समान होने पर गौरवर्ण के कुमार को विशेषता दी जाएगी! अपने कद, वजन और आकार का परिचय देते हुए अपने कुल, गोत्र, वेद, ब्राह्मण, मंत्र इत्यादि का विवरण दीजिए। प्रार्थनापत्र के साथ यूनिवर्सिटी सर्टिफिकेट, सदाचारपत्र तथा मेडिकल सर्टिफिकेट का आना आवश्यक है। पता—सेठ सर मुरलीधर साहित्यालंकार, कपड़े के व्यापारी, चंद्रकला बिल्ला, क्वीन्स रोड, बंबई।

*[अखबार रख देता है।]*

**सर मुरली.** : एक बात रह गई।

**मधु.** : क्या?

**सर मुरली.** : यह कि वर अच्छा खिलाड़ी हो, इसके अतिरिक्त हो सके तो नृत्यकला, शिल्पकला तथा चित्रकला में निपुण हो। साथ ही...

*[दरवाजे पर खटखट]*

**सर मुरली.** : कौन होगा?

**मधु.** : शायद कोई इंटरव्यू के लिए आया होगा। मैं देखता हूँ।

*[उठकर दरवाजे की ओर जाता है। सर मुरली मेजपोश को जरा सँवारते हैं। दरवाजे से पोस्टमैन अंदर आता है।]*

**पोस्टमैन** : ये कुछ रजिस्टरी चिट्ठियाँ हैं सरकार!

**सर मुरली.** : *(पोस्टमैन के प्रति उपेक्षा दिखलाकर)* ले लो मधुकर।

*[मधुकर चिट्ठियाँ लेकर हस्ताक्षर कर देता है। पोस्टमैन सलाम करके चला जाता है। मधुकर चिट्ठियाँ सर मुरलीधर के पास लाता है।]*

**मधु.** : मुझे तो सब एप्लिकेशन ही लगते हैं।

**सर मुरली.** : *(उत्सुकतापूर्वक)* खोलकर पढ़ो तो। *(एक वजनी चिट्ठी निकाल कर मधुकर के हाथ में देता है।)*

**मधु.** : *(चिट्ठी खोलकर)* बड़ा मजेदार कागज है। *(थोड़ा खाँसकर पढ़ता है:)*

मान्यवर,

मैं आपकी सुकुमारी कन्या के लिए वर के रूप में अपनी सेवाएँ प्रस्तुत करता हूँ। मैं अधिक शिक्षित नहीं, रंग जरा साँवला है और मुख पर कुछ चेचक के दाग हैं। पर शेष सब गुण मुझमें हैं। मेरी आयु पच्चीस साल है। परिवार का ब्योरा इस प्रकार है : अपना नाम—कैलाश, पिता का नाम—गौरीशंकर, माता का

नाम—कंचनजंघा, बहन का नाम—नंदादेवी हम सब हिमालय के रहनेवाले हैं। शेष बातों की जानकारी भी विस्तार से लिख रहा हूँ...

*[मधुकर पढ़ते-पढ़ते अचानक रुक जाता है।]*

**सर मुरली.** : क्यों, रुक क्यों गए?

**मधु.** : जी, पढ़ता हूँ। आगे बहुत लंबी सूची है :

जूते का साइज—सात
मोजे का साइज—दस
बनियाइन का साइज—छत्तीस *(छत्तीस की बनियाइन जरा ढीली आती है।)*
हैट का साइज—साढ़े सात
चश्मे का नंबर—माइनस नौ *(यह नंबर सन् पैंतालीस का है। इसके बाद फिर फ्रेम नहीं बदला।)*

**सर मुरली.** : *(चिढ़कर)* छोड़ो-छोड़ो इसकी सूची। यह पढ़ो।

*[दूसरी चिट्ठी निकालकर मधुकर के हाथ में देता है।]*

**मधु.** : *(पहली चिट्ठी रखकर दूसरी चिट्ठी खोलते हुए)* कागज इसका भी अच्छा है। *(पढ़ता है :)*

महोदय,

मैं एक सिविल मिलिटरी टेलर हूँ। मेरी दुकान खूब चलती है। मेरी दुकान चलने का कारण है, सस्ती सिलाई। हम कमीज का डेढ़ रुपया, पतलून के तीन रुपए और कोट के पाँच रुपए लेते हैं। जनाना कपड़ा सीने का विशेष प्रबंध है। आशा है, आप अपनी सुपुत्री का विवाह मेरे साथ करके मुझे अनुगृहीत करेंगे।

आपका—
मास्टर देवदत्त चंदूलिया
गली खक्खड़ावाली
गोरखपुर।

विशेष : यदि विवाह के लिए और कोई पात्र चुन लें, तो भी सारे कपड़े-लत्ते मेरे यहाँ से ही सिलवाइएगा। चाहें तो मैं और भी रियायत कर सकता हूँ।

*[मधुकर पत्र रखकर कंधे सिकोड़ता है।]*

**सर मुरली.** : *(नया पत्र देकर)* यह पढ़ो, किसी समझदार का लिखा लगता है।

मधु. : *(खोलते हुए)* कागज बहुत हलका है। *(पढ़ता है :)*

श्री गोवर्द्धनजी की गोशाला

'महाशय,

आपका विज्ञापन पढ़कर हृदय में वे हिलोरें उठीं कि क्या कहूँ। गो माता की सौगंध, मुझे तुरंत लिखिए कि मैं किस गाड़ी से आऊँ, तथा पाणि-ग्रहण का मुहूर्त क्या होगा? मुझे आशा है कि इस शुभ अवसर पर हमारी गोशाला को सौ रुपए से कम चंदा नहीं देंगे।

विनीत
भगवान दास जुनेजा
सेक्रेटरी
श्री गोवर्द्धनजी की गोशाला

*[दरवाजे पर खट-खट]*

सर मुरली. : रखो इन सब चिट्ठियों को। देखो, कौन आया है!

*[मधुकर उठकर दरवाजे के पास जाता है। कवि दिवाकर अंदर आता है।]*

दिवा. : यह सेठ सर मुरलीधर साहित्यालंकार का प्रासाद है न?

मधु. : जी हाँ। कहिए, क्या काम है?

दिवा. : आज उनके विज्ञापन ने कवि के हृदय की वीणा को छेड़ दिया है। *(चारों ओर देखकर)* अहा, कितना सुंदर स्थान है! इसी के संबंध में कवि की कल्पना ने लिखा था :

उदित ज्योतिमय किरण पुञ्ज,
पुष्पित सुरभित लता कुञ्ज,
मधुमय वसंत,
गा रहा पथिक पथ पर अनंत
कोकिल कल-कल,
सरिता छल-छल,
जल-थल जल-थल,
हल-चल हल-चल।

मधु. : सेठजी, यह महाशय शायद इंटरव्यू के लिए आए हैं।

सर मुरली. : आइए कविराज, बैठिए।

*[दिवाकर कुर्सी को धोती के पल्ले से पोंछकर उस पर बैठ जाता है।]*

**सर मुरली.** : मैं आपका परिचय जान सकता हूँ?

**दिवा.** : मेरा परिचय? मिट्टी का तन, मस्ती का मन, क्षण भर जीवन मेरा परिचय। नाम से मैं कवि दिवाकर हूँ। दुनिया कहती है, कवि दिवाकर पागल है। मैं कहता हूँ सारा संसार पागल है, प्रेम रस में पागल। *(थोड़ा पिघलते हुए)* सेठजी, आज आपका विज्ञापन देखते ही, कवि के कोमल हृदय में शृंगार रस जाग उठा। कवि ने कहा :

जब होतीं तुम दूर, हृदय में उठते हैं तूफान बवंडर,
सौ-सौ उर के भाव निकलने को हो हो जाते हैं आतुर,
सम्मुख तुमको देख, सभी कुछ...

*[मिस रोज का प्रवेश]*

**मिस रोज** : सेठजी, बिट्टी ने ग्राइप वाटर तो पी लिया है, पर वह तुलसी के पत्ते नहीं खाती। ठाकुरजी का चरणामृत भी नहीं पीती।

**सर मुरली** : चरणामृत नहीं पीती? यह अपशकुन है। ठहरो, मैं जाकर पिलाता हूँ। *(दिवाकर से)* क्षमा कीजिए, मैं अभी आया।

*[उठकर तत्परता से अंदर चले जाते हैं।]*

**दिवा.** : *(मिस रोज की ओर देखकर)* तो आप हैं कवि की कल्पना का आधार, कवि के स्वप्नों का चित्र—बैठिए, बैठिए!

*[मधुकर मिस रोज को आँख से इशारा करता है। मिस रोज इशारा समझकर बैठ जाती है।]*

**दिवा.** : वही रूप, वही रंग, वही लालित्य, वही सौष्ठव...

मैंने देखा था एक बार,
मधु में निर्झरिणी के तट पर
तू खेल रही थी लहरों से;
उठती थी झीनी-सी फुहार,
जैसे हो जल का तरल हास,
जैसे सरिता की नवल प्यास,
जैसे ताराओं का विहार—

**मधु.** : इसका छंद?

**मिस रोज** : इसका अर्थ?

**मधु.** : इसका शीर्षक?

**दिवा.** : छंद? अर्थ? शीर्षक? ये सब पुरानी बातें हैं। आज की कविता इन चीजों के पीछे नहीं चलती। इसमें केवल रस की अनुभूति वर्तमान है।

*[अंदर से सर मुरलीधर और करुणा का प्रवेश]*

**सर मुरली.** : अंदर जाओ मिस रोज, और बिट्टी के कपड़े ठीक करो।

**मिस रोज** : जी!

*[उठकर मुसकराती हुई चली जाती है।]*

**दिवा.** : तो आपका मतलब है...

**सर मुरली.** : वह है बिट्टी की गवर्नेस मिस रोज। यह है मेरी बिट्टी करुणा।

*[दिवाकर हाथ जोड़ता है। करुणा भी हाथ जोड़ देती है।]*

**दिवा.** : करुणा—कितना सुंदर नाम है। मुझे अपना छंद याद आ रहा है : 'करुणा, तुम करुणा-सी दीन'।

**करुणा** : पिताजी, अभी आप यहीं बैठेंगे क्या?

**सर मुरली.** : हाँ बिट्टी, कुछ देर तो बैठना ही पड़ेगा।

**करुणा** : तो मैं घूमने अकेली जाऊँ? मधुकर बाबू, आप मेरे साथ चलिए।

**सर मुरली.** : मधुकर? मधुकर को तो बेटी...देखो, अभी मधुकर...

**करुणा** : मैं कहती हूँ, घर में बैठने से मेरी सेहत खराब हो जाएगी। आपको काम है तो मधुकर बाबू को मेरे साथ जाना पड़ेगा। चलिए, मधुकर बाबू!

*[मधुकर आदेश के लिए सर मुरलीधर की ओर देखता है।]*

**सर मुरली.** : *(अनिश्चयपूर्वक)* अच्छा, हो आओ। मेरी प्रतीक्षा करना। रहना चौपाटी के ही आसपास।

*[करुणा मधुकर के साथ जाने लगती है।]*

**सर मुरली.** : मधुकर!

**मधु.** : *(मुड़कर)* जी?

**सर मुरली.** : अच्छा, जाओ।

*[करुणा और मधुकर चले जाते हैं।]*

**दिवा.** : वह तो चली गई। मेरी कविता बीच में ही रह गई।

**सर मुरली.** : अब आप अपनी कविता पूरी कर लीजिए।

**दिवा.** : भावना के बिना शब्द और शब्दों के बिना छंद कैसे बन सकते हैं, सेठ साहब?

**सर मुरली.** : *(कुछ उकताकर)* तो मुझे भी इजाजत दीजिए...

**दिवा.** : नहीं, नहीं, नहीं। मेरा यह मतलब नहीं था। कविता में अभी तीन, हीन, मीन,...बीन—बज उठी मेरे उर की बीन—लीन, पीन, मीन...*(जेब से चार मीनार का सिगरेट निकालकर)* जरा यह सिगरेट सुलगा लूँ। *(माचिस निकालकर सुलगाता है। इसी समय करुणा क्रोध के आवेश में वापस आती है।)*

**सर मुरली.** : सैर के लिए नहीं गई, बिट्टी? तबियत खराब है क्या?

**करुणा** : सैर के लिए कैसे जाऊँ? बाहर जाने का तो रास्ता ही नहीं है।

**सर मुरली.** : रास्ता नहीं है? क्यों, कोई जलूस आ रहा है क्या?

*[मधुकर का प्रवेश]*

**मधु.** : जी हाँ, यह जलूस आ रहा है। देखिए।

*[मधुकर के पीछे-पीछे कई युवक प्रवेश करते हैं। कइयों के हाथों में फूलों के गुलदस्ते हैं। सर मुरलीधर पास आते हैं।]*

**मधु.** : यह महाशय हैं साइकोलॉजिस्ट मिस्टर दत्ता।

**दत्ता** : *(सर मुरलीधर से हाथ मिलाकर, तपाक से)* हाऊ डू यू डू? हाऊ डू यू डू? *(सर मुरलीधर अपने हाथ को सहलाते हैं।)*

**मधु.** : और यह हैं मिस्टर मार्त्तंड, थानेदार, थ्री, टू, टू, सिक्स।

*[सर मुरलीधर फिर हाथ जोड़ देते हैं।]*

**मधु.** : यह हैं श्री भुवनभास्कर पांडे, पत्र-संपादक।

*[सर मुरलीधर फिर हाथ जोड़ते हैं।]*

**मधु.** : पीछे सब कॉलेजों के विद्यार्थी हैं।

*[सर मुरलीधर मधुकर को एक ओर ले जाकर कान में बात करते हैं। तब तक जिनके हाथों में गुलदस्ते हैं, वे अपने-अपने गुलदस्ते लाकर करुणा के सामने मेज पर रखते हैं। दिवाकर गुलदस्ते में से फूल निकालकर सूँघता है। मधुकर सर मुरलीधर से बात करके एकत्रित समुदाय के पास आता है।]*

**मधु.** : *(सब से)* आप लोग अपनी-अपनी एप्लिकेशन छोड़ जाइए। जिन्हें सेठजी बुलाना चाहेंगे, उन्हें क़ल तक सूचित कर दिया जाएगा।

*[सब लोग एप्लिकेशन निकालकर देते हैं। साइकोलॉजिस्ट दत्ता, कोट में, फिर कमीज में टटोलकर अंत में पतलून की जेब से एप्लिकेशन निकालकर देता है। एक-एक करके सब चले जाते हैं, कवि दिवाकर पूर्ववत् अपने स्थान पर बैठा रहता है।]*

**मधु.** : *(दिवाकर से)* कविराज, आप भी सिधारिए।

**दिवा.** : मैं भी? जाऊँ, सेठजी? जाऊँ, करुणा देवी? अच्छा, मैं घर जाकर करुणा महाकाव्य की रचना करूँगा। मैं आपको अमर कर दूँगा और स्वयं भी अमर हो जाऊँगा।

*[चला जाता है।]*

**सर मुरली.** : *(करुणा से)* चलो बिट्टी, अब हम घूमने चलें।

**करुणा** : *(सक्रोध उठकर)* आप घूम आइए। मेरे सिर में दर्द हो रहा है।

*[अंदर की ओर चलती है।]*

**सर मुरली.** : सिर में दर्द हो रहा है? मैं तो पहले ही कहता था कि तबियत ठीक नहीं। मिस रोज डॉक्टर साहब को टेलिफोन करो...

*[बोलते-बोलते करुणा के पीछे-पीछे अंदर चले जाते है। मधुकर सोफे पर लेट जाता है।]*

## दूसरा दृश्य

*[पर्दा उठने पर एक शहरी रेस्तराँ दिखाई देता है, जिसमें दाईं ओर की दीवार के पास काउंटर है। बीच में तीन मेज स्टेज के अग्रभाग की ओर रखी हैं, जिनके पीछे पाँच कुर्सियाँ अर्द्धचंद्राकार में पड़ी हैं। होटल का वेटर एक बड़ी प्लेट को पोंछ रहा है।*

*[सर मुरलीधर और मधुकर का प्रवेश]*

**सर मुरली.** : अभी बजे हैं साढ़े सात। मुहूर्त है आठ बजे का।

*[बीच की कुर्सी पर बैठ जाता है। मधुकर पास बैठता है। वेटर आकर मेज साफ करके आर्डर की प्रतीक्षा करता है।]*

**सर मुरली.** : *(वेटर से)* पीने को क्या है?

**वेटर** : चाय, कॉफी, विम्टो, सोडा, लेमन, औरेंज, मिल्कशेक।

**सर मुरली.** : अभी दो औरेंज ले आओ।

**वेटर** : यस सर! *(चला जाता है।)*

**सर मुरली.** : *(मधुकर से)* कवि दिवाकर को भी बुलाया है न?

**मधु.** : जी, चौथा नाम उसी का है। थानेदार मार्त्तंड, साइकोलॉजिस्ट दत्ता, पत्र-संपादक भु. भा. पांडे...

**सर मुरली.** : भु. भा. पांडे?

**मधु.** : जी, यह भुवन भास्कर पांडे का संक्षिप्त रूप है।

**सर मुरली.** : अभी तक उन लोगों को आ जाना चाहिए था। *(पुकारकर)* वेटर!

**वेटर** : *(औरेंज के गिलास रखते हुए)* यस सर!

**सर मुरली.** : *(इधर-उधर देखकर)* यहाँ कोई ठाकुरजी का चित्र नहीं है?

**वेटर** : यह कौन-सा ड्रिंक है साहब? अपने यहाँ तो लैमन, विम्टो, सोडा...

**सर मुरली.** : अरे लैमन, विम्टो, सोडा नहीं, ठाकुरजी का चित्र। वह होता है

न, *(हाथ बनाकर)* ठाकुरजी का चित्र।

**वेटर :** कुछ मालूम नहीं साहब, आप कौन-सा डिश बोलते हैं। *(उसी तरह हाथ बनाकर)* इतना ऊँचा डिश तो किसी होटल में नहीं देखा। वैसे अपने यहाँ कबाब, पेस्ट्री, भजिया, दोशा, इडली, समोसा, पैटीज़...

**सर मुरली. :** अरे यह सब नहीं। जा, काम कर।

**वेटर :** यस सर! *(चला जाता है।)*

**सर मुरली. :** *(औरेंज पीते हुए)* अब स्वयंवर के समय ठाकुरजी का चित्र पास न हो तो स्वयंवर कैसे होगा? *(मधुकर से)* तुम एक काम करो।

**मधु. :** जी!

**मुरली. :** घर चले जाओ। बिट्टी करुणा से मैंने तो कहा था कि पुश्तैनी गहने शरीर पर पहनकर आठ बजने में पाँच मिनट रहते मिस रोज के साथ यहाँ पहुँच जाए। संपत्ति के सब कागजात भी लाने को कह दिया था। पर यह सब मैं अपने उत्तराधिकारी को आनंद-कंद प्रभु के सामने ही सौंपना चाहता हूँ। तुम जल्दी से श्रीनाथजी का बड़ा चित्र घर से उठवा लाओ।

**मधु. :** जी! *(चलने लगता है।)*

**सर मुरली. :** और देखो...

**मधु. :** जी...

**सर मुरली. :** अच्छा, जाओ।

*[निकलते समय मधुकर की दिवाकर से मुठभेड़ हो जाती है। मधुकर उसे मुँह बिचकाकर चला जाता है।]*

**दिवा. :** धन्य हो सेठजी! आज देवी करुणा के स्वयंवर के शुभ प्रस्ताव से मुझे देवी दमयंती की याद आ रही है।

*[सर मुरलीधर उठकर उसे पास बैठाते हैं।]*

**सर मुरली. :** *(बैठते हुए)* क्यों कविराज, देवी दमयंती की याद क्यों आ रही है?

**दिवा. :** सेठजी, देवी दमयंती के स्वयंवर में देवता लोग राजा नल का रूप धारण करके आए थे। सोचता हूँ, देवी करुणा के स्वयंवर में कहीं देवता लोग कवि दिवाकर का रूप धारण करके न आ जाएँ।

**सर मुरली. :** अच्छा, पहले बताइए पीजिएगा क्या?

**दिवा. :** जी, कवि तो केवल भावना का रस ही पीता है—वैसे एक लेमनेड ले लेंगे।

**सर मुरली.** : वेटर!

**वेटर** : *(पास आकर)* यस सर!

**सर मुरली.** : एक लेमन।

**वेटर** : यस सर! *(चला जाता है।)*

**सर मुरली.** : आपका वह छंद पूरा हुआ?

**दिवा.** : जी, वह छंद तो देवी करुणा के सामने ही पूरा होगा। कहें तो पिछले सप्ताह की 'राष्ट्रभाषा स्तुति' सुनाऊँ?

*[वेटर लेमन का गिलास लाकर रखता है। दिवाकर स्ट्रा से गिलास के पानी को घोलकर स्ट्रा निकाल देता है। फिर गिलास ऊँचा उठाकर एक घूँट गले में उँडेलता है।]*

**सर मुरली.** : इस प्रकार क्यों पी रहे हैं, कविराज?

**दिवा.** : क्षमा कीजिए सेठजी! कवि काँच के पात्र का मुख से स्पर्श नहीं करता। कवि के होंठों पर सरस्वती रहती है और देवी सरस्वती का पात्र है...वह क्या नाम...आप तो जानते ही हैं।

*[थानेदार मार्त्तंड, पत्र-संपादक भुवनभास्कर पांडे तथा साइकोलॉजिस्ट दत्ता एक-दूसरे के पीछे प्रवेश करते हैं। 'जय हिंद', 'नमस्कार', 'हाऊ डू यू डू' के अनंतर सब बैठ जाते हैं। अब सर मुरलीधर बीच में हैं। उनकी दाईं ओर क्रमशः दत्ता और मार्त्तंड हैं तथा बाईं ओर क्रमशः पांडे और दिवाकर हैं।]*

**सर मुरली.** : वेटर!

**वेटर** : यस सर!

**सर मुरली.** : खाने को क्या-क्या है?

**वेटर** : जी, कबाब, पैटीज, चिवड़ा, इडली, समोसा, दोशा, लड्डू।

**सर मुरली.** : जो-जो हो, ले आओ। साथ पीने के लिए औरेंज।

**दिवा.** : मेरे लिए लेमनेड।

**सर मुरली.** : एक लेमन।

**वेटर** : यस सर!

*[चला जाता है, और प्लेटें तथा गिलास ला-लाकर मेज पर सजाने लगता है। सब धीरे-धीरे खाना आरंभ करते हैं।]*

**सर मुरली.** : बिट्टी अभी आठ बजते-बजते यहाँ पहुँच जाएगी। तब तक आप लोग अपना-अपना विशद परिचय देने की कृपा करें।

*[सबसे पहले वह दिवाकर की ओर देखते हैं।]*

**दिवा.** : *(उठकर)* जी, मेरा नाम कवि दिवाकर है। सात साल की अवस्था

में मैंने पहला छंद कहा था। *(अपनी चादर के अंदर से फटा पुराना रजिस्टर निकालकर)* यह मेरी रचनाओं का संग्रह है। इसमें दो काव्य, तीन खंडकाव्य, पैंतीस कविताएँ और सैकड़ों शीर्ष पंक्तियाँ लिखी हैं। लोक-समाचार में मेरे दो गद्यगीत छपे हैं। पिछले वर्ष मुझे लक्स टॉयलेट सोप की प्रशस्ति पर तीन रुपए पुरस्कार भी मिला था।

*[बोलते समय वह औरों को खाते देखकर बीच-बीच में अपने लिए चीजें उठाकर हाथ में लेता जाता है, और अब बैठकर जल्दी-जल्दी खाने लगता है। सर मुरलीधर पांडे को संकेत करते हैं।]*

पांडे : *(उठकर)* मैं लोक-समाचार का संपादक हूँ। *(दिवाकर की ओर संकेत करके)* इनके गद्यगीत मैंने ही काट-छाँटकर लोक-समाचार में छापे थे। पहले मैं इलाहाबाद में क्लीनर था। दिल्ली में रहकर तीन साल प्रूफरीडिंग की। अब दो साल से बंबई में प्रधान संपादक के रूप में काम कर रहा हूँ।

*[बैठ जाता है। सर मुरलीधर दत्ता को संकेत से बोलने के लिए कहते हैं।]*

दत्ता : हमारे लिए हिंदुस्तानी बोलना जरा डिफिकल्ट है। फिर भी हम ट्राई करेगा। हम शाइकोलोजिस्ट है। हम यह जानता है कि हर हिंदुस्तानी को सेक्सपर्वर्शन की बीमारी है। हमने एक यूनिवर्सल सोशल सेक्सोलोजी का इन्साइक्लोपीडिया तैयार किया है। कीमत सिर्फ चार आने है। आप सबको उसका एक-एक कॉपी लेना चाहिए। *(दो पृष्ठ का इन्साइक्लोपीडिया जेब से निकालकर)* इसमें सेक्स का सेंस और नोनसेंस सब लिखा है।

*[बैठ जाता है। संकेत पाकर मार्त्तंड बोलने के लिए उठता है।]*

मार्त्तंड : मैं अपने बारे में केवल इतना ही कहना चाहता हूँ कि मैंने आज तक तीन सौ सत्तर मोटरों का चालान किया है, कई कवियों, एडिटरों और प्रोफेसरों को जेल में भेजा है। दो-एक को फाँसी भी लगवाई है। इसी वजह से अब मेरा प्रमोशन होनेवाला है।

*[दूर घड़ी में आठ बजते सुनाई देते हैं। कवि दिवाकर एक से आठ तक गिनता है।]*

दिवा. : सेठजी, आठ तो बज गए। स्वयंवर का मुहूर्त निकला जा रहा है।

सर मुरली. : *(उद्विग्नतापूर्वक)* आठ बज गए। करुणा अभी तक क्यों नहीं आई?

*(बेचैनी से उठकर)* मधुकर भी नहीं आया *(सबको लक्षित करके)* आप लोग कृपया बैठिए, मैं अभी आया।

*[शीघ्रता से जाता है। वेटर बिल लेकर आता है। वह कवि दिवाकर के पास तश्तरी लेकर खड़ा होता है।]*

**दिवा. :** *(अनदेखी करके शेष लोगों से)* आप लोग तो व्यर्थ ही यहाँ समय नष्ट कर रहे हैं। कवि को छोड़कर कामिनी और किसी का वरण नहीं कर सकती।

*[वेटर तब तक बिल लेकर पांडे के पास आ जाता है।]*

**पांडे :** *(अनदेखी करके)* कामिनी कविता को क्या चाटेगी? उसे चाहिए देश-देश में घूमा हुआ अनुभवी पुरुष।

*[वेटर बिल लेकर दत्ता के पीछे खड़ा होता है।]*

**दत्ता :** *(अनदेखी करके)* नो नो नो। आप लोगों ने अभी साइकोलोजी नहीं पढ़ी। वोमन मैन के अंदर सेक्स-अपील देखती है। उस पॉइंट-आफ-व्यू से तो आप लोग...

*[मुसकराकर अपनी दाढ़ी सहलाता है। वेटर बिल मार्त्तंड के पास मेज पर रखने लगता है, पर वह खाली स्थान पर अपनी कुहनी टिकाकर जगह घेर लेता है।]*

**मार्त्तंड :** *(अनदेखी करके)* आप भी गलत कहते हैं। औरत उसे मानती है जो उसे अपने काबू में रख सके। और आपको मानना पड़ेगा कि काबू में रखना थानेदारी ही सिखाती है।

*[वेटर निराश होकर बिल रख आता है, और मेजों पर से प्लेटें उठाने लगता है।]*

**दिवा. :** अब सब लोग चुप रहिए। श्रीमती मिस रोज आ रही हैं।

*[मिस रोज का प्रवेश]*

**दिवा. :** आइए श्रीमती मिस रोज!
मैं छंद बनाऊँ रोज रोज!
मैं गीत सुनाऊँ रोज रोज!
वह सुकुमारी कुमारी करुणा देवी कहाँ हैं?

**मिस रोज :** मेसर्स, आइ एम वैरी सॉरी। डार्लिंग करुणा ने मधुकर बाबू के साथ ब्याह कर लिया।

*[सब पर पानी पड़ जाता है।]*

**मार्त्तंड :** *(सँभलकर)* मधुकर के साथ ब्याह कर लिया? और सेठजी?

**मिस रोज :** सेठजी यह खबर सुनकर बेहोश हो गए हैं। मैं डॉक्टर को बुलाने जा रही हूँ। आप लोगों को अब तकलीफ करने की जरूरत नहीं।

*[चली जाती है। वेटर बिल लाकर दिवाकर के सामने रखता है।]*

**दिवा.** : *(जेब से इलायचियाँ निकालकर तश्तरी में डालकर तश्तरी पांडे की ओर बढ़ाते हुए)* बड़ी विचित्र समस्या है। आपका क्या विचार है, संपादकजी?

**पांडे** : *(एक इलायची लेकर तश्तरी दत्ता की ओर बढ़ाते हुए)* हमारी तो कुछ समझ में ही नहीं आता। आपकी साइकोलॉजी क्या कहती है, प्रोफेसर साहब?

**दत्ता** : यह ऐसा प्रॉब्लम है कि साइकोलॉजी भी पजल्ड हो गई है।

*[तश्तरी मार्त्तंड की ओर बढ़ाता है।]*

**मार्त्तंड** : *(हटाकर)* जी, क्षमा कीजिए, मैं इलायची नहीं खाता।

**दत्ता** : *(पांडे से)* तो आप एक और लीजिए।

*[तश्तरी उसके आगे रख देता है।]*

**पांडे** : *(दिवाकर से)* अपनी इलायची आप ही खाइए।

*[तश्तरी उठाकर उसके आगे रख देता है। वेटर इधर-उधर सबके पीछे घूमकर परेशान हो रहा है। अब वह दिवाकर की ओर घूरकर देखता है। दिवाकर एक प्लेट से हाथ में चटनी लगा लेता है, और तश्तरी से बिल उठाकर उससे हाथ की चटनी पोंछकर उसे फेंक देता है। होटल का मालिक क्रोध में उठकर आता है।]*

**मालिक** : यह क्या मजाक है मिस्टर! बिल अदा करना है या हवालात में जाने की सलाह है?

**मार्त्तंड** : *(एकदम उठकर)* मैं देख रहा हूँ कि इन सबको हवालात में ही ले जाना पड़ेगा। *(मालिक से)* मैं हूँ थानेदार मार्त्तंड—थ्री टू टू सिक्स—कहिए, मैं आपकी क्या सहायता कर सकता हूँ?

**मालिक** : जी...जी...

**मार्त्तंड** : *(शेष तीनों से)* बोलिए, आप लोगों के पास पैसे हैं?

**दिवा.** : कवि का धन तो कविता ही है।

**पांडे** : हमारे पास अपनी पदवी है, और कुछ नहीं।

**दत्ता** : हमारे साथ तो एक्सेप्ट अपनी डिग्री के और कुछ नहीं रहता।

*[मार्त्तंड उन तीनों को आँख के संकेत से चलने के लिए कहता है।]*

**मार्त्तंड** : तो मेरे साथ सब हवालात चलिए।

*[सब हटते झिझकते बाहर की ओर चलते हैं।]*

**मार्त्तंड :** *(जाते-जाते दो पेस्ट्री और खाकर मालिक से)* शाम को आप भी थाने में हाजिरी दीजिएगा।

**मालिक :** जी, मैं?

**मार्त्तंड :** हाँ, हाँ। और साथ इस वेटर को भी लाइएगा।

*[सबके साथ बाहर निकल जाता है। मालिक माथे पर हाथ धरकर बैठता है। वेटर उसका सिर दबाता है।]*

# कलिंग विजय

## पात्र

असंधिमित्रा : अशोक की सम्राज्ञी
सुजाता : महामात्य की पत्नी
वृद्धा : एक सामंत की माँ
अशोक : मौर्य सम्राट
महामात्य : अशोक का प्रधानमंत्री
युवक : एक विद्रोही बंदी
तारा : युवक की बहन (एक सद्यःविधवा)
तारा का बच्चा, द्वारपाल
देशपाल : सैनिक

## पहला दृश्य

*[अशोक के राज्याभिषेक के आठवें वर्ष उसकी सेनाओं ने कलिंग पर आक्रमण किया। देवानां-प्रिय प्रियदर्शी राजा की सेनाएँ शत्रुओं को परास्त करती हुई आगे बढ़ने लगीं। पूर्ण विजय अब कुछ ही चिर की बात रह गई। तभी एक दिन पाटलिपुत्र में अशोक के विहारोद्यान में असंधिमित्रा दुःखी सुजाता को कुछ समझाती-सी दिखाई देती हैं। तेज संगीत के कारण उनके संवाद सुनाई नहीं देते। संगीत कम और प्रकाश अधिक होने पर...]*

**सुजाता** : हर पराजय भी तो विजय का स्मारक ही होती है। उन ध्वस्त और जीर्ण-शीर्ण घरों में जाकर पता चलता है कि विजय क्या होती है।

**असंधिमित्रा** : कुमार की अनुपस्थिति ने तुम्हारे हृदय को बहुत अस्थिर कर

दिया है, सुजाता बहन! तभी तुम ऐसी-ऐसी बातें सोचती हो। कलिंग पर विजय होने में अब देर नहीं है। थोड़े ही दिनों में कुमार विजय का सेहरा बाँधे हुए तुम्हारे पास आकर उपस्थित हो जाएगा। फिर तुम्हारी यह उदासी और निराशा सब जाती रहेगी। मैं भी माँ हूँ और माँ के हृदय को समझ सकती हूँ। तुम सोचने लगती हो तो बहुत गहरे तक सोच जाती हो। सुजाता, तुम चाहो तो मैं महाराज से कहकर कुमार को पहले भी बुलवा सकती हूँ...

**सुजाता :** उसको बुलवा लूँगी महादेवी तो उसकी जगह कोई न कोई कुमार तो जाएगा ही। और अब भी वह वहाँ अकेला नहीं है। सहस्रों और सैनिक उसके साथ हैं। *(रुआँसे स्वर में)* मैं केवल उसकी कुशल-क्षेम चाहती हूँ महादेवी, और कुछ नहीं चाहती। परंतु मैं जानती हूँ कि कुमार तक मेरे हृदय की बात पहुँच जाए तो वह क्षुब्ध हो उठेगा। घर में उनसे बात करती हूँ तो वे क्षुब्ध हो उठते हैं। जैसे जीवन में वीर धर्म ही एक धर्म है। ममता और कोमलता का कोई धर्म ही नहीं है। मैं उनसे कभी बात नहीं करना चाहती। उनका हृदय भी शिलाखंड की तरह ही है, जिससे टकराकर मेरी कोमल भावना चूर-चूर हो जाती है। मैं उनसे कुछ नहीं कहना चाहती। आँखें भर जाती हैं तो आकाश की ओर देख लेती हूँ। हृदय भारी होता है तो आपके पास चली आती हूँ।

**असंधि. :** तुम्हें कुमार के कुशल क्षेम के संबंध में कभी चिंतित नहीं होना चाहिए सुजाता बहन! कुमार बहुत वीर और रण-दक्ष सेनापति है। आज विहारोद्यान से लौटकर मैं तुम्हारे साथ उसकी कुशल क्षेम के लिए प्रार्थना करूँगी। तुम चिंता छोड़ दो। कुमार चिरायु है और उसे अभी जीवन में बहुत कुछ करना है।

*[एक वृद्धा की खोखली उन्मादपूर्ण हँसी का शब्द सुनाई देता है।]*

**वृद्धा :** तुम कहती हो कुमार चिरायु है? यह झूठ है। धोखा है। कुमार मर चुका है। उसे कोई शक्ति प्राण नहीं दे सकती।

*[फिर हँसती है।]*

**असंधि. :** तुम कौन हो माँ? ऐसे शब्द तुम क्यों कह रही हो?

**वृद्धा :** मैं कौन हूँ?...तुम देख नहीं रही हो, मैं कौन हूँ? मैं कुमार की माँ हूँ। कुमार आदित्यगुप्त की माँ। और तुम मुझसे कहती हो कि कुमार चिरायु है? तुम मेरे बच्चे की मृत्यु का उपहास उड़ाती

हो? इसलिए कि तुम इस राज्य की महादेवी हो?

असंधि. : *(अव्यवस्थित स्वर में)* तुम कुमार आदित्यगुप्त की माँ हो, और इस दशा में? यह तुमने अपना कैसा वेश बना लिया है माँ? तुम ये तार-तार वस्त्र पहने घूम रही हो?

वृद्धा : तुम्हें मेरे इन वस्त्रों की चिंता है? *(हँसकर)* मेरे इन वस्त्रों से तुम्हारे राज्य की मर्यादा जाती है?...परंतु मेरी कोई मर्यादा नहीं है। मैं एक मरे हुए सामंत की माँ हूँ। अब मेरे पुत्र के पीछे एक सहस्र अश्वारोही नहीं चलते।

असंधि. : फिर भी माँ, तुम्हारे पुत्र की मर्यादा तो शेष है...

वृद्धा : मेरे पुत्र की मर्यादा शेष है? कहाँ? किस रूप में? मेरे घर चलोगी? मेरे घर की गिरी हुई दीवारों में तुम्हें वह मर्यादा दिखाई देगी। मेरे टूटे हुए चूल्हे में वह मर्यादा दिखाई देगी। देखोगी?

असंधि. : *(संवेदनापूर्वक)* मुझे बहुत दुःख है माँ! मैं आज ही महाराज से तुम्हारी दशा का उल्लेख करूँगी। वे हर तरह से तुम्हारी सहायता करेंगे। वे प्रजा में किसी को दुखी नहीं देख सकते, फिर तुम तो राज्य के एक दिवंगत सामंत की माँ हो। तुम्हारे लिए कुछ भी करना वे अपना धर्म समझेंगे। उनका राज्य धर्मराज्य है। वे तुम्हारे संबंध में...

क्या बात है माँ? तुम इस तरह क्यों देख रही हो?

वृद्धा : मैं देख रही हूँ कि तुम बहुत भोली हो या बहुत चतुर हो। यह राज्य धर्मराज्य है!...और अब उस धर्मराज्य की सीमाओं का विस्तार भी हो रहा है। इस राज्य के वीर सैनिक इस धर्मगाथा को दूर-दूर तक ले जा रहे हैं।

असंधि. : हाँ, माँ! महाराज सारे देश को अधर्मियों और आतताइयों के पंजों से छुड़ाकर सुख और शांति के छत्र में ले जाना चाहते हैं।

वृद्धा : सुख और शांति के छत्र में? *(हँसती है)* और उस सुख और शांति की अग्रदूत बनकर आती है रक्त से रंगी हुई तलवार?...महादेवी असंधिमित्रा, तुम एक राज्य की स्वामिनी हो और जीवन को तुम जीवन के बीच से नहीं, अपनी सत्ता की ऊँचाई से देखती हो। यह सत्ता और प्रभुता ही तुम्हारे लिए यथार्थ है, जीवन यथार्थ नहीं है।...तुम जानती हो, युद्ध किसे कहते हैं?

असंधि. : मैं तुम्हारा प्रश्न ठीक से समझ नहीं सकी माँ!

वृद्धा : यह प्रश्न तुम समझ भी नहीं सकती हो महादेवी! युद्ध का अभिप्राय वही समझ सकता है, जिसने युद्ध के परिणाम को सहा हो। मैं

युद्ध का अभिप्राय जानती हूँ और बहुत अच्छी तरह जानती हूँ। युद्ध की मार-काट से सुख और शांति उन्हें मिलती होगी जिनकी गौरवगाथा शिलाखंडों पर लिखी जाती है, मरने और कटनेवालों को नहीं मिलती।

**असंधि.** : मरनेवाले को भी सुख मिलता है माँ। उसकी यशस्विता उसे सुख देती है। वास्तव में शिलाखंडों पर मरनेवालों की यशोगाथा ही तो अंकित होती है। राजा अपने आप में कोई व्यक्ति नहीं होता, केवल एक प्रतीक होता है। प्रजाहित में ही उसकी सत्ता की सार्थकता है। राजा जो भी करता है, प्रजाहित के लिए ही करता है। यह बात तुम क्यों नहीं सोचती हो माँ?

**वृद्धा** : *(व्यंग्यपूर्ण स्वर में)* राजा जो कुछ भी करता है, प्रजाहित के लिए करता है! उसकी सत्ता प्रजाहित के लिए है, उसका शासन प्रजाहित के लिए है और उसका पीड़न भी प्रजाहित के लिए है! इतनी सूक्ष्म बात समझने की वुद्धि मुझमें नहीं है महादेवी! परंतु इतना मैं अवश्य जानती हूँ कि यशस्विता भी राजा के लिए होती है, युद्धभूमि में मरनेवालों के लिए नहीं। मरनेवाले को जो कुछ मिलता है, वह मेरे पास देख लो। मेरी इस फटी हुई झोली में कितना यश भरा है।

**असंधि.** : *(व्याकुल स्वर में)* नहीं, माँ नहीं। तुम्हारी यह हीन दशा सचमुच मुझसे नहीं देखी जाती। मैं यह कल्पना भी नहीं कर सकती कि एक सामंत की माँ को ऐसे वस्त्रों में रहना पड़ सकता है। मुझे अवसर दो माँ! मैं तुम्हारे लिए कुछ करना चाहती हूँ। कुछ भी बताओ जो मैं तुम्हारे लिए कर सकूँ...

**वृद्धा** : तुम कुछ भी नहीं कर सकतीं महादेवी! मैं अकेली नहीं हूँ, जिसके पुत्र की मृत्यु हुई है। एक मेरी ही झोली में छेद नहीं है। इस विहारोद्यान से बाहर बहुत-बहुत बड़ी दुनिया है महादेवी! किसी एक के लिए करने से कुछ नहीं होगा! प्रभुसत्ता में एक बहुत बड़ी विशेषता होती है महादेवी! वह जितना व्यापक विध्वंस कर सकती है, उतना व्यापक निर्माण नहीं।

**असंधि.** : फिर भी मुझे कर्तव्य का बोध दो माँ। मुझे मार्ग का निर्देश दो। मैं अपनी अकिंचनता समझ रही हूँ। फिर भी मैं कुछ करना चाहती हूँ...

**वृद्धा** : महादेवी कुछ करना चाहती हैं?...तुम क्या कर सकती हो, यह मैं नहीं जानती। मैं एक साधारण मानवी की तरह सोचती हूँ

कि यह युद्ध नहीं होना चाहिए। परंतु बहती हुई रक्तधाराएँ विजय के उन्माद में राजाओं को बहुत भली लगा करती हैं। तुम चाहो तो राजा को यह समझा सकती हो कि प्रजा के हर मनुष्य के रक्त में उतनी ही उष्णता होती है, जितनी राजा के रक्त में।

असंधि : महाराज को मैं प्रजा के हित की बात बताऊँगी? उन्हें, जो सारी प्रजा को अपनी संतान की तरह समझते हैं!

वृद्धा : सत्ता के विस्तार की कामना मन में अंधकार भर देती है महादेवी! उस अंधकार में पिता के पैर संतान को भी कुचल जाते हैं। परंतु रानी भी प्रजा की माँ होती है। माँ के हृदय को अँधेरा व्याप्त नहीं करता। यदि तुम सचमुच माँ हो और तुम्हारे हृदय में वह वत्सलता है तो राजा को बताओ कि उसकी प्रजा का हृदय कहाँ और किस रूप में धड़कता है।

असंधि. : *(जैसे स्वगत)* मैं उन्हें दृष्टि दूँगी? उन्हें न्यायमार्ग की बात बताऊँगी? मेरी अकिंचनता उनकी महत्ता को निर्देश देगी?

वृद्धा : *(व्यंग्य से हँसकर)* मैं जानती थी कि तुम्हारे पास शब्दों की भावुकता के अतिरिक्त और कुछ नहीं है। अपनी भावुकता पर बोझ मत पड़ने दो महादेवी! मुझे विक्षिप्त समझकर मेरा अपराध क्षमा कर देना। राजा का सत्तागर्व उसे जिस दिशा में ले जाए, ले जाने दो। उससे तुम्हारी अधिकार-लिप्सा भी संतुष्ट होगी। मैं विवेकहीन हूँ जो तुमसे ऐसी बातें कह रही हूँ। मेरा पुत्र जो नहीं रहा, विवेक कहाँ से रहता है? मुझे आज्ञा दो, मैं जा रही हूँ।

*[सुजाता के सिसकने का शब्द।]*

असंधि. : तुम रो रही हो सुजाता बहन?

सुजाता : हाँ, महादेवी! मैं अनुभव कर रही हूँ कि इस माँ के हृदय के किस कोने में व्यथा की हिलोर उठती है। उसके चारों ओर जैसे सब निर्जन है! उस निर्जन में कहीं प्रतिध्वनि पैदा नहीं होती।

असंधि. : नहीं, इतना निर्जन नहीं है। कहीं न कहीं अवश्य प्रतिध्वनि होती है। मेरा हृदय आज विचलित हो उठा है। मैं उनसे अनुनय करूँगी कि और युद्ध न किया जाए। सेनाएँ जहाँ तक जा पहुँची हैं, वहाँ से और आगे उन्हें न जाने दिया जाए। मुझे विश्वास है कि वे मेरी बात अवश्य सुनेंगे। तुम धैर्य रखो। थोड़े दिनों में कुमार भी लौटकर तुम्हारे पास आ जाएगा।

सुजाता : नहीं महादेवी, युद्ध बंद नहीं होगा। कुमार मेरे पास लौटकर आएगा या नहीं, यह मैं नहीं जानती; परंतु युद्ध चलता रहेगा। युद्ध का

संचालन जिनकी बुद्धि द्वारा हो रहा है, उन्हें मैं कितना पास से जानती हूँ?

असंधि. : मैं उनसे भी अनुरोध करूँगी कि वे महाराज को युद्ध बंद कर देने का परामर्श दें। महामात्य राजनीतिज्ञ हैं, वीरधर्मा हैं पर अंततः उन्हें भी तो मानव का हृदय प्राप्त है। मैं उन्हें युद्ध की बीभत्सता के संबंध में सोचने के लिए विवश करूँगी...

सुजाता : आप ऐसा कहती हैं क्योंकि आप उन्हें ठीक से जानती नहीं हैं। मैं जानती हूँ। वे महाराज को युद्ध बंद कर देने का परामर्श कदापि-कदापि नहीं देंगे। उनका हृदय हृदय नहीं, शिलाखंड है महादेवी, जहाँ एक ही लिपि अंकित है...युद्ध और विजय। एक दिन मैंने उनसे ऐसी बात करनी चाही थी तो जानती हैं उन्होंने मुझसे क्या कहा था?

असंधि. : क्या कहा था?

सुजाता : उन्होंने कहा था कि मैं देशद्रोहिणी हूँ। उनकी दृष्टि में साम्राज्यहित के सामने मानवहित और समाजहित का कोई मूल्य नहीं है। वे केवल एक सैनिक की भाषा जानते हैं। और कोई भाषा उनकी समझ में नहीं आती।

असंधि. : हर भाषा सीखने से आती है सुजाता बहन! मुझे उनसे बात कर लेने दो। समय के कोमल हाथ शिलाखंड की कठोर से कठोर लिपि को भी बुझा देते हैं। उन हाथों में विश्वास रखो। महामात्य को अपनी कर्तव्यभावना का भान है, इसीलिए वे तुम्हें कठोर प्रतीत होते हैं। यदि हम प्रयत्न से उनकी इस भावना की दिशा बदल दें तो उनके अंतर के कोमलता के स्रोत बाहर फूट निकलेंगे। शिलाखंड हिमखंड की तरह पिघल जाएगा।

सुजाता : मुझे विश्वास नहीं। आपके शब्दों से बहुत सांत्वना मिलती है, फिर भी विश्वास नहीं होता। मुझे तो डर लगता है यह सोचकर कि मेरी प्रेरणा से आप यह सब कह रही हैं, वे मेरे प्रति और भी कठोर हो जाएँगे। मेरा हृदय और कठोरता सहन नहीं कर सकता महादेवी! और सहना पड़ा तो मैं टूट जाऊँगी—बिलकुल टूट जाऊँगी।

असंधि. : नहीं, ऐसा अवसर नहीं आएगा। मुझे विश्वास है कि मेरी बांत अवश्य सुनी जाएगी। मुझे एक बार अपने विश्वास की परीक्षा तो कर लेने दो।

## दूसरा दृश्य

*[पर्दा उठने पर अशोक का उपवेश-गृह दिखाई देता है। बीच में एक बड़ा सिंहासन है जिसके दोनों ओर दो छोटे सिंहासन रखे हैं। बीच के सिंहासन पर अशोक और दाईं ओर के सिंहासन पर महामात्य बैठे हैं।]*

**अशोक :** तुम ठीक कहते हो महामात्य! हमारी सेना के सामने शत्रु कहीं टिक सकेंगे, अब ऐसी संभावना नहीं है। कलिंग पर विजय लगभग निश्चित ही है। फिर भी कुमार का कोई समाचार नहीं आया, यह बात रह-रहकर हमारे हृदय को उद्विग्न कर देती है। कुमार पुत्र तुम्हारा है, पर हमें उससे कितना मोह है, कितनी आशा है, यह तुमसे छिपा नहीं है।

**महा. :** वह आपके स्नेह का भाजन बन सका है, मैं उसके लिए यह गौरव की बात समझता हूँ महाराज! यदि साम्राज्य की सेवा करते हुए उसके प्राण चले जाएँ तो यह भी उसके लिए गौरव की बात होगी। मैं विजय के समाचार की प्रतीक्षा कर रहा हूँ। कुमार एक सैनिक है और सैनिक का समाचार न आना भी अशुभ बात नहीं है।

**अशोक :** यह शुभ-अशुभ का प्रश्न नहीं है महामात्य! भावना का प्रश्न है। हम चाहते हैं कि स्वयं कुमार ही विजय का समाचार लेकर आए। परंतु युद्ध जितना लंबा होता जा रहा है, हमारा हृदय उतना ही आशंकित रहता है।

**महा. :** आशंकित होने का कोई कारण नहीं है महाराज! कलिंग पर विजय निश्चित है। इस विजय की कीर्ति युगों तक अनेकानेक शिलाखंडों के वक्ष पर खुदी रहेगी। एक महान विजेता, एक महान नेता और एक महान शासक के रूप में इतिहास सदैव आपको स्मरण रखेगा। मैं सोच रहा हूँ कि विजय के उपलक्ष्य में एक व्यापक समारोह हो। आनंद और उत्साह की बाढ़ दिशा-दिशा में फैल जाए। देश भर के घरों में दीपमाला हो...

*[असंधिमित्रा का प्रवेश। महामात्य बोलते-बोलते रुककर अभिवादन करता है।]*

**असंधि. :** मैं आपके वार्तालाप में बाधा बन सकती हूँ?

**अशोक :** आओ...आओ...रानी! महामात्य विजय के समारोह की बात कर रहे हैं।

असंधि. : महामात्य विजय की संभावना से बहुत उत्तेजित प्रतीत होते हैं।

महा. : कलिंग विजय साम्राज्य की बहुत बड़ी विजय होगी महादेवी! उसकी संभावना से दास का उत्तेजित हो उठना अस्वाभाविक नहीं है।

असंधि. : निःसंदेह! विजय की संभावना किसे उत्तेजित न कर देगी?...परंतु महामात्य, जिन घरों के जीते-जागते दीपक युद्ध की आँधी ने बुझा दिए हैं, उन घरों में दीये कौन जलाएगा? हमारी राजाज्ञा या उनकी विवशता?

महा. : यह आप क्या कह रही हैं महादेवी?

असंधि. : मैं ठीक कह रही हूँ महामात्य! जहाँ बाल युवतियाँ रणक्षेत्र में अपने सुहाग की आहुति दिए जाने पर दो बूँद जल गिरा लेने का अवसर भी न पाएँगी, वहाँ यह आनंद और उल्लास की बाढ़ कैसे पहुँच जाएगी? क्या हमारी राजाज्ञा से उन्हें आँसू पोंछकर विजयोत्सव में भाग लेना होगा? उस उत्सव को किस न्याय से उत्सव कहा जा सकेगा?

अशोक : यह तुम कैसी बात कह रही हो रानी? तुम जानती हो कि हमारे साम्राज्य की नींव धर्म और न्याय पर खड़ी है। हम ऐसी किसी भावना को प्रश्रय नहीं दे सकते जिससे अन्याय की गंध आती हो।

असंधि. : इसीलिए मेरा यह प्रश्न है कि सहस्रों सैनिकों के रक्त से सींची हुई पृथ्वी पर जो विजय का फूल लहराएगा, उसे देखकर आनंदित होना क्या अन्याय न होगा? जिस वायुमंडल से मरे हुए या मर रहे सैनिकों की करुण कराहट अभी विलीन न हुई होगी, उसमें नृत्य-गीत के स्वर मिला देना क्या अन्याय न कहा जाएगा?

महा. : विजय एक पर्व है महादेवी और उस पर्व का अभिनंदन करना हर क्षत्रिय का धर्म है। व्यक्ति का जीवन और व्यक्ति की मृत्यु, व्यक्ति का आनंद और व्यक्ति की करुणा, इनका कोई महत्त्व नहीं है। विजय का उत्सव समूह का उत्सव है। समूह को उसका अधिकार देने में कुछ भी अन्याय नहीं है महादेवी! हमें इस पर्व का उचित अभिनंदन करना ही चाहिए।

असंधि. : विजयी के लिए विजय एक पर्व है तब पराजित के लिए पराजय क्या है महामात्य? वह भी एक पर्व है? और पराजय का पर्व भी तो समूह का ही पर्व होगा। वह समूह अपना पर्व किस तरह मनाएगा? नहीं महामात्य। बुझे हुए दिलों से दीपक जलवा लेने से दीपमाला नहीं हो जाती। कुछ लोग सिर झुकाकर जयजयकार करें, इसे विजय नहीं कहते।

*[महामात्य भावपूर्ण दृष्टि से राजा की ओर देखकर चुप हो जाता है। अशोक आश्चर्यचकित-सा असंधिमित्रा की ओर देखता है।]*

**अशोक** : महामात्य ही उत्तेजित नहीं हैं। तुम भी आज उत्तेजित प्रतीत हो रही हो रानी।

**असंधि.** : संभव है, मैं भी उत्तेजित हूँ। परंतु विजय के उपलक्ष्य में एक समारोह हो, इसके पक्ष में मैं कदापि नहीं हूँ।

**महा.** : धृष्टता क्षमा हो महादेवी! विजयोत्सव का सारा आयोजन पहले से ही किया जा चुका है। जब पहला सैनिक विजय की पताका लिए हुए राज्य की सीमा में प्रवेश करेगा, तभी दुंदुभियाँ बज उठेंगी। मंदिरों में विजयगीत गाए जाने लगेंगे। राजवीथिवाँ आलोकित हो उठेंगी।...अब इस सारे आयोजन को स्थगित कैसे किया जा सकता है?

**अशोक** : हम तुम्हारी दृष्टि को समझते हैं रानी। परंतु तुम युद्ध का केवल एक ही पक्ष क्यों देखती हो? यह क्यों नहीं सोचती हो कि इस युद्ध में धर्म और न्याय की शक्तियाँ अधर्म और अन्याय की शक्तियों से लड़ रही हैं? शक्तियों की विजय धर्म और न्याय की विजय है।

**असंधि.** : जिसे प्राप्त करने के लिए शक्तियाँ लड़ती हैं, उसे मैं विजय नहीं समझती।

**अशोक** : उसे तुम विजय नहीं समझतीं? तो तुम्हारी दृष्टि में विजय क्या है रानी?

**असंधि.** : विजय वह है जो दूसरे को नीचा नहीं दिखाती, ऊँचा उठाती है। उसमें साम्राज्य विस्तार मिट्टी के क्षेत्र को नहीं, मनुष्य के हृदय को अपना बनाने से होता है।

**महा.** : मनुष्य के हृदय को अपना बनाने के लिए सुविधा और अवसर की आवश्यकता होती है महादेवी! और वह सुविधा और अवसर प्राप्त करने के लिए ही युद्ध का आश्रय लेना पड़ता है।

**अशोक** : रानी, हिंसा और रक्तपात युद्ध के साधन हैं अवश्य, पर उसका उद्देश्य महान है। तुम यह बात क्यों नहीं सोचती हो?

**असंधि.** : मैं सोचकर भी यह बात नहीं समझ पाती महाराज! महान की प्राप्ति के लिए साधन भी महान होना चाहिए। एक महान उद्देश्य को पाने के लिए हिंसा और रक्तपात का आश्रय ही क्यों आवश्यक है? और कोई मार्ग क्यों नहीं है?

*[दूर से कुछ कोलाहल सुनाई देता है।]*

**महा.** : राजप्रासाद के अंदर यह कैसा कोलाहल सुनाई दे रहा है?

**अशोक** : शायद किसी प्रहरी से कोई प्रमाद हुआ हो!

**महा.** : नहीं, ऐसा नहीं हो सकता। यहाँ प्रहरी कभी प्रमाद नहीं करते। ...ठहरिए, मैं जाकर देखता हूँ।

*[शोर बहुत बढ़कर धीरे-धीरे शांत हो जाता है।]*

**अशोक** : क्या बात है महामात्य? यह कोलाहल किसलिए हो रहा था?

**महा.** : एक उपद्रवी युवक राजप्रासाद को आग लगाने की चेष्टा करता हुआ पकड़ा गया है। प्रहरी देशपाल उसे बंदी करके ला रहा है।

*[प्रहरी एक बलिष्ठ नवयुवक को रस्सियों से बाँधे हुए लेकर आता है। सैनिक झुककर अभिवादन करता है।]*

**देश.** : देवानां प्रिय प्रियदर्शी महाराज की जय!

*[नवयुवक सीधा लापरवाही से खड़ा रहता है।]*

**महा.** : अभिवादन करो युवक! तुम्हें मर्यादा का कुछ तो ध्यान होना चाहिए।

*[युवक उत्तर नहीं देता।]*

**महा.** : तुम जानते हो कि तुम इस समय राजा के सम्मुख खड़े हो?

**युवक** : *(सीना तनकर बँधी रस्सियों से बाहर उभरने लगता है)* जानता हूँ।

**महा.** : *(क्रोध से)* पर यह संभवतः नहीं जानते कि राजा की अवज्ञा करना राजप्रासाद में आग लगाने से भी बड़ा अपराध है?

**युवक** : *(घृणापूर्वक मुसकराकर)* जानता हूँ।

**महा.** : तो यह भी जानते होगे कि इस अपराध के लिए तुम्हें मृत्युदंड दिया जा सकता है?

**युवक** : यह भी जानता हूँ।

**महा.** : तो और कुछ जानना शेष नहीं है। इसे यहाँ से ले जाओ देशपाल!

**अशोक** : ठहरो महामात्य! हम इस युवक से कुछ बात करना चाहते हैं। ...तुम अपना अपराध स्वीकार करते हो युवक?

**युवक** : *(दृढ़तापूर्वक)* नहीं।

**अशोक** : तो तुमने राजप्रासाद में आग लगाने का प्रयत्न नहीं किया?

**युवक** : उसी प्रयत्न के लिए तो मैं यहाँ लाया गया हूँ।

**अशोक** : तो तुम इस प्रयास को अपराध नहीं समझते?

**युवक** : कदापि नहीं।

**अशोक** : कारण?

**युवक :** कारण बताना मैं आवश्यक नहीं समझता। परंतु यदि फिर अवसर मिले तो मैं फिर ऐसा ही प्रयत्न करना अनुचित नहीं समझूँगा। मैं जो कुछ कर रहा था, धर्म और न्याय समझकर कर रहा था।

**अशोक :** धर्म और न्याय समझकर? छिपकर राजप्रासाद में आग लगाने को तुम धर्म और न्याय कहते हो?

**युवक :** यह आवश्यक नहीं है कि जो आपके लिए धर्म और न्याय है, वही मेरे लिए भी हो।

**अशोक :** तुम यह समझते हो कि तुम इस तर्क से दंड से बच सकते हो?

**युवक :** मैं किसी भी तर्क से दंड से बचना नहीं चाहता।

**असंधि. :** ठीक से बात करो युवक! तुम बताओ कि तुम क्यों राजप्रासाद में आग लगाने का प्रयत्न कर रहे थे? महाराज तुम्हारे साथ न्याय करेंगे।

*[नवयुवक एक बार ध्यान से असंधिमित्रा के मुख की ओर देखता है।]*

**युवक :** महाराज, मेरे साथ न्याय करेंगे? परंतु मुझसे पहले एक और अपराधी के साथ न्याय होना चाहिए, जिसने मेरा घर उजाड़ा है और मेरी बहन का सुहाग छीना है।

**असंधि. :** आवेश में बात मत करो युवक! उस अपराधी के साथ भी न्याय होगा। बताओ, वह कौन व्यक्ति है और उसने ऐसा क्यों किया है?

**युवक :** यदि मैं बतला दूँ तो क्या आप उसे दंड दिलवा सकेंगी?

**असंधि. :** अवश्य। परंतु यदि वह अपराधी सिद्ध हुआ तो। तुम बताओ, वह कौन है और उसने तुम्हारे साथ ऐसा क्यों किया है?

**युवक :** उसने ऐसा क्यों किया है, यह तो वही बता सकता है। परंतु वह कौन है, यह मैं बताए देता हूँ। महादेवी उस व्यक्ति से अपरिचित नहीं हैं। वह अपराधी भी दूर नहीं है। *(अशोक की ओर संकेत करके)* यह राजा है, वह भयंकर अपराधी।

*[देशपाल तथा महामात्य दोनों एकदम खड्ग खींच लेते हैं। नवयुवक की दृढ़ता में अंतर नहीं आता। असंधिमित्रा की आँखें चमक उठती हैं। अशोक की मुद्रा गंभीर हो जाती है। उसके संकेत से तलवारें म्यानों में चली जाती हैं।]*

**महा. :** धृष्टता की एक सीमा होती है युवक!...तुम जानते हो, तुम क्या कह रहे हो?

**युवक :** कम से कम इतना जानता हूँ कि यह राजा अशोक का धर्मराज्य है और यहाँ अपराधी को अपराधी कहनेवाला दंड का अधिकारी

समझा जाता है।

**अशोक :** पूरी बात कहो युवक! हमने कब किस रूप में तुम्हारे साथ यह अपराध किया है?

**युवक :** मुझ अकेले के साथ ही नहीं, आपने मेरे जैसे सहस्रों व्यक्तियों के घरों में यही अपराध किया है....

**अशोक :** हमने अपराध किया है?

**युवक :** हाँ...हाँ, मेरे घर में, मेरी भूमि पर, आपने बार-बार यह अपराध किया है। सुख और शांति में पलते हुए मनुष्यों के जीवन में आपने घोर हाहाकार पैदा कर दिया है। हास्य और विनोद से मुखरित अलिंदों को आपने रोदन और चीत्कार से भर दिया है।

**अशोक :** यह तुम कहाँ की बात कह रहे हो बंदी?

**युवक :** मैं राजा अशोक के फैलते हुए साम्राज्य की बात कह रहा हूँ, जहाँ सूर्योदय के समय अपने सौभाग्य पर इठलाती हुई नवयुवतियाँ दिन ढलने से पहले चूड़ियाँ तोड़ लेती हैं। जहाँ लहू बहता है और माँग का सिंदूर पुंछ जाता है...

**अरांधि. :** रहने दो युवक! इस प्रसंग को और दूर तक मत ले जाओ। इससे अधिक मैं नहीं सुन सकती...*(मुख पर वेदना और आँखों में आँसू चमक उठते हैं।)*

**युवक :** आपमें सुनने की सामर्थ्य नहीं है महादेवी! परंतु हम यह सब कुछ सह रहे हैं। माताओं की बूढ़ी आँखों के सामने उनके युवा पुत्रों की चिताएँ जलती हैं। नन्हे बच्चे को न सँभलती हुई टाँगों पर खड़े होकर पिता का दाहसंस्कार करना होता है। पति का मुख देखने से पहले किसी को उसकी हड्डियाँ चुननी पड़ती हैं। हममें यह सब देखने की कितनी सामर्थ्य है यह भी कभी सोचा है महादेवी?

*[असंधिमित्रा विह्वल हो जाती है। अशोक का सिर झुक जाता है। महामात्य असूयाभरी दृष्टि से युवक की ओर देखता है। युवक बारी-बारी उन सबकी ओर देखता हुआ, सूखे होंठों पर जिह्वा फेरता है। दो क्षण निःस्तब्धता।]*

**महा. :** इस प्रलाप को रहने दो युवक! हम देख रहे हैं कि तुम्हें शब्दजाल रचना बहुत आता है। परंतु तुम सोचते हो कि इस शब्दजाल से तुम्हें कुछ सिद्धि प्राप्त होगी तो यह तुम्हारा भ्रम है। इस समय जो युद्ध किया जा रहा है, वह हमारा धर्म है, यश है...

**युवक :** और खेल है। वह धर्म है क्योंकि उससे आपका महत्त्व बढ़ता

है। यश है क्योंकि उसमें बलिदान दूसरों का होता है। और खेल है क्योंकि दाँव पर लगाने को हम जैसे मिट्टी के पुतले बहुत हैं।

**महा.** : अब अपनी जिह्वा पर अंकुश रखो युवक, अन्यथा...

**अशोक** : ठहरो महामात्य, उसे कह लेने दो।

**युवक** : मुझे कुछ भी नहीं कहना है। मैं जानता हूँ कि शासक अपराध करके भी दंड का भागी नहीं होता। अधिकार हर अन्याय को न्याय और हर अधर्म को धर्म बना देता है। अधिकार दंड देता है, उसे कोई दंड नहीं दे सकता। मैं प्रस्तुत हूँ। मुझे दंड दीजिए। मैंने अपने देश पर हुए अत्याचार का बहुत साधारण प्रतिशोध लेना चाहा है। मेरे हृदय में अपने देश के लिए ममत्व की भावना है। वह भावना आपके सम्मुख अपराधिनी है। उस भावना को दंड दीजिए।

**असंधि.** : तुम्हें दंड पाने का आग्रह क्यों है युवक? तुम्हें इस साधारण अपराध के लिए क्षमा भी किया जा सकता है...

**युवक** : नहीं महादेवी! मुझे क्षमा नहीं चाहिए। मैं अपराधी नहीं हूँ जो क्षमा की याचना करूँ। अपराधी किसी को दंड दे तो उसका एक और अपराध बढ़ जाता है। मैं कलिंग के भावी विजेता से दंड चाहता हूँ।

**महा.** : आप इस युवक को व्यर्थ ही प्रश्रय दे रही हैं महादेवी! इसे सबसे पहले यह सीख मिलनी चाहिए कि राजा का आदर किस तरह से किया जाता है।

**युवक** : राजा का आदर? आप मुझे राजा का आदर करना सिखाएँगे? ...मैंने अपनी माँ का आदर करना सीखा है। उसके वक्ष पर जिसकी तलवार चलती है, उसका आदर करना सीखकर मैं माँ की हत्या में हाथ बँटाऊँगा?

**महा.** : बहुत हो चुका है युवक! महाराज अभी तुम्हारे लिए व्यवस्था दे देते हैं।...इस धृष्ट युवक के लिए मैं मृत्युदंड के अतिरिक्त और किसी व्यवस्था की सम्मति नहीं दे सकता महाराज! आदेश दीजिए, जिससे...*(दूर से आवाज आती है)* नहीं...नहीं...

**तारा** : *(आती हुई)* नहीं...नहीं, इसे दंड मत दीजिए! मैं इसकी ओर से आपसे क्षमा माँगती हूँ, इसे दंड मत दीजिए!

**युवक** : यह क्या उन्माद है तारा? तुम क्यों यहाँ चली आई हो? इन नृशंस अत्याचारियों से अपने भाई के लिए क्षमा माँगकर तुम उसे अपमानित करना चाहती हो?

**तारा :** नहीं, मैं तुझे अपमानित नहीं करना चाहती। मुझे तेरे और अपने प्राणों की चिंता नहीं है, पर इस जीव की चिंता है। तेरे चले जाने पर इस जीव की देखभाल कौन करेगा? मेरे वक्ष में तो इसे पिलाने के लिए दूध भी नहीं है...

**असंधि. :** धैर्य रखो बहन! तुम्हें अपने भाई और बच्चे के लिए चिंतित होने की आवश्यकता नहीं। मैं तुम्हारी हर सहायता करने के लिए प्रस्तुत हूँ।

**तारा :** आप मेरी हर सहायता करने के लिए प्रस्तुत हैं? हाँ, आप महादेवी हैं, आप क्या नहीं कर सकतीं? तो आप इस बच्चे के भरण-पोषण का भार ले लीजिए। मैं और मेरा भाई दोनों मृत्युदंड पाने को प्रस्तुत हैं। मेरी दशा ने ही इसके अंतर में प्रतिहिंसा की ज्वाला जलाई है। वास्तव में अपराधिनी मैं हूँ। इस बच्चे को मुझसे ले लीजिए और मेरे लिए दंड का आदेश दे दीजिए। मैं आधी मर चुकी हूँ, परंतु यह मुझे पूरी तरह मरने नहीं देता। लीजिए, इसे अपने पास रख लीजिए...

*[बच्चे के सहसा रो उठने और फिर चुप हो जाने का शब्द।]*

**तारा :** आप चुप क्यों हैं महादेवी? आपने कहा था कि आप कुछ भी कर सकती हैं। यह बच्चा मुझसे अलग नहीं होता। आप इसे अलग नहीं कर सकतीं?...जा बेटे, देख ये हमारी नई महादेवी हैं।...अब हम इनकी छत्रछाया में रहते हैं।...तेरी माँ नहीं रहेगी, तो ये तेरी पालना करेंगी।...तेरी माँ के पास तो तेरे लिए दूध भी नहीं है। इनके पास बहुत धन-धान्य है...सारी धरती का अन्न इनका है।...चला जा बेटे!...ये तुझे सोने से सजाकर रखेंगी। छोड़, तू मेरे साथ क्यों चिपट रहा है?...जा...जा इनके पास।

*[बच्चा पुनः रो उठता है।]*

**तारा :** नहीं जाएगा?...माँ को इतना भी सुख नहीं दे सकता? *(रुआँसे स्वर में)* देखो महादेवी, यह कैसा बच्चा है! यह मुझसे अलग नहीं होता। मैंने पति के साथ चिता पर जल जाना चाहा था तो इसने जलने नहीं दिया। अब मैं अपने भाई के साथ मृत्युदंड चाहती हूँ तो यह उस इच्छा के मार्ग में भी बांधक बन रहा है।...आप हम दोनों के साथ इसे भी मृत्युदंड दे दीजिए। यही एक उपाय है, जिससे हम सब सुखी हो सकते हैं, मैं भी, मेरा भाई भी और यह भी।

**युवक :** यह उन्माद का अवसर नहीं है तारा! मैं नहीं चाहता कि तुम

इस उन्माद से शासकों की दया-माया को जगाओ। हमें किसी की कृपा दृष्टि नहीं चाहिए। इन्हें मेरे लिए दंड विधान करने दो। तुम बच्चे को लेकर यहाँ से चली जाओ।

**तारा** : कहाँ चली जाऊँ? तुम साथ नहीं रहोगे, तो यह पेट ही हमें मृत्यु-दंड दे देगा। उससे अच्छा है कि तुम्हारे साथ रहूँ। इस मृत्यु में एकाकीपन का अनुभव तो न होगा।

**अशोक** : यह तुमने कैसे सोच लिया बहन कि हम तुम्हारे भाई के लिए मृत्युदंड की ही व्यवस्था करने जा रहे हैं? हम तुम्हारी व्यथा से किस तरह व्यथित हैं, यह शायद हम व्यक्त न कर सकें। देशपाल, इस युवक के बंधन खोल दो।

*[असंधिमित्रा के मुख पर गौरवमय स्मित की रेखाएँ खिंच जाती हैं। महामात्य आश्चर्य से अशोक की ओर देखता है। देशपाल बंधन खोलने लगता है। युवक गंभीर हो जाता है।]*

**युवक** : नहीं, मेरे बंधन खोलने से पहले मेरे लिए दंड की व्यवस्था होनी चाहिए। मैं स्वतंत्रता की भिक्षा नहीं चाहता।

**अशोक** : यह स्वतंत्रता की भिक्षा नहीं है युवक! तुमने अपनी स्वतंत्रता की याचना नहीं की। हमने तुम्हें कुछ दिया नहीं है, तुमसे कुछ लिया ही है। हम तुम्हारी देन को सदा स्मरण रखेंगे। और बहन, तुम्हारे पति की मृत्यु युद्ध में हुई है, इसलिए अपने बालक के उचित लालन-पालन के लिए तुम्हें जितने धन की आवश्यकता हो, वह तुम्हें राजकोष से दिया जाएगा...

**युवक** : दंड देने, न देने के लिए आप स्वतंत्र हैं। परंतु किसी का उपकार ग्रहण करने, न करने की स्वतंत्रता हमको है। हमें आपका कोई भी उपकार नहीं चाहिए।

**असंधि.** : यह उपकार नहीं है युवक...

**युवक** : सद्‌भावना है? परंतु हमें आपकी सद्‌भावना की भी अपेक्षा नहीं है। अपनी आवश्यकताओं के लिए हम अपने पर निर्भर रह सकते हैं और धरती और आकाश की इस विस्तीर्ण संपत्ति पर...

**अशोक** : हम तुम्हारी इस भावना का भी आदर करते हैं युवक! देशपाल, इन्हें राजप्रासाद के बाहर तक पहुँचा दो।

*[देशपाल अशोक का अभिवादन करता है। तारा कृतज्ञता ज्ञापित करती है। युवक चुपचाप असंधिमित्रा को अभिवादन करता है। तीनों का प्रस्थान।]*

**महा.** : इस उद्दंड युवक को बंधन-मुक्त करना नीति के अनुकूल नहीं कहा

जा सकता महाराज! आज यह जिस प्रयत्न में असफल रहा है, कल यह उसी प्रयत्न में सफल भी हो सकता है।

अशोक : तो भी हमें अपने निर्णय के लिए खेद नहीं होगा। इस युवक की उद्दंडता एक वरदान थी महामात्य! उसने हमारे सामने यथार्थ का एक ऐसा पक्ष प्रस्तुत किया है, जिसकी ओर से हमारी आँखें मुँदी हुई थीं। आज हमारा हृदय बार-बार हमें धिक्कारता है कि सचमुच हमने अपराध किया है। हमें विश्वास हो रहा है कि जिसे हम विजय कहते हैं, वास्तव में वह अधिकार-प्राप्ति के लिए मनुष्यता की पराजय है। नहीं, महामात्य, हमें यह विजय नहीं चाहिए। युद्ध तुरंत बंद कर देना होगा।

महा. : युद्ध बंद कर देना होगा? यह आप कैसी बात कह रहे हैं महाराज? दो व्यक्तियों के प्रलाप से इस तरह अस्थिर हो उठना आपको शोभा नहीं देता। राजनीतिज्ञ का हृदय शिलालेख की तरह कठोर होना चाहिए...

अशोक : नहीं, अब हम वह शिलाखंड नहीं हो सकते। यह दो व्यक्तियों के प्रलाप की ही बात नहीं है। ऐसे भी तो अनेक स्वर होंगे, जिनमें हमारे कानों तक पहुँचने की शक्ति नहीं है। हमने निर्णय कर लिया है महामात्य! युद्ध तुरंत बंद कर देना होगा।

महा. : पूर्ण विजय के निकट पहुँचकर हम युद्ध बंद कर देंगे? हमारे सैनिकों पर इसका क्या प्रभाव पड़ेगा? सीमा प्रदेशों के शासक क्या सोचेंगे? दूसरे देशों के लिए हमारी राजनीति का क्या मान रह जाएगा?

अशोक : आज जो विराट हम अपने सामने देख रहे हैं, राजनीति का मान उसके सामने बहुत तुच्छ प्रतीत होता है महामात्य! आज इस विराट में चारों ओर रक्त के बिंदु तड़पते दिखाई देते हैं या चिनगारियाँ उड़ती दिखाई देती हैं। अनेकानेक नरकंकाल अपनी चर्महीन आँखों से हमारी ओर संकेत करके कहते हैं कि हमने अपराध किया है। नहीं, महामात्य, अब और अधिक युद्ध नहीं होगा। जो हो चुका है, हम उसके लिए भी अपने आगे लज्जित हैं। इसी समय युद्ध बंद करने का आदेश-पत्र भेज दीजिए।

महा. : परंतु महाराज...

असंधि. : महाराज की आज्ञा का पालन होना चाहिए महामात्य! आपके वीर हृदय की कुंठा को मैं समझ सकती हूँ। परंतु मानव धर्म वीर धर्म से कहीं ऊँचा है। आप आदेशपत्र लिपिबद्ध कीजिए।

महा. : मैं सेवक के रूप में अपने धर्म का पालन करूँगा, परंतु...

**असंधि.** : आप लिखिए महामात्य!...देवानां प्रिय प्रियदर्शी महाराज यह आदेश देते हैं...

**महा.** : *(लिपिबद्ध करते हुए)*—देवानां प्रिय प्रियदर्शी महाराज यह आदेश देते हैं—

**असंधि.** : कि कलिंग की राजधानी तक पहुँची हुई हमारी सेनाएँ...

**महा.** : कि कलिंग की...राजधानी तक पहुँची हुई हमारी सेनाएँ...

**असंधि.** : इस आदेशपत्र के प्राप्त होते ही तुरंत युद्ध बंद करके पाटलिपुत्र की ओर प्रस्थान कर दें।

**महा.** : इस आदेशपत्र के प्राप्त होते ही...तुरंत युद्ध बंद करके...पाटलिपुत्र की ओर प्रस्थान कर दें।

**असंधि.** : युद्ध की विभीषिका ने देवानां प्रिय प्रियदर्शी के हृदय को बहुत पीड़ित किया है।

**महा.** : युद्ध की विभीषिका ने देवानां प्रिय प्रियदर्शी के हृदय को बहुत पीड़ित किया है।

**असंधि.** : इसलिए विजय निश्चित होते हुए भी वे युद्ध बंद करने का आदेश दे रहे हैं।

**महा.** : इसलिए विजय निश्चित होते हुए भी...वे युद्ध बंद करने का...

*[सहसा दुंदुभियों का शब्द सुनाई देने लगता है।]*

**अशोक** : ये दुंदुभियाँ सहसा क्यों बज उठीं? क्या यह हमारे इस आदेश का दैवी अभिनंदन है?

**महा.** : यह दुंदुभियों का स्वर इस बात की सूचना देता है महाराज कि अब हमारे इस आदेशपत्र को भेजने का कोई अर्थ नहीं है। कलिंग पर देवानां प्रिय प्रियदर्शी की सेनाएँ पूर्ण विजय प्राप्त कर चुकी हैं...

**अशोक** : कलिंग पर पूर्ण विजय हो चुकी है? कितना बड़ा व्यंग्य है इन दुंदुभियों के स्वर में?

*[दुंदुभियों का स्वर निकट आकर फिर दूर चला जाता है।]*

**अशोक** : इस विजय को हम अपनी पराजय समझते हैं महामात्य! हमारी सद्‌भावना आज पराजित हुई है।

**महा.** : इसे हम अपनी दुर्बलता की पराजय भी तो समझ सकते हैं महाराज! विजय का क्षण अपने में इतना महान है कि हृदय में किसी हीन भावना का अवकाश ही नहीं होना चाहिए। मन से ग्लानि दूर कर दीजिए और आनंद के इस पर्व में अपना सहयोग दीजिए...

**अशोक** : तुम इसे आनंद का पर्व कहते हो महामात्य? तुम हमारे हृदय में उतर सकते तो तुम देखते कि हम इस समय कितनी व्यथा का अनुभव कर रहे हैं। यदि समय हमारी इस विजय का साक्षी न होता...

**चर** : देवानां प्रिय प्रियदर्शी महाराज की जय! यह दास कलिंग पर पूर्ण विजय के उपलक्ष्य में आपको बधाई देने के लिए उपस्थित हुआं है।...साथ ही एक हृदयविदारक समाचार सुनाने के लिए क्षमा चाहता है।

**अशोक** : अभी हृदयविदारक समाचार शेष है? कहो देवगुप्त, हम सुनने के लिए प्रस्तुत हैं।

**चर** : जब हमारी सेनाएँ शत्रु की राजधानी पर अंतिम आक्रमण कर रही थीं...

**अशोक** : हाँ-हाँ, कहो...

**चर** : तो महामात्य के आत्मज कुमारामात्य कुमारसेन...बाहुबल का परिचय देते हुए वीरगति पा गए।

**असंधि.** : *(जैसे स्वगत)* कुमार नहीं रहा।...कैसी विडंबना है! प्रकृति आज सभी व्यंग्य एक साथ करना चाहती है।...मैंने सुजाता बहन को क्या-क्या आश्वासन दिए थे...ओह!

**अशोक** : हमारे पास कहने के लिए शब्द नहीं रहे महामात्य! जैसे विचार के सब सूत्र सो गए हैं। कुमार के न रहने से हृदय का अंतिम आश्वासन भी तो टूट गया है।

*[सुजाता के हँसने का शब्द सुनाई देता है। उसके स्वर में वृद्धा के स्वर की प्रतिध्वनि-सी है।]*

**सुजाता** : कुमार नहीं रहा!...मैं जानती थी, वह नहीं रहेगा।...यह उत्सव और समारोह का अवसर है।...उसकी मृत्यु का उत्सव मनाओ ...विजयस्तंभ खड़े करो।...शिलाखंडों पर विजय का इतिहास अंकित करो।...यह आनंद...

*[नेपथ्य में शंख और घंटा ध्वनि होने लगती है। अशोक हतप्रभ और थका-हारा-सा दिखाई देता है।]*

# विदा निशा

## पात्र

**नंदिवर्द्धन** : श्वेतांबर-मतानुसार वर्द्धमान महावीर के बड़े भाई
**आर्यगुप्त** : एक सहचर
**प्रजावती** : नंदिवर्द्धन की पत्नी
**यशोदा** : श्वेतांबर मतानुसार वर्द्धमान महावीर की पत्नी
**सुनंदा** : वर्द्धमान महावीर की पुत्री

*[नंदिवर्द्धन का शयन कक्ष। दूर किसी मंदिर में प्रभातकालीन मंगल वाद्य बज रहे हैं। नंदिवर्द्धन शैया पर लेटे हुए करवट बदलते हैं। वाद्य-स्वर धीरे-धीरे मंद पड़ जाता है। कोई द्वार खटखटाता है!]*

**नंदि.** : कौन है?

**आर्यगुप्त** : *(बाहर से)* मैं आर्यगुप्त हूँ आर्य!

**नंदि.** : ठहरो, खोलता हूँ। *(उठकर द्वार खोलते हुए आर्यगुप्त को देखकर)* क्या बात है आर्यगुप्त? इस तरह घबराए हुए क्यों हो? सब लोग सकुशल तो हैं?

**आर्यगुप्त** : सब लोग सकुशल हैं आर्य! परंतु आज सहसा कुमार ने फिर गृह परित्याग का निश्चय कर लिया है। उनके हृदय की बात जानते ही मैंने आपको सूचित कर देना अपना कर्तव्य समझा। उन्होंने इसी समय अपने सब वस्त्र आभूषणादि दान कर देने का संकल्प किया है। आपके अतिरिक्त कोई उनके निश्चय को नहीं बदल सकता। आप चलकर उन्हें रोकने की चेष्टा करें। आर्य! यदि वे सचमुच चले गए...*(कहते-कहते सहसा रुक जाता है)*

**नंदि.** : बात पूरी करो। रुक क्यों गए?

**आर्यगुप्त** : व्याकुलता ने मुझे वाचाल बना दिया है, आर्य! मैं जानता हूँ कि मर्यादा की दृष्टि से मुझे आपको सूचित करने के अतिरिक्त कुछ

कहने का अधिकार नहीं है। परंतु मैं जो अनुभव कर रहा हूँ, वह एक बच्चे की तरह कहे जा रहा हूँ। आर्य, क्या सचमुच कुमार हमें छोड़कर चले जाएँगे?

**नंदि.** : मैं तुम्हारी व्याकुलता को समझता हूँ आर्यगुप्त! *(लंबी साँस लेकर)* मैं भी चाहता हूँ कि किसी तरह कुमार रुक जाएँ...

**आर्य.** : तो आपका तात्पर्य है आर्य, कि...

**नंदि.** : हाँ, आर्यगुप्त, तात्पर्य यही है कि कुमार को रोकना अब मेरे लिए संभव नहीं है।

**आर्य.** : *(अवसादपूर्ण स्वर में)* रोकना संभव नहीं है? तो आप उन्हें रोकने की चेष्टा भी नहीं करेंगे?

**नंदि.** : नहीं आर्यगुप्त, मैं चेष्टा भी नहीं करूँगा।

**आर्य.** : परंतु आर्य...

**नंदि.** : कुमार को रोकने की चेष्टा ज्वाला को मुट्ठी में बाँध लेने की चेष्टा होगी आर्यगुप्त! मैं कुमार को जानता हूँ। मैंने एक बार उन्हें रोककर देखा है। अब दूसरी बार मैं वह चेष्टा नहीं करूँगा।

**आर्य.** : तो अब...

**नंदि.** : कुमार मुझे अपने गृह-परित्याग के निश्चय की सूचना देंगे, तो मैं स्नेहपूर्वक मुसकराकर उनके प्रस्ताव को स्वीकार करूँगा। उनके घर छोड़कर जाने का आयोजन एक महोत्सव के रूप में करूँगा। मैं उन्हें प्रसन्नता के साथ विदा दूँगा।

**आर्य.** : आर्य, वे चले गए तो कुंडलपुर की क्या अवस्था होगी?

**नंदि.** : कुंडलपुर को गर्व होगा कि उसके कुमार के जीवन में उस तत्त्व की खोज की है जो जीवन से अधिक सत्य और महान है। और, कुंडलपुर भी महान होगा यदि वह उनकी उस खोज में बाधक न बने। जाओ और एक सच्चे परिचारक की तरह कुमार के निश्चय की पूर्ति में उनके सहायक बनो। वे अपना सब कुछ दान कर देना चाहते हैं, तो उसके लिए दानपात्रों को बुला लाओ। आर्यगुप्त, जीवन में कुछ ऐसी भी स्थितियाँ आती हैं, जब दुःख को अपनाकर सुख का अनुभव होता है।

**आर्य.** : आपकी आज्ञा शिरोधार्य है आर्य! यह मैं नहीं जानता कि दुःख को अपनाकर सुखी होने की सामर्थ्य मुझमें है या नहीं।

**नंदि.** : और देखो, जाते हुए महादेवी को सूचित कर देना कि संभव हो तो कुछ समय के लिए इस कक्ष में आएँ।

**आर्य.** : जो आज्ञा आर्य!

*[चला जाता है।]*

**नन्दि.** : *(स्वगत)* वही हुआ जिसकी आशंका थी।...मैं तो कुमार को उस बार भी न रोकता यदि यशोदा का मुरझाया हुआ चेहरा मेरी आँखों के सामने न होता। अब भी यही एक चिंता है कि यशोदा यह सूचना पाकर क्या अनुभव करेगी...

*[महादेवी प्रजावती का प्रवेश।]*

**प्रजावती** : आपने मुझे स्मरण किया है आर्यपुत्र?

**नन्दि.** : हाँ, देवी! *(कुछ क्षण चिंतित भाव से दीवार की ओर देखकर)* कुमार ने आज फिर गृह परित्याग का निश्चय कर लिया है।

**प्रजावती** : ओह!...घर में रहकर भी तो वे वैराग्यपूर्ण जीवन ही व्यतीत कर रहे हैं। क्या यह इसी तरह नहीं चल सकता? मैं जाकर उनसे अनुरोध करूँगी कि...

**नन्दि.** : नहीं देवि! अब हमें कुमार को नहीं रोकना है। तुम्हारा कर्तव्य इस समय यशोदा को सँभालना है। यह समय हमारी परीक्षा का है। मुझे विश्वास है कि हम असफल नहीं होंगे।

**प्रजावती** : परंतु क्या कुछ शब्दों से यशोदा को सांत्वना दी जा सकती है? मेरा अपना हृदय विह्वल है, फिर मैं उसे क्योंकर धैर्य बँधा सकती हूँ? मैं नारी हूँ और नारी के हृदय की वेदना को समझ सकती हूँ। नहीं, मुझसे यह नहीं हो सकेगा कि मैं उससे आश्वासन के फीके-फीके शब्द कहूँ। वे शब्द मेरे अपने हृदय में ग्लानि भर देंगे। यह भार मुझे मत सौंपिए। मैं अपने को बहुत दुर्बल पाती हूँ।

**नन्दि.** : यह समय अपनी दुर्बलता को वश में करने का है, देवि! तुम जानती हो कि तुम्हारी दुर्बलता यशोदा के जीवन को संकट में डाल सकती है। फिर यशोदा के साथ प्रियदर्शना भी तो है। उस नन्ही बच्ची के हित के लिए भी तुम्हें यशोदा को सँभालना है। अपनी मानसिक शक्ति का संचय करो और कर्तव्य का पालन करो।

**प्रजावती** : मैं यत्न करूँगी। जहाँ तक बन पड़ेगा, करूँगी। परंतु यदि मैं सफल न हो सकी, यदि मैं हार गई...

**नन्दि.** : मुझे विश्वास है कि तुम नहीं हारोगी।

**प्रजावती** : परंतु मुझे विश्वास नहीं है। मेरा हृदय दुर्बल है। मैं सोच भी नहीं पा रही कि मुझे यशोदा से क्या कहना चाहिए। यदि उसके सामने जाते ही मेरा हृदय छलक उठा तो मुझे दोष मत दीजिएगा।

**नंदि.** : *(जैसे स्वगत)* मैं भी देवपूजा के अनंतर कुमार की वनयात्रा का प्रबंध करता हूँ। मैं चाहता हूँ कि घर से जाते समय कुमार किसी

की आँखें अश्रुपूर्ण न देखें। उनकी शांति में किसी प्रकार की बाधा नहीं पड़नी चाहिए।

## दृश्य परिवर्तन

*[यशोदा का कक्ष। यशोदा देवमंदिर में जाने के लिए तैयार हो रही है। सुनंदा उसकी सहायता कर रही है।]*

**यशोदा** : *(माथे पर बिंदी लगाती हुई)* पूजा की थाली तैयार है न सुनंदा?

**सुनंदा** : हाँ, देवि!

**यशोदा** : तो ले आ। और देख कि प्रियदर्शना अभी तैयार हुई है या नहीं।

**सुनंदा** : देखती हूँ देवि! *(चली जाती है)*

**यशोदा** : *(स्वगत)* न जाने कभी-कभी अकारण ही क्यों मन उदास हो जाता है। आज पूजा में भी विलंब हो गया। शायद पूजा के अनंतर मन का भार कुछ हलका हो सके।

*[सुनंदा पूजा की थाली लिए हुए आती है।]*

**सुनंदा** : यह लीजिए पूजा की थाली देवि! अनुराधा प्रियदर्शना को तैयार कर रही है।

*[प्रजावती का प्रवेश]*

**प्रजातवी** : क्यों यशोदा, आज अभी तक पूजा के लिए नहीं गई क्या?

**यशोदा** : आओ दीदी! आज पूजा में कुछ विलंब हो गया। बस, अब जा ही रही हूँ, प्रियदर्शना आ जाए। जा सुनंदा, अनुराधा से कह कि उसे शीघ्र ले आए।

**सुनंदा** : जो आज्ञा देवि! *(चली जाती है)*

**प्रजावती** : *(स्निग्ध करुण दृष्टि से यशोदा को देखकर)* यशोदा!

**यशोदा** : मैं एक विशेष बात कहने आई हूँ यशोदा!

**यशोदा** : *(प्रजावती की आँखों के भाव से कुछ अव्यवस्थित होकर)* कहो दीदी! क्या बात है दीदी? इस तरह क्यों मेरी ओर देख रही हो? मुझसे कोई अपराध हुआ है क्या?

**प्रजावती** : तुम और अपराध? यह भी भला संभव है क्या? नहीं यशोदा! मैं जो बात कहना चाहती हूँ, वह होंठों तक आती ही नहीं।

**यशोदा** : *(आग्रहपूर्वक)* कह दो न दीदी! कह भी दो।

**प्रजावती** : यशोदा, कुमार ने आज गृह-परित्याग का निश्चय कर लिया है।

*[यशोदा के चेहरे का रंग उड़ जाता है। उसके हाथ से पूजा*

*की थाली गिर जाती है। वह प्रजावती के कंधे का सहारा लेकर किसी तरह सँभलती है।]*

**प्रजावती :** *(उसे सँभालती हुई व्याकुल स्वर में)* यशोदा! इस तरह मत हो जाओ! यशोदा हृदय को स्थिर रखो। यहाँ आसन पर बैठो।

**यशोदा :** *(गले में हीं डूबते से स्वर में)* मैं ठीक हूँ दीदी। मैं...मैं...*(सहसा रुलाई आ जाने से प्रजावती के वक्ष में मुँह छिपाकर)* ओ दीदी!

**प्रजावती :** यह अधीर होने का समय नहीं है यशोदा! तुम्हारे जेठजी की कामना है कि हम उन्हें हँसते-हँसते विदा दें, इस अवसर को मंगल अवसर के रूप में मनाएँ।

**यशोदा :** *(वैसे ही स्वर में)* मंगल अवसर के रूप में? हाँ, दीदी, मैं इसे मंगल अवसर के रूप में ही मनाऊँगी। मैं उन्हें हँसते-हँसते विदा दूँगी। *(फिर विह्वल स्वर में)* परंतु दीदी, वे मुझसे विदा लेने आएँगे भी?

*[सुनंदा आती है]*

**सुनंदा :** *(घबराए हुए स्वर में)* देवि, कुमार ने...*(यशोदा के चेहरे का भाव देखकर सहसा रुककर)* देवि, आप...

**यशोदा :** कह सुनंदा, क्या कह रही थी? उन्होंने कुछ संदेश दिया है क्या? जल्दी कह सुनंदा, क्या बात है?

**सुनंदा :** मैं यह समाचार लेकर आई थी देवि, कि कुमार ने अपना सब कुछ—एक-एक वस्त्र और एक-एक आभूषण दान कर दिया है। वह मणिबंध भी, जो विवाह के अवसर पर आपने उनकी कलाई पर बाँधा था।

**यशोदा :** वह मणिबंध भी, जो विवाह के अवसर पर मैंने उनकी कलाई पर बाँधा था? तो उन्होंने मेरे साथ अपने संबंध का अंतिम सूत्र भी तोड़ दिया? *(व्याकुल स्वर में)* नहीं दीदी, वे अब मुझसे विदा लेने नहीं आएँगे। वे अब जीवनभर कभी मुझे देखेंगे भी नहीं। और मैं दीदी, उनकी विदा के दिन को मंगल अवसर के रूप में मनाऊँगी—अवश्य मनाऊँगी। *(रो पड़ती है)*

**प्रजावती :** देखो यशोदा, अनुराधा प्रियदर्शना को लेकर आ रही है। प्रियदर्शना तुम्हें इस तरह रोते देखेगी तो उसके हृदय पर क्या प्रभाव पड़ेगा? तुम क्षत्रिय कुलवधू हो। हृदय को स्थिर रखो।

**यशोदा :** *(सँभलती हुई)* मैं हृदय को स्थिर रखूँगी दीदी! प्रियदर्शना मेरी आँखों में आँसू नहीं देखेगी।

*[प्रियदर्शना प्रसन्नतापूर्वक दौड़ती हुई आती है। उसके पीछे-पीछे अनुराधा आती है।]*

**प्रियदर्शना :** *(यशोदा के गले में बाँहें डालकर)* माँ, तुम्हें पता है माँ, आज महल में एक बहुत बड़े उत्सव की तैयारी हो रही है? यह कौन-सा उत्सव है माँ? तुमने मुझे पहले क्यों नहीं बताया?

**प्रजावती :** प्रियदर्शना, इधर आ बेटी! आज तेरे पिताजी की वनयात्रा का उत्सव है। आज वे पालकी में बैठकर बाहर वन की ओर जाएँगे।

**प्रियदर्शना :** तो हम भी उनके साथ जाएँगे न? आप, ताऊजी, माँ और मैं?

**प्रजावती :** हम उनके साथ नहीं जाएँगे बेटी! हम यहाँ से उनकी पालकी को निकलकर जाते देखेंगे। ऊपर से पालकी पर फूल बरसाएँगे।

**प्रियदर्शना :** नहीं, मैं उनके साथ जाऊँगी।

**प्रजावती :** तेरी माँ यहाँ रहेगी और तू उसे छोड़कर चली जाएगी? माँ से तुझे इतना ही स्नेह है?

**प्रियदर्शना :** *(दुलार के स्वर में)* नहीं, माँ को छोड़कर नहीं जाऊँगी। मैं माँ के पास रहूँगी। माँ, उत्सव के दिन के लिए मेरे ये वस्त्र ठीक हैं या दूसरे वस्त्र पहनूँ?

**यशोदा :** *(संयत स्वर में)* तेरे ये वस्त्र बहुत अच्छे हैं बेटी! दूसरे वस्त्र पहनने की आवश्यकता नहीं।

**प्रियदर्शना :** परंतु तुम्हारे ये वस्त्र तो उत्सव के दिन के लिए ठीक नहीं हैं माँ! तुम दूसरे वस्त्र पहनो। पहनोगी न?

**यशोदा :** हाँ, पहनूँगी बेटी!

**प्रियदर्शना :** तो अभी मेरे साथ चलो।

**यशोदा :** अभी नहीं बेटी! भूल गई कि पहले हमें देव मंदिर में पूजा करने जाना है? सुनंदा, जा पूजा के लिए दूसरी थाली सजा ला।

**सुनंदा :** जो आज्ञा देवि!

## दृश्य परिवर्तन

*[राजप्रासाद के गवाक्ष के पास की भूमि। दूर यात्रा के मंगल वाद्यों का शब्द सुनाई दे रहा है। यशोदा चिंतित मुद्रा में खड़ी है।]*

**यशोदा :** *(स्वगत)* मार्गशीर्ष शुक्ला दशमी की यह संध्या आज कितनी असाधारण हो उठी है! एक-एक घड़ी करके दिन बीत गया। अब एक-एक घड़ी करके रात बीत जाएगी। जो क्षण दूर था वह अब आ गया है और अभी देखते-देखते अतीत में चला जाएगा। प्राण रहेंगे, पर यशोदा का जीवन बीत चुका होगा...

*[प्रजावती का प्रवेश]*

**प्रजावती** : यशोदा!

**यशोदा** : दीदी!

**प्रजावती** : तुम इन वस्त्रों में कितनी सुंदर लग रही हो यशोदा!

**यशोदा** : *(व्यथित स्वर में)* यह सब चर्चा मत उठाओ दीदी! स्त्री का सौंदर्य उसका सौभाग्य है, और...

**प्रजावती** : और उस दृष्टि से भी यशोदा का सौंदर्य संसार की किसी स्त्री को प्राप्त नहीं। चलो, गवाक्ष के पास चलें। कुमार चंद्रप्रभा पालकी में बैठ चुके हैं। पालकी अब राजद्वार के बाहर निकलने ही वाली है। जब पालकी गवाक्ष के नीचे पहुँचे तो इतने फूल बरसाना कि सहसा उनकी आँखें इस ओर को उठ जाएँ। सुनंदा से फूलों की डालियाँ लाने को कह दिया है न?

**यशोदा** : कह दिया है दीदी!

**प्रजावती** : प्रियदर्शना कहाँ है?

**यशोदा** : मैंने सुनंदा से उद्यान के सबसे सुंदर फूल चुनकर लाने को कहा, तो वह हठ करने लगी कि मैं अपने हाथों से फूल चुनकर लाऊँगी। मैंने उसे सुनंदा के साथ ही भेज दिया है।

**प्रजावती** : तो चलो, हम गवाक्ष की ओर चलें।

*[वाद्यों का स्वर निकट आने लगता है। बीच-बीच में सम्मिलित कंठ से 'वर्द्धमान महावीर की जय' की ध्वनि सुनाई देती है। प्रियदर्शना सुनंदा का हाथ पकड़े आती है। सुनंदा दोनों हाथों में फूलों की डालियाँ लिए है।]*

**प्रियदर्शना** : *(यशोदा के निकट जाती हुई)* माँ! माँ! देखो माँ, मैं कितने अच्छे फूल चुनकर लाई हूँ! अच्छे हैं न माँ?

**यशोदा** : हाँ, बेटी, ये फूल उतने ही सुंदर हैं जितनी सुंदर तू है।

**प्रियदर्शना** : माँ, देखो, पालकी अब बहुत पास आ गई है। तुम फूल हाथों में ले लो।

**प्रभावती** : *(यशोदा का हाथ पकड़कर)* तुम्हारा हाथ काँप रहा है यशोदा!

**यशोदा** : दीदी, क्या तुम निश्चयपूर्वक कह सकती हो कि वे एक बार दृष्टि उठाकर इस ओर देखेंगे? यदि उन्होंने नहीं देखा...?

**प्रजावती** : फिर वही अधीरता! देखो, पालकी बहुत पास आ गई है। अब फूल हाथों में ले लो।

*[वाद्यों का स्वर और निकट आ जाता है। इस स्वर के पीछे से उभरकर पुरुष-कंठ से यह गीत सुनाई देता है :]*

यह विदा निशा मंगलमय हो!
जन जन के स्वर में मधुमय
भावों की नव कोमल लय हो!
जीवन के अनुराग राग का,
फूलों पर उड़ते पराग का,
आकर्षण न बने मरीचिका,
निःसंशय मन निर्भय हो!
जैसे वीणा के सोए स्वर,
जैसे पक्षी के निश्चल पर,
वैसे अंतर की निहित शक्ति है,
निःश्वासों में क्यों क्षय हो?
ज्यों सौरभ का, बेला का बन,
ज्यों पुलकस्पर्श का, मलय पवन,
कुछ उसी तरह मानव का मन,
सद्भावों का मृदु आलय हो!

*[इस स्वर के रुकने तक वाद्य-स्वर दूर चला जाता है। इस बीच यशोदा, प्रजावती और प्रियदर्शना फूल बरसाती रहती हैं। गीत का स्वर रुकने पर यशोदा आँखें मूँदकर अंतर की व्यथा को दबाने की चेष्टा करती हुई गवाक्ष से पीछे हटती है।]*

**यशोदा :** *(क्षीण स्वर में)* उन्होंने नहीं देखा! एक बार भी नहीं देखा।

**प्रियदर्शना :** हमने कितने फूल बरसाए माँ, पर उन्होंने एक बार भी इस ओर आँख नहीं उठाई।

**यशोदा :** हाँ, प्रियदर्शना, उन्होंने इस ओर आँख नहीं उठाई। उन्होंने हमारी ओर नहीं देखा।

**प्रजावती :** यह इस बात का प्रमाण है यशोदा, कि उनकी साधना कितनी पूर्ण है। तुम्हें खेद नहीं होना चाहिए।

**यशोदा :** नहीं दीदी, मुझे खेद नहीं है। केवल एक व्यथा है, पर उस व्यथा में भी गर्व मिला हुआ है। मैं उनके योग्य नहीं थी, फिर भी मैं उनकी रही हूँ, प्रियदर्शना उनकी ही देन है, इस अनुभूति से मैं सुखी भी हूँ। व्यथा, गर्व और सुख, आज यही मेरी थाती है।

**प्रियदर्शना :** देखो माँ, पालकी कितनी दूर चली गई है!

**यशोदा :** *(जैसे स्वगत)* पालकी दूर चली गई है। धीरे-धीरे और भी दूर चली जाएगी। परंतु हृदय से वह मूर्ति कभी दूर नहीं जा सकेगी ...कभी भी नहीं...

# तुलसीदास

*[बादलों का गर्जन और वर्षा का शब्द।]*

**प्रवक्ता :** आज से लगभग चार सौ वर्ष पूर्व सूकरखेत की गलियों में एक दीन-हीन बालक, जिसकी देह रोज-रोज की भूख से सूख रही थी और जिसके वस्त्र तार-तार हो रहे थे, वर्षा में भीगता हुआ लोगों से भीख माँगता फिर रहा था।

*[दूर से बालक के शब्द सुनाई देते हैं—"राम तुम पर कृपा करेंगे माँ! एक रोटी दे दो। एक रोटी दे दो माँ, बहुत भूख लगी है! एक टुकड़ा ही दे दो माँ! बहुत भूखा हूँ।" साथ प्रवक्ता के शब्द चलते रहते हैं :]*

**प्रवक्ता :** किसी को उसकी ओर देखने का अवकाश नहीं था। किसी के पास उसे देने के लिए एक टुकड़ा भी नहीं था। पर आशा उसके पैरों को चलाए जा रही थी। इस गली में नहीं तो उस गली में सही। उस गली में भी नहीं तो किसी मंदिर में सही। कहीं न कहीं शायद कुछ टुकड़े मिल ही जाएँ। उसके पैर उन चारदीवारों की परिक्रमा करते चलते हैं जिनमें कहीं उसके लिए स्नेह का स्पंदन नहीं था। एक रथवाह की दृष्टि उस पर पड़ी, तो उसे जैसे विनोद का विषय मिल गया। उसने उसे भरपेट खिलाने का आश्वासन देकर रथ के साथ-साथ भागकर चलने को कहा। बालक रथ के पीछे भागने लगा। भोजन पाने की आशा ने उसके थके हुए पैरों में स्फूर्ति ला दी। ऊपर वर्षा तेज हो रही थी। नीचे रथ के पहियों के छींटे उड़कर उस पर पड़ रहे थे। परंतु उसे उनकी परवाह नहीं थी। रथवाह धीरे-धीरे रथ की गति तेज किए जा रहा था।

*[वर्षा, रथ के चलने और बालक के भागने का शब्द]*

**रथवाह :** वर्षा में भागना कैसा लगता है रे?

**बालक :** अच्छा लगता है।

**रथवाह :** अभी कितने कोस और दौड़ सकता है?

**बालक :** जितने कोस भी दौड़ना पड़े। आपका घर कितनी दूर है?

**रथवाह :** *(हँसकर)* कितनी भी दूर हो। तू तो भागता चलेगा न?

**बालक :** हाँ, महाभाग, मैं बहुत भूखा हूँ।

**रथवाह :** कितने दिन का भूखा है?

**बालक :** कई दिन का भूखा हूँ महाभाग! कल मंदिर से प्रसाद लेकर खाया था, बस!

**रथवाह :** पर दौड़ता तो तू ऐसे है जैसे तेरे शरीर में बहुत शक्ति हो। भूखा आदमी ऐसे कैसे दौड़ सकता है?

**बालक :** मैं भूख के कारण ही ऐसे दौड़ रहा हूँ महाभाग! रथ की गति जरा धीमी कर दीजिए। मैं बहुत थक गया हूँ।

**रथवाह :** *(हँसकर)* थक गया है? तो रुक जा। अभी मेरा घर बहुत दूर है।

**बालक :** नहीं, मैं आपके घर तक चलूँगा। *(हाँफता हुआ)* पर रथ की गति और तेज मत कीजिए। मैं इतना तेज नहीं दौड़ सकता।

**रथवाह :** देख, घोड़े तो रथ को साथ खींच रहे हैं। तू तो अकेला भाग रहा है। *(अट्टहास करता है)*

**बालक :** *(हाँफता हुआ)* नहीं महाभाग! इतना तेज नहीं। मेरी साँस फूल रही है। मुझसे अब...

*[रथवाह केवल अट्टहास करता है।]*

**बालक :** क्षणभर के लिए रोक लीजिए महाभाग! इतना आगे मत निकालिए। मैं...महाभाग!

*[रथ के तेज चलने और बालक के पगों के मंद पड़ने का शब्द। फिर बालक के सिसकने का शब्द सुनाई देता है।]*

**प्रवक्ता :** और बालक सिसकता हुआ मार्ग के एक जर्जर मंदिर की ड्योढ़ी में जाकर बैठ गया। रात हो जाने पर वह वहीं पर सो गया। भूख और थकान के कारण वह निद्रा में भी अशांत था। उसने स्वप्न में देखा कि वह रथवाह एक राक्षस है, जो उसे निगलने आ रहा है। वह जोर से चीख उठा। उसी समय बादल जोर से गरजा। बालक की आँख खुल गई और उसे जैसे चमकती हुई विद्युत में एक छटा दिखाई दे गई। उस अलक्ष्य झाँकी ने उसके हृदय से राक्षस का भय मिटा दिया। वह मुग्ध होकर आकाश की ओर देखता रहा। बिजली फिर चमकी। बादल फिर गरजा। उसने वर्षा की बूँदों में प्रसन्नता से काँपते हुए फूलों को देखा।

उसका हृदय विभोर हो उठा। उसके अंतर की व्याकुलता को सहारा मिल गया। उसका परिचय उस स्वरूप से हो गया जो अलक्ष्य होता हुआ भी लक्ष्य था। गुणातीत होता हुआ भी शील-शक्ति और सौंदर्य से संपन्न था। वह देखता रहा, देखता रहा। उसके हृदय ने उस स्वरूप को नाम दे दिया—राम! पहले भी वह इसी नाम को अवलंब के रूप में अपनाकर भिक्षा माँगा करता था। पर अब यह केवल नाम ही नहीं रहा। अब यह अंधकार से लड़ती हुई ज्योति का, निराशा से लड़ती हुई आशा का, पराजय की मनोवृत्ति से लड़ते हुए विश्वास का प्रतीक हो गया। वह बालक, जिसे लोगों ने 'रामबोला' नाम दे रखा था, अब संसार में रामत्व का संदेशवाहक 'तुलसीदास' बनकर युवा हुआ। एक ही भाव और एक ही विश्वास लिए हुए उसके हृदय से निकली यह वाणी चारों ओर गूँजने लगी :

*भज मन राम चरण सुखदाई।*
*जिहि चरनन से निकली सुरसरी संकर जटा समाई।*
*जटा संकरी नाम पर्‍यो है त्रिभुवन तारन आई।*
*जिन चरनन की चरनपादुका भरत रह्यो लव लाई।*
*सोई चरन केवट धोइ लीने तब हरि नाव चलाई।*
*दंडक बन प्रभु पावन कीन्हों ऋषियन त्रास मिटाई।*
*सोई प्रभु त्रिलोक के स्वामी कनक-मृगा संग धाई।*
*सिव सनकादिक अरु ब्रह्मादिक सेष सहस मुख गाई।*
*तुलसिदास मारुत-सुत की प्रभु निज मुख करत बड़ाई।।*

**प्रवक्ता :** गायक तुलसीदास गुरु चरणों में बैठकर वेद, शास्त्र, पुराण, काव्य, नाटक आदि का अध्ययन कर चुके थे। गुरु ने ही उन्हें राम की महिमा का विशुद्ध परिचय दिया था। उस महिमा का बखान उन्होंने रामचरितमानस में किया। वे राम-कथा का गायन करते हुए स्थान-स्थान पर घूमते रहे। अयोध्या, काशी, प्रयाग, चित्रकूट, बारिपुर, दिगपुर जहाँ भी वे गए, वहाँ अपने प्रभु का यशोगान करते रहे। महेश की पुरी काशी में, जहाँ उनके जीवन के उत्तरार्ध का अधिकांश भाग व्यतीत हुआ, बहुत से लोग उनसे ईर्ष्या रखने लगे। इनमें से अधिकांश वे पंडित और आचार्य थे जो उनकी लोकप्रियता को सहन नहीं कर सकते थे। उन्होंने सांप्रदायिकता की आड़ लेकर उनकी निंदा करना आरंभ किया। भला शिव की नगरी में रहकर तुलसी को राम का यशोगान करने का क्या

अधिकार था? उन्हें पाखंडी और ढोंगी बताया जाने लगा। एक बार उन्हें पंडितों की एक सभा में बुलाया गया। पंडितों की इच्छा उनसे उलटे-सीधे प्रश्न पूछकर उन्हें हीन प्रमाणित करने की थी। प्रधान आचार्य ने अपना वक्तव्य आरंभ किया :

**प्र. आचार्य :** आप लोग जानते हैं कि हम आज यहाँ क्यों एकत्र हुए हैं। हमारा विचार है कि तुलसीदास जिस मत का प्रचार काशी में कर रहे हैं, वह शास्त्रसम्मत नहीं है। मैं सबसे पहले उनसे यह जानना चाहता हूँ कि उनके मत का आधार कौन-सा शास्त्र है?

*[लोगों का कोलाहल। कोलाहल के बीच प्रधान आचार्य के शब्द सुनाई देते हैं : "कृपया आप लोग शांत हों। तुलसीदास उत्तर देने जा रहे हैं।"]*

**तुलसी :** मेरा निवेदन है कि मैं किसी मत का प्रचार नहीं कर रहा। *(फिर कोलाहल)*

**प्र. आचार्य :** आप लोग शांत रहें।

*[कोलाहल शांत हो जाता है।]*

**प्र. आचार्य :** दिन-रात राम-नाम की रट गाना और लोगों को राम-नाम का उपदेश देना क्या मत प्रचार नहीं है?

**तुलसी :** राम सर्वान्तिर्यामी प्रभु हैं। वे घट-घट में व्याप्त हैं। उनका प्रचार भला मैं एक तुच्छ मानव क्या करूँगा?

**प्र. आचार्य :** आप कहना चाहते हैं कि काशीश्वर शिव आपके राम की अपेक्षा हीन हैं?

**तुलसी :** राम केवल मेरे हैं, यह आपसे किसने कहा? वे आपके भी हैं और काशीश्वर शिव के भी—उसी तरह जैसे काशीश्वर शिव राम के हैं।

**प्र. आचार्य :** यहाँ शब्दजाल से काम नहीं चलेगा। आपको प्रमाणित करना होगा कि आपका राम-भक्ति का मार्ग वेदविहित है।

**तुलसी :** विश्वासी हृदय के लिए किसी प्रमाण की आवश्यकता नहीं है और अविश्वासी के लिए प्रमाण का कोई उपयोग नहीं है। मैं राम नाम को तर्क और शास्त्रार्थ का विषय नहीं समझता।

*[कोलाहल। कोलाहल के बीच लोगों के ये वाक्य सुनाई देते हैं :*

*"कितना बड़ा पाखंडी है!"*

*"विनय तो इसे छू नहीं गई।"*

*"ऐसे व्यक्ति को एक दिन के लिए भी काशी में नहीं रहने*

*देना चाहिए।"*

*"शिवद्रोही है।"*

*"मेरा विश्वास है कि यह किसी नीच कुल में उत्पन्न हुआ है।"*

*"इससे पूछिए कि इसकी जाति क्या है?"*

*[कुछ क्षण कोलाहल चलता रहता है।]*

**प्र. आचार्य** : शांति! हमें इस तरह अधीर होना शोभा नहीं देता। यह तो सिद्ध हो ही गया कि तुलसी शिवभक्तों को अविश्वासी समझते हैं और इस तरह ये शिव-विरोधी हैं। इनके मत के विषय में और कुछ कहने से पूर्व मैं चाहता हूँ कि ये भक्ति के संबंध में अपना अधिकार सिद्ध करें। तुलसीदास, क्या आप अपने वंश और जाति आदि का परिचय देंगे, क्योंकि इस संबंध में अनेक तरह की किंवदंतियाँ सुनने में आती हैं। आप कई वर्षों से काशी में रह रहे हैं, परंतु इस विषय पर आपने कभी किसी के सामने प्रकाश नहीं डाला।

**तुलसी** : मुझे इस संबंध में इतना ही कहना है कि मैं मनुष्य जाति का एक प्राणी हूँ।

*[लोगों में कुछ हलचल होती है।]*

**प्र. आचार्य** : इस तरह अपनी जाति छिपाकर आप लांछन से नहीं बच सकते। क्या आपकी दृष्टि में म्लेच्छ और ब्राह्मण सबको एक मानना चाहिए, क्योंकि वे मनुष्य हैं?

**तुलसी** : नहीं। परंतु म्लेच्छ कौन? वही न जिसका मन दूषित है, कर्म अपवित्र है और वाणी निर्मल नहीं?

**प्र. आचार्य** : नहीं, म्लेच्छ वह है जो म्लेच्छ के घर जन्म लेता है। और फिर, वह अपनी वास्तविकता को कितना ही छिपाए, वह ब्राह्मण नहीं बन सकता। यदि वह अपना वास्तविक परिचय न देकर ब्राह्मण समाज में स्थान प्राप्त करने की चेष्टा करता है, तो वह दंडनीय है।

**तुलसी** : मुझे राम के अतिरिक्त किसी के समाज में स्थान प्राप्त करने की कामना नहीं है। अतः मैं अपने संबंध में किसी तरह का विवरण देना आवश्यक नहीं समझता।

**प्र. आचार्य** : इसका अर्थ यही है कि आपका संबंध किसी ऐसे वंश से है जो...

*[वाक्य पूरा होने से पूर्व ही कोलाहल होने लगता है, जिसमें ऐसे-ऐसे वाक्य उभरकर सुनाई देते हैं :*

*"नीच है।"*
*"इसे इस समाज में कभी नहीं आने देना चाहिए।"*
*"इसका बहिष्कार होना चाहिए।"]*

**प्रवक्ता :** ऐसे-ऐसे आक्षेपों से विह्वल होकर तुलसी की आत्मा पुकार उठती है :

*मेरे जाति-पाँति न चहों काहू की जाति-पाँति,*
*मेरे कोऊ काम को न मैं काहू के काम को।*
*लोक परलोक रघुनाथ ही के हाथ सब,*
*भारी है भरोसो तुलसी के एक नाम को।*
*अति ही अयाने उपखानो नहि बूझें लोग,*
*साह ही को गोल गोत होत है गुलाम को।*
*साधु के असाधु के भलो के पोच सोच कहा,*
*का काहू के द्वार परौ जो हों सो हों राम को।।*

**प्रवक्ता :** इस तरह के व्याकुलता के क्षण आते रहने पर भी तुलसी की दृढ़ता में कोई अंतर नहीं आया। उनका वह विश्वास और संदेश निरंतर बना रहा जो उन्होंने मीरा को लिख भेजा था :

*जाके प्रिय न राम बैदेही।*
*तजिये ताहि कोटि बैरी सम जद्यपि परम सनेही।*
*तात मात भ्राता सुत पति हित इन सम कोऊ नाहीं।*
*रघुपति विमुख जानि लघु तृण इव-तजत न सुकृत डराहीं।*
*तज्यो पिता प्रह्लाद बिभीषन बंधु भरत महतारी।*
*बलि गुरु तज्यो कंत ब्रज बनितन थे सब मंगल कारी।*
*नातो नेह राम सों मानियत सुहृद सुसेव्य जहाँ लों।*
*अंजन कहा आँख जो फूटे बहुतक कहौं कहाँ लों।*
*तुलसी सोइ सब भाँति आपनो पूज्य प्रान तें प्यारो।*
*जासों होइ सनेह राम सों एतो मतो हमारो।।*

**प्रवक्ता :** और देश में तुलसी की ख्याति दिन-प्रतिदिन बढ़ती ही गई। उनके रामचरितमानस ने लोगों को नई आशा और नया विश्वास दे दिया था। आपसी कलह से जर्जरित तथा विधर्मियों के अत्याचार के कारण छटपटाती हुई जाति को भविष्य की ओर बढ़ने का नया संबल मिल गया था। तुलसी ने समाज को जिस रामराज्य की झाँकी दिखलाई थी उसमें सबकुछ आदर्श ही आदर्श था। परंतु वे रामराज्य के सुखी जीवन की कल्पना करके ही नहीं रह गए थे। अपने आसपास के दैनिक जीवन में भी जहाँ उन्हें दुःख दिखाई

देता था, वहाँ वे उसे दूर करने की चेष्टा करते थे। उनके काशी वास के दिनों में वहाँ महामारी का प्रकोप हुआ तो वे रात-दिन उसके निवारण के लिए देवी-देवताओं से प्रार्थना करते रहे। उनके हृदय की आतुरता ही जैसे उन्हें विवश करके उनसे कहलाती रही :

*रचत बिरंचि, हरि पालत, हरत हर,*<br>
*तेरे ही प्रसाद जग अग जग पालिके।*<br>
*तोहि में बिकास बिस्व, तोही में बिकास सब,*<br>
*तोही में समात मातु भूमिधर बालिके।*<br>
*दीजै अवलंब जगदंब न विलंब कीजै,*<br>
*करुना तरंगिनी कृपा-तरंगमालिके।*<br>
*रोष महामारी परितोष महतारी दुनी,*<br>
*देखिए दुखारी मुनि मानस मरालिके।*

**प्रवक्ता :** इन भक्तशिरोमणि की राम भक्ति और लोकहित भावना एक ही प्रवृत्ति के दो रूप थे। इसी में उनके जीवन की सार्थकता थी। इसीलिए अंत समय आने पर उनके हृदय में पूर्ण शांति व्याप्त थी :

*राम-नाम-जस बरनि के भयो चहत अब मौन।*<br>
*तुलसी के मुख दीजिए अब ही तुलसी सोन।*

तुलसी चले गए। परंतु समय की धूलि पर वे जो पगचिह्न छोड़ गए हैं, उन्हें देखकर आज भी हृदय कह उठता है :

*सुर-तिय नर-तिय नाग-तिय अस चहत सब कोय।*<br>
*गोद लिए हुलसी फिरें, तुलसी सो सुत होय।।*

*[आकाशवाणी जालंधर के सौजन्य से]*

# खालिस और नाखालिस

## पात्र

**बाबू महेश चंद :** निम्न मध्यवर्ग से जरा ऊपर की सतह को छूता हुआ आदमी है जिसे अविश्वास और संदेहशीलता अपने वर्ग से विरासत में मिली है। कद छोटा और शरीर कुछ भारीपन लिए है। मूँछों के आधे बाल सफेद हैं। वह सस्ते-से कपड़े का जो नाइट सूट पहने है, वह लगता है कि कई धुलाइयाँ खा चुका है।

**लीला :** एक अच्छी पत्नी की तरह अपने पति की प्रकृति के सभी गुणों को ग्रहण किए हुए है। उसके चरित्र की अपनी विशेषता है भीरुता। उसके सिर का कोई-कोई बाल सफेद हो चुका है परंतु सफेद धोती और पीले ब्लाउज में वह अब भी देखने में अच्छी लगती है। बात करते हुए लगता है जैसे उसकी साँस फूल रही हो।

**राजेश :** बाबू महेश चंद का छोटा भाई अभी तक अपने वर्ग-धर्म में दीक्षित नहीं हुआ। कुर्ते-पाजामे में भी वह चुस्त ढंग से चलता-फिरता है और विश्वस्त और निश्चित ढंग से बात करता है। मसें भीग आई हैं और आगे की आधी लटें माथे पर पड़ी रहती हैं।

**फतहसिंह :** लंबा-ऊँचा जाट युवक है। चेहरे पर छोटी-छोटी दाढ़ी है और आँखें बहुत बड़ी-बड़ी हैं। रंग सांवला और माथे पर एकाध चोट का निशान है। वह रंगीन लुंगी के साथ घुटनों से नीचे तक की कमीज पहने। गले में काले डोरे का तावीज है और पगड़ी को ताजा कलफ लगा है।

## मंच

*[नए बने हुए घर का एक कमरा। दीवारों पर प्लस्तर हुआ है पर अभी सफेदी नहीं हुई। सामने की दीवार में एक अलमारी है जिस पर रोगन नहीं हुआ। एक दरवाजा सामने की दीवार के बाएँ कोने में है जो बरामदे में खुलता है। एक दरवाजा बाईं ओर की दीवार में है जो साथ के कमरे में खुलता है। दोनों दरवाजों के आगे छींट के पर्दे लटक रहे हैं। एक चारपाई सामने की दीवार के साथ सटाकर बिछाई गई है। चारपाई के पास ही छोटी-सी तिपाई पर एक टाइमपीस और किताबों का शेल्फ रखा है। चारपाई के बाईं ओर तीन आराम कुर्सियाँ और एक गोल मेज पड़ी है। बाईं दीवार के साथ एक जरा बड़ी मेज रखी है जिस पर स्टोव और चाय बनाने का सामान पड़ा है। अलमारी के साथ की खूँटी पर कई कपड़े बेतरतीब लटक रहे हैं।*

*समय : सर्दी की एक रात। पर्दा उठने पर राजेश रजाई ओढ़े चारपाई पर लेटा हुआ एक पुस्तक पढ़ने में व्यस्त दिखाई देता है। सहसा साथ के कमरे से बड़े-से चीनी के बरतन के टूटकर गिरने की आवाज सुनाई देती है। राजेश चौंककर सीधा हो जाता है।]*

**राजेश :** अरे!

*[बरामदे के दरवाजे से महेश चंद और लीला कंबलों में लिपटे हुए दबे पाँव अंदर आते हैं। महेश चंद आँख के संकेत से पूछते हैं कि माजरा क्या है। राजेश मुँह बनाता है कि जाने क्या माजरा है। महेश चंद उसके पास चारपाई पर बैठ जाते हैं। लीला कुर्सी की बाँह पकड़े खड़ी रहती है। कुछ क्षण वे उत्सुक और आशंकित-से रहते हैं कि शायद फिर कोई शब्द सुनाई दे। लीला महेश चंद का कंधा हिलाती है। उसका स्वर ऐसा है जैसे बहुत बड़े बोझ के नीचे दबी हो।]*

**लीला :** सुन रहे हैं?

*[महेश चंद सिर हिलाते हैं।]*

**महेश :** नहीं।

**लीला :** नहीं? हलकी-हलकी आहट सुनाई नहीं दे रही? क्यों राजेश?

**राजेश :** मुझे लगता है भाभी कि हवा से कोई कागज उड़ रहा है। या शायद कोई चूहा...।

**लीला :** जरा ध्यान से सुनो। मुझे तो ऐसे लगता है जैसे कोई बहुत धीमे

कदमों से चल रहा हो, पंजों के बल।

*[कुछ क्षण सब लोग आहट की प्रतीक्षा करते हैं।]*

**राजेश :** कोई आहट नहीं है भाभी। सिर्फ तुम्हारा वहम है।

*[लीला महेश चंद के साथ सटकर चारपाई पर बैठ जाती है।]*

**लीला :** मुझे तो डर लग रहा है।

*[महेश चंद उसे कंधे से पकड़े हुए जैसे चाबुक मारकर अपने पुरुषत्व को जगाते हैं।]*

**महेश :** खैर, डरने की तो कोई बात नहीं। हम लोग तीन हैं और वह अकेला है।

**लीला :** वह अकेला ही हम तीनों के लिए काफी है। देखा है, कैसा दैत्य जैसा उसका शरीर है!

**राजेश :** भाभी, तुम खामखाह डर रही हो। वह बेचारा गहरी नींद सो रहा होगा।

**महेश :** तुम क्यों न कहोगे! इस समय तो खैर यह विश्वास रखना ही अच्छा है कि वह सचमुच सो रहा है।

**लीला :** सुनो। ऐसे आवाज नहीं आ रही जैसे कोई कैंची से कुछ काट रहा हो?

*[महेश चंद क्षणभर ध्यान देकर सुनते हैं।]*

**महेश :** मुझे कुछ ऐसी आवाज लगती है जैसे कोई किसी चीज को धीरे-धीरे सरका रहा हो।

**राजेश :** लेकिन मुझे तो कोई आवाज सुनाई नहीं दे रही। आप लोग खामखाह...।

*[सहसा फिर एक चीनी के बरतन के गिरकर टूटने की आवाज सुनाई देती है। लीला महेश चंद से और सट जाती है। महेश चंद का पुरुषत्व फिर बैठ जाता है।]*

अच्छा, मैं उधर जाकर देखता हूँ।

**लीला :** उधर मत जाओ।

**राजेश :** कोई डर नहीं है भाभी। मैं देख लूँ तो तुम्हारे मन का वहम निकल जाएगा।

*[रजाई उतारकर उठ पड़ता है और हाथों को आपस में मलकर गर्म करता हुआ अंदर के दरवाजे की ओर जाता है।]*

आज पहली बार इतनी सर्दी पड़ रही है।

*[दरवाजे से झाँककर देखता है और फिर उधर चला जाता है। लीला और महेश उत्सुकतापूर्वक उधर देखते रहते हैं।]*

**लीला :** मैं कहती हूँ, राजेश को उधर नहीं जाने देना था।

**महेश :** मैंने उसे कहा है जाने के लिए?...ये जवान लड़के किसी की सुनते हैं?

*[राजेश लौटकर आता है। वे दोनों जिज्ञासापूर्ण दृष्टि से उसकी ओर देखते हैं।]*

**राजेश :** मैंने क्या कहा था? वह उधर के कमरे में गहरी नींद में सो रहा है। बीच के कमरे में कोई नहीं है।

**लीला :** कोई नहीं है? मगर वे चीनी के बरतन...?

**राजेश :** दो मुरब्बेवाले मर्तबान टूट गए हैं।

**लीला :** मर्तबान कैसे टूट गए?

**राजेश :** किसी चूहे ने गिरा दिए होंगे।

**लीला :** चूहे ने इतने बड़े-बड़े मर्तबान गिरा दिए? मैंने अभी परसों ही संतरे और सेब का मुरब्बा डाला था। सारा बर्बाद हो गया होगा।

**महेश :** मगर घर में चूहे पहले भी थे। पहले कभी मर्तबान नहीं गिरे।

**राजेश :** यह ठीक है। मगर सोया हुआ आदमी तो मर्तबान नहीं गिरा सकता।

**लीला :** हो सकता है, उसने पैरों की आहट सुन ली हो; या हम लोगों की बातों की आवाज उसके कान में पड़ गई हो!

**महेश :** इसे कहते हैं मुसीबत को घर बुलाकर रखना। अब सब लोग रातभर यहाँ बैठकर पहरा दें।

*[हवा के झोंके से बरामदे का किवाड़ चौखट से टकरा जाता है। फिर हवा की साँय-साँय सुनाई देती है।]*

**लीला :** आज हवा भी कैसी मनहूस आवाज कर रही है! बाहर पेड़ों की डालियाँ इस तरह हिल रही हैं जैसे टूट ही जाएँगी। मैं कहती न थी कि पहले आसपास के कुछ और घर आबाद हो जाने दो, फिर यहाँ आकर रहेंगे। अभी सड़क की बत्तियाँ भी नहीं लगीं। रात को बाहर कुत्ते रोते हैं तो दिल काँप जाता है।

**महेश :** अपना घर खाली छोड़कर किराए के मकान में पड़े रहते? उठो, चाय बना लो। जागना ही है तो किसी तरह समय तो कटे।

*[राजेश कंधे हिलाता है और कुर्सी पर लंबा होकर गोल मेज पर टाँगें फैला देता है।]*

**राजेश :** भाभी, चाय बनाओ तो एक प्याली मेरे लिए भी।

**लीला :** तुम्हारे लिए भी!...ईंटोंवाली सड़क पर रिक्शावाले का खून हुए अभी कितने दिन हुए हैं? उस दिन सेठी साहब के घर ही चोरी

हो गई होती। यह कहो कि चोर उनका अपना ही रसोइया था और उन्हीं ने समय पर जागकर उसे पकड़ लिया। यहाँ उसे घर बुलाकर गद्दा-तकिया देकर सुला रखा है!

**महेश** : तुमसे कहा है, उठकर चाय बना लो। इसने तो अपनी समझदारी का सबूत दे ही दिया है। अब जैसे-कैसे रात तो कटे।

*[लीला उठकर स्टोव के पास चली जाती है।]*

**लीला** : और इसका वह देहाती घी! आजकल के बच्चों को भी इन बातों की समझ होती है।

*[स्टोव जलाने लगती है।]*

**महेश** : मेरा तो उसी समय माथा ठनका था।

*[आक्रोशपूर्ण दृष्टि से राजेश की ओर देखता है।]*

तुम्हें इतना तो पता होना चाहिए कि देहात से लोग इस तरह पाँच-पाँच सेर घी बेचने के लिए यहाँ नहीं आते। आखिर पढ़े-लिखे हो, इस साल बी.ए. कर रहे हो।

**राजेश** : परंतु मुझसे उसने कहा था कि वह गाँव से अपने एक मित्र से मिलने आया था और उसी के लिए घी लाया था। परंतु उस आदमी की यहाँ से तब्दीली हो गई है। यह शहर में घूमना चाहता था और कुछ चीजें खरीदना चाहता था। मैंने कहा, घर में घी की जरूरत पड़ती ही रहती है...।

**लीला** : इसलिए तुमने घी भी ले लिया और उसे रात को यहाँ आकर रहने का निमंत्रण भी दे दिया!

**राजेश** : उसके पास ठहरने की और जगह नहीं थी...।

**महेश** : तो हमारा घर धरमसाला है कि जो भी आए ठहर जाए? उसके पास ठहरने की और जगह नहीं थी! ठहरने की जगह नहीं थी तो अपने गाँव क्यों नहीं चला गया? आजकल कौन किसी पराए आदमी को घर में रखता है? एक नावाकिफ देहाती जो सूरत-शक्ल से ही उचक्का लगता है और आपने उससे कह दिया कि और कहीं जगह नहीं तो हमारे घर में रह जाइए। जैसे घर नहीं, सराय है। लोग तो ऐसों को सराय में भी नहीं जगह देते।

**लीला** : जरा आहिस्ते बात कीजिए। क्या पता वह सुन रहा हो!

*[स्टोव पर केतली रखकर वह उनके निकट आ जाती है। मैं कहे देती हूँ, मैं यह घी घर में किसी को नहीं खाने दूँगी। ये लोग कोई ऐसी-वैसी चीज मिलाकर भी तो दे जाते हैं।]*

**महेश** : घी का डिब्बा कहाँ है? यहीं कहीं तो रखा था।

**राजेश :** मेरी चारपाई के नीचे है।

*[महेश चंद उठकर चारपाई के नीचे से डिब्बा निकाल लेते हैं और खोलकर सूँघते हैं।]*

**महेश :** इसे तुम घी कहते हो? घी की यह खुशबू होती है?

**लीला :** अच्छा नहीं है?

**महेश :** अच्छा? शुद्ध बनस्पति घी है। यहीं कहीं से उसने भर लिया होगा। और जाने बनस्पति में भी मिलावट हो। उस समय मैं घर पर होता तो उसे पहली सीढ़ी पर से ही लौटा देता। मगर साहब बहादुर ने अभी जमाना देखा नहीं है न!

**राजेश :** अभी उसे पूरे पैसे कहाँ दिए हैं? दस ही तो रुपए दिए हैं। आप दो सेर घी रखकर बाकी उसे लौटा दें।

*[महेश चंद डिब्बा बंद करके फर्श पर रख देते हैं।]*

**महेश :** लौटा दें! जैसे बस इतनी ही बात है। जो मुसीबत न आनी हो वह भी बुला लूँ। इस सुनसान अँधेरी रात में एक आवारा आदमी को घर बुलाकर रख लिया और अब उससे झगड़ा मोल ले लूँ। कह दूँ कि तुम जो घी दे गए हो वह असली घी नहीं है। जिससे न भी करना हो तो भी वह फसाद खड़ा कर दे। बस, यही एक अक्ल की बात बाकी रह गई है।

**राजेश :** तो जिस किसी तरह रात कट जाने दीजिए। वह कहता था कि उसे सुबह ही उठकर चले जाना है। ग्यारह बज चुके हैं। चार, पाँच घंटे की ही तो बात है।

*[महेश चंद क्रोध में उसके पास की कुर्सी पर जा बैठते हैं।]*

**महेश :** तुम्हारे ख्याल में चार-पाँच घंटे कुछ समय ही नहीं होता। चार-पाँच घंटे में क्या कुछ नहीं हो सकता? और होने के लिए तो दस मिनट, पाँच मिनट, दो मिनट काफी हैं। किसी आदमी के पास हथियार हो तो उसे कुछ भी करने के लिए कितना समय चाहिए?

**राजेश :** लेकिन उस बेचारे के पास तो कोई हथियार नहीं है। एक लाठी है जिसे आप...

**महेश :** वह बेचारा है और उसके पास कोई हथियार नहीं है। लाठी हथियार नहीं होता। अट्ठारह साल के हो चुके हो और उन्नीसवाँ तुम्हें चल रहा है। इतनी ही समझ तुम्हें आई है? मैं समझता था कि बड़े हो गए हो, कल से घर सँभाल सकते हो।

*[लीला केतली स्टोव पर रखकर उनकी ओर आती है।]*

**लीला :** एक बात कहूँ? अगर आप लोग मानें तो...।

*[क्षणभर चुप रहकर उन दोनों की ओर देखती है। फिर स्वर धीमा हो जाता है।]*

क्यों न उसे यह कहकर उठा दिया जाए कि सुबह हो गई है। आजकल तो पाँच बजे के बाद भी देर तक अँधेरा रहता है।

**महेश :** कैसे कह दिया जाए कि सुबह हो गई है। अभी ग्यारह बजे हैं और...।

**लीला :** आप उसे उठाने की बात तय कीजिए। ग्यारह के पाँच तो हो सकते हैं... *(टाइम पीस उठाकर घड़ी की सुई घुमा देती है)* यह लीजिए। घड़ी की सुइयाँ तो पाँच बजा रही हैं। आगे जैसा आप लोग सोचें।

**राजेश :** झूठ-मूठ कहकर इस अँधेरी रात में एक आदमी को घर से निकाल दिया जाए? मैं तो इस बात से सहमत नहीं। अभी तुम्हीं कह रही थीं भाभी कि उस दिन ईंटोंवाली सड़क पर रिक्शावाले का खून हुआ है। हमारी जान जान है तो उसकी भी तो है...।

**महेश :** आज इस लड़के का दिमाग खराब हो गया है।

*[उठकर टहलने लगता है।]*

इसे उसकी जान की चिंता है, अपनी और घरवालों की चिंता नहीं। वह यहाँ से दो-चार घंटे पहले चला जाए तो क्या है? रास्ता जितना सुनसान इस समय है उतना ही सुनसान पाँच बजे भी होगा।

*[लीला के पास रुकता है।]*

चाय रखी ही है। मैं उससे कह दूँगा कि हम लोग सुबह की चाय पी रहे हैं, इसलिए तुम्हें भी उठा दिया है। ट्रंकों की चाबियाँ तुम्हारे पास हैं?

*[लीला सिर हिलाती है।]*

मुझे दे दो। नहीं, अपने पास ही रखो।... और अच्छी तरह कंबल ओढ़ लो, सर्दी है।... अच्छा, तो मैं जाकर उसे उठा दूँ?

*[जैसे शहीद हो रहा हो, ऐसी दृष्टि से राजेश की ओर देखता है।]*

और तुम जरा होशियार होकर बैठो। इस तरह ढीले-ढाले होकर नहीं।

**लीला :** सुनिए।... आप मत जाइए।

**महेश :** बच्चों की-सी बातें मत करो। आखिर किसी को तो जाकर उसे

उठाना होगा।

*[फिर एक दृष्टि राजेश पर डालकर चला जाता है। लीला राजेश के निकट चली जाती है।]*

**लीला :** मेरा दिल बहुत डर रहा है।

**राजेश :** और मुझे बहुत बुरा लग रहा है। आप लोग न जाने क्यों ऐसा कर रहे हैं! एक आदमी को रात के लिए रख ही लिया तो रात तो किसी तरह कट जाने दें। मैं देख भी आया हूँ कि वह सो रहा है, फिर भी आपको विश्वास नहीं। मैं तो कहता हूँ भाभी कि अब भी भैया को बुला लो। सुबह तक जैसे भी हो...

*[दूसरे कमरे से फतह सिंह की आवाज सुनाई देने लगती है। महेश चंद और फतह सिंह साथ-साथ आते हैं। फतह सिंह पगड़ी बगल में लिए है और सिर के बालों को लपेट रहा है।]*

**फतह :** पता ही नहीं चला जी कि रात कैसे बीत गई। ऐसे लगा जैसे अभी झपकी आई ही थी। वैसे सर्दी की रात कितनी बड़ी होती है। मगर आदमी निश्चिंत होकर सोए तो बीतते पता नहीं चलता।

*[हाथ की लाठी एक ओर रख देता है और पगड़ी खोलकर बाँधने लगता है।]*

**महेश :** हम लोग ऐसे ही उठ गए थे।...इनकी तबीयत कुछ ठीक नहीं इसलिए सुबह उठकर ये अपनी दवाई खाती हैं। मैंने कहा, आपको भी उठा दूँ।

**फतह :** आप न उठाते तो शायद मैं दिन चढ़े तक सोया रह जाता ।

*[पगड़ी ठीक से नहीं बँधती। उसे फिर से खोलकर बाँधने लगता है।]*

अब सूरज निकलते-निकलते घर पहुँच जाऊँगा।

**महेश :** चाय भी बन रही थी। मैंने कहा था, आप उठ जाएँ तो एक प्याली आप भी पी लेंगे।

**फतह :** चाय बनी है तो जरूर पिऊँगा जी। सर्दी में चाय से अच्छी क्या चीज है? अब तो गाँवों में भी लोग चाय ही चाय पीने लगे हैं। मगर हमारे यहाँ चाय कैसे बनती है? पावभर दूध में पावभर चाय का पानी। फिर भी कहते हैं खुश्की करेगी इसलिए बीच में घी डाल देते हैं। मगर यहाँ तो मैंने देखा है कि लोग पानी-सा ही उठाकर पी जाते हैं। हमारे यहाँ घर का दूध-घी होता है। यहाँ लोगों को मोल लेना पड़ता है।

राजेश : आप सुबह जो घी लाए थे वह मैंने आपसे ले लिया था। मगर...

महेश : बात यह है कि घर में घी बहुत आया हुआ है इसलिए ये कह रही थीं कि अभी और घी की जरूरत नहीं है। मगर मैंने कहा कि अब ले लिया है तो रख ही लेंगे। काम तो आ ही जाएगा। आपको दस रुपए तो सुबह इसने दे ही दिए थे। और जितने बनते हों बता दीजिए।

फतह : घी आप रखिए। मैं घर से ताजा घी लाया था। आपकी दया से घर में चार भैंसें हैं। मैं घी तौलकर थोड़े ही लाया हूँ? अपने दोस्त के लिए लाया था मगर वह यहाँ से तब्दील हो गया है। मैंने सोचा, दो-चार घरों में पूछ लूँ शायद किसी को जरूरत हो। मैं साथ उठाए-उठाए कहाँ फिरूँगा? और हाथ में पैसे होंगे तो शहर में घूम भी लूँगा, साल-सवा साल के बाद इधर आया हूँ। सुबह भाई साहब से दस रुपए ले गया था। अभी उन्हीं में से दो रुपए बच रहे हैं।

महेश : तो ऐसा करते हैं कि इसमें से दो सेर घी हम रख लेते हैं, बाकी...।

फतह : वाहगुरु का नाम लो जी। दो सेर घी छोड़कर बाकी मैं साथ ले जाऊँगा? घी-मक्खन खाने-खिलाने की चीज है। हम लोग घी बेचते भी हैं, यह नहीं कि नहीं बेचते। मगर यह घी बेचने के लिए नहीं था। मुझे जितने पैसे चाहिए थे मैंने ले लिए थे। आठ रुपए भी मुझसे इसलिए खर्च हो गए कि मैंने अपनी मंगेतर...

# रात बीतने तक

[रेडियो नाटक : अप्रकाशित दृश्य]

*[कुछ क्षण चिड़ियों के चहचहाने का शब्द, फिर व्यंग्यपूर्ण हँसी का शब्द जरा दूर से पास आता है।]*

**मैत्रेय :** यह हँसने की बात नहीं है कुमार! स्थिर चित्त से विचार करने की बात है।

**नंद :** *(हँसता हुआ)* तो तुम्हें मेरे हँसने पर भी आपत्ति है, मैत्रेय? परंतु तुम बात ही ऐसी करते हो कि हँसी आ जाती है। मुझे तो आश्चर्य है कि तुमने अब तक सिर मुँडाकर भिक्षु का वेश क्यों नहीं धारण कर लिया!

**मैत्रेय :** भिक्षु का वेश धारण करना आसान नहीं है कुमार। जिसने गौतम बुद्ध को उस वेश में देखा है वह अपने शरीर पर उस वेश को धारण करने से पहले...

**नंद :** ठहरो! गरदन उठाकर आकाश की ओर देखो। कितने सुंदर सारस उड़ते आ रहे हैं! सामने देखो, टेसू की टहनियाँ लाल-लाल फूलों से लद गई हैं। जीवन में इतना सौंदर्य है मैत्रेय कि देखकर आँखें नहीं भरतीं। तुम्हारी आँखें इस सौंदर्य पर मुग्ध नहीं होतीं?

**मैत्रेय :** नहीं कुमार, क्योंकि मेरी आँखें इसके अतिरिक्त और भी बहुत कुछ देखती हैं। मैं जीवन में दुःख-दारिद्र्य और पीड़ा भी देखता हूँ जिसे जीवन से निकाल फेंकना आवश्यक है। मैं तुम्हारा ध्यान उस ओर दिलाना चाहता हूँ तो तुम खिलखिलाकर हँस देते हो। हँसी कोई तर्क नहीं है।

**नंद :** परंतु तर्क करना कौन चाहता है?...देखो वह अकेला सारस कैसे पंख मारता आ रहा है! मैं इसके लचकीले पंखों को देखूँ कि तुमसे तर्क करूँ? लो, मैं इसे यहीं पास गिराए लेता हूँ।

**मैत्रेय :** ठहरो कुमार! पहले बात सुनो...

**नंद** : नहीं। बात सुनने में सारस निकल जाएगा। यह गिरे तो तुम इसे उठाकर देखना कि इसके पंख कितने मुलायम हैं। वह स्पर्श शायद थोड़ी देर के लिए तुम्हें भी तर्क की बात भुला दे। *(जैसे संधान करता हुआ)*—यह...यह...यह लो।

*[सारस के चीखकर गिरने का शब्द]*

**मैत्रेय** : हाँ। यह लहू से लथपथ सौंदर्य सब तर्क भुला देता है!...तुम नहीं समझोगे कुमार!

**नंद** : मैं समझना चाहूँगा भी नहीं मैत्रेय! मैं जीने का एक ही ढंग जानता हूँ। जो चीज मुझे खींचती है, मैं उसकी ओर खिंच जाता हूँ। उसका परिणाम क्या होता, यह सोचने के लिए मैं नहीं रुकता। गौतम बुद्ध जंगलों में भटककर जो सिद्धि प्राप्त कर आए हैं, नंद को वह सिद्धि नहीं चाहिए। कंचन जैसे शरीर का सूखकर ठठरी हो जाना—तुम इसे सिद्धि कह लो, पर मेरी दृष्टि में यह जीवन को तिरस्कृत करने का दंड मात्र है।

**मैत्रेय** : *(आवेग के साथ)* कुमार!

**नंद** : *(हँसकर)* फिर तड़प उठे? मैत्रेय, गौतम बुद्ध तुमसे अधिक मेरे सगे हैं। तुम समझते हो कि मेरे हृदय में भाई का स्नेह नहीं है? परंतु तुम लोगों की यह मानसिक दासता मुझे सह्य नहीं है। क्योंकि एक कहता है, दस कहते हैं, इसलिए सब व्यक्ति वही बात कहेंगे। क्यों? मुझे यह स्वीकार नहीं। इसीलिए मैंने अपने महल में आज कामोत्सव का आयोजन किया है। मुझे उपभोग में उतना ही विश्वास है जितना गौतम बुद्ध को त्याग और तपस्या में।

**मैत्रेय** : तो तुम इसीलिए गौतम बुद्ध के पास नहीं जाना चाहते कि तुम्हें अपने विश्वास के छिन जाने का डर है?

**नंद** : नहीं, बल्कि इसलिए कि मैं चाहता हूँ कि उन्हें भ्रम बना रहे। अब तक जो भी लोग उनके पास गए हैं, उनके बनने के लिए ही गए हैं। मैं नहीं चाहता कि कपिलवस्तु में उनका एक ऐसे भी व्यक्ति से साक्षात्कार हो जो उनके विश्वास से टक्कर ले सकता है।

**मैत्रेय** : तो तुम नहीं चलोगे?

**नंद** : नहीं। परंतु गौतम बुद्ध कभी महलों की ओर आने का कष्ट करें तो उनका स्वागत अवश्य करूँगा।

**मैत्रेय** : तो कम से कम कामोत्सव का आयोजन तो अभी टाल दो। कुछ दिनों तक गौतम बुद्ध यहाँ से चले जाएँगे। फिर जैसा तुम्हारे

मन में आए...

नंद : नहीं, मैत्रेय, नहीं। कामोत्सव कामना का उत्सव है। और आज की कामना भला कल पर कैसे टाली जा सकती है? आज रात नंद के महल में कामोत्सव अवश्य मनाया जाएगा।

मैत्रेय : कुमार, कोई ऐसा तर्क है जिससे तुम समझ सको?

नंद : तर्क? जीवन में तुम्हें तर्क के अतिरिक्त भी कुछ मिला है मैत्रेय? सचमुच यह प्रकृति का बहुत सुंदर व्यंग्य है। *(हँसता है)*

## खंड चार

# ध्वन्यालोकन

## विज़न्स : 1919
[जलियाँवाला बाग]

राकेश की डायरी से—

## जलियाँवाला बाग की तैयारी

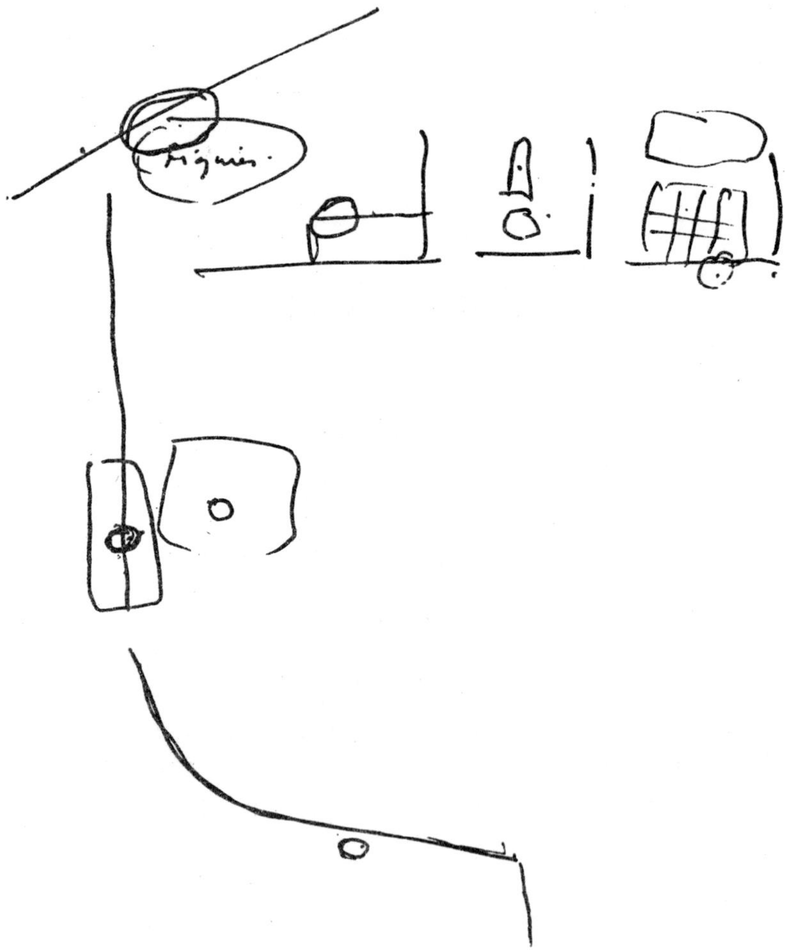

# ध्वन्यालोकन

'विज़न्स : 1919' उर्फ़ 'जलियाँवाला बाग' मोहन राकेश का एक अप्रकाशित और लगभग अचर्चित आलेख है जिसे उन्होंने भारत सरकार के सूचना एवं प्रसारण मंत्रालय के अंतर्गत सक्रिय **'गीत और नाटक प्रभाग'** की नई दिल्ली स्थित केंद्रीय शाखा के तत्कालीन निदेशक के विशेष अनुरोध पर 27 मार्च से 15 अप्रैल, 1969 के बीच लिखा था और स्वयं राकेश के शब्दों में, "अढ़ाई हफ्ते इस तरह मेहनत की कि कभी नहीं की थी।" इसका प्रमाण है राकेश की वह डायरी जिसमें उन्होंने इसकी पूरी रूपरेखा बनाई थी। इसमें उन्होंने जलियाँवाला बाग के विविध महत्त्वपूर्ण स्थानों (अभिनय स्थलों), प्रकाश-स्रोतों, अभिनेताओं, ध्वनि-प्रभावों और दृश्यों-संवादों से लेकर दर्शकों के बैठने के स्थान, अभिनय-स्थल से उनकी दूरी जैसे छोटे-बड़े व्यावहारिक तथ्यों से लेकर प्रदर्शन के बारीक ब्यौरों तक की पूरी छानबीन की थी। रचना-प्रक्रिया की दृष्टि से रेडियो, रंगमंच और फिल्म से अलग यह एक नया और चुनौतीपूर्ण माध्यम था, जिससे निपटने के लिए राकेश ने स्वयं को अपनी संपूर्ण रचनात्मक शक्तियों के साथ झोंक दिया और अंततः सफल होकर ही रहे।

अमृतसर का जलियाँवाला बाग भारतीय स्वत्रंता संग्राम में शहीद हुए अगणित देश-प्रेमियों की अमर याद और ब्रिटिश सरकार के अंधे, अन्यायपूर्ण, क्रूर एवं नृशंस अत्याचारों का एक शर्मनाक सबूत है। जलियाँवाला बाग कांड की 50वीं जयंती के अवसर पर **'सौंग एंड ड्रामा डिवीजन'** ने पिछली अर्द्धशती से जन-सामान्य के मन में निरंतर जलते-सुलगते आ रहे जलियाँवाला बाग के त्रासद स्मृति-बिंबों को उनके सही संदर्भ और परिदृश्य में पुनः साकार करने का निश्चय किया। आलेख

लिखने का उत्तरदायित्व मोहन राकेश ने सँभाला। गीतों की रचना के लिए पंजाबी की श्रेष्ठ और सुविख्यात लेखिका अमृता प्रीतम का सहयोग लिया गया। राकेश ने इतिहास के गुजरे हुए समय को अमृतसर के जलियाँवाला बाग के स्मारक, समाधि, दीवार, कुआँ, झाड़-झंखाड़, पेड़-पौधों और कुछेक ऐतिहासिक तथा अधिकांश काल्पनिक पात्रों के द्वारा शब्द, ध्वनि, प्रकाश और आकृतियों के माध्यम से पुनर्सृजित करने का रचनात्मक प्रयास किया। ध्वनि और प्रकाश के साथ अभिनेताओं के सहयोग से किया गया यह अपनी तरह का पहला प्रयोग था।

कुल 28 अंशों में परिकल्पित अपने आलेख को राकेश ने शब्द, दृश्य-विवरण तथा ध्वनि-विवरण के रूप में लिखा। 'शब्द' के अंतर्गत अमृता प्रीतम के पंजाबी मार्मिक गीत, राकेश के नाटकीय संवाद, 'पगड़ी सँभाल जट्टा', 'हम उजड़ते हैं तो उजड़ें, वतन आबाद रहे', तथा 'सरफ़रोशी की तमन्ना अब हमारे दिल में है' तथा 'जन गण मन' जैसे लोक और राष्ट्रीय गीत तथा उस समय प्रयोग होनेवाले विविध प्रकार के नारों के कल्पनाशील प्रयोग शामिल हैं तो 'दृश्य-विवरण' के अंतर्गत ए, बी, सी, डी और ई नामक क्षेत्रों में विभाजित कार्य-स्थलों पर अंधकार-प्रकाश तथा आकृतियों-चरित्रों के फेड-इन, फेड-आउट तथा प्रवेश-प्रस्थान संबंधी विस्तृत और निश्चित निर्देश दिए गए हैं।

मोहन राकेश द्वारा परिकल्पित 'विज़न्स 1919' नामक यह प्रभावशाली और मौलिक दृश्य-प्रयोग 14 अप्रैल, 1969 को अमृतसर के ऐतिहासिक जलियाँवाला बाग में परिवेशमूलक रंग-शैली में कर्नल एच.वी. गुप्ते के निर्देशन में प्रस्तुत किया गया। इसमें प्रयुक्त गीतों को स्वर देनेवालों में आसासिंह मस्ताना, घनश्याम, बशीर अहमद, सुरिंदर कौर, कमल हंसपाल तथा पन्ना लाल कत्थक के नाम उल्लेखनीय हैं। संवादों के लिए अपनी आवाज देनेवालों में अमृता प्रीतम, मोहन राकेश, लेखराज, अज़ीज़ इफैन्दी, चमनलाल शर्मा, प्रकाश जैन, शकुन रायज़ादा, महेन्द्रानी और उर्मिल चड्ढा प्रमुख हैं। इस प्रदर्शन की एक विशेषता यह भी थी कि संवाद को स्वर देनेवाले कलाकारों को ही मंच पर भी प्रस्तुत किया गया था, जिससे

ओष्ठ-संचालन और अन्य क्रिया-व्यापारों में सुविधा हो और संगति बनी रहे। ध्वन्यांकन दीनानाथ ने किया था और ध्वनि-प्रवाह के सहयोगी थे—जितेन्द्र कौशल, गोविंद गुप्ता एवं नरेश बजाज। दृश्य-बंध और प्रकाश-परिकल्पना स्वयं निर्देशक कर्नल गुप्ते की थी। मिनट, आधे मिनट या कहीं-कहीं उससे भी कम समय में बदलती परिस्थितियों और मनःस्थितियों को तीव्रता एवं सघनता से रेखांकित करते प्रभावी संगीत की योजना सतीश भाटिया की थी। समग्रतः वह एक जीवंत, उत्साहवर्द्धक, रोचक और सार्थक अनुभव था, जिसने लहूलुहान इतिहास के श्मशानों के बीच खड़े प्रेक्षकों को रोमांच, उत्तेजना और आक्रोश से भर दिया।

'विजन्स 1919' नामक इस रचना में यद्यपि काव्यांश पंजाबी की सुप्रसिद्ध लेखिका अमृता प्रीतम का लिखा है और गद्यांश मोहन राकेश का। परंतु इस आलेख की संपूर्ण परिकल्पना और सैकेंडों-मिनटों में विभाजित दृश्यों में नाटकीय संवादों, मार्मिक प्रसंगों तथा चाक्षुष एवं श्रव्य बिंबों की संरचना पूर्णतः राकेश ने ही की है। आलेख की मूल प्रति में 'तकनीकी नोट्स' कहीं नहीं हैं और जो हैं, उन्हें बाद में पैंसिल से अंग्रेजी में लिखा गया है। आदत के मुताबिक यहाँ भी प्रस्तुति की तैयारी के दौरान राकेश अंत तक अमृतसर में मौजूद रहे और उन्होंने आलेख में अनेक संशोधन भी किए। उदाहरण के लिए—अंश-14 के आरंभ में 'भाइयो!' की जगह 'सुनो भाइयो! सुनो' कर दिया गया तो अंत में सरकारी और जनता की मुनादियों के प्रभावशाली कोलाज को भी जोड़ दिया गया। अंश-15 के संबोधन को 'साहबे सदर' से बदलकर 'जनाबे सद्र' किया गया और अंत से पहले बेकल साहब से की गई 'अर्ज़' को 'दरख्वास्त' बना दिया गया। अंश-18 का पूरा सरकारी ऐलान और अंश-28 के अंत में प्रदर्शन की समाप्ति से पहले 'जन गण मन' का विधान भी लेखक ने संभवतः पूर्वाभ्यास के दौरान ही किया होगा, क्योंकि मूल आलेख तक में यह संशोधन नहीं किए गए हैं। यहाँ प्रकाशित आलेख के शब्द प्रदर्शन की रिकार्डिंग से लिए गए हैं और दृश्य एवं ध्वनि-विवरण तथा तकनीकी नोट्स रचनाकार द्वारा लिखित आलेख की मूल प्रति से।

# विजन्स : 1919

[जलियाँवाला बाग]

### अंश–1

(समय : 1 मिनट)

| शब्द | दृश्य विवरण | ध्वनि विवरण | तकनीकी नोट्स |
|---|---|---|---|
| मैं तवारीख़ हाँ हिंद दी<br>मेरी लऊ विच भिज्जी बात।<br>मेरे सिर तो पई सी<br>इस सौ सालाँ दी रात। | अँधेरा | आरंभिक संगीत<br>कंठ : स्त्री-ए | after<br>House<br>off....<br>'B' |

### अंश–2

(समय : 2 मिनट 30 सैकंड)

| शब्द | दृश्य विवरण | ध्वनि विवरण | तकनीकी नोट्स |
|---|---|---|---|
| मैं तवारीख़ हाँ हिंद दी<br>मेरे वरके लहूलुहान।<br>दिल दे सारे जख़्म हन<br>एह शहीदाँ दे अस्थान। | क्षेत्र बी की<br>दीवार | वही धुन<br>वही कंठ | |
| एह यादगार मेरे लहू दी<br>एह जलियाँवाला बाग।<br>एह कंदाँ ते एह गोलियाँ<br>मेरी हड्डु बीती दे दाग। | फ़ेड आउट<br>दीवार। फेड इन<br>स्मारक का<br>ऊपरी भाग। | वही | |
| बातशाह मैं दिला दे<br>दित्ते इस तो घोल।<br>अज्ज दे दिन नूँ वणजिया | कुछ बाद : समाधि<br>का कुछ हिस्सा भी। | वही | |

| | | |
|---|---|---|
| मैं लहू दी तकड़ी तोल।<br>पीराँ जागण चोतियाँ<br>नैण वैण मेरे रो।<br>इस परताँ वरका पिछानूँ<br>जे कोई सुणदा हो। | वही | वही |

**अंश–3**
**(समय : 3 मिनट)**

| शब्द | दृश्य विवरण | ध्वनि विवरण | तकनीकी नोट्स |
|---|---|---|---|
| धरणी अंगण मोकला<br>लोक वड्डा परिवार।<br>भारत पीराँ राँगला<br>अंगण दे विचकार।<br>अंगण दे विचकार।<br>(Pause) | एरिया डीप सी<br>के झाड़-झंखाड़।<br>कुछ बाद उड़ते<br>रंगीन दोपट्टे। | पुरुष कंठ<br>ए तथा स्त्री<br>कंठ बी।<br><br>अलगोज़ा। | D.C.<br>Volume |
| धरती देस पंजाब दी<br>हूराँ विचों हूर।<br>वाहवाँ झोलण पक्खियाँ<br>मत्था चुम्में नूर। | | अलगोज़ा | |
| अंबर लँहगा भेजिया<br>धरत लुआई तौण।<br>पैरीं तारे बन्ह को<br>राँता झुम्मर पौण। | | अलगोज़ा | |

| | | |
|---|---|---|
| धरती काज रचाउँदी<br>चेतर आवे मेल।<br>गिद्धा माहिया भंगड़ा<br>बूहे चोंदा तेल। | कुछेक चुनिंदा पेड़ों<br>पर रोशनी<br><br>अलगोज़ा | to c<br>with music |

अंश–4
(समय : 4 मिनट)

| शब्द | दृश्य विवरण | ध्वनि विवरण | तकनीकी नोट्स |
|---|---|---|---|
| निक्का मोटा बाजरा<br>माही वे मेरा कौण<br>चुगेसी ढोला,<br>निक्का मोटा बाजरा<br>सइयों नी मेरा ढोल<br>परदेसी, ढोला। | | | Pause I<br>'e' |
| सूआ मेरा चरखा माही वे<br>रंग लाया मुन्निआ ढोला।<br>ढोल परदेसी<br>सइयों नी की बणदा<br>ए रूनिआ, ढोला। | <br><br>एरिया सी।<br>नाचती लड़कियाँ | <br><br>पिछले स्वर<br>को फेड आउट<br>करते हुए<br>सुपर इंपोज़<br>कीजिए। | |
| वगदा ए पानी, माही वे<br>विच खंड पई घुलदी ढोला।<br>इंज ना रोली माही वे<br>जिंद मँहगी मुल्ल दी, ढोला। | | | |
| वगदा पाणी माही वे<br>विच बूटा कपाई दा ढोला।<br>कोई ना जाणे माही वे<br>साडा हाल जुदाई दा, ढोला। | | | last time<br>in darkness |

अंश–5

(समय : 30 सैकंड)

| | | | |
|---|---|---|---|
| | फ़ेड आउट | | केवल साज़ |

अंश–6

(समय : 1 मिनट)

| शब्द | दृश्य विवरण | ध्वनि विवरण | तकनीकी नोट्स |
|---|---|---|---|
| बल्ले बल्ले बई सावा पट्ट किन्ने रंगिया | फ़ेड इन। | | 'C' |
| मेरे खेत निरी फुलकारी। | नाचते | | |
| बल्ले बल्ले नी मोतियाँ दा हार गुंद लै | स्त्रियाँ-पुरुष। | बोलियाँ | |
| मेरे सिट्टयाँ नूँ पे गये दाणे। | | | |
| बल्ले बल्ले बई होले-होले पव धरदी | | | |
| मेरी कणक झाझराँ पाईयाँ। | | | |

अंश–7

(समय : 2 मिनट)

| शब्द | दृश्य विवरण | ध्वनि विवरण | तकनीकी नोट्स |
|---|---|---|---|
| | छठे अंश का दृश्य धीरे-धीरे फ़ेड आउट हो चुकने के बाद धीरे-धीरे फ़ेड इन एरिया बी की दीवार। | | B |
| सुग्गड गइयाँ बरकताँ छन्ना गइयाँ फैल। रोइयाँ अज्ज अटारियाँ मेरे जूठे हो गए मैल। | | स्त्री कंठ ए एरिया बी दरवाज़े पर दी जा रही दस्तक | |

| | | | |
|---|---|---|---|
| | | की आवाज़ | E |
| | | पहले एरिया | D |
| | | डीप सी फिर | D.C. |
| | | एरिया सी फिर | C. |
| | | एरिया बी | |
| सुनवे जीया मेरिया<br>मैनूँ वाजाँ मारे पौण।<br>मेरे अंदर उट्ठण कल्लयाँ<br>मेरा दर खड़कावे कौण? | | | 'B'<br>change to<br>'C' |

## अंश-8

**(समय : 3 मिनट)**

| शब्द | दृश्य विवरण | ध्वनि विवरण | तकनीकी नोट्स |
|---|---|---|---|
| मनदा पंछी बेहवल होया<br>अग्ग दी चोग चुगे।<br>एह तन अपणा एह मन अपणा<br>अपणा नाहिं लगे। | फ़ेड आउट<br>दीवार<br>फ़ेड इन एरिया सी से<br>डीप सी की ओर जाती<br>स्याह सी बूढ़ी<br>आकृतियाँ।<br>फेड आउट बूढ़ी<br>आकृतियाँ। फ़ेड इन<br>डीप सी से सी की<br>ओर आती लाल<br>चेहरोंवाली चार-पाँच<br>युवा आकृतियाँ | पुरुष कंठ ए<br>धुन दार्शनिक<br>एरिया सी। | 'C' |
| सोचाँ दा हर फुल कुम्हलावे<br>एह केहि पौण वगे।<br>अपणी धरती हक्क न अपणे<br>दीवा किंज जगे। | | कंठ वही<br>धुन वही<br>मगर उत्साह<br>का स्पर्श लिए। | |

मन दा पंछी बेहवल होइया
अग्ग दी चोग चुगे
एह तन उसदा एह मन उसदा
जो मेरा वतन लगे।
बंदी घराँ दा घुप्प अँनेरा
दीवे रत्त जगे।

## अंश–9
### (समय : 2 मिनिट)

| शब्द | दृश्य विवरण | ध्वनि विवरण | तकनीकी नोट्स |
|---|---|---|---|
| | फ़ेड आउट युवा<br>आकृतियाँ।<br>फ़ेड इन एरिया बी<br>का पेड़ | | |
| किक्करा वे कंडियालिया<br>अज कौण पछाणें हक्क।<br>रोई गुलामी देस दी<br>रौ पये चारे चक्क। | | स्त्री कंठ ए।<br>धुन अंदर का दर्द<br>व्यक्त करते हुए<br>भी दिलों को<br>उकसाती हुई। | |
| किक्करा वे कंडियालिया<br>उत्तों चड़िया चेत।<br>जग पइयाँ अज पैलिया<br>जाग पये अज खेत। | | एरिया बी।<br>स्वर उत्साह<br>पकड़ता। | Fast change<br>to E |
| लक्ख अवाजाँ बोलिया<br>होके इक्क अवाज।<br>दे के सोहण सिराँ नू<br>लइये देस विहाज। | | स्वर में और उत्साह।<br>एरिया डीप सी से<br>आहिस्ता आहिस्ता<br>फ़ेड इन<br>इन्कलाब ज़िंदाबाद | |

## अंश–10
## (समय : 30 सैकंड)

| शब्द | दृश्य विवरण | ध्वनि विवरण | तकनीकी नोट्स |
|---|---|---|---|
| इन्कलाब!<br>ज़िंदाबाद! | फ़ेड आउट पेड़<br>अँधेरा | डीप सी से भीड़ के<br>स्वर | Deep<br>'C' |

## अंश–11
## (समय–3 मिनट)

| शब्द | दृश्य विवरण | ध्वनि विवरण | तकनीकी नोट्स |
|---|---|---|---|
| टुट्टी इक्क पत्ती<br>किसे टाहण नालों,<br>वणां वणां चों रोणियाँ<br>बोल पइयाँ। | फेड इन पेड़<br>एरिया ई | पुरुष कंठ बी<br>धुन हीर<br>एरिया ई | 'C' |
| | | दो एक बम | D |
| रोईयां चूडियाँ ते<br>छन्ने विलक उट्ठे,<br>बेले बेले चों दमड़ियाँ बोल<br>पइयाँ<br>जलाँ थलाँ तो इक्क आवाज़<br>होके कइ सस्सियाँ सोहणियाँ<br>बोल पइयाँ। | फ़ेड इन एरिया<br>सी। खुले बालों<br>वाली तीन-चार<br>लड़कियाँ। | फटने की आवाज़<br>एरिया डी। | D.C. |
| इन्कलाब! ज़िंदाबाद!<br>इन्कलाब! ज़िंदाबाद! | फ़ेड आउट एरिया सी।<br>फ़ेड इन एरिया डीप सी।<br>एक के बाद एक झंडा। | स्त्री कंठों से।<br>एरिया डीप<br>सी।<br>पुरुष कंठ बी।<br>एरिया सी। | |

| | | | |
|---|---|---|---|
| इक्कौ वाज मेरी नइयों | | | |
| वाज इक्को | | अंश 12 के स्वर | D.C. |
| वाज वाज चों होणियाँ | | फ़ेड इन करना | |
| बोल पइयाँ। | | शुरू कर दीजिए। | C |

## अंश–12
## (समय : 3 मिनट)

| शब्द | दृश्य विवरण | ध्वनि विवरण | तकनीकी नोट्स |
|---|---|---|---|
| पगड़ी सँभाल जट्टा<br>पगड़ी सँभाल ओये।<br>पगड़ी सँभाल जट्टा<br>पगड़ी सँभाल ओये। | फलोस्पॉट<br>डीप सी से<br>बी की तरफ | झुंड का समूह गान।<br>स्वर पुरुष<br>कंठों के।<br>धुन उस ज़माने की<br>एरिया डीप सी। | D.C. |
| लुट्ट लिया माल तेरा<br>कीता बेहाल ओये।<br>**इन्कलाब!**<br>ज़िंदाबाद!<br>इन्कलाब!<br>ज़िंदाबाद!<br>महात्मा गाँधी की जय!<br>टोडी बच्चा, हाय हाय!<br>राज फिरंगी,<br>हाय हाय! | | बीच में स्वर रोक<br>कर नारे-पुरुष कंठ।<br><br><br><br><br><br><br><br>फिर समूह-गीत | |
| नईं-रहणीं सरकार ए ज़ालिम<br>नईं रहणीं।<br>हिंद दे मालिक हिंदुस्तानी<br>तुसीं आये सी खाण मेहमानी।<br>हुण बैठे लत्तां पसार, ज़ालिम<br>नईं रहणी।<br>सरकार ए ज़ालिम<br>नईं रहणी। | | | <br><br><br><br><br>3 Sc.<br>Pause |

## अंश–13
### (समय : 1 मिनट 30 सेकंड)

| शब्द | दृश्य विवरण | ध्वनि विवरण | तकनीकी नोट्स |
|---|---|---|---|
| | एरिया ई | | |
| | समाधि की | | |
| | पृष्ठभूमि | स्त्री कंठ सी। | |
| | में हथकड़ियाँ | एरिया ई। | |
| | बेड़ियाँ पहने | कविता पढ़ने | |
| | छः-सात लोग | का स्वर। | |
| | किसी तरह चलते और | | |
| | अपने आपको छुड़ाने | | |
| | का संघर्ष करते हुए। | | |
| इक्क बेड़ियाँ दा गीत सी | | | |
| हथकड़ियाँ दा गीत सी। | | | E |
| ते ओह वी वक्त सी | | | |
| आवाज़ नज़रबंद सी। | | | |
| ए हुक्माँ दे हुकम मोड़दा | | | |
| पैराँ दा लोहा तोड़दा | | | |
| ते गौण सुणन वालेयाँ दे | | | |
| मुँह ते लाली तोड़दा | आकृतियों के | | |
| सारे देश विच विचरदा रिहा | चेहरों पर लाल | | |
| गलियाँ दे विच फिरदा रिहा। | रोशनी। | | |
| ते गरम सुच्चा लहू बणके | | | |
| रगाँ विचे तुरदा रिहा। | | | |

## अंश–14
### (समय : 3 मिनट)

| शब्द | दृश्य विवरण | ध्वनि विवरण | तकनीकी नोट्स |
|---|---|---|---|
| | फ़ेड इन कनस्तर | टीन का कनस्तर | |
| | बजाकर मुनादी | बजाने की आवाज़ | ऐलान |
| | करता आदमी। | एरिया सी। | |
| | एरिया सी। | | |

सुनो भाइयो! सुनो!
आप सब इससे वाकिफ़ हैं कि हमारे प्यारे नेता डॉ. सत्यपाल और डॉ. किचलू इस वक्त अंग्रेज़ सरकार की क़ैद में हैं। अमृतसर और पंजाब की ही नहीं, सारे हिंदुस्तान की जनता अंग्रेज़ सरकार के काले कारनामों की वजह से सख़्त बेक़रारी महसूस कर रही है। इस बेक़रारी का इज़हार करने के लिए और रोलेट बिल के खिलाफ़ आवाज़ बुलंद करते हुए अपने नेताओं की रिहाई की माँग करने के लिए आज बैसाखी के रोज़ शाम के चार बजे जलियाँवाला बाग में एक अज़ीमुश्शान पब्लिक जलसा होगा। इस जलसे में अमृतसर के बहुत से मुअज़्ज़िज़ नेता और दूसरे शहरीन तकरीर फ़रमाएँगे और कई एक शायर अपनी नज़्में पेश करेंगे। आप सबसे प्रार्थना है कि ज़्यादा से ज़्यादा तादाद में जलसे में शरीक होकर जलसे की रौनक बढ़ाएँ और अंग्रेज़ सरकार के खिलाफ़ उठनेवाली आवाज़ों में अपनी आवाज़ शामिल करें।

| | | | |
|---|---|---|---|
| सुनिए हज़रात।<br>बाहुक्म जनाब डिप्टी<br>कमिश्नर साहब<br>बहादुर, अमृतसर, आप<br>सबको इतला<br>की जाती है कि आज 13 अप्रैल<br>बैसाखी के रोज़ अमृतसर शहर के सब | नगाड़े पर मुनादी<br>करता आदमी।<br>एरिया ई। | टीन के कनस्तर<br>की आवाज़ पर<br>नगाड़े की मुनादी<br>की आवाज़ सुपर<br>इंपोज़ कीजिए ।<br>एरिया ई। | C/C<br>B/B<br>DC<br>DC |

इलाकों में दफ़ा एक सौ चवालीस नाफ़िज़ रहेगी। इसके अलावा शाम के आठ बजे से सुबह के छः बजे तक कर्फ़्यू ऑर्डर भी जारी रहेगा! आप से उम्मीद की जाती है कि आप अपनी हिफ़ाज़त की ख़ातिर कहीं भी चार से ज़्यादा आदमियों के बीच जमा नहीं होंगे। और शाम के आठ बजे के बाद घरों के बाहर नहीं निकलेंगे।

—आज बैसाखी के रोज़ शाम के चार बजे जलियाँवाले बाग में एक अज़ीमुश्शान पब्लिक जलसा होगा...

—शाम के आठ बजे से सुबह के छः बजे तक कर्फ़्यू आर्डर भी जारी रहेगा...

—आप सबसे प्रार्थना है कि ज़्यादा से ज़्यादा तादाद में जलसे में शरीक होकर जलसे की रौनक बढ़ाएँ...

—आपसे उम्मीद की जाती है कि अपनी हिफ़ाज़त की ख़ातिर कहीं भी चार से ज़्यादा आदमियों के बीच जमा नहीं होंगे...

अब कनस्तरवाला और नगाड़ेवाला आदमी दोनों नज़र आते हैं।

एक के बाद एक एरिया से कभी कनस्तर और कभी नगाड़े की आवाज़ के साथ कभी इस मुनादी और कभी उस मुनादी के शब्द। अंतिम बार कनस्तर की मुनादी के शब्द एरिया ए से। उसके बाद ही बाग के अंदर आती भीड़ के स्वर।

'D'

फ़ेड आउट दोनों मुनादीवाले।

## अंश-15
## (समय : 3 मिनट)

| शब्द | दृश्य विवरण | ध्वनि विवरण | तकनीकी नोट्स |
|---|---|---|---|
| | एरिया सी में झंडा लहराता नज़र आता है। | भीड़ की आवाज़ें सभी एरियाज़ से आने लगती हैं। | 'C' |
| | | एरिया सी जलसे की कार्यवाही के स्वर। पहले एक वक्ता। | |
| जनाबे सद्र और हाज़रीन। आप सब इस बात से आगाह हैं कि हम सब आज यहाँ किसलिए जमा हुए हैं। आज बैसाखी का दिन है—हमारे बहुत बड़े त्योहार का दिन। हम लोग हर साल नाच-गाने और खुशियों के साथ ये त्योहार मनाते हैं। मगर आज साम्राज्यवादी सरकार ने हमारी खुशियाँ हमसे छीन ली हैं। हमारे नाच-गानों पर पहरे लगा दिए हैं—हमारे नेताओं के साथ जैसे हमारे त्योहारों को भी अपने कैदखाने में बंद कर लिया है। रोलेट बिल के ज़रिए हम पर नए ज़ुल्म ढाने के इस सरकार के इरादे लाठियों और संगीनों के साथ हमें घेरे हुए हैं। हम इस नापाक घेरे को तोड़ने के | | | |

लिए कमरबस्ता हैं, ये पिछले
कुछ दिनों में इस शहर में हुए
वाक़यात से ज़ाहिर है। आज
दफ़ा एक सौ चवालीस है।
इसके बावजूद आप
सबका यहाँ जमा होना
भी इस बात का सबूत है।
हम अमन-पसंद इंसान हैं।
मगर साम्राज्यवादी सरकार को
यह नहीं भूलना चाहिए कि
अपनी इन्सानियत को कायम
रखकर ही हम अमन-पसंद
रह सकते हैं। इसीलिए हमारे
इनसानी हुक़ूक़ को कुचलने की
उनकी कोशिश हरगिज़ हरगिज़
कामयाब नहीं होगी।
इससे पहले कि और हज़रात
इस बारे में अपनी तक़रीर
फ़रमाएँ, मैं पंडित बृज गोपीनाथ
बेकल साहब से दरख़्वास्त करूँगा
कि वोह आपके सामने अपनी एक
नज़्म पेश करें! बेकल साहब—

बेकल के कड़कदार स्वर

—हाज़रीन! नज़्म अर्ज़ है—
ए अंदलीब, साथ दे, तू ही मेरी
फरियाद का
हम तमाशा देख लें
घर फूँककर सैयाद का।
या सिरोही दस्ते क़ातिल में नहीं।
या हम नहीं या...

## अंश–16
## (समय : 16 मिनट)

| शब्द | दृश्य विवरण | ध्वनि विवरण | तकनीकी नोट्स |
|---|---|---|---|
| | | नज़्म की दूसरी पंक्ति से ही | |
| | | एरिया ए में फ़ौजी जूतों | |
| | | के स्वर 'हम नहीं या' पर | |
| | | उधर से आवाज़। | |
| —हाल्ट। | | एरिया सी में | |
| (भीड़ की फुसफुसाहटों में) | | भीड़ की हलचल के | |
| **—फौज आ गई। आ गई फ़ौज** | | शब्द। उसी एरिया | |
| **—हाज़रीन** | | में एक आदमी की | |
| डरने और भागने | | आवाज़। | |
| की जरूरत नहीं। | | एरिया ए। | |
| ये सिर्फ़ खाली बंदूकें हैं। | | कमांड की आवाज़। | |
| इनमें गोलियाँ नहीं हैं! | | गोलियाँ चलने का | |
| | | शब्द। भीड़ की ज़्यादा हलचल। | |
| | | एरिया सी में फिर वही आवाज़। | |
| —फ़ायर! फ़ायर! फ़ायर! | | एरिया ए से कमांड की आवाज़: | |
| | | दो-एक क्षणों का सक्ता। फिर | |
| | | एरिया ए से लगातार | |
| | | गोलियाँ चलने की | |
| | | आवाज़। दो-एक | |
| | | क्षणों का सक्ता। | |
| | | फिर एरिया सी में | |
| | | लोगों के गोलियाँ | |
| | | खाकर चीख़ने का | |
| | | शब्द। फिर एरिया | |
| | | ए से गोलियाँ। एरिया | |
| | | डी से चीख-पुकार। | |
| | | एरिया ए से गोलियाँ। | |
| | | एरिया ई में चीख-पुकार। | |

| | |
|---|---|
| | एरिया ए से गोलियाँ।<br>उसके साथ ही सभी<br>एरियाज़ से चीख-पुकार।<br>भाग-दौड़ के शब्द।<br>हो-हल्ला और<br>कोहराम। कोहराम।<br>के बीच आवाज़ें: |
| —भई आगे कुआँ है, देखकर,<br>कुएँ से बचकर। कुएँ से बचकर। | एक के बाद एक कई लोगों<br>के कुएँ में गिरने का शब्द।<br>गिरते लोगों की आह!<br>ओह!<br>सब आवाज़ें फ़ेड आउट<br>करके सिर्फ़ गोलियों<br>की आवाज़।<br>सक्ता। |
| —फ़ायर | गोलियाँ |

**अंश–17**
**(समय : 1 मिनट)**

| **शब्द** | **दृश्य विवरण** | **ध्वनि विवरण** | **तकनीकी नोट्स** |
|---|---|---|---|
| | फ़ेड इन<br>कुएँ के इर्द-गिर्द<br>जमा लाशें। | | |
| ए बात है दुनिया दी<br>दुनियावालो।<br>ए लाश है फुल्लाँ दी<br>मोड्ढा दे दियो! | एरिया बी | बैण का सा स्वर।<br>स्त्री कंठ बी।<br>एरिया बी। | B. |

अंश–18

(समय : 3 मिनट)

| शब्द | दृश्य विवरण | ध्वनि विवरण | तकनीकी नोट्स |
|---|---|---|---|
| वेखो कि जिंदाँ मँहगियाँ<br>वेखो कि मौताँ सस्तियां।<br>छाती च ज़ख्म खुल गए।<br>अक्खाँ च अथरू भर गए।<br>उट्ठो वे अणखाँ वालयो।<br>जावो लियावो मोड़ के<br>महबूब मेरे देश दे<br>जित्थे वी किधरे टुर गए।<br>महबूब मेरे देश दे। | फ़ेड आउट लाशें।<br>फ़ेड इन कुएँ की<br>अंदर की खिड़कियाँ। | एरिया बी-वन<br>कुएँ के अंदर<br>से डूबते लोगों<br>की हिचकियाँ आदि।<br>स्त्री कंठ बी—की<br>आवाज़ भी कुएँ के<br>अंदर से।<br>बी। | 'B1'<br>Male<br><br>Female |
| | फ़ेड आउट एरिया<br>बी वन। फ़ेड इन<br>कुएँ पर लाशें। | | |
| वेखो कि जिदां महँगियाँ। | | | |
| वेखो कि मौताँ सस्तियाँ<br>छाती च ज़ख्म खुल गए।<br>अक्खाँच अथरू भर गए<br>उट्ठो वे अणखाँवालयो<br>जावो लियावो मोड़ के<br>महबूब मेरे देश दे<br>जित्थे वी किधरे टुर गए<br>महबूब मेरे देश दे। | फ़ेड आउट लाशें।<br>फ़ेड इन कुएँ पर<br>बैठे गिद्ध। | इस बार पुरुष कंठ<br>से। स्वर बैण का<br>नहीं। एरिया सी। | 'C' |
| —बाउकिन जनाब आई.ई.<br>डायर साहब, सी.बी. ब्रिग्रेडियर<br>जनरल, कमांडिंग जलंधर<br>ब्रिगेड—बाशिंदगाने अमृतसर<br>को बज़रिए ऐलाने हज़ा के<br>मुतनब्बा किया जाता है कि<br>अगर वो नवाए अमृतसर में<br>कोई माली नुकसान करेंगे या | | कनस्तर की मुनादी<br>के स्वर | |

किसी और किसिम की सीनाज़ोरी
का इस्तिक़्वाब करेंगे तो ये
समझा जावेगा कि ऐसे अफ़ाल
के इस्तिक़्वाब का इस्ताल शह्र
अमृतसर से पैदा हुआ है। और
हम बाशिंदगाने अमृतसर को
फ़ौजी कानून के मुताबिक सज़ा
देने का तदारूख़ करेंगे। तमाम
जलसों और मजमों की बज़रिए
ऐलाने हज़ा के मुमानियत की
जाती है। और हम जुमला ऐसे
मजमों को फ़िलफ़ौर मुल्तशिर
करने के वास्ते फ़ौजी कानून के
मुताबिक अमल करेंगे।

**अंश–19**

**समय : 4 मिनट**

| शब्द | दृश्य विवरण | ध्वनि विवरण | तकनीकी नोट्स |
|---|---|---|---|
| जीवन दियाँ दुशवारियाँ<br>मजबूरियाँ लाचारियाँ।<br>एह ज़िल्लताँ एह ख़्वारियाँ।<br>मिट्टी च रीगण हसरताँ।<br>ग़ुलामी दियाँ एह लाणता।<br>ग़ुलामाँ दियाँ एह किस्मताँ। | लाशों को फेड<br>आउट करते हुए<br>फ़ेड इन रेंगते हुए<br>लोग। सिलैहट।<br>एरिया-सी पहले पुरुष | पुरुष कंठ-सी<br>तथा स्त्री कंठ-सी।<br>एरिया सी। | |
| | | एरिया ई से फौजी<br>जूतों का स्वर।<br>एरिया डी से लाठी<br>चार्ज की आवाज़।<br>एरिया सी से<br>चाबुकों का शब्द। | |
| इक्क कहर सी जो जर लिया<br>इक्क सबर सी जो कर लिया।<br>इक्क ज़हर सी जो पी लिया<br>इक्क मौत नूँ असाँ जी लिया। | <br><br>फ़ेड आउट रेंगते लोग।<br>फ़ेड इन उड़ते काले | <br><br>पुरुष-कंठ एरिया सी | |

| | | |
|---|---|---|
| छाती च अग्ग बलदी पई।<br>अक्खाँ चो पाणी बह-रिया।<br>सुणों-सुणों-सुणों-सुणों<br>एह वक्त की कुज कह रिहा। | दुपट्टे एरिया डीप<br>सी।<br>फ़ेड आउट काले<br>दुपट्टे। फ़ेड इन | स्त्री कंठ। |
| एह वक्त की कुज सह रिहा। | रेंगते लोग। | पुरुष-कंठ |

## अंश–20
### (समय : 1 मिनट)

| शब्द | दृश्य विवरण | ध्वनि विवरण | तकनीकी नोट्स |
|---|---|---|---|
| मैं वक्त इक्क सवाल हाँ<br>इन्हाँ कंदाँ ते खूहाँ चो<br>उट्ठिया सवाल।<br>लक्खाँ मासूस रूहाँ तों<br>उट्ठिया सवाल।<br>ते इन्हाँ तड़पदे मुँहाँ तों<br>उट्ठिया सवाल। | फ़ेड आउट रेंगते<br>लोग। फ़ेड इन<br>मैमोरियल एरिया<br>डी। | पुरुष कंठ बी।<br>एरिया डी। | |

## अंश–21
### (समय : 30 सैकेंड)

| शब्द | दृश्य विवरण | ध्वनि विवरण | तकनीकी नोट्स |
|---|---|---|---|
| जलियाँवाला बाग में<br>जो कुछ हुआ, क्यों हुआ?<br>मासूम निहत्थे लोगों पर<br>गोलियाँ क्यों चलाई गईं? | प्रकाश मेमोरियल<br>के ऊपरी भाग पर<br>केंद्रित होता। | समूह के शब्द।<br>गूँजती आवाज़<br>में। | |

## अंश–22
### (समय : 3 मिनट)

| शब्द | दृश्य विवरण | ध्वनि विवरण | तकनीकी नोट्स |
|---|---|---|---|
| **—जवाब दो डायर, तुमने** गोली चलाने का हुक्म क्यों दिया? | अँधेरा | एक पुरुष कंठ से। अदालत में सवाल करने के लहज़े में। | |
| **—मैं यह फैसला करके आया था** कि अगर मीटिंग चलती रही, तो मैं सारे जमा लोगों को मौत के घाट उतार दूँगा। | एरिया-सी में डायर की आकृति रोशनी में आती है। | डायर का किरदार : | |
| **—गोली चलाने में तुम्हारा मकसद** भीड़ को तितर-बितर करना था? | | अँधेरे की आवाज़ : | |
| —हाँ। | | डायर। | |
| —कोई और भी मकसद था? | | अँधेरा। | |
| नहीं। मुझे सिर्फ़ भीड़ के —तितर-बितर होने तक गोली चलाते रहना था। | | डायर : | |
| —तुम्हारे गोली चलाने पर भीड़ फ़ौरन तितर-बितर होने लगी थी? | | अँधेरा : | |
| फ़ौरन। | | डायर : | |
| —फिर भी तुम गोली चलाते रहे? | | अँधेरा : | |
| —हाँ। | | डायर : | |
| —अगर भीड़ तितर-बितर होने लगी थी, तो तुमने गोली चलाना बंद | | अँधेरा : | |

क्यों नहीं किया?

डायर : —मेरा ख्याल था कि जब तक पूरी भीड़ तितर-बितर न हो जाए, तब तक गोली चलाते रहना मेरा फ़र्ज़ है। कम गोली चलाने से लोगों पर काफ़ी असर न होता। कम गोली चलाने पर मेरा गोली चलाना ही ग़लत साबित होता।

अँधेरा : —गोली कितनी देर चलती रही?

डायर : —जितने राउंड फ़ायर किए गए, उनके हिसाब से गिना जाए, तो शायद दस मिनट...या उसके आसपास।

अँधेरा : —तुम्हारे पास यह मानने की कोई वजह थी कि अगर तुम बिना गोली चलाए...देर तक गोली चलाए...जमा लोगों से बाग से चले जाने को कहते, तो वे ऐसा न करते?

डायर : —मैं समझता हूँ, यह मुमकिन था कि मेरे गोली न चलाने पर भी लोग तितर-बितर हो जाते।

अँधेरा : —तो तुमने फिर वैसा क्यों नहीं होने दिया?

डायर : —मुझे उन्हें सिर्फ थोड़ी देर के लिए तितर-बितर नहीं करना था। उस हालत में वे सब वापस आकर मेरा मज़ाक उड़ाते। मुझे लगा कि वह रास्ता

| | | | |
|---|---|---|---|
| अपनाने से मैं सिर्फ़ अपने को बेवकूफ बनाऊँगा। | | | |
| —और दूसरा रास्ता अपनाने से? दूसरा<br>रास्ता अपनाने से क्या हुआ डायर? | | | अँधेरा : |

**अंश–23**

**(समय : 3 मिनट)**

| शब्द | दृश्य विवरण | ध्वनि विवरण | तकनीकी नोट्स |
|---|---|---|---|
| लाशें ही लाशें थीं चारों<br>तरफ। लाशों के अंबार इस<br>तरह लगे थे कि उनमें से<br>रास्ता बनाना मुश्किल था।<br>**—कई लोग लाशों को रौंदते हुए भाग रहे**<br>थे। कितनी लाशें थीं....हज़ार...<br>दो हज़ार....पता नहीं। अचानक<br>एक लाश पर से पाँव फिसल<br>जाने से मैं गिर गया और<br>लोग मुझे रौंदते हुए मेरे ऊपर से<br>गुज़रने लगे। मेरी साँस घुटने लगी।<br>और मुझे लगा कि मैं मर रहा हूँ... | फ़ेड आउट<br>डायर।<br>फ़ेड इन कुरते<br>पाजामे में एक<br>आदमी।<br><br>एरिया डी। | | |
| <br><br><br>**—एक मरते आदमी ने मुझसे पानी**<br>माँगा। मगर पानी उस वक्त वहाँ<br>कहाँ मिल सकता था? अचानक मुझे<br>ख्याल आया कि मैं हँसली से पानी<br>ला कर उसे दे सकता हूँ...मैं चहबच्चे<br>की तरफ बढ़ा। मगर चहबच्चे में झाँकने<br>पर पाया कि वहाँ भी कितनी ही लाशें<br>तैर रही हैं। कुछ ज़िंदा लोग<br>भी वहाँ छिपे हुए थे। उन्होंने डरते- | फ़ेड आउट वह<br>आदमी। फ़ेड इन<br>पतलून-कमीज़ में<br>एक सरदार। सरदार :<br>एरिया वही। | | |

| | | |
|---|---|---|
| डरते मुझसे पूछा कि क्या फ़ौजी चले गए हैं? मैंने उन्हें बताया कि चले गए हैं, तो वे बाहर निकलकर अपने घरों की तरफ भागे। ...चारों तरफ़ से रोने-कराहने और छटपटाने की आवाजें आ रही थीं। लग रहा था कि यह पूरा बाग ही एक बहुत बड़ा श्मशान है...। | | |
| | फ़ेड आउट सरदार। | |
| **—चीलें और गिद्ध लाशों की दावत** उड़ाने के लिए बहुत नीचे आकर मँडरा रहे थे। वो इस तरह झपट रहे थे कि लगता था, ज़िंदा आदमियों का भी मांस नोचकर ले जाएँगे। | फ़ेड इन धोती-कुरते में एक आदमी। | धोती-कुरते वाला आदमी। सिर पर पगड़ी। |
| | फ़ेड आउट धोती-कुरतेवाला आदमी। | |
| | फ़ेड इन पाजामे कमीज़ में एक सरदार। | दूसरा सरदार : |
| **—जिंदा आदमियों और लाशों में** फ़र्क करना मुश्किल था। मुझे अपने भाई और बहनोई को ढूँढ़ना था। मैं सैकड़ों लाशों को पलट-पलटकर देखता रहा। अँधेरे में चेहरों को पहचानना मुश्किल था। यूँ भी मरने के बाद बहुतों के चेहरे एक-से लग रहे थे। मुझे बहुत बार शक होता था कि यह मेरा भाई है। यह मेरा बहनोई है। मेरी बहन और भौजाई मेरे साथ थीं। वे सोच नहीं पा रही थीं | | |

कि वे विधवा हो गई हैं या अभी सुहागिनें हैं। पागलों की तरह वे मुझे कोंच रही थीं कि मैं अपने भाई और बहनोई के नाम ले-लेकर ज़ोर-ज़ोर से पुकारूँ। मैंने कई बार ऐसा किया भी। मगर मेरी आवाज़ से किसी लाश में हरकत नहीं हुई। किसी ने सिर उठाकर नहीं कहा कि मैं ये यहाँ हूँ। मैं बड़ी मुश्किल से अपनी बहन और भौजाई को किसी तरह समझा-बुझाकर घर वापस ले गया।

फ़ेड आउट दूसरा सरदार।
फ़ेड इन
एक अधेड़ औरत।

**—मैं अपने घर में थी। हमारा घर** जलियाँवाला बाग के पास है। मुझे अचानक गोली चलने की आवाज़ सुनाई दी। मैं लेटी हुई थी। उठकर बैठ गई। मेरा दिल धड़कने लगा क्योंकि मेरा घरवाला जलियाँवाले बाग की मीटिंग में गया हुआ था। मैं दो औरतों को साथ लेकर रोती हुई बाग में आई। सारा रास्ता लहू से चिपचिपा हो रहा था। जिधर देखो लहू से रँगी लाशें। जिधर देखो पानी को तरसते रेंगते लोग। एक जगह पहुँचकर मेरे पैर सुन्न हो गए। सामने मेरे घरवाले

रोते-बिलखते

का मुरदा शरीर पड़ा था।
मेरी समझ में नहीं आया कि
मैं क्या करूँ। उसे कैसे घर ले
जाऊँ। मैंने दो लड़कों से कहा
कि वे मुझे एक चारपाई ला
दें। अपने साथ की औरतों को
भी मैंने वापस भेज दिया।
मगर तब तक आठ बज गए,
कर्फ़्यू का वक्त हो गया। वे
लड़के चारपाई लेकर नहीं
आ सके। मैं रोती-बिलखती
इंतज़ार करती रही। वह जगह
लहू से भीगी थी। एक सरदार
की मदद से मैं अपने घरवाले
की लाश वहाँ से परे एक सूखी
जगह पर ले गई। वहाँ उसे
एक लकड़ी के तख्ते पर लिटा
दिया। रात के दस बज गए
थे। मैं खुद वहाँ से निकल
पड़ी कि कुछ लोगों को मदद
के लिए साथ ले आऊँ। मगर
रास्ते में जो भी मिला, उसने
यही कहा कि कर्फ़्यू लगा है,
कोई मेरे साथ नहीं चल सकता।
एक बुड्ढे ने अपने साथियों से
कहा भी कि वे चलकर मेरी
मदद कर दें। मगर सबने टाल
दिया कि दस बजे बाग में
जाकर वो गोली का निशाना
नहीं बनना चाहते। मैं वापस
आकर अपने घरवाले की लाश
के पास बैठ गई। हाथ की
छड़ी से कुत्तों को परे हटाती
रही। मेरे पास ही तीन

आदमी तड़प रहे थे। एक
भैंस दम तोड़ रही थी। एक
बारह साल का बच्चा छटपटा
रहा था। वह बार-बार मुझसे
कहता, "माई, मुझे छोड़कर
मत जाना, मुझे छोड़कर मत
जाना" मैंने कहा, "बेटे,
तुझे कुछ ओढ़ने को दे दूँ?"
पर वह बोला, "मुझे पानी ला
दो।" पानी मैं कहाँ से लाकर
देती? चुपचाप बैठी उसकी
और अपने घरवाले की लाश
की रखवाली करती रही।
रात के दो बज गये। दीवार
की तरफ़ से कोई कराहता
हुआ मुझे आवाज़ें देने लगा।
वह एक सुलतान विंड का जाट
था जो बैसाखी का मेला देखने
आया था। उसकी टाँग दीवार
में उलझी थी। उसने कहा,
"माई, मेरी टाँग छुड़ा दे।"
मैंने जाकर उसकी टाँग छुड़ा
दी। मेरे हाथ उसके लहू से
तर-बतर हो गए। उसके बाद
...उसके बाद
सुबह तक मैं ज़िंदा चेहरों को
मुरदा चेहरों में बदलते देखती
रही। उस तरह बैठी मैं बिलकुल
अकेली ही थी वहाँ। आवाज़
भी कोई नहीं सुनाई दे रही
थी। लगता था, आदमी दुनिया
में रहे ही नहीं। रह गए हैं
सिर्फ़ कुत्ते जो रह-रहकर
भौंकने लगते हैं...।

अंश–24

(समय : 30 सैकंड)

| शब्द | दृश्य विवरण | ध्वनि विवरण | तकनीकी नोट्स |
|---|---|---|---|
| | फ़ेड आउट अधेड़ औरत। | | |
| | अँधेरा। | सन्नाटे में कुत्तों के भौंकने की आवाजें।<br>एरिया डीप सी। | |

अंश–25

(समय : 2 मिनट)

| शब्द | दृश्य विवरण | ध्वनि विवरण | तकनीकी नोट्स |
|---|---|---|---|
| हम उजड़ते हैं तो उजड़ें<br>वतन आबाद रहे।<br>मर मिटे हम कि अब<br>वतन आजाद रहे।<br>वतन की ख़ातिर जो<br>जान दिया करते हैं।<br>मरते नहीं वो हमेशा<br>ही जिया करते हैं।<br>यह अब वो पहला-सा<br>जलियानवाला बाग नहीं।<br>वतनपरस्तों का है यह<br>शिवाला बाग नहीं। | फ़ेड इन<br>मेमोरियल<br>एरिया डी। | पुरुष कंठ सी।<br>एरिया डी। | |

अंश–26

(समय : 5 मिनट)

| शब्द | दृश्य विवरण | ध्वनि विवरण | तकनीकी नोट्स |
|---|---|---|---|
| | एरिया सी। कंधों | | |
| एह ज़र्द चेहरे, एह सर्द लाशाँ | पर और बाँहों में | स्त्री कंठ बी। | |

| | | |
|---|---|---|
| हणेरा हणेरा ते होठाँ दे उत्ते | लाशें उठाए गुज़रते | एरिया सी। |
| संगीनाँ दा पहरा। | लोग। | |
| एह कायल उम्मीदाँ | | |
| एह ज़ख़्मी-आवाज़ाँ | | |
| एह ख़ूनी सवेरा | | |
| एह कालीआँ दोपहराँ | | एरिया ए से गुजरते |
| | अँधेरा | फौजी जूतों |
| | | की आवाज। |
| | | स्त्री कंठ बी। |
| | | एरिया सी। |
| आवो आवो एह हणेरा जलावो। | एरिया ई में | फौजी जूतों की आवाज़ |
| | | |
| बादशाहियाँ दे अग्गे | इधर-उधर से | एरिया सी से। |
| शहनशाहियाँ दे अग्गे | निकलकर आते | वह स्त्री कंठ |
| एह सिर नहीं झुकेगा, सिर नहीं | लोग। आपस में | की आवाज़ |
| झुकेगा एह जवानी दा दावा, | बात-बहस करते | एरिया ई से। |
| एह छाती दा लावा, | और जमा होकर | |
| | एरिया डी के | |
| एह हुण नहीं रुकेगा, नहीं रुकेगा। | पीछे की तरफ जाते। | फ़ौजी जूतों की |
| | | आवाज़ एरिया |
| | फ़ेड आउट कीजिए | ई से। वही स्त्री |
| एह कंदाँ एह कूचे एह बरबाद गलियाँ | करके एरिया सी | कंठ की आवाज़। |
| कक्खाँ च रुलियाँ दुक्खाँ च पलियाँ | डीप में इन्हीं के | एरिया डीप सी से। |
| ते वेखो ए गलियाँ गुलामी दी दुनिया | प्रोफ़ाइल | |
| नूँ अग्ग लाण चलियाँ। | फ़ेड इन कीजिए। | फ़ौजी जूतों की |
| | अँधेरा। | आवाज़ एरिया |
| | | डीप सी से। |
| | | एरिया डीप सी से। |
| | | बम फटने की आवाज़। |
| | वही लोग कुएँ के | |
| | पास से होकर एरिया | वही स्त्री कंठ |
| | बी की दीवार की | की आवाज़ |
| —आवो आवो एह तख़्त ढावो | तरफ बढ़ते हुए। | एरिया बी से। |
| इक ताज लाहवो हणेरा जलावो। | | |
| | अँधेरा। | एरिया बी से |

| | |
|---|---|
| | बम फटने की आवाज़। फिर एरिया सी से एक गाड़ी के उड़ाए जाने का शब्द। |
| —इन्कलाब! | फिर एरिया डी से |
| ज़िंदाबाद। | लूट्मार के स्वर। उन पर सुपर-इंपोज़ फौजी जूतों के स्वर। बीच में डायर की |
| —कुचल दो इनको। कुचल दो सबको। | आवाज : |
| | लूट-मार की आवाजें। |
| —इन्कलाब! ज़िंदाबाद। | फ़ेड आउट। |

**अंश–27**
**(समय : 4 मिनट)**

| शब्द | दृश्य विवरण | ध्वनि विवरण | तकनीकी नोट्स |
|---|---|---|---|
| अज हत्थ देवो साथियो! | फ़ेड इन एरिया डी का निचला भाग। कुछ हाथ ऊपर | समूहगान। एरिया डी। | |
| एह खून है इनसान दा नाड़ाँ च खौल जाएगा। डुल्लेगा मिट्टी चुम्म के उग्गेगा मौल जायेगा। अज हत्थ देवो...। | उठ जाते हैं। | | |
| एह वाशना इतिहास दी साँवाँ चौं औंदी रवेगी एह ख़ून दी है वाशना वारिस है साडे वक्त दी। अज हत्थ देवो...। | कुछ और हाथ उठ आते हैं। | | |
| | कई और हाथ उठ आते हैं। | | |

एह हत्थ पाणी पौण ते अगनी नूँ बन्न
सकदे ने।
सूरज दा चुल्ला बाल के हाँडी नूँ रिन्न
सकदे ने।
एह हत्थ जो धरती दीयाँ जुल्फाँ सँवार
सकदे ने।
एह ओही सोहणे हत्थ ने जो दुनिया उसार
सकदे ने।
अज हत्थ देवो साथियो।

| | |
|---|---|
| हत्थाँ दी राखी वास्ते | अब उस एरिया में |
| ओह हत्थ जो जाबर बणे | हाथ ही हाथ नज़र |
| अज मोड़ दित्तै जाणगे। | आते हैं। |
| ओह हत्थ जो कातिल बणे | |
| अज तोड़ दित्ते जाणगे। | |
| अज हत्थ देवो साथियो...। | |

## अंश-28
## (समय : 8 मिनट 30 सैकेंड)

| | | |
|---|---|---|
| | फ़ेड आउट। एरिया | |
| | बी की किसी खिड़की | |
| —इन्कलाब! | में एक बच्चा। | बच्चा : |
| ज़िंदाबाद! | | पूरा एरिया डी । |
| —इन्कलाब! | | बच्चा : |
| ज़िंदाबाद! | एरिया सी में खुले | पूरा एरिया डी । |
| | बालोंवाली एक | लड़की : |
| कौमी नारा! | लड़की। झंडा हाथ में। | एरिया डी । |
| वंदे मातरम्! | | लड़की : |
| कौमी नारा! | | एरिया डी । |
| वंदे मातरम्! | एरिया ई में | |
| सर फ़रोशी की तमन्ना | समूह। | लड़की : |
| अब हमारे दिल में है। | | समूह : |
| देखना अब ज़ोर कितना | | लड़की : |
| बाज़ुए क़ातिल में है। | | समूह : |

वक्त आने दे बता देंगे तुझे ऐ
आसमाँ, हम अभी से क्या
बताएँ, क्या हमारे दिल में है।
आज फिर मकतल में कातिल
कह रहा है बार-बार
क्या तमन्नाए शहादत भी
किसी के दिल में है।

अलग अलग एरियाज़ में समूह नज़र आने लगते हैं।

गीत इसी तरह चलता रहता है।

ऐ शहीदे मुल्को मिल्लत
हम तेरे ऊपर निसार
अब तेरी हिम्मत का चर्चा
ग़ैर की महफिल में है।
अब न अगले वलवले हैं और न
अरमानों के मोड़
सिर्फ़ मिट जाने की हसरत
अब दिले बिसमिल में है।
सर फ़रोशी की तमन्ना
अब हमारे दिल में है...

फ़ेड इन मेमोरियल।

अंत तक आते-आते सभी समूह एरिया सी में जमा होकर जनता की तरफ़ बढ़ने लगते हैं।

—इन्कलाब! जिंदाबाद!

फ़ेड इन दीवार। एरिया बी।

एक जगह आकर समूह रुक जाता है। स्त्री कंठ ए। एरिया बी। प्रकाश ऑडिटोरियम की जनता पर फैलने लगता है।

एही जनता कि जिसने सुपणियाँ दी बात छोई सी।
एह रोई सी तो मेरे वक्त दी वी अक्ख रोई सी।
सर फ़रोशी दी तमन्ना जद कर्दी गाई सी
एही जनता कि जिसने खून दी मेंहदी लगाई सी
एही जनता कि जिस्र ग़ुलामियाँ दे ज़हर पीते सी
एही जनता कि जिसने फाँसियाँ दे सगन कीते सी।
एह चीज़ वी नाचीज़ वी, सवाल वी जवाब वी।
एह चुप्प वी है वक्त दी ते उसदा इन्कलाब वी।
एही जनता है, एही जनता
एही जनता।

जन गण मन अधिनायक जय हे
भारत भाग्य विधाता।

पंजाब सिंध गुजरात मराठा
द्राविड़ उत्कल बंगा
विंध्य हिमाचल यमुना गंगा
उच्छल जलधि तरंगा
तव शुभ नामे जागे
तव शुभ आशिष माँगे
गाहे तव जय गाथा
जन गण मंगल दायक जय हे
भारत भाग्य विधाता
जय हे जय हे, जय हे
जय जय जय जय हे!

## खंड-पाँच

# उपन्यास

- काँपता हुआ दरिया
- स्याह और सफ़ेद

# उपन्यास

'अँधेरे बंद कमरे' और 'न आने वाला कल' के बीच प्रकाशित होनेवाला एक उपन्यास है—'काँपता हुआ दरिया'। यह 'नई कहानियाँ' में मार्च, 1964 से लेकर मार्च, 1965 तक कुल ग्यारह किस्तों में छपकर संपादक कमलेश्वर की इस सूचना के साथ समाप्त हुआ कि "इस अंक से इस उपन्यास का धारावाहिक प्रकाशन बंद हो रहा है। पूरा उपन्यास शीघ्र ही पुस्तक रूप में प्रकाशित होगा।" परंतु पता नहीं क्यों और किन कारणों से ऐसा नहीं हुआ और अब यह उसी रूप में पहली बार यहाँ पुस्तकाकार छप रहा है। यूँ तो इसकी 'पूर्वभूमि' के अंतर्गत लेखक ने स्वयं ही इसके लंबे रचना-काल का संकेत दे दिया है, परंतु फिर भी इसके सृजन-इतिहास का एक ऐसा नेपथ्य है जिसे जानना हमारे लिए उपयोगी और दिलचस्प हो सकता है।

राकेश के लेखन और पहाड़ों के बीच एक गहरा और अटूट रिश्ता रहा है। सन् 1954 में वह जब पहली बार कश्मीर गए तो उन्होंने वहाँ के जीवन और परिवेश को लेकर एक कहानी लिखी 'पहलगाम के घोड़े'। यह उनकी एक आरंभिक डायरी में मौजूद लेकिन अभी तक अप्रकाशित है। इसी डायरी के अगले पृष्ठों पर कश्मीरी भाषा के कुछ रूमानी और रूहानी गीतों के अंश भी देवनागरी में लिखे और उच्चारण एवं वर्तनी की दृष्टि से जगह-जगह संशोधित भी किए गए हैं। आगे के एक पन्ने पर 'इनसाइड कश्मीर' (पी.एन. बजाज) तथा 'द हिस्ट्री ऑफ पोलिटिकल मूवमैंट इन कश्मीर' नामक अंग्रेजी पुस्तकों के साथ उर्दू लिपि में गुलाम अहमद सादिक की किताब 'कश्मीर छोड़ दो' का उल्लेख राकेश के किसी भावनात्मक उपन्यास के कश्मीरी परिवेश, जीवन तथा इतिहास, भूगोल की बौद्धिक तैयारी की तरफ इशारा करता है। इसके कुछ कोरे छोड़े गए पृष्ठों के बाद एक शीर्षक है—'जेहलम के माँझी।' और उसी के नीचे नूरा अहमद, सिद्दीक, रमजान, बेगम और जेबुन्निसा के नामोल्लेख के बाद क्रमशः घटनाक्रम और चरित्रों के बारे में सूत्रात्मक से संकेत दिए गए हैं। इसके बाद फिर एक शीर्षक है—'सौंदर्य की खोज।' इसे मोहन चोपड़ा के नाम जेहलम से 21.8.54, 28.8.54, 30.8.54 1.9.54 तथा 3.9.54 को लिखे गए डायरीनुमा पत्रों के रूपों में लिखा गया है। पैन और पेंसिल से बेहद जल्दी में घसीटकर लिखी गई इस रचना की लिखावट इतनी अस्पष्ट है कि कश्मीर, जेहलम, लिद्दर, नूरा, सिद्दीक, कादिर, अहमद जैसे कुछ शब्द नामों और 'तुम क्या खोजते हो?'

'खुदा जाने मैं क्या खोजता हूँ?' जैसे संवादों को छोड़कर पूरी तरह कुछ भी पढ़ा नहीं जाता। इसी संदर्भ में उल्लेखनीय है 16.9.56 को दिल्ली से मुंशी (श्री रामशरण शर्मा) द्वारा राकेश को कश्मीर के पते पर लिख गया वह पत्र जिसमें वह लिखते हैं कि "सुना है कि माँझियों के जीवन पर तुम्हारा उपन्यास पूरा हो गया है।" स्पष्ट है कि 'जेहलम के माँझी' और 'सौंदर्य की खोज' तथा 'काँपता हुआ दरिया' एक ही उपन्यास के तीन अलग-अलग नाम/प्रारूप हैं जो 1954 से 1964 के बीच दस सालों में पता नहीं और भी कितने नामों और रूपों में लिखा जाता रहा होगा और फिर भी राकेश की मृत्यु तक शायद अंतिम रूप से संपूर्ण नहीं हो पाया होगा!

परंतु कश्मीर के सौंदर्य और रूमानी-प्रेम की काल्पनिक कहानियों से अलग जेहलम में घर बनाकर रहनेवाले निम्नवर्गीय हाँजी परिवार के सुख-दुःख तथा संवेदनाओं के टकराव एवं जीवन-संघर्ष के कठोर यथार्थ पर आधारित राकेश का यह उपन्यास अपने मौजूदा रूप में भी अत्यंत रोचक, मार्मिक, महत्त्वपूर्ण और संपूर्ण-सा ही प्रतीत होता है।

जहाँ तक 'स्याह और सफेद' का सवाल, है, यह 'अँधेरे बंद कमरे' से भी पहले की रचना है। कहते हैं, इसे राकेश ने प्रकाशन के लिए दे भी दिया था। परंतु फिर 'किन्हीं कारणों' से स्वयं ही इसका प्रकाशन स्थगित कर दिया था। एक कारण का उल्लेख राकेश ने अपनी प्रकाशित डायरी (4.11.64, पृ. 293) में इस प्रकार से किया है, "बात के सिलसिले में पहली बार अपने मन की बात कमलेश्वर को बता दी। अपनी डायरी ले जाकर उसका वह पत्र निकालकर उसे दिखाया जिसमें दो तरफ मुँह किए दो इंजनों का जिक्र है और जो कि 'स्याह और सफ़ेद' शीर्षक उपन्यास का अंत होता। भाई राजेंद्र यादव को बता दिया था कि उपन्यास का अंत इस तरह से करना चाहता हूँ। नतीजा यह हुआ कि कुछ दिन बाद भाई ने जब 'प्रेत बोलते हैं' 'सारा आकाश' के नाम से छपवाया, तो वह आइडिया वहाँ मार दिया—इस उपन्यास का अंत लगभग उसी तरह करके। इससे मन इतना खराब हुआ कि 'स्याह और सफ़ेद' का बाकी हिस्सा लिखा ही नहीं। बल्कि उसे दो हिस्सों में तोड़ दिया और पीछे का हिस्सा ही 'नीली रोशनी की बाँहें' शीर्षक से लिखना शुरू कर दिया। पहले हिस्से के 200 टाइप किए पन्ने ज्यों के त्यों रखे हैं।" और राकेश के मरणोपरांत कमलेश्वर का साक्ष्य है कि "उनकी फाइलों में ऐसी एक टिप्पणी प्राप्त हुई है जिसके अनुसार अब वह इस उपन्यास को प्रकाशन के लिए देनेवाले थे।" परंतु दुर्भाग्यवश अब तक न तो वह किताब ही छपी और न ही राकेश की फाइलों में कहीं वे 200 पन्ने ही मिले। बहरहाल, राकेश के उस उपन्यास का यह नितांत आत्मकथात्मक-सा उपलब्ध अंश ही हम यहाँ प्रकाशित कर रहे हैं।

# पूर्वभूमि

खालका और उसके परिवार से मेरा परिचय सन् चौवन में हुआ। तब मैं एक तरह से पहली बार कश्मीर गया था। एक तरह से इसलिए कि उससे पहले एक बार बचपन में जा चुका था। उन दिनों की कुछ धुँधली यादें मन में थीं, पर इस बार जाकर जिस कश्मीर को देखा, वह मेरे लिए बिलकुल नया था।

बस स्टैंड पर उतरते ही जो आदमी सबसे पहले मिला, वह अब्दुल क़ादिर था। धुली हुई कलफदार सलवार-कमीज और चुस्त कोट में वह साधारण हांजी लगता था। बात करने का ढंग भी काफ़ी मँजा हुआ था। पहले मुझे यही लगा कि वह कोई पढ़ा-लिखा नागरिक है, जो मेरे नएपन को भाँपकर मेरी सहायता करना चाहता है।

वह मुझे जेहलम के उस पार अपने हाउसबोट में ले गया। उतने अच्छे और सजे हुए हाउसबोट की मैंने कभी कल्पना नहीं की थी। जो किराया उसने बताया, वह मेरी जेब के लिहाज़ से बहुत ज्यादा था। मैंने यह बात उससे कही नहीं। बहाने से उससे विदा लेनी चाही। पर उसने मेरे संकोच को भाँप लिया। मुझे अपने साथ इस पार, बंद के किनारे, एक और बोट दिखाने के लिए ले आया। यह मुझे बाद में मालूम हुआ कि वह बोट उसका नहीं, उसके ससुर खालका का है। यह बोट उतना अच्छा नहीं था और उसमें उन दिनों और कोई नहीं था। एक कमरा मैंने ले लिया, बाकी दोनों कमरे ख़ाली रहे, इसलिए काफी अकेलापन-सा लगता था।

ख़ालका का डूँगा, जिसमें खाना बनता था और जहाँ वह अपने परिवार के साथ रहता था, मेरी खिड़की से बिलकुल सटा हुआ था। मेरा खाना और नाश्ता उसी खिड़की के रास्ते कमरे में पहुँच जाता था। वहीं से कभी उन लोगों से बातें भी हो जाती थीं।

उस छोटे से डूंगे में वे पाँच व्यक्ति थे। खालका, उसकी पत्नी बेगम, लड़की नूरा, बावर्ची सिद्दीक और ऊपरी काम-काज करनेवाला लड़का मामदा। पहले मेरा ख्याल था कि सिद्दीक और मामदा खालका के नौकर हैं। बाद में पता चला कि एक रिश्ते में उसका मामूजाद भाई है, दूसरा भांजा।

खालका की बड़ी लड़की नजमा की शादी को तब सात साल हो चुके थे।

अगस्त के महीने में श्रीनगर में प्रायः उतनी बारिश नहीं होती, जितनी उस साल हुई। सारा-सारा दिन मुझे अकेले हाउसबोट में बंद रहना पड़ता था। खालका अक्सर अपनी उसी खिड़की के पास आकर बैठा रहता था, जो मेरी खिड़की से सटी हुई थी। कई बार घंटों हम लोग बातें करते रहते। बाद में कई और हाँजियों से भी मेरा परिचय हुआ है, और बाहर से आनेवाले 'विज़िटर्ज़' के बारे में उनका अपना जो एक नजरिया रहता है, उसे भी मैं अच्छी तरह जानता था। पर खालका उनसे बिलकुल अलग था। जिंदगी से हारे हुए उस आदमी का जिंदगी के बारे में अपना ही एक दर्शन था। उससे बात करते हुए मुझे लगता जैसे हम कोहरे से घिरी हुई एक वादी में भटक आए हों और कोहरा धीरे-धीरे घना होकर हमारे पूरे अस्तित्व को अपने में समाए ले रहा हो। खालका दमे का मरीज़ था। जब साँस चढ़ जाती थी, तो कितनी-कितनी देर एक शब्द भी नहीं बोल पाता था। तब उसके चेहरे की संजीदगी बढ़ जाती थी और वह बेचैन होकर अपनी हर साँस के साथ संघर्ष करता जान पड़ता था।

जब खालका बात न कर पाता या चादर ओढ़कर लेटा रहता, तो बेगम उसकी जगह ले लेती। बेगम की उम्र तब चालीस के करीब रही होगी, पर शरीर से वह इतनी चुस्त और पुरमज़ाक थी कि उसके सामने आते ही कुहासा छँटने लगता था। खालका में जितनी थकान थी, बेगम में उतना ही आत्मविश्वास था। चेहरे पर हलकी लकीरें पड़ जाने के बावजूद वह बहुत सुंदर लगती थी। उसके इकहरे शरीर में ढलाव ज़रा भी नहीं आया था। वह जब भी सामने आती, मुझे सीधी तराश की रोमन मूर्तियों की याद हो आती। उसकी सीधी-लंबी गरदन में खम पड़ते मैंने नहीं देखा। बात करते हुए उसके पतले होंठों पर हर वक्त एक हलकी मुसकराहट बनी रहती। बेगम को कश्मीर की ज़मीन से, हरियाली से और जेहलम से बहुत प्यार था। जेहलम से और जेहलम के बच्चों से। बुलार झील की वह जब भी बात करती, उसकी आँखें भर आतीं। उसी झील में एक छोटे से डूँगे में वह पैदा हुई थी और वहीं उसका बचपन बीता था। बाद में भी, जबकि वह दो बच्चियों की माँ बन चुकी थी, वह कुछ साल वहाँ रही थी। शब्द 'बच्चा' उसके मुँह से सुनने में बहुत ही सार्थक हो उठता था। जिन बच्चियों की वह माँ थी, वे दोनों अब जवान थीं, फिर भी उतनी सुंदर नहीं लगती थीं।

बेगम के—और खालका के—दिमाग में एक ही बात हर वक्त छाई रहती थी। नूरा की शादी की। अब्दुल कादिर से वे लोग खुश नहीं थे। उस दामाद ने उन्हें जो तकलीफें दी थीं, उनका बयान करते हुए वे फिर से उन्हीं तकलीफों में जीने लगते थे। पर जिस लड़की को लेकर वे इतने चिंतित थे, उसे जैसे इन बातों से कोई वास्ता ही नहीं था। नूरा की उम्र उस समय सत्रह या अट्ठारह साल की

होगी। शरीर और मन, दोनों से वह काफी स्वस्थ थी। बहते दरिया में वह उसके बहाव की तरह ही जीना चाहती थी। अपनी सहेली जयश्री की कुछ-एक चिट्ठियाँ खुद उसी ने मुझे पढ़ने को दी थीं। बहुत-सी बातें भी उसके बारे में बताई थीं।

जब और कोई न रहता, तो मामदा और सिद्दीक एक-एक करके मेरे कमरे में चले आते। मामदा सिगरेट माँगने के बहाने आता और कई बार बिना बात देर-देर तक हँसता हुआ खड़ा रहता। उधर से आवाज़ पड़ती, तो कहता कि मेरे कमरे में काम कर रहा है। सिद्दीक दुनियाभर की शिकायतें लेकर आता। ज्यादा शिकायतें अब्दुल कादिर, नजमा, नूरा और मामदा को लेकर होतीं। जाते हुए हमेशा कहता, "अभी और बहुत-सी बातें हैं। कभी फुरसत में आकर बताऊँगा। इस वक्त बहुत काम है। यहाँ का सारा काम मुझे अकेले को ही करना पड़ता है।"

बेगम बुलार का बहुत ही जिक्र किया करती थी, इसीलिए कुछ दिन बाद मैं उसे और सिद्दीक को साथ लेकर एक शिकारे में बुलार की यात्रा पर निकल गया। तीन दिन, तीन रातें हम लोग उस शिकारे में साथ रहे। खाना-वाना सब शिकारे में ही होता था। पहली रात जंगल में, दूसरी सोपुर में और तीसरी फिर जंगल में। बेगम खाना बनाती थी, सिद्दीक शिकारा चलाता था। कभी उसे विश्राम देने के लिए बेगम चप्पू सँभाल लेती थी। रात को मैं बेगम से कहानी सुनाने को कहता। पहली रात उसने लैला-मजनू की कहानी सुनाई। दूसरी रात एक कश्मीरी औरत की। यह पता कहानी सुनते हुए ही चल गया कि वह कश्मीरी औरत वह खुद ही है। जब यह बात मैंने उससे कही, तो बेगम अपने खास ढंग से गरदन तानकर हँस दी। बाद में सिद्दीक मुझे बताता रहा कि जो बातें बेगम ने बताई थीं, उनमें कहाँ और कितना (उसके लिहाज़ से) ठीक था, कितना ग़लत था।

उस रात सोपुर में बेगम ने एक तरह से मेरी जान बचाई। किसी वजह से सोपुर में सांप्रदायिकता उस समय ज़ोर पकड़े थी। कुछ लोग आधी रात को बेगम से पूछने आए थे कि शिकारे में सोया हुआ 'विज़िटर' हिंदू है या मुसलमान। बेगम ने बिना ज़रा भी घबराहट या हिचकिचाहट के उनसे कह दिया कि मैं उसका चचाजाद भाई हूँ। बाद में पास आकर धीरे से मुझे मेरा नया नाम-पता भी बता दिया : "कोई पूछे, तो कह देना—मेरा नाम ज़फ़र है और मैं अनंतनाग में रहता हूँ।" सुबह होने से पहले ही उसने सिद्दीक को जगाकर शिकारा खोल दिया। सुबह की पहली किरण हमने झील पर उड़ते सफ़ेद कबूतरों के साथ देखी।

सिद्दीक उस इलाके में आकर बहुत उदास हो गया था। उसका पुश्तैनी घर वहीं था और पुश्तैनी ज़मीन भी, जो कि उसने कुछ अरसा पहले बेच दी थी।

वह सारा रास्ता कोई न कोई गीत गाता रहा। कुछ गीत मैंने उससे नोट भी किए। मगर भाषा न जानने के कारण उन्हें ठीक से नहीं लिख सका। अर्थ

भी वह ठीक से नहीं बता सका। बाद में गीत कुछ कश्मीरी मित्रों को दिखाए, तो वे भी शब्दों के साथ अर्थ की संगति नहीं बैठा सके। इसका मुख्य कारण मेरी और सिद्दीक की लिखने और लिखाने की विशेषता ही थी। बाद में कुछ गीत नूरा ने भी लिखाए। पर उनकी भी स्थिति वही रही।[1]

जब कभी अब्दुल कादिर खालका के डूँगे में आता, वे सब लोग गुमसुम हो जाते। एक बार उसमें और सिद्दीक में खासी झड़प हो गई। उस सिद्दीक ने अब्दुल कादिर के कई किस्से बताए। वह चाहता था कि मैं उसे अपने साथ उस 'जहन्नुम से बाहर' ले चलूँ, पर उस बोट से बाहर एक भी दिन टिकना उसके लिए असंभव था।

●

चौवन के बाद पचपन, छप्पन, उनसठ और इकसठ में भी मैं कश्मीर गया। हर बार खालका और उसके परिवार से भेंट होती रही—सिर्फ इकसठ में खालका से भेंट नहीं हुई। चौवन से इकसठ तक कई बार इस कहानी को उठाने की कोशिश की, मगर किसी न किसी कारण से हर बार यह प्रयत्न बीच में रह गया। एक बड़ा कारण कश्मीरी मित्रों की दृष्टि भी थी। हिंदी और उर्दू में कश्मीर के जीवन—विशेष रूप से जेहलम के जीवन—को लेकर कितनी ही यथार्थ और रूमानी कहानियाँ लिखी गई हैं, जो वहाँ रहनेवालों के यथार्थ-बोध को चोट पहुँचाती हैं। इसलिए जब भी कोई गैर-कश्मीरी कश्मीर की कहानी लिखने की बात करता है, तो वे उसके प्रयत्न को संदेह की दृष्टि से देखते हैं। एक बार लगभग दो सौ पन्ने लिख चुकने के बाद भी मैं इस कहानी को रखे रहा क्योंकि जिन लोगों के जीवन की यह कहानी है, उनसे मेरा सीधा संपर्क तो नहीं ही रहा। परंतु दस साल गुजर जाने पर भी जब इस कहानी की चुभन मन से नहीं गई तो इस बार मैंने लिख डालने का ही निश्चय किया। जानता हूँ कि यह कश्मीर की रूमानी कहानियों में से नहीं है, इसलिए उस दृष्टि से मन में संकोच भी नहीं है। हाँ, बेहतर होता यदि यह कहानी किसी कश्मीरी लेखक के हाथों लिखी जाती। परंतु जितना मैंने जाना है, कश्मीर में रहते हुए भी हाँजियों के जीवन से वहाँ के बुद्धिजीवियों का लगभग उतना ही संबंध संपर्क है, जितना बाहर के लोगों का। फिर भी इतना मुझे मानना ही चाहिए कि उनमें से कोई यदि इस कहानी को

1. राकेश की एक डायरी में ऐसे कुछ गीत लिखे हुए हैं। एक उदाहरण द्रष्टव्य है—
"बाबा शुक्रदीन लबे दरियाव
निशि वअतित खुश हवाव!
गोडे गाछे सर करुन, अद मरुद, छुआ मनज़ूर रो।"
(बाबा शुक्रदीन की ज़ियारत बुलार के किनारे है, जहाँ पहुँचने पर शीतल पवन स्वागत करती है और यही हवा बुलार झील के विस्तार में उथल-पुथल भी मचा देती है। मुझे प्रेम-रस का प्याला उसी मस्ताने ने दिया। आओ, दर्शन पाने के लिए ज़ियारतों पर चलें।) —सं.

उठाता, तो तथ्यबोध की दृष्टि से इसे अधिक प्रामाणिकता दे पाता। परंतु तथ्यबोध ही यथार्थबोध नहीं, इसलिए अपनी सीमाओं का खेद होते हुए भी मुझे विश्वास है कि खालका और उसके परिवार की कहानी इन हाथों से लिखी जाकर यथार्थ की दृष्टि से अप्रामाणिक न होगी—क्योंकि यथार्थ जिन लोगों के जीवन का है, उन्हीं के माध्यम से मैंने उसे जाना है।

कहानी का एक अपना दर्द, एक अपनी कचोट न होती, तो शायद फिर भी मैं इसे लिखने से अपने को बचाए रखता। यह दर्द कहाँ तक एक लेखक की मजबूरी बन सकता है, इसका अनुमान कहानी को पढ़ चुकने के बाद शायद लगाया जा सके। न लिखता तो शायद खालका के साथ ही नहीं, अपने साथ भी मैं न्याय न करता।

— मोहन राकेश

# काँपता हुआ दरिया

"नहीं...नहीं," खालका ने कहा और उसका ज़र्द चेहरा और ज़र्द पड़ गया, डूबी हुई आँखें और डूब गईं। बेगम चुपचाप उसकी तरफ देखती रही, उसके होंठ दो-एक बार फड़ककर रह गए। जो बात मुँह तक आई थी, वह उससे कही नहीं गई। लगा कि कहना बेकार है, कहकर वह उसे नहीं, अपने को ही चोट पहुँचा सकती है। उस आदमी को तो अब चोट लगती ही नहीं, कम से कम चोट की तरह नहीं लगती। वह गीली मिट्टी का लोंदा है जो पत्थर फेंकने से ढहता-टूटता नहीं। बस, थोड़ा धकस जाता है और पत्थर को जिंदगी भर के लिए छाती में समेट रखता है।

वह उसके पास से हटकर बावर्चीखाने में आ गई। नजमा समावार से गिलास में चाय डाल रही थी। उसकी त्योरी से अंदाज़ा नहीं होता था कि वह किससे नाराज़ है—बेगम से, कादिर से या अपने से। दुबला चेहरा, ऐसे लग रहा था जैसे लकड़ी तराशकर बनाया गया हो। आँखों का भाव भी वैसा ही था। जान थी, तो उसके हाथों में ही। सिद्दीक अपनी लोई में गुमसुम चूल्हे के पास बैठा था। आग की लौ में उसका चेहरा सुर्ख नज़र आ रहा था, जैसे कि अंदर से लहू बाहर फूट आया हो। आँखें जलते कोयलों और उन पर जमा होती राख से कुछ खोज रही थी। बेगम को बाहर आते देखकर वह पहले से ज़्यादा सिकुड़ गया। बेगम के चेहरे की तरफ़ देखने का हौसला उसे नहीं हुआ।

नजमा ने चाय का गिलास बेगम के सामने कर दिया। सुर्ख चाय से उठती भाप बेगम की नाक और माथे को सहला गई। उसने आँख के हलके संकेत से मना कर दिया और डूँगें से बाहर चली गई।

नजमा पहले उसे, फिर अपने हाथ के गिलास को देखती खड़ी रही। फिर जाकर चूल्हे के दूसरी तरफ खिड़की के पास बैठ गई। एक घूँट भरकर गिलास को पूरे हाथ से ढककर उसने पास रख लिया। आँखें लोई बनकर बैठे सिद्दीक की पीठ पर स्थिर हो रहीं। उठती-गिरती साँस से लोई में जैसे जान आ गई थी। आग की लौ से सिद्दीक का चेहरा ही नहीं, वह लोई भी बीच-बीच में सुलग जाती थी।

"चाय लोगे?" आँखों से लोई के रेशे अलग करते हुए उसने पूछा। लोई कुनमुनाई। सिद्दीक की आँख का एक कोना उसकी तरफ मुड़ आया। नजमा ने गिलास उठाकर दूसरा घूँट भर लिया।

"बेगम को नहीं दी?" सिद्दीक की नज़र नजमा को हमेशा की तरह चुभ-सी गई। हमेशा की तरह उसे अफसोस भी हुआ कि उसने सीधे उससे क्यों बात की।

"तुम अपनी बात करो," वह चिढ़कर बोला। "तुम्हें चाहिए, तो समावार लाकर गिलास में डाल लो।" उसकी तरफ से आँखें हटाकर वह खिड़की से बाहर देखने लगी। चाय का गिलास उसके हाथ में काँप गया।

न देखते हुए भी उसने देखा कि सिद्दीक ने लोई को थोड़ा खोलकर फिर लपेट लिया है, उसके खिचड़ी बालों के गुच्छे लोई से बाहर झाँककर फिर उसमें सिमट गए हैं। लोई जगह-जगह से फट रही थी और लाल और खाकी कपड़े के पैबंद उसमें लगे थे। दो-एक जगह नए पैबंद लगाने की अभी ज़रूरत थी।

सिद्दीक का पूरा चेहरा अब उसकी तरफ था—घुटने बाहर को निकलें हुए और कुहनियाँ उन पर टिकी हुईं। मैली कमीज़ का कॉलर लोई से बाहर नज़र आ रहा था। "खालका से भी पूछ लूँ?" कहता हुआ वह उठा खड़ा हुआ। धारीदार पाजामा लोई से बाहर निकल आया। नजमा ने उड़ती नज़र से उसे पास से गुजरते देखा। हमेशा की तरह इजारबंद दो इकाइयों में, घुटनों तक लटक रहा था। उसने चाय का घूँट भरा, तो कुछ चाय उसके होंठ से ठोड़ी पर बह आई। फिरन की आस्तीन से उसने उसे पोंछ लिया।

सिद्दीक जैसे गया था, वैसे ही क्षणभर में लौट आया। इजारबंद के दोनों सिरे पास आकर रुके, तो नजमा का शरीर झुरझुरा गया।

"खालका सो गया है," सिद्दीक बोला। "मैं पहले जाकर एक गिलास बेगम को दे आता हूँ।" भारी समावार तख्ते से ऊपर उठ गया। सिद्दीक के मैले पैर थोड़े फासले पर चले गए।

"तुम अपने लिए डाल लो," नजमा हवा के लिए खिड़की से बाहर झुक गई। "अम्मा को जरूरत होगी, तो मैं जाकर दे आऊँगी।"

सिद्दीक ने गिलास भरकर समावार रख दिया। पलभर खड़ा रहकर वह फिर चूल्हे के पास जा बैठा। "मैं इस घर में कौन हूँ?" गिलास घुटने पर रखे हुए बोला। "मुझे कभी कोई बात कहनी ही नहीं चाहिए। समझ में नहीं आता कि मैं यहाँ रहता ही क्यों हूँ। ...हाँ, बताए कोई मुझे कि मैं यहाँ क्यों रहता हूँ!"

"मन नहीं लगता यहाँ, तो क्यों नहीं दूसरी जगह चले जाते?"

गिलास सिद्दीक के घुटने से फर्श पर आ गया। हाथ चिमटी से चूल्हे की राख कुरेदने लगे। "यही तो इतने साल तिल-तिल करके इस खानदान के लिए अपने को गलाने का मुझे फल मिला है," वह बोला, "और क्या मिला है मुझे? यहाँ

रात-दिन चूल्हा झोंककर मैंने आधे बाल सफ़ेद कर लिए, लेकिन इस बात का सोचनेवाला कौन है? कौन है इस घर में जो सिद्दीक को अपना सगा समझता है? सिद्दीक अपने दोनों हाथ काटकर दे दे, तो भी इस घर का दुश्मन है। अपना जिगर निकालकर रख दे, फिर भी सबका मोहताज़ है। उसका यहाँ रहकर दो वक्त रोटी खाना भी सबको भारी लगता है। इस घर में अपना उसी को समझा जाता है जो इनकी बोटी-बोटी खाने को आए। अब्दुल कादिर इस घर का अपना है। वह आज आकर खालका की हड्डी-हड्डी तोड़ गया है, फिर भी अपना है। कल को उसका भाई कासिम भी इनका अपना हो जाएगा। सिद्दीक सब बातों को समझता है। क्या है जो वह नहीं समझता? आज चाहे कितना फसाद हो, आखिर इस घर का दूसरा दामाद अब्दुल कासिम ही बनेगा। कादिर ने इस बार हड्डियाँ तोड़ दी हैं, तो सारा घर खामोश है। दूसरी बार आकर आँख ही दिखाएगा, तो सब लोग अपने को चुपचाप उसके सामने बिछा देंगे। बेगम खुद उससे पूछेगी कि नूरा के साथ कासिम की शादी के लिए कौन-सा दिन मुकर्रर किया जाए। खुद ही उसके लिए नमकीन पुलाव की हाँडी भी चढ़ाएगी। नमकीन पुलाव कादिर को बहुत पसंद है न! नमकीन पुलाव और आबगोश। सिद्दीक उस दिन भी बाहर से लकड़ी काटकर लाएगा और चूल्हे में अपने हाथ जलाएगा। मियाँ अब्दुल कादिर के सामने तश्तरी सजाकर रखेगा। फिर जूठी तश्तरी साफ करेगा। सिद्दीक चाहे तनख्वाह न ले, पर है तो इस घर का नौकर ही। नौकर से ज़्यादा उसकी हैसियत ही क्या है?"

गिलास ऊपर उठ गया। चाय सुड़कती हुई उसके गले से नीचे उतरने लगी। नज़मा की त्यौरियाँ गहरी हो गई थीं। वह अपने पर ज़बर करके उसी तरह खिड़की पर झुकी रही। जैसे कि सिद्दीक की बक-बक उसके कानों तक पहुँच ही न रही हो। "इस घर की खिदमत में सिद्दीक ने ज़िंदगी के पंद्रह साल निकाल दिए," सिद्दीक की जबान धार पकड़ती गई। "तीस की उम्र में चालीस-पैंतालीस का नज़र आने लगा। जरूरत पड़ी, उसने अपना सब कुछ निकालकर इन्हें दे दिया। इस घर का कर्ज चुकाने के लिए अपनी ज़मीन तक बेच दी। मुट्ठीभर भात और साग के अलावा उसने इस घर से कभी कुछ लिया है? पर उससे जो उसे हासिल हुआ, वह सामने है। पंद्रह साल में अपने लिए वह एक लोई तक नहीं खरीद सका। जो लोई ओढ़कर इस घर में आया था, इसी को ओढ़े हुए एक दिन यहाँ से चला भी जाएगा। यही दौलत इस घर में रहकर उसे हासिल हुई है।"

लोई एकाएक उसके कंधों से उतरकर नज़मा के सामने फर्श पर फैल गई। नजमा इससे गुस्से में भी चौंक गई। सिद्दीक का फटा हुआ कोट, फटा हुआ स्वेटर, फटी हुई कमीज़—सब बाहर उघड़ आए थे। चेहरा और हाथ-पैर जैसे जगह-जगह लगे हुए पैबंद थे।

नज़मा खिड़की के पास से उठ खड़ी हुई। सिद्दीक की आँखें ऐसे हो रही थीं जैसे अभी बाहर को फट पड़ेंगी। साथ ही वे उसके शरीर को भी जैसे निगल लेना चाहती थीं। वह आदमी जब भी इस तरह उसकी तरफ देखता था, उसे लगता, उसका शरीर सुरक्षित नहीं है।

...उन दिनों की याद ताज़ा हो आती थी जब कादिर से अभी उसकी शादी नहीं हुई थी। सिद्दीक दिनभर किसी-न-किसी बहाने उसके आसपास चक्कर काटता रहता था। जाने-अनजाने, जब भी, उसे जहाँ कहीं से छू लेना चाहता था। खुद अपने हाथ से उसके कपड़े धो देता था। सूख जाने पर खुद ही उसे देने चला आता था। "देख लो, ठीक धुल गए या नहीं," कहता हुआ वह देर तक उसे कपड़ों को उसके सामने हाथ से मसलता रहता था...

"तुम्हें इस घर से शिकायत है तो अब्बा से कहो न, मैं अब इस घर की क्या होती हूँ? मेरा घर दरिया के उस पार है। मेहमान की तरह मैं यहाँ आती हूँ, मेहमान की तरह यहाँ से चली जाती हूँ।"

"जाने मेहमान की तरह आती हो या मालकिन की तरह," सिद्दीक हाथ बगलों में दबाए उठकर उसके सामने आ खड़ा हुआ, "इस डूँगे, इस हाउसबोट की मालकिन अब तुम नहीं हो, तो कौन है? तुम मालकिन न होतीं तो आज कादिर इस तरह खालका की हड्डियाँ तोड़कर चला जाता और हम खामोश बने रहते? तुम लोगों के मन में जो बात है वह किसी से छिपी हुई है? कादिर अपने जुआरी भाई कासिम से नूरा की शादी क्यों चाहता है? इसलिए न कि दोनों भाई इस घर के दामाद होंगे, तों यहाँ की पूरी मिल्कियत उनकी हो जाएगी। फिर वे जब चाहें हमें यहाँ से निकालकर बाहर कर सकते हैं। सिद्दीक को ही नहीं, खालका और बेगम को भी। यही है न कादिर का इरादा या कुछ और है? तुम्हारा ख्याल है कि खालका को इसका पता नहीं है? या बेगम को नहीं है? कौन नहीं जानता कि मियाँ कादिर क्या चीज़ है? आज नूरा की कासिम से शादी होगी और कल यह बोट मियाँ कासिम का जुए का कर्ज उतारने में चली जाएगी। आज सिर्फ बड़ी बेटी उनकी तरफ से लड़ने आती है, कल दोनों बेटियाँ आएँगी। आज बात शादी की है, कल बँटवारे और बोट को बेच देने की होगी। खालका में इतनी जान बाकी है कि वह मुँह से भी कुछ कह सके? आज उसने चुपचाप हड्डियाँ तुड़वा ली हैं। कल पगड़ी उतरवाकर चुपचाप उस किनारे पर जा खड़ा होगा। कादिर से उम्मीद है कि वह उसे पानी भी पूछेगा?" लोई उसने फर्श से समेट ली और एक सिरा कंधे पर डालकर बाकी हिस्सा बाँह पर फैला दिया, "सिद्दीक मियाँ के पास तब भी ज़िंदगीभर की यह कमाई होगी—फटी हुई लोई और सूखा हुआ शरीर। यह शरीर, जब मैं इस घर में आया था, तब क्या इस तरह सूखा हुआ था? तब में और अब में तुम्हें कुछ फरक नज़र नहीं आता?

देखो न आज मेरे इन हाथों को।"

नज़मा के हाथ पकड़कर उसने जबर्दस्ती अपने हाथ उनमें भर दिए। नज़मा ने हाथ हटाने की कोशिश की, तो उसने उन्हें अपने हाथों में जकड़ लिया। कहता रहा, "और अपने इन हाथों को भी कभी गौर से देखा है? ऐसे थे तुम्हारे हाथ—फटे-फटे और मुरझाये हुए? किस चाव से बेगम ने तुम्हें पालकर बड़ा किया था? कौन-सी मुराद थी तुम्हारे मन की जो वह पूरी नहीं करती थी? क्या इसलिए कि तुम भी आकर इस घर के साथ इस तरह की दुश्मनी करो? अभी तुम इक्कीस की नहीं हुईं कि तुम्हारे चेहरे की सारी चमक चली गई? कभी अपने चेहरे को देखकर तुम्हें ख्याल नहीं आता कि असल में दुश्मनी तुम किसके साथ कर रही हो?

नज़मा गुस्से से उसके हाथ झटककर अलग हो गई। बीच के कमरे में खालका खाँस रहा था—वह दबी-दबी खाँसी जो कि उसकी छाती की न जाने किस गहराई से उठ रही थी। नज़मा की बात कुछ देर मुँह में रुकी रही। एक नज़र अंदर की तरफ देखकर वह जबड़े सख्त किए हुए किसी तरह बोली, "तुम्हें शरम-लिहाज़ नहीं है किसी का आज भी? अब्दुल कादिर को इस करतूत का पता चल जाए, तो वह तुम्हें जिंदा नहीं छोड़ेगा।"

सिद्दीक लोई लपेटकर टोपी लगाने लगा, जैसे कि उसे तुरंत वहाँ से चल देना हो। शरीर उसका आवेश से काँप रहा था, हाथ ठीक से टोपी को सिर पर जमा नहीं पा रहे थे। टोपी पहनकर वह डूँगे के सिरे तक गया, फिर लौट आया। नज़मा तब भी उसी तरह खड़ी थी। वह क्षण, जब सिद्दीक ने उसके हाथों को झिंझोड़ दिया था, अभी उसके लिए बीता नहीं था। सिद्दीक के हाथों की जलन अब भी उसके हाथों में बाकी थी। सिद्दीक लौटकर आया, तभी वह उस क्षण से आगे बढ़ पाई। "गए नहीं तुम?" उसने कहा। "कोई चीज़ छूट गई है क्या?"

सिद्दीक पलभर उससे नज़र बचाए रहा, फिर एकटक उसकी तरफ देखने लगा। "तुम चाहती हो चला जाऊँ, तो मैं अभी छोड़कर चला जाता हूँ।" वह पिटे हुए स्वर में बोला। "किसी से मैं डरता नहीं हूँ, यह भी मैं तुम्हें बताए देता हूँ। वह कादिर हो या और कोई हो। कोई मर्द की तरह लड़े, तो दो के बराबर मैं आज भी हूँ। मगर इस लड़ाई-झगड़े में पड़कर खालका की जान मैं नहीं लेना चाहता। हाँ, खालका एक बार कह दें तो बंद के सारे हाँजी देख लेंगे कि सिद्दीक की हड्डी फौलाद की बनी है या नहीं।"

उसका उलटा हाथ एक बार फिर नज़मा के सामने फैल गया। हरी धमनियों की जाली अभी तक काँप रही थी।

"मुझे क्यों दिखाते हो अपना हाथ? मुझे देखने की ज़रूरत नहीं है," कहकर नज़मा अंदर जाने लगी।

"सुनो," सिद्दीक की आवाज़ एकाएक बैठ गई। नज़मा रुक गई। उसका चेहरा अब काठ का नहीं रहा था। तेज साँस से कानों में चाँदी के कनवाज़ हिल रहे थे।

"कहो।"

"देखो, तुम्हें एक बात कहता हूँ..." नज़मा चुपचाप देखती रही। सिद्दीक की आँखें फिरन के अंदर से झलकते उसके दूधिया मांस पर स्थिर हो रहीं। "तुम...तुम खालका से यह बात तो नहीं करोगी?"

"कौन बात?"

"यही बात। वह बीमार है, उसे तकलीफ होगी। मैं सिर से टोपी उतारकर तुमसे माफी माँगता हूँ।"

टोपी सिर से उसके हाथ में आ गई। उसकी लंबी नाक रुआँसी हो आई थी। लगता था कि चेहरे के किसी भी हिस्से से आँसू टपक पड़ेंगे। "तुम जानती तो हो कि मेरे मुँह से ऐसी बातें क्यों निकल पड़ती हैं!" उसका गला काँप गया, कंधे आगे को झुक आए।

"मैं कुछ नहीं जानती," नज़मा की आवाज़ में अस्वाभाविक तनाव आ गया।

"मुँह से न कहो, पर दिल से तुम अच्छी तरह जानती हो। अगर खालका और बेगम ने उन दिनों सिद्दीक के दिल की बात को समझा होता..."

"मैं यह बकवास नहीं सुनना चाहती।" नज़मा अंदर चली गई। खालका उसी तरह खाँसता रहा था। आँखें बंद थीं। नज़मा पास जाकर उस पर झुकी, तो उसे लगा कि उन बंद आँखों में नींद शायद नहीं है।

●

बेगम हाउस बोट की छत पर चली गई थी। वहाँ उसने मिर्चें और मसाले की टिकियाँ सूखने के लिए फैला रखी थीं। कुछ देर वह उन्हें उठा-उठाकर देखती रहीं, हालाँकि मन उसका, काम करते हाथों से हटकर, जेहलम के रास्ते दूर कहीं चला गया था—वहाँ, जहाँ जेहलम की धार बुलार झील के बीच से होकर पहाड़ियों में सिमटती हुई नीचे उतरने लगती है। धार के साथ-साथ सोपुर पहुँचकर एक चट्टान के पास वह रुक जाती थी। चट्टान पर खड़ी होकर धार के बढ़ते पानी को देखते हुए बचपन में एक बार उसका पाँव फिसला था। इतने बरस बीत जाने पर भी वह फिसलन, वह चोट, वह मिट्टी पर बना पैर का निशान, सब कुछ ज्यों-का-त्यों था—उतनी ही छोटी होकर दरिया की लहराई हुई धार को उन्हीं आँखों से अब भी वह देख लेती थी, उसी तरह धार के पास जाकर मिट्टी रचे पैरों को उसमें धो लेती थी।

चट्टान से थोड़ा हटकर बिफरी हुई धार में हिलता हुआ वह डूँगा था जिसके धार में बह जाने की आशंका से उसका मन काँप जाता था।

रात-दिन उसी डूँगे में वे लोग रहते और सफ़र करते थे—वह और उसका बाप नबी नागू। माँ नहीं थी, घर में कभी उसका जिक्र भी नहीं होता था। माँ के नाम से एक हरे फिरन का रंग उसकी आँखों में उभरता था, पर चेहरे और आकार की कोई रेखा नहीं बनती थी। यह भी याद नहीं था कि कब और कैसे वह रंग एकाएक पास से ओझल हो गया। होश आने के बाद से उसने अपने और नबी नागू के अलावा डूँगे में किसी को नहीं देखा था—सिवाय नबी नागू के कई-कई दोस्तों के जो शाम गहरी होने पर उनके यहाँ आ जमते थे और जिनके साथ बैठकर नबी देर-देर तक शराब पीता, ताश खेलता और गप लड़ाता था। वे लोग इतनी ऊँची आवाज़ में हँसते कि उसका दिल दहल जाता। लगता कि बरसों की सीलन से गले और स्याह पड़े डूँगे के तख्ते उस आवाज़ से छिटककर अलग हो जाएँगे और हाँडी के पास बैठी वह औरों से अलग होकर अकेली धार में बहने लगेगी। नबी सूखा कुलचा चाय में भिगोकर खाता हुआ अपने मैले दाँत उघाड़कर गले से कुछ इस तरह की आवाज़ें पैदा करता था कि आसपास जमा लोग हँस-हँसकर लोटपोट हो जाते थे। लोक हँसते, तो वह होंठ सिकोड़कर अपनी बीस दिन की बढ़ी दाढ़ी को एक उँगली से खुजलाने लगता। फिर अपनी कत्थई आँखों से मुसकराता और एकाएक गला फाड़कर हँस उठता। उसके हँसने पर बाकी लोग नए सिरे से हँसना शुरू करते।

ज़िंदगी थी, झील से दरिया और दरिया से झील में आना-जाना। पास हटते और दूर हटते किनारों को देखना। झील में समाधि लगाए पक्षियों पर पानी उछालना। बांडीपुर के पास झील से सिंघाड़े चुनना, कमल तोड़ना, शहतीर, ईंटें, मिट्टी और ऐसा ही सामान ढोकर यहाँ से वहाँ ले जाना। निंगल में मछलियाँ पकड़ना। काँटे से मासेर पकड़ने के लिए परेशान अंग्रेज मर्द-औरतों के साथ-साथ घूमना। चूल्हा जलाना, मांस धोना, लग्गी सँभालना। वक्त मिले, तो नंगे बदन दरिया में डुबकियाँ लगाना। सुबह-शाम, शाम-सुबह नबी नागू की झिड़कियाँ सुनना। रात को झील से होकर आते जिनों-भूतों से आशंकित रहना, दूर की हर रोशनी को किसी जिन का चिराग़ समझना। बाबा शुक्रदीन से मानता मनाना कि वह नबी नागू की नाखून बढ़ाने की आदत छुड़ा दें, उसके गंजे सिर पर बाल उगा दें, उसकी हँसी में सलीका ला दें। अपने पैदा होने से पहले गुज़र चुके भाई की याद करना, उससे रूठ जाना कि वह अब तक जीता क्यों नहीं रहा। अपने अकेले खेलों में उसे साथी बनाना, उसकी तरफ से खुद ही अपने साथ खेलना। लड़-झगड़कर खुद जीत जाना, फिर मनाते हुए उसे जीत जाने देना। शाम को आनेवाले मेहमानों के न आने की दुआ माँगना, उनके चले आने पर बाबा शुक्रदीन से रूठ जाना। सोने से पहले आसमान की झील में बिखरी सितारों की किश्तियों को इधर-से-उधर चलाना, आँखें मूँदकर उन्हें डूब जाने देना। उस दिन की बात सोचना जिस दिन

उसका दूल्हा आकर उसे उस डूँगे से दूसरे डूँगे में ले जाएगा—वहाँ, जहाँ नीली झालर के पर्दे फड़फड़ाते होंगे, रेशमी डोरियों से छोटे-छोटे फुँदने लटकते होंगे। आसमान की किश्तियों में अपनी एक किश्ती को पर्दों से सजाना, डोरियों से बाँधकर किनारे की तरफ खींच लाना...।

खालका से निकाह होने पर यह मुराद एक तरह से पूरी हो गई थी। श्रीनगर में उनके हाउस बोट में आकर कुछ दिन तो वह चकाचौंध हो रही थी। हाउस बोट अपने रहने के लिए नहीं था, फिर भी था तो अपना ही—अपने रहने के लिए डूँगे से इतना सटा हुआ कि जब चाहो उसके पर्दों को हाथ से छू लो, जब चाहो, उसके गलीचों पर सिर रखकर लेट रहो। मगर खालका खुद...वह तो वैसा नहीं था जैसा उसने सोचा और चाहा था।

चचा रमज़ान से डरा-डरा, दबा-दबा वह आदमी, हर वक़्त हर चीज़ को उदास नज़र से देखता रहता था। बात करता था तो ऐसी धीमी दबी हुई आवाज़ में कि एक बार उसे झटक देने को मन होता था। बोट का अकेला वारिस होकर भी वह एक नौकर की तरह रमज़ान के आदेशों का पालन करता था, बल्कि नौकर से भी बदतर, एक-एक पैसे के लिए उसका मोहताज़ रहता था। रमज़ान की बलगमी आवाज़ किसी के भी जिस्म में सिहरन पैदा कर देती—खालका तो वह आवाज़ सुनने से पहले ही हर काम पूरा कर देने की फिक्र में रहता था। रमज़ान के दढ़ियल चेहरे के सामने पड़ते ही उसके घुटने ढीले होने लगते थे। अपने में खोई हुई उसकी आँखों में आब पहले ही नहीं थी, रमज़ान को देखते ही उनका रहा-सहा रंग भी उड़ जाता था। वह इस तरह बेबसी की नज़र से रमज़ान को देखता था जैसे अपनी एक-एक साँस उसे रमज़ान से भीख में मिलती हो, जैसे रात-दिन मेहनत करके वह सिर्फ रमज़ान का कर्ज़ ही चुकाता हो...।

खालका के तब के चेहरे से आज के चेहरे में खास फर्क नहीं आया था—जैसे तब रमज़ान से डरता था, वैसे ही आज अपने दामाद से और हर एक से डरता था। जिस किसी से बात करता था, उसके हाथों में उसकी ज़िंदगी गिरवी रखी रहती थी। दमे का दौरा उठने पर हर बार वह जैसे उस दुनिया को हाथ लगाकर लौटता था और लौट आने पर खुदा का नहीं, हर किसी का शुक्रगुजार होता था। आज अब्दुल कादिर ने आकर पीट दिया था, तो उसके लिए भी शायद वह किसी-न-किसी का शुक्रगुजार था—क्योंकि पीटनेवाले ने पीटकर ही छोड़ दिया था, जान तो नहीं ली थी।

मिर्चों और टिकियों को समेटकर बेगम उठ खड़ी हुई। छत पर चँदोवा डालकर कुर्सियाँ बिछा दी गई थीं—उन आगंतुकों के लिए जो पिछले तीन साल से नहीं आए थे। हर साल मार्च के अंत में चँदोवा ताना जाता, कुर्सियाँ बिछा दी जातीं। नवंबर के शुरू में उन्हें उठाकर रख दिया जाता। धूल न होने पर भी कभी उन्हें

हलके हाथों से झाड़ दिया जाता जैसे कि झाड़ देने से आगंतुकों के अगने की संभावना बढ़ जाती हो। धूप और बरसात में आए साल कुर्सियों के रंग फीके पड़ते जाते थे—इस्तेमाल न होने पर भी उनके कपड़े में जगह-जगह सूराख बन जाते थे। हाथ खाली होते, तो बेगम सुराखों को सी दिया करती। किसी एक भी सुराख पर नज़र पड़ जाए, तो खालका की घिरी हुई आँखें और घिर आती थीं—हर बीतते साल के साये उसकी आँखों में गहरी जालियाँ बुन जाते थे। बेगम की कोशिश रहती थी कि वे साये जल्दी-जल्दी गहरे न हों, न सायों से उसे उतना खालका के लिए नहीं जितना अपने लिए हौल उठता था।

वहाँ से नीचे जाते हुए छत उसे रोज़ से भी अकेली लगी—जैसे कि रोज़ के परिचित अकेलेपन की जगह एक अपरिचित और अजनबी एकांत ने ले ली हो, आकाश की उमड़ती स्याही में रँगकर वह एकांत बहुत गाढ़ा और भारी हो उठा हो। भारीपन का अहसास अपने अंदर भी था, अपने से बाहर भी। आसपास की हर चीज़ रुँधी और रुकी हुई थी—बहते हुए जेहलम की धार भी। धार पर काँपते रोशनी के साँप जैसे अपनी जगह पर जकड़ गए थे। उस पार की टिमटिमाती रोशनियाँ जैसे बुझ-बुझ जाना चाहती थीं। रात अभी उतरी ही थी कि हर चीज़ सोई-सोई नज़र आने लगी थी।

बेगम कुछ देर खड़ी देखती रही। इंतज़ार करती रही। इंतज़ार किसी व्यक्ति या घटना का नहीं, न आने और न होनेवाली एक स्थिति का, जिसका आभास हर साँझ को वह आसपास महसूस करती थी। बहती धार पर हलके पैरों चलकर जैसे उस उस स्थिति तक पहुँचना था—धार के विपरीत संघर्ष करके ऊपर को आते डूँगों और शिकारों में से किसी एक के अंदर से अपने को पहचान लेना था। एक डूँगा, घनी प्रेत की छाया की तरह, धीरे-धीरे सरकता हुआ पास से जा रहा था। आगे शहतीर भरे थे। पीछे चूल्हे पर हाँडी रखी थी। हाँडी में से हलकी भाप उठ रही थी। बकरी के मांस की गंध ही, तीन-चौथाई पके मांस की, डूँगे को चारों तरफ से घेरे जैसे उसे आगे-आगे धकेल रही थी—गंध और तीन आदमियों की थकी-थकी आवाज़ : "या पीर! दस्तगीर! या अल्लाह! हिलिल्लाह!"

धार में सलवटें पड़ रही थीं—डूँगे को रास्ता देने में पानी को तकलीफ़ हो रही थी।

छत से सीढ़ी हाउस बोट की पैंट्री में आती थी। अलमारी में प्लेटें और छुरी-काँटे सजाकर रखे हुए थे। कितने दिन हो गए थे, कितने ही, जब से किसी के लिए उन्हें मेज़ पर नहीं लगाया गया था, किसी ने उन्हें जूठा नहीं किया था। वहाँ से गुज़रते हुए बेगम को लगा कि वह पैंट्री में अकेली न होकर किसी के साथ खड़ी है। वह कोई उसके साथ मिलकर छुरी-काँटों की गिनती करा रहा है और लगातार हँस रहा है। कह रहा है कि इनमें कोई काँटा ऐसा नहीं, जिससे उसने

एक-न-एक बार खाना न खाया हो, कि कल का खाना वह तभी खाएगा, जब उसके लिए नए छुरी-काँटे ला दिए जाएँ। वह खुद उसके साथ हँस रही है, मगर उसे डाँट भी रही है कि यह काम उसके करने का नहीं, वह अपने कमरे में जाकर सो जाए। परंतु इस पर वह मचल उठता है कि वह सोएगा नहीं। जब तक वह चलकर पास नहीं बैठेगी, उलटी-सीधी बातें करके उसे उकता नहीं देगी, उसे नींद नहीं आएगी। वह हँस रहा है, हुज्जत कर रहा है और उसके हाथ से काँटे छीनकर वह उसे कंधे से धकेलती हुई कमरे की तरफ भेजने की कोशिश कर रही है। कह रही है, "बात मानकर तुम सोओगे नहीं, तो कल सुबह ही मैं तुम्हारा सामान यहाँ से उठवा दूँगी। खान होगे तुम पेशावर में, यहाँ तुम्हारा रौब माननेवाला कोई नहीं है।"

पैंट्री से डूँगे में आते हुए उसे लगता रहा जैसे वहाँ खान को अकेला छोड़कर वह आ रही हो, छुरी-काँटों की गिनती अभी पूरी न हुई हो और डूँगे से समावार लेकर अभी उसे खान के कमरे में जाना हो।

खान के कमरे में, खान के जाने के बाद, अब तक कोई भी आकर नहीं रहा था। तख्ते पर पैर सीधा नहीं पड़ा, इसलिए बेगम थोड़ा लड़खड़ाकर डूँगे में उतरी। डूँगा हिल गया। सिद्दीक ने चूल्हे के पास से आँख उठाकर देखा, फिर इस तरह साग की हाँडी में व्यस्त हो रहा जैसे किसी के आने-जाने से उसे मतलब ही न हो। बेगम भी बिना उसकी तरफ देखे पास से निकलकर बीच के कमरे में आ गई। खालका सचमुच सो गया था। मुँह आधा खुला होने से चेहरा बहुत छोटा लग रहा था, छोटा और असहाय। एक बाँह कंबल से बाहर निकली हुई थी। बेगम ने उसकी बंद आँखों से आँखें चुराते हुए बाँह को कंबल में ढक दिया और डूँगे के दूसरी तरफ चली गई। नजमा, बहाव की तरफ देखती हुई, वहाँ अकेली बैठी थी।

"नज़मा!"

नज़मा ने घूमकर देख लिया। दरिया की छाया उसकी आँखों में अब भी सिमटी हुई थी।

"नूरा अभी नहीं आई?"

"नहीं।"

"मामदा भी लौटकर नहीं आया?"

"नहीं।"

बेगम की आँखें ज़रा-सी भिंच गई, माथे पर सलवटें पड़ गईं। "उस कामचोर को तो बस बहाना चाहिए।"

"उससे कहा था नूरा को साथ लेकर आए। हो सकता है इसी में उसे देर हो गई हो। या उसकी वजह से नूरा न आ पाई हो। बदज़ात वहाँ पहुँचा भी

होगा कि नहीं, कुछ ठिकाना है?"

"पहुँचा वह ज़रूर होगा। कम-से-कम आज के दिन...।"

"उसे जैसे फर्क पड़ता है! कमीने लोगों की औलाद...!"

नज़मा का हाथ अनजाने पास रखी लालटेन की बत्ती को ऊँची-नीची कर रहा था। बत्ती एकाएक बहुत ऊँची होकर चिमनी को स्याह करने लगी, तो उसने हाथ हटा लिया। फिर जल्दी ही उसे ठीक करके लालटेन से थोड़ी परे सरक गई।

बेगम को लगा कि उसकी आँखों में कोई बात है जिसे वह छिपाए रखना चाहती है, या चाहती है कि उससे उस बारे में पूछा जाए, तभी वह बात ज़बान से कहे। उसे क्या कहना है, इसका भी कुछ अनुमान बेगम को था। नजमा की आँखों की हर लहर से वह परिचित थी। जानती थी कि वह बार-बार पलकें झुकाकर ऊपर उठाती है और उसकी आँखों के नीचे खसरे के दोनों दाग गहरे होने लगते हैं, तो उसके मन में क्या बात होती है। बात मुँह पर आती है, तो या तो वह साथ रो देती है, या बराबरी का दावा लेकर जवाब-सवाल करने लगती है। बात से बचने के लिए वह वहाँ से हटने लगी, तो नज़मा ने खुद ही आवाज़ देकर उसे रोक लिया।

"मैं जानना चाहती थी कि आज मैं लौटकर अपने डूँगे में जाऊँगी या नहीं।"

"तुम जाना चाहो, तो मैं सिद्दीक से कह देती हूँ वह अभी तुम्हें उस पार पहुँचा दे। रात यहाँ रहना चाहो, तो सुबह मामदा के साथ चली जाना।"

"बात मेरे चाहने की है क्या?"

बेगम को लगा कि नज़मा बराबर से भी ऊपर उठने की कोशिश कर रही है। उसके माथे की लकीरें गहरी हो गईं। "क्यों?"

"उसने कहा नहीं था कि कासिम के साथ नूरा की शादी की बात तय नहीं होती, तो आज से इस डूँगे की दोनों लड़कियाँ यहीं रहेंगी?" बेगम ने कनखी से देख लिया कि सिद्दीक चूल्हे के पास से हटकर वहीं उसके पीछे आ खड़ा हुआ। उसने उसे डाँट दिया, "दूसरों की बातें सुनने के सिवा तुम्हें कोई काम नहीं है?"

सिद्दीक चिढ़ गया। "मैंने बात में अपना नाम सुना था, इसलिए उठकर चला आया। वरना मुझे क्या लेना है तुम लोगों की बातों से? न आता, तो सुनना पड़ता कि जान-बूझकर परे हटकर बैठा रहता है। घर में क्या होता है, क्या नहीं, इससे इसे मतलब ही नहीं है। सिद्दीक घर की बात के बीच में पड़े, तो भी उसकी मुसीबत है, न पड़े तब तो मुसीबत है ही।" और जिस तरह वह लौटकर गया, उससे डूँगे के तख्ते हिल उठे, खालका की बंद आँखें खुल गईं।

बेगम गुस्से में सिद्दीक से कुछ कहने को हुई, पर खालका की आँख खुली देखकर खामोश रह गई। नज़मा की आँखें अब भी जवाब के लिए रुकी हुई थीं। किसी तरह अपने को सँभालकर उससे उसने कहा, "दोनों लड़कियाँ इस डूँगे में

रहेंगी, तो कयामत नहीं ढह जाएगी। शादी से पहले इस घर में तेरे लिए साग-भात बन सकता था, तो आज भी बन सकता है। पर मेरे जीते जी कादिर की मंशा पूरी नहीं होगी। कासिम के साथ नूरा की शादी हरगिज़ नहीं होगी।"

"तो किसी को भेजकर मेरे बच्चों को वहाँ से बुलवा दो। उनके बगैर मैं भी हरगिज़ ज़िंदा नहीं रह सकती।"

नज़मा के खसरे के दाग लाल हो गए थे। जितनी वह उत्तेजित होती थी, दाग उतने ही गहरे हो जाते थे। वह जो बात कहना चाहती थी, वह तो साफ थी ही। कादिर ने जाते हुए कहा था कि वह नज़मा को तलाक देकर बच्चों को अपने पास रखेगा, नज़मा को उनकी शक्ल तक देखनी नसीब न होगी।

"तुम्हें अपने बच्चे बहुत अज़ीज़ हैं," बेगम ने चिढ़ती साँस के साथ कहा। "मुझे ही अपनी लड़की अज़ीज़ नहीं है!"

"तुम्हारी एक ही तो लड़की है न!" नज़मा की आवाज़ में जैसे चीख भर गई। "मुझे अपनी लड़की तुमने समझा ही कब है? समझतीं, तो मेरी शादी के वक्त भी ये सब बातें न सोचतीं? उस वक्त तो अब्दुल कादिर और उसके खानदान को जैसे तुम जानती ही नहीं थीं।"

"जानती थी, इसीलिए तो जानबूझकर तुम्हें उनके घर में ब्याह दिया था। तभी तो उस पाजी को पेट के लड़के की तरह मानकर रात-दिन उसके खाने-पहनने की फिक्र किया करती थी। न जानती, तो यह सब करती? जो कुछ करती थी, उसके डर के मारे ही तो करती थी। जितनी शुक्रगुज़ारी उस मरदूद में हैं, तुममे उससे कम नहीं है।" नज़मा जहाँ खड़ी थी, वहीं बैठ गई और आस्तीन में मुँह छिपाकर रोने लगी।

"बेगम!" खालका की आवाज़ जैसे गुफा के अंदर से सुनाई दी।

बेगम ने जवाब नहीं दिया। अंदर ही अंदर गुस्से से काँपती हुई नज़मा को देखती रही। "इस तरह रोकर बाप का फातिहा पढ़ने से अच्छा है कि अपने खाविंद से कहकर दो-चार हड्डियाँ उसकी और तुड़वा दो। जो थोड़ी-बहुत जान बाकी है, वह भी निकल जाएगी, तो कोई तुम लोगों से कुछ कहनेवाला नहीं रहेगा। माँ भी जिस काठ पर खड़ी है, उससे बाँधकर उसे दरिया में फिंकवा देना। माँ-बाप के अहसानों का बदला चुकाने का इससे अच्छा रास्ता हो ही क्या सकता है!"

नज़मा की आँखें आस्तीन से उठ गईं। "तुमने उसे मरदूद कहा है। तुम चाहती हो कि वह..."

"हाँ, मैं यही चाहती हूँ। न चाहती, तो उसे दामाद बनाकर घर में लाती? उसकी बीमारी में रात-दिन उसके सिरहाने बैठकर जागती? घर से बचा-बचाकर उसके खेल-तमाशों के लिए पैसे जुटाती? मुझे मालूम होता कि जिस आदमी के लिए मैं यह सब कुछ कर रही हूँ वह जात का इतना कमीना है, तो मैं... तो

मैं इस घाट के पास भी उसे फटकने देती?"

"बेगम!" खालका की आवाज़ फिर सुनाई दी, पहले से ऊँची, मगर और भी गहरी। बेगम के पतले होंट काँपते रहे और वह खालका के पास चली गई। "कुछ चाहिए?" उसने पूछा।

"चाहिए कुछ नहीं," खालका बोला। "तुम नज़मा से कहो कि रोए नहीं। कल तक सब ठीक हो जाएगा।"

"तुम्हारी हड्डी का दर्द कैसा है?"

"अब ज़्यादा नहीं है। दो बार और रुई से सेंक दोगी, तो सुबह तक ठीक हो जाएगा।"

"चाय दूँ?"

खालका ने सिर हिला दिया। "चाय अभी नहीं पचेगी।"

"और कुछ?"

खालका ने फिर सिर हिला दिया। नज़मा आस्तीन से आँखें पोंछती हुई बेगम के पास आ गई।

"रोओ नहीं नज़मा!" खालका ने उठने की कोशिश की, पर उससे उठा नहीं गया। उसका बढ़ा हुआ हाथ नज़मा ने अपने हाथ में ले लिया और उसके पास बैठ गई। "अब्बा, मैं क्या उस घर में वापस नहीं जाऊँगी?" खालका के नज़दीक होकर उसने उसकी बाँह को अपने से सटा लिया। खालका की कमज़ोर उँगलियाँ उसके कंधे तक उठकर नीचे फिसल गईं।

"क्यों नहीं जा पाओगी? वह तुम्हारा अपना घर है। कौन तुम्हें वहाँ जाने से रोक सकता है?"

"अब्दुल कादिर ने आज जाते हुए कहा नहीं था कि..."

"उसकी फिक्र मत करो। कल मैं उसे बुलाकर समझा दूँगा, तो...।"

"मेरे मरने के दिन तक वह इस डूँगे में कदम नहीं रखेगा," बेगम की आवाज़ काँप गई। तनी हुई गरदन और तन गई। "उससे मार खाकर भी बात करने का शौक अभी बाकी है, तो उसके लिए कहीं और जाकर ही तुम्हें बात करनी होगी। तुम्हारी बेटी उसके पैर चाटने के लिए तुम्हें शिकारे में बैठाकर उसके पास ले जाएगी। पर यहाँ इस डूँगे में उसका साया भी नज़र आया, तो देख लेना, किसी-न-किसी की जान पर बन जाएगी।"

खालका कोट और पाज़ामा पहने लेटा था। पगड़ी पास ही खुली पड़ी थी। नज़मा उसका हाथ वापस उसकी छाती पर रखकर पगड़ी को लपेटने में व्यस्त हो गई। बेगम से उसने आँख नहीं मिलाई। खालका अलबत्ता एकटक बेगम को देखता रहा। बेगम की तरफ देखते उसकी आँखें उससे बँधी-सी जाती थीं। वह चाह रहा था कि बेगम की आँख उससे मिल जाए, तो वह हाथ पकड़कर उससे

भी पास बैठ जाने को कहे। पर बेगम इसका मौका न देकर बाहर बावर्चीखाने में चली गई।

बेगम को देखते ही सिद्दीक ने लपककर समावार उठा लिया। जल्दी से प्याली में चाय उँडेलता हुआ बोला, "अब उसे सचमुच कभी उस डूँगे में नहीं आने देना चाहिए। ऐसा बेगैरत आदमी मैंने आज तक नहीं देखा।"

बेगम की भवें तन गईं। "तुमसे इस बारे में किसी ने पूछा है?"

"आदमी हमेशा पूछने पर ही दिल की बात कहता है?"

सिद्दीक ने प्याली बेगम की तरफ बढ़ा दी। "जिस आदमी की आँखें देख सकती हैं, कान सुन सकते हैं, वह देख-सुनकर भी मुँह से कुछ न कहे, यह क्या मुमकिन है? मैं इतनी बात और कहना चाहता हूँ कि खालका ने अब इस आदमी को घर में आने दिया, तो मैं एक दिन भी यहाँ नहीं रहूँगा। अपनी इज़्ज़त की मुझे फिक्र नहीं...मेरी तो कोई इज़्ज़त है ही नहीं...पर खालका की इज़्ज़त इस तरह खाक में मिलते मैं नहीं देख सकता।"

बेगम ने प्याली उसके हाथ से नहीं ली। अंदर की तरफ इशारा कर दिया, "जाकर नज़मा को दे दो।"

सिद्दीक पलभर रुका रहा। फिर लोई समेटता हुआ अंदर चला गया। लोई का एक सिरा नज़मा के कंधे से छू गया, तो उसने तीखी नज़र से सिद्दीक की तरफ देख लिया।

"बेगम ने तुम्हारे लिए भेजी है।" सिद्दीक का प्यालीवाला हाथ भी नज़मा के कंधे से छू गया।

"मुझे नहीं चाहिए।"

"बेगम ने कहकर भेजी है।"

"मैंने कहा है, मुझे नहीं चाहिए।" खालका की पगड़ी ठिकाने से रखने के बहाने नज़मा ने अपना जिस्म समेट लिया।

"तुम्हारी मर्ज़ी।" सिद्दीक वापस बावर्चीखाने में आ गया और बेगम से बोला, "वह कहती है, उसे नहीं चाहिए।"

"मैंने सुन लिया है।" बेगम के कनवाज अंदर की तरफ घूमे और फिर सीधे होकर कुछ देर हिलते रहे। "तुम बैठकर अपना काम करो।"

"नूरा अभी तक नहीं आई। मैं जाकर पता करूँ?"

"तुम काम करो। वह आ जाएगी।"

"काम सब हो गया है। तुम कहो तो मैं अभी जाकर..."

"मैंने कह दिया है कि तुम्हें कहीं नहीं जाना है। ज़रूरत होगी, तो मैं खुद जाकर पता कर लूँगी।"

"इतनी रात तक नूरा के बाहर रहने से..."

बेगम ने तीखी नज़र से उसे देख लिया...सिद्दीक की ज़बान लड़खड़ा गई। "मैं हिफाज़त के ख्याल से कह रहा था।

"मेरी लड़की अपनी हिफाज़त खुद कर सकती है। तुम्हें उसके लिए परेशान होने की ज़रूरत नहीं," कहती हुई बेगम डूँगे के सिरे पर चली गई। सिद्दीक की समझ में नहीं आया कि हाथ की चाय का क्या करे, तो उसने उसे वापस समावार में डाल दिया।

●

डूँगे की छत से जुड़ी हुई खालका की आँखें वहाँ से हटकर अपने पर आईं, तो लकड़ी के फर्श पर बेजान-से पड़े शरीर पर उसे तरस हो आया। खाँसी उठने लगी, तो उसने हाथ से छाती को दबा लिया।

लालटेन बुझ गई थी। कोई आहट भी नहीं थी। घाट को छूकर जाते पानी की हलकी आवाज़ थी, या दूर से आते डूँगों और बहचों के चलने की मद्धिम लय, पानी की काँपती सतह के साथ काँपती हुई। हवा से पेड़ों की पत्तियाँ हिलतीं तो उनकी सरसराहट उसे अपनी हड्डियों को सहलाती महसूस होती। खिड़की से दिखाई देता घाट और आकाश का छोटा-सा टुकड़ा, डूँगे की छत की तरह उसके अस्तित्व का ही एक हिस्सा था। कितने बरसों में कितनी तरह उसने उसे जिया था।

घाट ज्यादा चौड़ा नहीं था। उतनी ही जगह थी जितनी में चार आदमी हुक्का गुड़गुड़ाते हुए बैठकर बात कर सकें। हरे और सुरमई पत्थर इतने चिकने पड़ गए थे कि जरा-सी बूँदाबाँदी से ही उन पर से पाँव फिसलने लगता था। घाट से बाँध की सड़क तक जानेवाली लकड़ी की सीढ़ी दो-एक जगह से टूट रही थी, जिससे आते-जाते गिरने का डर बना रहता था। घाट और डूँगे के बीच का तख्ता इतना गल गया था कि किसी भी समय ऊपर से गुज़रते आदमी के साथ दरिया में बैठ सकता था। सालभर से सिद्दीक से कहा जा रहा था कि उसे बदल दे, पर वह रोज़ बात को कल पर टाल देता था। पीछे स्याह पत्थरों की दीवार घास और काई से जगह-जगह हरी हो आई थी। मेढकों ने उसमें जहाँ-तहाँ सुराख बना रखे थे। पास से गुज़रते शिकारों और बहचों की रोशनी में घाट की स्याही कभी चमक जाती, वरना अँधेरे में डूबा घाट अँधेरे का ही एक हिस्सा बना रहता।

बाँध के ऊपर पेड़ों से घिरे आकाश को बिजली का एक खंभा बीच से काटता था। बचपन में जब वह खंभा वहाँ नहीं था, तब आकाश उसे ज़्यादा नज़दीक और ज़्यादा अपना लगता था। जब से खंभे ने आकाश को दो टुकड़ों में बाँट दिया था, तब से वह उसे बेगाना-सा लगने लगा था। खंभे को एकटक देखते हुए अक्सर उसके मन में उदासी घिर आती, उसे अपना आप अपने से कटा हुआ लगने लगता। उस खंभे ने आकाश को ही नहीं, दरिया और घाट को भी कुछ

हद तक अजनबी बना दिया था।

आकाश के बँट जाने के बाद ही बेगम उसके साथ वहाँ रहने के लिए आई थी। बेगम को अपने साथ देखते, उसके साथ वहाँ रहते-सोते, एक अजब-सा खला खालका को घेरे रहता। बेगम की खुली हँसी, खुली बातचीत और खुले व्यवहार के सामने अपना घर और अपनाआप उसे बहुत छोटा लगता। उम्र में ज्यादा फर्क न होने पर भी अपने को वह बेगम के सामने काफी बड़ा और पुराना-सा महसूस करता। चाहता कि बेगम के खुलेपन का साझीदार बन सके, उसके साथ उसी जैसा होकर जी सके, पर हर कोशिश के बावजूद यह संभव न हो पाता। उसकी ज़बान और हाथ-पैर बेगम के सामने जकड़े-से रहते। उन क्षणों में भी, जब बेगम के शरीर की गरमी उसके शरीर को गरमा रही होती, उसे ज़्यादा अहसास अपने ठंडेपन का ही होता। रात को साथ लेटे हुए बेगम आवेश में उसके होंठों को चूमने लगती, तो कोमल शरीर के रोमांचक आक्रमण को सहते और कहीं अंदर में उसमें सुख पाते हुए भी वह अपने को सिकुड़ते हुए पाता। कभी अस्फुट शब्दों में उससे कह भी देता, "देखो, आवाज़ न करो। चचा की नींद कहीं खुल गई, तो..."

बेगम मचल जाती। और भी आवेश में उसे चूमने लगती। कहती, "खुल जाने दो उसकी नींद। उसका बस चले तो वह मुझे तुम्हारे पास फटकने भी न दे।"

खालका तब अपने को कमज़ोर पाकर निढाल हो रहता। कोशिश करता कि तख्ते पर टिकी हुई बेगम की कुहनियों को अपने हाथों से सँभाले रहे, उसके घुटनों को अपने घुटनों का सहारा दिए रहे, और जहाँ तक बन पड़े, साँसों की तेज़ आवाज़ को कंबलों में ढाँपे रहे। बेगम उसकी सतर्कता से झुंझलाकर उसकी गरदन या कंधे में दाँत गढ़ा देती। खालका के गले से हलकी-सी आवाज़ निकलती—पा लेने के संतोष और न सह सकने के दर्द की। साथ ही शरीर आशंका से काँप जाता। वह आहट लेने लगता कि साथ के कमरे में रमजान करवट तो नहीं बदल रहा। फुसफुसाकर बेगम के कान में वह कहता कि अब सो जाना चाहिए। मगर बेगम का हट बढ़ता जाता। खालका सिमटने की कोशिश करके भी सिमट न पाता। बेगम के बढ़ते आवेश के नीचे बेबस पड़ा उन क्षणों के बीत जाने की प्रतीक्षा करता। दुआ माँगता कि इस बीच रमजान की नींद न खुल जाए। बेगम उससे अलग होकर सामने की खिड़की की तरफ सरक जाती, तो कुछ क्षण वह हाँफता हुआ पड़ा रहता। उधर रमजान करवट बदलता या खाँस उठता तो उसका शरीर सुन्न होने लगता।

"तुम आदमी हो? तुम्हें तो घोंघा बनकर पैदा होना चाहिए था," उसे बेगम से सुनना पड़ता। "कोई भी आदमी का बच्चा तुम्हारी तरह नहीं डरता होगा।"

"मैं डरता नहीं," वह उसे समझाना चाहता, "सिर्फ बुड्ढे के चिड़चिड़ेपन से बचा रहना चाहता हूँ। तुम जानती हो कि किस तरह बात-बेबात पर वह गला फाड़ने लगता है।"

बेगम और नाराज़ हो जाती। "तुम्हीं हो जो उसकी बकझक चुपचाप सुन लेते हो। तुम्हारी वजह से दूसरों को भी चुप रह जाना पड़ता है।"

"चुप रहने में ही बेहतरी नहीं है? उसके सामने किसी का बस चलता है?" बेगम एक बार तेज़ नज़र से उसे देखकर पास से हट जाती। "कम से कम तुम्हारा बस नहीं चलता, इतना मैं जानती हूँ।"

चार साल के फर्क से उनके दो बच्चे हुए—दोनों लड़कियाँ। बेगम को दोनों बार निराशा हुई—अपने से कम, खालका से ज्यादा। लड़का न होने की मुख्य जिम्मेदारी जैसे खालका पर ही हो। नबी का घर छोड़कर इस घर में वह आई थी, तो मन में कहीं यह आशा लिए थी कि भाई के साथ खेल न पाने की हसरत अब वह दूसरी तरह पूरी कर सकेगी। यह भी उसने सोच रखा था कि अपने लड़के का वही नाम रखेगी जो उसके भाई का था—अहमद। वह बड़ा होगा, तो उसे अपने साथ बुलार में घुमाने ले जाएगी, खुद ही उसे चप्पू सँभालना और मछली पकड़ना सिखाएगी। लड़का खूब गोरा-चिट्टा होगा, खूब सुडौल—चार-चार आदमियों के साथ वह अकेला लड़ जाया करेगा। न तो वह नबी की तरह बेहूदा ढंग से हँसेगा, न रमजान की-सी कर्कश आवाज़ में चिल्लाएगा, न खालका की तरह दब्बू बनकर दूसरों की खिदमत करेगा। उसके भरोसे ज़िंदगी भर वह गरदन तानकर रह सकेगी। उससे ऊँची बात करने या टेढ़ी नज़र से उसे देखने का किसी का हौसला नहीं होगा।

पहली बार लड़की हुई तो उसने किसी तरह मन मार लिया, मगर दूसरी बार वह बरदाश्त नहीं कर सकी।

खालका झुकी आँखों से बेगम के सख्त-से-सख्त ताने सुन लेता और काम में लगा रहता। उसका विरोध करके या तेज बात उससे कहकर वह उसका दिल नहीं दुखाना चाहता था। तेज बात तो उसके मुँह से निकलती ही नहीं थी। प्यार और हमदर्दी से वह बेगम को देखता हुआ ज्यादा से ज्यादा इतना कह देता, "खुदा की रज़ा यही है, तो हम-तुम उसमें क्या कर सकते हैं? उसकी रज़ा होगी तो अगली बार तुम्हारी गोद लड़के से भर जाएगी। यह भी उसका शुक्र है कि उसने दो बच्चे तो दे दिए हैं। कितने लोग ऐसे नहीं है जो बच्चे का मुँह देखने को ही तरस जाते हैं?"

"तुम नहीं कहोगे, तो कौन कहेगा?" बेगम तुनकती। "तुम्हें तो मरा हुआ बच्चा भी मिल जाता तो तुम इसी तरह खुदा का शुक्र बजा लेते।"

"बच्चों की सलामती की दुआ माँगो बेगम! ऐसी बात कभी मुँह से नहीं

निकालनी चाहिए। खुदा ने जो कुछ दिया है, उसके लिए शुक्रगुजार न होंगे तो आगे के लिए वह अपना हाथ समेट नहीं लेगा?"

"अपनी कमजोरी खुदा पर डालते हुए शरम नहीं आती? आदमी के अंदर जो होगा, वही तो बाहर आएगा! औलाद आदमी के खून से बनती है। आदमी के खून में वह माद्दा ही न हो, तो खुदा के करने से भी क्या होगा?"

बार-बार खालका को अपमानित होना पड़ता, फिर भी वह सोचता कि शायद अगली बार वह अपनी बात बेगम को ठीक से समझा सके। उधर रमजान उसकी लगामें खींचे रखता। बेगम से रमजान को हर तरह से शिकायत थी—कि वह ठीक से उसका अदब नहीं करती, कि घर के काम से वह जी चुराती है, कि ज़बान उसकी बहुत तीखी है और बातचीत में वह बड़े-छोटे का लिहाज़ नहीं करती, कि रहन-सहन का सलीका उसे बिलकुल नहीं आता, कि बाप के घर में अकेली लड़की होने से वह बहुत आवारा मिजाज़ हो गई है, कि सुई में डोरा डालने तक की तमीज़ उसे नहीं है, कि खालका जैसा बेगैरत आदमी ही ऐसी औरत को सिर पर चढ़ाकर रह सकता है—कोई और होता तो कब का उसे उसके बाप के घर छोड़ आता। पर बेगम के सामने कुछ कहने की हिम्मत रमजान की भी नहीं होती थी। बेगम मुँह से भले ही कुछ न कहती, पर एक ऐसी नज़र से उसे देख लेती थी कि रमजान की पसलियाँ चटकने को हो आती थीं। वह अपने लबादे में सिमटा उसके पास से हट जाता और जो कुछ कहना होता, मुँह में बुदबुदाता रहता। बाद में सारा गुबार वह खालका के सिर पर निकाल लेता।

पर एक दिन जब बेगम और रमज़ान के बीच सीधे चखचख हो गई। और रमजान ने खालका से कह दिया कि वह उसी वक्त जाकर बेगम को नबी के यहाँ छोड़ आए, तो खालका बहाने से वहाँ से निकलकर फिर लौटकर नहीं गया।

बात मामूली-सी थी। बगतुओं का लड़का कादिर अक्सर उनके यहाँ आया करता था। उस सोलह साल के लड़के से बेगम को खास ही लगाव था। उस दिन बेगम ने उसे खाने के लिए रोक लिया था और उसके लिए आबगोश चढ़ाया था। पर इससे पहले कि हाँडी में गोश्त पकता, रमज़ान उबलकर आपे से बाहर हो गया। कादिर के साथ बेगम का नाम जोड़कर उसने जो कुछ कहा, वह उतना अप्रत्याशित नहीं था जितना बेगम का फर्श पर कलछी पटककर खड़ी हो जाना और सीधी ज़बान से रमज़ान का हिसाब तय करने लगना। बरसों से जितनी बातें छाती में रुकी हुई थीं, वे सब बेगम ने कह डाली थीं। आखिर यह कहकर उसने बात समाप्त की थी कि सोलह साल के कादिर से, जिसे वह अपने बच्चे की तरह मानती है और जिससे अपनी बड़ी लड़की का निकाह करने की सोचती है, उसका नाम जोड़कर बात करनेवाला आदमी, आदमी नहीं, नाबदान का कीड़ा है, बल्कि उसे कीड़ा कहना भी कीड़े का अपमान करना है।

खालका पास ही खड़ा सुन रहा था। जब इसके जवाब में रमजान के फेफड़े धौंकने लगे, तो वह बाँध की मुँडेर पर चला गया। रमजान ने पुकारकर उसे नीचे बुलाया, तो वह मोटर स्टैंड तक हो आने की बात कहकर वहाँ से उठ आया। उसके बाद ज़िंदगी भर रमज़ान की शक्ल उसने नहीं देखी।

वहाँ से उसके जाने और लौटकर आने के बीच सात साल गुज़र गए थे। जब वह गया, तब नज़मा ग्यारह साल की थी। और नूरा सात साल की।

सात साल खालका कलकत्ते में रहा। कलकत्ते के एक शाह साहब—शाह मुहम्मद अनवर—एक साल पहले उनके हाउस बोट में ठहरे थे। वे शाहखर्च आदमी थे, उससे ज्यादा शाहज़बान। खालका के साथ रमज़ान के व्यवहार से वे बहुत चिढ़ा करते थे। तभी वे खालका को अपने साथ ले जाने को तैयार थे। कश्मीरी ढंग से पके गोश्त, खास तौर से आबगोश्त, गोश्ताबा और यखनी, उन्हें इतने पसंद थे कि उन्हीं के लिए वे एक कश्मीरी बावर्ची साथ रख लेना चाहते थे। खालका तभी चला जाना चाहता था, पर रमज़ान के डर के मारे इस बात को ज़बान पर नहीं ला पाया था। शाह साहब जाते हुए अपना पता उसे एक कार्ड पर लिखकर दे गए थे। कह गए थे कि जब वह चाहे उनके पास चला आए, उसके लिए जगह उनके पास हमेशा रहेगी। वह फटा हुआ कार्ड, शाह साहब के साथ उतरी हुई उनकी तसवीर के साथ, हर वक्त खालका की बास्कट की जेब में रहता था।

रसद खरीदने के लिए जो पैसे उसकी जेब में थे, उनसे वह कलकत्ता पहुँच गया। एक दिन घूमने-भटकने के बाद शाह साहब का घर उसने ढूँढ़ लिया। शाह साहब ने इस तरह उसे लिया जैसे वह पहले से ही उस घर में मुलाज़िम हो। पहले दिन से ही बाग और बावर्चीखाने का काम उसे सौंप दिया गया।

बिलकुल और तरह की दुनिया थी वह। और ही तरह के वहाँ के नाते-रिश्ते थे। खान-पान, बातचीत, रहन-सहन सब कुछ और तरह का था। पहले छः महीने उसका मन नहीं लगा। वह हर वक्त घर और जेहलम के लिए ललकता रहा। हुगली के किनारे जाकर उसका मन उदास हो जाता। वहाँ पर तैरती पालवाली नावें उसे और अजनबी बना देतीं। वह रोज़ शाह साहब से इजाज़त लेकर लौट जाने की सोचता मगर जब उनके पास यह बात कहने जाता, तो और ही बात कहकर चला आता।

धीरे-धीरे उस ज़िंदगी की आदत होने लगी। वहाँ के नाते-रिश्ते पहले से कम बेगाने लगने लगे।

लड़ाई के दिन थे। कलकत्ते में हर वक्त जापानियों के हमले का खतरा बना रहता था। उस खतरे के बीच रहना, हर वक्त मौत और ज़िंदगी के बीच की पटरी पर चलना, उसके मन को और ही तरह से बाँधने लगा। उसका मन रोज़ इंतज़ार करता आसमान से बमबारी होने की, आसपास की बड़ी-बड़ी इमारतों

को तहस-नहस होते देखने की। ऊपर हवाई जहाज़ों की गूँज और नीचे फौजी दस्तों के जूतों की आवाज़ उस घड़ी को हर रोज़ नज़दीक लाती महसूस होती। जब सुनने को मिलता कि कलकत्ते पर शायद हमला नहीं होगा, तो इस बात पर वह विश्वास न करना चाहता।

दो-एक बार जापानी हवाई जहाज़ आए भी। उसे लगा कि अब ज्यादा इंतज़ार नहीं करना होगा। लड़ाई की शुरुआत अब होनेवाली है। मगर शुरुआत होकर भी नहीं हुई। लड़ाई कलकत्ते की सरहद को छूकर ही लौट गई।

शाह साहब के घर में हर तरह का आराम था। जब चाहे, तब छुट्टी भी मिल जाती थी। मगर उसका मन, अंदर-ही-अंदर किसी चीज़ के लिए छटपटाता रहता था। वह खुद नहीं समझ पाता था कि वह छटपटाहट क्या है, किस चीज़ के लिए है। उससे पूछा जाता कि वह छुट्टी लेकर घर क्यों नहीं हो आता, तो वह अपने को भी ठीक से जवाब न दे पाता कि वह क्यों वहाँ से नहीं जाना चाहता।

बेगम की याद अक्सर आती थी। नज़मा और नूरा की भी। तो क्या वह इसलिए लौटकर नहीं जाना चाहता था कि बेगम का सामना करने का हौसला उसमें नहीं था? उसे यह भी तो मालूम नहीं था कि उसके चले आने के बाद रमजान ने बेगम को वहाँ रहने दिया था या सचमुच नबी के पास भेज दिया था। पर वापस न जाने का कारण इतना ही तो नहीं था...।

शाह साहब के यहाँ रहते उनकी आया एलिस से उसकी अच्छी आशनाई हो गई थी। साथ-साथ उनके क्वार्टर थे। रंग काला होते हुए भी एलिस के गदराए शरीर में अपना ही एक आकर्षण था। रहती भी वह खूब बन-ठनकर थी। दूसरे नौकर कहते थे कि नौकरी तो उसके लिए बहाना है, असली आमदनी उसे फौजी बैरकों से है। कई बार रात-रात वह अपने क्वार्टर से गायब रहती। पूछने पर कहती कि अपनी मौसी और मौसेरी बहनों से मिलने जाती है। मौसेरी बहनों की बात पर सुननेवाले मुसकरा देते।

औरत के शरीर को कितनी तरह के सहारे देकर रखा जा सकता है, यह उसे पहली बार तब मालूम हुआ जब एक रात एलिस बाहर से पिए हुए लौटी और गलती से अपने क्वार्टर की जगह उसके क्वार्टर में चली आई। उस रात उसे सँभालने-सँभालने की कोशिश में उसे कई तरह की नई जानकारी हासिल हुई। एलिस की साँसों की तेज़ बू कितने ही दिन उसके दिमाग से नहीं निकल पाई।

एलिस अपने बाहर आने-जाने के बारे में जो कुछ भी कहती थी, उस पर वह सहज ही विश्वास कर लेता था। इस पर भी कि दूसरे लोग उससे जलते हैं, इसलिए बिना वजह उसकी बदनामी करते हैं। वे उसे पाना चाहते हैं पर वह

उन पर थूकना भी पसंद नहीं करती। थोड़े पैसे जमा हो जाएँ, तो वह शादी करके घर बसा लेगी। इन कमीने लोगों के बीच नहीं रहेगी। अपना घर हो जाएगा, तो आया का काम भी नहीं करेगी। टाइपिंग सीखकर दफ्तर की नौकरी करेगी।

"तुमने अब तक शादी क्यों नहीं की?" एक रात खालका की बाँह पर सिर रखे हुए उसने पूछा। खालका के मन में कील-सी गड़ गई।

"मैं शादी शुदा हूँ," उसने कहा, "मेरे दो बच्चियाँ भी हैं।"

"तुम झूठ बोल रहे हो।"

"नहीं, मैं बिलकुल सच कह रहा हूँ।"

एलिस सिर उठाकर उसके ऊपर झुक आई। हाथ से उसकी बाँह की मांसपेशियों को टटोलती रही। "तो तुम कभी उनसे मिलने क्यों नहीं जाते? कभी उनका जिक्र क्यों नहीं करते?"

"ऐसे ही। कभी मौका ही नहीं आया।"

"नहीं, यह बात नहीं है। बात कुछ और ही है।" खालका चुप ही रहा अपने से और एलिस से दूर हटकर दीवार के हाशिए में कुछ खोजता रहा।

"मैंने भी एक बार शादी की थी," एलिस दाँत उघाड़कर मुसकराई। "दो महीने के लिए।"

खालका चौंक गया। आँखें उसकी दीवार से हट आईं। "दो महीने के लिए?"

"मतलब, दो महीने रही वह शादी। फिर मैंने उसे तलाक दे दिया।"

"क्यों?"

"वह मुझे बहुत डाँटता था...और घर के अंदर बंद रखना चाहता था। एक दिन मुझे गुस्सा आ गया, तो मैंने पानी का जग उस पर दे पटका और उसके घर से चली आई।"

खालका को अपने पर एलिस का वज़न कुछ भारी महसूस हो रहा था। वह थोड़ा एक तरफ को सरक गया। पर एलिस की गरम साँसें उससे दूर नहीं हुईं।

"तुम तलाक लेकर दूसरी शादी क्यों नहीं कर लेते?"

"दूसरी शादी...?"

"हाँ, क्यों नहीं? तुम इतने जवान आदमी हो। स्वभाव के इतने अच्छे हो फिर अच्छी नौकरी पर हो। कोई भी औरत तुमसे शादी करना अपनी खुशक़िस्मती समझेगी।"

खालका के मुँह से शब्द साफ नहीं निकले। गले से हलकी आवाज़ पैदा होकर रह गई।

कई रातें उसे ठीक से नींद नहीं आई। अधनींदेपन में बार-बार वह अपने को डूँगे में लौटते और रमज़ान की गालियों का सामना करते देखता। बेगम के माथे पर दूर से ही त्यौरियाँ नज़र आतीं और पास जाने की उसकी हिम्मत न

होती। नज़मा और नूरा को प्यार करने लगता तो वे उसके हाथों से छूट-छूट जातीं। फिर वह हुगली के किनारे पहुँच जाता और वहाँ एलिस की बाँहें उसे कसने लगतीं। वह जितना छूटने का प्रयत्न करता, उतना ही बाँहें कसती जातीं। अकेले में वह अपनी मांसपेशियों को टटोलकर देखता, बाँहों और जाँघों की मज़बूती का जायजा लेता। मन में विश्वास भरने लगता तो रमज़ान फिर गालियाँ बकता हुआ सामने आ खड़ा होता, बेगम उसकी तरफ पीठ किए बाँध की मुँडेर के साथ-साथ चलती हुई दूर-दूर होती जाती।

एक और बात सोचकर उसका मन बैठने लगता। इतने दिन एलिस से संबंध रखने पर ही उसका कुछ परिणाम क्यों नहीं निकला? क्या बेगम की बातें ही सच थीं कि उसके खून में वह माद्दा ही नहीं जिससे...। पर एलिस ने कभी उससे ऐसी शिकायत क्यों नहीं की?... फिर नूरा और नज़मा आख़िर उसी की तो बेटियाँ थीं!

एक बार उसने एलिस से पूछ लिया, "तुम्हें डर नहीं लगता?"

"कैसा डर?"

"हमारे बीच में जो कुछ होता है, उससे किसी दिन...किसी दिन कोई मुसीबत भी तो खड़ी हो सकती है।"

एलिस हँस दी। "मैं नहीं जानती थी कि तुम इतने डरपोक हो।"

डरपोक! उसे लगा जैसे यह बात एलिस के नहीं, बेगम के मुँह से सुन रहा हो।

"वैसे डरने की बात नहीं," एलिस बोली, "वह झंझट ही मैंने ख़त्म कर रखा है।" खालका अवाक उसकी तरफ देखता रहा। एलिस ने बात उसे ठीक से समझा दी। "मैं नहीं चाहती थी कि रोज़-रोज़ की परेशानी मन में बनी रहे।"

खालका को लग रहा था जैसे उसके हाथ-पैरों में खून रहा ही न हो, या उसकी जगह किसी भुरभुरे पदार्थ ने ले ली हो।

"तुम फिर से शादी करोगी, तो तुम्हें बच्चे की ख्वाहिश नहीं होगी?"

"बिलकुल नहीं!"

"कभी नहीं?"

"कब्बी नहीं।"

"पर मैं तो...मैं तो सोचता था कि..."

एलिस ने उसके गाल में उँगली गड़ा दी। "तुमने ज़िंदगी अभी देखी नहीं है। देख लोगे, तो जान जाओगे कि जिस ख्वाहिश की इतनी कीमत देनी पड़े, उसे मन से निकाल फेंकना ही अच्छा है।"

सूखा दरिया...उतरा हुआ पानी...जमकर बर्फ हुई, झील डल...बर्फ में मुरझाए हुए

कमल...बेबस बाँहों की तरह झुके-झुके कमलनाल...।

वह जितना इन सपनों को मन से निकाल फेंकना चाहता, उतना ही उनका जमघट मन में बढ़ता जाता। वह देखता कि वह अपने डूँगे की छत पर बैठा है और बर्फ़ के पिघलने और दरिया के फिर से भर जाने की राह देख रहा है। बर्फ़ीली झील पर धूप के इंद्रधनुष झिलमिलाते, बर्फ नरम पड़ने लगती कि सहसा उसकी नींद टूट जाती। सामने मटियाली दीवार पर जामुन के साए सिर हिला रहे होते।

रात के आख़िरी पहर में वह प्रायः रोज़ ही नए सिरे से ज़िंदगी शुरू करने की बात सोचता। सोचता कि एलिस से कहे, तो क्या वह कलमा पढ़कर उससे शादी करने को तैयार नहीं हो जाएगी? और वह न तैयार हो कलमा पढ़ने को, तो क्या वह खुद ही उसकी ख़ातिर बपतिस्मा स्वीकार नहीं कर सकता?

मगर सुबह होने के साथ ही यह बात ओछी लगने लगती। वह और बपतिस्मा! वह भी एलिस जैसी लड़की के साथ शादी करने के लिए?

शाम के वक्त एलिस उसे सुंदर लगती। लगता कि उसके साथ वह पूरी ज़िंदगी काट सकता है। मगर सुबह नाश्ते के वक्त उसके शरीर और चेहरे में सौ-सौ दोष नज़र आने लगते। लगता कि उस जैसे स्वभाव की औरत के साथ चौबीस घंटे भी तो नहीं काटे जा सकते।

एलिस का शरीर उसके शरीर से सटा होता। तो वह बेगम के शरीर की तुलना में उसकी विशेषताओं का विश्वास अपने को दिलाया करता। पर ज्योंही वह पास से हटती, वे विशेषताएँ भी साथ ही मन में ओझल हो जातीं। बाद दोपहर उसे अक्सर अपने और एलिस से नफ़रत हुआ करती। मगर शाम होते-होते उसकी सौंदर्य-भावना का तराजू फिर पलटा खा जाता।

एक दिन सुबह उठने पर पता चला कि एलिस को नौकरी से जवाब मिल गया है और वह रात को ही क्वार्टर छोड़कर चली गई है। उसे यह भी लगा कि सब लोग उसकी तरफ भी संदेह और आशंका की नज़र से देख रहे हैं। कारण उसकी समझ में नहीं आया। किसी से पूछने का हौसला भी नहीं हुआ। शाह साहब का नाश्ता लेकर उनके कमरे गया, तो उन्होंने नाश्ता एक तरफ रखवा दिया और कुछ देर स्थिर दृष्टि से उसे देखते रहे।

"तुम्हें घर से आए कई साल हो गए," कहते हुए शाह साहब की आँखें हाथ के अखबार की तरफ झुक गईं। "इस बीच तुमने बीवी-बच्चों की कभी ख़बर तक नहीं ली। तुम्हारा मन कभी उनके पास जाने को नहीं करता?"

खालका की आँखें गलीचे पर बने दाग़ को देखने लगीं। एक बार उसी के हाथ से वहाँ चाय छलक गई थी। तब वह नया-नया आया था। "सोचता था कि हुज़ूर जब खुद ही ठीक समझेंगे, तब एकाध महीने की छुट्टी लेकर हो आऊँगा।"

शाह साहब ने अखबार का पन्ना पलटा, फिर उसे तह करके रख दिया। "मैंने हाल ही तुम्हारे चचा को श्रीनगर चिट्ठी लिखी थी कि तुम यहाँ मेरे पास काम कर रहे हो। वहाँ से कल ही जवाब आया है।" खालका को लगा कि गलीचे का दाग़ पहले से गहरा हो गया है। उसके घुटने कमज़ोर पड़ रहे थे। मन हो रहा था कि वहीं फर्श पर बैठ जाए।

"क्या लिखा है?" उसने खुश्क होते गले से पूछा।

"खत सिद्दीक नाम से किसी आदमी ने लिखा है। कुछ अरसा पहले तुम्हारे चचा की मौत हो चुकी है। बोट की देखभाल आजकल तुम्हारा दामाद अब्दुल कादिर कर रहा है।"

दाग एक से दो, दो से तीन होने लगे। अपने काँपते घुटनों को सँभालना खालका को असंभव लगा, तो वह उकड़ूँ होकर बैठ गया। "अब्दुल कादिर से नज़मा की शादी हो गई है?"

शाह साहब अख़बार रखकर कुर्सी से उठ खड़े हुए। "तुम्हें इसकी भी खबर नहीं? कितनी शर्म की बात है! ...तुम आज ही रात की गाड़ी से वापस जा रहे हो। मैं चिट्ठी लिखकर वहाँ पता दिए देता हूँ।"

शाम को अपने बिस्तर और बक्से के साथ हावड़ा स्टेशन की भीड़ में बैठे हुए खालका के घुटने काँप रहे थे। चलने से पहले वह कई ऐसी बातें सुन आया था जिन्होंने अंदर से उसे और निढाल कर दिया था। दूसरे नौकरों से पता चला था कि एलिस की नौकरी एक खास वजह से छुड़ाई गई। शाह साहब की बच्ची की ज़बान पर कुछ ख़तरनाक किस्म के छाले निकल आए थे। डॉक्टर ने बताया था कि इसका कारण किसी ऐसे व्यक्ति का चूमना ही हो सकता है जो गंभीर रूप से सिफलिस जैसी बीमारी से पीड़ित हो। यह एलिस ही हो सकती थी, क्योंकि बच्ची की देखभाल उसी के सुपुर्द थी। उसे यह भी बताया था कि उसके साथ एलिस के संबंध की बात शाह साहब बहुत दिनों से सुन रहे थे और बहुत पहले से उसे वापस श्रीनगर भेज देने की सोच रहे थे।

स्टेशन पर बैठे खालका को महसूस हो रहा था जैसे उसके शरीर में चींटियाँ रेंग रही हों। यह अहसास नया नहीं था, पहले भी कितनी बार उसे ऐसा महसूस हुआ था। यह सोचकर कि शायद ठीक से न नहाने की वजह से ऐसा हो, वह कई दिन अच्छी तरह साबुन रगड़-रगड़कर नहाता रहा था। मगर नहाकर भी वह अहसास जाता नहीं था। कई बार यह सोचकर कि शायद शारीरिक भूख की वजह से ऐसा हो, वह उस अहसास को एलिस के शरीर में डुबो देने की कोशिश करता था।

पर आज वह अहसास अहसास नहीं रहा था, एक ख़तरा बनकर दिमाग़ पर छा गया था। उसे न सिर्फ़ शरीर में जलन महसूस हो रही थी, बल्कि यह

भी लग रहा था जैसे एक तेज़ बू—एलिस के शरीर की बू से मिलती-जुलती—उसकी खाल के रेशे-रेशे में से बाहर फूट रही हो। वह जलन और वह बू अपने में लिए हुए बेगम के पास उसका वापस जाना क्या ठीक था?

गाड़ी प्लेटफार्म पर आ गई, और भीड़ का रेला गाड़ी की तरफ बढ़ा, तो भी वह जड़-सा अपनी जगह पर बैठा रहा, घूमते पहियों पर सवार होकर सफर करने की जगह मन-ही-मन उन पहियों को अपने पर से गुज़रते देखता रहा। पिछली पटरी से गुज़रते एक इंजन की भाप ने उसे पूरा ढक लिया, तो अचानक उसे वहाँ से उठने का ध्यान आया। जब तक भाप छँटी, तब तक उसने अपना सामान सामने के डिब्बे में रख दिया था।

●

हलके पैरों की आहट सामने की खिड़की के पास आकर रुकी और वहीं रुकी रही।

खालका आहट पहचानता था—बेगम के पैरों की हर आहट का अलग-अलग अर्थ भी जानता था। आँखें बंद रहते हुए भी उसने जैसे देख लिया था कि दरवाज़ा पार करते हुए बेगम झुकी है, एक बार आँख बचाकर उसने उसकी तरफ देखा है, फिर उसकी तनी हुई गरदन झटके के साथ दूसरी तरफ मुड़ गई है और अपने काँपते होंठों को बात कहने से रोककर वह खिड़की के पास चली गई है।

"बेगम!"

जवाब नहीं मिला, तो खालका को लगा कि उसकी आवाज़ छाती में ही घरघराकर रह गई है, बाहर सुनाई नहीं दी। गला साफ करने की कोशिश करते हुए उसने करवट बदली। दुखती हड्डी में सोया हुआ दर्द जाग आया, जिसे उसने माथे की शिकन से पी लेना चाहा।

"बेगम!" उसने फिर आवाज़ दी। बेगम उसकी तरफ पीठ किए चौखट के सहारे खड़ी थी। सड़क के लैंप की रोशनी में फिरन का उड़ा-उड़ा रंग धीरे-धीरे साँस ले रहा था।

खालका पल भर देखता रहा। फिर पास जाने के लिए खड़े होने की चेष्टा करने लगा, तो फिरन की पीठ खिड़की की तरफ मुड़ गई, बेगम का चेहरा सामने आ गया। "क्या बात है?" बेगम ने कहा, "कहीं जाना है क्या?"

उठने की चेष्टा में खुले हुए घुटने फिर जुड़ गए और खालका ने दीवार के तख्ते से टेक लगा ली। रोशनी का एक छोटा-सा वृत्त बेगम के चेहरे पर रुका हुआ था। चेहरे की खाल आज भी उतनी ही चिकनी लग रही थी जितनी कि बरसों पहले। बिनाई के रेशे ज़रा भी तो ढीले नहीं पड़े थे। पल भर आँख मूँदकर खालका ने उठती साँस को किसी तरह रोका, फिर आँख से ही बेगम को पास आने के लिए इशारा किया। साथ ही हलके से कहा, "यहाँ आओ।"

बेगम के पास आने पर खालका ने अपना हाथ उसकी तरफ बढ़ा दिया। मगर बेगम ने हाथ नहीं पकड़ा, वैसे ही पास बैठ गई। खालका का हाथ ढीला होकर वापस घुटने पर चला गया।

"तुम कुछ कहना चाहते थे?" बेगम ने पूछ लिया।

"इतना ही कहना चाहता था कि उस बात को लेकर तुम अब तक इतनी परेशान क्यों हो?"

"किस बात को लेकर?"

"उसी बात को। कादिर ने जवानी के जोश में अगर एक नाजायज़ हरकत की भी है, तो..."

"मैं उस बात को लेकर परेशान नहीं हूँ।"

"तो क्यों अब तक इस तरह हो रही हो?"

खालका ने अब उसका हाथ अपने हाथ में लिया, तो बेगम ने हाथ हटाया नहीं। वैसे ही आत्मसमर्पण में उसके हाथ में रहने दिया जैसे कई साल से, कभी-कभी, अपने को रहने देती थी। आँखें उसकी फिर भी खालका को जैसे अभियुक्त के रूप में देखती रहीं। "तुम्हें किसी की परेशानी से उलझन क्यों होने लगी?" उसने कहा, "ज़िंदगी में यह पहली परेशानी तो है नहीं।"

खालका की आँखें झुकीं, उठीं, फिर झुक गईं। बेगम की नज़र और उसके शब्दों के सामने वह हमेशा की तरह अपने को सिमटते पा रहा था। वर्षों का इतिहास बेगम की एक नज़र या एक शब्द में नए सिरे से उसे छू जाता था। कुछ देर बेगम का हाथ उसके हाथ में ढीला-सा पकड़ा रहा, फिर एक कमज़ोर दबाव के साथ उसने उसे थोड़ा-सा कस लिया। "क्या मैं नहीं जानता," उसने कहा, "कि मेरी वजह से तुम्हें आज तक कितनी तकलीफें उठानी पड़ी हैं? तुम्हारी जगह कोई और होती, तो जाने कब की छोड़कर चली गई होती।"

बेगम के माथे पर हलकी सलवटें उभर आईं। हाथ उसने खालका के हाथ से छुड़ा लिया। "ज़िंदगी भर यही सब बातें करने के सिवाय कुछ और भी करोगे तुम?"

खालका की आँखों में आँसू आ गए। कुछ देर चुपचाप आँखें झपकता रहा। फिर बोला, "तुमने सँभाला न होता, तो शायद इतनी भी बात करने के लिए आज ज़िंदा न होता।"

"अब सो रहो। सुबह उठकर अभी जाने और किस-किस मुसीबत का सामना करना है। अब तक जो कुछ हुआ है, वह तो अभी शुरुआत ही है।"

"सुबह सिद्दीक को भेजकर कादिर को बुला लेना। मैं उससे..."

"तुम्हें उससे कोई बात नहीं करनी है। जो बात करनी होगी, मैं खुद कर लूँगी पर जिसकी वज़ह से बात करने की ज़रूरत पड़ रही है पहले उसे तो लौट

आने दो।"

खालका को लगा कि बेगम की आवाज़ में, उसकी आँखों के आसपास और नाक के सिरे पर कोई चीज़ काँप रही है। उसका हाथ बढ़कर बेगम के कंधे पर चला गया। वहाँ स्पर्श की तह के नीचे भी वह चीज़ उसी तरह काँप रही थी। बेगम का चेहरा उस समय वह दुलहन का-सा लग रहा था जो ब्याह के पहले दिन लगभग इसी तरह उसके पास बैठी थी। कुछ बैठी हुई आवाज़ में उसने कहा, "लड़की अब तक नहीं आई, तो सुबह लौट आएगी। वह अपने फूफा के यहाँ गई है, किसी बेगानी जगह पर नहीं। खुद तुम्हीं ने उसे भेजा है। रात हो जाने से उन लोगों ने आने नहीं दिया होगा। मामदा का कुछ भरोसा नहीं कि वह वहाँ पर पहुँचा भी होगा या नहीं। तुम सिद्दीक से कह देतीं, तो वह कब का उसे लेकर आ गया होता।"

बेगम बिना आँख झपके उसे देखती रही, फिर खिड़की के बाहर घाट के साथ-साथ रेंगकर जाते पानी को देखने लगी। एक बड़ा-सा लौंदा घाट और डूँगे के बीच आकर अटक गया था। किसी क्षण पानी उसे डुबो देता, पर दूसरे क्षण वह फिर बाहर नज़र आने लगता। वहाँ से उसकी नज़र वापस खालका की तरफ आई, तो मुँह खोले वह एकटक उसकी तरफ देख रहा था।

"मैं तुम्हें बताना नहीं चाहती थी," उसने कहा, "तुम रात भर सो नहीं पाओगे, इसलिए। पर यह भी तो नहीं सोच पाती कि तुम्हें न बताऊँ, तो बताऊँ किसे? न बताने से चल सकता, तो जैसे भी होता अपने पर ज़बर किए रहती।"

बेगम की ठोड़ी झुक गई थी। गरदन की लकीरें गहरी हो गई थीं। चेहरे की हर जुंबिश के साथ जैसे हवा में कोई चीज़ फड़फड़ा उठती थी। खालका ने मुँह का थूक निगला, तो वह गले के साथ चिपक-सा गया। अंदर से एक चुभती हुई नोक ऊपर को आ रही थी। हाथ की हिलने-डुलने की शक्ति पहले से कम हो गई थी। "कोई और बात हुई है क्या?" उसने नोक से अपने को बचाते हुए पूछा।

लगा कि बोलने में उतना परिश्रम न करता, तो शायद शब्द भी गले में ही चिपके रह जाते।

तुम्हारी लड़की अपने फूफा के डूँगे में नहीं है। मामदा के साथ वह कब की वहाँ से चली आई है।"

चुभती हुई नोंक खालका के गले में आकर अटक गई, "तुमसे किसने कहा है?"

"मैं उसे लाने के लिए खुद वहाँ गई थी।"

"तुम वहाँ गई थीं?" खालका की हड्डी को पीछे ज़्यादा ठोस सहारे की ज़रूरत महसूस होने लगी। "और वह वहाँ नहीं है?"

बेगम ने अपने काँपते होंठों को थोड़ा सिकोड़ लिया।

"वे दोनों वहाँ से शिकारे में चले थे?"

●

बेगम के माथे पर शिकन काँप गई।

"शिकारा तुम्हें रास्ते में नज़र नहीं आया?"

बेगम की आँखें झपक गईं। नीचे की एक शिकन ऊपर की शिकन में खो गई।

"तुमने किसी से पता करने की कोशिश नहीं की?"

"नहीं।"

"क्यों?"

"क्योंकि मैं नहीं चाहती थी कि इस पार के आधे हाँजी यहाँ आकर जमा हो जाएँ। लोग आकर तरह-तरह की बातें पूछते, तो क्या जवाब देते तुम उन्हें? कि लड़की बदचलन और आवारा है जो इतनी-इतनी रात तक एक जवान लड़के के साथ बाहर रह जाती है? दो दिन में यह बात सोपुर और बारामूला तक पहुँच जाती, तो ज़िंदगी भर तुम किसी के सामने सिर उठा पाते?"

"मगर, बेगम...."

"तुम इस बात की फिक्र न करो। वह उसे लेकर कहीं नहीं जा सकता इतना तो मामदा को मैं जानती ही हूँ। ज्यादा से ज्यादा जाएगा, तो नगीन या चिनार बाग तक। थोड़ी देर में हिनहिनाता यहीं लौट आएगा।"

"फिर भी अगर..."

बेगम उठ खड़ी हुई, "अगर और कुछ देर वह लौटकर नहीं आता, तो सुबह उसकी खाल तुम मेरे हाथ में देख लेना। यह बात वह भी जानता है कि बेगम अगर अब्दुल कादिर जैसे आदमी के मुँह पर थूक सकती है, तो उस जैसे पिल्ले का खून भी पी सकती है।"

खालका खुले मुँह से देख रहा था। उसका मुँह बंद हो गया, आँखें फर्श के तख्ते में डूब गईं। बेगम उस गठरी बने शरीर को कुछ देर तक देखती रही। फिर वहाँ से हटकर डूँगे के पिछले हिस्से में चली गई। वहाँ देखा कि नज़मा एक पतवार सिर के नीचे रखे सीधी लेटी है। उसकी आँखें खुली देखकर बेगम ने हलके से उसके सिर को हाथ से छू दिया।"

"नज़म!"

नज़मा कुछ क्षण उसे एकटक देखती रही, फिर अपने में सिमटती हुई उठ बैठी।

"तुम्हें नींद नहीं आई?"

"नहीं।"

कुछ देर ख़ामोशी रही। फिर नज़मा ने पूछ लिया, "तुम क्या कह रही थीं

अभी?"

स्वर की चुनौती ने बेगम को चौंका दिया, "क्या क़ह रही थी?"

"कि नूरा उस डूँगे से मामदा के साथ..."

"मैं जो कह रही थी वह तो तुमने सुन ही लिया है। अब उसमें और तुम्हें क्या जानना है?"

"जानना यह है कि क्या आज नूरा की खाल भी तुम उसी तरह खींचोगी, जिस तरह..."

"मैं क्या करूँगी, क्या नहीं, यह मुझे तुमसे नहीं पूछना है। तुम किस शह पर बात कर रही हो, मैं जानती हूँ। पर बेहतरी इसी में है कि आज की रात अपनी ज़बान पर काबू रखो। और जो कुछ कहने-सुनने को होगा, वह कल सुबह कह सुन लिया जाएगा।" और बेगम तुरंत ही वहाँ से चली आई। खिड़की के रास्ते हाउस बोट पर आते हुए उसे लगा जैसे नज़मा की चमकती आँखें अँधेरे में उसका पीछा कर रही हों, पीछे से आकर उसके शरीर में खुभ जाना चाहती हों, उसकी आँखों के स्याह घेरे शरीर पर जगह-जगह अपनी छाप छोड़ जाना चाहते हों। चिलुक् चिलुक् चिलुक्—एक मछली दो-तीन बार पानी की सतह से उछली और गहरे में डूब गई। बेगम को लगा जैसे वह आवाज़ भी मछली के उछलने और बोट के टकराने की न होकर उसके अंदर से किसी चीज़ के सिर उठाने और डूब जाने की हो। बाँहों को फिरन में समेटे हुए वह पैंट्री में आ गई।

पैंट्री में सिद्दीक की चटाई बिछी थी, पर वह खुद वहाँ नहीं था। लोई इस तरह बिखरी थी जैसे ओढ़ने के बाद एकाएक उसे पैरों से हटा दिया गया हो। बेगम ने एक बार गैलरी के एक सिरे से दूसरे सिरे तक घूमकर देख लिया। सिद्दीक बोट में नहीं था।

गैलरी की उस खिड़की के पास आकर वह रुक गई, जिससे बहते पानी की धार दूर तक नज़र आती थी। कितनी-कितनी बार वह रुककर ख़ामोश बहते पानी को देखती रहती थी, कितने-कितने साये पानी की सतह पर मँडराते रहते थे। उन दिनों एक रात उसे वहाँ देखकर खान ने कहा था, "दरिया में कोई चीज़ खो गई है क्या, बेगम? तुम्हारी आँखें हर वक़्त इसमें क्या ढूँढ़ती रहती हैं?

वह मुसकराई थी। "हाँ, कोई चीज़ खो गई है।" उसने कहा था, "पर यह मालूम नहीं कि वह क्या चीज़ है।"

"तुम जानती तो हो कि क्या चीज़ है, पर बताना नहीं चाहतीं—इसलिए कि कहीं कोई ढूँढ़कर ला न दे।"

इस पर वह हँस दी थी, खान के भरे चेहरे को देखती रही थी—इतनी देर कि खान को अपनी आँखें हटा लेनी पड़ी थीं। फिर उसी तरह धार को देखते

हुए उसने कहा था, "तुम नहीं जानते, यह दरिया मेरा कितना अपना है! मेरे दिल में इसके लिए जो मुहब्बत है, वह मुझे अपनी माँ से मिली है।"

खान बात समझ नहीं पाया। हठ करने लगा माँ के बारे में जानने के लिए। यह भी कि किसी दिन साथ चलकर वह उसकी माँ से ज़रूर मिलेगा। वह हँसती रही। बोली, "तुम मेरी माँ से मिलने चलोगे? जानते हो वह यहाँ से कितनी दूर रहती है?"

"कितनी भी दूर रहती हो। तुम्हें एक दिन मुझे ज़रूर ले चलना पड़ेगा।"

"पूरा एक दिन और एक रात शिकारे में चलकर वहाँ पहुँचोगे।"

"बस, इतना ही? एक दिन और एक रात का सफर तो कुछ खास नहीं।"

"तुम इतना लंबा सफर करके उसके पास पहुँचो, और वह तुम्हारी खातिर करने की जगह तुम पर हाथ-पैर चलाने लगे, तो? मेरी माँ को अक्सर पागलपन के दौरे पड़ते हैं।"

खान फिर भी ज़िद पकड़े रहा। रोज़ कहता कि किस दिन वह उसे अपनी माँ के पास ले चल रही है। आखिर एक दिन चलने की तैयारी हो गई। सुबह-सुबह नूरा, सिद्दीक और खान के साथ वह शिकारे में निकल पड़ी।

खान के साथ वह सफर...क्या उसे वह कभी भूल सकती थी?

गेट से निकलने के बाद ही खान का मन उदास होने लगा था। घास-फूस से ढके लकड़हारों के डूँगे, काले फिरन, नंगी गोरी टाँगें और बहाव के साथ-साथ बढ़ती किनारों की मुफलिसी।

खान की आँखें कभी ऊँचे कगारों पर रुकी रहती हैं, कभी पानी में तैरती बतखों पर, कभी चप्पू चलाती नूरा के चेहरे पर और कभी सड़े-गले बहचों की खिड़कियों पर, जिनमें से एक-एक पूरे परिवार की पीली खामोश आँखें उन्हें ताकती हुई पास से गुज़र जाती हैं। शिकारा अपनी लय में आगे बढ़ता जाता है—दड़ाक् शप् दड़ाक् शप् दड़ाक् शप्। बीच में कोई बतख बोल उठती है, "कुआक्-कुआक्..."

दूर की पहाड़ियों पर नज़र जमाए हुए खान कहता है, "ख़ुदा का करिश्मा है यहाँ की कुदरत—और यहाँ का इनसान—यह शायद इनसान का करिश्मा है।"

नूरा हँसने लगती है, तो खान ख़ामोश हो रहता है। फिर पूछ लेता, "बेगम, तुम कभी कश्मीर से बाहर नहीं गई?"

"कश्मीर से बाहर?" वह भी हँसती है, "हाँजी की बेटी के मुँह से घर का कोई मर्द यहाँ से जाने की बात भी सुने, तो उसे हलाल कर देगा। हाँजी की बेटी पानी में पैदा होती है और पानी में ही मर जाती है। इस दरिया की मछली फिर भी दूसरे दरिया में जा सकती है, पर हाँजी की बेटी यहाँ से बाहर नहीं जा सकती।"

शिकारा बढ़ता जाता है। खान किनारे से गुज़रते लोगों से बात करना चाहता है। किसी से वक्त पूछता है। एक कहता है, "बजा होगा नौ-दस!" सौ-पचास गज पर दूसरा कहता है, "बजा होगा दो-ढाई।"

शादीपुर। खाना खाने के लिए शिकारा रोक दिया गया है। सिद्दीक चिनारों के आसपास मँडरा रहा है। "क्या खो गया है, सिद्दीक?" खान उससे पूछता है।

सिद्दीक बताना नहीं चाहता। बहुत पूछने पर कहता है, "ऐसे ही देख रहा हूँ। अब वह मिल थोड़े ही न सकता है!"

"पर गुम क्या हुआ है?"

"ग्यारह रुपया, नकद।"

"अभी?"

सिद्दीक खिसियाना हो जाता है। "अभी नहीं। पहले। बहुत दिन पहले। उस बार भी इसी तरह इधर आया था।"

"कब की बात है यह?"

"बार-टाइम की।"

शिकारा आगे चलता है। सामने—सबसे पीछे बादल हैं—धुँधले और सफ़ेद। उनसे आगे धुँधली-धुँधली पहाड़ियाँ हैं। उनसे आगे सफ़ेद चिनार और बेंत के पेड़। उनसे आगे कच्ची मिट्टी और घास-फूस के घर। उनसे आगे खुला पानी। फिर तैरती हुई बतखें। फिर शिकारे का कोना। कोने में वह सुर्ख चेहरा। कितनी-कितनी देर खान की आँखें उससे मिली रहती हैं। वह न जाने क्या सोच रहा है!

हो—ओ...! हो—ओ...! बच्चों की कतारें कगार पर दौड़ती नज़र आती हैं। उनके पीछे घड़ों और नंगी टाँगों की पंक्तियाँ हैं। हो—ओ...! हो—हो...!

खान का ध्यान बँटाने के लिए वह दूर की एक पहाड़ी की तरफ इशारा करके कहती है, "वह पहाड़ी देखते हो?"

खान चौंककर उस तरफ देखता है और सिर हिलाता है।

"मेरी माँ वहीं रहती है।"

"पता है कितनी देर में वहाँ पहुँचोगे?" नूरा हँसकर पूछती है। सिद्दीक चुपचाप चप्पू चलाए जाता है। कमीज़ उसने निकाल दी है। ढलती धूप में उसकी बाँहें और कंधे चमक जाते हैं।

"दो-एक घंटे तो और लग ही जाएँगे," खान दूरी का अंदाज़ा करके कहता है। नूरा लोट-पोट हो जाती है। खान को यह जानकर विश्वास नहीं होता कि वहाँ पहुँचने के लिए आज के अलावा कल भी सफर करना होगा।

ईंटें, बजरी और शालि ढोकर ले जाते हुए बहच। खान को इस पर भी विश्वास नहीं आता कि उन्हें बारामूला से श्रीनगर पहुँचने में एक-एक महीना लग जाता

है। एक बहच में से कोई पूछ लेता है, "कहाँ जा रही हो बेगम?"

"अपने मायके।"

"कब लौटकर आओगी?"

"परसों।"

"बस, एक ही दिन में?"

वह जवाब नहीं देती।

"नबी से हमारा सलाम कहना।"

वह फिर भी कुछ नहीं कहती।

"आज हवा बहुत तेज़ है।"

"हाँ, बहुत तेज़ है हवा।"

"सँभलकर जाना। शिकारा कहीं हवा में उलट न जाए।"

"हमारा शिकारा नहीं उलटेगा। अपने बहच की खैर मनाओ।"

"दरिया में रहते कोई डर नहीं है। मौत के फ़रिश्ते तो झील में रहते हैं।"

"मगर कभी-कभी वे दरिया में भी चले आते हैं—पके शालि को देखकर।"

"खैर, सँभलकर जाना। ख़ुदा हाफिज़!"

"ख़ुदा हाफिज़!"

खान गौर से उस आदमी को देखता रहता है। फिर बहच के निकल जाने पर कहता है, "कितना डरावना चेहरा है इस आदमी का।"

साँझ के साये में खान के बाल सुनहरे नज़र आते हैं। वह उससे कहती है, "यह कश्मीरी बच्चा जब पैदा हुआ था खान, तो इसका हुस्न देखने लायक था। पर बड़े होने पर इसके हुस्न को इसकी ज़िंदगी ने खा लिया है। आज यह मज़दूरी कम करता है, चोरी-चकारी ज्यादा। यहाँ तक कि डरती हूँ, बात करने-करने में यहाँ से कोई चीज़ उड़ा कर न ले गया हो।"

सिद्दीक अपनी कमीज़ की जेब टटोलकर उसे गले में पहन लेता है।

हवा तेज़ होती जाती है। दरिया में ऊँची लहरें उठने लगती हैं। शिकारा डगमगाने लगता है।

"कैसा लग रहा है खान?"

"अच्छा लग रहा है बेगम!"

"ऐसी तेज़ हवा में किश्ती चलाने से ही हाँजी का खून बनता है। देखो न सिद्दीक का चेहरा कितना सुर्ख हो रहा है! बिलकुल बंदरिया के बच्चे की तरह। क्यों सिद्दीक, तू मेरा बच्चा है न?"

सिद्दीक मुसकराती नज़र से एक बार उसे और नूरा को देख लेता है। चेहरा उसका सचमुच सुर्ख हो उठता है। गले से हुंकारने की-सी आवाज़ निकलती है। चप्पू वह और तेज़ चलाने लगता है।

दोनों किनारों से कई-कई आँखें—रुकी-रुकी और डूबी-डूबी शिकारे को गुज़रते देखती रहती हैं। तूफ़ान बढ़ता जाता है। सिद्दीक शिकारे को किनारे-किनारे ले चलता है।

"माँ, अब कहीं रुकेंगे नहीं?" नूरा तूफ़ान से डरी-डरी-सी पूछ लेती है।

"नहीं।"

"अब रात भी हो रही है, क्यों न किसी गाँव में रुक जाएँ? सुबह आगे चलेंगे।"

"नहीं, रात भर इसी तरह चलते रहेंगे।"

"रात को कहीं पहुँचकर पहाड़ तोड़ना है क्या?"

"पहाड़ नहीं तोड़ना है, खान को मेरी माँ से मिलना है।"

हर सौ-पचास गज़ पर दरिया में मोड़ आ जाता है। शिकारे को बहुत सँभालकर चलाना पड़ता है। झुटपुटे में मक्की की पकी बालियाँ और गनार के लाल फूल सिर धुनते नज़र आते हैं।

"जेहलम के ये मोड़ बहुत ही ज़ालिम हैं," वह खान से कहती है, "इतने कि इनकी खूबसूरती किसी की भी जान ले सकती है।"

खान के चेहरे पर हलकी मुसकराहट आ जाती है—उदास मुसकराहट। गनार की कुछ झड़ी हुई पँखुड़ियाँ हवा से उनकी तरफ उड़ आती हैं।

शिकारा मछुओं की किश्तियों में घिर जाता है। बीस-बीस जाल एकसाथ फेंके जा रहे हैं, जैसे वे उनके शिकारे को भी अपनी लपेट में ले लेंगे।

"यह नाला बांडीपुर को जाएगा?" सिद्दीक एक मछुए से पूछता है। तेज़ लहरों ने उसे भी डरा दिया है।

"नहीं, दरिया के रास्ते ही जाना पड़ेगा।"

"इस वक्त ज्यादा खतरा तो नहीं?"

"इस वक्त खतरा नहीं, तो और किस वक्त होगा?"

सिद्दीक चप्पू रखकर अपनी बाँहों को झटक लेता है। एक मछुआ किश्ती पास लाकर कुछ मछलियाँ उन्हें दे जाता है। नूरा की आँखें सहमी हुई हैं। "डर नहीं, खुदा खैर करेगा," वह मछलियाँ उसे देती हुई कहती है, "माँ भी क्या याद करेगी कि बेटी किस तूफ़ान में मिलने आई थी।"

खान बिलकुल खामोश है। वह उसे खामोशी से बाहर निकालना चाहती है। "खान!"

"बेगम!"

"डर तो नहीं लगता?"

"डर! डर किस बात का?"

"फिर इतने खामोश क्यों हो?"

"ऐसे ही—एक बात सोच रहा था।"

"क्या बात सोच रहे थे?'

"अपने बारे में, अपने घर के बारे में, और न जाने क्या?"

वह कुछ क्षण उसे देखती रहती है। पूछना चाहती है कि उस वक्त वह घर के बारे में क्यों सोच रहा है?

"चाहो तो रातभर के लिए किनारे पर रुक जाते हैं। इससे आगे हमें अब कोई बस्ती, कोई गाँव नहीं मिलेगा।"

"यही तो सोच रहा था। बिना बस्ती और बिना गाँव के अगर जिंदगी भर इसी तरह चलते रहा जा सके—रात-दिन, दिन-रात..."

"गोड़े गाछे सर करून, अद मरून, छया मनजूर रो। (पहले मुझे मैदान सैर करना है, उसके बाद ही मुझे मरना स्वीकार है)।" वह सहसा शिकारे में खड़ी हो जाती है। हवा से सिर का कपड़ा उड़-उड़ जाता है।

दड़ाक् शप् दड़ाक् शप् दड़ाक् शप् की आवाज़ और खामोशी... लहराता हुआ पानी खामोश...दोनों तरफ के किनारे खामोश....पहाड़ों की चोटियाँ खामोश...सफ़ेदे की पत्तियाँ खामोश...उन पर झुका हुआ तीज का चाँद खामोश...सिद्दीक, नूरा, खान और वह खुद, सब खामोश...।

दो बड़े-बड़े मगरमच्छ मुँह उठाए सामने से चले आ रहे हैं। दोनों लकड़ी ढोनेवाले बहच हैं। शिकारा उनके दरम्यान से होकर निकलता है।

"बड़ा दरिया! बड़ा दरिया!" सिद्दीक चिल्ला उठता है। किनारे दूर चले गए हैं। चाँदनी में चमकता खुला पानी ही सामने है।

"यहाँ जेहलम का पाट कितना चौड़ा हो गया है!" खान कहता है।

"यह जेहलम नहीं है, वोलार है, वोलार झील, समुंदर!" सिद्दीक खान को बताने लगता है। कहता है कि यही वह समुंदर है जिसमें एक बार बड़ा तूफ़ान आया था। हज़रत नूह ने अपने बेड़े में खलक को बचाया था।

खान सिद्दीक को समझाना चाहता है कि यह समुंदर नहीं है, समुंदर इससे कहीं बड़ा होता है। पर सिद्दीक अपनी ही बात पर अड़ा रहता है। "इससे बड़ा समुंदर और कहाँ है? इससे ऊँची लहरें और कहाँ उठती हैं? यही समुंदर दुनिया का सबसे बड़ा समुंदर है। हज़रत नूह इसी समुंदर के उस किनारे पर रहते थे, बांडीपुर के पास।"

बात अभी चल ही रही है कि शिकारा एक जगह दलदल में फँस जाता है।

"क्या हुआ?"

"यहाँ उथला पानी है। शायद सिंघाड़े के घने खेतों में आ फँसे हैं।"

"अब तो रात भर यहीं रहना होगा," सिद्दीक जैसे इत्मीनान के साथ कहता है, "सुबह से पहले शिकारा आगे नहीं चल सकेगा।"

"क्यों नहीं चल सकेगा?" वह आगे जाकर लग्गी सँभाल लेती है। "देखो,

अभी कैसे दलदल से बाहर निकलता है! एक चप्पू तुम हाथ में रखो, दूसरा खान को दे दो। नूरा उधर के सिरे पर रहेगी। आओ खान!"

और शिकारा धीरे-धीरे रेंगने लगता है।

"या पीर!

दस्तगीर!

ला इल्लाह!

हिलिल्लाह!"

कुछ ही मिनटों में शिकारा खुले पानी में आ जाता है। अब दूर-दूर तक किनारे की रेखा नज़र नहीं आती। पानी बहुत गहरा है। लहरों के थपेड़े खाकर शिकारा बार-बार उलटने को हो जाता है। हिलती बाँहों के सिवाय सिद्दीक के शरीर में कोई गति नज़र नहीं आती। वह जैसे काठ हो गया हो। खान के बाल उड़ रहे हैं। उसे जैसे हवा का ही अहसास हो, पानी में उठती लहरों का नहीं। नूरा चुप बैठी है। कभी उसकी तरफ देख लेती है, कभी खान की तरफ।

"खान, पूरी ज़िंदगी सचमुच इसी तरह रहना पड़े तो रह सकते हो?"

"एक क्यों, कई ज़िंदगियाँ इसी तरह रहना पड़े तो रह सकता हूँ।"

"तो क्यों नहीं किसी हाँजी लड़की से शादी करके यहीं रह जाते?"

"कोई हाँजी लड़की मुझसे शादी करने को तैयार हो तो कौन कम्बख्त यहाँ से लौटकर पेशावर जाना चाहेगा?"

दूर, बहुत दूर, पहाड़ी के ऊपर हलकी रोशनी झिलमिलाती है। सिद्दीक की आँखें उसी पर स्थिर हो रहती हैं।

"वह रहा क्यूनुस गाँव!" वह कहता है।

"वह रोशनी देख रहे हो, खान?" वह पहाड़ी की तरफ संकेत करके कहती है, "वह—वहाँ पहाड़ी के ऊपर। वह बाबा शुक्रदीन की ज़ियारत है। वहीं नीचे हमारा गाँव है—क्यूनुस गाँव।"

खान सहसा उत्साहित हो उठता है। "अब तो जल्दी ही वहाँ पहुँच जाएँगे न? बेगम, तुम्हारी माँ देखने में कैसी लगती है? तुम्हारी ही तरह .खूबसूरत है?"

वह हँसती है। "क्यों सिद्दीक, कैसी लगती है मेरी माँ? मुझसे कहीं ज़्यादा .खूबसूरत नहीं है?"

नूरा के मुँह से चीख़ निकल पड़ती है। शिकारा उलटते-उलटते बड़ी मुश्किल से सँभलता है। वह सिद्दीक को हटाकर चप्पू अपने हाथ में ले लेती है।

"बाबा शुक्रदीन! लबे दरियाव! निशि व अतित खुश हवाव!

जलजल वोलरिकेन मेदानन!

मसमे दित नभ मस्तानन!

दीदार सांडौ अस्तानन!

(बुलार के किनारे बाबा शुक्रदीन की ज़ियारत है, जहाँ पहुँचने पर ठंडी हवा स्वागत करती है। यही हवा बुलार के विस्तार में उथल-पुथल मचा देती है। मुझे प्रेम-रस का प्याला उसी मस्ताने (बाबा शुक्रदीन) ने दिया है। आओ, उसके दीदार के लिए उसकी ज़ियारत पर चलें।

"बेगम, तुम्हारी माँ तुम्हारी तरह खुशमिजाज़ भी है?" खान पूछता है।

"खुशमिजाज़?" वह तेज़-तेज़ चप्पू चलाती हुई कहती है, "अपनी आँखों से इसे देख नहीं रहे हो तुम? यह झील, यह बुलार ही तो मेरी माँ है।"

●

झील ने ऐसा तूफ़ान एक बार पहले भी झेला था। तब भी इसी तरह ऊँची-ऊँची लहरें उठ रही थीं...इसी तरह शिकारा डगमगा रहा था...इसी तरह दूर पानी में डूबी-डूबी कोई एकाध रोशनी लहरों पर पहरा दे रही थी...।

उस दिन शाम को साथ ही तूफ़ान के आसार बनने लगे थे। माल लाने या शिकार करने के लिए झील में गए बहच, डूँगे और शिकारे दरिया में वापस आने लगे थे। एक दिन पहले तेज़ बारिश हुई थी। बूँदाबाँदी उस वक्त तक चल रही थी। दरिया का रंग दोपहर से ही मटमैला हो रहा था; दिन ढलने के साथ-साथ रंग गहरा होता गया था। उथले पानी में तैरती बतखें किनारे की तरफ लौट आई थीं। घिरे आकाश के साये में, धार की सलवटें तेज़ होती जा रही थीं, लग रहा था जैसे एक गहरी ख़ामोशी दरिया पर उतर आई हो। दो-एक जानवरों की लाशें लहरों के धक्के खाती पास से गुज़र गई थीं। निंगल के पास बेंत का घना जंगल जैसे सज़दे में झुका-झुका जाता था। पास से सुनाई देती आवाज़ें दूर जान पड़ती थीं। गहरे धब्बे-से लगते थे सब लोग—लग्गियाँ और चप्पू चलाते हुए, सामान ढकते हुए, किनारे लगने की जगह ढूँढ़ते हुए।

उन्हीं धब्बों में एक धब्बा था, जो अपने अर्थात नबी के डूँगे की तरफ बढ़ता नज़र आया था। एक मुद्दत हो गई थी फिर से उसी डूँगे को अपना डूँगा, अपना घर, माने हुए। रेशमी फुंदनोंवाली किश्तियाँ अब आकाश में नहीं चलती थीं। टूटे-फूटे, मैले-पुराने, स्याह गले-सड़े तख्तों, दो वक्त के मोटे चावल और हर वक्त की नबी की झिड़कियों के अलावा ज़िंदगी में कुछ रह ही नहीं गया था। काम करना, शराब की बहक में नबी को अबा-तबा बकते सुनना और नूरा को जिस किसी तरह आँख के घेरे में रखना, बस इससे बाहर ज़िंदगी का कोई मतलब, कोई मकसद रह ही नहीं गया था। एक बार रमज़ान का डूँगा छोड़ आने के बाद वह लौटकर वहाँ नहीं गई थी—रमज़ान की मौत के बाद भी नहीं। नज़मा और कादिर ने खत लिखे थे। सिद्दीक लिवा ले जाने भी आया था, वह वहाँ गई नहीं, नूरा के चाहने, ज़िद करने और नबी के सौ-सौ तानों के बावजूद। कादिर से उसने कहला दिया था कि वह हाउस बोट और डूँगा किसी भी कीमत पर बिकवा दे—वह

अब लौटकर श्रीनगर नहीं आएगी। उसके बाद से कादिर ने कोई ख़बर नहीं दी थी। उसकी भेजी हुई दो-दो चिट्ठियों का जवाब भी नहीं दिया था। साँझ के झुटपुटे में कभी-कभी उसे बाँध के घाट की, अपने डूँगे की आसपास हिलते सायों की और ऊपर मुँडेर पर मूरत की तरह जमकर बैठे आदमी की याद आती, पर साग की हाँडी में झाग को हिला-हिलाकर वह अपने को उससे बाहर ले आने की कोशिश करती। आधी रात को नबी खर्राटे भर रहा होता, या नूरा नींद में बड़बड़ा रही होती, तो अचानक आँख खुल जाने से वह खिड़की के साथ सटकर देर-देर बहते पानी को देखती रहती। पानी की हलकी आवाज़ फिर उसे श्रीनगर के उसी घाट की तरफ ले जाती, घाट के स्याह पत्थरों पर रोशनियाँ झिलमिलातीं, मुँडेर पर बैठा आदमी एकटक अपनी तरफ देखता नज़र आता। वह उसकी आँखों से आँखें बचाने की कोशिश करती, अपने को व्यस्त रखकर उसकी नज़र को भुला देने की कोशिश करती, मगर जब भी एकाध बार उस तरफ देख लेती, तो पाती कि वह वहीं उस तरफ, लैंप पोस्ट पर हाथ रखे बैठा है, उसी तरह पथराई आँखों से उसे देख रहा है—कुछ ऐसी उम्मीद के साथ कि एक बार भी अगर फुसफुसाकर उसे बुला लिया जाए, या उसका नाम ही ले लिया जाए, तो वह वहाँ से उठकर लकड़ी की सीढ़ी पर पाँव रखता हुआ घाट पर उतर आएगा, बीच के तख्ते से होकर डूँगे में पहुँच जाएगा और पास आकर बास्कट के बटन खोलता हुआ धीरे से कहेगा, "बेगम!"

उस आदमी का नाम साँस में बनकर गले तक आता, होंठों तक भी आ जाता, पर मुँह से न निकल पाता। यों दिन में कई-कई बार वह नाम वहाँ सुनाई दे जाता था—ज़्यादातर नबी के मुँह से। किसी-न-किसी बहाने नबी खालका का जिक्र बात में ले आता था और उस जिक्र के शुरू होते ही उसकी ज़बान में रवानी आ जाती थी तब वह दो-दो घंटे खालका और उसके सब पुरखों को याद किया करता। गालियाँ चुक जाने पर नई-नई गालियाँ ईज़ाद करने लगता। "सूअर और कुतिया के मेल की औलाद...वह हरामखोर आदमज़ाद है ही नहीं...आदमज़ाद होता, तो इस तरह अपनी औरत और औलाद को छोड़कर चला जाता? बरसाती मिट्टी से पैदा हुआ मेढक का नुत्फा...रुई के पेट से पानी के झाग की संतान...।"

वह इस बात को लेकर कभी नबी से नहीं उलझती थी। और किसी बात को लेकर भी नहीं उलझती थी। इस तरह बाप का जिक्र सुनकर नूरा की भौंहें तन जातीं, तो गहरी नज़र से देखकर वह उसे भी कुछ कहने से रोक देती थी। नूरा नबी की पीठ के पीछे मुँह बनाती और हाथ तानती रहती। कभी नबी की नज़र उस पर पड़ जाती, तो थोड़ा धौल-धप्पा भी हो जाता।

पहले नबी थोड़ा-बहुत काम कर लिया करता था, अब उसने वह भी छोड़ दिया था। एक वक्त खाने और एक वक्त पीने के अलावा और किसी चीज़ से

उसे सरोकार ही नहीं था। साग-भात का खर्च चलाने के लिए वह खुद कुटाई-पिसाई करती थी, नूरा को सिंघाड़े बीनने के लिए भेजती थी। नबी अक्सर दोपहर से ही घर से गायब रहता। लौटकर आता, जब आसपास के डूँगों में ज़्यादातर चूल्हे बुझ चुके होते। नूरा अक्सर उसके आने से पहले ही सो जाती थी, या कम-से-कम सोने का बहाना करके पड़ जाती थी। शाम को नबी के दोस्तों की मज़लिस अब उस डूँगे में नहीं, सतारा के घर में जमती थी—सतारा की बीवी के गुज़रने के बाद से वह घर नबी तथा कुछ और लोगों के लिए एक सराय की तरह हो गया था। वे वहीं गप्प करते थे, ठर्रा चढ़ाते और पड़े रहते। जब उनमें से एक उठकर अपने घर या डूँगे की तरफ चलता, तो उसकी जगह दूसरा वहाँ आ पहुँचता। कई बार नबी को लौटने में आधी रात हो जाती। तब नशे में धुत डूँगे में आकर वह इस तरह ज़ोर-ज़ोर से चिल्लाता और खाने की माँग करता कि आसपास के डूँगों में सोए लोग करवटें बदलते और नाराज़गी से गाली देने लगते। वह नबी को खाना देकर बिना कुछ कहे नूरा के पास जाकर लेट जाती। कभी नूरा गुस्से में करवट बदलकर दूर हट जाती, कभी उसे बाँहों में लेकर अपनी गीली आँखें उसकी छाती से पोंछने लगती। अक्सर उसे कौंचती कि क्यों उसे लेकर वह श्रीनगर नहीं चलती। अब, जबकि रमज़ान का डर भी नहीं है, तो क्यों वे लोग वहाँ कुत्तों की-सी ज़िंदगी काट रही हैं। कभी वह नूरा को डाँटकर चुप करा देती, कभी बातों से बहलाने की कोशिश करती। कहती कि वे लोग वहाँ से चली जाएँगी, तो नबी अपने बुढ़ापे और मुफ़लिसी के दिनों में चार दिन भी ज़िंदा नहीं रह पाएगा। नूरा इससे और चिढ़ती कि उस आदमी की उन सारी हरकतों के बावजूद क्या उसे ज़िंदा रखने के लिए ही वे लोग वहाँ रह रही हैं? रमज़ान की तुलना में नूरा नबी को कहीं बदतर इनसान समझती थी और यह बात अक्सर कह भी देती थी।

उस दिन भी नबी, दोपहर को जाने के बाद तब तक लौटकर नहीं आया। जाते हुए हवा के रुख और पानी के रंग को देखकर पल भर के लिए रुका ज़रूर था। एक नज़र झील की तरफ देखकर बड़बड़ाया था, "आज किसी-न-किसी की मौत आएगी!" और एक बार अपने मैले दाँत उघाड़कर बारिश की झीनी जालियों में से होता हुआ वह बाज़ार की तरफ चल दिया था। किनारे पर नहाते नंगे बच्चों में से दो-एक ने उसकी दूर जाती गंजी खोपड़ी की तरफ जीभें निकाली थीं। फिर नूरा सिंघाड़ों की टोकरी लिए हुए आ गई थी, और एक-दूसरी की तरफ देखती हुई वे दोनों देर तक ख़ामोश बैठी रही थीं।

झील के आकाश में हिलती रेखाएँ तब तक धुँधली और स्याह पड़ गई थीं—स्याही को धुँध ने ढक लिया था, धुँध को स्याही ढकती जा रही थी। दूर से पास आता वह धब्बा छोटे से बड़ा होते-होते बहुत बड़ा हो गया था। पर ज्योंही अपने शिकारे

को डूँगे की तरफ लाते उस व्यक्ति का चेहरा साफ़ होने लगा, वह एकाएक अपनी जगह से हटकर अंदर चूल्हे के पास चली आई। चूल्हे पर कुछ भी पक नहीं रहा था—राख की हलकी परतों के सिवाय उस वक्त आसपास भी कुछ नहीं था। मन में और हाथ-पैरों में जो कँपकँपी भर गई थी, उस पर वह काबू पाने की कोशिश कर रही थी। नूरा सामने ही बैठी थी। एक बार मन हुआ था कि नूरा को देखने के लिए बाहर भेज दे, पर बिना कुछ कहे वह एक सिकड़ी लेकर राख को हिलाने लगी थी। शरीर का रोयाँ-रोयाँ इंतज़ार कर रहा था—उस क्षण का जबकि पास आता हुआ वह शिकारा सहसा डूँगे के साथ आ टकराएगा, और एक आदमी उससे उतरकर डूँगे में आकर, आवाज़ देगा। या शायद...शिकारा डूँगे के पास से होकर आगे निकल जाएगा और पीछे से देखने पर पता चलेगा कि आनेवाला आदमी वह नहीं, कोई और था जो कि झीनी बूँदों में घिरकर आगे बढ़ता हुआ धब्बे में बदल गया है और वह धब्बा धीरे-धीरे छोटा होता हुआ धार के कई-कई धब्बों में ओझल होता जा रहा है...।

कितने ही क्षण गुज़र गए, राख को हिलाते हुए। इतने कि शिकारे के निकलकर आगे चले जाने का लगभग विश्वास हो गया। तभी डूँगे के साथ-साथ अपने दिल पर एक हलकी चोट का अहसास हुआ था। निश्चय हो जाने पर कि शिकारा वहीं आ लगा है, आँखें राख में बनी लकीरों में जड़ी रह गई थीं।

एक-एक आहट तब अपने अंदर महसूस की थी—महसूस ही नहीं की, उसकी कई-कई गूँजें भी अपने अंदर से सुनी थीं।

"बेगम!"

धमनियाँ उस आवाज़ को सुनकर झनझना उठी थीं। आँखें फिर भी राख की लकीरों से हटकर उस तरफ मुड़ नहीं सकी थीं। अपने पर गुस्सा आ रहा था, क्योंकि ज़ब्त रखने पर भी आँसू उमड़ आए थे। आँसुओं की धुँध में नूरा को अपनी जगह से चौंककर उठते देखा था। वह लगभग दौड़ती हुई जाकर उस आदमी से लिपट गई थी। "माँ, देखो कौन आया है।" उसने पास से गुज़रते हुए कहा था। फिर भी वह अपनी जगह से हिली नहीं। उसी तरह राख की लकीरों को धीरे-धीरे छेड़ती रही।

कई क्षण बीत गए। खालका उस बीच नूरा के सिर और माथे को चूमता रहा। फिर नूरा ने वहीं से कहा, "माँ, मैं नबी नाना को बुलाने जा रही हूँ। अभी सतारा के घर से उसे लेकर आती हूँ।"

उसने हाँ-ना कुछ नहीं कहा। इतना ही देखा कि नूरा बच्चों की तरह उछलकर भीगती हुई जल्दी-जल्दी बाज़ार की सीढ़ियाँ चढ़ गई है।

कुछ देर ख़ामोशी रही। फिर पैरों की परिचित आहट उसके पीछे आकर रुक गई।

"कैसी हो बेगम?"

"खुश हूँ।" और वह चूल्हे के पास से उठ खड़ी हुई। उस आदमी की तरफ मुड़कर अब भी उसने नहीं देखा।

"तुम्हें बुरा तो नहीं लगा?" खालका की आवाज़ पहले से धीमी पड़ गई।

"क्या?"

"मेरा इस तरह यहाँ चले आना, बिना खबर दिए।"

उसने कहना चाहा कि जाते वक्त क्या तुम मुझे खबर देकर गए थे, पर होंठ भींचे वह खामोश रही। फिर पल भर बाद में पूछ लिया, "सूखा जोड़ा साथ लाए हो?"

"हाँ, शिकारे में है।"

"पहले बदल लो, नहीं ठंड खा जाओगे—परदेश में।"

खालका पल भर चुप रहा। फिर बोला, "मैं तुम्हें साथ ले जाने के लिए आया हूँ, बेगम!"

"मुझे?"

"हाँ, तुम्हें और नूरा को।"

"कहाँ ले जाने?"

"श्रीनगर। अपने डूँगे में।"

"क्यों?"

"क्योंकि वह तुम्हारा अपना घर है। देखो, तुम आज इस बात के लिए ना नहीं करोगी। पहले जो भी कुछ हुआ है, उसके लिए मैं तुमसे माफ़ी माँगता हूँ।"

"देखो, कपड़े बदल लो। रात का वक्त है, बीमार पड़ जाओगे। मैं तब तक समावार गरम करती हूँ।"

खालका ने कपड़े बदल लिए, तो चाय का गिलास उसके हाथ में देते हुए पुराने दिनों की याद हो आई थी—खास तौर से उस दिन की जबकि पहली बार चाय की प्याली उसके हाथ से लेते हुए खालका देर तक उसके हाथ को अपने हाथ में थामे रहा था। तब खालका के हाथ उतने रूखे नहीं थे, न ही उन पर हरी जालियाँ नज़र आती थीं। अपने हाथ भी उतने मैले और कटे-फटे नहीं थे।

"चाय ठीक बनी है?" खालका को चुपचाप बड़े-बड़े घूँट भरते देखकर उसने पूछ लिया।

खालका ने सिर हिलाया और आँखें झपक लीं। "एक मुद्दत के बाद ऐसी चाय पी रहा हूँ।"

"अब तो इसकी आदत नहीं रही होगी," वह बोली। "नूरा आ जाए, तो उससे अभी सूखी पत्ती और चीनी मँगवाती हूँ।"

"यहाँ आकर भी सूखी पत्ती और चीनी की चाय पिऊँगा? मैं तो इस सुर्ख

नमकीन चाय के लिए तरसा करता था।"

खालका का चेहरा काफी मुरझाया हुआ लग रहा था। गालों की लकीरें पहले से गहरी हो गई थीं। माथे पर और आँखों के नीचे दाग़ पड़ गए थे। आगे के दो दाँत भी कुछ और तरह के लग रहे थे। जितनी बार नज़र उसके चेहरे की तरफ जाती थी, कहीं-न-कहीं, कुछ-न-कुछ बदला हुआ नज़र आता था।

"और चाय दूँ।"

"नहीं। अब इस वक्त नहीं। बाद में ले लूँगा।"

वह उठने लगी। "तुम्हारे लिए भात चढ़ा दूँ। हम लोगों के लिए तो सुबह का बना रखा है।"

पर खालका ने हाथ पकड़कर उसे रोक लिया। कहा, "अभी बैठो। मुझे कुछ बात करनी है। नबी के आ जाने पर तो कुछ भी बात नहीं हो पाएगी। अच्छा ही है जो इस वक्त वह यहाँ पर नहीं है...।"

"उसके होने-न-होने से कुछ फर्क नहीं पड़ेगा, बल्कि ज़्यादा अच्छा होगा कि तुम उसके आ जाने पर ही बात करो।"

खालका का चेहरा फीका पड़ गया। "और सब बात मैं चलते हुए तुम्हें रास्ते में समझा सकता हूँ। इस वक्त मैं इतना ही चाहता हूँ कि सुबह यहाँ से चलने के बारे में नबी से तुम्हीं कह दो। उसके लिए अकेले में मुझसे मिन्नत करा लो, पर नबी के सामने...।"

"तुम्हें किसी की मिन्नत करने की ज़रूरत नहीं।" कहती हुई वह उठ खड़ी हुई। "नबी को इस बारे में क्या कहना है, यह तुम उसी से जान सकते हो। उसकी मर्जी या ज़बान पर न मेरा बस है, न किसी और का ही, मैं अपनी बात तुम्हें अभी बताए देती हूँ। सात साल पहले मैं तुम्हारे डूँगे से आई थी, तो उसे आखिरी बार छोड़कर ही आई थी। यह घर न होता, तो भी वहाँ मैं हरगिज़ न रहती। आज रमज़ान के गुज़र जाने पर वहाँ की मिलकियत सँभालने भी मुझे नहीं जाना है। आज जहाँ और जिस हाल में हूँ, वहीं और उसी हाल में, अब ज़िंदगी भर मुझे रहना है। हाँ, तुम्हारी लड़की जाना चाहे, तो उसे तुम साथ ले जाओ। एक की शादी मैंने कर दी थी, दूसरी की तुम कर देना। पर वह भी अगर यहीं रहना पसंद करे, तो उसकी शादी का बंदोबस्त भी मैं जिस किसी तरह कर दूँगी। किसी को उसके लिए मदद करने नहीं आना होगा। जिस तरह अब आए हो, उसी तरह निकाह के वक्त पास बैठने के लिए चाहे चले आना।"

उसके बाद खालका कितनी ही बातें कहता रहा, पर वह अनसुनी करके अपने काम में लगी रही। चूल्हा अभी ठीक से सुलग भी नहीं पाया था कि नबी बाज़ार से ही गाली बकता हुआ आ पहुँचा। नूरा शायद उसके डर के मारे उसके साथ डूँगे पर नहीं आई।

नबी ने खालका को जैसे देखकर भी नहीं देखा, उसके सलाम का जबाव भी नहीं दिया। सीधे चूल्हे के पास आकर खड़ा हो गया। "क्या तय किया है तुमने?" उसने छूटते ही पूछा। "तुम इस हरामी के पिल्ले के साथ इसके डूँगे में वापस जाना चाहती हो?"

बिना नबी की तरफ देखे वह चूल्हे में सिकड़ियाँ लगाती रही। बोली, "मैंने ऐसा कुछ तय नहीं किया।"

"नहीं किया, तो पहले तय कर लो। उसके बाद इस घर में चूल्हा जलाना। मैं बताए देता हूँ कि यहाँ, अपने घर में, अपनी थाली में मैं एक कुत्ते को भात खिला सकता हूँ, सूअर को खिला सकता हूँ, इस आदमी को नहीं खिला सकता। मेरी नज़र में यह आदमी, आदमी नहीं जानवर है, बल्कि जानवर से भी बदतर है। इसके पहले कि यह मेरे मुँह लगे, इससे कह दो, यहाँ से चला जाए। मैं मैला खा सकता हूँ, पर उस खानदान में किसी को पानी नहीं पूछ सकता।"

"यह सब मुझे सुनाने की ज़रूरत नहीं," वह बोली। "जिसे सुनाना चाहते हो, वह तुम्हारे पास बैठा है। सीधे उसी से बात क्यों नहीं करते?"

"मैं और इससे बात करूँ?" नबी गरजता रहा। "मेरा यह जूता, यह भीगा हुआ जूता भी इनके खानदान में किसी से बात नहीं करेगा...मैं इससे बात करूँगा? यह सोचकर आया होगा कि रमज़ान मर गया, अब नबी भी मरनेवाला है। क्यों न लगे हाथों उसके डूँगे पर कब्जा पा लिया जाए। पर इसे बता दो कि नबी अभी बीस साल और नहीं मरने का। और जब मरेगा तो अपना डूँगा और शिकारा तो क्या, एक तिनका भी इनके लिए नहीं छोड़कर जाएगा--एक कच्चा और काना तिनका भी नहीं। नबी नागू शराबी है, जुआरी है। अपने मरने के दिन तक वह अपना सब-कुछ खुद ही खा-पीकर साफ़ कर जाएगा। जो नबी एक बार छोड़ने के बाद जिंदगीभर अपनी औरत के मुँह नहीं लगा, उसके मरने के दिन भी उसे देखने नहीं गया—वह इसके मुँह लगेगा? इससे दोस्ती करेगा? इसे अपने घर में मेहमान बनाकर खाना खिलाएगा? नबी नागू और कुछ भी करे, यह ज़लील काम कभी नहीं करेगा--कभी नहीं। जिस्म में जान् रहते एक बार भी नहीं।"

हवा और बारिश के बावजूद एक अजब खामोशी घिर आई थी। झील की तरफ से आती नावों की आवाज़ें लगभग रुक चुकी थीं। छत से बाहर डूँगे के खुले हिस्से में मद्धिम और मरी-मरी रोशनियों के उजाले से अँधेरा चमक रहा था। ऊपर आसमान और नीचे गले-सड़े तख्ते भी।

सिकड़ियों ने आग पकड़नी शुरू कर दी थी। तभी कोने में बैठा आदमी गीले कपड़ों का बकुचा बगल में लिए आहिस्ता से उठ खड़ा हुआ। छत से बाहर पहुँचने तक उसने किसी से कुछ कहा नहीं। वहाँ से हलके से मुड़कर उसकी तरफ़ देखा और चलते-चलते कहा, "मैं एकाध दिन ही अब रुकूँगा श्रीनगर मे। फिर वापस

चला जाऊँगा। कादिर से तुमने कह ही रखा है, बोट और डूँगे के लिए कोई ग्राहक ढूँढ़ने को। वह बाद में उसका इंतज़ाम करता रहेगा।"

नबी की बकझक खालका के उठने और चलने के साथ ही रुक गई थी। खालका ने शिकारे में उतरकर उसकी रस्सी खोलते हुए फिर एक बार उन लोगों की तरफ देख लिया और कहा, "अच्छा, खुदा हाफिज़!"

सिकड़ियाँ तब धू-धू जल रही थीं। आग की लपट छत को छूना चाह रही थी। वह जिस तरह बैठी थी, कुछ देर उसी तरह बैठी रही। फिर चुपचाप उठकर उसने छींटे देकर आग बुझा दी। स्याह लकड़ियों पर पानी की बूँदें कुछ देर तड़पती रहीं।

बाहर निकलकर उसने नूरा को आवाज़ दी। नूरा किनारे पर नहीं थी। शायद अंदर की बातचीत से बचने के लिए पास के किसी डूँगे में चली गई थी।

लौटते हुए उसकी आँखें पहली बार नबी की आँखों से मिलीं। नबी का मुँह आधा खुला था, माथे पर गहरी त्योरियाँ थीं। जितना कुछ उसे कहना था, वह सब कहने का मौका ही उसे नहीं मिला था। रुका हुआ गुस्सा उसकी आँखों में मँडरा रहा था।

"चला गया है वह?" नबी ने इस तरह कहा जैसे उसके साथ यह एक नई गुस्ताख़ी की गई हो।

"तुम्हारे सामने ही तो गया है।"

"तुम्हारा खयाल है कि वह रात-रात में झील पार करके वापस जाना चाहेगा?"

"यह तो वही जानता होगा। मैं कैसे कह सकती हूँ?"

"जिस किसी की मौत आई होगी, वही ऐसी रात में झील पार करके जाएगा ...लोग मुझे बनकर दिखाते हैं...सुबह यहीं किसी घाट पर वह कुलचा चबाता नज़र न आए, तो मुझसे कहना।"

तब पहली बार उसके मुँह से एक ऐसी बात निकल गई, जिसकी कि खुद उसे अपने से आशा नहीं थी। "तो उस हालत में तुम जाकर कुलचा उससे छीन लेना और उसे दरिया में फेंक देना। जो चाह तुम्हारी इस तरह पूरी नहीं होगी, वह उस तरह पूरी हो जाएगी।"

नबी देर तक बकझक करता रहा। पर उसके बाद फिर दूसरी बात उसने बेगम से नहीं कही। वह चुपचाप सुनती रही और काम करती रही। नूरा लौटकर आई तो खालका को वहाँ न देखकर हैरान हुई। नूरा के पूछने पर भी कुछ जवाब उसने नहीं दिया। नबी चाहता था, वह कुछ कहे, पर जब वह इस तरह ख़ामोशी अख्तियार किए रही, तो चिढ़कर नबी ने उससे भी कितना कुछ बुरा-भला कह डाला। यह भी कि उसे बहुत गुमान है अपना, तो क्यों अब तक उसके यहाँ पड़ी हुई है? क्यों नहीं अपनी लड़की को लेकर खुद भी वहाँ से चली जाती?

काफी देर गला फाड़ने के बाद नबी थककर सो गया। अक्सर जब उसे बहुत गुस्सा आता था, तो तकिये पर सिर रखकर वह खर्राटे भरने लगता था। नूरा लेटकर कुछ देर करवटें बदलती रही, फिर उसे भी नींद आ गई। पर वह सो नहीं पाई। सोचती रही, उस आदमी के बारे में जो उस समय झील की तूफ़ानी लहरों में शिकारा चला रहा था...बाबा शुक्रदीन की ज़ियारत के पास से गुजरता हुआ अपनी जान की खैर मना रहा था...अँधेरे और बरसात की वजह से उसे रास्ता भी शायद नहीं सूझ रहा था...पर लौट आए, इसका भी चारा उसके पास नहीं था।

वह उस आदमी को लहरों से संघर्ष करते, उनके साथ ऊपर-नीचे और उनमें डूबते-उतराते देखती रही। पानी की सतह पर अब एक धब्बा भी नहीं था...लहरों के झाग जितना स्वतंत्र अस्तित्व भी उसका उस समय किसी को नज़र नहीं आ सकता था। उसे लगा कि वह आदमी उस समय उससे कहीं निरीह है जितना कि वह रमजान की ज़िंदगी में उसके सामने नज़र आया करता था या जितना अभी कुछ ही देर पहले वहाँ उसके सामने बैठा नज़र आ रहा था।

बेगम कुछ देर सोने की कोशिश करती रही, फिर उठकर बैठ गई। बारिश थम चुकी थी। रात के सन्नाटे में दरिया की आवाज़ दूर की गूँज की तरह सुनाई देती थी। लगता था, दूर से कोई लहर उठती आ रही है जो अभी उससे आ टकराएगी...लहर की आवाज़ में एक आदमी की आवाज़ मिली होगी...नबी उस आवाज़ से चौंककर जाग जाएगा और फिर से गाली बकने लगेगा...आवाज़ तब तक लौटकर दूर जा चुकी होगी और क्रमशः और दूर होती जाएगी...।

सोने पर नबी के होंठ पूरे बंद नहीं होते थे—एक पतली दरार से उसके मैले दाँत बाहर नज़र आते रहते थे। खर्राटे भरने पर उसका पूरा शरीर हिल-हिल जाता था। इस आदमी के लिए प्यार या ममता का भाव उसके मन में कब का मर चुका था—बल्कि वह भाव कभी था, इसी में कई बार उसे संदेह होता था। बचपन में मन में एक आतंक-सा रहता था। बाद में उसकी जगह सहानुभूति ने ली थी। पर इन कुछ सालों में सहानुभूति भी नहीं रही थी—रह गई थी एक उदासीनता, जो कि उतनी ही अपने प्रति भी थी जितनी उसके प्रति। इन सालों में जैसे सोचना ही नहीं, महसूस करना भी उसने छोड़ दिया था।

नबी जिस तरह सोया था, उससे उसके चेहरे का दायाँ हिस्सा ही सिर्फ नज़र आ रहा था—दाँतों की आधी लकीर के साथ। वह उसके पास गई, जैसे कुछ कहने के लिए, पर पास जाकर मन बदल गया। उसे लगा जैसे वह सोया हुआ व्यक्ति एक साँस लेते मांसपिंड के अलावा और कुछ भी न हो; कुछ भी अर्थ न रखता हो; उसके लिए ही नहीं, किसी के भी लिए। और उस मांसपिंड के लिए किसी चीज़ का कोई अर्थ न है—न साँस लेने का; न सोने-जागने का, न किसी के पास

होन-न-होने का, न इस क्षण का, न आनेवाले कल के किसी क्षण का...।

वह उसके पास से हट आई और एक पुरानी टूटी हुई लालटेन की चिमनी से कालिख साफ़ करने लगी।

...उस वक्त रात आधी बीत चुकी थी जब उसने हलके से छूकर नूरा को जगाया। नूरा बड़-बड़ाकर उठी, तो उसे उसने दबे पैरों अपने साथ बाहर आने को कहा। नूरा ने आकर देखा कि एक गठरी, एक लालटेन, एक कनस्तर और रसद की एक टोकरी शिकारे में रखी है, तो वह पलभर आँखें झपकती रही। "हम लोग कहीं चल रहे हैं?" उसने पूछा।

नूरा की बात का उत्तर न देकर वह शिकारे की रस्सी खोलने लगी।

"कहाँ चल रहे हैं?" नूरा ने फिर पूछ लिया।

"श्रीनगर! तुम्हारे अब्बा के पास।"

"इस वक्त रात को?"

उसने शिकारे में बैठकर चप्पू सँभाल लिए। "हाँ, इसी वक्त। तुम्हें डर तो नहीं लगेगा?"

नूरा ने मुँह से कुछ नहीं कहा, पर चेहरे से लगा कि इस वक्त सफ़र करने की बात उसे पसंद नहीं है।

"तुम न चलना चाहो, तो यहीं रुक जाओ। मैं बाद में बुला लूँगी।" उसे यह भी लगा कि इस तरह नबी बिलकुल अकेला नहीं रहेगा...।

"मैं यहाँ अकेली रहूँगी? उसके पास?" नूरा ने डूँगे में उस तरफ देखा जहाँ नबी सोया हुआ था और मुँह बिचका दिया। "तुम न होतीं, तो मैं आज तक कभी एक दिन भी न रहती।"

शिकारा खुला, तो नबी अंदर बड़बड़ाता हुआ करवट बदल रहा था। यह आवाज़ और करवट रास्ते भर पीछा करती रही।

...बादल फट गया था। आसमान की हलकी लौ पानी की सतह पर उतर आई थी। पर स्याही उसमें कम नहीं हुई थी। शिकारा झील के खुले पानी में आ गया था, फिर भी नूरा उसी तरह खामोश बैठी थी।

"तुम इतनी चुप क्यों हो?" बेगम ने पूछा। "नींद लग रही है क्या?"

"नहीं तो?"

"फिर क्या बात है।"

"कुछ नहीं...तुम्हें चलना ही था, तो कुछ देर पहले ही नहीं चल सकती थीं क्या? अब्बा के साथ।"

वह खामोश रहकर चप्पू चलाती रही।

"या सोने से पहले मुझे बता ही देतीं, तो मैं...मैं जाकर कुछ लोगों से मिल आती। अब पता नहीं कभी उनसे मिलना होगा या नहीं।"

वह किन लोगों से मिलकर आना चाहती थी, यह उसने उस लड़की से नहीं पूछा। कुछ एक चेहरे उसके सामने आए...मेहर, अजीज़ा, रशीद और सिराज़ के—खासतौर से सिराज़ का। सत्रह-अठारह साल का वह छरहरा-सा लड़का था। जिन आँखों से नूरा की तरफ देखा करता था, उनका कुछ-कुछ अर्थ भी वह जानती थी। उसने खुद उसके बारे में कई बार सोचा था, पर वह लड़का उम्र के लिहाज़ से उसे नूरा के लिए काफी छोटा लगता था—नहीं, उम्र के लिहाज़ से उतना नहीं जितना कद-काठी के लिहाज़ से । नूरा पंद्रह की होकर भी शरीर से इतनी भरी हुई थी कि अठारह से कम की नहीं लगती थी। पिछले एक साल में तो उसके शरीर की गोलाइयाँ कहीं अधिक उभर आई थीं। वह चप्पू चलाती दूर से आ रही होती, तो उसे देखकर खुशी भी होती थी, चिंता भी होने लगती थी। डर लगता था कि और दो साल में यह लड़की क्या से क्या नहीं हो जाएगी। पर सिराज़...वह..बहुत दुबला था। कद भी उसका ऊँचा नहीं उठा था। कादिर जैसे आदमी के बराबर खड़ा कर दिया जाए, तो बिलकुल खरगोश जैसा नज़र आए। कादिर चाहे, तो उसे एक झपट्टे में दबोच ले। नहीं, नूरा को ऐसे लड़के से ब्याहने की बात वह सोच भी नहीं सकती थी। नूरा के लिए वह ऐसा लड़का चाहती थी जिसके सामने कादिर भी ओछा पड़े। दोनों बराबर खड़े हों, तो कादिर को गरदन उठाकर देखना पड़े...।

"श्रीनगर जाकर इसी साल मैं तेरी शादी कर दूँगी," उसने नूरा के गमगीन चेहरे पर आँखें जमाए हुए कहा। नूरा ने जैसे सुनकर भी नहीं सुना। चेहरे या आँखों से भी उसने इस बात में दिलचस्पी ज़ाहिर नहीं की थी।

"तेरे अब्बा पर बात नहीं छोडूँगी," उसने कहा, "तेरा अब्बा तो वोलार नाग की तरह है। सारी ज़िंदगी टालम-टोल करते काट देगा।"

गहरे पानी में आकर शिका ा डोलने लगा था। रह-रहकर लहरों के छींटे उन्हें भिगो जाते थे। झील में एक ही बत्ती नज़र आ रही थी। पर कभी वह सामने नज़र आती थी, कभी पीछे की तरफ चली जाती थी। उसने एक चप्पू रखकर टोकरी से थोड़े चावल निकाले और पानी में छोड़ दिए। शिकारा एक बार ज़ोर से हिचकोला खा गया। उसने जल्दी से कुछ और चावल पानी में छोड़ दिए।

"हम लोग वोलार नाग के पास से ही जा रहे हैं," शिकारे को किसी तरह सँभालकर वह फिर बात करने लगी। अपनी आवाज़ सुनकर उसे खुद कुछ तसल्ली मिल रही थी। "वोलार नाग रात के वक्त किसी को अपने ऊपर से बिना चावल छोड़े गुज़रकर नहीं जाने देता। वह सब चश्मों का राजा है, इसलिए हर माँझी से शालि् की भेंट लेता है। वोलार नाग की भी एक बेटी है। तुम्हारे जितनी बड़ी। तुम्हारी ही तरह खूबसूरत बल्कि तुमसे ज़्यादा खूबसूरत। लेंलाब की घाटी में एक ओर बड़ा चश्मा में—बडशाह नाग। उसे अपने पर बड़ा नाज़ है और अपने को

वह भी बड़ा बादशाह समझता है।

"वोलार नाग की बेटी से वह शादी करना चाहता है। पर वोलार नाग उसे अपनी बेटी शादी में देता नहीं। हर बार छह महीने के लिए टाल देता है। वसंत में कहता है, पतझड़ में आना और पतझड़ में कहता है, वसंत में आना। बडशाह नाग हर छह महीने के बाद गुस्से से फुँकारता हुआ आता है—अपनी ताकत दिखाने के लिए चट्टान, पेड़, पशु और पुल वगैरह भेंट में लेकर, पर वोलार नाग फिर भी नहीं मानता। उसे फिर अगले छह महीने के लिए लौट जाना पड़ता है। वोलार नाग कयामत के रोज़ तक इसी तरह उसे टालता रहेगा। कयामत के रोज़ उसकी बेटी की शादी बडशाह नाग से होगी और उसके साथ ही सारी दुनिया तबाह हो जाएगी।"

ऊँची लहर के एक थपेड़े के बाद शिकारा किसी तरह उलटते-उलटते बचा। उसकी आवाज़ और ऊँची हो गई। "लड़केवाला हो, तो वह कभी वोलार नाग के ऊपर से बचकर नहीं जा सकता। उसका डूँगा-शिकारा जो भी हो, वह ज़रूर डूब जाएगा..." और फिर जैसे हवा, आसमान, पानी और दूर झिलमिलाती रोशनी सबको सुनाती हुई जोर से कहने लगी, "पर हमें कोई ख़तरा नहीं। लड़कीवालों को वोलार नाग कभी कुछ नहीं कहता। उनको बल्कि किसी भी तरह से खतरा हो, तो वह उनकी रखवाली करता है। वोलार नाग हमेशा लड़कीवालों की रखवाली करता है।"

हवा की वज़ह से आवाज़ में कोई गूँज पैदा नहीं हुई। उसने जल्दी-जल्दी कलमा पढ़कर कुछ और चावल पानी में छोड़ दिए। दूर की रोशनी का रुख अब जल्दी-जल्दी बदल रहा था। शिकारे के अंदर काफी पानी भर आया था। क्या सचमुच वोलार नाग उस दिन उन्हें माफ़ नहीं करना चाहता था? बार-बार रुख बदलती रोशनी क्या उसी के किसी ज़िन का चिराग था। वह चिराग क्या उनकी ज़िंदगी के चिराग बुझाने को ही जल रहा था?

तभी दूर, उस रोशनी में भी आगे, बहुत दूर पानी तक झुके आसमान में एक फीका-सा रंग दिखाई दे गया—सुबह का रंग। उसने आँखें झपककर एक बार फिर देख लिया। पौ फट रही थी। अँधेरे का जिन अब अपने चिराग से उन्हें गुमराह नहीं कर सकता था।

नूरा ने इस बीच कोई बात नहीं की। जब सुबह का रंग थोड़ा और निखर गया, तो डिब्बे से शिकारे का पानी निकालते हुए उसने इतना ही पूछा, "माँ, अब्बा के शिकारे में शालि् था?"

नूरा की बात से उसका दिल धड़कने लगा। "ज़रूर होगा," उसने जैसे अपने को विश्वास दिलाते हुए कहा। "सफ़र में वह रसद लेकर नहीं आया होगा?"

"...क्या पता, लौटते वक्त के लिए लेकर आया हो।"

"ज़रूर लेकर आया होगा। नबी नागू के स्वभाव को वह जानता नहीं है?"

नूरा ने पहली बार ऐसी बात कही जिससे लगा कि वह लड़की अब सचमुच बड़ी हो गई है। "अगर जानता, तो उसे आना ही नहीं चाहिए था।"

नूरा की बात मन में चुभी क्योंकि उसका अर्थ कुछ दूसरा भी हो सकता था। साथ ही मन में एक डर भी समा गया। सचमुच खालका को इस वक्त अकेले जाने देना क्या गलती नहीं थी? इतनी दूर से आने पर नबी ने जिस तरह खालका का अपमान किया, जिस तरह वापस चले जाने के लिए उसे मजबूर किया, इसे चुपचाप देखते जाना, सुनते जाना और अपनी तरफ से कुछ न कहना—यहाँ तक कि चलते हुए खालका ने जो बात कही, उसका जवाब तक न देना—यह क्या उस आदमी के साथ—गुज़रे दिनों की भारी कटुता के बावजूद ज्यादती नहीं थी? क्या सोचता हुआ वह आदमी वहाँ से चला होगा? अँधेरे में तूफ़ानी झील पार करते हुए क्या-क्या खयाल उसके मन में आ रहे होंगे? क्या उसे भी किसी चिराग ने गुमराह किया होगा? क्या उसका भी शिकारा वोलार नाग से होकर गुज़रा होगा?

उजाले के स्पर्श से पानी की सतह चमकते पारे-सी हो गई थी। जहाँ-तहाँ कमल और सिंघाड़ों के हरे-हरे द्वीप अँधेरे की धुँध से बाहर आ रहे थे। बीच-बीच में कुछ स्याह दाग नज़र आते थे—खाली शिकारे, सिंघाड़े चुनते हुए लोग, पंख फड़फड़ाते पक्षी। रात के तूफ़ान के बाद झील पर एक गहरी उदासी घिरती आ रही थी।

झील से दरिया में आने तक दो-एक जगह औंधे और टूटे हुए शिकारों को देखकर हौल-सा उठा, पर पास जाकर निश्चय किया कि उनमें वैसा शिकारा कोई नहीं है, जैसा कि पिछली शाम श्रीनगर से आया था। फिर भी झील से विदा लेते समय वह एक आतंकभरी दृष्टि से उस पानी की तरफ देखती रही, देखती रही...।

दरिया का पानी अभी काफी मैला था और कगारों की ऊँचाई से दो-दो फुट ही नीचे था। उसमें धार से ऊपर की तरफ शिकारा ले जाना आसान नहीं था। कई जगह उन्हें बिलकुल किनारे-किनारे होकर चलना पड़ता, कई जगह रस्से और लग्गी की मदद लेनी पड़ती। कोई मर्द साथ न होने से रस्से से शिकारा खींचने में बहुत तरद्दुत पड़ता। पूरा दिन बारी-बारी और कई बार साथ-साथ धार से संघर्ष करके भी रात तक वे सुंबल से आगे नहीं पहुँच पाईं। सुंबल में एक परिचित हाँजी ने बताया कि उसने खालका को कल जाते हुए तो देखा था, पर अब तक उधर से आते नहीं देखा। इससे मन इतना डरा कि रात के बाद अगली दोपहर तक वे वहीं रुककर खालका के शिकारे की राह देखती रहीं। पर जो सैकड़ों डूँगे और शिकारे सोपुर की तरफ से आए, उनमें खालका का शिकारा नहीं था।

"अब दिन-दिन में सोपुर तक जाकर देख लें?" नूरा ने पूछा। उसकी बातों से लगता था जैसे वह खालका के लिए माँ से ज़्यादा परेशान हो।

वह अब भी इस बारे में सोच रही थी। पर नूरा की बात की उसने हामी नहीं भरी। अब लौटकर नबी के डूँगे में जाने का क्या अर्थ होगा, यह वह जानती थी। नबी के गंजे सिर और मैले दाँतों का सामना अब वह ज़िंदगी भर नहीं कर सकती थी—और हौसला करके अगर वापस चली भी जाए, तो फिर वहाँ से लौटकर तो कदापि-कदापि नहीं आ सकती थी।

"नहीं," उसने कहा। "आज रात तक जैसे भी हो, हमें श्रीनगर पहुँच जाना चाहिए। इन लोगों ने भले ही न देखा हो, पर वह ज़रूर कल शाम से पहले ही यहाँ से निकल गया होगा। तुम्हें मालूम नहीं—वह उलटी धार में भी बहुत तेज़ शिकारा चला सकता है। ज़बान से वह आदमी जितना खामोश है, हाथ-पैरों से उतना ही मज़बूत है। ....फिर जाते हुए उसने जो बात कही थी उससे यह न हो कि हम लोगों के पहुँचने से पहले ही वह श्रीनगर छोड़कर चला जाए।"

और फिर जैसे अपने ही मन को सहारा देने के लिए कहा, "वह जिस हालत में वहाँ से आया था, उसमें यहाँ या और कहीं रुकता भी कैसे? ...उसकी तो कोशिश बल्कि यही रही होगी कि किसी भी दोस्त या वाकिफ़कार से उसका सामना न हो।"

सुम्बल से शादीपुर तक दोनों लगभग ख़ामोश रहीं। नूरा जाने क्या सोच रही थी। शिकारा चलाते हुए उसकी बड़ी-बड़ी आँखें भीग जाती थीं। "क्या सोच रही हो?" उससे पूछा, तो भी वह सिर हिलाकर चुप रही। लगता था, उसकी आँखें जैसे अब भी पहाड़ियों की ओट में ओझल हुई झील के विस्तार में भटक रही हों—जैसे वह अब भी हवा में काँपते कमल और पंख फड़फड़ाते पक्षियों को देख रही हों—जैसे टूटे और औंधे पेड़ शिकारे अब भी उसके सामने तैर रहे हों....। दरिया के आसपास दूर तक का जंगल उस लड़की की आँखों में समा गया लगता था। जाने वह खालका के बारे में ही सोच रही थी या और किसी के बारे में...जंगल के सायों में किसी चेहरे को पहचान लेना असंभव था।

"क्या बात है?" एक बार फिर उससे पूछ लिया, "किसके बारे में सोच रही हो तुम?"

"किसी के बारे में नहीं," नूरा ने संक्षिप्त-सा उत्तर दिया। "अब तो श्रीनगर पहुँचने के बारे में ही सोच रही हूँ।"

शादीपुर तक आते-आते शाम हो गई थी और वे दोनों काफी थक भी गई थीं। एक मन हुआ कि रात भर के लिए वहाँ रुककर सुबह आगे चलें, पर मन में जल्दी श्रीनगर पहुँचने की ऐसी उतावली भर रही थी कि बिना उस विषय में बात किए, जैसे एक खामोश समझौते से ही, वे कुछ देर बाद वहाँ से चल

दीं। सात साल बाद उन परिचित किनारों के बीच से गुज़रते हुए; थकान के बावजूद, अपने में कुछ ताज़गी महूसस करने लगी। कल जैसे सोपुर से श्रीनगर न जाकर आज के रुकाव से गुज़रे हुए दिनों की हलचल में लौट रही हो—धार को काटते चप्पुओं की आवाज़ उसे पिछले वक्त की तरफ वापस ले जा रही हो। उस इलाके के चिनार और बेंत...सब जैसे उन दिनों के परिचित थे जो तब से अब तक उस वक्त को अपने में रोके खड़े थे जिस वक्त वह वहाँ से निकलकर सोपुर की तरफ गई थी। गंदले पानी से लहराते पेड़ों के साये जैसे कतार बाँधे उसे लौटते देख रहे थे और एक-दूसरे की तरफ सिर हिला रहे थे। किनारे से लगातर एक आवाज़ सुनाई दे रही थी, "मिमी...मिमि-मिमि-मिमि-मिमि-मिमि-...!"

पानी उतर रहा था, इसलिए शिकारा चलाना पहले जितना मुश्किल नहीं था। किनारे भी अब पहले की तरह सुनसान और उदास नहीं थे। पेड़ों की लटकी पंक्तियों के अलावा कई-कई लोग साँझ के झुटपुटे में आते-जाते नज़र आने लगे थे। कभी कोई बस, जीप या कार दाएँ कगार के उस तरफ से धूल उड़ाती गुज़र जाती थी। कुछ लड़कियाँ एक-दूसरी के पीछे दौड़ रही थीं। एक आदमी मछलियों की बहँगी उठाए जा रहा था। एक औरत अपने छोटे-से बच्चे को बाँहों में लिए, उसे दरिया में डुबकियाँ दे रही थी। बच्चा कुलबुलाता हुआ हाथ-पाँव पटकता था, फिर आँखें मूँदे और जिस्म को अकड़ाए हुए पानी में डुबकी खाता था, फिर बाहर निकलकर साँस आते ही रोने लगता था...।

वह देर तक उस बच्चे को देखती रही...तब तक जब तक कि दरिया में मोड़ आ जाने से वह बिलकुल आँखों से ओझल नहीं हो गया। उसके बाद भी उतरते अँधेरे में वह एक सपने की तरह उसे देखती रही—उसी तरह हाथ-पैर पटकते साँस रोकते और फिर चिल्लाते हुए...। चप्पू उस वक्त उसके हाथों में थे। वह जैसे एक नए जोश के साथ उन्हें चलाने लगी। नूरा ने एक बार आश्चर्य के साथ उसकी तरफ देखा और पूछ लिया, "इस तरह चलाओगी तो जल्दी नहीं थक जाओगी?"

"हाँजी की बेटी होकर तू थकने की बात करती है?" वह बोली। "जितनी जल्दी चलेंगे, उतनी ही तो जल्दी घर पहुँचेंगे।"

और चप्पू चलाते हुए वह महसूस करती रही जैसे कि वह बच्चा, हाथ-पैर पटकता हुआ, उसके शरीर में डुबकियाँ ले रहा हो—बार-बार साँस रोककर शरीर में जाता हो और फिर बाहर आकर उसी तरह हाथ-पैर पटकने और चिल्लाने लगता हो...कभी उसका चेहरा उसे कादिर की तरह लगता, कभी सिराज़ की तरह और कभी-कभी बिलकुल खालका की तरह! इस बच्चे में खालका का चेहरा देखकर उसके रोएँ खड़े हो जाते और वह और भी उत्साह के साथ चप्पू चलाने लगती। बच्चे का चेहरा छोटे से बड़ा होने लगता। उसकी मसें भीग जातीं और वह मुसकराता

हुआ पास आकर चप्पू उसके हाथ में से ले लेना चाहता। फिर वह उतरकर किनारे पर चला जाता और शिकारे की रस्सी खींचता हुआ दौड़ने लगता। फिर मछलियों के ढेर लिए हुए उसके पास आ जाता और हट करने लगता कि वह और सब काम छोड़कर पहले उसके लिए मछली तल दे...फिर वह कमीज़ की बाँहें चढ़ाकर किसी से उलझ पड़ता और उसे दरिया में गोते देने लगता, फिर जाकर बाँध की मुँडेर पर बैठ जाता और खामोश आँखों से बिजली के खंभे की तरफ देखने लगता...और यहीं से सपना टूटता और बच्चा फिर दरिया में डुबकियाँ लेने लगता है...।

...श्रीनगर से बहुत पहले ही रोशनी से सुलगते आकाश को देखकर उसने कहा, "लो आ गया श्रीनगर। अब घंटे-दो घंटे में ही अपने हाउस बोट में पहुँच जाएँगे।"

हाउस बोट को अपना कहने से मन में धक्का-सा लगा—फिर अनागत की आशंका से मन काँप-सा गया। वह सोचने लगी कि खालका को जब पता चलेगा कि नूरा को लेकर उसके पीछे-पीछे चली आई है, तो वह कैसा महसूस करेगा, डूँगे से बाहर आकर पहली बात क्या कहेगा। उसके बाद जब वे अकेले एक-दूसरे के सामने होंगे तो वही खालका से क्या बात कर पाएगी। जो गुमान लेकर वह सात साल नबी के डूँगे में रह गई थी, इस तरह आकर क्या उसने खुद ही उसे खत्म नहीं कर दिया था? मगर...मगर इसके अलावा और वह कर भी क्या सकती थी?

रात आधी के करीब बीत चुकी थी जब उनका शिकारा 'गुले यासमीन' से टकराया। सोचा था, शायद बोट को पहचानने में कुछ दिक्कत हो, पर दरिया के मोड़ और सफ़ेद आकार के परदों ने एक पल की भी दुविधा नहीं होने दी।

"सिद्दीका!" लालटेन ऊँची उठाकर नूरा ने आवाज़ दी। दूसरी या तीसरी आवाज़ पर सिद्दीक आँखें मलता हुआ खिड़की के पास आया। "कौन बेगम?" उसे देखकर सिद्दीक को ज़्यादा आश्चर्य नहीं हुआ। हाथ बढ़ाकर सामान पकड़ते हुए उसने फिर पूछा, "खालका साथ नहीं है?"

"वह अब तक पहुँचा नहीं?" नूरा ने कनस्तर सिद्दीक को देने के लिए ऊँचा उठा दिया था, पर उसका हाथ सहसा नीचे को लटक आया।

"वह अलग से आया है क्या?"

वे दोनों कुछ नहीं कह सकीं। नूरा के हाथ-पैर काँपने लगे थे। उसे परे हटाकर वह खुद सिद्दीक को सामान पकड़ाने लगी। कुछ वकफ के बाद बोली, "हाँ, वह दूसरे शिकारे में आया है। हो सकता है, रात हो जाने से रास्ते में कहीं रुक गया हो।"

कहने को तो कह दिया, पर हाथ उसके अपने भी जवाब दे रहे थे। किसी तरह जब वे डूँगे में पहुँच गईं, तो नूरा की अवहेलना देती आँखों का सामना करना उसे मुश्किल लगा। अचानक, बिना वजह ही उसने नूरा को डाँट दिया, "अब सो जाओ। बातें भी करनी हों, सुबह करना।"

सिद्दीक पूरी स्थिति को समझ नहीं पा रहा था और उस बारे में कुछ पूछना चाहता था। उसे भी मालकिन के अंदाज़ में उसने झिड़क दिया, "तुम भी अब खड़े मत रहो। सुबह जल्दी उठकर कितने ही काम करने होंगे।"

उनसे तो सोने को कह दिया, पर खुद उसे नींद नहीं आई। उसी जगह जहाँ कि जाने से पहले लेटा करती थी, लेटकर सोचती रही, सोचती रही। कहीं सचमुच ही तो कोई दुर्घटना नहीं हो गई थी? अगर ऐसा होता, तो क्या उसका मन इसकी शहादत न देता? क्यों उसे अब भी विश्वास था कि खालक़ा की जान सलामत थी और उसे सुबह तक ज़रूर वहाँ पहुँच जाना था।

जो-जो बातें खालका से कहने की सोची थीं, वे एक-एक करके दिमाग में आती रहीं। कोशिश करती रही कि उन्हीं बातों को सोचे, दूसरी बात दिमाग में न आने दे। पर ज्यों-ज्यों वक्त बीतता जा रहा था, मन में छिपा हुआ डर उसके दिमाग को पूरी तरह छाए ले रहा था। सुबह हुई तो वह उसी तरह खुली आँखों से छत की तरफ देखती हुई पड़ी थी—मन-ही-मन खालका की सलामती की दुआएँ मानती हुई—चाहती हुई कि नबी की कही हुई बात ही सच निकले कि खालका उस रात सोपुर से चला ही न हो, कि सुबह वह फिर नबी के डूँगे में गया हो और उसे वहीं पता चल गया हो कि वह नूरा को साथ लेकर वहाँ से चली आई है। पर सुबह-सुबह जब उसकी आँख झपकने लगीं, तो अचानक उसे जागकर उठ जाना पड़ा। सिद्दीक ने आकर बताया कि खालका का शिकारा भी आ पहुँचा है।

हुआ सब कुछ उसी तरह था, जैसे कि वह तब चाह रही थी। उसे सही-सलामत सामने देखकर आशंका दूर हुई, तो मन में एक टीस भी उठी। क्यों, क्यों उस आदमी की बात को सच होने दिया था? क्यों उसे अपनी जान इतनी प्यारी थी कि वह रात को झील पार करने का हौसला नहीं कर सकता था?...जो काम वे लोग औरतें होकर कर सकीं, वह मर्द होकर नहीं कर सकता था?

और उसे लगा जैसे आज भी वही दिन हो, जिस दिन खालका मुँडेर पर बैठा डूँगे की तरफ देख रहा था, और फिर वहीं से उठकर चला गया था—जैसे तब से आज तक एक भी दिन नहीं बीता था और वह आदमी बिलकुल वैसा, बिलकुल वैसे ही, मुँडेर से उठकर लकड़ी की सीढ़ी से होता हुआ उसके सामने आ खड़ा हुआ था। खालका ने अब भी पूछा, "कैसी हो बेगम?" तो उसने कोई जवाब नहीं दिया। चुपचाप उसके सामने से चली आई।

उसके बाद पूरा दिन वह उसके सामने पड़ने से बचती रही। आधी रात को जब सब लोग सो गए थे, तो खालका के हाथ का स्पर्श अपने सिर पर महसूस करके वह उठ बैठी।

"बेगम!"

दिन भर का बाँध—बल्कि इतने सालों का बाँध—तब एकाएक टूट गया। अपने उमड़ते हुए आँसुओं को उससे रोका नहीं गया और खालका के कंधे पर सिर रखकर वह फूट पड़ी।

खालका चुपचाप उसके बदन पर हाथ फेरता रहा। वह उसके साथ सटती गई, सटती गई। खालका के शरीर की वह परिचित गंध...उसके हाथों का वह परिचित स्पर्श...उसकी साँसों की वह परिचित लय...उसे फिर लगा कि वह उलटी धार में शिकारा चलाती हुई उस तरफ आ रही है...फिर एक बच्चे को बार-बार बहते पानी में डुबकियाँ दी जा रही हैं...कि बच्चा बारी-बारी सहमता और चिल्लाता है, चिल्लाता और सहमता है....कि उसके कई-कई चेहरे हैं, पर वास्तविक चेहरा उसका खालका का-सा है...कि वह उसके पास खड़ा भुट्टा चबा रहा है, जिससे उसका छोटा-सा मुँह बार-बार खुलता और बंद होता है...कि वह तुक्का फेंककर उससे लिपटने को उसकी तरफ बढ़ा आ रहा है...।

"मैं जानता हूँ कि तुम्हें मेरे पीछे कितनी तकलीफ़ उठानी पड़ी है..." खालका कह रहा था।

"मैं यह सब नहीं जानती...मैं कुछ भी नहीं जानती..." उसने अपने को कहते पाया। "तुम्हें अगर छोड़कर जाना ही था, तो कम-से-कम इतना तो करते कि मेरी रखवाली के लिए अपना एक वारिस तो मुझे दे जाते। ...पर तुम देकर गए मुझे सिर्फ बोझ...दो-दो लड़कियों का...और अब भी तो वही बोझ मेरे ऊपर छोड़कर चले जाना चाहते थे। फर्ज करो मैं न आती, तो तुम तो...तुम तो छोड़कर चले ही जानेवाले थे।"

और जब उसने पाया कि खालका की बाँहें उसके गिर्द नहीं कस रही हैं, तो उसने खुद उन्हें अपने गिर्द कस लेना चाहा। "बताओ, यही तुम्हारी मर्दानगी थी? बोलो।"

पर उसकी कोशिश के बावजूद खालका के ढीले हाथ और ढीले हो गए। एक तरह से खालका ने अपने को बिलकुल उससे अलग कर दिया। वह चुँधियायी-सी कुछ क्षण उसकी तरफ देखती रही।

"मुझे अपने बारे में तुम्हें बहुत कुछ बताना है," खालका आँखें दूसरी तरफ किए हुए बोला। "मैं आज इस लायक नहीं रहा कि तुमसे...।"

वह खालका पर झुकी-सी लेटी थी, सहसा उठकर बैठ गई। "तुम क्या कहना चाहते हो मुझसे?" आँखों से जैसे वह उसके एक-एक रोंये को टोहती हुई बोली।

"और जो कहना चाहते हो, क्या वही कहने के लिए सोपुर से मुझे लाने आए थे?"

खालका के चेहरे पर स्याही पुत गई थी। वह मरी-सी आवाज़ में बोला, "देखो, मैं इलाज करूँगा। हो सकता है, ठीक भी हो जाऊँ।...पर तुम्हारी ज़रूरत मुझे कितनी है, और क्या है, यह तुम क्या नहीं जानती?"

वह उठ खड़ी हुई। लग रहा था जैसे उसके लहू में किसी ने जहर छोड़ दिया हो। "जानती क्यों नहीं?" उसने सारी कडुआहट ज़बान पर लाकर कहा। "मैं नहीं जानूँगी तो और कौन जानेगा?" और वहाँ से निकलकर बाहर खुली हवा में आ गई। गहरी ख़ामोश रात थी। दूर तक कोई रोशनी, कोई आवाज़ नहीं—सिवाय आसमान में दस्तकें देती एक हलकी-हलकी आवाज़ के :

"बाल यार! क़ाल यार! या पीर! लाइल्लाह! हिलिल्लाह!"

बरसों से यह आवाज़ हवा में उसी तरह ठहरी हुई थी; बरसों से वे साये रात को उसी तरह दरिया की सतह पर मँडराया करते थे। वहीं हाउस बोट की उसी खिड़की के पास खड़े-खड़े बेगम ने न जाने कितनी बरसातों का पानी पास से गुज़रता देखा था, बोट से टकराकर उसे हिलाता, मैला गंदला पानी, जो कि कुछ ही गज़ दूर जाकर पानी नहीं रह जाता था—बहते हुए गाढ़े अँधेरे में बदल जाता था...।

पिछले पुल की तरफ से अँधेरा बहता हुआ आता था और अगले पुल की तरफ निकल जाता था। ज़िंदगी हर आज की रात के बाद, हर कल की रात तक, उन दो पुलों के बीच रुकी-सिमटी रहती थी। मौसम बदलने के साथ पानी घटता-बढ़ता रहता था, उसी हिसाब से घाट के साथ बोट की ऊँचाई-निचाई का रिश्ता भी बदलता रहता था, पर इन परिवर्तनों से ज़िंदगी में अंतर कुछ नहीं आता था—सिवाय इसके कि हर गुज़रते साल के साथ चेहरे कुछ-कुछ बदल जाते थे।

●

वहाँ खड़े-खड़े कुछ देर वह भूली रही थी कि क्यों वहाँ खड़ी है, क्यों एकटक दो पुलों के बीच सिमटे अँधेरे को देख रही है। अपने वहाँ होने का अहसास भी तब हुआ था, जब सिद्दीक की छाया को दो-एक बार पास से गुज़रते, रुकते और फिर निकल जाते देखा था। वह जाने कहाँ से आकर चुपचाप अपने बिस्तर में लेट गया था। तब शायद वह अपने को सोपुर के डूँगे में देख रही थी—वहाँ से चलने के लिए सामान बाँधते हुए...।

और दूसरी बार अहसास हुआ, जब पीछे की तरफ से एक शिकारा बोट से आ टकरा ग़ा।

"माई।"

मामदा की आवाज़ उसे अँधेरे से बाहर ले आई। मुड़कर उसने शिकारे की तरफ देखा, तो पहले उसकी नज़र मामदा पर नहीं, नूरा पर पड़ी जो कि अभी शिकारे में अपनी जगह से उठी नहीं थी—अपनी चमकती आँखें उसके चेहरे पर स्थिर किए जैसे अब भी उसका जायजा ले रही थीं। मामदा अपनी आँखें बचाए हुए शिकारे को धीरे-धीरे बोट के साथ-साथ सरकाता हुआ उसके नज़दीक ला रहा था।

बेगम उन दोनों को देखती रही। कोई बात उसके मुँह से नहीं निकली। बहुत पास आकर नूरा अपनी जगह से उठी और उसी खिड़की के रास्ते बोट में आ गई। मामदा ने मुँह से कुछ कहा--शायद शिकारा घाट से बाँधकर आने की बात—और चप्पुओं से छींटे उड़ाता हुआ आगे निकल गया।

नूरा बिना कुछ कहे डूँगे की तरफ जाने लगी, तो बेगम के मुँह से पहली बात निकली, "ठहरो इधर।"

नूरा रुक गई। बेगम चार कदम चलकर उसके सामने आ गई।

"कहाँ थी तू अब तक?"

नूरा की आँखें एक बार झपक गईं। रुकती-सी आवाज़ में बोली, "वहीं थी डल गेट पर समदू फूफा के डूँगे में।"

"वहीं थी तू। हैं..." बेगम ने उसकी बाँह पकड़कर झिंझोड़ दी। "आधी रात तक वहीं बैठी फूफीजान से कहानियाँ सुन रही थी। है न?"

नूरा ने विरोध नहीं किया। बाँह छुड़ाने की कोशिश भी नहीं की। एक बार अपने निचले होंठ को ज़बान से छू लिया कि वहाँ ज्यादा सोजिश तो नहीं। बेगम के हाथ ने जिस तरह उसकी बाँह को जकड़ रखा था, उसका असर अब भी उसे अपनी रग-रग में महसूस हो रहा था। नगीन के किनारे चिनार के साये में वह जिस संघर्ष में से गुज़रकर आई थी, उसे अपने में सँभाल सकने के लिए इस तरह झटक दिया जाना उसे काफी सहायक लग रहा था। अगर उससे कुछ न कहा जाता, तो शायद अपने को काबू में रखकर वह किसी से एक बात भी न कर पाती।

बेगम की आवाज़ से सिद्दीक सहसा कुनमुनाकर उठ गया। अपनी जगह रुककर वह पलभर दोनों को देखता रहा—फिर डूँगे में जाकर उसने खालका को जगा दिया। "नूरा लौट आई है, मामदा के साथ।" उसने बहुत धीमी आवाज़ में कहा, जैसे कि किसी चोर के घर में घुस आने की सूचना दे रहा हो। "तुम उठकर बेगम को रोको, नहीं तो दोनों को वह आज जान से मार डालेगी।"

पर इससे पहले कि खालका सिद्दीक के हाथ का सहारा लेकर खड़ा होता, बेगम नूरा को साथ लेकर डूँगे में आ गई।

"तुम्हारी लड़की कह रही है कि वह अब तक फूफा के डूँगे में थी," कहते

हुए बेगम ने उसे पीठ से धकेलकर खालका के सामने कर दिया। "वहाँ इसकी फूफी इससे धान छँटवा रही थी। अब तुम इसे थोड़ा पुचकार दो, जिससे बेचारी की थकान कुछ दूर हो जाए। फूफी का काम करते-करते देखो अपने हाथ-मुँह सब नीले कर आई है। एक बार इसके चेहरे को तुम ज़रा गौर से देखो।"

बेगम ने खालका के पास रखी लालटेन उठाकर नूरा के चेहरे के पास ला दी, तो नूरा ने अनायास एक हाथ से अपने होंठों को ढक लिया।

"कहाँ थी तू अब तक? बोल।" खालका ने बोलने में इतना जोर लगा दिया कि उसकी आवाज़ बीच में ही टूट गई। "तेरी माँ खुद देखकर आई थी, वहाँ समदू के डूँगे पर। कहाँ गई थी तू वहाँ से? और कहाँ रही इस वक्त तक? इस आधी रात तक? बोल।"

नूरा बिना कुछ कहे आँखें झपकती हुई खालका की तरफ देखती रही।

"अगर तू इस तरह नहीं बोलेगी तो तुझे दूसरी तरह से बुलवाना पड़ेगा।" अब की खालका आवेश में अपने से ही उठ खड़ा हुआ। घुटने काँप रहे थे, फिर भी किसी तरह वह अपने को सँभाले रहा। "और वह हरामी कहाँ है?" उसने सिद्दीक से कहा। "उसे भी ज़रा मेरे सामने लेकर आओ।"

"वह यहाँ नहीं है। शिकारा घाट पर छोड़कर ऊपर कहीं चला गया है।" बेगम ने आँखें उठाकर देखा। नज़मा भी उठकर वहीं पास आ खड़ी हुई थी। नजमा से आँखें मिलते ही नूरा की बाँह पर कसा हुआ उसका हाथ ढीला पड़ गया। और उसने नूरा को थोड़ा अपनी आड़ में कर लिया। खालका के लिए अब और खड़े रहना मुश्किल हो रहा था, इसलिए हाथ से उसने खिड़की का सहारा ले लिया। "अच्छा है, अगर वह खुद ही चला गया है," वह बोला, "नहीं तो अभी इसी वक्त उसके तीन टुकड़े करके मैं उसके माँ-बाप के सुपुर्द कर आता।" आख़िरी शब्दों तक आते-आते उसकी आवाज़ चीख़ की तरह से हो गई और वह हाँफता हुआ खिड़की के सहारे उसी जगह बैठ गया। सिद्दीक और नज़मा के हाथ उसे सहारा देने के लिए हिले, पर उनके पैर अपनी-अपनी जगह से आगे नहीं बढ़ पाए।

"देख रही है बाप की हालत?" बेगम नूरा के चेहरे पर आँखें गड़ाए हुए बोली। "जो कुछ उसकी जान पर बीत रही है, किसकी वजह से बीत रही है? ...और जिसकी खातिर बीत रही है, वह लड़की कितनी होनहार है कि आधी रात को अपनी आबरू मिट्टी में मिलाकर फिर वापस आ रही है। यहाँ आने की बजाय वहीं कहीं दफ़न क्यों नहीं हो गई तू?"

नूरा की आँखों में एक बार बिजली-सी तड़प गई, पर वह उसी तरह ख़ामोश बनी रही। होंठों पर रखा उसका हाथ धीरे-धीरे नीचे को सरक गया। खालका के मुँह से बात नहीं निकल पा रही थी। वह अपनी सुलगती हताश आँखों से

उन तीनों की तरफ देखता रहा।

"यही करनी करनी थी तुझे, तो क्यों नहीं बाप से कह दिया? क़िसी भी कुत्ते के साथ तेरी शादी कर देता।" बेगम ने इस बार उसके फिरन को गले से पकड़कर हिला दिया। "या शादी न करता, तो तेरा कीमा करके खैरात बाँट देता...तू वापस क्या यह सोचकर आई है कि इसके बाद भी वह तुझे अपने घर में रहने देगा? तुझे गले से लगाएगा न, कि तूने उसकी इज्ज़त में चार चाँद लगा दिए हैं?... तुझमें इतना हौसला बाकी है कि तू आकर उसके सामने इस तरह खड़ी हो, और खड़ी रहे? खालका बनतू की लड़की—और एक मर्द के साथ रात काटकर भी उसके सामने आँखें खुली रखे। ...मैं तेरी माँ न होती, तो कुछ मुझे भी शक होता कि तू इस नेक आदमी की औलाद है या किसी...किसी मैला खानेवाले सुअर की...या किसी..."

सिद्दीक ने बात के बीच में ही बेगम का हाथ दबा दिया। "आहिस्ता बात करो, नहीं तो आसपास के डूँगों में लोग जान जाएँगे। तुम खुद ही खालका से कह रही थीं कि...।"

बेगम ने एक बार चीरती नज़र से सिद्दीक की तरफ देख लिया। गुस्से में भी यह बात उसके ज़ेहन में उभर आई कि जब वह खालका से बात कर रही थी, उस वक्त सिद्दीक तो वहाँ नहीं था। फिर उस आदमी ने कैसे उसकी बात सुन ली थी?

"लोग सुनें या न सुनें, इसकी फिक्र मुझे होनी चाहिए, तुम्हें नहीं। तुम्हारा या और किसी का यहाँ इस वक्त कोई काम नहीं। मुझे तुममें से किसी की मदद की ज़रूरत होगी, तो मैं तुम्हें बुला लूँगी।"

सिद्दीक ने नज़मा की तरफ देखा। नज़मा एक नज़र खालका और बेगम पर डालकर उसी वक्त वहाँ से हट गई। जाते-जाते कोई बात उसने मुँह से कही। पर इतनी स्पष्ट नहीं कि ठीक से किसी को सुनाई दे जाए। सिद्दीक मगर साफ बड़बड़ाया, "तुम लोगों की बरबादी अब होकर रहेगी, यह मुझे साफ़ नज़र आ रहा है। सिद्दीक तो क्या, सिद्दीक का खुदा भी तुम लोगों के बचाव के लिए कुछ नहीं कर सकता।" और जेब से एक बीड़ी निकालकर उसे सुलगाता हुआ वह डूँगे से चला गया।

कुछ देर बेगम, नूरा और खालका, तीनों अपनी-अपनी जगह जड़ हुए रहे। फिर खालका ने नूरा की तरफ से मुँह फेरकर अपना चेहरा लकड़ी की दीवार में गर्क कर दिया।

नूरा को महसूस हुआ कि अब वह बेगम के साथ वहाँ अकेली रह गई है—रात के गहरे सायों में चमकती हुई बेगम की दो आँखों का ही उत्तर अब उसे देना है।

"कहाँ गई थी तू उसके साथ?" बेगम की आवाज़ में तीखेपन की जगह अब संजीदगी ज़्यादा थी।

नूरा की ज़बान लड़खड़ा गई। "उसने कहा था...कहा था कि नगीन से होते हुए घर वापस चलेंगे।"

"क्यों? नगीन में किसी के यहाँ जश्न हो रहा था?"

"नहीं। उसने कहा था कि...."

"क्या कहा था उसने? ज़बान को लकवा क्यों मार गया है?"

नूरा आँखों से सहारा ढूँढ़ती रही—घाट के पत्थरों से, पानी पर झिलमिलाती रोशनियों से। "उसने कहा था कि वह मुझसे कुछ बात करना चाहता है।"

"वह तुझसे कुछ बात करना चाहता था! अलग से! अकेले में! रात के वक्त! और आज रात को ही!...मैं जानती हूँ, वह क्या बात करना चाहता था!"

नूरा ने इस बार खालका की तरफ देखा—कि शायद उसकी आँखों से कुछ सहारा मिले, मगर खालका करवट बदल लेने के बावजूद उनकी तरफ नहीं देख रहा था। उसका एक हाथ माथे पर था, दूसरा छाती पर और आँखें उसकी इस तरह चढ़ी हुई थीं, जैसे दिमाग़ से उनका ताल्लुक टूट गया हो। नूरा के होंठ कुछ कहने के लिए काँपे, मगर काँपकर ज़र्द पड़ गए। उसके हलक में इतना मवाद जमा हो गया था कि उसे गले पर हाथ रख लेना पड़ा।

"बताया नहीं तूने कि क्या बात करना चाहता था वह तुझसे?"

"तुम उसे बुला लो," नूरा किसी तरह कह पाई। "मैं उसके सामने ही बात करना चाहूँगी।"

"उसके सामने बात करना चाहोगी! उसके! उसे आने तो दो मेरे सामने—अगर जीते-जी फिर वह एक आवाज़ भी मुँह से निकाल सके! या तुम्हीं मुँह से उसके सामने एक लफ़्ज बोल सको! उसके सामने!"

खालका की आँखें अब बेगम के चेहरे पर आ टिकीं। बहुत सोच-सोचकर जैसे वह किसी फैसले पर पहुँच पाया था। "इससे अब कोई बात कहने-पूछने की ज़रूरत नहीं," वह कमज़ोर पर अधिकारपूर्ण स्वर में बोला—"मैंने फैसला कर लिया है। कल ही मैं कासिम से इसका रिश्ता तय किए देता हूँ। तुम भी अब इसमें और दख़ल मत देना। इस लड़की को मैं एक दिन भी कुँवारी घर में रखने को तैयार नहीं हूँ।"

बेगम की भौंहें तन गईं। पल भर उसे खुद अपनी उठती--गिरती साँस की आवाज़ सुनाई देती रही "मैं जानती थी तुम बहुत बुज़दिल हो," आखिर उसने कहा। "पर इतने बुज़दिल हो, यह नहीं जानती थी।"

खालका की आँखें झुक गईं। बेगम को लगा कि मिट्टी के लोंदे में एक और पत्थर जा धँसा है। "क्योंकि आज एक के बाद दूसरे आदमी ने भी तुम्हें ज़लील

किया है, इसलिए दूसरी ज़लालत से बचने का यही तरीका है कि पहली ज़लालत को भूलकर उस आदमी के कदमों में जा गिरो। इससे बढ़कर और खुद्दारी किसी में क्या होगी!"

खालका ने सिर ऊँचा किया और कुहनियों के बल सीधा होकर बैठ गया। बेगम को यह स्वाभाविक नहीं लगा, क्योंकि अक्सर ऐसे मौकों पर वह आगे बात नहीं कर पाता था।

"खुद्दारी से तुम्हारा यह मतलब है कि मैं अपने जीते-जी, अपनी आँखों के सामने, अपने खानदान की मिट्टी पलीद होते देखता रहूँगा, तो ऐसी खुद्दारी मुझे नहीं चाहिए।" आवाज़ उसकी फिर रुक रही थी, पर किसी तरह कोशिश करके वह आगे बोलता रहा, बोलता रहा। "यह खुद्दारी ही तो है, जो मैं हर रोज़ आँखों से कितना कुछ देखता हूँ, कानों से कितना कुछ सुनता हूँ फिर भी खामोश बना रहता हूँ। कोई पेड़-पत्थर क्या बरदाश्त करता होगा जो मैं यहाँ रहकर करता हूँ। कादिर ने तो मुझे एक ही हाथ लगाया है—इतने बरसों में आज पहली बार—पर जिनकी मार मुझे रात-दिन सहनी पड़ती है—बिना हाथ की मार—उन्हें मेरी खुद्दारी का बहुत खयाल रहता है। आज तक सब कुछ मैं ख़ामोशी से सहता आया हूँ, पर अब और सहना मेरे बस का नहीं है। मैं इस लड़की की ख़ातिर इतने दिनों से रुका हुआ हूँ—और दरअसल लड़की की भी ख़ातिर नहीं, सिर्फ़ तुम्हारी ज़िद की ख़ातिर। मुझे इस दुनिया में और किसी चीज़ से कुछ लेना-देना नहीं है—बस इस लड़की को दूसरे घर भेजकर हज के लिए निकल जाना है। यह बोट और इसमें जो भी सामान है, वह सब तुम लोगों का है—तुम लोग इसके लिए मरो-खपो, लड़ो-झगड़ो, मुझे इससे कोई मतलब नहीं है। मुझे हज के लिए जो रुपया चाहिए, उसका इंतज़ाम मैं अपने आप जहाँ कहीं से कर लूँगा—उतना रुपया मुझे शाह साहब से ही कर्ज़ हुसैनी के तौर पर मिल जाएगा। कर्ज़ हुसैनी से हज के सवाब के हक़दार ही तो वे होंगे न! हों! यहाँ से जाकर कम से कम इस रोज़-रोज़ की ज़हमत से तो मुझे छुटकारा मिल जाएगा। मैं सुबह ही शाह साहब को चिट्ठी लिख रहा हूँ। तुम्हें मेरे यहाँ रहते लड़की का निकाह करना है, तो कल कादिर को बुलाकर उससे बात पक्की कर लो। नहीं करना है, तो मेरे जाने के बाद जो मन में आए करती रहना। न मैं तुमसे पूछने आऊँगा, न तुम्हें मुझे बताने की ज़रूरत पड़ेगी। न मुझे ज़िंदा वहाँ से लौटकर आना है और न ही यह सब तमाशा आकर देखना है। न जाने कौन-सी कम्बख्ती थी, जो उस बार भी मुझे यहाँ वापस ले आई थी। न आता, न रात-दिन यह खुद्दारी का पत्थर सिर पर लादे घूमता।" और निढाल होकर बाँह पर छाती रखे वह खिड़की के चौखट पर झूल गया।

झूल न जाता, तो बेगम को लगता कि वह खालका के नहीं, किसी अजनबी के मुँह से यह सब सुन रही थी। इतनी बात, और इस तरह, उस आदमी ने

ज़िंदगी में कभी नहीं की थी। अगर वह बिना निढाल हुए यह सब कह सकता, और बरसों पहले से कह सकता, तो ज़िंदगी का रुख कुछ दूसरा ही न होता? तब क्यों वह सोपुर में किसी और के आसरे अकेली रही होती—और क्यों उसने कादिर, खान या किसी भी और से ज़िंदगी में कुछ उम्मीद की होती? वह कई पल चुपचाप सुन्न हुई उसे देखती रही। चाहती रही कि वह चौखट से सिर उठाकर फिर कुछ कहे, उसी तरह उसी आवाज़ में कुछ और गुबार बाहर निकाले, मगर खालका एक बार झुका, तो झुका ही रहा; चौखट पर रखा सिर फिर देर तक नहीं उठ पाया।

बेगम देखती रही और रोके हुए आवेश से अंदर-ही-अंदर काँपती रही। प्रतीक्षा करने पर भी खालका का सिर नहीं उठा, तो उसका आवेश दुगुना-चौगुना होने लगा। "तुम्हें यहाँ कोई पत्थर ढोने को नहीं कहता," उसने कहा। "तुम्हारे पत्थर ढोने में हमें जो कुछ हासिल है, वह न ही हो, तो अच्छा है। तुम्हारा मन हज पर या जहाँ कहीं जाने को हो, तुम चले जाओ। मगर कासिम के साथ शादी तुम इस लड़की की नहीं, इसके ताबूत की ही करके जा सकोगे!" फिर एकाएक नूरा की तरफ देखकर उसे उसके कंधे से झिंझोड़ दिया। "और तू किस उम्मीद में मेरा मुँह ताक रही है? जिस कमीनजाद को तू अपना खसम बनाना चाहती है, उसे भी तेरी लाश ही हासिल होगी—बल्कि उससे पहले उसकी खुद की लाश दफ़नाई जा चुकेगी।"

झिंझोड़ने से नूरा का शरीर हिला पर पैर अपनी जगह कायम रहे। हलके से अपना पटका उतारकर उसने सिर के बालों को झटक लिया। साँस उसकी भी फूल आई थी, पर जो कुछ उसे कहना था, वह उसकी आँखों से और रोंये-रोंये से कहा जा रहा था। शब्दों की शायद उसे ज़रूरत ही नहीं रही थी।

"यह किस तरह देख रही है मेरी तरफ?" बेगम से उसका देखना सहा नहीं गया। "अगर आज रात के बाद सुबह का मुँह देखना है, तो वह लिहाफ़ पड़ा है, जाकर चुपचाप उसमें दफ़न हो जा। सुबह तक जो भी फैसला होना होगा तेरी तक़दीर का, वह अपने आप हो जाएगा।"

पर नूरा अपनी जगह से हिली नहीं। उसी तरह खड़ी देखती रही ।

"मैंने क्या कहा है? तूने सुना नहीं है?"

नूरा का चेहरा पहले से कुछ सख़्त हो गया। पर उसने आँख तक नहीं झपकी।

"तो तुझे दूसरी तरह से अपनी बात सुनानी पड़ेगी?"

नूरा फिर भी उसी तरह मूरत बनी रही।

बेगम ने उसके कान उँगलियों के बीच लेकर उसका चेहरा दोनों हाथों से दबा लिया और उसे हिलाती हुई बोली, "तो तू सिवाय इस तरीके के और किसी तरह से नहीं सुनेगी? हाँ!"

पर नूरा ने दाँत भींचे हुए एक ही झटके से उसके हाथ अपने चेहरे से हटा दिए और फिर चुपचाप उन्हीं आँखों से उसे देखती रही। झटका खाकर बेगम को एकसाथ दोहरा अहसास हुआ—एक उस लड़की के अपने से कहीं ताकतवर होने का और दूसरा—जो बहुत गहरे तक उसके अंदर उतर गया—अपने बीत जाने का। गुस्से के मारे उसका मन हुआ कि रसोईघर से एक लकड़ी लाकर उस लड़की को बुरी तरह पीट दे, पर दूसरा अहसास इस तरह छा गया था कि वह फिर उसे हाथ से छू भी नहीं सकी।

"तुझे इस घर में नहीं रहना है?" आवाज़ में तीखापन बनाए रखने के लिए उसे कोशिश करनी पड़ी।

"नहीं!"

"दरिया में डूब मरना है।"

"तो क्यों नहीं...!"

पर इस बीच ही खालका की आँखें ऊपर उठ गईं। "यह...यह तुझे दरिया में डूबकर मरने भी नहीं देगी। यह तो तुझे रस्सी से बाँधकर अपने पास बिठा रखेगी जब तक कि दो साल, दस साल, बीस साल में इसका वह...वह इसका ख़ान लौटकर नहीं आता, जिसे इसको अपना...जिसे इसको तेरा...शौहर बनाना है।"

बेगम की त्योरियाँ गहरी हो गईं। नाक फड़कने लगी। "शरम नहीं आती तुम्हें लड़की के सामने इस तरह की बात करते?"

"शरम ही तो नहीं आती," कहते हुए खालका ने मुँह फेर लिया। "शरम आती तो अब तक क्या-क्या न कर दिया होता।"

नूरा बिना दोनों में से किसी की भी तरफ देखे कुछ देर खड़ी रही, फिर डूँगे के पिछले हिस्से में चली गई, जहाँ नज़मा के बराबर उसका बिस्तर बिछा था। नज़मा सीधी लेटी थी, पर उसके आ जाने पर उसने करवट बदल ली।

बेगम प्रतीक्षा करती रही कि शायद खालका फिर आँख उठाकर उसकी तरफ देखे। पर खालका अब पहले से भी ज़्यादा सिमटा, बिलकुल काठ की तरह पड़ा था। वह पहले कुछ देर अपने बिस्तर पर बैठी रही, फिर कंबल ओढ़कर लेट गई। फिर सहसा ध्यान आ जाने से उसने कंबल चेहरे से हटाकर सिद्दीक को आवाज़ दी। सिद्दीक तुरंत वहाँ चला आया, जैसे कि आवाज़ की प्रतीक्षा ही कर रहा हो।

"वह आदमी अभी आया तो नहीं?" बेगम ने पूछा।

"कौन, मामदा?"

"वह नहीं तो और कौन?"

"अभी नहीं आया।"

"जब आए, मुझे ख़बर कर देना।"

"तुम न कहतीं, तो भी मैं उसके आते ही ख़बर कर देता। तुम समझती हो, मैं रात भर सोने जा रहा हूँ? सिद्दीक जब तक उस आदमी की मरम्मत नहीं कर लेगा, उसे नींद नहीं आएगी।"

"उससे कुछ भी कहने से पहले तुम्हें मुझे ख़बर देनी है। अब जाओ।"

और सिद्दीक के जाते ही उसने फिर से अपना सिर-मुँह कंबल में लपेट लिया।

एक-एक क्षण करके रात बीत रही थी...हर क्षण जो कि बीतने के साथ हाथ से फिसलता जाता था। खालका ने कितनी ही बार सिर-मुँह ढाँपकर पड़ी आकृति की तरफ देखा...देखा कि शायद वह अभी हिले...अभी और बात करे...क्योंकि उन दोनों के बीच तो बात अभी हुई नहीं थी...बिना उनके बीच की एकांत बातचीत के बात समाप्त कैसे हो सकती थी? नूरा के सामने इतना कुछ कह लेने के बाद भी बहुत कुछ था जो अभी बाकी था, जो अभी मन में घुमड़ रहा था...जो आज और उसी समय कहा जाना चाहिए था....क्योंकि इतने बरसों में पहली बार आज वह लिहाज़ की दीवार तोड़ पाया था...अपनी कमज़ोर स्वीकृति के कुहासे को पार कर पाया था। आज वह कुछ भी कह सकता था...सभी कुछ कह सकता था। पर बेगम ने अपने को दूर कर लिया था...ताब नहीं थी उसमें कि सुन सके। जिस तरह कि वह बरसों से सुनता आया था उस तरह आज, सिर्फ आज एक बार ही सुन सके। पर साथ ही मन कहीं बँधा हुआ भी था, अफ़सोस और पश्चात्ताप से...कि इतने बरसों से एक नाज़ुक धागे का जो सिरा हाथ में सँभाले था, उसे आज उसने छूट जाने दिया था और छूटने के झटके से शायद वह कहीं से टूट भी गया था...।

उसने चेहरे का रुख बदला, करवट बदली। दो-तीन बार खँखारकर बेगम का ध्यान अपनी तरफ खींचने की कोशिश की। मगर बेगम जिस तरह पड़ी थी, पड़ी रही। पर एक हलकी-सी जुंबिश से उसने अपने जागते होने का अहसास उसे करा दिया।

उसने एक बार आवाज़ देकर बेगम को बुलाना चाहा, पर विचारों के जमघट के बीच आवाज़ जैसे जकड़कर रह गई थी। वह नाम जो कि इतना परिचित था, उस वक्त ज़ुबान के लिए बेगाना पड़ रहा था...और एक और नाम जो कि अजनबी था...जिसके साथ जुड़े चेहरे को वह सोचा करता था कि वह बिलकुल भूल चुका है...वह दिमाग में मँडरा रहा था...बुझती लालटेन के इर्द-गिर्द चक्कर काटते कीड़े की तरह...अंदेशा होता था कि वह अभी चिमनी से चिपक जाएगा और फिर हमेशा-हमेशा के लिए उसी तरह चिपका रहेगा।

ख़ान!

वह खुद ही मोटर स्टैंड से एक दिन उस आदमी को बोट में लाया था। ऊँचे

डीलडौल का गोरा आदमी था। खुशमिज़ाज़। हँसता, जैसे दरिया की लहर घाट से आ टकराए। उनके यहाँ आकर दो दिन में ही जैसे उनके घर का आदमी हो गया था। उन दिनों काम करनेवाला कोई आदमी उनके यहाँ नहीं था। मामदा अभी आया नहीं था और सिद्दीक बीमार था। बावर्चीखाने का सारा काम बेगम सँभालती थी, बाजार का और खिलाने का काम वह खुद करता था। कुछ हाथ नूरा भी बँटा देती थी, पर वह जवान लड़की को अकेले आदमी के कमरे में ज़्यादा आने-जाने देना नहीं चाहता था। सैंतालीस का जुलाई महीना था। खान के सिवाय उन दिनों बोट में और कोई नहीं था। बँटवारे के डर से बहुत कम टूरिस्ट उस साल आए थे। खान जब आया, तो एक ही कमरा उसने लिया था, पर चार रोज़ बाद उनकी हालत देखते हुए, उसने पूरे बोट का किराया देना मंज़ूर कर लिया था।

उनके यहाँ आनेवाले और टूरिस्टों से बिलकुल अलग तरह का आदमी था वह। न अंग्रेज़ों की सी साहबियत, न पंजाबी-गुजरातियों का-सा लिजलिजा नख़रा। कई बार गोश्त बनाने वह खुद बावर्चीखाने में पहुँच जाता और बेगम को पेशावरी ढंग से मुर्गा-मटन बनाना सिखाया करता। जब वह अपने हाथ से गोश्त बनाता, तो खिलाता भी सबको खुद ही...मेज-कुरसी पर बैठकर चीनी के बरतनों में खाने की बजाय खाता भी उन्हीं के बीच बैठकर इनैमल की तश्तरियों में। जब खुद न बनाता, तब भी वहीं बावर्चीखाने में आकर बेगम से कश्मीरी ढंग से गोश्त बनाना सीखता रहता...कहा करता कि अगले साल आएगा, तो वे सब चीज़ें भी उन्हें अपने हाथ से बनाकर खिलाएगा।

पर पराए आदमी का इस तरह घर में घुल-मिल जाना अच्छा भी लगता था...नहीं भी लगता था। महसूस होता था, जैसे उतने दिनों के लिए अपनी स्वाभाविक ज़िंदगी स्थगित हो गई हो...जैसे वह उस डूँगे के मालिक न होकर खुद किसी के यहाँ मेहमान बनकर ठहरे हों। जब आठ-दस रोज़ इस तरह से गुज़र चुके, तो सुंबल चिट्ठी लिखकर उसने सिद्दीक को बुला लिया। सिद्दीक अभी कमज़ोर था, पर उसकी तबीयत ठीक हो चुकी थी। सोचा था कि सिद्दीक के आने के बाद बावर्चीखाने का काम उसके सुपुर्द हो जाएगा, तो ज़िंदगी अपने पहले ढर्रे पर लौट आएगी। पर हुआ बिलकुल उससे उलटा। बावर्चीखाने का ज्यादा काम तो सिद्दीक के सुपुर्द हो गया, पर बेगम अब सारा-सारा दिन खान को लेकर और भी व्यस्त रहने लगी। अब खान की कमीजों के बटन लगाए जा रहे हैं, अब उसके लिए नमदे, गब्बे और पेपर-मेशी के फूलदान खरीदे जा रहे हैं। इस वक्त उसे अपने साथ लेकर बाजार जा रही है, तो उस वक्त बाज़ार के लोग सामान दिखाने बोट में चले आ रहे हैं। वह जब भी बाहर से लौटकर आता, पता चलता कि बेगम या तो किसी काम से खान के कमरे में है, या उसे साथ लेकर बाहर गई

है, दो घंटे में वापस आएगी। मन में उसे बहुत झुँझलाहट होती। पर खान के सामने वह कुछ भी कह न पाता। अकेले में एकाध बार उसने बेगम से बात करनी चाही, तो उसे बहुत संक्षिप्त उत्तर मिल गया। "किसी एक आदमी के लिए यह सब करके ज़िंदगी में एक बार मैं अपना चाव पूरा कर सकती हूँ, तो क्यों न करूँ? बाप और खाविंद ने तो कभी मौका नहीं दिया कुछ करने का। भाई रहा नहीं, लड़का हुआ नहीं...तो किसी के लिए दो-चार चीज़ें खरीदकर मुझे अपना शौक पूरा कर लेने दो। और अपने पैसे से तो उसके लिए कुछ खरीदती नहीं। जो कुछ खरीदना होता है उसी के पैसे से तो खरीदा जाता है।"

किसी भी आगंतुक की खरीदी चीज़ों में उन्हें कमीशन मिल सकता था दस फीसदी कम-से कम। पर बेगम की इस खरीदारी में वह भी हासिल नहीं था। "तुम्हारे लिए या अपने लड़के के लिए खरीदती, तो उसमें से कमीशन लेती?" वह कहती। एक दिन जब बहुत देर हो गई बाज़ार से लौटने में, तो वह कह बैठा, "मुझे तो लगता है कि बाप, खाविंद, दामाद इन सबसे ज्यादा वह तुम्हारा सगा है।"

बेगम इस पर चमक उठी। "हाँ, है वह मेरा सगा! तुम सबसे ज़्यादा। बोलो, अब तुम्हें क्या कहना है?"

"मुझे कुछ नहीं कहना है। कहने का असर हो, तो आदमी कुछ कहे!"

बेगम तमतमा उठी, "कुछ कहने से पहले आदमी आदमी तो हो।"

उसकी आँखें उठीं, झुकीं और अपने में खो गईं। पास से हटते हुए उसने कहा, "तुमसे तो बात करना गुनाह है। क्या पता, कब क्या बात तुम्हारी ज़बान पर आ जाए। तुम्हारा आदमी तुम्हारे लिए आदमी नहीं है, आदमी वह जो..."

"सुनो," बेगम ने पीछे से कहा।

वह रुक गया और झुके चेहरे तथा उठी हुई आँखों से उसे देखता रहा।

"तुम...तुम...आज भी तुम मुझ पर शक करते हो? उस औरत पर जो तुम्हारी ख़ातिर सात साल अकेली सोपुर में सड़ती रही है?"

"मैंने यह कहा है?"

"नहीं कहा, तो और क्या मतलब है तुम्हारा? क्या यही सब कहने-सुनने के लिए उस दिन मुझे लाने सोपुर आए थे?"

उसका चेहरा फीका पड़ गया। "तुम धीमी आवाज़ में बात नहीं कर सकतीं?"

"क्यों करूँ मैं धीमी आवाज़ में बात? मैं कोई चोर या गुनहगार हूँ, जो धीमी आवाज़ में बात करूँ? हाँ, तुम एक हो जिसे ख़ुदा ने ऊँची आवाज़ में बात करने का हक नहीं दिया। जाने कौन से गुनाह की मार है जो कभी तुम्हें खुलकर बात नहीं करने देती।"

और एक दिन किसी बात के सिलसिले में बेगम ने कहा, "मैं उसे क्या समझती हूँ क्या नहीं, उससे क्या चाहती हूँ क्या नहीं, यह जानने की तुम्हें शायद ज़रूरत नहीं। तुम अपने सिवाय ज़िंदगी में कभी किसी की फिक्र रखते भी हो? पर मुझे तो फिक्र है कि मेरे घर में ज़वान लड़की है। एक लड़की को हाँजियों के यहाँ देकर जो कुछ पा लिया है, वह अब और मुझे नहीं चाहिए।"

वह समझ नहीं पाता था कि बेगम क्या चाहती है। क्या वह खान को अपना दामाद बनाने की सोच रही थी? वे लोग क्या अपनी लड़की को बिरादरी से बाहर, शहर से बाहर, भेज सकते थे? बेगम क्या इतनी ही बेसमझ थी कि इतनी-सी बात भी नहीं सोच सकती थी? ...और सिद्दीक कभी-कभी जो बात दबे-दबे कहता था...कहता नहीं, जिसकी तरफ़ इशारा करता था? सोभाना और लस्सू का नाम लेकर घाट की जिन चेमेगोइयों का जिक्र करता था? हालाँकि उन लोगों को वह गाली ही देता था, पर उसके कहने के अंदाज़ से यह नहीं झलकता था कि कुछ हद तक वह खुद भी उन बातों में विश्वास करता है? घुमाकर बात इसलिए करता है कि सीधे से कहने का उसका हौसला नहीं पड़ता।

...आधी रात को कई बार वह चौकन्ना होकर उठ जाता। महसूस होता कि पास ही कहीं किसी के पैरों की आवाज़ सुनी है। पर देर-देर तक इंतज़ार करने पर भी बोट से टकराते डूँगे या डूँगे से टकराते शिकारे के सिवाय कोई आवाज़ सुनाई न देती। करवट बदलने का हौसला न पड़ता, इसलिए वह उसी तरह लेटे-लेटे हाथ को लकड़ी के फर्श पर धीरे-धीरे सरकाता...तब तक सरकाता रहता जब तक कि वह बेगम के शरीर से न छू जाता। छू लेने पर बेगम के शरीर में अगर कसमसाहट होती, तो वह खाँसने लगता...जैसे कि खाँसने में ही हाथ उधर जा लगा हो।

कोई कारण संदेह का न मिलता...कई बार संदेह से अपना आप ओछा और छोटा भी लगता...पर वह किसी भी तरह उसे मन से निकाल न पाता। रात-दिन के हर काम में, हर बातचीत में, हर तेवर और मुसकराहट में कहीं अंदर की सतह पर एक हलकी मगर दर्दभरी लय...दूर किसी पहाड़ी के ढाए जाने की हवा में खोई आवाज़ जैसी...हमेशा चलती रहती। वह सिर्फ बेगम को ही नहीं, कभी-कभी नूरा को भी संदेह की लपेट में लेकर देखने लगता। वह लड़की उस आदमी के सामने उतना खुलकर क्यों हँसती है? क्यों चलते हुए अपना फिरन टखनों से घुटनों तक उठा लेती है? क्यों जब सिद्दीक उस आदमी के कमरे में चाय लेकर जाने लगता है, तो उसके हाथ से ट्रे लेकर कहती है, "मैं दे आती हूँ।"

उसकी इच्छा होती कि जितनी जल्दी हो सके, वह आदमी वहाँ से चला जाए...हालाँकि वक्त अच्छा नहीं था और जल्द किसी नए टूरिस्ट के आने की संभावना भी नहीं थी। वह बात-ही-बात में खान से पूछ भी लेता, "अब तो

हिंदुस्तान-पाकिस्तान का बँटवारा होने में बहुत थोड़े दिन रह गए हैं। आपके घर के लोग आपके लौटने की फ़िक्र नहीं करते होंगे? आपके यहाँ होने से हमें हालाँकि बहुत आसरा है, फिर भी इसलिए कह रहा हूँ कि..."

ख़ान उसकी बात पर हँस देता। कहता कि उसके घर के लोग कभी उसके लिए फ़िक्र नहीं करते। जानते हैं कि हर हालत में वह अपनी देखभाल कर सकता है; और कि बँटवारा हो जाने के बाद हिंदुस्तान-पाकिस्तान में फिर कोई झगड़ा नहीं रह जाएगा। आज आपस में जो नफ़रत है, बँटवारे के बाद वह दूर हो जाएगी। खान बयालीस के दिनों के अपने संस्मरण सुनाने लगता, जब उनके कॉलेज की यूनियन ने आंदोलन में खूब बढ़-चढ़कर हिस्सा लिया था और जलूस के साथ नारे लगाते हुए पुलिस की लाठियाँ खानी पड़ी थीं। "हम लोगों के अंदर जितना गंदा मवाद था, वह सब इन दिनों निकल गया था," वह कहता, "अब हम लोग साफ़ दिल और साफ़ दिमाग से अच्छे पड़ोसियों की तरह साथ-साथ रहने की बात सोच सकेंगे।"

जिन दिनों वह सोच रहा था कि ख़ान अब दो-चार दिन में ही वापस चला जाएगा, उन्हीं दिनों बेगम ने उसके साथ बुलार की यात्रा का कार्यक्रम बना लिया था। पहले सिद्दीक के साथ जाने की बात नहीं थी, पर खुद उसी ने हठ करके सिद्दीक को साथ भेज दिया था। "मैं तुम्हें ऐसे नहीं जाने दे सकता," उसने बेगम से कहा था, "रास्ते में जाने कब क्या तकलीफ़ आन पड़े। ऐसे में एक जानकार मर्द का साथ होना ज़रूरी है।"

तीन दिन, तीन रातें वह डूँगे में अकेला रहा। किसी के साथ बात करने का उसका मन नहीं होता था, किसी के साथ उठने-बैठने या कहीं आने-जाने को भी जी नहीं करता था। वह दिन भर लेटा रहता या छत पर जाकर हुक्का गुड़गुड़ाता हुआ आसमान की तरफ देखता रहता। आसमान का खुलापन उन दिनों और भी खुला लगता था, जैसे कि दूर-दूर तक उसके दरवाज़े खोल दिए गए हों। उन दरवाज़ों से वह आसमान की गहरी, धुँधली और रहस्यमय दुनिया में प्रवेश कर सकता था—दूर पहाड़ियों पर ढले-झुके रंगीन बादलों को पार करके उनसे आगे, बहुत आगे, उस दुनिया तक जा सकता था, जहाँ किसी चील के पंख नहीं पहुँच पाते। पर जब साँझ गहराने लगती और आसमान के दरवाज़े बंद होने लगते, तो उसे मजबूर होकर घाट के छोटे-से आँगन में लौट आना पड़ता। छत से उतर कर सुनसान डूँगे में दियासलाई से रोशनी करनी होती और देखना होता कि सुबह के खाने में से इस वक्त के लिए क्या और कितना बचा है।

तीसरी रात आने तक उसका धीरज छूटने लगा। लगने लगा कि अब और इंतज़ार वह नहीं कर सकता...इंतज़ार से आगे भी चार मंज़िलें लाँघकर वह उस मुकाम तक आ पहुँचा है, जहाँ हर चीज़ एक रुकावट में बदल गई है...अपनी

एक-एक साँस से वक्त के एक-एक लम्हे तक। जैसे कि उसके सिवाय ज़िंदगी में और सब-कुछ बीत चुका हो...एक तूफ़ान ने उसके घर के लोगों को ही नहीं, सारी दुनिया को निगल लिया हो और डूँगे के अँधेरे में बैठा वह...अकेला वह उस बीती हुई ज़िंदगी का गवाह हो और मन-मारे उस क्षण की प्रतीक्षा कर रहा हो, जबकि बाकी दुनिया के साथ, उसी की तरह से भी बीत जाना होगा...।

चौथे रोज़ सब लोग सही-सलामत लौट आए। बुलार के तूफ़ान का किस्सा सबकी ज़बान पर था। खान बेगम की तारीफ़ करते नहीं थकता था कि मौत के मुँह में भी उसने उनका हौसला टूटने नहीं दिया। जब झील की लहरों में शिकारा उलटने को हो रहा था, तो उसकी हिम्मत थी, जो उन्हें बचाकर क्यूनस के किनारे तक ले गई थी। बीच में एक क्षण भी ऐसा नहीं आया जब बेगम का विश्वास डगमगा गया हो, या उसके मज़ाक में फर्क आया हो।

बेगम बुलार से एक नई योजना लेकर लौटी थी। ख़ान कुछ दिनों के लिए वहाँ से पेशावर जाएगा, और फिर वहीं लौट आएगा। अपना बोट खरीदकर वहीं रहेगा। जिन-जिन लोगों के बोट बिकाऊ हैं, उन सबसे पता करना होगा। उनसे बात करनी होंगी। बोट इस पार के चालू बोटों में से नहीं होगा। उस पार के रईसी बोटों में से कोई एक बोट देखना होगा। 'फ़िरदोस' के मिस्टर और मिसेज़ बर्टन वहाँ से छोड़कर जाने की सोच रहे थे। उनसे बात करनी होगी। सफ़ेद रंग का वह बोट ख़ान को बहुत पसंद था। सामान भी उसका बहुत अच्छा था। बुराई एक ही थी कि क़ादिर के बोट के बहुत पास था। पर वहाँ से उसे हटाया जा सकता था। इधर के किसी घाट पर अच्छी-सी जगह देखी जा सकती थी। ख़ान को क़ीमत की परवाह नहीं थी। बीस-पच्चीस-तीस हज़ार तक वह कुछ भी खर्च कर सकता था। बस उसके जाने से पहले बात तय हो जानी चाहिए थी।

...अगस्त शुरू हो चुका था। ख़ान कह रहा था कि सितंबर के पहले नहीं, तो दूसरे हफ्ते तक वह ज़रूर लौट आएगा। पूरी सरदी वहीं रहेगा। बर्फ़ के दिनों में काँगड़ी लेकर बैठा करेगा। फिरन पहना करेगा। कोई उसे पहचान भी नहीं सकेगा कि वह बाहर से आया है या वहीं का रहनेवाला है।

"दो महीने में तुम मुझे अपनी ज़बान सिखा दोगी न?" वह बेगम से कहता।

"क्यों नहीं सिखा दूँगी? नूरा से तुम मौजूर के गीत सीखना। तुमने कभी सुना नहीं...कितना अच्छा गाती है यह लड़की!"

नौ अगस्त का दिन था शायद...जिस दिन ख़ान को वहाँ से जाना पड़ा—बोट की बात तय होने से पहले ही। घर से बुलावा आ गया था। वे सब उसे मोटर स्टैंड पर छोड़ने गए। चलते वक्त बेगम का हाथ थामे हुए ख़ान की आँखें भर आईं। लौटकर डूँगे में आने के बाद बेगम से उस दिन कुछ खाया नहीं गया।

ख़ान के जाने के बाद एक ख़ला का अहसास खुद उसे भी होने लगा। वह

नुक्ता जिसके गिर्द ज़िंदगी चक्कर काट रही थी, एकाएक बीच से निकल गया था। जितने दिन ख़ान वहाँ था, शरीर और मन दोनों से व्यस्तता रही थी—शरीर से ज़्यादा मन से। सुबह उठने के साथ ही ख़ान के चाय-नाश्ते की फ़िक्र शुरू हो जाती थी—साथ ही अंदर की वह जद्दोज़हद...जो रात होने तक मन को निढाल कर देती थी। पर अब न वैसी व्यस्तता थी, न वह जद्दोज़हद—कम-से-कम उस रूप में नहीं थी। ज़िंदगी की अपनी स्वाभाविकता, जो ख़ान के आने से पहले थी, वह भी फिर लौटकर नहीं आई थी। हालाँकि फ़र्क किसी चीज़ में नहीं था। उसी तरह सुबह उठना, उसी तरह खाना-पीना और उस तरह यहाँ से वहाँ आना-जाना होता था, मगर कुछ था, जो आसपास की हवा से...बल्कि अपने अंदर कहीं से...गुम हो गया था।

बेगम से बहुत कम बात होती थी। करनी पड़े, इस मजबूरी से दोनों ही बचना चाहते थे। आमने-सामने पड़कर भी बिना एक-दूसरे की तरफ़ देखे, बिना एक-दूसरे की तरफ ध्यान दिए, पास से निकल जाने में ही सुविधा लगती थी। फिर भी जब कभी बहस होती, उसी की तरफ से होती। बढ़ते हुए अजनबीपन से बाहर आने की कोशिश उसी को करनी पड़ती। बेगम गरदन को ज़रा-सा मोड़कर उसकी बात का जवाब दे देती। फिर अपने काम में व्यस्त हो रहती। उसे हर बार अहसास होता कि बात करके उसने अपने को छोटा किया है। मगर रात-दिन की अस्वाभाविक ख़ामोशी उसे इस तरह कचोटती कि फिर एक बार बात करने—एक बार फिर से शुरुआत कर देखने से वह अपने को न रोक पाता।

मगर शुरुआत हो नहीं पाती थी। किसी भी तरह नहीं हो पाती थी। खान के साथ बुलार से होकर आने के बाद से बेगम ने जैसे अपनी दुनिया बिलकुल अलग कर ली थी। उस दुनिया में उसे नूरा और ख़ान को लेकर अलग रहना था, अलग तरह से ही उन दोनों के साथ अपने भविष्य की रूपरेखा बनानी थी। उस दुनिया में वह—ख़ालका—एक अनावश्यक प्रसंग की तरह था, जिससे बेगम को ख़ास मतलब नहीं था। वह उसके साथ ज़िंदगी काटे रही थी, आगे भी काट सकती थी—मगर अब से उसकी दुनिया में रहकर नहीं, उसे अपने साथ अपनी दुनिया में रखकर।

ख़ान के लिए हाउस बोट खरीदने की बात ख़ान के चले जाने के बाद भी बेगम के दिमाग पर छाई रही थी। बर्टन परिवार के अलावा और कुछ लोगों की बोट भी वह देख आई थी। सिद्दीक तथा कुछ और लोग उसके इस शौक़ में शामिल थे। उसे आकर बताते रहते थे कि कहाँ कौन बोट किस क़ीमत पर बिक रहा है। बेगम खुद देखने जाती और घर आकर घंटों उसके साज-सामान की क़ीमतें जोड़ती रहती। वह सोचे हुए थी कि ख़ान का ख़त आने तक कम-से-कम तीन-चार बोटों का पूरा ब्यौरा उसे लिख भेजेगी...।

मगर हालात ऐसे थे कि आज का तैयार किया ब्यौरा कल-तक ग़लत हो जाता था। ज्यों-ज्यों पंद्रह अगस्त का दिन पास आ रहा था, हर नई अफवाहों के साथ बोटों की कीमतें घटने-बढ़ने लगती थीं। सुबह जिस बोट की क़ीमत अट्ठारह हजार बताई जाती, शाम तक पता चलता कि वह बाईस हज़ार में बिक गया है। इससे पैदा हुई निराशा अभी मन से दूर न हो पाती कि पता चलाता, वह बोट फिर सत्रह हज़ार में बिकाऊ है; और यही नहीं उससे अच्छा दूसरा बोट जो परसों तक बीस हज़ार का था, अभी हाथोंहाथ पंद्रह हज़ार में ख़रीदा जा सकता है।

सिद्दीक बहुत उत्साहित होकर ये ख़बरें लाता था। बेगम सुनकर कभी उत्साहित और कभी हताश हो उठती। उसका बस चलता तो बिना ख़ान के खत की प्रतीक्षा किए वह किसी-न-किसी बोट का सौदा तय कर डालती। पर अब मजबूरी थी। ख़ान का ख़त आने तक ही नहीं, खुद ख़ान के लौटकर आने तक उसे इंतज़ार करना था। तब तक ब्यौरा ही जमा कर सकती थी, और वह ऐसा खेल था, जिसमें दिन में दो-दो बार खुद अपने से हार जाती थी।

और हर गुज़रते दिन के साथ बेचैनी बढ़ती जाती। क़ीमतों की वज़ह से उतनी नहीं, जितनी दूसरी अफवाहों की वज़ह से। नौ अगस्त को ख़ान गया था। तेरह-चौदह से पहले तो उसका खत आ ही नहीं सकता था। पर लोग कह रहे थे कि चौदह-पंद्रह अगस्त के बाद उस तरफ से कोई खत आना मुमकिन ही नहीं होगा। उधर से खत डाला भी जाएगा, तो वह पानेवाले तक नहीं पहुँचेगा। आने-जाने के रास्ते भी हमेशा के लिए बंद हो जाएँगे। जिसे जाना हो, पंद्रह से पहले ही चला जाए। बेगम इन बातों से परेशान होकर भी इन्हें स्वीकार नहीं करना चाहती थी। उसे अफ़वाहों से ज्यादा भरोसा ख़ान की बात पर था—कि एक बार बँटवारा हो जाने के बाद फिर बहुत जल्दी सुलह-सफ़ाई हो जाएगी। उसकी सबसे बड़ी दलील यही थी कि अनपढ़ हाँजी जो कुछ कहते हैं, वह ख़ान जैसे पढ़े-लिखे आदमी की बात से ज्यादा सही कैसे हो सकता है? इसलिए वह लोगों से लड़ भी पड़ती थी। "यह सब झूठ बात है," वह कहती, "ऐसे लड़ाई-झगड़े पहले क्या नहीं हुए? रास्ते चार दिन चाहे बंद रहें, पर हमेशा के लिए बंद नहीं हो सकते हैं। बँटवारा होगा, तो ज़मीन के दो टुकड़े नहीं हो जाएँगे।"

बेगम के मुँह से ऐसी बातें सुनकर वह संजीदा हो जाता। क़ादिर बेगम का मज़ाक उड़ाता। जान-बूझकर बात में ख़ान का जिक्र लाकर अपनी चुस्त सलवार के बल ठीक करता हुआ कहने लगता, "महाराजा हरिसिंह को चाहिए कि दस दिन के लिए हुकूमत की बागडोर बेगम के हाथ में सौंप दें। बस, फिर दस दिन में ही पेशावर के सब ख़ान कश्मीर में आ बसेंगे और यहाँ के हाँजी पेशावर जाकर अंगूर बेचने लगेंगे!"

बेगम क़ादिर की बात से चिढ़कर भी उसके मुँह पर ख़ामोश रहती। क़ादिर के प्रति उसके व्यवहार में पहले से ज़्यादा रूखापन आ गया था। पहले जिन बातों पर उससे झगड़ने लगती थी, अब उन्हें सुनकर भी अनसुनी कर जाती। खान के जाने के बाद क़ादिर का उनके यहाँ आना-जाना काफ़ी बढ़ गया था। बेगम के मन की बात का अंदाज़ा शायद उसे भी था और वह इस टोह में था कि पेशावर से सचमुच कोई ख़त आए तो उससे बात छिपी न रहे। इन्हीं दिनों कासिम के साथ नूरा के रिश्ते की बात भी उसने चला दी थी। बात सुनकर बेगम के माथे पर एक शिकन आई, मगर उस वक्त क़ादिर के सामने मुँह से कुछ ज़ाहिर नहीं होने दिया।

पंद्रह अगस्त का दिन आकर बीत गया। एक-एक करके और भी कितने ही दिन निकल गए। इस बीच ख़ान का कम-से-कम एक तो खत आना ही चाहिए था, जो कि नहीं आया। डाक का वक्त होने पर बेगम हर रोज़ सिद्दीक को पोस्ट ऑफिस पता करने भेजती। सिद्दीक घंटा डेढ़ घंटा लगाकर लौटता और रोज़ घर की सीढ़ी से ही सिर हिलाकर बता देता कि खत नहीं आया। बेगम तब तक उत्सुकता से उस तरफ देख रही होती, मगर पता चलने के बाद फौरन अपने को किसी-न-किसी काम में व्यस्त कर लेती, ज़ाहिर करना चाहती कि चिट्ठी न आने का उसके मन पर कोई ख़ास असर नहीं है। आज नहीं आई, तो कल आ जाएगी।

पर उस दिन बेगम के लिए अपने को सँभाले रखना असंभव हो गया, जिस दिन सिद्दीक ने आकर बताया कि क़ादिर भी रोज़ उस वक्त पोस्ट ऑफिस में डाक का पता करने आया करता था, पर अब दो-एक दिन से नहीं आ रहा। यह नामुमकिन नहीं कि उसके नाम आई चिट्ठी उसी ने वहाँ से हथिया ली हो।

बेगम सुनकर सिद्दीक पर उबल पड़ी। "तो तुम वहाँ खड़े क्या करते रहते थे? तुमने पूछा नहीं कि हमारे नाम आई चिट्ठी किसी और के हाथ में क्यों दी गई?"

"तुम्हारा खयाल है सिद्दीक यह सब पूछे बगैर ही वहाँ से चला आता है? ...पर मुझे लगता है, डाकिये को भी उसने अपने साथ मिला रखा है। डाकिया कहता है, उसे कुछ मालूम नहीं। कब किसकी चिट्ठी आई, यह वह कैसे याद रख सकता है?"

"याद रख सकता है या नहीं, यह सब पता चल जाएगा।" बेगम का चेहरा सुर्ख़ हो गया। "मेरी चिट्ठी अगर उस कमीने के हाथ में दी गई होगी, तो मैं दोनों को जेल भिजवाए बिना चैन नहीं लूँगी।"

सिद्दीक इस बात से थोड़ा सहम गया था, क्योंकि उसने अपने जाने यह बात शायद बहुत साधारण समझकर कही थी; बल्कि शायद चापलूसी में ही कह दी

थी।

मगर बेगम के मन में इस बात को लेकर एक बार संदेह का बीज पड़ गया, तो फिर ज़िंदगी भर नहीं निकल सका।

पोस्ट ऑफिस में बेगम ने खुद कई चक्कर लगाए। डाकिए से हर तरह की जिरह की, खुद जाकर पोस्ट मास्टर से मिली। वहाँ से भी तसल्ली नहीं हुई, तो क़ादिर को बुलाकर उसकी डाँट-फटकार की। क़ादिर कसमें खाता रहा कि उसने उनकी कोई चिट्ठी पोस्ट ऑफिस से नहीं ली, मगर साथ ही ख़ान को लेकर अबा-तबा जो कुछ मुँह में आया, बकता रहा। "तुम्हारा खयाल है हमारे जीते-जी इस घर की लड़की किसी पठान को सौंप दी जाएगी और हम खामोश बने रहेंगे?" उसने कहा। "वह आदमी अब आकर कदम तो रखे यहाँ, हम उसकी हड्डी-पसली एक न कर दें तो! ...हम तो सोचते थे कि अमीर आदमी है, दस दिन आकर रहा है, इसीलिए उसके ख़त में इतनी दिलचस्पी है। यह किसने सोचा था कि घर में रखकर लड़की के साथ उसे ऐश कराने के इरादे हैं। और यह भी किसे मालूम है कि अभी इरादे ही हैं, या बात इससे आगे बढ़ चुकी है! अगर सचमुच अपना मुँह काला कर चुके हो, तो साफ-साफ क्यों नहीं बताते! मैं जाकर लड़की को उसके पास पेशावर छोड़ आता हूँ। दस और हाँजियों को भी साथ लेता जाऊँगा ताकि लड़की को उसके सुपुर्द करने से पहले पता चल जाए कि उसके जिस्म में खून कितना है और पानी कितना!"

सिर-फुटव्वल उसी दिन हो जाती अगर वह बीच में पड़कर कादिर को डूँगे से बाहर न ले जाता। क़ादिर ने भी इतनी समझदारी कर ली कि डूँगे से बाहर निकलकर सड़क पर उस तरह बकझक नहीं की। चलते हुए वह इतना ही कहता रहा, "देखो, अब इस लड़की को ज़्यादा दिन कुँवारी नहीं रखा जा सकता! अब की ईद तक तुम्हें इसकी शादी कर ही देनी होगी। क़ासिम में चार ऐब हो सकते हैं, पर आजकल कौन ऐसा लड़का है जिसमें कोई ऐब नहीं? हाँजियों के और लड़कों से किस लिहाज़ में वह बुरा है?"

वह उस वक्त क़ादिर का दिमाग ठंडा रखना चाहता था, इसलिए उसकी हर बात पर सिर हिलाता रहा। कहता रहा कि चार दिन में बेगम का गुस्सा उतर जाने पर वह उससे बात करेगा। जब अपने घर में ही क़ासिम जैसा लड़का है, तो किसी और से लड़की को ब्याहने की बात सोची ही कैसे जा सकती है?

बाँध के उस सिरे तक वह क़ादिर के साथ-साथ चलता गया। वहाँ से क़ादिर को उस पार भेजकर वापस आया, तो इसकी टाँगें दर्द कर रही थीं। आँखों में गनूदगी छाई थी। आकर तकिये पर सिर रखकर लेटा, तो फिर कई दिन होश-हवास खोकर लेटा ही रहा। बाद में लोगों ने बताया कि वह घंटों बड़बड़ाता रहता है। एक दिन हालत यहाँ तक पहुँच गई थी कि उसके जीने की उम्मीद भी छोड़ दी

गई थी। पर उसे लगा था जैसे एक लंबी, बहुत लंबी रात में वह लगातार एक सपना देखता रहा हो....कलकत्ते का फुटपाथ—जहाँ वह भीड़ से बचता हुआ एक तरफ चल रहा है...एस्प्लेनेड की तरफ से फौजी दस्ते के जूतों की आवाज़ आ रही है...ऊपर हवाई जहाज़ों की गूँज सुनाई दे रही है...लोग दीवारों के पीछे छिपने के लिए दौड़ रहे हैं...अचानक पास ही कहीं एक बम फटा है और वह लहूलुहान होकर फुटपाथ से सड़क पर जा गिरा है...सड़क सुनसान हो गई है और दूर-दूर तक कोई इनसान नज़र नहीं आता...वह चिल्लाना चाहता है, मगर उसके गले से आवाज़ नहीं निकलती...उसकी गरदन एक तरफ को लुढ़ककर वहीं पथरा गई है...उसके हज़ार कोशिश करने पर भी सीधी नहीं होती...फिर एक तख़्ता है जिस पर डालकर कुछ लोग उसे लिए जा रहे हैं...वह उसका जनाज़ा है...वह तख़्ते से उठना चाहता है...कहना चाहता है कि वह अभी मरा नहीं, ज़िंदा है...मगर उठ सके, या बोल सके, इतनी ताकत उसमें नहीं है...वह अब एक गड्ढे में है और लग रहा है कि अभी गड्ढे को मिट्टी से पाट दिया जाएगा...वह पड़ा-पड़ा इंतज़ार कर रहा है, मगर मिट्टी ऊपर से नहीं डाली जाती...तभी एक हाथ धीरे-धीरे माथे को सहलाने लगता है...अब वह गड्ढे की जगह बिस्तर पर है और करवट बदल रहा है...एलिस का नंगा शरीर उसके शरीर पर झुका है और वह उससे लिपटकर पूछ रही है कि उसके लिए वह कश्मीर से क्या तोहफ़ा लाया है...बाहर से शाह साहब की आवाज़ सुनाई दे रही है...वह डर रहा है कि शाह साहब को पता न चल जाए कि वह वहाँ लौट आया है, और एलिस के साथ बिस्तर में लेटा है...बाहर से उसे बुलाया जा रहा है...वह एलिस के नंगे शरीर को ऊपर से हटाकर बाहर आता है...बाहर आते ही शाह साहब से नहीं, रमज़ान से सामना होता है। रमजान उसे देखते ही गाली बकने लगता है और उसकी बाँह पकड़कर उसे घसीट ले चलता है...सामने दरिया है...हुगली नहीं जेहलम...रमज़ान उसे दरिया में धकेल देना चाहता है...एक औरत अपनी किश्ती में बैठी खामोश आँखों से सब देख रही है...वह नीले रंग का फिरन पहने है और उसके कानों में चाँदी के कनवाज़ हैं...पानी में धकेल दिए जाने पर वह उस किश्ती की तरफ तैरने लगता है...मगर वह किश्ती उससे दूर-दूर हटती जाती है...आगे घना जंगल है...किश्ती ग़ायब हो जाती है वह जंगल में भटकने लगता है...।

जब होश में आया, तो पता चला कि कई हफ्ते बुखार में पड़ा रहा है। उस वक्त बेगम उसके सिरहाने बैठी थी। पहली बात जो उसने बेगम से पूछी थी, वह थी, "ईद में कितने रोज़ बाकी हैं?"

"बहुत रोज़ बाकी हैं," बेगम ने उसके सिर पर हाथ फेरते हुए कहा। "तुम अभी से ईद की फिक्र क्यों करने लगे?"

ईद...पर ईद से कुछ रोज़ पहले ही आसमान का रंग बदलने लगा था।

एक दिन बारिश हुई थी...हलकी बूँदाबाँदी। दूसरे दिन सलेटी रंग की ज़िंदा भाप आसपास घिर आई थी...बाँध के एक सिरे से दूसरे सिरे तक, टीन की छतों के ऊपर, दरिया के आर-पार। आदमी, नावें, पेड़ सब कोहरे में डूबी, हिलती हुई धुँधली लकीरों में बदल गए थे। सामने का पुल और सड़क पर बिजली के खंभे आसमान को नापते सिलसिलेवार स्याह निशानों जैसे नज़र आ रहे थे। अपने हाथ-पैरों से लेकर पहने हुए कपड़ों तक सब-कुछ इतना ठंडा हो गया था कि उसी दिन से आनेवाले बर्फ़ानी दिनों का अहसास होने लगा था। वह दिन भर ऊनी पाजामा पहने, काँगड़ी लिए सिमटकर बैठा रहा था।

धीरे-धीरे कोहरे के रंगों में घुल-मिलकर शाम-गहरी हुई थी...शाम का गहराना जिस्म के और हिस्सों से ज्यादा नंगे हाथ-पैरों और उकड़ूँ घुटनों को महसूस हुआ था। अभी छः नहीं बजे थे कि आसपास रात की तारीकी घिर आई थी...उसके साथ-साथ एक और तारीकी जो पिछले दो दिन से ठंडे माहौल को और भी ठंडा बना दे रही थी। बाँध के उस तरफ से आई कई तरह की ख़बरें घाट के सन्नाटे में फुसफुसाहट भर जाती थीं। परसों सुना था कि पाकिस्तान की सरहद से बहुत-से कबाइली दस्ते...अफ़रीदी, वज़ीरी, महसूद और दूसरे...कृष्णगंगा का पुल पार करके लूटमार के इरादे से मीरपुर और पुंछ के इलाके में आ दाख़िल हुए हैं। कल ख़बर आई थी कि वे सिर्फ लूटमार के लिए नहीं, सारे काश्मीर पर कब्ज़ा करने के लिए उस तरफ आ रहे हैं...कि उनमें सिर्फ़ कबाइली ही नहीं, पाकिस्तानी फौज के सिपाही भी शामिल हैं, जो मोटरों और ट्रकों में दोमेल-बारामूला की सड़क से इस तरफ को बढ़े आ रहे हैं...कि वे सब तरह की मशीनों, तोपों और गोले बारूद से लैस हैं...और कि मुजफ्फराबाद तक आते-आते उन्होंने गई गाँव जला दिए हैं और कितने ही लोगों को नंगा खड़ा करके गोलियों से उड़ा दिया है और आज पता चला था कि वे लोग उड़ी तक आ पहुँचे हैं और अब, किसी भी वक्त, बारामूला और सोपुर पहुँच सकते हैं।

दशहरे का दिन था...फिर भी बाँध पर बहुत कम लोग आते-जाते नज़र आ रहे थे। हवा की ठिठुरन में एक वीरानी-सी भरी थी—रुकी और सहमी हुई-सी वीरानी...जैसे कि शहर की ज़्यादातर आबादी शहर से बाहर चली गई हो।

दरिया में भी कोई खास हलचल उस दिन नहीं थी...सिवाय यहाँ वहाँ की रोशनी के, या उन हलकी-हलकी आवाज़ों के जो दरबार के सिलसिले में नीचे की तरफ जाते शिकारों में से सुनाई दे जाती थी। धुँध की वजह से रोशनियाँ बुझी-बुझी-सी नज़र आती थीं—आसमान में इधर-उधर बिखरे बेजान धब्बों जैसी...और आवाज़ें उस ख़ामोशी में बहुत अजनबी लगती थीं।

डूँगे के सर्द अँधेरे में वे लोग खामोश बैठे थे। खाना जल्दी खा लिया गया था। दोनों लालटेनें, बेगम के कहने से सिद्दीक ने बुझा दी थीं। बेगम का शायद

ख़याल था कि सब लोग जल्दी से सो जाएँगे, पर नींद किसी की भी आँखों में नहीं थी। सब अपनी-अपनी जगह बैठे, एक-दूसरे से आँखें हटाकर देख रहे थे...बीच-बीच में कभी एक दूसरे की तरफ़ भी देख लेते थे। शायद एक ही बात सबके मन में थी, जो वे एक दूसरे से कह नहीं पा रहे थे। आख़िर सिद्दीक ने, आँखों से हरेक के चेहरे की टोह लेते हुए, पहली बात कही थी, "तो अब...अब उसका क्या होगा, मेरी ज़मीन का?"

सिद्दीक का इस तरह ख़ामोशी को तोड़ना किसी को अच्छा नहीं लगा...उसे तो बिलकुल ही नहीं। उसके घुटनों में खून जम गया था। उन्हें सीधा करके वह चुपचाप सिद्दीक की तरफ देखता रहा। सिद्दीक की बात का जवाब बेगम ने दिया, "तुम्हें इस वक्त भी अपनी ज़मीन की सूझ रही है?"

सिद्दीक इससे थोड़ा आगे को सरक आया। बोला, "मेरे पास सिवाय उस ज़मीन के और है ही क्या? तुम्हें और ख़ान को सोपुर छोड़कर वहाँ गया था, तो मुझे बारह सौ मिल रहा था उसका, पर मैंने नहीं लिया कि वही तो चीज़ है जिसके आसरे मैं घर बसाने या कुछ भी करने की सोच सकता हूँ। ज़मीन बेच दूँगा, तो मेरे पास क्या रह जाएगा? और ज़मीन के सिलसिले में कभी बारामूला तक आना-जाना हो जाता है...ज़मीन ही चली गई तो मैं फिर कभी बारामूला किसलिए जाऊँगा? और अब अगर यह सच है कि उधर के लोग..." और यह कहते हुए सिद्दीक की आवाज़ धीमी हो गई। ..."अगर यह सच है कि कबाइली लोग वह सब करने इधर आ रहे हैं जो कि लोग कहते हैं, वे कर रहे हैं और कल तक अगर सचमुच बारामूला पर उनका कब्ज़ा हो जाता है, तो मुझे सोचना नहीं चाहिए कि मेरी ज़मीन का क्या होगा? ज़मीन के कागज़ तब कौन मुझसे देखेगा और वह वापस किस तरह मिलेगी?"

"तुम्हारी ज़मीन!" बेगम की आवाज़ में पहले से ज्यादा कड़वाहट आ गई। "तुम्हें सिवाय अपनी ज़मीन के दुनिया में और किसी चीज़ से वास्ता भी है? बारामूला और सोपुर में लोगों की जान पर क्या गुज़रेगी, इससे तुम्हें कुछ भी मतलब नहीं, मतलब है सिर्फ इससे कि तुम्हारी उस चार बीघा ज़मीन का क्या होगा!"

"चार बीघा?..." सिद्दीक के चेहरे की सिकुड़नें गहरी हो गईं। "नौ बीघा ज़मीन है मेरी वहाँ पर...कम से कम भी होगी तो आज वह दो हज़ार की होगी। जिसने बारह सौ दाम लगाया था, उसने सोचा होगा कि मुझे ज़मीन की कीमत का कुछ अंदाज़ा ही नहीं है। पर मैं कितना भी बेवकूफ क्यों होऊँ, इतना नहीं हूँ कि दो हज़ार की ज़मीन बारह सौ में किसी को दे दूँ। और तुम उसे ज़मीन कहती हो, पर सिद्दीक के लिए वह ज़मीन नहीं, उसकी जान है। ज़मीन ही हाथ से चली गई तो सिद्दीक के पास रह क्या गया? समझ लो कि उसकी जान भी साथ ही चली गई!"

"तो क्यों नहीं रातोंरात वहाँ चले जाते?" बेगम ने तल्ख होकर कहा। "जाकर ज़मीन पर औंधे लेट रहना ताकि उसे कोई उठाकर न ले जाए।" इस पर हलकी सी हँसी नूरा के गले से सुनाई दी, तो बेगम ने उसे भी डाँट दिया।

बेगम की परेशानी को उस वक्त सिर्फ वही समझ रहा था। जानता था कि बेगम वह बात अपने मुँह से नहीं कहेगी...अपने मन की कमज़ोरी किसी के भी सामने ज़ाहिर नहीं होने देगी। परेशानी की झलक बेगम की बातचीत में कल से ही मिल रही थी—तभी से जब कबाइलियों के बारामूला और सोपुर की तरफ बढ़ने की ख़बर पहली बार सुनी गई थी। उसने कल भी चाहा था कि बेगम से उस बारे में बात करे, पर इसका मौका ही उसे नहीं मिल पाया था।

"तुम्हारी ज़मीन अपनों की जान से ज्यादा कीमती नहीं है," घुटने को हाथ से मलते हुए उसने सिद्दीक से कहा। "बारामूला में तुम्हारे ही कितने रिश्तेदार हैं। सोपुर में बेगम का मायका है। नबी नागू अकेला है वहाँ पर...इस उम्र में अब इतनी जान भी नहीं है उसमें कि खतरे के वक्त वहाँ से निकलकर चला आए...या किसी महफ़ूज़ जगह पर जा रहे । मैं तो सोचता हूँ कि हममें से कोई आदमी वहाँ जाकर उसे साथ ला सके, तो..."

"वह यहाँ हरगिज़ नहीं आएगा," बेगम ने बात बीच में ही काट दी। "उसे अकेले मरना मंज़ूर होगा, मगर किसी के भी जाने से वह श्रीनगर नहीं आएगा, और न ही एक दिन भी हम लोगों के साथ आकर यहाँ रहेगा। उसकी बेटी को अपना इतना मान है कि वह उस दिन के बाद उससे मिलने नहीं गई...उसे खुद को अपना कितना मान है, यह क्या यहाँ किसी को मालूम नहीं?"

"तुम भी अगर चलो," वह बोला, "और मैं तुम्हारे साथ चलूँ, तो हो सकता है। उसे आने के लिए राज़ी किया जा सके...।"

"वह फिर भी नहीं आएगा," कहते हुए बेगम का चेहरा दूसरी तरफ हट गया। "किसी भी हालत में वह यहाँ आने के लिए राज़ी नहीं होगा।" फिर पल भर खामोश रहने के बाद उसने कहा, "और मैं ही क्यों उसे लाने जाऊँगी? उस दिन आई थी, तो ज़िंदगी भर के लिए उसे छोड़कर ही तो आई थी। उसके लिए भी उसकी लड़की उसी दिन मर-खप गई...उसका बस चलेगा, तो वह मुझे अपना कफ़न तक नहीं छूने देगा।"

सिद्दीक बाँहें लपेटकर बैठ गया था और बारी-बारी से दोनों की तरफ देख रहा था। नूरा उँगली से तख़्ते पर लकीरें खींच रही थी। सिवाय उसकी हिलती हुई सफ़ेद उँगली और सब लोगों की उठती-गिरती साँसों के और कहीं कोई और हरकत नज़र नहीं आ रही थी। नीचे घाट पर मुर्गियाँ कुड़कुड़ा रही थीं। सिद्दीक रात के लिए उन्हें डूँगे में लाना भूल गया था। उनके पंखों की फड़फड़ाहट हवा में लगातार चलती एक छटपटाहट की तरह महसूस होती थी। एक बार आँखें

उठाकर उसने सिद्दीक की तरफ देखा। सिद्दीक मुर्गियों को किनारे से लाने के लिए उठ खड़ा हुआ। पर उसके डूँगे से नीचे जाने और लौटकर आने के बीच ही एक बहुत बड़ी घटना हो गई। दरिया पर फैली धुँध में झिलमिलाती सब-की-सब रोशनियाँ एकाएक गुल हो गईं। दरिया की काँपती हुई सतह भी कुछ देर अँधेरे में ओझल हो रही।

सिद्दीक अभी शायद घाट पर ही था...क्योंकि तख़्ते पर आते हुए उसके पैरों की हड़बड़ाहट का अंदाज़ा सभी को हुआ। डर भी लगा कि वह तख़्ते से कहीं नीचे तो नहीं जा गिरा। पर इससे पहले कि कोई भी अपनी जगह से उठता, सिद्दीक दोनों कुड़कुड़ाती मुर्गियों को छाती से सटाए, हिलते हुए डूँगे में उनके सामने आ खड़ा हुआ...एक बिना चेहरे के स्याह बुत की तरह। "सारे शहर की बत्तियाँ गुल हो गई हैं," उसके गले से डरी और बैठी आवाज़ सुनाई दी। "आज...दरबार के दिन...शहर की सारी बत्तियाँ गुल हो गई हैं।"

मुर्गियाँ सिद्दीक की बाँहों में कुड़कुड़ा रही थीं। उँगली एक ही जगह पर रुकी हुई हलके-हलके काँप रही थी। बेगम की आँखें जैसे अँधेरे को चीरकर पहले पुल के पास कुछ देखना चाह रही थीं। सिद्दीक ने जैसे खड़े-खड़े बात की थी, वैसे ही बुत की तरह खड़ा रहा। और उसकी टोपी डूँगे की छत को छू रही थी। बाहर धुँध के बड़े-बड़े लच्छे कच्ची बर्फ़ के लोंदो की तरह दरिया की सतह पर धीरे-धीरे चल रहे थे।

एक सवाल उस वक्त शायद उन सबकी जबान पर आया था, उनमें से किसी ने वह पूछा ही नहीं। साँस रोके इंतज़ार करते रहे कि शायद अभी रोशनियाँ फिर से जल जाएँ...पर रोशनियाँ उस वक्त की बुझी, छब्बीस रोज़ बाद तक नहीं जलीं।

गहरे अँधेरे में ही उस बार की ईद आई...और बिना रोशनियों के ही उस बार की दीवाली हुई। मगर ईद और दीवाली के बीच जितना कुछ हुआ...और उसके बाद में...वह उनमें से किसी ने कभी ख़्वाब में नहीं सोचा था।

महोरा के बिजलीघर पर कबाइलियों ने कब्ज़ा कर लिया था। और दो ही दिन में मारधाड़ करते बारामूला तक आ पहुँचे थे। उधर टंगमार्क की तरफ से भी उनके बढ़ आने की ख़बर थी और लग रहा था कि अब कबाइली दस्ते श्रीनगर की सरहद में दाख़िल होने को ही हैं। कई-कई लोग तो कहते थे कि वे लोग एक तरफ शालटैंग और दूसरी तरफ हवाई अड्डे तक आ पहुँचे हैं। पर इस बीच जल्दी-जल्दी कई और तब्दीलियाँ हुईं जिन्होंने लड़ाई का रुख पलट दिया। महाराजा हरिसिंह ने रियासत जम्मू काश्मीर को हिंदुस्तान में शामिल करना मंज़ूर कर लिया। और उससे अगली सुबह दर्जनों हवाई जहाज़ आसमान में मँडराते नज़र आने लगे। इससे पहले कि एक भी कबाइली चेहरा श्रीनगर में नज़र आता, हिंदुस्तानी

फौजों ने उन्हें खदेड़ना शुरू कर दिया। एक नाम, जो उन दिनों सबकी जबान पर था, वह था कर्नल राय का। सुना जाता था कि यह कर्नल राय की मोर्चेबंदी ही थी कि जो लड़ाई श्रीनगर की हदों में दाख़िल नहीं हो सकी। पर तभी ख़बर आई कि हमलावरों की भारी तादाद में घिर जाने से कर्नल राय हलाक हो गए। एक बार फिर अंदेशा हुआ कि शायद आज या कल श्रीनगर के अंदर मार-काट होने लगे, पर तब तक काफी असला और सिपाही हिंदुस्तान से आ गए थे। हमले के पंद्रहवें या सोलहवें रोज़ दुश्मन से उनकी तरफ एक भयानक मुठभेड़ हुई.. .श्रीनगर से सिर्फ चार मील बाहर...और उसके बाद अगले रोज़ की दोपहर तक, हिंदुस्तानी फ़ौजों ने फिर से बारामूला पर कब्ज़ा कर लिया। दो दिन बाद ही उन्होंने हमलावरों को उड़ी के उस तरफ पहुँचा दिया।

और लोगों के लिए यह सब तो नया था, उसके लिए नहीं। उसे लग रहा था जैसे वह फिर से कलकत्ते में जापानी हमले के दिनों में जी रहा हो...या वही दिन लंबे होकर आज तक चले आए हों। रात को अँधेरा उसी तरह रहता था, हालाँकि अँधेरे को चीरती हुई सायरन की खौफ़नाक आवाज़ सुनाई नहीं देती थी। उसकी जगह सुनाई देती थीं रीगल और अमरीश के पास से गुजरते हुए जलूसों के नारों की आवाज़ें :

"हमला आवर होशियार!
नेशनल कांफ्रेंस है तैयार!"
या :
"शेरे-काश्मीर का क्या इरशाद?
हिंदू मुस्लिम सिख इत्तिहाद!"

इनके अलावा हजारों नारे..."आवामी राज ज़िंदाबाद! ... नेशलन कांफ्रेंस ज़िंदाबाद! ....और ऊँचे सुर में सब आवाज़ों से ऊपर उठती एक आवाज़... "बोल कि लब आज़ाद हैं तेरे...।"

वह घर से बहुत कम बाहर निकलता था...सिर्फ उसी दिन बाहर गया था जिस दिन पंडित नेहरू ने लाल चौक में तक़रीर की थी...शेख अब्दुल्ला का हाथ हाथ में लिए हुए कहा था, "ये हाथ असल में अब्दुल्ला के हाथ नहीं, हिंदुस्तान और काश्मीर के हाथ हैं...।" और उस दिन भीड़ में धक्के खाता हुआ वह मुश्किल से अपने डूँगे तक वापस पहुँच पाया था।

उन दिनों भी रात को उसे देर तक नींद न आई। अँधेरे में दूर से सुनाई देती आवाज़ें और बाँध से चुपचाप गुज़रते पैरों की आहटें रात-रात भर उसके दिमाग में गूँजती रहतीं। उसे लगता कि वह बरसों से अँधेरे और आहटों के बीच जागता हुआ उसी तरह करवटें बदल रहा है...कि वह कितना ही क्यों न चाहे, उनसे बचकर कहीं नहीं जा सकता। अँधेरे का घेरा उसे एक कैदखाने की

तरह लगता। अपनी साँसों पर उसे बे-तरह दबाव महसूस होता। लगता कि कई चेहरे हैं तो उसे चारों तरफ से घेरे हुए हैं...बेगम, नबी, नूरा, क़ादिर, सिद्दीक, ख़ान...वह भागकर कहीं चला जाए, वे चेहरे उसके साथ जाएँगे...सिर्फ़ उनके नाम दूसरी जगह और हो जाएँगे...शाह साहब, एलिस, मज़ीद। अँधेरा हर जगह उसी तरह रहेगा...चाहे एक जगह उसकी आवाज़ खौफ़नाक साइरन की हो और दूसरी जगह जुलूस के नारों की। लड़ाई भी हर जगह उसी तरह चलेगी...हमलावर चाहे जापानी सिपाही हों, या पाकिस्तान से आए हुए कबाइली...।

दिन में उसे अपने से चिढ़ होती कि वह इस तरह की बातें क्यों सोचता है। तब वह अंदर से कोशिश करता है कि रात का फिर उस तरह आना, किसी तरह वह अपने को उस दम घोटते सन्नाटे से बचाकर रख सके। इसके लिए वह दिन भर घर के छोटे-छोटे कामों में दिलचस्पी लेता...नूरा और नज़्मा से बातें करता...नज़्मा के बच्चे से खेलता। पर जब क़ादिर सामने पड़ जाता, तो रात का सन्नाटा दिन में भी उसकी कनपटियों पर चोटें करने लगता। कादिर ने उसके बाद मुँह से बात नहीं की थी, पर उसकी आँखों से ही लगता था जैसे वह एक ही बात हो जिसे कहने के लिए वह मौके की तलाश में हो...जैसे कि मौका मिलते ही एकाएक उसे उस पर झपट पड़ना हो। जितना ही उसका मन क़ादिर से डरता, उतने ही प्यार से वह उससे बात करने की कोशिश करता...पास से गुज़रते हुए कभी उसकी पीठ थपथपा देता, कभी दूर से उससे आँख मिल जाने पर बिना मतलब मुसकरा देता।

सिद्दीक ने बारामूला जाने का फैसला कर लिया था...जाकर एक बार वह अपनी ज़मीन को देख लेना चाहता था। सब लोग मना कर रहे थे कि उन दिनों वहाँ जाने में खतरा है, पर सिद्दीक पर यह धुन इस तरह सवार थी कि किसी का कुछ भी कहना बेमानी था। तभी सोपुर से खबर आई कि वहाँ किसी को भी नबी नागू का कुछ पता नहीं है...कि एक रात वह काफी बीमार था, पर अगली सुबह किसी ने उसे डूँगे में या कहीं आसपास नहीं देखा। किसी का कहना है कि निंगल का पादरी उसे अपने साथ बारामूला के अस्पताल में ले गया था...और किसी का ख़याल था कि वह खुद ही अपना बुचका लेकर श्रीनगर के लिए निकल पड़ा था। यह बात कबाइलियों के हमले से पहले की थी...उसके बाद उसका क्या हुआ यह किसी को मालूम नहीं था। जिस दिन यह खबर मिली, उस दिन बेगम सबसे अलग-थलग बैठी रही...किसी की भी बातचीत में उसने हिस्सा नहीं लिया। वह देख रहा था कि बेगम के चेहरे की पतली जिल्द के पीछे कोई चीज़ लगातार काँप रही है...जैसे हलके आँसुओं की एक धार आँखों के अंदर की तरफ टपक रही हो। वह कुछ देर बेगम के सामने जाने से बचता रहा, फिर चुपचाप उसके पास आकर बैठ गया। "मैं सोचता हूँ सिद्दीक के साथ मैं भी सोपुर तक चला

जाऊँ," कहकर दाएँ हाथ के नाखूनों को वह बाएँ अगूँठे से मसलता रहा।

"क्यों?" बेगम की आवाज़ उसे बहुत ठंडी लगी, जैसे उसे इस चीज़ में कोई दिलचस्पी ही न हो।

"ऐसे ही। ...तो सिद्दीक का साथ हो जाएगा, दूसरे वहाँ पर पता कर लूँगा। अगर नबी बारामूला के अस्पताल में हुआ, तो एक बार वहाँ जाकर उससे भी मिल लूँगा।"

उसका ख़्याल था कि बेगम उसे मना करेगी...एक बार तो कम-से-कम कहेगी ही कि उसे नहीं जाना चाहिए। पर काफी देर ख़ामोश बाहर की तरफ देखने के बाद बेगम धीरे से बोली, "पर उस अस्पताल में भी तो सुना है काफी कुछ हुआ है।"

सुना बहुत कुछ जा रहा था...कि कबाइलियों ने उस अस्पताल में कइयों को कत्ल करके सारी इमारत को तहस-नहस कर दिया है...कि उस अस्पताल की जगह अब एक मुर्दाघर ने ले ली है। पर वे सब कानों सुनी बातें थीं, जो कि ग़लत भी हो सकती थीं।

"सुना तो है," वह बोला, "पर जितनी बातें कान पर पड़ती हैं, वे सभी तो सच नहीं है। इस वक्त सिद्दीक साथ में है, इसलिए जा भी सकता हूँ। बाद में अकेले जाना और भी मुश्किल होगा।"

बेग़म ने इस पर कुछ नहीं कहा। डबडबाई आँखों को सँभालते हुए उसे एक खुलेपन का अहसास हुआ...कि कम-से-कम कुछ दिन तो अब वह क़ादिर की बाँधती हुई आँखों से दूर रह सकेगा। "तो कल के लिए सामान तैयार कर लेते हैं," उसने कहा, "कल जल्दी उठकर सुबह से पहले ही शिकारे में निकल जाएँगे।"

●

धूप से चमकते पानी में धीरे-धीरे रेंगता शिकारा। आसपास की हरियाली में जगह-जगह स्याह दाग—जले हुए घरों, बहत्सों और चिनारों के। किनारे की घास में तड़पकर दम तोड़ता एक मोटा, लंबा काला साँप। पानी और मिट्टी से उठती पतझड़ की खुशबू, दरिया की सतह पर तैरते झाग के चकत्ते। तपते सूरज की दोपहर और घिरते बादलों की शाम। बहाव के रुख में अकेले जाते शिकारे की मनहूस-सी आवाज़। बाईं तरफ सड़क पर कुछ टूटी-फूटी, नंगी पिचकी हुई लाहिरयाँ।

मोगमीर से छोटा रास्ता पकड़कर रात होने से पहले ही वे लोग सोपुर पहुँच गए। रास्ते में कितने-कितने लोगों ने हैरानी के साथ उन्हें गुज़रते हुए देखा था...जैसे कि उनका बहाव के रुख में जाना किसी अनहोनी के ग़ार में ज़िंदा दफ़न होने के बराबर हो।

निगल के मुहाने के पास बेंत के जंगल की ज़मीन अब भी जगह-जगह लाल

थी। वहाँ पर पता चला कि कुछ दिन पहले बहुत-से लोगों को उस जगह जमा करके कबाइलियों ने उनका कत्लेआम किया था...उस कत्लेआम से ही उन्होंने वहाँ अपनी फ़तह का जश्न मनाया। दूर-दूर तक कुछ जले-अधजले घर नज़र आते थे, कुछ घुन-खाए-से घास के ढेर और राख की बालियों में बदले हुए खेत। ज्यादातर लाशें पिछली रात से पहले वहाँ से हटा दी गई थीं, पर उनके काफी दिनों तक सड़ते रहने की बू अब भी हवा में समाई थी। कुछ हाथ-पैर जो कटकर अलग हो गए थे, अब भी यहाँ-वहाँ पड़े सड़ रहे थे। चलते-फिरते लोग आसपास बहुत कम नज़र आते थे।

उनका शिकारा नबी के डूँगे से लगा, तो डूँगे के तख़्तों में से वैसी ही आवाज़ पैदा हुई जैसी कि बहुत दिनों के बाद किसी के आने पर एक खाली घर से पैदा होती है। डूँगे के अंदर जाकर देखा, तो वहाँ कुछ सामान भी नहीं था...कपड़े, बर्तन तो अलग, चूल्हा तक कोई उठाकर ले गया था। डूँगे के गले हुए तख़्तों को भी किसी ने तोड़ने की कोशिश की थी...दो-एक जगह से उसकी कीलें निकली हुई थीं और औज़ार की चोट से लकड़ी के अंदर की सफ़ेदी बाहर निकल आई थी। सिवाय एक मछली के सड़े हुए टुकड़े के, रसद का कोई सामान भी नहीं था।

"रात को हम लोग कहाँ सोएँगे?" सिद्दीक ने उससे पूछा। "इस डूँगे के अंदर?"

"और कहाँ सो सकते हैं?" कहते हुए उसकी आवाज़ थोड़ी खिंच गई। उसे ख़्याल आया कि अगर नबी इस वक्त डूँगे में मौजूद होता, तो क्या वह इतनी आसानी से रात को वहाँ सोने की बात कह सकता था?

वह रात, और बारामूला से लौटकर उससे अगली रात, उसने वहीं नबी के डूँगे में लगभग जागते हुए काटी।

वह खुद वहाँ था, सिद्दीक साथ में था, फिर भी उसे लग रहा था जैसे डूँगा बिलकुल खाली हो। बहाव में डूँगे के हिलने से वह खालीपन और ज्यादा महसूस होता था। लगता था जैसे आसपास की सारी बस्ती वहाँ से उठ गई हो। रह गया हो खाली जंगल, दरिया और दो बहते हुए तख़्ते जिन पर वे दो आदमी लेटे हों। दिन भर में कई वाकिफ़-नावाकिफ़ लोगों से उसकी मुलाकात हुई थी। उनसे कई तरह की बातें उसने सुनी थीं। बात करते हुए हर आदमी की आँखों में एक दहशत नज़र आती थी...एक खौफ़...जैसे कि मुँह से कही हुई बात पलटकर उसकी जबान पकड़ सकती हो। वे सब बातें जंगल में भिनभिनाते कीड़ों की तरह अब उसके आसपास मँडरा रही थीं। वह बार-बार उन बातों को सुन रहा था और खुद अपने मन में उन्हें दोहरा रहा था। हर बात के पीछे छिपे हुए कई-कई चेहरे थे...ज़र्द और तमतमाए हुए चेहरे, डरे हुए और डरावने चेहरे...जो पल दो-पल

के लिए आँखों के सामने झलककर फिर अँधेरे में गुम हो जाते थे। कभी-कभी उसे लगता कि उसका सिर सिर नहीं, एक वज़नदार पत्थर है जिस पर कोई हाथ तरह-तरह की लकीरें खींचकर मिटाता जाता है। मिटने पर लकीरें चाहे नहीं रहतीं, पर उनकी स्याही फिर भी पत्थर पर पुती रह जाती है। उसका मन होता था कि कुछ देर अपना सिर दरिया में डुबाए रखे, जिससे सारी स्याही निकल जाए और पत्थर एक बार धुलकर साफ हो जाए।

दरिया की आवाज़ ही एक चीज़ थी जो हमेशा जैसी थी, हालाँकि उसे लग रहा था कि वह आवाज़ भी और चीज़ों के साथ अब तक बदल जानी चाहिए थी। उसके कान बार-बार उस आवाज़ को सुनते थे कि शायद आसपास घिर आए जंगल का असर उसमें भी हो। कभी वैसा भ्रम होता भी था, पर पल दो पल से ज्यादा नहीं। वह भी शायद इसलिए कि डूँगे के चरमराने और पेड़ों के सरसराने की आवाज़ उस आवाज़ में आ मिलती थी। सिद्दीक अपनी गठरी का तकिया बनाए पास में सोया था। उसका मुँह खुला था और साँस आवाज़ के साथ आ-जा रही थी। दिन में बारामूला की गलियों में से गुजर रहे थे, तो कितनी ही बार उसे उस आदमी से चिढ़ हुई थी। जले-अधजले घरों के पास से गुज़रते हुए, और फटेहाल लोगों की मातमी नज़रों के सामने भी उस आदमी को बस एक ही धुन समाई थी...अपनी ज़मीन की। उसकी ज़मीन सलामत थी...कबाइली उसे अपने साथ उठा नहीं ले गए थे...इस खुशी ने और किसी चीज़ का अहसास ही उसके अंदर नहीं रहने दिया था। ज़मीन देख आने के बाद से वह तन-मन से बहुत हलका महसूस करने लगा था। बात-बात पर इस तरह मज़ाक कर देता था कि कई बार उसे उस आदमी को टोक देना पड़ा था। टोकने पर कुछ देर वह ख़ामोश रहता, पर थोड़ी ही देर में फिर उसी रौ में बह जाता। गिरज़े की तहस-नहस हुई इमारत में पहुँचकर भी जब उसका मज़ाक नहीं रुका, तो उसने उसे बुरी तरह डाँट दिया था। पर अब उस आदमी को खुले मुँह सामने पड़े देखकर उसे उसके साथ अपने सलूक के लिए अफसोस हो रहा था। साथ एक बेचैनी भी महसूस हो रही थी। सिद्दीक का सूखा चेहरा, सिर और दाढ़ी के सफ़ेद बाल, मैल-जमी पुतलियाँ और नींद में बेबस पड़े जिस्म का रूखापन और दुबलापन, यह सब जैसे वह आज पहली बार देख रहा था। पहली ही बार उसे महसूस हो रहा था कि सिद्दीक अब काफी उम्र का हो गया है और ज़िंदगी में बिना कुछ भी हासिल किए अपने अकेलेपन में ही बीतता जा रहा है। कई बार उसका मन हुआ कि उसे आहिस्ता से जगाकर बात करे। एक बार हलके से उसे आवाज़ भी दी, पर फिर अचानक अपनी आवाज़ को बीच में ही रोक लिया। सिद्दीक उसकी आवाज़ से जागा नहीं, इससे उसने एक बार खुलकर साँस ली। उसे लगा कि उस आदमी के एक सुख में तो वह दिन भर खलल डालता रहा है। अब

उसके दूसरे सुख...नींद के सुख...में ख़लल डालकर उसने एक और जुर्म कर दिया होता।

सिद्दीक के चेहरे से ध्यान हटाकर उसने अपने को जैसे और भी अकेला कर लिया। पर तब सिद्दीक की जगह एक और आदमी उस अकेलेपन में झाँकने लगा। डूँगे के अंदर, बाहर और आसपास उस आदमी की मौजूदगी का अहसास वैसे हर पल बना रहा था...मौजूदगी का नहीं, गैर मौजूदगी का। नबी वहाँ नहीं था...उसके पैरों की आहट और धुआँधार गालियों की बौछार शायद हमेशा के लिए वहाँ से गुम हो चुकी थी। वह नहीं था, इसलिए शायद उसका वहाँ होना ज़्यादा महसूस हो रहा था...हवा के हलके-से-हलके झोंके में, डूँगे पर पानी के हलके-से-हलके थपेड़े में, अपनी करवट में और दूर से सुनाई देती पनचक्की की आवाज़ में नबी वहाँ से जैसे गया नहीं था, वहाँ के वातावरण में घुलमिल गया था। जैसे पास ही कहीं वह दम साधे खड़ा था, और किसी भी वक्त खाँसता हुआ सामने आ सकता था। वह, खालका, जैसे लेटा हुआ उसका इंतज़ार ही कर रहा था...कि अभी घाट से पैरों की आहट सुनाई देगी...और अभी एक तीखी और कसैली आवाज़ उसके कानों में पड़ेगी।

नबी का क्या हुआ, वह कहाँ होगा, और कहीं होगा भी या नहीं, यह वह कुछ भी नहीं सोच पा रहा था। सोपुर और बारामूला में चौबीस घंटे बिताकर अब भी उस बारे में वह उतना ही जानता था, जितना चलने से पहले श्रीनगर में जान चुका था। नबी काफी दिन डूँगे में बीमार पड़ा रहा था। बहुत कम वह डूँगे से बाहर निकलता था। यूँ भी एक तरह से वह बिलकुल अकेला पड़ गया था। जितने लोगों के साथ उसका उठना-बैठना था, वे सब तब तक एक-एक करके मौत के मुँह में जा चुके थे। वह अकेला डूँगे में पड़ा रहता था और किसी तरह अपने लिए थोड़ा साग-भात बनाकर खा लेता था। आसपास से कोई उसके लिए मछली या भात ले आता, तो वह उसे देखते ही गाली बकने लगता। कई बार अकेले में भी गाली बकता रहता। ज़्यादातर उसका और बेगम का नाम लेकर। डूँगे की खिड़की पर हाथ रखे वह घाट की तरफ झाँक रहा होता, तो कोई भी उसके सामने न पड़ना चाहता। तब जो भी नज़र आ जाता, उसकी सात पुश्तें वह सबको गिनवाने लगता। घाट पर खेलते बच्चे उसे चिढ़ाया करते थे। बाद में वे भी उससे खौफ़ खाने लगे थे। एक दिन जब उसके पास रसद नहीं रही, वह अपने बदन दिखा-दिखाकर खिड़की से लोगों को पुकारता रहा। पहले तो किसी को उसकी बात समझ में ही नहीं आई। बाद में, उसका मतलब जान लेने पर भी, काफी देर किसी की उसके पास जाने की हिम्मत नहीं हुई।

लोगों ने बताया था कि जिस रात नबी वहाँ से ग़ायब हुआ, उससे पहली शाम को निंगल का पादरी डूँगे में उसे देखने आया था। पादरी को देखते ही उसका

गालियों का ताँता फिर शुरू हो गया। पादरी बिना इस तरफ ध्यान दिए, उसके बेजान-से हाथ-पैरों को टोहता हुआ काफी देर उसके पास बैठा रहा। जाते हुए पादरी ने लोगों से कहा कि अगली सुबह वह उसे अपने साथ बारामूला के अस्पताल में ले जाएगा। नबी उसके जाने के बाद और भी ज़ोर-ज़ोर से चिल्लाता रहा। रात हुई, तो बकझक करता हुआ वह अपना सामान गठरी में बाँध रहा था। कह रहा था कि देख लेगा कौन उसकी मर्जी के खिलाफ़ उसे अस्पताल में ले जाता है! वह वहाँ पड़ा ही इसलिए है कि बेगम एक दिन लौटकर वहाँ आए और अपनी आँखों से उसका मुरदा वहाँ सड़ता हुआ देखे। पादरी उसके लिए एक मछली छोड़ गया था। उसे उसने छुआ तक नहीं। अगले दिन से वह अपने डूँगे में नज़र नहीं आया। पर पादरी भी उस दिन सुबह से अपने हाउस बोट में दिखाई नहीं दिया। उसके दो-तीन रोज़ के अंदर कबाइली दस्ते वहाँ आ पहुँचे। उसके बाद किसी को किसी की ख़बर नहीं रही।

खालका को लग रहा था जैसे नबी, सिद्दीक और वह सब वहाँ तख़्तों पर लेटे हों और फुल-बूटों की कतारें उन्हें रौंदती हुई ऊपर से गुज़रती जा रही हों। या वे लोग अपनी पोटलियाँ लिए कच्ची सड़क पर चल रहे हों और बंदूकों के कुंदे चारों तरफ से घेरते आ रहे हों। बारामूला में उसने जो कुछ देखा-सुना था, उससे मरे हुए और ज़िंदा लोगों के बीच फ़र्क करना ही उसे मुश्किल लगा था। नबी नबी नहीं था, वह खुद खुद नहीं था, सब एक फ़सल की बालियाँ थीं, जिन्हें कभी भी चुन-बटोरकर टुकड़े-टुकड़े किया जा सकता था। और बारामूला में देखी एक इमारत...जो बार-बार उसके दिमाग में उभर आती थी। उस उजड़ी हुई इमारत में घूमते हुए, इधर-उधर से सुनी बातों के छोटे-छोटे टुकड़े आपस में जोड़ते हुए जैसे उसने खुद वहाँ की घटनाओं के बीच जीकर देख लिया था। उसे लगा कि नबी...या नबी की जगह वह खुद...अस्पताल के जनरल वार्ड में लेटा है। एक नर्स से इंजेक्शन लगवाने के लिए उसने अपनी कमीज की बाँह ऊपर चढ़ाई। नर्स इंजेक्शन की सुई बाँह से छुआने ही जा रही है कि बाहर से हो-हल्ला सुनाई देता है। सुई कुछ देर जहाँ की तहाँ रुकी रहती है, फिर वापस तश्तरी में चली जाती है। कोई घबराया हुआ बाहर से अंदर आता है। पता चलता है कि कबाइलियों का एक दस्ता दीवार लाँघकर अस्पताल में आ दाखिल हुआ है।

चारों तरफ़ खलबली मच जाती है। साथ औरतों के वार्ड से गोली चलने की आवाज़ सुनाई देती है। एक औरत चीख़ उठती है तभी दूसरी गोली दागी जाती है। आसपास से दौड़ते पैरों की आवाज़ें सुनाई देती हैं। किवाड़ खुलते और बंद होते हैं। एक औरत जल्दी-जल्दी बात करती है। पर एक और गोली की आवाज़ से उसकी आवाज़ बंद हो जाती है।

वह...या नबी नागू...अब बिस्तर में नहीं हैं। बरामदे के एक खंभे के पीछे

छिपकर बाहर देख रहा है। बाहर कई चेहरे नज़र आते हैं। हर चेहरे के साथ बंदूक का एक कुंदा है। उसकी नंगी बाँह अभी तक नंगी है। वह किसी तरह उसे ढाँपने की कोशिश करता है। लगता है कि बंदूक की एक ठंडी गोली अभी उसे चीरनेवाली है।

दीवार पर कई और चेहरे हैं। एक आदमी दौड़ता हुआ आता है और कबाइलियों को अंदर उतरने से रोकता है। कई गोलियाँ एकसाथ चलती हैं। उस आदमी के साथ कई और भी जिस्म गिरकर तड़पने लगते हैं। बंदूक का एक कुंदा एक औरत की तरफ़ तन जाता है। "जो कुछ तुम्हारे पास हो निकालकर रख दो।"

"मेरे पास कुछ नहीं है।"

"जो कुछ है, दे दो। नहीं तो गोली मार दूँगा।"

"मेरे पास कुछ नहीं है।"

"रुपया-पैसा, सोना... कुछ भी निकालकर दे दो।"

"मेरे पास कुछ नहीं है।"

एक आदमी दौड़ता हुआ बरामदा पार करना चाहता है। एक कुंदा उसे रोक देता है। "तुम कहाँ जा रहे हो?"

दौड़ता हुआ आदमी रुक जाता है। "मेरी बीवी अंदर है। उसके पास जा रहा हूँ।"

"तो जाओ उसके पास।" और धाँय की आवाज़ के साथ वह आदमी वहीं लुढ़क जाता है।

"यह अस्पताल है," एक औरत चिल्लाकर कहती है। "तुम लोग यहाँ यह सब क्यों कर रहे हो?" औरत की बाँहों में एक बच्चा है। उसे वह अच्छी तरह अपने साथ सटा लेती है।

धाँय-धाँय-धाँय...कई गोलियाँ एकसाथ उसकी बात का जवाब देती हैं। एक आवाज़ पूछती है, "यह बच्चा किसका है?"

"मेरा बच्चा है," औरत कहती है।

"यह तुम्हारा बच्चा नहीं है।"

"मैं कह रही हूँ, मेरा बच्चा है।"

"नहीं, काली चमड़ी का बच्चा तुम्हारा नहीं हो सकता। इसे ज़मीन पर रख दो।"

"यह दो दिन का बच्चा है। इसे मैं ज़मीन पर कैसे रख सकती हूँ?"

धाँय...और औरत फटी-फटी आँखों से अपने को और हाथ के बच्चे को देखती रह जाती है।

आसपास काँच फूटते हैं। अलमारियाँ टूटती हैं। दवाइयाँ और चीड़-फाड़ के औज़ार इधर-उधर फेंके जाते हैं। जो भी किसी कुंदे के सामने पड़ जाता है,

वह वहीं ढेर हो जाता है। एक औरत को बाँह से घसीटा जाने लगता है, तो कोई चिल्लाकर कहता है, "उसे मत छुओ। उसके पेट में बच्चा है।"

"तुम उधर खड़े रहो।" एक गरज बाकी सब आवाज़ों को छा लेती है।

"उसे मत छुओ। वह..."

"कहा है, अपनी जगह पर खड़े रहो। वरना एक और लफ़्ज ज़बान से नहीं बोल पाओगे।"

"सबको लाइन में खड़ा करके गोली मार दो," एक और आवाज़ गूँजती है। कई-एक कुंदे सबको घेरने लगते हैं।

खंभे के पीछे छिपा आदमी...वह...या नबी नागू...सिर से पैर तक काँप जाता है। नहीं जानता कि उसे भी वह हुक्म मानना चाहिए या नहीं। यह भी नहीं जानता कि किसी ने उसे वहाँ छिपे देख लिया है या अब तक नहीं देखा। हुक्म फिर सुनाई देता है, "सब लोग यहाँ खड़े हो जाओ...एक लाइन में।" वह काँपता हुआ खंभे के पीछे से निकल आता है। एक कुंदा उसकी तरफ उठ जाता है। वह पूरी ताकत बटोरकर कहता है, "मैं नहीं हूँ।"

"बको नहीं, लाइन में खड़े हो जाओ।"

वह अपने को देखता है। लाइन में खड़े लोगों को देखता है। सोचता है कि गोलियाँ किस तरफ से चलाई जाएँगी। लगता है कि उसके जिस्म पर अब कोई कपड़ा नहीं है। वह बिलुकल नंगा लाइन में खड़ा है। पसलियाँ जिस्म में तन गई हैं। पर पसली को लग रहा है कि गोली उसी को चीरकर जाएगी। मगर गोलियाँ नहीं चलतीं। लाइन में खड़े लोग इंतज़ार करते खड़े रहते हैं। एक और आदमी के हुक्म से बंदूकों के कुंदे झुक जाते हैं।

"बंदूकें रख दो।"

पर बंदूकें रखी नहीं जातीं।

"सब लोग अस्पताल की इमारत से बाहर चले जाओ।" पर कोई बाहर जाने को तैयार नहीं होता।

"अस्पताल की इमारत में तुम्हें लूट-मार करने की इजाज़त नहीं है। मैं तुम्हें हुक्म दे रहा हूँ। तुम हुक्म के खिलाफ़ काम नहीं कर सकते।"

वह आदमी आगे बढ़ जाता है। लाइन में खड़ी एक औरत मुसकराती है। बंदूक का एक कुंदा उसके सीने से छू जाता है। "अपना सोने का दाँत निकालकर दे दो," उससे कहा जाता है।

औरत मुँह पर हाथ रख लेती है। कहती है, "यह दाँत नहीं निकल सकता। यह नकली दाँत नहीं है। मेरे असली दाँत पर सोना चढ़ा हुआ है।

औरत को लाइन से बाहर खींच लिया जाता है। उसका मुँह खोलकर जबर्दस्ती चाकू से दाँत निकालने की कोशिश की जाती है। तभी, वही अफसर दौड़ता हुआ

आ जाता है। "रुको," वह कहता है, "इस औरत को छोड़ दो।" मुँह से हाथ का दबाव हट जाता है। अफसर लाइन में खड़े सब लोगों से वहाँ से हट जाने को कहता है। "सब लोग अंदर चले जाओ। कोई भी यहाँ बाहर नज़र न आए। वरना तुम लोगों की हिफाज़त की जिम्मेदारी मेरे ऊपर नहीं होगी।"

लोगों के वहाँ से हट जाने पर भी वह...या नबी नागू...अंदर नहीं जाता। उसे लगता है कि अंदर पहुँचने पर सबको वहीं गोली मार दी जाएगी। वह किसी तरह फिर उसी खंभे की ओट ले लेता है। कबाइलियों का दस्ता वहाँ से हट जाता है, तो वह अस्पताल की इमारत से बाहर को चल देता है। बाहर निकलते हुए दो कबाइलियों को एक औरत को खींचने की कोशिश करते देखता है। "माशूक, तुम हमारे साथ चलो। हम तुमको बहुत-बहुत पैसा देगा।"

"मुझे छोड़ दो," औरत चिल्लाती है। "मैं मिशन की औरत हूँ। अस्पताल की सिस्टर हूँ।"

"तुम हमारा माशूक है, हम तुमको अपने साथ ले जाएगा।"

"मैं नहीं जा सकती। मैं नहीं जाऊँगी।" और उस जद्दोज़हद के बीच वह सड़क पर आ जाता है।

वह नहीं जानता कि वह क्या चाहता है। मरना चाहता था, पर मौत सामने थी, तो दहशत से काँप रहा था। तब किसी भी तरह मौत से बचना चाहता था। अब ज़िंदा बच आया है, तो उसे ज़िंदगी से नफ़रत हो रही है। मौत का खौफ़ और ज़िंदगी से नफ़रत...इन दोनों दबावों के बीच एक और घटना आँखों के सामने आती है। बिखरे बालोंवाला एक आदमी है। मकबूल शेरवानी। कबाइलियों ने उसे बाज़ार के एक खंभे के साथ बाँध दिया है। हाथों में कीलें ठोंक दी हैं। सामने गिरजाघर का सलीब चमक रहा है। उस आदमी से कहा जाता है कि वह हमलावरों के हक में नारे लगाए। वह आदमी नारे लगाने से इनकार करता है। इस पर चौदह गोलियाँ उसका जिस्म छलनी कर देती हैं। टीन का एक पतरा उसके माथे में ठोंककर ऊपर लिख दिया जाता है, "इस गद्दार का नाम मकबूल शेरवानी है। यह इसकी गद्दारी की सजा है!"

अस्पताल के अंदर और बाहर ज़िंदगी और मौत, दोनों एक-सी नज़र आती हैं। मन होता है कि ज़ोर-ज़ोर से चिल्लाता हुआ आवारा कुत्ते की तरह सड़कों पर घूमने लगे। पर ऐसा वह कर नहीं पाता। बाहर नहीं रहा जाता, तो अस्पताल की इमारत में लौट जाता है। वहाँ रहना मुश्किल लगता है, तो फिर बाहर निकल आता है।

चारों तरफ लाशें हैं...घरों में, गड्ढों में, पेड़ों के नीचे, अस्पताल के कंपाउंड में, बरामदे में, कमरों में। बच्चों के वार्ड में कितनी ही लाशें हैं। कटे-फटे हाथ-पैर और चीखते-कराहते हुए चेहरे। बिजली के बल्ब टूट गए हैं, इसलिए मोमबत्तियाँ

जला दी गई हैं। मोमबत्तियों के काँपते उजाले में नन्हे हाथ-पैर हिलते हैं। बच्चे दूध के लिए रो रहे हैं...उन्हें पिलाने के लिए दूध नहीं है। वार्ड के बाहर ज़ख्मी लोगों की भीड़ है। भीड़ में अस्पताल और बस्ती के ही नहीं, ऐसे भी बहुत-से लोग हैं जो पहली बार बंदूकें लिए वहाँ की दीवारें लाँघकर अंदर आए थे। एक चेहरा उस भीड़ में उसका अपना भी है...हालाँकि उसके जिस्म पर कोई घाव नहीं है। कुछ लोग चादरें फाड़-फाड़कर पट्टियाँ तैयार कर रहे हैं। उसके पास आकर पूछा जाता है कि जिस्म पर कहाँ पट्टी होगी। वह अपनी बाँह उघाड़कर देखता है। कमीज़ के बटन खोलकर देखता है। उसके जिस्म पर कोई ज़ख्म नहीं है। फिर वह कैसे उस भीड़ में आ शामिल हुआ है? ज़ख्म अगर नहीं है, तो उसे इतना दर्द क्यों महसूस होता है? क्यों लगता है कि गोलियाँ खा-खाकर उसका शरीर लहूलुहान हो रहा है? वह हाथ से शरीर को जगह-जगह छूकर देखता है। नहीं, कहीं कोई घाव नहीं है। तो फिर वह क्या कहे कि उसे पट्टी कहाँ बाँधी जाए? पर अगर वह चुप रहेगा, तो शायद अभी उसे बाहर निकाल दिया जाएगा कि वह बिना ज़ख्म के वहाँ पट्टी कराने चला गया है।

ख़ालका ने आँखें खोलीं, सुबह हो रही थी। कुछ कुड़कुड़ाती बतखें डूँगे के पास से गुज़रकर जा रही थीं।

सिद्दीक का मुँह उसी तरह खुला था। सिर्फ उसने करवट बदल ली थी। धीरे से हिलाकर उसने उसे जगा दिया। सिद्दीक उठकर इस तरह आँखें झपकने लगा जैसे अचानक उसे अँधेरे से रोशनी में ले आया गया हो।

"तैयार हो जाओ," उसने सिद्दीक से कहा। "अभी थोड़ी देर में हम वापस चल देंगे।"

"आज ही?" सिद्दीक अचकचा गया।

"और नहीं महीना भर यहाँ पड़े रहेंगे?"

सिद्दीक आँखें मलने लगा। "मैं सोचता था कि..."

वह सिद्दीक की तरफ देखता रहा कि "क्या सोचते थे?"

"सोचता था कि अगर...अगर दो एक दिन मैं और यहाँ रुक जाऊँ, तो..."

"तो क्या होगा?"

"मैंने रात को सोचा है, ज़मीन का सौदा करके ही वापस जाऊँ। उतने पैसे में एक अच्छा-सा डूँगा खरीद लूँगा और श्रीनगर में अपना काम शुरू कर सकूँगा।"

"तुम रुकना चाहो, रुक जाओ," उसने उठते हुए कहा। "मैं आज चला जाऊँगा। तुम बाद में जब चाहो, आ जाना।"

सिद्दीक सिर खुजलाता हुआ कुछ सोचता रहा। बोला, "तुमसे एक बात और भी पूछना चाहता था।"

"क्या?"

"इस डूँगे का अब क्या करोगे?"

वह बाहर देखने लगा। यह सवाल उसके मन में भी था। पर सिद्दीक का पूछना उसे अच्छा नहीं लगा। "मैं क्या कर सकता हूँ?" उसने कहा। "जिसकी मिलकियत है, वही जो चाहेगी, करेगी।"

"तो तुम इसे श्रीनगर ले जाओगे? गली हुई लकड़ी है। यह तो यहीं जिस दाम में बिक जाए, बेच देना चाहिए।"

उसने सिद्दीक की तरफ नहीं देखा। बतखें क्वाक्-क्वाक् करती डूँगे के सिर पर आ गई थीं। "मैं इसे श्रीनगर भी कैसे ले जा सकता हूँ?" उसने कहा। "बेगम से बात किए बगैर मैं इस बारे में कुछ नहीं कर सकता।"

"मैं तुमसे एक बात कहता हूँ," सिद्दीक भी उठकर खड़ा हो गया। तुम ज़िंदगी में कोई काम मर्दों की तरह नहीं करोगे।"

"तुम अपनी ज़बान बंद रखो," उसका चेहरा गुस्से से तमतमा उठा। "मुझे जो करना है, वह मैं ज्यादा जानता हूँ।"

"मुझे पता है तुम क्या जानते हो," सिद्दीक लोई लपेटकर सामने आ गया। "तुम डूँगे को यहीं लावारिस छोड़क श्रीनगर चले जाओगे। पीछे चाहे लोग इसका एक-एक तख़्ता उखाड़ लें।"

"डूँगा मेरा नहीं है," उसकी आवाज़ में तुरशी आ गई। "बिना बेगम से पूछे इसे बेचने या कुछ भी करने का मुझे हक नहीं है। यह भी कैसे कह सकते हैं कि नबी ज़िंदा नहीं है?"

"हाँ, कैसे कह सकते हैं? सोपुर में किसी को उसका पता नहीं। बारामूला में किसी ने उसको देखा नहीं। श्रीनगर में उसकी सूरत नज़र नहीं आई। अब एक बार खुदा के घर में जाकर और देख लेना चाहिए।"

"तुम अपना काम करो," कहता हुआ वह सिद्दीक के पास से हट आया। "मेरी, नबी की या डूँगे की फिक्र करने की तुम्हें ज़रूरत नहीं।"

अकेला सफ़र! धार के खिलाफ़ ऊपर जाने की जद्दोजहद। सिवाय जंगल के, किसी मुकाम पर वह रुका नहीं। सिवाय दुआ-सलाम के, किसी ने उससे बात नहीं की। मन हो रहा था कि आगे भी कोई ऐसा मुकाम न आए, जहाँ लोगों के बीच उसे रुकना पड़े। अपना घर भी नहीं। वह धार किसी तरह उसकी ज़िंदगी जितनी बड़ी हो जाए, जिससे वह लगातार चलता रहे, और दम तोड़ने के मुकाम पर पहुँचकर किसी किनारे से लगे।

अगली रात नाव अपने घाट पर जा पहुँची। बेगम घाट पर ही थी। जैसे उसे पता था कि वह उसी वक्त वापस पहुँचेगा।

डूँगे में आने तक दोनों में बातें नहीं हुई। अंदर पहुँचकर बेगम जलती काँगड़ी उसकी तरफ बढ़ाने लगी, तो उसने धीरे से कहा, "नबी की वहाँ भी कोई ख़बर

नहीं मिली।"

"मुझे ख़बर मिल गई है," बेगम बोली। तुम्हारे जाने के बाद क्यूनुस से चिट्ठी आ गई थी। एक हाँजी के हाथ गाँववालों ने भेजी थी।"

"नबी क्यूनुस में है?"

"लिखा है, वहाँ आया था। हालत बहुत खराब थी। चार-पाँच रात मेरी माँ के मायके में पड़ा रहा। मेरा और माँ का नाम ले-लेकर जाने क्या-क्या बोलता रहा! ईद की सुबह उसने वफ़ात पा ली।'

वह देखता रहा कि शायद बेगम की आँखों में कुछ नमी नज़र आए। बेगम का हाथ अपने हाथ में लेने की भी उसने कोशिश की। पर बेगम अचानक उसके पास से उठ खड़ी हुई। "मैं अभी चाय बनाकर लाती हूँ," कहकर वह बावर्ची खाने में चली गई।

बेगम लौटकर आई, तो उसके चेहरे पर कोई ऐसा भाव नहीं था, जिससे उसके मन की बात का कुछ अंदाज़ा लगाया जा सके। वह समावार से प्याली में चाय डालने लगी, तो उसने पूछ लिया, "तुम एक बार क्यूनुस जाना चाहोगी?"

बेगम ने सिर हिला दिया। "मैं वहाँ जाकर क्या करूँगी? माँ के मायकेवालों से कभी मिली नहीं। और किसी को भी वहाँ नहीं जानती।" कुछ देर दोनों चुप रहे। फिर बेगम ने पूछा, "सिद्दीक कब तक आएगा?"

"कह नहीं सकता," वह प्याली में देखता हुआ बोला। "कह रहा था कि ज़मीन बेचकर आएगा। हो सकता है कल-परसों में आ जाए। या अभी दस दिन न भी आए।"

"तुम उसे किसी के हाथ एक रुक्का भेज सकते हो?"

"तुम उसे क्या लिखवाना चाहती हो?"

"कि डूँगा वहीं किसी को बेच दे। कोई सामान उसमें हो, तो वह भी वहीं किसी को दे दिला दे।"

वह कुछ देर चुप रहकर धुएँ के छल्लों को बनते-टूटते देखता रहा। फिर बोला, "सामान तो उस डूँगे में अब कुछ नहीं है। खाली डूँगा है। सोचता था कि तुम अगर एक बार खुद वहाँ चली जातीं...।"

"मुझे वहाँ नहीं जाना है," कहते हुए बेगम ने समावार उठा लिया। "तुमसे हो सके, तो सिद्दीक को लिखकर वह डूँगा वहीं किसी को बिकवा दो। न हो सके, तो रहने दो। मैं बाप के जीते-जी उस घाट का मुँह देखने नहीं गई, तो अब डूँगे के पैसे उगाहने वहाँ जाऊँगी?"

बेगम चली गई, तो भी वह देर तक प्याली पर मरते धुएँ को देखता रहा। प्याली उठाकर चाय उसे पीनी है, यह बात उसके ज़हन में ही नहीं आई।

"मैं क्या चाहता हूँ?" अक्सर उसके मन में सवाल उठता पर साथ ही वह

अपने को जवाब भी दे लेता, "खुदा ही जानता है, मैं क्या चाहता हूँ।"

डूँगे में रहते हर वक्त उसका मन करता कि वहाँ से उठे और कहीं और चला जाए। पर डूँगे से बाहर आते ही एक दहशत उसे घेर लेती और मन डूँगे में लौटने को होने लगता। उन दिनों का हौसला अब उसमें नहीं था जब एकाएक घर से निकलकर कलकत्ता के लिए चल पड़ा था। तब मन में अनजानी ज़िंदगी का एक आकर्षण था। अब उसने जैसे सब कुछ देख लिया था और किसी भी तरह की ज़िंदगी के लिए मन में आकर्षण बाकी नहीं था। घर में और घर से बाहर सब जगह सभी-कुछ एक-सा था। बाहर जाकर ज़िंदगी को बल्कि और बदतर ही बनाया जा सकता था। इसलिए बेहतर था कि वहीं रहकर जैसे-जैसे उसे ढोता रहे। पर ढोना भी इतना आसान नहीं था कि मन चुपचाप उसे स्वीकार कर ले।

वह एक कोने में खामोश बैठा रहता। आसपास बूँदें पड़तीं और सूख जातीं। कभी हलकी बरफ़ के जाल गिरते और पिघल जाते। आसमान में रोज़-रोज़ एक-से रँग बनते और मिटते रहते...खाली या बर्फ़ानी बादलों के, धूप और उजाले के, अँधेरे और झुटपुट के। उन सब रंगों में दरिया और डूँगे के साथ-साथ वह खुद अपने को भी बार-बार रंगते देखता...हर बार इस वक़्त के रंग से निकलकर दूसरे वक़्त के रंग में रंगे जाने की प्रतीक्षा करता। उसे लगता कि जितने रंग उसे छूकर निकल जाते हैं वे सब कहीं उस पर अपनी छाप छोड़ जाते हैं। उन रंगों के लौटकर आने पर वह वही नहीं होता...पहले से कुछ बदल चुका होता है, कुछ बीत चुका होता है। कभी पानी में तैरते ज़र्द पत्तों में से किसी एक को वह हाथ में ले लेता, घुटने से मलकर सुखाता रहता, और फिर सूख जाने पर पानी में बहा देता।

किसी की नज़र उस पर होती, तो वह अपने हाथ-पैरों को छूकर देखता। उसे महसूस होता कि हर गुज़रते दिन के साथ उनमें ज़र्दी बढ़ती जा रही है, मांस की सलवटें गहरी होती जा रही हैं, खाल नरम पड़ती जा रही है। उसे छाती में एक रुकाव-सा महसूस होता है और वह अपनी जगह से हटकर बाहर निकल आता। नूरा और बेगम से बात करते हुए उनके मांस के कसाव को देखता। यह भी की सर्दी बीतने के साथ दरिया में पानी फिर भर रहा है...डूँगा अपनी निचली सतह से फिर घाट की सतह की तरफ उठ रहा है। वह देर-देर तक दरिया के खामोश बहाव को एकटक देखता रहता। फिर एक साँस के साथ वहाँ से हटता हुआ बेगम से कहता, "सोचता हूँ, मैं शाह साहब को फिर से चिट्ठी लिख ही दूँ।"

बेगम जानती थी कि वह शाह साहब को चिट्ठी लिखने की बात क्यों कहता है। वह उसकी तरफ ठीक से देखती भी नहीं और आहिस्ता से जवाब देती, "हाँ, लिख दो। अगर अपने पैसे से हज पर नहीं जा सकते, तो दूसरे का पैसा लेकर

जाने में क्या बुराई है? इतना ही तो है कि हज का सवाब तुम्हें नहीं, उसे मिलेगा जिससे कर्ज़ लेकर जाओगे। पर इससे क्या होता है? तुम्हारा मकसद हज करना तो है नहीं। मकसद तो इतना है कि किसी तरह हम लोगों से पिंड छुड़ाकर चले जाओ। वह मकसद तुम्हारा पूरा हो जाएगा।"

शाह साहब को उसने कई दिन पहले एक चिट्ठी लिखी थी। तब शाह साहब ने जवाब दिया था कि वह जब भी हज पर जाना चाहे, वे उसे उसके खर्चे का रुपया कर्ज हुसैनी के तौर पर दे देंगे। इसका मतलब था कि रुपया लौटाने की मजबूरी नहीं होगी। पर कहा जाता था कि कर्ज हुसैनी अगर लौटाया न जा सके, तो हज की सवाब हज करनेवाले को हासिल नहीं होता था। वह बेगम की बात से खामोश होकर अपनी जगह पर लौट आता। उम्मीद करता कि बेगम शायद पास आकर और भी कुछ कहे। पर बेगम के लिए बात वहीं खत्म हो जाती—उसके बाद उसका ज़िक्र तक जबान पर न लाती।

बेगम के हाथ में उन दिनों रुपया था। इतना तो था ही कि उससे वह हज के लिए जा सके। कुछ रुपया नबी का डूँगा और शिकारा बेचकर मिला था। कुछ सिद्दीक अपनी ज़मीन बेचकर लाया था जो उसने बेगम के पास रख रखा था। सिद्दीक डूँगा रहन रखकर वह रुपया उसे हज को देने के लिए तैयार था। कहता था कि वह लौटकर दो साल की कमाई से धीरे-धीरे उसका कर्ज़ उतार दे। पर बेगम यह बात सुनकर ही चिढ़ जाती। कहती कि जब कमाई ही नहीं होगी, तो वे लोग कर्ज़ कैसे उतारेंगे? और रुपए की ज़रूरत सबसे पहले उन्हें लड़की की शादी के लिए है। अगर कर्ज़ लेना होगा, तो हज के लिए नहीं, उस मौके के लिए लेंगे। काम की हालत जितनी खराब थी उससे क्या कहा जा सकता था कि लड़की की शादी कब और कैसे कर पाएँगे? गनीमत थी कि क़ादिर काम की तलाश में कुछ अरसे के लिए श्रीनगर से बाहर चला गया था, वरना उसने तो अब तक कहर ढा दिया होता। जाते हुए भी उसने कहा था कि इस मंदी में एक-एक हाउस बोट की कमाई से उनका खर्च नहीं चलेगा। दोनों हाउस बोट एक घाट पर बाँधकर उन्हें अपना खाना-पीना एक जगह कर लेना होगा। भुखमरी ने वहाँ से जाने के लिए मजबूर न कर दिया होता, तो अब तक न जाने कितनी बार इस बात को लेकर उसने तमाशा खड़ा किया होता।

सर्दियों के बाद गर्मियाँ भी आकर गुज़रने लगीं, पर एक भी टूरिस्ट उस साल उनके यहाँ नहीं आया। आसपास के सब हाउस बोटों में वही हालत थी। झुंड-के-झुंड हाँजी सुबह-सुबह बस के अड्डे पर जा जमा होते। कोई एक भी टूरिस्ट किसी भी बस से उतरता नज़र आ जाता, तो उसे अपने यहाँ ले जाने के लिए सब में धींगामुस्ती शुरू हो जाती। नतीजा उसका यह होता कि आनेवाला उन सब को डाँटकर किसी होटलवाले के साथ चला जाता। सिद्दीक भी हर सुबह बस

के अड्डे पर जाता और दोपहर को माथे पर त्योरियाँ डाले लौट आता। आकर बताता कि अड्डे पर रोज़ क्या-क्या हुड़दंग मचता है। किस तरह लोग एक-एक दो-दो रुपए देकर एक-दूसरे के गाहकों के सौदे करते हैं। वह यह भी बताता कि कुछ हाँजी अपने साथ लड़कियों की तसवीरोंवाले कार्ड लेकर जाते हैं। आनेवालों को तसवीरें दिखा-दिखाकर अपने यहाँ चलने के लिए फुसलाना चाहते हैं। सिद्दीक की बातें सुनकर लगता जैसे उसे ज़्यादा दुख इस बात का हो कि उसके पास इस तरह की कोई तसवीर क्यों नहीं होती। "बात करने में सिद्दीक किसी से कम नहीं है," वह कहता। "मगर बात से बात का मुकाबला हो, तब तो मैं भी देख लूँ। पर वे कमीनजाद मुकाबला करते हैं फ़हश और नंगी तसवीरों से। जाने कहाँ-कहाँ से लाकर हरामखोरों ने कार्डों पर चिपका रखी हैं। तसवीरें दिखाकर लोगों को साथ ले जाते हैं और रास्ते में उनका आधा सामान गुम कर देते हैं। अब आदमी देखता रहे तसवीर को और रोता रहे अपने सामान को। यह धंधा अब काम करनेवाले हाँजियों के हाथ में रह कहाँ गया है? यह तो आजकल कुछ गुंडों के हाथ में है जिनके पास में अपने बोट भी पता नहीं हैं कि नहीं।"

बेगम सिद्दीक से उलझ पड़ती, जैसे कि टूरिस्टों के न आने की ज़्यादा ज़िम्मेदारी सिद्दीक पर ही हो। कहती कि वह चुपचाप खड़ा तमाशा देखता रहता होगा। किसी के पास जाकर उससे बात ही नहीं करता होगा। सिद्दीक इस पर लंबी सफ़ाई देने लगता। उन लोगों के हवाले देता जो अड्डे पर उसके साथ थे और जिन्होंने उसे लड़ाई-झगड़ा करते देखा था। पर लड़ने-झगड़ने से क्या होता है? वह कहता कि, "आनेवाले की नज़र वहाँ किसी शरीफ हाँजी पर तो पड़ती ही नहीं। उसकी नज़र पड़ती है उन हाथों पर जो ऊँचे उठ-उठकर तसवीरोंवाले कार्ड उसकी तरफ झलकाते हैं, और उन आँखों पर जो उन्हें तरह-तरह के गंदे इशारे करती हैं। ऐसे में सिद्दीक बेचारा करे तो क्या करे? उसके पास अपनी टोपी के सिवाय किसी को दिखाने को होता ही क्या है?"

बेगम बड़बड़ाकर खामोश हो जाती। वह खुद देखती थी कि आसपास के हाउस बोट भी उसी तरह खाली रहते हैं। हाँजियों के हर परिवार में से एक-न-एक आदमी कमाई के लिए बाहर चला गया था, पर उनके घर में तो कोई बाहर जानेवाला भी नहीं था। आए दिन आसपास के किसी-न-किसी डूँगे या हाउस बोट के टूटने, बिकने की ख़बर उन्हें मिलती। क्योंकि कोई भी ख़रीददार नहीं था। इसलिए बहुत-से लोग अपने बोट लकड़ी के दाम बेच रहे थे। पहले सोभाना का बोट टूटा था। उसके बाद लस्सू, सतारा, जफ़ारा कई लोगों ने अपने बोट तुड़वाने शुरू कर दिए थे। पहले अंदर के सामान का नीलाम उठता। सड़क पर सामान निकलवाकर उसकी बोली लगवाई जाती। फिर आरे और हथौड़े लेकर बोट की खिड़कियाँ-दरवाजे अलग किए जाने लगते। जिसका बोट टूटता, वह

कुछ इस तरह से फ़ारिग नज़र आता जैसे अपने घर के सब लोगों को कब्र में दफ़ना आया हो। हर बोट के साथ एक परिवार भी लगभग टूट जाता। लड़कियों को लोग जिस-किसी के पल्ले बाँध देते। लड़के मज़दूरी करने पंजाब या आसपास के रियासती इलाकों की तरफ निकल जाते। छोटे बच्चों को वे मिन्नत के साथ दूसरों के घरों में रखवा देते। जिन लोगों के बोट सही-सलामत थे, उनका रुतबा उन दिनों काफी बढ़ गया था। यह मामूली बात नहीं थी कि बिना कमाई के वे अपने लिए दो वक़्त का साग-भात जुटा लेते थे।

उन्हीं दिनों वह लड़का उनके यहाँ आया था...मामदा।

मामदा उनकी रिश्तेदारी में से ही था।...उसके फूफाजाद भाई का छोटा लड़का। उन लोगों ने पहले अपना हाउस बोट तुड़वाया था, फिर अपना डूँगा बेच दिया था। परिवार में मामदा के अलावा उसका बाप, ज़बारा, बड़ा भाई रशीदा और एक छोटी बहन थी। माँ चार साल पहले मर चुकी थी। डूँगा बेचने के बाद बाप और भाई मज़दूरी के लिए बाहर जाना चाहते थे। लड़की छोटी थी...सिर्फ दस साल की। उसे उन्होंने एक और रिश्तेदार के यहाँ रख दिया था। मामदा अठारह साल का था। पर उसका एक पैर ज़रा दबता था, इसलिए वे उसे मज़दूरी के लिए साथ नहीं ले जाना चाहते थे। जिस दिन ज़बारा ने उससे पहले-पहल बात की, तो उसने किसी तरह उसे टाल देना चाहा था। उसका ख़्याल था कि बेगम इसके लिए राज़ी नहीं होगी। वह बात करके दोनों तरफ से शर्मिंदा नहीं होना चाहता था। पर ज़बारा बहुत आजिजी के साथ पैर पड़ने लगा तो उसने डरती जबान बेगम से बात चलाई। मन में था कि इस तरह मना करने की ज़िम्मेदारी अपने सिर से टालकर वह बेगम के सिर डाल सकेगा। पर बेगम को पहले से ही इस बात का पता था। वह जाने सिद्दीक से या किससे इस बारे में सुन चुकी थी। वह बात कह चुका, तो बेगम ने सिर्फ़ इतना ही पूछा, "तो वे उसे किस दिन छोड़ने आएँगे?"

"मैंने उनसे अभी हामी नहीं भरी," वह अचकचाकर बोला। "सोचा था तुमसे बात कर लूँ। इस वक़्त एक और आदमी का बोझ सिर पर ले लेना हमारे लिए कहाँ तक मुनासिब होगा?"

"इस तरह सोचोगे, तो अपना पेट भरना भी शायद मुनासिब नहीं लगेगा," बेगम ने कुछ चुभते ढंग से कहा। "जो मुसीबत आज उन पर पड़ी है, वह कल को हम पर भी पड़ सकती है। तुम उनसे कह दो कि जब भी उन्हें जाना हो, लड़के को यहाँ छोड़ जाएँ। जहाँ चार आदमी खानेवाले हैं, वहाँ एक और से कितना फ़र्क पड़ जाएगा!"

और दूसरे रोज़ मामदा अपने फटे हुए ढीले कोट में हँसता हुआ उनके सामने आ खड़ा हुआ था।

अजीब लड़का था वह। बात-बेबात पर हँसता रहता। कुछ भी पूछा जाए तो जवाब बाद में देता, हँसना पहले शुरू कर देता। कई बार तो सिर्फ़ हँसकर रह जाता, बाद में धीरे से कह देता, "क्या कहा था? मैंने सुना नहीं।"

"सुना नहीं था, तो हँस किस बात पर रहा था?" उसे डाँटा जाता।

इस पर वह और हँसता। "सुना नहीं था इसलिए हँस रहा था।"

दिन भर उसे सब तरफ से डाँट-फटकार पड़ती। सबसे ज़्यादा सिद्दीक उसे डाँटता। उसका किया कोई भी काम सिद्दीक को पसंद न आता। मामदा भी जान-बूझकर सिद्दीक को चिढ़ाता रहता था और हर एक का बताया काम ठीक से कर देता। बेगम के पास शिकायत पहुँचती, तो वह पास आकर हाथ झाड़ता हुआ कहता, "उसने जैसे बताया, वैसे मैंने कर दिया। खुद को तो उसे कुछ आता-जाता नहीं। जो काम ठीक हो जाता है, वह कहता है उसने ठीक बताया था। जो गलत हो जाता, वह कहता है दूसरे ने गलत कर दिया है।"

उस घर में रहकर उस पर अहसान किया गया है, यह बात उसके ज़हन में कहीं नहीं थी। उसका बरताव पहले दिन से ही ऐसा था जैसे वह और सबसे ज़्यादा उस घर की हर चीज़ का हकदार हो। खाने-पीने के मामले में वह न सिर्फ बेतकल्लुफ़ी बरतता बल्कि छीना-झपटी तक पर उतर आता। सबसे ज़्यादा छीना-छपटी नूरा से करता। कहता कि जब उसे एक बोटी गोश्त दिया गया है तो नूरा को दो बोटी कैसे दिया जा सकता है? वह उम्र में नूरा से बड़ा है। उससे भी बड़ी बात यह है कि उसे भूख ज़्यादा लगती है। 'मैं तो दिन भर काम करता हूँ," वह कहता। "यह क्या करती है? दिन भर खाती है और शिकारा लेकर घूमती है। मेरे बाप के घर में होती, तो वह दिन भर इससे धान कुटवाता। यहाँ पर तो कोई इससे काम करने को कहता ही नहीं है।"

कभी-कभी उसकी बदतमीज़ी हद से बढ़ जाती। आँख निकालकर वह बेगम के सामने खड़ा हो जाता और कहता कि उसे इस घर में रहकर अपनी हड्डियाँ नहीं दुखानी हैं, उसे उसके बाप और भाई के पास भेज दिया जाए।" बेगम झल्लाकर उसे वहाँ से चले जाने को कहती, तो वह ताव में आकर घाट की सीढ़ियाँ चढ़ जाता और सारा-सारा दिन वहीं आसपास बाँध के चक्कर काटता रहता। रात होने तक खुद ही वापस आकर चूल्हा जलाने लगता। कभी ज़्यादा देर तक लौटकर न आता, तो बेगम जाकर उसे बुला लाती। सिद्दीक को इससे और झुँझलाहट होती। वह कहता, "क्यों जाती हो उसे बुलाने? हरामखोर को पड़ा रहने दो न एक दिन ऊपर सड़क पर। सुबह तक हड्डियाँ पथरा जाएँगी, तो अपने-आप इसके होश ठिकाने आ जाएँगे।"

"ज़्यादा बढ़-चढ़कर बात करने की ज़रूरत नहीं," बेगम सिद्दीक को डाँट देती। "वह मेरे घर में रहता है, तुम्हारे घर में नहीं।"

सिद्दीक इससे उतना कुढ़ता नहीं, जितना अंदर से दुख जाता। यह एक ऐसी बात थी जो हमेशा उसे कचोट जाती थी। वह बेगम को कितनी बार समझाता था कि उसे सिद्दीक से इस तरह सलूक नहीं करना चाहिए। इसके अलावा सिद्दीक का और घर था ही कौन-सा? इतने सालों से वह अपने सब नाते-रिश्ते भूलकर उनके यहाँ रह रहा था। उसकी जो तनख़्वाह बनती थी, वह भी बेगम के पास जमा रखता था। और जमा भी तो सिर्फ़ कहने की ही बात थी। एक दिन अगर वह अपना हिसाब माँग बैठता, तो बेगम के पास था इतना जो उसे अदा कर सकती? उन दिनों बल्कि वह सरमाया भी, जो नबी का डूँगा और सिद्दीक की ज़मीन बेचकर हाथ में आया था, धीरे-धीरे खर्च होता जा रहा था। बेगम बताती कुछ नहीं थी, और न ही वह कभी इस बारे में उससे कुछ पूछता था। पर बेगम के माथे की शिकन से ही उसे पता चल जाता था कि हाथ में पैसे की क्या स्थिति है। ज़रूरत पड़ने पर आसपास के हाँजियों को छोटे-मोटे कर्ज़ भी बेगम ने दिए थे, जिनके लिए यह सोचना भी नामुमकिन था कि उनमें से एक पैसे की भी वसूली उन्हें हो सकेगी।

एक दिन बेगम बहुत परेशान थी, तो उसने कहा, "तुम कहो तो मैं भी कुछ दिनों के लिए मज़दूरी के लिए बाहर चला जाऊँ?"

"तुम जाओगे?" बेगम चिढ़े हुए स्वर में बोली, "इस उम्र में मजदूरी करोगे? तुम्हारे हाथों में इतनी ताकत भी है कि पाँच सेर बोझ यहाँ से उठाकर वहाँ रख सको?"

"मैं इसलिए कह रहा था कि इस साल की तरह अगला साल भी इसी तरह खाली हो गया तो...।"

"तो मैं जाकर कहीं मज़दूरी करूँगी, तुम बैठे-बैठे इतना सोच तो लेते हो, पर जिस आदमी के हाथ-पैर ठीक चलते हैं, उसे तो यह बात कभी ध्यान में ही नहीं आती।"

बात सिद्दीक सुन रहा था। वह हाथ का काम छोड़कर उनके बीच आ खड़ा हुआ। तमतमाए चेहरे से बोला, "सिद्दीक के हाथ-पैर चलते हैं, तभी तो न इस घर की दो वक्त की रोटी भी चल जाती है। वह काम न करता, तो देखता कैसे यहाँ सबका गुज़ारा होता है।"

बात ज़्यादा बढ़ गई होती, अगर वह सिद्दीक को अपने साथ बाहर न ले जाता। सिद्दीक बाँध पर आकर भी काफी देर बकझक करता रहा। "मैं जानता हूँ वह मुझे क्यों यहाँ से भेजना चाहती है। उस हरामी को भेजने की बात उसके दिमाग में कभी नहीं आती जो यहाँ दूसरे का खा-खाकर मुटिया रहा है। देखा था उसका चेहरा जब पहले दिन यहाँ आया था? और आज देखो उसे। उसका बाप भी उसे देखे तो पहचानने में धोखा खा जाए। यह बात मैं इस घर में आज

से देख रहा हूँ? शुरू से ही यहाँ यही हाल है। कोई-न-कोई यहाँ इन्हें पालने को जरूर चाहिए। बस उम्र उसकी अठारह या बीस हो। सिद्दीक का सबसे बड़ा कोढ़ यही है कि उसकी उम्र तीस से ऊपर है। यह कोई नहीं सोचता कि अपनी उम्र के अच्छे साल भी वह यहीं रहकर इनकी चाकरी करता रहा है। कभी उसने इनसे कुछ माँगा नहीं है। जो उसका हक बनता है, वह भी नहीं माँगा! उसने जिस तरह इनकी ख़िदमत की, वह किसी का सगा बेटा भी तो करके दिखाए, इन्हें घर में बेटा चाहिए...बेटा नहीं, जाने कौन इन्हें चाहिए। दूसरा कोई भी वह बेटा हो सकता है, सिद्दीक नहीं हो सकता, क्योंकि सिद्दीक की उम्र बीस साल की नहीं है। और वह इतना बेगैरत भी नहीं है कि शरम-लिहाज़ ताक पर रखकर कुत्ते का सूँघनी सूँघता फिरे। सिद्दीक मुँह से कुछ नहीं कहता, पर कौन-सी बात है जो वह समझता नहीं है?"

वह तब तक ठहराव से बात करता रहा था। पर सिद्दीक की इस बात से उसे लगा जैसे एक मुश्किल चढ़ाई चढ़ते-चढ़ते वह अपने आख़िरी कदम पर आ गया हो। "तुम चाहते क्या हो?" उसने रुककर कहा। उसे लगा कि उसके घुटने काँप रहे हैं और धड़कन बढ़ गई है।

"मैं क्या चाहता हूँ? चाहने को अब मेरे पास रह ही क्या गया है?"

"तुम छोड़कर जाना चाहते हो, चले जाओ। तुम्हारा जितना पैसा बनता है, उसका हिसाब तुम आज ही कर लो। और ज़्यादा बकझक करने की ज़रूरत नहीं।"

सिद्दीक पल भर फटी-फटी आँखों से उसे देखता रहा। बोला, "तुम मुझसे जाने को कह रहे हो? तुम कह रहे हो यह बात?"

"हाँ, मैं ही कह रहा हूँ यह बात," वह बोला, "तुम अपना पैसा लो और चले जाओ।"

"तुम दोगे मुझे पैसा? है तुम्हारे पास पैसा?"

"मेरे पास है या नहीं, इससे तुम्हें मतलब? दो दिन में यह डूँगा और हाउस बोट सब कुछ बिक जाएगा। तुम्हें तुम्हारा पैसा मिल जाएगा। उसके बाद तुम जहाँ जाना चाहो, चले जाओ। ये दो दिन भी अगर बाहर रहना चाहो, तो खुशी से रह लो।"

वह वहीं से लौट पड़ा। सिद्दीक कुछ देर अपनी जगह रुका रहा, फिर उसके पीछे-पीछे चला आया। घाट की सीढ़ी के पीछे-पीछे पास आकर उसके सामने खड़ा हो गया।

"अब तुम क्या चाहते हो?" उसने पूछा।

सिद्दीक ने टोपी उतारकर हाथ में ले ली थी। उसकी आँखें गीली थीं। "मैं कुछ नहीं चाहता," वह बोला, "अगर मेरे मुँह से कोई गलत बात निकल गई

है, तो उसके लिए तुम मुझे माफ़ कर दो।"

उसने कुछ नहीं कहा। सीढ़ी से उतरकर डूँगे में आ गया। बेगम को उसका चेहरा शायद काफ़ी बदला हुआ लगा, क्योंकि उसकी आँखें उसके चेहरे से हटी नहीं। सिद्दीक तब तक उतरकर घाट पर आ गया था।

"वह क्या चाहता है?" बेगम ने अंदर आकर पूछा।

"परसों तक हमें उसका हिसाब कर देना होगा। मैंने उससे कह दिया है कि वह यह घर छोड़कर चला जाए।"

"उसे जाना है, चला जाए," बेगम बोली, "हिसाब के लिए पैसा जब हाथ में होगा, तब उसे अदा कर दिया जाएगा।"

"मैंने उससे कह दिया है कि परसों तक मैं उसका पूरा पैसा अदा कर दूँगा।"

"तुम्हारे पास हो तो अदा कर देना, मेरे पास उसे देने के लिए पैसा नहीं है।"

वह बिना आँख झपके कुछ देर बेगम के चेहरे के उतार-चढ़ाव को देखता रहा। फिर बोला, "ठीक है। मैं ही अदा कर दूँगा। दो दिन में तुम सब अपने ठिकाने का इंतज़ाम कर लो। यह डूँगा और हाउस बोट मुझे आजकल में ही किसी के हाथ बेच देने हैं।"

बेगम की साँस तेज़ हो गई थी। नूरा और मामदा हाउस बोट की खिड़कियों से उस तरफ देख रहे थे। सिद्दीक हाथ बगलों में दबाए घाट पर सिर झुकाए खड़ा रहा था।

"और इन्हें बेचने के बाद खुद तुम्हें कहाँ रहना है?"

"मुझे जहाँ भी रहना हो, इससे किसी को कोई मतलब नहीं है। मेरी ज़िंदगी अब खुदा के हाथ में है। मुझे जहाँ भी जाना होगा, चला जाऊँगा।"

"तुम्हें जहाँ जाना है, मुझे मालूम है। हम सबको दर-बदर करके खुद तुम हज करने चले जाओगे। यही न?"

उसकी साँस रुक रही थी। बात उसके मुँह से साफ़ नहीं निकली। सहारे से बैठते हुए किसी तरह उसने कहा, "हाँ, यही। यहाँ जिस दोज़ख में तुम लोगों ने मुझे डाल रखा है, उससे बाहर निकलना ही मेरे लिए हज के बराबर है। मेरे लिए असली हज का दिन वह होगा जिस दिन मेरी साँस निकलेगी। और तुम लोगों के लिए...तुम लोगों के लिए भी वही दिन असली निज़ात का दिन होगा।"

और उस दिन उनके बीच घिर आई चुप्पी अभी टूटी नहीं थी कि उस पार क़ादिर के हाउस बोट में आग लग गई।

दरिया में खड़े बोट में आग लगना अस्वाभाविक-सी घटना थी। ऐसा उन्होंने

कभी सुना भी नहीं था। उस दिन अपनी आँख से न देखा होता, तो शायद वह कभी विश्वास ही न कर पाते। उस वक्त आधी रात थी। मामदा ने चिल्लाकर उन्हें जगा दिया था। उस दिन क़ासिम भी अपने हाउस बोट में नहीं था। शाम को किसी काम से अनंतनाग गया था। नज़मा और उसके बच्चे अपने डूँगे में अकेले थे।

पहले कुछ देर वे तय नहीं कर पाए कि आग कादिर के हाउस बोट में लगी है या किसी और हाउस बोट में। सिद्दीक कह रहा था कि वह क़ादिर के साथवाला बोट है। बेगम ने उन दोनों की बात में हिस्सा न लेकर मामदा और नूरा से शिकारा खोलने को कह दिया था। आसपास से और भी कई हाँजी दरिया पार कर रहे थे। आग हाउस बोट की खिड़कियों से उठकर अब छत को लपेट रही थी। जले हुए शहतीर और परदे दरिया में गिरते और गिरकर स्याह हो जाते। कुछ लोग बालटियाँ लेकर हाउस बोट पर पानी उलीच रहे थे।

"बेगम!" शिकारा खुल गया, तो उसने अपने और बेगम के बीच की खामोशी तोड़ने की कोशिश की।

बेगम ने आँखें उठाकर उसकी तरफ देखा, पर कहा कुछ नहीं।

"मैं भी साथ चल रहा हूँ," वह बोला।

बेगम ने फिर भी मुँह से कुछ नहीं कहा। चुपचाप शिकारा डूँगे से लगा दिया। उसने शिकारे में पैर रखा, तो पीछे सिद्दीक भी उसमें उतर आया।

"पानी में खड़े बोट में आग कैसे लग सकती है! ऐसा आज तक कभी हुआ ही नहीं," उसने चलते शिकारे में जैसे अपने से कहा।

पर अपनी आवाज़ वह खुद भी नहीं सुन सका। नूरा और मामदा चिल्लाकर उस पार के हाँजियों से पूछताछ कर रहे थे। हाउस बोट के पीछे से आग की एक लंबी लकीर फिसलकर आगे आ रही थी। नूरा शिकारे में लगभग खड़ी होकर जैसे बाहर को उछलने जा रही थी। "नज़मा! नज़मा!" और मामदा कह रहा था, "वह उन्हीं लोगों का डूँगा है। किनारे से टूटकर पानी में बह रहा है।"

बेगम जल्दी-जल्दी चप्पू चला रही थी और साथ ही बुदबुदा रही थी, "या खुदा! या रसूल!" उसकी आवाज़ काँप रही थी और वह शायद तय नहीं कर पा रही थी कि उसे शिकारा डूँगे की तरफ ले जाना चाहिए या हाउस बोट की तरफ।

आग में काफी नुकसान हुआ था। गनीमत यही थी कि नज़मा और उसके बच्चे सही-सलामत बच गए। आग कैसे लगी, यह बात किसी तरह तय नहीं की जा सकी। अंदाजा था कि उस पार के किसी हाँजी की ही शरारत थी। क़ादिर और क़ासिम से दुश्मनी रखनेवाले लोगों की वहाँ कमी नहीं थी।

आग लगने के अगले रोज़ नज़मा उनके डूँगे में बेगम की बाँह से सटकर

रो रही थी, तो बेगम उससे कह रही थी, "अपनी माँ के जीते-जी. तुझे किस चीज़ की फ़िक्र है? यह घर और डूँगा क्या तेरा अपना नहीं? दस दिन के अंदर उधर के हाउस बोट और डूँगे की भी मरम्मत हो जाएगी। हजार-बारह सौ का खर्च ही तो है, वह सब मैं कर दूँगी। क़ादिर के पास जब होगा, मुझे लौटा देगा। और न भी लौटा सके, तो क्या है? आखिर माँ-बाप अपने बच्चों के लिए खर्च करते ही रहते हैं।"

मामदा उस वक्त भी जाने किस बात पर खिलखिला रहा था। सिद्दीक अपनी लोई में लिपटा खामोश आँखों से उनकी तरफ देख रहा था। उसका मन हुआ था कि वह सिद्दीक को अपने साथ सटा ले। कहे कि कुछ देर वह खुलकर रो ले। कब तक वह इस तरह बैठा बुझी-बुझी आँखों से उन्हें देखता रहेगा?

# स्याह और सफ़ेद

तीस-पैंतीस व्यक्तियों की भीड़ में घिरा हुआ चंदन जब पुल की सीढ़ियाँ चढ़ने लगा, तो अट्ठाईस-उनतीस बरस के एक युवक ने उसके बराबर आकर भारी मगर धीमे स्वर में कहा, "भाई साहब, टिकट थर्ड क्लास का है कि सेकेंड क्लास का?"

चंदन का चेहरा लाल हो गया। वह कोई उत्तर न देकर चुपचाप सीढ़ियाँ चढ़ता रहा।

वह युवक उसके कदम के साथ कदम मिलाता हुआ फिर बोला, "भाई साहब, हमने पूछा था कि टिकट थर्ड क्लास का है कि सेकेंड क्लास का?"

"क्यों?" चंदन कुछ तेज़ स्वर में बोला, "आपको यह पूछने की जरूरत किसलिए है?"

"ज़रा आहिस्ता बात कीजिए," उसने चंदन का हाथ इस तरह दबाया, जैसे कोई बहुत रहस्य की बात हो रही हो, "एक मिनट दम लीजिए, अभी बात करते हैं।" और उसे रोककर उसने सत्यरत्न से इशारा करते हुए कहा, "चलिए, चलिए आप लोग, हम भाई साहब से एक मिनट बात करके आ रहे हैं।"

चंदन कुछ पल रुका रहा। वह उसके कान के पास मुँह ले जाकर बहुत धीमे स्वर में बोला, "बात यह है भाई साहब कि अगर तो टिकट हैं सेकेंड का, तब तो कोई बात ही नहीं है। धड़ल्ले से निकल चलते हैं। और अगर थर्ड का, तो निकालकर चुपके से हमारे हाथ दे दीजिए। आप शान से बाहर निकल जाइएगा, हम पीछे से देखते रहेंगे। क्या कहते हैं?"

क्षण भर के लिए चंदन का सिर भन्ना गया, मगर उसने चुपचाप अपने गुस्से को पी लिया।

"आप चले आइए," उसने कहा, "मेरे पास जो टिकट है, मैं खुद दरवाजे पर दूँगा।"

"वह आपकी मरजी है," युवक ने अपनी ढीली पतलून को कुहनियों से ऊँचा उठाते हुए कहा, "हमने तो आपसे एक बात कही थी।"

स्टेशन के बाहर एक टैक्सी इंतज़ार कर रही थी। टैक्सी में भी वह युवक उसके साथ ही बैठा। टैक्सी की खिड़की से सिर निकालकर उसने सत्यरत्न को

इशारे से पास बुलाया और उनके कान के पास मुँह ले जाकर बोला, "देखिए, आप कोई फिक्र मत कीजिएगा। हम वहाँ सब इंतज़ाम ठीक कर लेंगे। हरीशजी को चाहे जब भेज दीजिएगा। उनके आने तक हम इनके पास ही रहेंगे।"

टैक्सी चल पड़ी तो चंदन ने एक बार गौर से देखा। वह ठिंगने कद और साँवले रंग का दुबला-पतला युवक था और उसके चेहरे की हड्डियाँ बाहर को निकली हुई थीं। चेहरे पर छोटी-छोटी मूँछें उसने शायद इसलिए पाल रखी थीं कि उनसे ठिंगने कद की कुछ क्षतिपूर्ति हो जाए। वह काला सूट पहने था और भड़कीले लाल रंग की टाई लगाए था। उसने इस तरह तिरछा होकर, जैसे कहीं बहुत दूर हाथ डालना हो, अपनी पतलून की जेब से सिगरेट की डिब्बी निकाली और चंदन की तरफ बढ़ाकर पूछा, "क्यों साहब, सिगरेट पीते हैं?" उसकी आवाज़ इस तरह भारी थी, जैसे उसका संबंध उन पेशों में से किसी एक से हो, जिनमें आदमी को बाज़ार में जगह-जगह खड़े होकर भाषण देना पड़ता है।

"जी नहीं, मैं नहीं पीता। आप पीजिए।" कहकर चंदन ने पीछे टेक लगा ली।

"मेरा नाम भाई साहब, राधेश्याम है," उसने सिगरेट सुलगाते हुए कहा। "वैसे लोग यहाँ मुझे राधेलाल कहकर बुलाते हैं।" दियासलाई फेंककर उसने सिगरेट को तीसरी और चौथी उँगली के बीच में रखा और एक कश लगाकर कहा, "यह बहुत ही अच्छी बात है कि आपको इसका ऐब नहीं है। सच मानें, हमें जानकर बहुत ही खुशी हुई। पैसा ऐसी चीज़ है भाई साहब, कि ख्वामखाह आदमी को ऐब लगा देता है। हमें भी यह शौक साला फिजूल के पैसे ने ही लगाया है, वरना अच्छी चीज़ हम भी इसे नहीं समझते। हम अभी बारह साल के थे जब हमारे वालिद साहब बहुत बड़ी जायदाद छोड़ गए थे और हम अकेले बेटे थे, सो जो होना था वही हुआ। पड़ गए ऐसी-वैसी सोहबत में। यह सिगरेट का ऐब भी उन्हीं दिनों से लगा है। सोचिए, बारह साल की उम्र से। अब अक्ल आने पर रोते हैं, मगर यह ऐब छुड़ाए से छूटनेवाला थोड़ा ही है? रोज़ दिन में डेढ़ रुपया-दो रुपया इसमें फुँक जाता है। आपने बहुत ही अच्छा किया जो इसकी लत नहीं लगाई। कोई चीज़ है साली कि पैसा भी फूँको और अपना कलेजा भी जलाओ! क्या कहते हैं?"

उसने एक बड़ा-सा कश खींचा, खिड़की से सिर निकालकर गला साफ किया और बोला, "माफ कीजिएगा, मैं जान सकता हूँ कि आप कितने भाई हैं?"

चंदन के माथे पर बल पड़ गए, मगर शीघ्र ही उसने अपने को ठीक कर लिया। "मेरा एक छोटा भाई और है।" उसने कहा।

"उसका तो अभी ब्याह नहीं हुआ होगा, आपसे छोटा जो है।" और उसने चुटकी बजाकर सिगरेट की राख झाड़ दी।

चंदन चुप रहा।

"और बहन भी है?"

"एक बहन है," चंदन ने बात को जल्दी से समाप्त करने के लिए कहा, "उसका ब्याह हो चुका है।"

"हूँ!" राधेलाल ने एक लंबा कश खींचकर कहा, "आपसे बड़ी होगी?"

"मुझसे दो साल छोटी है।"

राधेलाल कुछ देर सिर हिलाता रहा। फिर बोला, "आपको उसे साथ लाना चाहिए था।" उसने बाँह फैलाकर चंदन की तरफ रुख कर लिया और कहा, "बुरा मत मानिएगा, हमारे ख्याल में आपको भाई को भी साथ लाना चाहिए था। वैसे तो खैर आदमी अपनी सहूलियत देखता है, मगर भाई साहब, ब्याह का मौका तो फिर ब्याह का ही मौका है। इस मौके पर दो-चार हज़ार सिर पर उठाना भी पड़े, तो आदमी को पीछे नहीं हटना चाहिए। ब्याह कौन रोज़-रोज़ होता है? क्या कहते हैं?"

"अब हम लोग चल कहाँ रहे हैं?" चंदन ने पूछा।

"आपके लिए एकदम फर्स्ट क्लास होटल में कमरा लिया गया है साहब।" राधेलाल निहायत बेतकल्लुफी से उसके कंधे पर हाथ रखकर बोला, "हमने सत्यरत्नजी से कहा कि भाई साहब के ठहरने का इंतजाम ऐसा होना चाहिए कि बस...आप अभी सत्यरत्नजी को जानते नहीं हैं। निहायत दिल-गुर्देवाले आदमी हैं। अब तो खैर आप जान ही जाएँगे। उन्होंने हर चीज़ का इंतज़ाम फर्स्ट क्लास किया है, एकदम ए क्लास। लोगों के दिलों पर साँप डोल रहे हैं। कोई क्या खाकर उनका मुकाबला करेगा, आपको भी भाई साहब याद रहेगा कि हाँ, हमारा भी ब्याह हुआ था..."

●

टैक्सी होटल के सहन में जाकर रुकी। कुली से सामान उतारने को कहकर राधेलाल एक महत्त्वपूर्ण व्यक्ति की तरह ज़रा रुककर आगे-आगे चलने लगा। सहन पार करके वह बरामदे की सीढ़ियाँ चढ़ा और एक कमरे के दरवाजे के बाहर रुककर बोला, "ज़रा देखिएगा क्या चीज़ ली गई है आपके लिए।

जेब से ताली निकालकर उसने दरवाज़ा खोला और इस तरह एक कदम पीछे हट गया, जैसे किसी प्रदर्शिनी का उद्‌घाटन कर रहा हो—"तशरीफ लाइए!" उसने कहा, "मैं अपने सामने कमरा ठीक करा के गया था।" वे दोनों कमरे में दाखिल हुए, तो वह उसका हाथ पकड़कर बोला, "ज़रा यहाँ के फर्नीचर पर नज़र डालिए। क्या किसी सेठ-साहूकार के घर का फर्नीचर होगा! आप इस काउच पर बैठकर देखिए।" चंदन का हाथ पकड़े हुए साथ ही काउच पर वह बैठ गया।

मज़दूर आकर सामान अंदर रख गया था। चंदन उठकर अपना बैग खोलने

लगा। राधेलाल ने जरा झुककर फूलदान उठा लिया।

"यह फूलदान आपने नहीं देखा," उसने कहा, "कम-से-कम दस तरह के फूल इसमें लगवाकर गया था।"

चंदन ने बैग खोलकर तौलिया और साबुन वगैरह निकाला और उसे बंद करता हुआ बोला, "मेरा ख़्याल है, आपको उधर भी कई तरह के काम होंगे। आप चलिए, मुझे जिस चीज़ की ज़रूरत होगी, मैं मँगवा लूँगा। होटल है, इसलिए कोई दिक्कत तो होगी नहीं।"

"अरे आप कैसी बात करते हैं भाई साहब!" राधेलाल फूलदान रखकर काउच पर सीधा होता हुआ बोला, "यह भी कोई बात-में-बात है कि हम आपको अकेले छोड़कर चले जाएँ! यह बात आपकी बिलकुल सही है कि उधर भी कई तरह के काम हैं, मगर आपके पास बैठना भी भाई साहब, एक काम ही है और सबसे बड़ा ज़िम्मेदारी का काम है। वैसे आपके पास बैठने की ड्यूटी हरीशजी की थी, हरीशजी शकुंतलाजी की सहेली विभा के हस्बैंड हैं। मगर उन्होंने कहा कि वे खाना खाकर ही उधर आएँगे, सो हमने सत्यरत्नजी से कहा कि तब तक हम यहाँ आपके पास ड्यूटी दें। भाई साहब, बारात के पास अपने एक आदमी का होना बहुत ज़रूरी होता है। ब्याह-शादियों का मामला ऐसा है कि न जाने कब कौन-सी बात उठ खड़ी हो! क्या कहते हैं? आपके साथ तो खैर बारात नहीं है, आप अकेले हैं, फिर भी एक आदमी का यहाँ होना तो बहुत ज़रूरी है ही। कहीं आपके मन में आ जाए भाई साहब, कि हम ब्याह नहीं कराते, और आप उठकर वापस ही चल दें तो बताइए, हम यहाँ किससे पूछेंगे?" वह अपने छोटे-छोटे दाँत निकालकर हँसा और बोला, "हमारी बात का बुरा मत मानिएगा भाई साहब। हम हँसी में कह रहे हैं। हाँ, कहीं आप हमारी बात का बुरा ही मान जाएँ। हमारी कुछ आदत ही है कि हर वक्त हँसी-मज़ाक करते रहते हैं। घर में भी हमारा रात-दिन हँसी-मज़ाक चलता है। हमारी ये कई बार बहुत बिगड़ती हैं कि तुम कभी तो अपनी यह हँसी छोड़ा करो, दूसरे बुरा मान जाते हैं।"

चंदन अपना सूटकेस खोलकर उसमें से कपड़े निकाल रहा था। राधेलाल उठकर उसके पास आ गया।

"भाई साहब, रात को कौन-से कपड़े पहन रहे हैं?" उसने कहा। चंदन अपने कपड़े निकालकर बाहर रखता रहा।

"यह तो उस वक्त देखा जाएगा," उसने कहा, "कुछ भी पहन लूँगा।"

"भाई साहब, बुरा न मानें तो हम एक राय दें?" राधेलाल झुककर उसके सूटकेस में झाँकता हुआ बोला, "रात को आपको डार्क ग्रे कलर का सूट पहनना चाहिए। उसके साथ गहरे सुर्ख रंग की टाई हो, तो क्या कहने हैं! दोनों चीज़ें आपके पास हों, तो कोई बात ही नहीं वरना हम अभी इंतज़ाम किए देते हैं।

राधेलाल की फुर्ती भी आप देखिएगा कि कैसे सब इंतज़ाम करता है। रात को आपकी वह शो निकलनी चाहिए कि बस...लोग देखकर एक बार कह उठें कि हाँ, सत्यरत्नजी ने कुछ देखकर ही अपना दामाद चुना है। आपको शायद पता नहीं है, सत्यरत्नजी हमारे सगे चाचा की तरह हैं। और शकुंतलाजी, आपकी होनेवाली वो, हमारी तो बहन की तरह हैं। इस नाते समझिए, हम आपके साले हैं, आप हमारे बहनोई हैं।"

"आप बैठिए, मैं जरा नहा आऊँ," चंदन ने कहा, "सफर की वजह से तबीयत कुछ परेशान हो रही है।" उसने कमीज और बनियान बाहर रखकर बाकी कपड़े बंद कर दिए और नहाने के कमरे में जाने के लिए तैयार हो गया।

"हाँ, हाँ, बड़े शौक से।" राधेलाल बोला, "आप नहाइए और हम उतनी देर में नाश्ते का इंतज़ाम करते हैं। मगर भाई साहब, एक बात पूछते हैं, बुरा मत मानिएगा। आपके साथ यही सामान है, या और भी कुछ है?"

"क्यों?" चंदन ने आश्चर्य के साथ उसकी तरफ देखा। "और सामान होता तो वह भी साथ ही आया होता। आपके सामने ही तो मैं गाड़ी से उतरा हूँ।"

"हम ऐसे ही पूछ रहे हैं।" राधेलाल बोला, "चाचीज़ी कह रही थीं कि शंकुतलाजी के गहने और कपड़े आप साथ लाए हैं, मगर किसी को दिखाएँगे नहीं, बंद-के-बंद ही शकुंतलाजी को दे देंगे। हमने कहा कि शायद आपके इसी सूटकेस में हों। मगर लगता है कि आप वे सब चीज़ें घर पर ही छोड़ आए हैं, वहीं जाकर उन्हें देंगे। हाँ, ठीक है। जब चीज़ दिखानी नहीं, तो बोझ साथ लेकर आने की क्या जरूरत थी? जिसे पहनने हैं, वह अपने घर जाकर पहन लेगी।"

चंदन के ओंठों पर खुश्क-सी मुसकराहट आ गई।

"मैं भाई साहब, कोई भी चीज़ घर पर छोड़कर नहीं आया," उसने तौलिए को अपने बाएँ हाथ पर लपेटते हुए कहा, "आपकी चाचीज़ी ने अगर आपसे ऐसा कुछ कहा है, तो ग़लत कहा है।" और वह ओंठों को सिकोड़े हुए बाथरूम में चला गया।

चंदन का मन सहसा उदास हो गया था। उसे समझ नहीं आ रहा था कि क्यों उन लोगों ने पहले ही ये बातें उसे नहीं लिख दीं। वह एक विशेष धरातल पर ब्याह के लिए तैयार होकर आया था, वहाँ अपने को एक और ही धरातल पर पा रहा था। परंतु उसकी समझ में नहीं आ रहा था कि उस संबंध में वह कर क्या सकता है। उसे पहले से इसका ज़रा भी आभास होता, तो संभव था कि वह ब्याह का विचार छोड़ देता। परंतु अब ब्याह से कुछ घंटे पहले वह अपना विचार कैसे बदल सकता था?

उसने नल पूरा खोल दिया। पानी की धार छींटे उड़ाती हुई फर्श पर गिरने लगी। धार में भीगने से पहले वह कुछ देर साबुन हाथ में लिए खड़ा रहा। कल

गाड़ी की रात और आज की सुबह, दोनों में कितना अंतर था! कल वह आज के संबंध में क्या सोच रहा था और आज क्या महसूस कर रहा था। उसने अपना पैर आगे बढ़ा दिया और कुछ देर उसे भीगते देखता रहा। फिर वह धार के नीचे बैठ गया और शरीर पर साबुन लगाने लगा। उस थोड़े से समय में ही जैसे उसने उम्र की कई सीढ़ियाँ लाँघ ली थीं और अपने को पहले से कहीं प्रौढ़ महसूस कर रहा था। साबुन लगाकर उसने शरीर को मल-मलकर धोया, जैसे उस परिस्थिति को लेकर सोचने के साथ शरीर को उस तरह मलने का कोई गहरा आंतरिक संबंध हो।

वह बाहर निकला, तो राधेलाल एक छोटी-सी कॉपी निकालकर उसमें कुछ हिसाब लिख रहा था। उसे देखकर उसने कॉपी बंद करके जेब में रख ली और मुसकराता हुआ बोला, "वाह, भाई साहब, अब तो बिलकुल जँच आए आप!"

चंदन भी उत्तर में मुसकराया और गीला तौलिया कुरसी की पीठ पर फैला कर अपने बैग से कंघा-शीशा निकालने लगा।

"भाई साहब, यह जिंदगी भी क्या चीज़ है!"

चंदन ने घूमकर उसकी तरफ देखा। राधेलाल ने दूसरी सिगरेट सुलगा लीया थी और एक पैर काउच पर रखकर ज़रा फैलकर बैठ गया। उसके मुँह से निकला हुआ धुआँ हवा में लचक रहा था।

"क्यों, आप ज़िंदगी की चिंता क्यों करने लगे?" चंदन स्वस्थ भाव से बोला।

"ऐसे ही एक बात कह रहे हैं।" राधेलाल लंबा कश खींचकर बोला, "हमारी आदत है भाई साहब कि हमारे मन में बात आती है, तो मुँह से कह देते हैं। यह भी बात मुँह में आई थी, सो कह दी। और ठीक बात भी है कि परमात्मा ने ज़िंदगी भी क्या अजीब चीज़ बनाई है।"

चंदन कुछ न कहकर अपने बाल ठीक करने लगा। जब तक वह तैयार हुआ, तब तक चाय भी आ गई। राधेलाल सीधा होकर बैठ गया और चाय बनाने लगा।

"भाई साहब, चाय में आप कितनी चीनी पीते हैं?" उसने पूछा

"सवा या डेढ़ चम्मच।"

"और अंडे का परहेज तो नहीं करते?"

"क्यों, क्यों?"

"ऐसे ही पूछ रहे हैं। हमने साथ पेस्ट्री मँगाई है। कहते हैं, पेस्ट्री में अंडा पड़ता है। हमने कहा शायद परहेज करते हों।"

"जी नहीं, मैं अंडे का परहेज नहीं करता," कहता हुआ चंदन आकर उसके सामने ही कुरसी पर बैठ गया।

राधेलाल कुछ सोचता-सा चाय में चीनी मिलाता रहा, फिर बोला "और मांस-आंस का परहेज भी नहीं करते?"

उसने प्याली चंदन की तरफ बढ़ा दी। चंदन ने प्याली उसके हाथ से लेकर एक हलका-सा घूँट भर लिया।

"हमारे घर में नहीं बनता," चंदन ने कहा, "मगर कभी-कभार मैं बाहर खा लेता हूँ।"

"अच्छा?" राधेलाल जैसे चौंक गया, "तब तो कभी-कभार ड्रिंक भी ले लेते होंगे।"

चंदन उसके पूछने के ढंग पर थोड़ा मुसकरा दिया और बोला, "नहीं, ड्रिंक-ड्रिंक मैं नहीं लेता।"

राधेलाल अपनी प्याली उठाने से पहले सिगरेट के लंबे-लंबे कश खींचकर उसे समाप्त कर देना चाहता था। सिगरेट की राख इतनी बढ़ गई थी कि वह सहसा झड़कर उसके कपड़ों पर गिर पड़ी। कपड़े झाड़ते हुए उसने सिगरेट का टुकड़ा ऐश-ट्रे में डाला और प्याली की तरफ झुकते हुए बोला, "सत्यरत्नजी के घर में तो भाई साहब-अंडा भी नहीं जाता, आपको पता ही होगा। मैं सोच रहा था कि अगर आप ड्रिंक भी लेते हों, तो..." और उसने एक विशेष दृष्टि से उसे देखकर अपनी प्याली उठा ली।

चंदन चुपचाप चाय के घूँट भरता रहा। राधेलाल फिर बोला, "सत्यरत्नजी इन बातों का बहुत ख़याल करते हैं। और लोग देखिए ऐसे होते हैं कि अपने मन से ही सौ तरह की बातें बना लेते हैं। हमसे ही कोई कह रहा था कि भाई साहब ड्रिंक का भी परहेज नहीं करते। हमने कहा कि यह कभी हो ही नहीं सकता। आपसे तो हमने पूछा है, लेकिन उस वक्त भी हमें दिल में पक्का विश्वास था कि ऐसी बात हो ही नहीं सकती। सत्यरत्नजी कभी लड़की का रिश्ता ऐसी जगह नहीं कर सकते। भाई साहब, बातें करनेवाले ऐसे मौके पर हर तरह की बातें करते हैं। हम किसी का मुँह थोड़े ही पकड़ सकते हैं! क्या कहते हैं?"

"आप ठीक कह रहे हैं," कहकर चंदन चाय पीता रहा।

"अब विभाजी हैं," राधेलाल एक घूँट भरकर हाथ से मुँह को पोंछता हुआ बोला, "शंकुतलाजी की सबसे अच्छी सहेली हैं। वही, जिनके हस्बैंड अभी आपके पास आएँगे। वह शकुंतलाजी से कह रही थीं कि भाई साहब ने एम.ए. पास किया है, तो फिर स्कूल में क्यों पढ़ाते हैं? किसी कॉलेज में नौकरी नहीं करते? मगर हमने कहा कि जब उन्होंने कहा है कि एम.ए. पास हैं, तो यह कैसे हो सकता है कि एम.ए. पास न हों? सत्यरत्नजी क्या मूर्ख हैं कि एम.ए. पास लड़की का ब्याह बी.ए. पास लड़के से कर देंगे? एक बात कह रहे हैं भाई साहब, बुरा मत मानिएगा। वह बात तो एक आम अक्लवाला आदमी भी सोच सकता है कि

एम.ए. पास लड़की का ब्याह कम-से-कम एम.ए. पास लड़के से होना ही चाहिए। क्या कहते हैं?"

चंदन की समझ में नहीं आया कि उसकी बात पर हँस दे या क्या कहे। उसकी प्याली खाली हो गई थी। वह अपने लिए दूसरी प्याली बनाने लगा।

"यह चाय आपको कैसी लगी?" राधेलाल ने पूछा।

"अच्छी चाय है।" उसने कहा।

"चाय तो फिर भाई साहब, होटल की ही होती है," राधेलाल बोला, "हम लोग कितना ही करें, मगर घर में वैसी चाय नहीं बन सकती जैसी होटल में बनती है। घर की चाय में ससुरा फ्लेवर ही नहीं आता। हमारे घर में दिन में तीन दफे चाय बनती है, मगर जो बात इस चाय में है, वह बात उसमें कभी पैदा ही नहीं होती।"

"लगता है, आप चाय के मामले में काफी समझ रखते हैं।" कहते हुए चंदन ने कुरसी की पीठ से टेक लगा ली।

"हम एक बात कह रहे हैं," राधेलाल बोला, "और भाई साहब, हम लोग तो बस बात ही कर सकते हैं, चाय के फ्लेवर की पहचान हम लोगों को कहाँ है? हम लोगों के लिए चाय चाय है, ससुरी कैसी भी हो! चाय के फ्लेवर का फर्क तो दरअसल अंग्रेज जानता था। अंग्रेज की बात अंग्रेज के साथ ही चली गई। क्या कहते हैं?"

## खंड छः

# फिल्म

- दिन ढले (पटकथा)
- आधे अधूरे-प्रसंग
- लेखक बनाम फ़िल्म निर्माता

# फ़िल्म

बहुमुखी प्रतिभा के धनी, दुस्साहसी, ज़िद्दी और भीषण आत्मसम्मानी मोहन राकेश तथा सिनेमा के बीच गहरा और मजबूत रिश्ता था, जो किसी न किसी रूप में जीवनभर बना रहा। उन्होंने अपने जीवन की पहली नौकरी, इक्कीस साल की उम्र में, लाहौर की एक फ़िल्म-कंपनी में बतौर बुद्धिजीवी/लेखक के रूप में की थी। प्रतिदिन सिर्फ़ आधे या एक घंटे के लिए दफ्तर जाना पड़ता था। इसके बावजूद राकेश इस नौकरी को सवा साल से अधिक नहीं खींच सके और 1945 में उन्होंने अपने जीवन का पहला इस्तीफ़ा दे दिया। यदि मौत ने अचानक बीच में आकर उनसे ज़िंदगी का ही त्यागपत्र न माँग लिया होता तो भारतीय 'फ़िल्म वित्त निगम' के निदेशक पद से उन्होंने अपने जीवन का शायद अंतिम इस्तीफ़ा भी दे ही दिया होता।

'फ़िल्म वित्त निगम' के चेयरमैन और 'फिल्मफ़ेयर' के तत्कालीन संपादक बी.के. करंजिया ने अपने इस सहयोगी के बारे में महसूस किया था कि "विश्व सिनेमा की नवीनतम धाराओं की उन्हें खासी जानकारी है। फिल्मों के प्रति उनके दृष्टिकोण में मैंने एक बेसब्री पाई कि क्यों हमारे देश में इतना वक्त लग रहा है।" करंजिया के अनुसार, "साहित्य फिल्म माध्यम के विकास में कितना योगदान दे सकता है इस बारे में मोहन राकेश से ज्यादा जागरूक लेखक मुझे अब तक नहीं मिला है।"

यह केवल संयोग नहीं है कि शुद्ध-सिनेमा की खोज में लगे प्रबुद्ध एवं प्रयोगधर्मी निर्देशक मणि कौल ने अपनी फ़िल्मों के लिए छवि-प्रधान 'उसकी रोटी' तथा ध्वनि-प्रधान 'आषाढ़ का एक दिन' नामक राकेश की ही दोनों कृतियों का चुनाव किया। इन दोनों फ़िल्मों के आलेख तैयार करने तथा संवाद लिखने में स्वयं मोहन राकेश ने महत्त्वपूर्ण रचनात्मक सहयोग दिया था। इन दोनों फ़िल्मों ने लगातार दो वर्षों तक 'फिल्मफ़ेयर क्रिटिक्स अवार्ड' जीतकर भारतवर्ष

में नई लहर के फिल्मांदोलन की नींव रखी। मणि कौल को उनके क्रांतिकारी प्रयोगों के लिए 'नेहरू फैलोशिप' प्रदान की गई। दोनों फ़िल्मों को भरपूर चर्चा, प्रशंसा और प्रतिष्ठा मिली। किंतु प्रयोगशील एवं नई फ़िल्मों के प्रति अपने आग्रह, उत्साह और समर्थन के बावजूद राकेश मणि कौल के दृष्टिकोण एवं निर्वहण से सहमत और संतुष्ट नहीं थे। संभवतः यह भी एक कारण था कि अपने नाटक 'आधे अधूरे' के फ़िल्मीकरण के लिए उन्होंने ओम शिवपुरी और कुछ अन्य मित्रों के साथ मिलकर 'अंशुमाली' के बैनर तले उसे स्वयं बनाने का फैसला किया और निर्देशन का दायित्व बासु भट्टाचार्य को सौंपा। 'आधे अधूरे' की 'दिशांतर' (दिल्ली) वाली बहुचर्चित प्रस्तुति के सभी कलाकारों के साथ पूना में इसकी शूटिंग बड़े ज़ोर-शोर से हुई। डायरी संख्या 10 में इस फ़िल्म पर हुए या होनेवाले विविध खर्चों का हिसाब-किताब बड़े व्यवस्थित ढंग से दिया हुआ है। शूटिंग के पाँच चरणों की चर्चा से लेकर प्रिव्यू के समय निमंत्रित किए जानेवाले 16 विशिष्ट साहित्यकारों, समीक्षकों और पत्रकारों की सूची तक बनाई हुई है। 'अंशुमाली' के सहयोगियों के लिए आचार-संहिता तथा निर्देशक बासु भट्टाचार्य के लिए फ़िल्म के पुनर्संपादन के संबंध में राकेश द्वारा दिए गए 37 सुझाव/निर्देश भी लिखे गए हैं। अपने-अपने प्रभामंडल से घिरे ऐसे नाटककार और निर्देशक के प्रोफेशनल संबंध, व्यक्तिगत मित्रता के बावजूद, न बहुत दूर तक निभ सकते थे और न ही निभ पाए। फ़िल्म बंद हो गई। इसी डायरी में कॉन्ट्रैक्ट के अतिरिक्त दो पत्र भी मिले हैं, जो इस विवाद से संबद्ध होने के कारण यहाँ दिए जा रहे हैं।

1969-70 के आसपास राकेश इस्माइल मर्चेंट की कहानी 'द रैंट कन्ट्रोलर' पर बननेवाली एक महत्त्वाकांक्षी फिल्म से भी जुड़े। 'मर्चेंट आयवरी प्रोडक्शंस' की इस फ़िल्म की पटकथा और संवाद राकेश लिख रहे थे। उनकी डायरी संख्या 7 में इसकी तैयारी से संबद्ध काफी सामग्री मौजूद है। कहानी, चरित्र और संबंधों को लेकर 28 और 'सीनिक बिल्ड अप' के संदर्भ में 19 प्वाइंट्स/प्रश्न राकेश ने लिखे थे, जिन पर वह शायद निर्माता-निर्देशक से विस्तृत चर्चा करना चाहते रहे होंगे। पटकथा की रूपरेखा के अंतर्गत *XVI* सीक्वेंस भी लिखे गए हैं। सारी डायरी अंग्रेजी में ही है। कुछ सैद्धांतिक या व्यावहारिक कारणों से राकेश इस फ़िल्म से भी अलग हो गए और यह फ़िल्म कभी बन ही नहीं पाई। कहा जाता है कि राकेश ने इसकी

आधी से ज़्यादा पटकथा लिख ली थी। परंतु दुर्भाग्य से वे कागज हमें उनकी फाइलों में कहीं नहीं मिल पाए। इसी डायरी के एक पृष्ठ पर 'कुछ व्यक्तिगत प्रश्न' शीर्षक से कुछ स्पष्टीकरणनुमा प्रश्न और कुछ प्रश्ननुमा शर्तें लिखी गई हैं। इनसे राकेश की लेखकीय गरिमा और उसके अधिकारों के प्रति स्पष्ट जागरूकता दिखाई देती है। हर किसी को उसकी औकात बतानेवाली व्यावसायिक फ़िल्मी दुनिया को एक लेखक की वास्तविक हैसियत समझानेवाली राकेश की यह टिप्पणी कई दृष्टियों से महत्त्वपूर्ण है और इसीलिए यहाँ छापी जा रही है।

अतः कुल मिलाकर राकेश के फ़िल्म लेखन के नाम पर हमारे पास बचती है—राकेश की डायरी संख्या 1, जिसमें उन्होंने जीवन की पहली फ़िल्म पटकथा 'दिन ढले' लिखी थी। डायरी के अंतिम पृष्ठ पर यद्यपि 3.8.46 की तारीख दी गई है, परंतु वास्तव में इसका रचनाकाल 1944-45 के बीच का होना चाहिए; क्योंकि 1945 में तो राकेश 'दरबार पिक्चर्स' नामक लाहौर की इस फ़िल्म-कंपनी से त्यागपत्र भी दे चुके थे, जिसके लिए उन्होंने इसे लिखा था। 'सारिका' के 'मोहन राकेश स्मृति अंक' में इस 'पटकथा' के पहले पृष्ठ का जो चित्र और 11वें दृश्य का जो विवरण दिया है, वह हमारी इस उपलब्ध डायरी से मेल नहीं खाता। मौजूदा डायरी के आधे-अधूरे लेखन को देखते हुए यह अनुमान लगाना गलत नहीं होगा कि यह डायरी राकेश की किसी अन्य संशोधित आलेखवाली डायरी का पूर्व-रूप है—शायद। इसलिए यहाँ हम इसका संपादित रूप ही छाप रहे हैं। अनेक अप्रासंगिक और अधलिखे दृश्यों को छोड़ दिया गया है और कई छोटे-छोटे किंतु संबद्ध दृश्यों को मिलाकर एक कर दिया गया है। 'सारिका' में प्रकाशित 11 दृश्य को मौजूदा आलेख के चौथे दृश्य के आरंभ में जोड़ दिया गया है। इससे प्रेम और रूपी के संबंधों की प्रगाढ़ता के साथ-साथ स्थिति में तनाव और नाटकीयता तो बढ़ती ही है—फ़िल्म का आधार गीत भी अपेक्षाकृत शुरू में ही आ जाता है। स्पष्ट है कि साठ दृश्यों के इस फिल्मालेख को अट्ठाइस दृश्यों में समेटने के लिए काफी काट-छाँट की गई है। दृश्य-क्रम और संरचना तक में थोड़ा परिवर्तन करना पड़ा है। परंतु दो-एक वाक्यों को छोड़कर संपादक ने अपनी ओर से कुछ भी जोड़ा नहीं है। आशा है इससे आज के पाठकों को राकेश के आरंभिक लेखन के स्तर एवं सरोकारों का अंदाजा तो लगेगा ही, आलेख रोचक और गतिशील भी लगेगा।

चालीस के दशक में हिंदी सिनेमा की जो स्थिति थी, उसे देखते हुए कहा जा सकता है कि राकेश ने पटकथा लेखन की प्रक्रिया और तकनीकी शब्दावली की काफी जानकारी प्राप्त कर ली थी। आलेख में कुल साठ दृश्य हैं। इनमें शूटिंग के हिसाब से 'आउटडोर', 'इनडोर' दृश्यों के विभाजन के अलावा चित्रित पर्दों और 'स्टॉक सींस' तथा अन्य जरूरी चीजों का भी स्पष्ट उल्लेख किया गया है। पात्रों के नाम तो दिए गए हैं परंतु उनके विवरण एवं अन्य निर्देशों की जगह खाली है। कुछ दृश्यों की संख्या डालकर कुछ पृष्ठ रिक्त छोड़ दिए गए हैं। ग्रामीण परिवेश के साथ रोमानी प्रेम कहानी को किसी सामाजिक समस्या के साथ जोड़कर गीत, संगीत, नृत्य और (फूहड़) हास्य के मिश्रण से एक सफल फ़िल्म बनाने का जो फार्मूला तब था और जो अब तक किसी न किसी रूप में हमारे यहाँ चल रहा है—'दिन ढले' भी कमोबेश उसी परंपरा का फ़िल्मालेख है। गाँव का परिवेश, काश्मीर की ओर जाती हुई पगडंडी, रूपी और प्रेम की रोमानी कहानी, गरीबी, धार्मिक विश्वासों का दुरुपयोग, चालाक, दुष्ट और बेईमान साहूकार, किसानों में नई जागृति पैदा करता प्रगतिशील नायक, अच्छाई-बुराई का संघर्ष, शहर के नवधनाढ्यवर्ग की संवेदनहीनता, टूटते सपनों की चुभन और सब कुछ के बावजूद सुखद अंत। रोमान, यथार्थ और आदर्श के ताने-बाने से बुना यह आलेख कहानी और संवाद लेखक के रूप में उनकी प्रबल संभावनाओं का पुष्ट संकेत तो देता ही है। फ़िल्मी हिंदी भाषा को संस्कार भी देता है।

'दिन ढले' के नायक प्रेम का यह संवाद कि 'हल चलाने और फसल काटनेवाले का पैदावार पर पूरा हक है।' कोई मौलिक और क्रांतिकारी विचार भले ही न हो, लेकिन इस दृष्टि से उल्लेखनीय और महत्त्वपूर्ण तो है ही कि इसे हिंदी में केवल मध्यवर्गीय स्त्री-पुरुष संबंधों के चितेरे माने जानेवाले लेखक मोहन राकेश ने 1943-44 में लिखा था और ब्रेख्त का 'काकेशियन चॉक सर्किल' पहली बार 1948 में अंग्रेजी में और 1957 में जर्मन में अभिमंचित हुआ था।

# दिन ढले

## 1

### पानी में बहते हुए फूल

Background

"इनसानी ज़िंदगियाँ दरिया में बहते हुए फूल हैं, जिन्हें पानी की लहरें जिधर चाहें, जैसे चाहें, बहा ले जाती हैं। दो फूल कभी मिलकर इकट्ठे बहने लगते हैं, पर किसी अनजान चीज से ठोकर खा, झटका लगने से बहुत दूर दूर हो जाते हैं। बहाव कभी उन्हें फिर से मिला भी देता है और कभी नहीं भी। इसी को जिंदगी का बनना-बिगड़ना कहते हैं।"

*[दो फूल मिलकर बहते हुए, फिर एक लकड़ी के टुकड़े से टकरा अलग-अलग होते हुए, और फिर लहरों के थपेड़ों में इधर-उधर होते हुए दिखाई देते हैं।]*

Special—शुरू से ही बंसी की तान साथ चल रही है।

Dissolve the flowers and waves.

## 2

[Place Hillock along the stream, against the background of farms.
Time : Dawn]

*[उगते सूरज की किरणें पानी पर चमक रही हैं। टीले पर बैठा प्रेम बड़े मजे से बंसी बजा रहा है। पंछियों के गिरोह घरौंदों से निकल, इधर-उधर को जा रहे हैं।*

*रूपी और नीली बाँह में बाँह डाले आती हुई टीले के पास रुकती हैं। हवा में उनकी चुनरियाँ पीछे की तरफ उड़-उड़ जाती हैं। अपनी बेपरवाही में उन्हें चुनरियाँ समेटने की चिंता नहीं। दोनों प्रेम को निहारकर फिर—एक दूसरी का हाथ दबाकर मुसकराती हैं।]*

**रूपी** : *(धीरे से)* नीली, तू यहीं ठहर मैं जरा...

*[आँख से इशारा करके टीले के ऊपर जाने लगती है। नीली एक बार उसकी ओढ़नी पीछे से खींचती है। रूपी मुश्किल से सँभलकर नीली के गाल पर एक हलकी-सी चपत लगा, टीले पर चढ़ जाती है और प्रेम के पीछे जा खड़ी होती है। नीली एक जगह कुछ ईंटें रखी हुई देखकर उन पर आराम से बैठ जाती है। रूपी एक हाथ से टीले पर उगे हुए दरख्त का सहारा लेती है। वह शरारत से मुसकराकर धीरे-धीरे अपने गले की कोमल आवाज प्रेम की बंसी के सुर के साथ मिलाने लगती है। प्रेम बंसी होंठों से अलग करके पीछे मुड़कर देखता है। रूपी उसके सामने आ जाती है।]*

**रूपी** : सचमुच तुम्हारी बंसी में जादू है। यह मुझे मीठी नींद से जगाकर यहाँ तक खींच लाई।...बजाते रहो न।

**प्रेम** : ऊँ हूँ!

**रूपी** : ऊँ हूँ क्यों?

**प्रेम** : इस बार तो तुम चली आईं। अबकी बार बजाऊँगा तो गाँव भर की गाय-भैंसें यहीं जमा हो जाएँगी। *(नीली मुसकराती है।)*

**रूपी** : *(जरा नाराज़गी ज़ाहिर करते हुए)* जाओ जी। किसी का दिल रखना भी नहीं जानते।

**प्रेम** : दिल रखना तो खूब जानते हैं। नहीं तो तू दिल दे के देख ले।

*[उठकर रूपी के दोनों हाथ अपने हाथों में पकड़ लेता है। अचानक रूपी की आँखें नीचे बैठी नीली से मिल जाती हैं। नीली शरारत से मुसकराकर अपनी आँखें दोनों हाथों से ढक लेती है। रूपी अपने हाथ छुड़ाने लगती है, पर प्रेम उसकी आँखों में आँखें डाल देता है। रूपी पल भर उसकी आँखों में देखकर बेसुध-सी हो जाती है। नीली एक बार हाथों की अँगुलियाँ फैलाकर उन दोनों को देखकर फिर आँखों से हाथ हटा लेती है।]*

**रूपी** : *(धीरे से)* जादूगर!

**प्रेम** : *(रूपी का एक हाथ छोड़कर)* जादूगर! कहाँ है जादूगर?...

**रूपी** : मेरी आँखों में समा गया है।

**प्रेम** : ओ...समझ गया।

**रूपी** : क्या समझ गए?

**प्रेम** : यही कि कोई जादूगर तुम्हारी आँखों में समा गया है जो हम पर जादू भरे तीर छोड़ता है।

*[रूपी की आँखों की मदभरी चितवन]*

**रूपी** : *(बनावटी क्रोध से अपना हाथ छुड़ाकर)* हम तुमसे बात भी नहीं करेंगे।

**प्रेम** : न सही, पर बंसी तो सुनोगी?

**रूपी** : नहीं।

**प्रेम** : तो कान बंद कर लो। हम बंसी बजाएँगे।

*[रूपी लापरवाही दिखाती हुई टीले से नीचे उतरने लगती है। प्रेम बंसी छेड़ देता है। रूपी के पैर रुक जाते हैं। वह मुड़कर प्रेम के पास आ जाती है। नीली भी दो चार कदम टीले पर चढ़कर एक झुके हुए तने से टेक लगा लेती है। रूपी गाने लगती है :]*

जादूगर बालमा...

## 3

[Place : Interior of Prem's house
Time : Day ]

*[मुंशी बाहर से आता है। कोट उतारकर चौकी पर बैठ बही खोलता है। एक अँगुली से माथे का पसीना पोंछता है, फिर उसी को जबान से लगा पन्ना पलटता है।]*

**मुंशी** : *(अपने आप)* आजकल तो दयानतदार होना गुनाह है। दुनिया उसको मानती है जो हो पक्का बेईमान!

*[प्रेम सीटी बजाता हुआ और कुर्ते के बटन खोलता हुआ बाहर से आता है।]*

**प्रेम** : क्यों काका, किसको गालियाँ निकाली जा रही हैं? *(कमीज उतारते हुए)*

इस साल तो अभी से इतनी गरमी पड़ने लगी।

*[रुमाल से पसीना पोंछता है। मुंशी उठकर पास आ जाता है।]*

मुंशी : राजा, तुम कहते हो किसी को लगान के लिए तंग न करो। पर आज तक एक भी किसान ने लगान नहीं दिया। बगैर सख्ती किए यह लोग ढीले नहीं होने के।

प्रेम : *(कुर्ते के दो बटन खोलकर फिर बंद करता है।)* सुराही से गिलास में पानी उँडेलते हुए) सख्ती? *(जरा हँसकर)* एक इनसान को दूसरे पर सख्ती करने का अख्तियार किसने दिया है, काका?...हल चलाने और फसल काटनेवाले का पैदावार पर पूरा हक है। और...

मुंशी : *(बात काटकर)* नहीं राजा! तुम्हारी जवानी की भोली उमंग तुम्हें भुलावे में डाल रही है।

*[प्रेम मुसकराता हुआ गिलास से दो घूँट पानी पीता है।]*

आखिर यह लोग हमारी ही जमीन पर तो हल चलाते हैं। हमारी ज़मीन...

प्रेम : *(गिलास मुँह से हटाते हुए)* नहीं काका, नहीं। जमीन हमारी कैसे हो सकती है? हमने इसे नहीं बनाया जमीन का मालिक तो वह है जो हम सबका मालिक है। और जो उसमें बीज बोता है, वही पैदावार का असली हकदार है। *(गिलास को धोकर उसमें फिर से पानी भरते हुए)* पानी पियो काका, होंठ सूख रहे हैं।

*[पानी का गिलास मुंशी के हाथ में देकर खुद सीटी बजाता हुआ निकल जाता है। मुंशी हाथ का गिलास रखकर उसी को जाते हुए देखता है, फिर एक ठंडी साँस लेता है।]*

मुंशी : मेरी तो जान सूख रही है बेटा!—यह देखकर कि तुम कितनी मेहनत किया करते हो! दिन-दिनभर किसानों में किसान बने रहना!—

[Super impose ]

*[प्रेम खेत में और किसानों की तरह ही हल चला रहा है। बाकी लोग कुछ अलसाए से हैं, पर प्रेम का चेहरा खिला-सा है। वह साथ-साथ गुनगुनाता भी है।]*

: खाली वक्त में सबको नसीहतें देते रहना!

[Super impose]

*[एक जगह खेतों में प्रेम खड़ा है। उसे चारों तरफ से किसान घेरे हुए हैं।]*

**प्रेम** : समझ रहे हो न अच्छी खाद किस तरह तैयार होती है?

*[किसान सिर हिलाते हैं।]*

**प्रेम** : इसी तरह....

*[फिर आधी-आधी रात तक खेतीबाड़ी और किसानों के बारे में किताबें पढ़ते रहना।]*

[Superimpose :]

*[प्रेम एक मामूली-सी कुर्सी पर बैठा, अपनी छोटी-सी मेज पर रखी हुई किताब के वरक उलट रहा है। किताब का title है 'हमारे किसान।' कुछ और किताबें आसपास पड़ी हैं, जिनके titles हैं, 'ज़मीन और पैदावार', 'आज की खेती', 'बीज और अनाज,' वगैरह। दीये में तेल चुक जाने से दीया बुझने लगता है तो प्रेम किताब बंद करता है।]*

—बस थोड़ी-बहुत फुर्सत मिलती है तो दिन ढले...

## 4

[Place : A Shady tree along the stream—
Time : The setting Sun]

*[रूपी दरख्त के तने का सहारा लिए, एक बाँह से झुकी हुई डाल को पकड़े, इंतजार भरी आँखें रास्ते पर बिछाए हुए भूली-सी खड़ी है। उसके अध-रूखे केश कुछ उसके मुँह और आँखों पर आ रहे हैं। कमर तने के साथ टिकाए रहने से रूपी की छाती का उभार पूरी तरह झलक रहा है। रूपी कुछ रुककर फिर आलाप उठाती है : ]*

**गीत :**

दिन ढले, दिन ढले।
आशा के उज्ज्वल दीप जले।

पच्छिम में छिप रहा उजेला, छल-छल बहता पानी
इनके ऊपर मस्त हवा से सुन-सुन नई कहानी,
मुख में ले नन्हे-से तिनके—
कहाँ बसेरा नया बसाने, यह दो पंछी साथ चले?
दिन ढले, दिन ढले।
यह भी दिन, वह भी दिन होगा, जब हम जा मंझधार
ढलते सूरज की लाली में खो सारा संसार,
लहरों में पतवार छोड़कर...
उस घाटी में जा पहुँचेंगे, जिसमें सुंदर स्वप्न पले।
दिन ढले, दिन ढले।

*[वह रुक जाती है और अस्ताचलगामी सूर्य की सिमटती हुई किरणों की ओर देखने लगती है। अँधेरा गहरा होता जा रहा है। दूर से एक घटा भी उठने लगी है, जिसमें चमकती हुई बिजली भी बीच-बीच में दिखाई दे जाती है। रूपी तन्मय होकर उसी ओर देखती रहती है। इसी बीच में सीतल उसी दरख्त की सबसे ऊपरवाली शाखा से चिपटा हुआ दिखाई देता है। वह भूखी आँखों से रूपी को देख-देखकर कुनमुनाता हुआ, अपने होंठों पर जबान फेरता है। रूपी को उसका कोई पता नहीं। रूपी की call खत्म होने पर प्रेम दबे पैरों उसके पीछे से आकर उसकी आँखें बंद कर लेता है। रूपी के चेहरे पर मुसकराहट और लाली दोनों खेल जाती हैं। उधर सीतल दोनों हाथों के बल डाली पर उचककर उन दोनों को बेतरह घूरता हुआ मुँह बिचकाता है। उसके उचकने से डाली जरा चरमरा जाती है, और वह डरकर फिर उससे बेतरह चिपक जाता है। नीचे रूपी प्रेम के हाथों से अपनी आँखें छुड़ाने की कोशिश करती है।]*

**रूपी :** *(जरा क्रोध दिखलाते हुए)* छोड़ो जी! हम तुमको नहीं जानते!

**प्रेम :** जी हाँ! इसीलिए हम यह जान-पहचान बना रहे हैं।

**रूपी :** छोड़ो, छोड़ो! *(प्रेम के हाथों पर चुटकियाँ काट देती है।)*

*[प्रेम जल्दी से अपने दोनों हाथ खींच लेता है।]*

**प्रेम :** *(एक हाथ से दूसरे हाथ को सहलाते हुए)* हाय, हाय, हाय! नागिन ने किस बुरी तरह काटा है?

**रूपी :** *(प्रेम का हाथ हाथ में लेकर गड़े हुए नाखून के निशान को देखते हुए)* राम रे! निगोड़ी ने जरा भी तो तरस नहीं खाया। मेरे सामने पड़ जाए तो उस नागिन को बाँधकर रस्सी तुम्हारे हाथ में दे दूँ।

**प्रेम :** जिससे वह हमेशा इसी तरह डसती रहे। क्यों? आई बड़ी हमदर्द!

यह नहीं पूछा कि कोई मरहम ही लगा दूँ?

**रूपी :** क्यों, हम क्यों मरहम लगाएँ?

**प्रेम :** घाव तुम करती हो तो मरहम लगाने कोई दूसरी आएगी?

**रूपी :** हम क्या जानें! *(चल पड़ती है)* तुम ही तो किसानों की मरहम-पट्टी किया करते हो, अपने लिए भी कोई मरहम बना लो! *(शिकारे पर बैठ जाती है)*

**प्रेम :** *(ठंडी साँस लेकर)* कैसे बना लें। अपने जख्मों की मरहम के लिए एक खास किस्म के जहर की जरूरत है।

**रूपी :** कौन-सा जहर?

**प्रेम :** वह जो तुम्हारी आँखों में है। *(रूपी की रोषभरी आँखें)*

*[प्रेम झटके से शिकारे को पानी में धकेल देता है। रूपी के मुँह से हलकी-सी चीख निकलती है। प्रेम झट पानी में उतर कर शिकारे को और भी धकेल देता है। रूपी के मुँह से फिर चीख निकलती है। उधर सीतल बेतरह से घबराकर ऐसे उछलता है जैसे अभी छलाँग ही लगा देगा। बूढ़ी डाली बुरी तरह से चिरकती है। सीतल घबराहट में हाथ-पैर मारकर एक दूसरी डाली से पैर फँसाकर सँभलता है और दोनों हाथों से एक ऊपरवाली डाली को पकड़ लेता है।*

*प्रेम पानी से उचककर खुद भी शिकारे में आ जाता है। शिकारा लहरों में बहने लगता है। प्रेम रूपी के कंधे पर हाथ रख देता है। दोनों के होंठों पर मुसकराहट खेल जाती है।]*

**प्रेम :** *(उसकी आँखों में देखकर)* नागिन!

**रूपी :** *(प्रेम की आँखों में देखते हुए)* जादूगर!

*[प्रेम अपनी बंसी निकालकर होंठों से लगा लेता है। झाड़ियों के बीच से सीतल सिर निकालकर नाव की तरफ देखता है। एक अधछिली छड़ी उसके हाथ में है। वह मुँह जरा और आगे को बढ़ाता है, तो एक हाथ उसका कान पकड़कर खींचता है। नीली एक हाथ कमर पर रखे, सीतल को कान से पकड़कर खड़ा कर देती है।]*

**नीली :** क्यों क्या झाँकता है रे? शरम नहीं आती?

**सीतल :** *(दर्द के मारे मुँह बिगाड़ते हुए)* नहीं...नहीं समझ गया! तू मेरी बहन! नहीं नहीं...तू मेरी माँ।

**नीली :** *(उसकी छड़ी बगल से निकालकर उसके पैर में चुभोते हुए)* फिर वही बात?

**सीतल** : नहीं-नहीं, तू नहीं। तू मेरी बहन नहीं। तू मेरी माँ नहीं। तू मेरी ...तू मेरी...तू मेरी बहू...तू मेरी बेटी! *(सिर खुजलाकर सोचने लगता है!)*

**नीली** : *(उसकी छड़ी फेंककर)* बेशरम कहीं का! *(मटकती हुई चलती है।)*

*[सीतल को सिर खुजलाते हुए जैसे कुछ याद आ जाता है। वह आँख मूँदकर शुरू करता है।]*

**सीतल** : मेरी जान! तुझ पर कुर्बान।

*[एक कुतिया आकर सीतल के सामने खड़ी हो जाती है।]*

**सीतल** : तेरा गोरा मुखड़ा...तेरे काले नयन...

*[कुतिया जोर से भौंक उठती है। सीतल अचकचाकर आँखें खोलता है, कुतिया चुप कर जाती है। दूर से मूँगफली का दाना आकर सीतल को लगता है। राजा और रानी गलबहियाँ डाले खड़े हैं।]*

**राजा** : क्यों सीतल, गरम-गरम मूँगफली दूँ?

Repeat expresion

## 5

[Place : A pool
Time : Day ]

*[रूपी और प्रेम चश्मे के किनारे कुहनियों के बल लेटकर पानी में झाँक रहे हैं। पास ही खाली गिलास और कटोरी रखी है। पानी में मछलियाँ बहुत हैं। प्रेम पानी में हाथ डालता है। कोई मछली हाथ नहीं लगती।]*

**रूपी** : क्यों, नहीं आई न।

**प्रेम** : मछलियाँ तेरी तरह भोली नहीं हैं। बड़ी मुश्किल से बस में आती हैं।

*[रूपी हाथ डालती है। एक मछली हाथ में आकर निकल जाती है।]*

**प्रेम** : क्यों, नहीं आई न?

**रूपी** : अरे, यह तो तुम्हारी तरह चालाक हैं। एक बार हाथ में आकर फिर चली जाती हैं।

*[दोनों हँसते हैं। फिर प्रेम जरा गंभीर होकर सीधा हो जाता है।]*

**प्रेम** : रूप, मैं अब सचमुच यहाँ से जाने की सोच रहा हूँ।

*[रूपी का चेहरा फक-सा हो जाता है।]*

**रूपी** : क्यों?

**प्रेम** : पगली, उम्र भर एक ही जगह रहकर तो काम नहीं किया जाता है। मेरे कर्तव्य की रस्सी मुझे यहाँ से खींचकर दूर ले जाना चाहती है।

**रूपी** : हुँ! पर मेरे प्यार की रेशमी डोर तुम्हें बाँधकर यहीं रखना चाहती है।

**प्रेम** : कर्तव्य की रस्सी बहुत मजबूत है, पगली! कोई तोड़ नहीं सकता!

**रूपी** : और प्यार की रेशमी डोर मुलायम होते हुए भी कमजोर नहीं होती। उसे कोई झटक नहीं सकता।

**प्रेम** : हमें अपने कर्तव्य पर भरोसा है।

**रूपी** : हमें अपने प्यार पर मान है। हम तुम्हें कभी नहीं जाने देंगे।

**प्रेम** : अगर मैं आधी रात को चुपके से गाँव छोड़कर चला जाऊँ तो?

**रूपी** : मैं रास्ते में अपनी पलकें बिछा दूँगी। वह तुम्हें लौटा लाएँगी और रात भर अपने अंदर बंद रखेंगी।

**प्रेम** : रूप! मैं जहाँ भी जाऊँ, तू मेरे साथ चलना!

**रूपी** : नहीं बाबा! आना-जाना कहीं नहीं। हम तो अपना गाँव छोड़कर कभी भी कहीं नहीं जाएँगे।

**प्रेम** : सच?

**रूपी** : हाँ, हाँ, बिलकुल सच!

**प्रेम** : तो हमें तुझे छोड़कर ही जाना पड़ेगा! *(उठ पड़ता है)*

**रूपी** : झूठ!

**प्रेम** : नहीं, नहीं, सच।

**रूपी** : देखो जी, हमें ऐसे छोड़ न जाना।

**प्रेम** : अगर तू हमारे साथ न चलेगी, तो हम जरूर छोड़ जाएँगे।

**रूपी** : ऊँ हूँ!

**गीत**

हमें छोड़ न जाना जी!

# 6

Place :
Time :

*[नन्हा राजा दोनों हाथों में मूँगफली भरे हुए दौड़ा हुआ आता है। वह एक जगह रुककर पुकारता है :]*

**राजा :** रानी! ओ रानी!

*[नन्ही रानी एक तरफ से भागी हुई आती है।]*

**रानी :** *(आती हुई)* आई राजा, आई। *(पास पहुँचकर उसके कंधों पर हाथ रख देती है।)*

**राजा :** रानी! देख तेरे लिए मूँगफली लाया हूँ। ले खा। *(रानी उसके हाथों से कुछ मूँगफली ले लेती है। दोनों मूँगफली छीलने लगते हैं।)*

**रानी :** *(मूँगफली खाते हुए)* तेरी मूँगफली बड़ी मीठी है।...आज मेरी फूफी कहती थी कि तू राजा से न खेला कर।

**राजा :** क्यों?

**रानी ·** वह कहती थी कि तू अब सयानी हो गई है। सयानी लड़कियाँ लड़कों से नहीं खेलतीं।

**राजा :** नहीं खेलती? हुँ! आई बड़ी मना करनेवाली। तूने क्या कहा?

**रानी :** *(राजा की बाँह पकड़कर)* मैंने कहा, खेलूँगी, जरूर खेलूँगी।

*[राजा की नजरें बीच में ही एक तरफ को लग जाती हैं।]*

**राजा :** *(रानी का कंधा पकड़कर)* रानी, वह देख, आया लाल चौधरी का भाई सीतल, सड़ा हुआ पीतल!

*[सीतल एक छड़ी छीलता हुआ आता दिखाई देता है। वह जरा आँखें फिराकर इधर-उधर देखता है, फिर उलटे दस्ते से छड़ी छीलने की बेसूद कोशिश करता है। राजा और रानी उसको देखकर आपस में इशारा करते हैं। फिर राजा एक मूँगफली का दाना हाथ में लेकर तानता है।]*

**राजा :** *(धीरे से)* एक-दो-तीन...

*[दाना सीतल पर फेंकता है। सीतल हड़बड़ाकर चौंकता है। एक बार क्रोध से मुँह बिगाड़कर राजा और रानी की तरफ देखता है जो हँस देते हैं। फिर उसकी नजर मूँगफली के दाने पर पड़ती है। चेहरे पर मुसकराहट खेल जाती है। वह छड़ी बगल में*

*दबाकर मूँगफली के दाने को उठाता है, और फूँक मारकर फिर हाथ से उसकी धूल झाड़ता है। वह दाना छीलकर मुँह में डालने लगता है कि राजा दौड़ता हुआ आकर दाना उसके हाथ से छीन लेता है। रानी भी हँसती हुई पास आती है।]*

**राजा** : क्यों बे, पराई चीज मुँह में डालता है? शरम नहीं आती?

*[सीतल अचकचाकर जरा मुँह बिगाड़ता है।]*

**सीतल** : वह मेरी है। पहले मैंने उठाई है।
*(रानी की तरफ देखने लगता है।)*

**रानी** : *(क्रोध से)* क्यों बे मेरी तरफ क्यों घूर-घूर के देखता है? शरम नहीं आती? *(सीतल एक ठंडी साँस भरता है।)*

**सीतल** : शरम तो आती है, पर कोई शरमवाली नहीं आती। जिसकी तरफ आँखें फेरो, वही दो-चार सुना देती है।

**राजा** : है भी तो सूखा हुआ संतरा! अरे कबूतर, पहले प्यार करना सीख फिर किसी की तरफ आँख फेरना! समझा?

**सीतल** : *(जरा कुछ सोचते हुए)* प्यार? प्यार करना तो अम्मा ने मुझे सिखाया ही नहीं।

**रानी** : *(अँगुली होंठों से लगाकर)* तुझे प्यार करना नहीं आता? तूने किसी से प्यार नहीं किया?

**सीतल** : *(उसकी ठुड्डी को छूकर)* नहीं रानी! तेरे सिवाय आज तक किसी को छूकर भी नहीं देखा!

**रानी** : *(झटके से उसका हाथ हटाकर)* दूर! हट पत्थर! प्यार करना नहीं आता!

**सीतल** : बता दे रानी! तू ही बता दे! कैसे प्यार करूँ?

**रानी** : *(जरा मटककर)* हुँ! बताऊँ? पहले आँखें मूँदकर दो लंबी-लंबी साँसें ले। यूँ! *(करके दिखाती है।)*

*[सीतल भी साथ ही जरा नकल करने की कोशिश करता है।]*

**रानी** : फिर यूँ एक हाथ दिल पर रखकर, एक हाथ आगे बढ़ाकर कह, 'मेरी जान, तुझ पर कुर्बान! दिल के घाव गहरे!)

**सीतल** : (वैसे करते हुए) मेरी जान *(छड़ी बगल से गिरने लगती है। उसे मुश्किल से सँभालता है।)*
मेरी जान, तुझ पर कुर्बान!...*(एक बार आँखें जरा खोलकर फिर मूँदकर)* दिल के घाव गहरे! *(आँखें खोलकर)* आगे?

**रानी** : 'तोरा गोरा मुखड़ा, तोरे काले नयन,
मोरा जिया धक धक करे!'

*[नीली मटका लिए आती हुई दिखाई देती है। सीतल आँखें मूँदकर शुरू करता है।]*

**सीतल** : तोरा गोरा मुखड़ा...*(जरा खुश होता है।)*
*(सीतल बोलता हुआ मूड में दो-चार कदम चलता भी है। नीली उसके सामने पड़ जाती है। सीतल कहता जा रहा है।)*
तोरा गोरा मुखड़ा, तोरे काले नयन...
मोरा जिया धक धक करे!

*[नीली सीतल की बगल की छड़ी झटके से खींचकर उसके पेट में चुभोती है। सीतल एकदम कुलबुला जाता है।]*

**नीली** : क्यों मरदूद, शरम नहीं आती? गाँव भर की बहू-बेटियाँ तेरी माँ-बहनें लगती हैं। आया समझ कि नहीं?

**सीतल** : *(घबराया-सा)* समझ गया!

**नीली** : *(तैश में)* क्या समझ गया?

**सीतल** : *(जरा सोचता-सा)* समझ गया कि...तू मेरी माँ...*(रानी की तरफ इशारा करके)* वह मेरी बहन!

*[राजा और रानी दोनों आँखें मिलाकर मुसकराते हैं।]*

**नीली** : *(छड़ी फिर उसे चुभोकर)* क्यों मरदूद, मैं तेरी माँ की उमर की हूँ? *(सीतल बहुत सटपटा जाता है।)*

**सीतल** : नहीं नहीं। तू नहीं...तू नहीं...*(रानी की तरफ इशारा करके)* वह मेरी माँ।...तू मेरी बहन! नहीं नहीं...*(सोचता है राजा और रानी हँसते हैं। (राजा एक मूँगफली का दाना ताककर सीतल पर फेंकता है।)*

**राजा** : क्यों सीतल गरम-गरम मूँगफली दूँ? *(सीतल क्रोध से उसकी तरफ देखता है। फिर मूँगफली के दाने को देखकर जरा मुसकराता है, और उसे उठाने लगता है।)*

## 7

[Place :
Time : ]

*[रूपी बिस्तर पर लेटी हुई है। आँखें बंद हैं। उसकी माँ उसका माथा छू रही है।]*

**रूपी की माँ** : हाय राम! बुखार बढ़ता ही जा रहा है।

**रूपी :** *(बेहोशी में बड़बड़ाती है)* जाने दे माँ, जाने दे! दिन ढल गया है।

[Scene : दिन ढल रहा है। प्रेम नदी किनारे नाव पर अकेला बैठा, इंतजार भरी आँखों से शिकारे की तरफ देख रहा है। शिकारा पानी में हिलता है। रूपी का सिर हिलता है।]

**रूपी :** पानी की लहरें! पानी की लहरें!

[Scene : पानी की लहरें। शिकारा हिल रहा है। रूपी का सिर हिल रहा है।]

**रूपी :** माँ! दिन ढल गया है!

*[रूपी की माँ व्याकुल-सी, अपनी टूटी अलमारी के पास जा पैसोंवाली डिब्बी निकालती है। उसमें दो रुपए पाँच आने हैं। वह दो रुपए निकालकर डिब्बी बंद कर देती है। मुँह पर बेबसी की करुणा खेल उठती है।]*

*[वैद्यजी रूपी की नाड़ी देख रहे हैं! रूपी की माँ आशा भरी आँखों से वैद्यजी के मुँह की तरफ देख रही है।]*

**वैद्यजी :** *(सिर हिलाते हुए)* कुछ समझ में नहीं आया। नए जमाने में बीमारियाँ भी नई लगने लगीं।

**रूपी की माँ :** वैद्यजी!...

**वैद्य :** डॉक्टरों के बस का रोग है। अपने चरम सुश्रुत में ऐसा बुखार कहीं नहीं लिखा! *(हैरानी से सिर हिलाता है।)* डॉक्टर को दिखा देखो!

*[रूपी की माँ पर जैसे पत्थर गिरता है। उसकी आँखों के आगे अपनी डिब्बी की तसवीर खिंच जाती है, जिसमें पाँच आने बाकी हैं। रूपी का चेहरा दिखाई देता है। होंठ धीरे-धीरे हिल रहे हैं।]*

**रूपी :** दिन ढल गया है, माँ! माँ!...

●●●

*[डॉक्टर सेठी सिगार का धुआँ छोड़ रहे हैं। बाहर खटखट!]*

**डॉक्टर :** ओहो! देहात में हस्पताल बनाकर डॉक्टरी करना भी खालाजी का घर नहीं। बेवकूफों को इतना नहीं पता कि दरवाजा नहीं खटखटाया जाता, बेल बजाई जाती है। गजाती!

**नौकर :** *(झट आकर)* हुजूर!

**डॉक्टर :** देख कौन है बाहर!

*[बाहर जाता है। फिर रूपी की माँ दरवाजे से अंदर दाखिल होती है।]*

**डॉक्टर :** *(उसे सिर से पैर तक देखकर)* क्या चाहती है?

**रू. माँ :** *(जरा हिचकते हुए)* आपकी मेहरबानी चाहती हूँ सरकार! मेरी बच्ची बीमार है। उसे चलकर देख लीजिए!

**डॉक्टर :** रात के वक्त किसी मरीज को देखने की फीस बत्तीस रुपए हैं। पता है?

**रू. माँ :** बत्तीस रुपए! डॉक्टर साहब! मेरी बच्ची की जान को चाँदी से न तोलो! हर तड़पते हुए बेबस इनसान की रूह तुम्हारी मदद की हकदार है। मैं गरीब हूँ। मेरी झोली में मेरी बेटी की जान की भीख डाल दो डॉक्टर साहब! *(झोली फैलाती है।)*

**डाक्टर :** गजाती!

**गजाती :** *(आकर)* हुजूर!

**डाक्टर :** माई को बाहर छोड़ आओ!

*[गजाती दरवाजा खोल देता है। रूपी की माँ बढ़कर डॉक्टर के पैर पकड़ लेती है।]*

**रू. माँ :** बेवा की असीस में बहुत असर होता है, डॉक्टर साहब! मैं तुमको सौ-सौ असीस दूँगी। परमात्मा ने तुमको लोगों की जान बचाने का काम सौंपा है। उस परमात्मा के काम की कीमतें न लगाओ। उसकी बनाई हुई चीज की इतनी बेकदरी न करो। मेरे साथ चले चलो!

**डॉक्टर :** *(क्रोध से)* गजाती! चुपचाप क्या देख रहा है? ले जा बाहर! आराम करने दे। *(गजाती रूपी की माँ को बाँह पकड़कर उठाता है।)*

**रूपी की माँ :** *(उठते हुए)* बत्तीस रुपए! डॉक्टर! तुम्हारे आराम की कीमत एक गरीब की जान से ज्यादा है। अपनी इस चकाचौंध की दुनिया में तुम बुझते हुए दीपक की कदर भला क्या समझ सकोगे? अपनी इस मजबूत छत के नीचे से तुमने टूटते हुए सितारे भला क्यों देखे होंगे? डॉक्टर! डॉक्टर! एक छटपटाते हुए गरीब इनसान का दिल चंद पैसों के अंदर नहीं धड़कता! गले तक आकर अटकी हुई जान सोने-चाँदी के अंदर नहीं टटोली जाती!

**डॉक्टर :** गजाती! मैंने क्या कहा है?

**रूपी की माँ :** *(जाते हुए)* मैं चली जाती हूँ डॉक्टर! तुम्हारी आँखों के आगे सोना चमकता है। तुम्हारे कानों में चाँदी खनखनाती है। तुम्हारे दिमाग में शोहरत नाचती है। तुम देख नहीं सकते। तुम सुन नहीं सकते. तुम समझ नहीं सकते!

## 8

[Place :
Time : ]

*[लाल चौधरी और रूपी की माँ]*

**चौधरी :** *(जम्हाई लेते हुए)* मैं सब समझ चुका हूँ जानकी! आजकल के डॉक्टरों से राम बचाए! तुम रुपया ले जाओ! सौ-पचास, जितना चाहो। *(रुपया तिजोरी से निकालता है।)* एक बात बताऊँ? एक फैसला मैंने कर लिया है। तुम्हारी रूपी का ब्याह अपने सीतल से करूँगा।

**रूपी की माँ :** पर चौधरीजी...

**चौधरी :** पर-वर कुछ नहीं। वह जरा भोला है, पर है होनहार!

*[सीतल आँखें मलता हुआ जरा दरवाजे से झाँकता है। चौधरी से जरा आँख मिलते ही दरवाजा बंद कर देता है।]*

और तुम्हारी बेटी मेरी भी तो कुछ लगती है। राजी हो जाए बेचारी—बस फिर!...(चुटकी बजाता है। नोट गिनकर देते हुए) यह पचास रुपए गिन लो! (रूपी की माँ मुरझाई-सी रुपए उठाती है।)

**चौधरी :** ऐसा घर-वर दीया लेकर ढूँढ़ने से नहीं मिलेगा!

*[सीतल फिर जरा सिर निकालता है। चौधरी तिरछी आँख से देखता है। वह झट पीछे हट जाता है।]*

## 9

[Place :
Time : ]

*[डॉक्टर स्टेथेस्कोप से रूपी को देख रहा है। रूपी की माँ बौखलाई-सी पास खड़ी है। डॉक्टर धीरे से सिर हिलाता है।]*

**रूपी की माँ :** मेरी बच्ची ठीक हो जाएगी न डॉक्टर?

**डॉक्टर :** *(सिर उठाकर)* इसे सैंडफ्लाई फीवर है।

**रूपी की माँ :** *(हैरानी से)* सांडफलाही! वह बड़ा बुखार है? वह ज्यादा रुपए

से ठीक होता है? मैं और दे दूँगी डॉक्टर! मैं और दे दूँगी।

**डॉक्टर :** *(चिढ़कर)* दवाई वक्त पर दो। एक-दो दिन में ठीक हो जाएगी।

**रू. माँ :** *(एकदम उठकर)* एक-दो दिन में? इतनी जल्दी? पर वलायती बुखार तो बड़ी देर से उतरता है।

**डॉक्टर :** *(थर्मामीटर को छिटकते हुए)* जाहिल!

*[रूपी की माँ खिली-सी रूपी का माथा चूम लेती है। फिर रूपी दीवार से टेक लगाए बैठी है। माँ उसी तरह उसके माथे से होंठ उठाती है।]*

**जानकी :** दो दिन में चेहरा कितना उतर गया है! *(सिर पर हाथ फेरते हुए)* दिन ढल रहा है। जा जरा घूम आ।

●●●

*[रूपी धीरे-धीरे आकर उसी पेड़ से हाथ का सहारा लेकर धीरे से गुनगुनाती है।]*

**रूपी :** दिन ढले...दिन ढले...दिन ढले।

*(प्रेम पीछे से आकर तने पर हाथ रखे, उसके पास ही खड़ा हो जाता है।)*

**प्रेम :** रूपी?

**रूपी :** *(जरा देखकर)* क्यों, खेतों में काम पूरा हो गया?

**प्रेम :** तूने जरा-सी बात को इतनी बड़ी बना दिया! रूपी मेरी ही वजह से तू बीमार हो गई थी। है न?

**रूपी :** किसान इंतजार नहीं कर रहे?

**प्रेम :** ताना न दे रूपी!...मुंशी काका कल तेरी माँ के पास जाएँगे।

**रूपी :** क्यों?

**प्रेम :** उसकी रूपी को माँगने के लिए।

*[रूपी तिरछी नजर से प्रेम को देखकर हट चलती है। और एक-दो बार मुड़कर देखकर भाग जाती है। आगे सीतल अपना अभ्यास कर रहा है।]*

**सीतल :** *(आँख मूँदकर दिल पर हाथ रखे हुए)* मेरी जान! मेरी जान! ...तुझ पर कुर्बान!

*[रूपी माथे पर बल डालती हुई पास से निकल जाती है। एक बुढ़िया नहाकर आती हुई सीतल के सामने पड़ जाती है।]*

**सीतल :** *(आँख मूँदे, हाथ फैलाए चलते हुए, बुढ़िया के बहुत नजदीक से)* तोरा गोरा मुखड़ा! तोरे काले नयन!

**बुढ़िया** : *(बचती हुई)* निगोड़े! शरम नहीं आती?

**सीतल** : (अचकचाकर आँख खोलते हुए) हाँ! तू मेरी बहन...(बुढ़िया को देखकर मुँह खुला का खुला रह जाता है। राजा और रानी हँसते हैं। राजा मूँगफली फेंकता है।)

**राजा** : क्यों सीतल? गरम-गरम मूँगफली दूँ?

Repeat expressions

## 10

*[रूपी की माँ दीया जला रही है। मुंशी बाहर से आवाज देता हुआ दरवाजा खोलकर आता है।]*

**मुंशी** : जानकी!

**रू. माँ** : आओ, आओ मुंशीजी! अंदर आकर बैठो।

*[रूपी की माँ मुंशी को बैठाती है, अंदर चटाई पर खुद भी बैठ जाती है।]*

**रू. माँ** : कैसे किरपा की? *(लाल चौधरी आता है, और दरवाजे पर ठिठक जाता है।)*

**मुंशी** : कुछ माँगने आया हूँ, तुमसे।

**रू. माँ** : मुझसे?

**मुंशी** : हाँ! छोटे मालिक के लिए तुम्हारी रूपी को माँगने आया हूँ! तुम तो जानती ही हो, इन दोनों में कितना छुटपन से ही प्यार है।

**रू. माँ** : जानती तो हूँ, मुंशीजी! पर...*(सिर झुकाकर)*

**मुंशी** : पर क्या? तुम्हें कोई एतराज है?

**रू. माँ** : एतराज? कौन अभागी माँ होगी, जिसे ऐसी बात से एतराज हो। ...मगर...

**मुंशी** : हाँ-हाँ, कहो...

*[रूपी की माँ चुप रहती है।]*

**मुंशी** : चुप क्यों हो गईं? बोलो...

*[लाल चौधरी दरवाजा धकेलकर अंदर आता है।]*

**चौधरी** : यह क्या बोलेगी? मुझसे पूछो जिसके भाई के साथ बेटी ब्याहने का इसने इकरार किया है।

*[रूपी की माँ फटी-फटी आँखों से चौधरी की तरफ देखती है।]*

**मुंशी** : क्यों भूल गई वह दिन, जब रुपए उधार लिए थे। मैंने भी पाँच

सौ रुपए किसी बात पर दिए थे।

रू. माँ : *(एकदम चौंककर)* पाँच सौ रुपए! चौधरीजी! आँख मूँदे हुए कबूतर का शिकार करना ही जानते हो? पचास के पाँच सौ बनाना ही चौधरियों का काम है?

चौधरी : अभी तो कागज रखा है। या तो अभी रुपए गिन दे, या अपनी बात पर रह।

मुंशी : वाह चौधरी, वाह! मुर्गी हलाल भी हो और अंडा भी दे। खूब रही! गरीबों के खून का निचोड़ पी-पीकर मुटयाए जाते हो। जरा देखूँ तुम्हारा कागज?

*[चौधरी कागज निकालकर पकड़ाता है।]*

चौधरी : देख लो, अँगूठा लगा है।

*[मुंशी कागज लेकर गौर से देखता है।]*

मुंशी : रूपी की माँ! जरा दिया पास करना। अँधेरे में साफ पढ़ा नहीं जाता।

*[रूपी की माँ दिया उठाकर मुंशी के पास कर देती है। मुंशी कागज को बिलकुल दिये के पास ले जाता है, और धीरे से लौ से छुला देता है। कागज जल उठता है। मुंशी कागज फेंककर अँगुली मुँह में डालता है।]*

मुंशी : अ ल ल ल ल। हाथ जलता-जलता रह गया।

चौधरी : मुंशी!

मुंशी : चौधरी! हो पक्के उस्ताद! कागज में कौन-सा बारूद भर रखा था?

चौधरी : *(कुढ़कर)* मुंशी! जेल भिजवा दूँगा। समझता क्या है?

मुंशी : *(तैश में)* रहने दो चौधरी! तुम्हारी जालसाजियाँ खूब समझता हूँ। रंडी की करतूत पड़ोसिन से नहीं छिपी रहती! मुझे एक बार जेल भिजवाने से पहले सात बार जेल हो आओगे। *(कुर्ते से पचास के नोट निकालकर)* यह लो पचास रुपए, और रास्ता नापो!

*[चौधरी रुपया उठाकर लाठी पटकता हुआ चलता है।]*

चौधरी : *(जाता हुआ)* सब समझ लूँगा। लाल चौधरी से उलझने चला है। समझता क्या है?

*[बाहर निकलकर नोट गिनने लगता है।]*

[अंदर]

मुंशी : बिटिया की जन्मपत्री मुझे दे देना जानकी, अगले हफ्ते शहर में पंडित विद्यानाथ के पास जाकर ब्याह का मुहूर्त निकलवा लाऊँगा।

*[लाल चौधरी भवें तानकर सिर हिलाता है। और चलता है।]*

## 11

*[प्रेम एक चिट्ठी को पढ़कर मुसकरा रहा है। मुंशी आता है। प्रेम चिट्ठी रख देता है।]*

**मुंशी** : किसकी चिट्ठी है राजा?

**प्रेम** : मेरा दोस्त है मोहन। उसकी। मुझे बहुत चाहता है। शहर आने को बहुत लिखा है। बुलाया है। मैं ब्याह के बाद रूपी को लेकर शहर जाऊँगा काका, और कुछ दिन इसी के यहाँ रहूँगा।

**मुंशी** : *(हँसकर)* उसे ब्याह पर नहीं बुलाओगे, भोले राजा?

**प्रेम** : अरे हाँ!

**मुंशी** : ...हाँ, तो मैं बृहस्पतिवार को शहर पंडितजी के पास जाऊँगा और जैसा तुम कहते हो, ब्याह के लिए खादी के कपड़े ही लेता आऊँगा!

**प्रेम** : सारा दिन काम में लगे रहते हो काका! आराम भी करो।

**मुंशी** : अच्छा-अच्छा! तुम्हारा भी सोने का वक्त हो रहा है। *(चला जाता है।)*

**प्रेम** : *(तकिए के सहारे बिस्तर पर लेटकर अपने आप—रूपी मेरी होगी! मेरे साथ काम करेगी! मन में कितनी उमंगें हैं! कितनी आशाएँ हैं।)*

बूढ़े का गीत :

**बेबस मन जो आस लगाए!**

## 12

*[पंडित की लड़की मुन्नो दौड़ी हुई आती है।]*

**मुन्नो** : बाबा, बाबा, हमें चार पैसे दो।

**पंडित** : जा बेटी, बाहर खेल। तंग नहीं किया करते। जा, बाहर खेल!

**मुन्नो** : बाबा, हम इमरती खाएँगे। कई दिन से मिठाई नहीं खाई। हमें चार पैसे दो।

**पंडित** : (घुड़ककर) पैसे नहीं हैं। जा, सिर न खा!

*[मुन्नो सहमकर सिसकियों में रोने लगती है। लाल चौधरी*

*मिठाई और फलों की दो टोकरियाँ लिए अंदर आता है।]*

**चौधरी :** पा लागन गुरुजी!

**पंडित :** खुश रहो सेठजी! आओ, बिराजो!

*[चौधरी मिठाई वगैरह रखकर बैठ जाता है। लड़की एक कोने में दुबककर ललचाई नजरों से टोकरियों की तरफ देखती है।]*

**पंडित :** कहिए, किसी की जन्मपत्री बनवानी है, किसी के मुंडनसंस्कार का मुहूर्त निकलवाना है, या...

**चौधरी :** नहीं पंडितजी! बच्चे तो अपना मुंडन संस्कार करने लायक हो गए! आपके लिए तो और ही काम है।

**पंडित :** कहिए!

*[लाल चौधरी पंडित के कान के पास मुँह ले जाता है।]*

Shade

*[फिर लाल चौधरी अंटी से रुपए निकालता हुआ]*

**चौधरी :** सौ रुपए तो रहे यह! और सौ काम हो जाने के बाद! दुनिया जानती है कि लाल चौधरी जबान से नहीं हटता!

**पंडित :** नहीं सेठजी! मेरे लिए यह काम...

*[नजर लड़की पर जाकर अटक जाती है जो भूखी नजरों से मिठाइयों की तरफ देख रही है।]*

**पंडित :** अच्छा, अच्छा! आपका काम हो जाएगा! आप फिकर न करें।

**चौधरी :** *(खिलकर)* बस हो जाए, तो नकद सौ रुपए और हाजिर कर दूँगा। *(उठता है। पंडित भी उठता है।)*

**चौधरी :** अच्छा, पा लागन!

**पंडित :** *(ठंडी साँस लेकर)* सुखी रहो!

*[लाल चौधरी निकल जाता है। लड़की भूखी-सी मिठाइयों पर झपट पड़ती है।]*

## 13

**प्रेम :** रूप सच-सच बता, तू आज इतनी खुश क्यों है?

**रूपी :** खुश इसलिए कि आख़िर प्यार जीत गया!

**प्रेम :** नहीं, प्यार नहीं, रूपी जीत गई!

**रूपी :** नहीं, नहीं, नहीं। रेशम की डोर ने मजबूत रस्सी को बाँध लिया!

**प्रेम :** और खुद भी उसी रस्सी का एक हिस्सा बन गई!

रूपी : वह इसलिए कि जब रस्सी कभी चुभन लगेगी तो रेशम की डोर उसे चुभने न देगी!

प्रेम : *(उसका सिर छाती से लगाकर)* मेरी रूप!

रूपी : अच्छा, अब मुझे बंसी सुनाओ।

प्रेम : न, अब नहीं।

रूपी : क्यों, अब क्यों नहीं?

प्रेम : अब ब्याह के बाद, इसी तरह दिन ढले, शिकारे में बैठकर, तुम्हारा सिर इस तरह मेरी छाती से आ लगेगा, तब मैं बंसी सुनाऊँगा, कितना अच्छा होगा वह दिन रूपी?

रूपी : सचमुच कितना अच्छा! जब हम दोनों बिलकुल मिल जाएँगे!

प्रेम : वह देख रूप, यह दो नन्हे पंछी भी मुँह में तिनके लिए, हमारी तरह मिलकर अपना नया बसेरा बनाने जा रहे हैं।

रूपी : *(विभोर होकर)* हाँ हाँ हाँ हाँ, हाँ, हाँ, हाँ, हाँ, हाँ!
कहाँ बसेरा नया बसाने, यह दो पंछी साथ चले?
दिन ढले, दिन ढले, दिन ढले।

बूढ़े का गीत :
**दिन ढलने के बाद बावरे!**

*[घोड़े की टापों की आवाज : रूपी और प्रेम चौंककर देखते हैं। मुंशी उनके पास आकर घोड़े से उतरता है। चेहरा मुरझाया है।]*

प्रेम : *(उतावला-सा)* इतनी जल्दी लौट आए काका? पंडितजी के यहाँ नहीं गए?

मुंशी : *(धीरे से)* वहीं से आ रहा हूँ। पंडितजी ने कहा है कि यह ब्याह नहीं हो सकता।

*[रूपी और प्रेम के आगे दुनिया घूम जाती है। रूपी गिरने लगती है। प्रेम उसे सँभालता है।]*

प्रेम : नहीं हो सकता? क्यों?

मुंशी : लड़की की छाया मनहूस है। यह छाया पाँच साल तक लड़के पर न पड़े तो ब्याह हो सकता है। नहीं तो लड़के की जान जाने का खतरा है।

*[घटा पूरी तरह घिर चुकी है। प्रेम रूपी को साथ सटाए रखता है।]*

प्रेम : ऐसा क्यों है काका?

मुंशी : सितारे ही ऐसे हैं। उन्हें कोई बदल नहीं सकता।

*[आसमान में गड़गड़ाहट! रूपी फटी-सी आँखों से एक बार प्रेम को देखती है।]*

**प्रेम :** रूप! हम ब्याह करेंगे। *(गंभीर होकर)* ऊँचे आकाश में रहनेवाले सितारे हमारे भाग्य से खेलते हैं? वह सब कुछ कर सकते हैं, हम कुछ नहीं कर सकते? रूपी, ब्याह दो दिलों के प्यार का होता है, उन सितारों का नहीं।

**रूपी :** *(सामने देखते हुए)* ...प्यार! प्यार चोट सह लेता है, चोट करता नहीं।

**प्रेम :** रूपी! रूपी!

**रूपी :** प्यार सिर्फ पाकर ही नहीं, खोकर भी जीता है।

**प्रेम :** रूपी! रूपी! हमारा ब्याह होगा।

**रूपी :** *(पूरी तरह सँभलकर दृढ़ता से)* नहीं होगा। मेरा प्यार पाँच बरस क्या, उम्र भर इंतजार कर सकता है, पर तुम्हारा बाल बाँका होते नहीं देख सकता।...*(आँखों में आँसू)* मुझे जाने दो! अँधेरा हो गया है। *(आँखों पर आँचल रखकर चल पड़ती है।)*

*[घनी घटा में एक बार बिजली चमकती है।]*

**प्रेम :** रूप! *(उसकी तरफ बढ़ता है।)*

**रूपी :** *(मुड़कर)* नहीं, नहीं। तुम मुझे दूर रहने दो। मेरे प्यार की कसम! मेरी छाया को दूर रहने दो!

*[प्रेम रुक जाता है। उसका चेहरा! मुंशी धीरे से उसकी पीठ पर हाथ रखता है। बादल जोर से कड़कता है।]*

## 14

[Place :
Time : ]

*[रूपी माँ की छाती से सिर टिकाए सिसकियाँ ले रही है।]*

**जानकी :** *(उसे थपथपाते हुए रुँधे गले से)* चुप रह बेटी! तू जो कहती है, वही करूँगी। *(अपने पल्ले से उसकी आँखें पोंछते हुए)* पाँच बरस कहीं, यहाँ से दूर जाकर रहेंगी।

**रूपी :** *(सिसकते हुए)* माँ! माँ!

**जानकी :** चुप कर जा, मेरी रानी बेटी!

●●●

*[आधी रात—घटा घिरी है—हवा जोर से चल रही है। अँधेरे में एक-एक गठरी लिए दो स्त्रियाँ बढ़ती दिखाई देती हैं। एक है रूपी, दूसरी रूपी की माँ! रूपी स्थिर दृष्टि से सामने की ओर देखती हुई चल रही है। जानकी बीच-बीच में रूपी की तरफ देख लेती है। एक तेज झोंके से रूपी के सिर की ओढ़नी उड़ जाती है और दरिया के किनारे आ गिरती है। रूपी ध्यान तक नहीं देती। रूपी और जानकी दूर-दूर होती हुईं आँखों से ओझल हो जाती हैं।]*

## 15

[Place :
Time : ]

*[किसानों में चहमगोइयाँ]*

**एक** : अरे, राम रे! बेचारी जान पर खेल गई! नदी किनारे पड़ी हुई ओढ़नी एक निशानी रह गई!

**दूसरा** : सचमुच यह शहरवाले होते ही बदचलन हैं। हम तो 'प्रेम भैया हमारे देवता हैं' यह कहते नहीं थकते थे, पर उसने छुपे-छुपे ऐसी करतूत की?

**तीसरा** : चुप रहो। यह सब झूठ है। ऐसा कभी नहीं हो सकता!

**दूसरा** : मैं कहता हूँ यही हुआ है। अरे कल रूपी के साथ उसकी तकरार लाल चौधरी ने अपने कानों सुनी थी। चौधरी झूठ थोड़े ही बोलेगा? उसे क्या लेना-देना है। छोरी अपना मुँह काला करा चुकी थी, सो अपनी लाज बचाने को डूब मरी! नहीं तो डूबकर मरने को क्या था?

**चौथा** : सच है जी, आदमी के दिल का खोट, या वह आप जाने, या जाने भगवान!

**एक** : चुप-चुप! वह आ रहा है।

*[प्रेम उदास-सा आ रहा है। किसान लोग तितर-बितर हो जाते हैं। प्रेम कल्लू मियाँ के पास आता है।]*

**प्रेम** : *(अपने आपको सँभालते हुए)* क्यों कल्लू मियाँ! आज दोपहर को सब लोग इकट्ठे नहीं हुए?

**कल्लू** : ...मालूम नहीं।

**प्रेम** : तुम भी तो नहीं आए?

**कल्लू** : जरा काम था।

*[प्रेम आगे बढ़ता है।]*

**प्रेम** : *(आवाज देकर)* नंदू!

*[नंदू अनसुनी किए हल चलाता रहता है।*

*प्रेम पीछे मुड़ता है : दो किसान उसकी तरफ इशारा करके कानाफूसी कर रहे हैं। उसके मुड़ते ही वे चुप कर जाते हैं। प्रेम सिर गिराकर वापस लौट पड़ता है। लाल चौधरी शरारत से मुसकराता हुआ मूँछों को जरा ताव देता हुआ हुक्का गुड़गुड़ाता है।]*

## 16

*[एक अँगीठी में लकड़ियों की छोटी में आग जल रही है। प्रेम एक किताब उठाकर उस आग में डालता है। फिर दूसरी। आग जरा भभकती है। मुंशी आता है।]*

**मुंशी** : *(पास आकर)* क्यों राजा, मेरे मरते वक्त की शांति की चिता जला रहे हो? पहले इस बुड्ढे मुर्दे को तो लकड़ियों में डाल दिया होता।

**प्रेम** : क्यों, क्या बात है काका?

**मुंशी** : इन्हीं किताबों को तुम अपने प्राण कहते थे न! यह अपने प्राणों की होली कर रहे हो?

**प्रेम** : मैं दुनिया की आँख से गिर चुका हूँ काका! आँसू जब तक आँख में चमकता है, मोती भी उससे शरमाते हैं। पर एक बार आँख से गिरकर वह मिट्टी में ही मिल जाता है।

**मुंशी** : क्यों राजा! जिंदगी की पहली हार से ही घबरा गए? पासे कभी उलटे भी पड़ जाते हैं। वक्त पड़ने पर आकाश के तारों को भी नीचे उतरना पड़ जाता है।

**प्रेम** : नहीं, काका, नहीं। आकाश के तारे मिट्टी की जमीन तक आने से पहले टूट जाते हैं।...मुझे मत रोको काका! *(कुछ और किताबें फेंकते हुए।)* आज इस चिता को जलने दो!
आज इस चिता को अच्छी तरह जलने दो!

**मुंशी :** इतना क्यों घबराते हो बेटा! तुमने हमेशा अपना फर्ज पूरा किया है। लाल चौधरी के झूठे बहकावे में आकर यह बेसमझ किसान तुम्हारी सेवा को भूल गए हैं। तुमने कोई भूल नहीं की!

**प्रेम :** काका, मैंने हमेशा फर्ज को दुनिया की हर चीज पर तरजीह दी है। यहाँ तक कि अपने दिल के प्यार पर भी! फर्ज पर निसार होकर भी मैं किसी को अपना न बना सका! और प्यार के एक नन्हे से इशारे पर रूपी हमेशा के लिए मेरी हो गई थी!

**मुंशी :** प्यार की ताकत बहुत बड़ी है। राजा! प्यार पाकर ही नहीं, खोकर भी जीता है! प्यार बड़ी से बड़ी चोट सह लेता है, पर चोट करता नहीं। प्यार के आँचल में इनसान का हर तरह का फर्ज पल सकता है।

**प्रेम :** आज रूपी को खोकर मैं इस बात को समझ पा रहा हूँ काका! लाल चौधरी ने फैला दिया है कि वह डूब मरी। पर मेरा दिल जानता है कि वह मेरे ही लिए पाँच साल मुझसे दूर रहने कहीं चली गई! हमारे समाज में कितना अंधविश्वास भरा हुआ है! ...मैं उसे ढूँढूँगा काका—उसके दूर-नजदीक के सम्बंधियों का पता लगाकर सब जगह उसे ढूँढूँगा!

## 17

[Place :
Time : ]

*[दो हाथ चीनी के बर्तन धोते हुए : फिर रूपी बर्तनों को साफ करती हुई दिखाई देती है। वह ध्यान मग्न-सी हो जाती है। फिर जैसे सजग होकर जल्दी से हाथ चलाने लगती है। एक छोटा नौकर दौड़ता हुआ आकर किचन के अंदर झाँकता है।]*

**लड़का :** रूपी! रूपी! तेरी माँ का बुखार बहुत तेज हो गया है।

*[रूपी हाथ की प्लेट को वहीं रखकर हाथ पोंछते हुए बाहर को चलने लगती है।]*

**राधा की आ. :** रूपी!

*[रूपी ठिठक जाती है। राधा आती है।]*

**राधा :** क्यों री, चाय कब तक तैयार होगी?

रूपी : अभी दस मिनट में लेकर आती हूँ बीबी!

राधा : *(क्रोध से)* उधर मेहमान बैठे हैं और तेरे दस मिनट ही नहीं खत्म होते। अभी तैयार कर जल्दी।

रूपी : जी!

राधा : *(जाते हुए)* चाय देकर, सीधी मेरे कमरे में आकर मुझे कपड़े पहना। मुझे सैर के लिए जाना है।

रूपी : जी! *(चुपचाप जाकर टी पॉट में चाय डालने लगती है।)*

●●●

*[प्रेम ऊबड़-खाबड़ रास्तों पर चलता दिखाई देता है। एक जगह ग्रामीण इकट्ठे हैं। ताश खेले जा रहे हैं। बुझे-बुझे गंदे-से ताश हैं। प्रेम पास जा खड़ा होता है। बाजी खत्म होती है।]*

एक : *(प्रेम से)* क्यों भई, क्या बात है? खेलोगे?

प्रेम : नहीं। मैं फत्ता पहलवान के घर जाना चाहता हूँ।

*[मोटा-सा फत्ता पहलवान बीच में ही बैठा है।]*

फत्ता : *(हँसते हुए)* अरे, फत्ता पहलवान के घर जाना चाहते हो, और फत्ता पहलवान को पहचानते ही नहीं? कहो क्या बात है? मैं हूँ फत्ता।

प्रेम : आपकी छोटी साली की ननद जानकी का कोई समाचार आपके पास है?

फत्ता : अरे कहाँ समाचार भाई? दूर के रिश्तों का क्या पता रहता है? मालूम नहीं जीती भी है या मर गई। क्यों, कुछ लेना-देना निकलता है?

प्रेम : जी, नहीं-नहीं। मुआफ कीजिएगा! *(चल पड़ता है।)*

फत्ता : *(मुँह बनाकर)* अजीब आदमी है। ह ह ह ह! अच्छा भई, बाँटो, बाँटो!

●●●

*[रूपी राधा की साड़ी को पिन लगा रही है। पिन उससे ठीक नहीं लग रहा।]*

राधा : *(जरा झुँझलाकर)* इतने दिन से अभी तक तुझे पिन लगाना भी नहीं आया? गँवारन कहीं की।

*[उसका हाथ झटक देती है। रूपी की आँखों में आँसू छलछला आते हैं।]*

राधा : जा, उधर छोटी मेज से लैटर-पैड उठा ला। मुझे चिट्ठी लिखनी है।

*[छोटी मेज पर लैटरपैड और स्वैन इंक की शीशी खुली रखी है। रूपी जरा हिचककर सोचती है। फिर स्वैन इंक की शीशी उठाकर ले जाती है।]*

**रूपी** : *(राधा के हाथ में देते हुए)* यह, बीबी!

**राधा** : *(क्रोध से)* यह लैटरपैड लाई है? मनहूस कहीं की!

*[क्रोध से दवात उस पर फेंक देती है। दवात रूपी की छाती से लगती है। छींटे उड़कर उसके चेहरे पर पड़ जाते हैं। और स्याही बिखर जाती है कपड़ों पर। रूपी दवात को सँभाल लेती है।]*

**राधा** : जा चली जा, अपना काम कर।

*[रूपी की आँखों के आँसू गालों पर पड़े हुए स्याही के छींटों से मिलते हुए दिखाई देते हैं।]*

●●●

*[प्रेम एक तेज घोड़े पर जा रहा है। एक कच्ची ईंटों की दीवार के पास घोड़े को रोकता है, और नीचे उछलता है। सामने से एक दस-बारह साल की लड़की बासी खील चबाती हुई आ रही है। लड़की हैरानी से प्रेम को देखती है।]*

**प्रेम** : क्यों मुन्नी, यहाँ राजी नाम की जो माई रहती है, कपड़े वगैरह सीती है, उसका घर कौन-सा है?

**लड़की** : अरे राजी चाची! राजी चाची को माता निकली थी। वह तो मर गई। दो-तीन महीने, नहीं...पता नहीं साल हो गया!

**प्रेम** : *(ठंडी साँस लेकर)* तो वह है ही नहीं।

*[घोड़े की रास पकड़कर चल पड़ता है।]*

## 18

[Place :
Time : ]

*[रूपी अपनी माँ पर झुकी हुई उसका माथा छू रही है। रूपी की सूरत स्याही की वजह से बिगड़ी हुई-सी है।]*

**जानकी** : *(उसकी बाँह को सहलाने की कोशिश करते हुए)* रूपी! रूपी बेटी! तेरे गोरे...तेरे गोरे मुँह को यह क्या हो रहा है? *(रूपी पल्ले से*

*मुँह पोंछ डालने की कोशिश करती है, पर सिमसिमाए आँसुओं से मिलकर स्याही चेहरे पर और भी फैल जाती है।)*

रूपी : कुछ नहीं माँ! तुम बात न करो। आराम से लेटी रहो।

जानकी : *(कठिनता से बोलते हुए)* तू-तू इतनी बेहाल हो रही है! तेरे लिए प्यार करना पाप हो गया! तुझे देखकर मेरा मन—मेरा मन कहता है—यह अभागा प्यार किसी के पास न फटके!

रूपी : नहीं माँ, नहीं। ऐसा न कहो। प्यार ही मेरे जीवन का सहारा है। प्यार ही मेरे जीवन की आशा है।

राधा की आ. : रूपी! ओ कम्बख्त पानी तो दे गई होती!

*[रूपी धीरे-धीरे उठकर बाहर निकल जाती है।]*

जानकी : *(ठंडी साँस लेकर)* ओ मेरी बच्ची! तेरा प्यार!

●●●

*[प्रेम बहली पर बैठकर जाता हुआ! बहली एक जगह रुकती है। वह उतरता है। टूटे से घर के आँगन में एक बुढ़िया सूत कात रही है।]*

प्रेम : क्यों माँजी, धनराम किसान का मकान यही है?

बुढ़िया : हाँ, हाँ! *(उठते हुए)* तुम कौन हो? कहाँ से आए हो? किससे काम है? धनराम मेरा ही बेटा है।

प्रेम : आपकी मौसेरी बहन लक्ष्मी अपनी बेटी रूपी के साथ यहाँ तो नहीं आई? या और उसका कोई पता हो।

बुढ़िया : लक्ष्मी? अरे, वह तो बस आखिरी बार धनराम के ब्याह पर आई थी। पंद्रह बरस हो गए। तब से मिलना नहीं हुआ!

*[प्रेम का चेहरा मुरझा जाता है। वह सिर झुका लेता है।]*

बुढ़िया : बेचारी का पति भी सिर से उठ गया थां हमने सुना...रंज तो बड़ा हुआ मगर जानते हो, गिरस्थी से निकलना नहीं होता!

●●●

## 19

*[राधा और उसकी सहेलियाँ हँसती हुईं]*

राधा : न बाबा, मैं नहीं नाचूँगी।

उमा : *(उसकी बाँह हिलाकर)* अपने जन्मदिन पर न नाचेगी, तो और

किसके जन्मदिन पर नाचेगी?

**शशि :** अपने दूल्हा के!

**राधा :** हश! इडियट! तेरे दूल्हा के।

**उमा :** इस बेचारी का तो दूल्हा बगैर जन्मदिन के पैदा हुआ था।

*[सब हँसती हैं। नौकर आता है।]*

**नौकर :** बीवी! आप सबको उधर बुला रहे हैं।

**राधा :** तू इधर क्यों आया? रूपी से नहीं आया जाता?

**नौकर :** जी वह क्वार्टर में है। उसकी अम्मा की हालत खराब है।

**राधा :** हाँ! जिस दिन घर में ज्यादा काम हो, इसकी अम्मा की तबियत बिगड़ जाती है!...जा कह दे, आ रही हैं।

*[नौकर चला जाता है।]*

**राधा :** अच्छा भई, चलें।

**शशि :** नहीं। पहले तू नाच के लिए अपना मेक-अप करके आ। अगर तू नहीं नाचेगी, तो हम चली ही जाएँगी।

**राधा :** तो जाओ न! कौन रोकता है?

**उमा :** तेरी नजाकत!

●●●

*[सजा हुआ हाल। मेहमान लोग बैठे हैं। राधा की सहेलियाँ भी एक टेबल पर हैं। बीच में खाली जगह है। राधा वहाँ आकर घुँघरू छनकाती है और नाचना शुरू करती है। उसके मुख पर मुसकान है। घुँघरू की आवाज।]*

**Split**

*[घुँघरू की आवाज मद्धम। रूपी अपनी माँ के ऊपर झुकी हुई उसके शरीर पर हाथ फेर रही है। जानकी का चेहरा बहुत बिगड़ रहा है। होंठों पर पपड़ियाँ-सी हैं। रूपी टूटे से चम्मच से पानी माँ के मुँह में उँडेलती है।]*

**Split**

*[घुँघरू की आवाज तेज]*
*[लैमन और बियर की बोतलें खोली जा रही हैं। राधा नाच रही है। राधा की भटकती हुई आँखें!]*

**Split**

*[घुँघरू की आवाज मद्धम!]*
*[जानकी की माँ की चढ़ती हुई आँखें। उसकी ऊपर-नीचे उठती हुई छाती।]*

**Split**

*[घुँघरू की आवाज तेज। राधा की मचलती हुई छाती। राधा के तेजी से चलते हुए हाथ-पैर!]*

**Split**

*[घुँघरू की आवाज मद्धिम]*
*[जानकी के काँपते हुए हाथ-पैर—रुकती हुई तेज साँस। हिचकियाँ। रूपी बहुतेरा रोकने की कोशिश कर रही है। पर उसकी आँखों के आँसू रुकते नहीं।]*

रूपी : माँ! माँ! (जल्दी-जल्दी उसके बदन पर हाथ फेरती है। दो-चार आँसू उसकी आँखों से जानकी के ऊपर गिरते हैं।)

**Split**

*[घुँघरू की आवाज तेज]*
*[राधा पर फूल फेंके जा रहे हैं। राधा नाच समाप्त करने से पहले जरा धीमे]*

**Split**

*[घुँघरू की आवाज मद्धिम। रूपी की माँ के निढाल होते हुए हाथ-पैर!]*

रूपी : *(उसे हिलाते हुए)* माँ! आज बोलती भी नहीं?

**Split**

*[घुँघरू की आवाज तेज। नाच की गति। राधा की आखिरी छन!]*

**Split**

*[रूपी की माँ का सिर लुढ़क जाता है।]*

**Split**

*[सब लोग तालियाँ बजाते हैं।]*

**Split**

रूपी : *(माँ की छाती पर सिर मसलते हुए)* माँ! माँ! *(जोर से रो उठती है।)*

**Split**

*[बाहर बैंडवाला निर्देश देता है।]*

—एक-दो-तीन-

*[बैंड बज उठता है। बैंड के छोटे interval में सभी के रुँधे गले के रोने की मद्धिम आवाज!]*

Fade out

## 20

*[मोहन बिस्तर में ही अखबार देख रहा है। रूपी चाय की ट्रे लिए दाखिल होती है। रूपी की आँखें सूजी-सी हैं। रूपी चाय रखकर जाने लगती है। मोहन उसके चेहरे व उसकी आँखों को देखता है।]*

**मोहन** : रूपी!

**रूपी** : *(रुककर)* जी!

**मोहन** : ...मैं तुझसे एक बात पूछना चाहता हूँ!

**रूपी** : जी!

**मोहन** : बैठ जा!

*[रूपी हिचकिचाती हुई जमीन पर बैठने लगती है।]*

**मोहन** : नहीं, नहीं। कुर्सी पर बैठ जा!

**रूपी** : *(सूखे गले से)* जी, मैं?

**मोहन** : हाँ, कोई हर्ज नहीं! मैं कह रहा हूँ।

*[रूपी हिचकती-सी बैठ जाती है।]*

**मोहन** : तेरी माँ के बाद, तेरा अपना इस दुनिया में कोई नहीं?

*[रूपी की आँखों में आँसू सिमसिमा आते हैं। वह जवाब नहीं दे पाती!]*

**मोहन** : हाँ, हाँ! बोलो *(रूपी चुप रहती है।)*

**मोहन** : तो मतलब हुआ कि कोई भी नहीं है।

**रूपी** : *(एकदम)* जी नहीं! वह बात नहीं। वैसे...

**मोहन** : खैर, कुछ भी हो, तेरी आँखें देखने से मालूम होता है कि तू अभी अभी रो के हटी है। इस तरह रोते रहना ठीक नहीं! तुझे किसी तरह की तकलीफ हो तो मुझे बताना!

**रूपी** : *(उठते हुए)* जी, तकलीफ क्या? आपकी रोटियों पर पल रही हूँ। और मुझे क्या सुख चाहिए।

**मोहन** : देख, मुझे तेरे साथ पूरी हमदर्दी है! तुझे किसी तरह की जरूरत हो तो मैं पूरी करने के लिए तैयार हूँ।

**रूपी** : जी, मैं गरीब हूँ। पर हमेशा आपकी बड़े भाई की तरह इज्जत करती रही हूँ।...मेरी क्या जरूरत हो सकती है?...आप चाय पीजिए!

*[धीरे-धीरे निकल जाती है। मोहन उसे जाते हुए देखता है। फिर चाय बनाने लगता है।]*

## 21

*[प्रेम एक ताँगे में आ रहा है। मोहन के बँगले के बाहर ताँगा रुकता है। प्रेम ताँगेवाले को किराया देकर अपना सूटकेस उठाता है और अंदर दाखिल होने लगता है। सामने से नौकर आता है।]*

**नौकर** : आइए बाबूजी! कई महीनों में आए! *(सूटकेस पकड़कर)* दुबले भी बहुत हो गए!

**प्रेम** : मोहन है?

**नौकर** : जी हाँ! उधर ड्राइंगरूम में बैठिए। अभी भेजता हूँ।

*[प्रेम ड्राइंगरूम में बैठा है। मोहन का प्रवेश।]*

**मोहन** : क्यों बे बिन बुलाए मेहमान! न तारीख, न वार, और पहुँच गए

शहसवार! *(गले लगाता है।)* राधा ने सुना तो एकदम पागल-सी हो गई! वह अभी कपड़े बदलकर आ रही है।

**Cut**

*[राधा और रूपी]*

*[रूपी राधा को मेक-अप का सामान देती जा रही है। राधा बड़े शीशे के सामने खड़ी कपड़े बदलती हुई।]*

**राधा** : रूपी, तुझे पता है, आज हमारे यहाँ कौन आए हैं?

**रूपी** : नहीं बीबी!

**राधा** : मरी हाँ। तू क्या जानेगी!...देख रूपी मेरा दिल कितना धड़क रहा है।

*[रूपी का हाथ पकड़कर अपनी छाती से लगाती है।]*

**रूपी** : हाँ जी, बीबी!

**राधा** : वह आए हैं और मेरा जिया डोल रहा है! पता है क्यों?

**रूपी** : क्यों बीबी?

**राधा** : तू कुछ भी नहीं समझती।

**गाना** :

छलकी जवानी हाए, जिया मोरा डोले!

**Cut**

*[मोहन और प्रेम]*

*[प्रेम अखबार के पन्ने उलट रहा है।]*

**मोहन** : अरे कोई बात भी करो! तुम गाँव क्या गए, अब तक लौटने का नाम ही नहीं लिया।

**प्रेम** : हाँ!

**मोहन** : राधा तुम्हें बहुत याद करती थी। खासकर कॉलेज के दिनों की जब तुम उसे खूब सताया करते थे।

**Cut**

*[राधा गा रही है]*

**रूपी** : बीवी, मैं जरा किचन में जाऊँ? काम होगा।

**Cut**

*[प्रेम फिर अखबार देख रहा है।]*

**मोहन :** मैं कहता हूँ आज तुमसे लड़ूँगा। ग्राम-सुधार की धुन तो थी ही। अब महात्मा गाँधी की तरह मौन व्रत रखना भी सीख गए हो शायद।

**प्रेम :** *(धीरे से)* मोहन मैं ज्यादा बातें नहीं कर सकता। मेरा शरीर थकावट से टूट रहा है।

**मोहन :** तो चाय पी लो न! *(बैल बजाता है।)*

**नौकर :** *(आकर)* जी।

**मोहन :** चाय भेज दो। *(नौकर चला जाता है।)*

**मोहन :** अच्छा भई, हम भी तब तक कोई मैगजीन ही देखें।

*[मैगजीन उठाकर देखने लगता है। रूपी चाय की ट्रे लिए आ रही है। प्रेम के आगे अखबार है। रूपी चाय रखकर चली जाती है।]*

**मोहन :** अब चाय तो पी लो।

*[मोहन चाय उँडेलकर दूध मिला देता है। फिर अपनी चाय बनाता है। अपनी चाय में चीनी डालकर कटोरी प्रेम की तरफ करके अपनी चाय हिलाने लगता है। प्रेम चाय वैसे ही हिलाकर मुँह से लगा लेता है।]*

**मोहन :** चीनी मिला ली?

**प्रेम :** ओ! *(चीनी मिलाता है और चाय पीता है।)*

**मोहन :** प्रेम! एक बात कहूँ, बुरा न मानना। यह ग्राम-सुधार करते-करते तुम अपनी सेहत तो उधार दे ही आए, तुम्हारी मीठी-मीठी बातें व मुसकराहट भी न जाने कहाँ चली गईं?

**प्रेम :** मेरी मुसकराहट? उसी को ढूँढ़ता हुआ यहाँ तक आया हूँ मोहन!

**मोहन :** यह पहेलियाँ कब से डालने लगे?

**प्रेम :** यह पहेली नहीं है मोहन! *(उठकर खिड़की के पास जा खड़ा होता है। बाहर दिन ढल रहा है।)*

**मोहन :** खैर! इस वक्त तो सफर से आ रहे हो! जरा थोड़ी देर ठहरकर तुमसे समझूँगा!

*[रूपी आकर ट्रे उठाती है। प्रेम की पीठ उसकी तरफ है।]*

**रूपी :** *(पीछे से)* और कुछ?

**मोहन :** नहीं। *(रूपी जाती है।)* *(प्रेम के पास आकर उसकी बाँह खींचते हुए)* ओ संन्यासी, चल सैर करने को चल। बाहर गाड़ी खड़ी है।

## 22

*[रूपी ट्रे लिए हुए किचन में दाखिल होती है। झरोखे से दिन ढले का दृश्य दिखाई दे रहा है। रूपी उसे देख खो-सी जाती है। उसके हाथ काँप जाते हैं।]*

Music of Din Dhale

*[पानी के गिलास में रूपी और प्रेम]*

**Cut**

दिन ढले...दिन ढले, दिन ढले।

*[ट्रे गिर जाती है। बर्तन टूट जाते हैं। रूपी चौंकती है। राधा की माँ झुँझलाती हुई आती है।]*

**रा. माँ :** क्यों नवाबजादी? यह क्या करतूत की है? चुड़ैल, इतने कीमती बर्तनों का सत्यानाश कर दिया!

**रूपी :** *(बेबसी से)* बीबी जी!

**रा. माँ :** मनहूस! सारे काम बिगाड़ती ही रहती है। जिस चीज पर तेरी छाया पड़ जाए, वही बचकर नहीं रहती!

(Reaction on Rupi)

**रा. माँ :** आँखें फाड़-फाड़कर क्या देखती है? अब यह नवाबी किसी और के घर जाकर करना! आज ही मेरे घर से निकल जा! कम्बख्त पिछली तनख्वाह में से एक पैसा भी नहीं दूँगी।

*[रूपी उभरती हुई सिसकियों को दबाती है।]*

**रा. माँ :** *(चलते हुए)* अब मैं तुझे फिर इस घर में न देखूँ। समझी? *(रूपी का चेहरा!)*

*[रूपी एक छोटी-सी पोटली लिए बँगले के गेट से निकलती है। expression on her face उसी समय घोड़ागाड़ी दरवाजे के अंदर दाखिल होती है जिसमें प्रेम और मोहन बैठे हैं। रूपी हारी सी कुछ कदम चलती हुई! मोहन और प्रेम फिटन से उतरते हुए।*

*मोहन और प्रेम ड्राइंगरूम में दाखिल होते हैं। राधा पहले से ही बैठी एक किताब देख रही है।]*

**राधा :** *(किताब बंद करते हुए)* नमस्ते प्रेमजी!

**प्रेम :** *(अनमना-सा)* नमस्ते!

*[प्रेम और मोहन बैठते हैं।]*

राधा : आप अच्छे आदमी हैं! जब तक मैं तैयार होकर आपसे मिलने आई, आप घूमने भी निकल गए!

मोहन : यह कहाँ निकलता! मैं ले गया था खींचकर।

राधा : नौकर ने आपके लिए ऊपरवाला कमरा खोल दिया है। आपका सामान भी रख आया है।...रूपी!

प्रेम : *(चौंककर)* रूपी!

मोहन : राधा की पर्सनल नौकरानी है।

*[नौकर आता है।]*

नौकर : जी!

राधा : *(चिढ़ी-सी)* रूपी कहाँ है?

नौकर : जी, उसे माँजी ने निकाल दिया है।

मोहन : *(एकदम)* निकाल दिया है! क्यों?

राधा : मम्मी ने जरा डाँट दिया था तो इसका यह मतलब तो नहीं था कि वह निकल ही जाए! जाहिल कहीं की! अब फिर मुझे अपने सारे काम खुद ही करने पड़ेंगे। *(नौकर से)* जा तू!

*[नौकर चला जाता है।]*

मोहन : मम्मी भी अजीब हैं। अभी महीना भर नहीं हुआ उसकी माँ को मरे! और आज उसे निकाल बाहर किया! अकेली जवान लड़की कहाँ-कहाँ ठोकरें खाएगी?

प्रेम : *(एकदम)* रूपी! जवान लड़की! उसकी माँ! कितने दिन से तुम्हारे यहाँ नौकर थी?

मोहन : यही कोई चार महीने से! उसने तुम्हें चाय सर्व की थी!

प्रेम : चाय सर्व की थी? रूपी ने मुझे चाय सर्व की थी? और अब उसे निकाल दिया गया! मोहन, मोहन, यह क्या हुआ?

राधा व मोहन : क्यों, क्या बात है?

प्रेम : मोहन, मैं चार महीने से उसी रूपी की तलाश में भटक रहा हूँ। इसी तलाश में नाकाम होकर मैं जिंदगी से मायूस हो चला था! और रूपी यहाँ थी! उसने मुझे चाय सर्व की थी? *(उतावली से उठते हुए)* मोहन, वह कहाँ गई होगी?

Reaction of Radha

*[वह सिर झटककर फेर लेती है। जाती है।]*

*[रूपी के होंठों पर पपड़ियाँ-सी जम रही हैं। उसका हलक खुश्क हो रहा है। वह एक जगह पर एक नल देखकर उसकी तरफ बढ़ती है। नल को खोलती है। पानी दो बूँद गिरकर रह जाता है और नल सूँ-सूँ करता है। रूपी हारी-सी एक तरफ को मुड़कर फिर चलने लगती है। एक प्याऊ पर एक काला-सा आदमी पानी लिए बैठा है। रूपी कठिनता से पास पहुँचकर पानी पीने के लिए हाथ बाँधती है। पिलानेवाले का लोटा हाथ में ही रह जाता है। वह रूपी की तरफ देखता रह जाता है।]*

**रूपी :** *(जरा आँखें उठाकर)* पानी!

**पिलानेवाला :** *(लोटा भरते हुए)* पानी पी ले, पर जरा हमारी भी प्यास बुझा देना!

*[रूपी के हाथ पानी छूने से पहले ही छूट जाते हैं। वह एक बार सूनी आँखों से उसे देखकर आगे चलने लगती है। काला इधर-उधर देखकर अपनी गद्दी से उछलने लगता है। उसी वक्त एक तरफ से एक बुढ़िया पास आवाज देती हुई आती है।]*

**बुढ़िया :** अरे रे, पानी तो पिलइयो जरा!

*[काला मन मारकर उसे पानी पिलाने आता है।]*

*[रूपी चलती हुई! उस पर बेहोशी हावी हो रही है। आँखों के आगे चिनगारियाँ भी उड़ती हैं। वह एक घर के चबूतरे का सहारा लेने की कोशिश करती हुई, गिर भी जाती है। मुन्नो पास ही खेल रही है वह दौड़कर पास आती है।]*

**मुन्नो :** *(अंदर की तरफ आवाज देकर)* बाबा, बाबा!

*[पंडित विद्यानाथ अंदर से निकलता है।]*

**पंडित :** यह कौन है री?

**मुन्नो :** पता नहीं बाबा! यहाँ आके सो गई! गोरी गोरी है!

*[पंडित पास से उसे देखता है।]*

## 24

*[एक अखबार! मजमून—पाँच सौ रुपया इनाम!]*

Super impose

*[प्रेम एक जगह बैठा है। एक बुढ़िया भद्दी-सी नौकरानी को साथ लिए आती है।]*

**बुढ़िया :** यह लड़की है। *(लड़की जरा मुसकराती है।)* हमारे यहाँ हफ्ते भर से नौकर है।

**प्रेम :** *(एक ठंडी साँस लेकर)* जी मुआफ करें! यह वह नहीं है।

Super impose

*[एक चिपटी-सी नाकवाली लड़की फर्श बुहार रही है। प्रेम एक आदमी के साथ आता है। लड़की की पीठ उसकी तरफ है।]*

**आदमी :** *(दूर से दिखाकर)* वह सामनेवाली है। हुलिया तो बिलकुल वही है। पहचान लीजिए।

*[लड़की मुँह मोड़कर पीले से दाँत निकालती है।]*

**आदमी :** क्यों, वही है?

**प्रेम :** *(ठंडी साँस लेकर)* जी नहीं।

## 25

*[लाल चौधरी और पंडित]*

**चौधरी :** बीती ताहि बिसारि दे और आगे की सुध ले! पंडितजी! जरा से काम के सौ रुपए दे आया! अब तो छिमा ही कीजिए! फिर कभी सेवा करूँगा!

**पंडित :** सेठजी, आपने तो कहा था कि काम हो जाने के बाद...

**चौधरी :** अरे पंडितजी, जो कहें, वही करने लगें, तो दुनिया भर के सेठ साहूकार चार दिन में दिवालिए हो जाएँ! अच्छा! पा लागना, अब सिधारिए। फिर कभी दर्शन होंगे।

*[पंडित गंभीर होकर बाहर निकलता है। सीतल मिल जाता है। सीतल पीछे से चेहरा निकालता है, और फिर झल्लाकर पास आ जाता है।]*

**सीतल :** ही ही ही ही! पंडितजी!...ओ पंडितजी! *(हाथ फैलाकर)* मेरा हाथ देखकर बता दीजिए, कोई बीवी लिखी है कि नहीं?

*[पंडित चुपचाप आगे बढ़ता है। सीतल फिर पास आता है।]*

**सीतल :** पंडितजी, जरा देख दीजिए! मेरा ब्याह हो जाएगा कि नहीं!

**पंडित :** जाओ भाई! किस्मत में लिखा होगा, तो सब हो जाएगा!

**सीतल** : ही ही ही! पंडितजी! किस्मत काली है। आप किस्मत बदलने का तरीका नहीं जानते?

**पंडित** : *(जरा रुककर)* मैं नहीं जानता! चाँदी के चंद टुकड़े किस्मत बदलने का तरीका जानते हैं। और उनकी खनखनाहट नीयत बदलने का तरीका जानती है।

*[सीतल रुआँसा खड़ा रह जाता है। पंडित आगे बढ़ता है। मुंशी एक जगह लॉन में बैठा किसानों से हिसाब-किताब कर रहा है। पंडित को देखकर चौंकता है।]*

**मुंशी** : ओ, पंडितजी! *(उठते हुए)* पा लागन!

**पंडित** : *(जरा घबराकर)* आप...आप...जीते रहो।

**मुंशी** : आज इधर कैसे चले आए पंडितजी!

**पंडित** : मैं...मैं जरा यूँ ही—जरा लाल चौधरी के पास आया था!

**मुंशी** : लाल चौधरी के पास! तो कभी कबूतर को भी बिल्ली से वास्ता पड़ ही जाता है। कोई खास बात थी!

*[किसान सब इंटरेस्ट ले रहे हैं।]*

**पंडित** : खास बात! हाँ...नहीं...नहीं....मुझसे न पूछै! जरा-सा छेड़ने से ही मेरे अंदर के छाले फूटकर बह निकलेंगे।

**मुंशी** : बात क्या है पंडितजी! सुबह के सितारे से पीले पड़ते जा रहे हो?

**पंडित** : ठीक कहते हो भाई! जो अँधेरे का ताना-बाना बनाकर उसके अंदर भटकता है, रोशनी की पहली किरण के सामने ही उसकी असलियत जाहिर हो जाती है। नहीं...मैं अपना पाप तुमसे छिपा नहीं सकता!

**मुंशी** : पाप?

**पंडित** : हाँ पाप! मैंने पाप किया है। जब तुम दो जन्मपत्रियाँ लेकर मेरे पास आए तो मैंने तुम्हारी आँखों को चुँधियाकर एक़ गलत तसवीर तुम्हें दिखलाई! मैंने झूठ और फरेब से तुम्हारे विश्वास को लहला कर उस पर जहर का मंत्र फूँक दिया! मैंने दो जिंदगियों के दरम्यान एक झूठी दीवार खड़ी कर दी।

(Reaction on Munshi farmer)

वह—दीवार—जो आज मेरी बूढ़ी हड्डियों का बोझ बन गई है।

**मुंशी** : (जरा तैश में) तो तुमने उस शादी को रोककर होनहार से खेल दीया था? तुम्हारे फरेब के दस्तावेज पर आकाश के सितारों की झूठी गवाही थी? तुम्हारी भक्कारी व ढोंग परमात्मा के नाम पर

जालसाजी थी? कहो, कहो, तुमें इससे क्या मिल गया?

**पंडित :** कुछ रुपए और एक जलन जो मेरी हड्डी और पसलियों को जलाकर मेरी चिता की राख बन जाएगी!

(Expresion of the farmers)

**मुंशी :** रुपए! जमीन की धूल दूसरे की आँखों में झोंककर फिर खुद अपने सिर में डाल लेने के लिए तुम्हें किसने रुपए दिए थे? बोलो!

**पंडित :** गाँव के लाल चौधरी ने! वह उस लड़की रूपी से अपने भाई की शादी करना चाहता था!

(Expressions)

मेरे अंदर भूख थी! रोटी में चाहे जहर भी मिला हो, भूख खाना जानती है, परहेज करना नहीं।

**मुंशी :** तो अब किसी और घर की खुशी अपनी भूख की आग में समेटने आए थे?

**पंडित :** नहीं, उसी जहरीली रोटी का दूसरा टुकड़ा माँगने आया था जिसका देनेवाले ने वादा किया था। पर मिला वह भी नहीं! पछतावे के खारे आँसू समेटकर लिए जा रहा हूँ।...

*[मुँह फिराता है और चल पड़ता है।]*

**मुंशी :** (किसानों को संबोधित करके) सुन लिया तुम लोगों ने। पता चल गया अपने लाल चौधरी की करतूत का?

●●●

*[किसान लोग आपस में बातचीत कर रहे हैं।]*

**एक :** अरे, यह चौधरी ने अच्छा परपंच रचा! मुंशीजी ने जो-जो बताया, उससे तो साफ पता चलता है कि सारी नीचता इसी की थी!

**दूसरा :** और हम लोगों की बेसमझी! उस देवता के कामों का उसे ऐसा बदला दिया कि वह दिल खट्टा करके कहीं दूर जा बैठा!

**तीसरा :** नहीं, नहीं, अब मुंशीजी खुद जो घोड़े पर शहर गए हैं! वह हमारी भूल और पछतावे की बात बताकर उन्हें जरूर लौटा लाएँगे।

## 26

*[प्रेम और मुंशी!]*

**प्रेम** : काका! इनसान लालच के फेर में पड़कर ऐसा भी काम कर सकता है! इस पंडित और लाल चौधरी को अपनी करनी का पूरा फल भुगतना पड़ेगा! रूपी शायद अब इस दुनिया में नहीं रही होगी! इस घर से निकलकर उस अकेली का और सहारा ही क्या था? काका, मैं इन कमीनों से समझूँगा।

**मुंशी** : तैश में न आओ राजा! किसान लोग तुम्हारे लिए उतावले हो रहे हैं। तुम गाँव चलो।

**प्रेम** : नहीं काका! रूपी के बिना मैं गाँव अकेला नहीं जा सकता! और उस बात की कोई आशा नहीं। नहीं काका, मुझे कुछ और ही करना है!

**मुंशी** : रात हो रही है। सो रहो राजा। सुबह हो जाने पर जो करना हो, सोचना।

**प्रेम** : तुम आराम करो काका! मैं भी सो रहूँगा।

*[मुंशी सो रहा है। Super impose प्रेम का चेहरा। प्रेम का चेहरा बढ़ रहा है।]*

रूपी! रूपी! आज मैं उन जिंदगियों को मिटा दूँगा, जिन्होंने हमारी जिंदगियों को खिलवाड़ समझा! आज मैं तीन खून करूँगा! विद्यानाथ पंडित का खून! लाल चौधरी का खून! और फिर...फिर अपना खून!

## 27

*[रूपी खाट पर लेटी है। मुन्नो उसका सिर दबा रही है। पंडित बाहर से आता है और चबूतरे से लालटेन उठाकर अंदर आता है।]*

**पंडित** : *(लालटेन रख, पास आकर)* क्यों बेटी, कैसी तबीयत है? मुन्नो का तुमसे इतना प्यार देखकर मुझे ऐसे लगने लगा जैसे तुम भी मेरी ही बेटी हो।

**रूपी** : *(धीरे से)* बाबा!

**पंडित :** मैं गरीब हूँ बेटी—और गरीब का पेट पाप भी कर लेता है। मैं तेरी दवा-सेवा अच्छी तरह नहीं कर सकता। एक जगह से सौ रुपया लेना है। कल जाकर देखूँ, अगर रुपया मिले तो शायद कुछ कर सकूँ।

●●●

*(रूपी लेटी हुई एकदम चौंकती है।)*

**मुन्नो :** दीदी, क्या बात है? बार-बार क्यों चौंक उठती हो?

**रूपी :** नहीं मुन्नो, कुछ नहीं। अँधेरा बहुत गहरा है।

**मुन्नो :** बाबा अभी तक नहीं लौटे! बाहर बरसात भी होने लगी!

●●●

*[बरसात हो रही है। बिजली के खंभों की रोशनी में सुनसान सड़क पर एक छाया बढ़ रही है। कुत्ता भौंकता है। छाया ठिठकती और फिर आगे बढ़ती है। पंडित विद्यानाथ के घर के चबूतरे के लैंप की रोशनी में बरसात में वह छाया अंदर की तरफ बढ़ती है।]*

*[रूपी अँधेरे में लेटी है। मुन्नो पास बैठी है। खटका! दोनों चौंकती हैं।]*

●●●

*[रूपी और मुन्नो। पैरों की आवाज।]*

**मुन्नो :** *(धीरे से)* शायद बाबा आ गए!

*[अँधेरे में प्रेम का चेहरा! फिर छुरे की चमक! रूपी और मुन्नो की चीख!]*

**मुन्नो :** *(रोनी आवाज)* बाबा! बाबा!

*[रूपी के ऊपर आकर प्रेम का छुरेवाला हाथ का उठना। उसी वक्त लैंप की रोशनी आकर रूपी के चेहरे पर पड़ती है। प्रेम ठिठक जाता है। छुरा हाथ से गिर जाता है। रोशनी प्रेम पर पड़ती है। रूपी भौचक्की-सी रह जाती है।*

*पंडित देहली पर खड़ा भौचक्का-सा माजरा देख रहा है। वह हिम्मत करके अंदर बढ़ने लगता है।]*

**रूपी :** प्रेम!

**प्रेम :** रूपी! *(झट दोनों लिपट जाते हैं। पंडित ठिठकता है।)*

*[मुन्नो एक कोने में उलटा मुँह करके दुबक रही है। लैंप की रोशनी में दो लंबी छायाएँ! रूपी की नजर उन पर पड़ती है। प्रेम जरा उससे हटता है। रूपी के दिमाग में वह शब्द गूँजते हैं।]*

**रूपी** : *(व्याकुल-सी)* प्रेम! यह क्या हुआ?

*[प्रेम मिली हुई छायायों को देखता है।]*

**प्रेम** : चिंता न कर रूपी! यह सब फरेब था! *(नजरें पंडित से मिलती हैं। इशारा करके)* इस शैतान की बनाई हुई कहानी! इसने लाल चौधरी से रुपए लेकर यह सारा झूठा खेल चलाया था।

**पंडित** : तो तुम दोनों...तो तुम दोनों के ब्याह में मैंने रुकावट डाली थी? हे भगवान! यह तूने कैसा खेल खेला! *(सिर पकड़कर बैठ जाता है।)*

(Reaction on Rupi)

**प्रेम** : इस नीच ने...

**रूपी** : नहीं! ऐसा न कहो! यह मेरे पिता समान हैं। इन्होंने मुझे अपने घर में सहारा दिया है!

**प्रेम** : इसने? इसमें भी इसका कोई न कोई स्वार्थ होगा, रूपी!

**पंडित** : *(आँख में आँसू भरे हुए, आँख खोलकर)* हाँ! जरूर होगा! गरीबी पाप है। और गरीबी जो भलाई करे उसमें पाप की बू न हो, इसे कौन मान सकता है?

*[नन्ही अचकचाहट से सबको देखती है।]*

रूपी बेटी! मैंने सचमुच गुनाह किया है। ईश्वर ने उसकी सजा मुझे सामने बैठाकर दे दी! मुझे मुआफ कर दे बेटी!

**रूपी** : ऐसा न कहो, बाबा! आप तो मेरे लिए...

**पंडित** : नहीं रूपा, मैं खुद तुम्हारे गाँव चलकर अपनी बेटी की तरह तुम्हें ब्याहूँगा। तभी मेरी आत्मा को शांति मिलेगी।

**प्रेम** : चलो रूपी, अब हमें फौरन गाँव चलना चाहिए। काका भी परेशान होंगे।

**पंडित** : हाँ, हाँ। जब किसान लोगों को यह खबर मिलेगी कि प्रेम और रूपी दरिया के रास्ते नाव से गाँव आ रहे हैं तो वह खुशी से फूले नहीं समाएँगे!

## 28

*[किसान लोग खुशी से मतवाले हो रहे हैं। नदी किनारे चहल-पहल है। सब लोग मस्त हैं। सबकी आँखें नदी पर लगी हैं। मुंशी भी है। पंडित भी। नीली भी। दूर से नाव दिखाई देती है। सीतल सबके बीच से आगे निकलने की कोशिश में है।*

*राजा उस पर मूँगफली फेंकता है।]*

**राजा :** क्यों सीतल? गरम-गरम मूँगफली दूँ?

*[सीतल मूँगफली की परवाह न करके सबसे आगे आकर खड़ा हो जाता है। लाल चौधरी कुढ़ता-सा आकर उसकी बाँह पकड़कर खींच ले जाता है। लोग एक बार हँसते हैं।]*

**मुंशी :** नाव अब थोड़ी दूर रह गई है।

●●●

*[नाव में प्रेम और रूपी, और एक चलानेवाला!]*

**प्रेम :** रूप! अब हम गाँव के बिलकुल पास पहुँच गए!

**रूपी :** *(मुसकराकर)* नदी किनारे सब लोग आँखें बिछाए तुम्हारा इंतजार कर रहे हैं। तुम्हारा फर्ज तुम्हें बुला रहा है।

**प्रेम :** आज मैंने प्यार को पा लिया है रूप! तेरे प्यार की रेशमी डोर अब हमेशा मेरे फर्ज की रस्सी के ईदगिर्द लिपटकर उसे भी मुलायम बनाती रहेगी।)

*[रूपी का सिर उसकी छाती से आ लगता है। वे लोग बेसब्री से इंतजार कर रहे हैं।]*

**एक :** वे दोनों ही अब दिखाई दे रहे हैं!

*[नीली उतावली-सी देख रही है।]*

*[प्रेम और रूपी]*

**प्रेम :** रूप! वह देख टीला!, जहाँ मैं तुझे बंसी सुनाया करता था!

**टीले से आ. :** जादूगर बालमा रे—जादूगर बालमा!

और यह तो वह पेड़ जहाँ रूपी इंतजार करती थी!

**आवाज :** दिन ढले...दिन ढले...दिन ढले!

अनुबंध

# आधे अधूरे-प्रसंग

Agreement made this 10th day of September, 1969 between Shri Mohan Rakesh hereafter described as the Playwright and Messers Anshumali Movie Makers with their Head Office at New Delhi hereafter described as the Producers;

As it is proposed by the Producers to make a film based on Dishantar's stage production of Playwright's play Adhe Adhure with the original stage cast, it is hereby agreed that:

In lieu of Partnership rights in Anshumali Movie Makers, Shri Mohan Rakesh gives the film rights in Hindi language of this above mentioned play Adhe Adhure to the Producers on the following terms and conditions:

(a) That as in the case of Dishantar's stage production of the above play, the playwright will be personally associated with the film version of the above production at all stages of its making;

(b) That in all cases the Playwright's interpretation will be seemed to be final and that any addition, deletion or alteration in the structure and text of the play will be made by the Playwright alone;

(c) And that this fact of the Playwright's association with the making of this film upto its being censored, will be acknowledged wherever such acknowledgement is due.

Signed this 10th day of February, between th two parties concerned.

Playwright — For Anshumali Movie Makers

Producer Adhe Adhure

## ओम शिवपुरी के नाम राकेश का पत्र

7.2.70

My dear Shiv,

I came very much depressed from your place last night. Particularly because we were not alone when you were talking. I am in a very peculiar situation today, although it was not my enthusiasm initially that started this project. You wanted it, Rajji and Basu wanted it. So, I collaborated. But I today find myself facing all the responsibility on all the fronts. The most unfortunate thing is that I have to love all the friends, including yourself, to devote themselves more seriously to the work that is pending. I sometimes free like withdrawing completely. I have done whatever best I could. Differences of opinion and approach will always be them - whosoever may handle a particular department. We are asking for an ideal result which probably is never achieved. I have found failings in everybody, as all my friends must have found failings in me. I have been quite aritical where criticism was due. But the way you talked last night, I felt that I must know give up.

So, I make a friendly offer to you. You take over complete change of the project I will see to have delivered to you all the accounts and negatives. May be by assoervating a Rectter editor, or shooting some portions with another director, you may not feel the way you do now. Instead of planning another project, the same money could be invested in this one. Please do not hesitate, and go ahead. There will be no liabilities to meet and no dues to pay so far as the present work is concerned. That I can assure you must positively. You have to say one word—'yes' on telephone and it will be done.

Sincerely

**Rakesh**

## राकेश का पत्र राज बेदी के नाम

4.2.90

Raju,

Now I shall be reaching there on the 7th. Basu must have told you. Please try to look the same suite at Bombay International in which I stayed with Mani. Shiv is also coming with me on the 7th.

Delhi shooting is over and let's hope the rest of the work will also be completed with the earnestness if requires.

There is one thing that I am writing to all—to yourself, to Shivpuri and to Basu. It was not my enthusiasm initially they started this project. I collaborated because all the three of you wanted it. So it is really painful for me when I have to coax each one to discharge his responsibility with promptness or efficiency.

**(Mohan Rakesh)**

## राकेश का पत्र बासू भट्टाचार्य के नाम

To,

Shri Basu Bhattacharya,
Bombay.

Dear Sir,

We have seen the letter dated...written by you alongwith four others to Bombay Lab., and Quality Lab., a copy of which you have sent to us.

We regret to say that you have no title to write such a letter as after the agreement signed between us on the 14th of Feb., 1970. you have already retired from the partnership of Anshumali Movie Makers and have consequently no locus standii to issue any instructions to Bombay Lab., Quality Lab. or any other institution where we may have our work done or keep our stocks. The other four co-signatories of your letter never had any locus standii in the matter and we strongly resent their unlawful instrusion in the matter.

Without prejudice ot our right to take any suitable action against your unlawful step, we may state that the above mentioned agreement of the 14th Feb., 1970 was drafted and signed at your request as you brought to our notice much later than was due, that having taken a loan from Film Finance Corporation of India for your project entitled 'Anubhav', you could not hold partnership rights in any film producing concern till you completed that film called 'Anubhav' and rendered full accounts to the Film Finance Corporation of India for the loan given by them. We were shocked to know this from you and resented very much your not having told it to us earlier. But having made out the agreement with you as per your desire giving you a title to 25% profits, if any, on the business of Adhe Adhure, our first film, the directorial resposibility of which had been entrusted to you, we were further shocked to learn a few days later that you issued instructions to Bombay Lab., on behalf of Anshumali Movie Makers, to which you did not belong as a partner any more, authorising your assistant Shri Manik Chatterji, to handle the deposit and delivery of our stock, negative, positive, sound, rush print, ect.' On the 4th of March, 1970, i.e. eighteen days after the signing of the above mentioned agreement, and had him remove two tins of print from there without any authority from us. As Mr. Raj Bedi, one of our partners was the only person duly authorised from the very beginning to handle all matters of our stock, negative, positive, sound and rush print etc. with Bombay Lab., we were boliged to re-assert this position with them and gave another letter to them to this effect, though our earlier letter of authorisation in favour of Shri Raj Bedi was also on their file.Your persent letter, therefore, which carried signatures of four other persons alongwith you, raises serious doubts in our minds with regard to your intentions.

We do not really know if your real intention is not to be with us for completing the rest of the work of the film which implies further shooting, some reshooting, final editing, recording of total background sound, optical work and re-recording etc., or just to hamper the completion of the film under any circumstances, in order to avoid complications with regard to you commitment with Film Finance Corporation of India. As your present attitude is likely to damage both the further work as well as the reputation of the film as well as Anshumali Movie Makers as a film producing concern, we hereby call upon you, without prejudice to our right to have the remaining work of the film completed without you if such a situation is forced upon us, to co-operate with us in completing the said work, the date schedule for which can be sent to you on receiving your affirmative reply. But in case you insist upon your present non co-operative attitude and hinder the progress of work, you will be liable to compensate us for the losses that may accure to us due to this. Your title to 25% profits if any, on the business of Adhe Adhure could also stand only if you fully discharge the responsibility entrusted to you.

## लेखक बनाम फिल्म-निर्माता

*(द रैंट कन्ट्रोलर-प्रसंग)*

*'मर्चेंट आयवरी प्रोडक्शंस' की फिल्म 'द रैंट कन्ट्रोलर' पर काम शुरू करने से पहले राकेश द्वारा निर्माता से पूछे गए कुछ व्यक्तिगत प्रश्न :*

1. पटकथा और संवाद लिखने के लिए क्या मैं दिल्ली में अपने घर पर ही रहकर काम कर सकूँगा या इसके लिए मुझे बंबई जाकर रहना होगा?
2. शूटिंग के दौरान क्या मुझे हैदराबाद में ही रहना पड़ेगा? अनुमानतः कितने दिन की शूटिंग होगी?
3. क्या दिल्ली से मेरे आने-जाने और रहने-खाने का सारा खर्च कंपनी वहन करेगी?
4. मैं निश्चित किए गए पारिश्रमिक का कम-से-कम 60 पहले ही ले लेना चाहूँगा, जिसे बाद में समायोजित किया जा सकता है।
5. क्या यह द्विभाषी फिल्म होगी? यदि हाँ, तो अंग्रेजी के संवादों का क्या होगा?
6. फिल्म का निर्देशक कौन होगा?
7. मेरा पारिश्रमिक मुझे कितनी किस्तों में और कब-कब दिया जाएगा?
8. वास्तव में यह सारा काम कितने महीनों में खत्म होगा?
9. संवादों का निर्देशन कौन करेगा?
10. क्या मुझे इस बात का पक्का आश्वासन दिया जा सकता है कि मेरे लिखे संवादों की भाषा के साथ कतई कोई छेड़छाड़ नहीं की जाएगी?

**(मोहन राकेश)**

खंड सात

# डायरी

स्पॉट नोट्स

# डायरी

*"आज अपनी साढ़े तीन साल पुरानी नोटबुक मेरे हाथ में है। नोटबुक के आधे से अधिक पृष्ठ कोरे हैं और जो भरे गए हैं, वे इस बुरी तरह भर गए हैं कि कई जगह पढ़े भी नहीं जाते। नोटबुक की मजबूत जिल्द ढीली पड़ गई है और उसके कपड़े का लाल रंग भी धुँधला पड़ने लगा है।...नोटबुक का एक पृष्ठ निकल कर हाथ में आ जाता है। यहाँ डायरी की सीवन टूट गई है। शब्द टेढ़े-मेढ़े हैं और स्याही जहाँ-तहाँ फैल गई है। बीच की दो-एक पंक्तियाँ ही ठीक से पढ़ी जाती हैं।" कल्पना कीजिए कि जब सिर्फ साढ़े तीन साल पुरानी नोटबुक की यह हालत हो सकती है और उसे पढ़ने में स्वयं उसका लेखक मोहन राकेश इतना निरीह और बेबस महसूस कर सकता है तो उनकी बावन साल से लेकर उनतीस-तीस साल पुरानी डायरियों और उन्हें पढ़ने की कोशिश करनेवाले इस संपादक की क्या स्थिति होगी? इन डायरियों की बहुत-सी महत्त्वपूर्ण सामग्री केवल इसीलिए इस पुस्तक में नहीं दी जा सकी है। फिर भी, कुछ डायरियों से इतना अंदाज़ा तो सहज ही लग जाता है कि राकेश यदि इतनी जल्दी चले न गए होते तो उन्होंने हिंदी साहित्य और रंगकर्म को कितना उन्नत एवं समृद्ध कर दिया होता! उदाहरण के लिए 1967-68 की उनकी एक डायरी (संख्या-6) के अनुसार 'शायद' और 'हंः' के अलावा 'पुरुष और स्त्री', 'गिंज़ा', 'खुशियाँ', 'वह जो नहीं था', 'नींद', 'पुराना अड्डा', 'पिछड़ा शहर', 'दोनों में एक', 'वे दिन', 'समाधान', 'प्रेम', 'मोनालीज़ा', 'प्रेमिका', 'गुनगुने', 'साल में एक बार' के अलावा एक ऐसे अकेले व्यक्ति को लेकर भी बीज-नाटक लिखने की योजना थी 'जो मंच-भाषा तथा नेपथ्य-भाषा साथ-साथ बोलता है।' यहीं 'हिस्च्' का नामोल्लेख भी मिलता है, जिसका यह टाइप किया हुआ पहला पृष्ठ उनकी फाइलों में मिला—*

*हिस्व् (बीज नाटक)*

*कुकी*

*कुकू*

*वेटर*

*बिट्टू*

*और सारी दुनिया।*

*[एक कोनाः बाग। बेंचें। रास्ता। दूसरा कोनाः केफेटेरिया। कोल्ड ड्रिंक्स के बोर्ड। लकड़ी की कुर्सियाँ।]*

*इससे ऐसा लगता है कि संभवतः राकेश इसे पूरा कर चुके थे किंतु इसके आगे के पृष्ठ बाद में कहीं खो गए।*

*इन बीज-नाटकों की तरह ही लगभग पंद्रह कहानियों के नाम और उनकी संक्षिप्त-सी रूपरेखा भी उन्होंने इस डायरी में दी है। 'दुःख', 'कीमतें', 'रेप', 'फ्रेम', 'इमारतें', 'मितली', 'मि. नोबडी', 'पहचान', 'दरवाजे', 'खाली जगह' इत्यादि ऐसी ही संभावित कहानियों के नाम हैं। 'रात' नामक कहानी की रूपरेखा द्रष्टव्य है—*

***...रोड...परताप्पुड़ा...सेंटर...रास्ता...कुत्ते...लालटेन...कमरा...ब्रांच इंचार्ज...'भाई?'...बेड...बू...हर चीज़ नज़रअंदाज...क्या है?...क्या हुआ?...उसका शरीर...corruption की बात...बिस्तर...नींद... वह और उस कमरे के खरटि...सुबह...वेल्यूज़...वितृष्णा...she is ugly...***

*एक स्थान पर शीर्षक है 'उपन्यास' और पहली पंक्ति—"यह जो आप पढ़ रहे हैं...एक उपन्यास है—।" डायरी संख्या 9 में एक उपन्यास की अंग्रेजी में रूपरेखा दी गई है। यह सोलह भागों में विभक्त है और प्रत्येक के बारे में चार-छह पंक्तियाँ संकेतात्मक ढंग से लिखी गई हैं। आरंभ में अलग से यह वाक्य हिंदी में लिखा है—"इस शहर का कोई सिर-पैर नहीं है...।" इसी प्रकार नाटक, रंगमंच, सिनेमा, परंपरा, मीडिया, संवादहीनता इत्यादि विषयों पर कई टिप्पणियाँ अंग्रेजी में लिखी गई हैं। 'डिस्कवरी ऑफ ड्रामा' तथा 'मैं क्यों लिखता हूँ' पर तो तेरह पृष्ठों का पूरा लेख ही है—परंतु इसे किसी भी तरह पढ़ पाना संभव नहीं हो सका।*

*इस खंड में हम राकेश की डायरी संख्या 5 की कुछ चुनी हुई सामग्री प्रस्तुत कर रहे हैं। ये 'स्पॉट नोट्स' राकेश द्वारा 11 जुलाई से लेकर 5 अगस्त, 1964 के बीच बंबई प्रवास के दौरान लिखे/घसीटे*

गए थे। इसमें 138 पृष्ठों में कुल 269 एन्ट्रीज़ हैं। यहाँ हम नमूने के तौर पर सिर्फ़ 50 चुनी हुई एन्ट्रीज़ को ही प्रकाशित कर रहे हैं। इसमें बहुसंख्य परिचित-अपरिचित व्यक्तियों, घटनाओं, स्थानों, स्थितियों और अनुभवों की यथातथ्य टीप या राकेश की व्यक्तिगत प्रतिक्रियाएँ दर्ज हैं। ये एक तरह का कच्चा-माल है, जिसे लेखक अपनी तरह से प्रायः इसका रंग-रूप बदलकर या कभी-कभी ज्यों का त्यों, अपनी रचनाओं में इस्तेमाल करता है। लगभग प्रत्येक रचनाकार को नए और अछूते कथ्य के लिए परानुभवों को स्वानुभव बनाने की रहस्यमय सृजन-प्रक्रिया से गुज़रना पड़ता है। यह डायरी अपूर्व और अनोखे परानुभवों को एकत्र करके अपना बना लेने के लिए व्यग्र, राकेश के खुले और संवेदनशील मन का आईना है।

# बॉम्बे

## स्पॉट नोट्स एण्ड अदर नोट्स[1]

11-7-64

1.

"रात को दस के करीब एक पारसी की कार चर्चगेट स्ट्रीट पर आती है। वहाँ से जिस किसी खूबसूरत लड़के को एम्प्लॉय करके ले जाती है। पारसी मलाबार हिल के अपने फ्लैट में जाकर पहले उससे अपनी औरत को गरम कराता है। जब वह तैयार हो जाती है, तो खुद उसके साथ संभोग करता है।"

2.

"एक सिन्धी परिवार ने एक व्यक्ति पर दावा किया कि उसने उनकी लड़की को रेप किया है। लड़की ने खुद भी स्वीकार किया। पर जब कोर्ट की तरफ से मैडीकल टैस्ट का आदेश हुआ तो समस्या उठ खड़ी हुई, क्योंकि असल में लड़की तब तक वर्जिन ही थी। अपनी बात की सच्चाई साबित करने के लिए लड़की को उसके चचेरे भाई से रेप कराया गया। पर काम उससे भी नहीं बना। मैडीकल रिपोर्ट यही मिली कि लड़की का रेप दो दिन पहले ही हुआ है—उस समय नहीं जब कि शिकायत की गई है।"

3.

"श्रीमती अ. के हाथ से सौ का एक नोट उड़ गया। कालबा देवी उनके घर की छत से। श्री अ. ने श्रीमती से कहा कि वह परेशान न हों, वे अभी उस नोट को ढूँढ़कर ला देते हैं। उन्होंने तुरंत दूसरा सौ का नोट लेकर उसके साइज़ का टिशू-पेपर काटा और बीवी से कहा कि जब वे नीचे पहुँच जाएँ, तो वह उसे

---

1. एकरूपता और सुविधा के लिए (हिंदी इबारत के बीच में आए) अंग्रेज़ी शब्दों और वाक्यों को देवनागरी में कर दिया गया है।—सं.

भी उड़ा दे। नीचे से उन्होंने टिशू पेपर का पीछा करना शुरू किया—और थोड़ी ही देर में अपना नोट एक जगह दीवार से चिपका हुआ पा गए।"

7.

"श्री ज. ने कोलाबा के एक दलाल को लिया। कहा 'यहाँ का सब माल दिखाओ' उसने सब तरह की लड़कियाँ दिखाईं। ये सबको टटोल-टटोलकर देखते रहे। फिर बोले 'यहाँ का माल पसंद नहीं, बाँदरा ले चलो।' वह बाँदरा तक ले जाकर वहाँ के ब्रोकर के सुपुर्द कर आया। उन्होंने उसी तरह बाँदरा की लड़कियाँ देखीं। उस दलाल से कहा कि उनमें कोई पसंद नहीं, कोलाबा ले चलो। वह उन्हें कोलाबा छोड़ आया। इस तरह उन्होंने पचास लड़कियों को टटोलकर देख लिया और पैसा एक खर्च नहीं किया।"

8.

"यहाँ दलालों की भी यूनियन है। उसके प्रेजिडेंट सेक्रेटरी चुने जाते हैं। सबका अपना-अपना एरिया है। एक दलाल एक एरिया के ग्राहक को दूसरे एरिया में ले जाए, तो सब-ब्रोक्रेज लेता है। मकानों की दलाली की तरह। एक दलाल का रिग्रेट "साहब मकानों का भाड़ा दो साल में दुगुने का चौगुना हो गया, पर औरत का भाड़ा अब भी उतने का उतना है।"

12.7.64

15.

पपा और आंटी—

"पपा अपनी आखिरी साँसों पर हैं।"—आँसू।

"पपा, देखो कौन आया है!"

"पपा इज़ ए स्काउंड्रेल।"

"पपा बदमाश है। रिंकी, गुलनार और मेहर को साथ सटाकर बैठाता है।"

"पपा व्यस्त है बापू बंगाली डाकू है।"

"उस दिन पपा थोड़ा थोड़ा बोल उठा, "यू आर ए डर्टी लाउट।"

"आई हैव अरेंज्ड फॉर सर्जिकल बैड फॉर पपा! ..."

"यही दुआ करो बच्चा कि ईश्वर इसको जल्दी बुला ले। "आई कांट सी पपा सफ़र सो मच।" पपा का हाथ आंटी को तलाशता हुआ।

आंटी का रिस्पांस!

—घर—ऊँचे मसहरी वाले बड़े, पुराने कबर्ड, मेज़, शीशियाँ तथा लकड़ी का फ़र्श—

पापा के जिस्म की गली हुई खाल—

"कहता था मैं रिटायर होकर तुम्हें सारी दुनिया में घुमाने ले जाऊँगा। और अब बुढ़ापे में यहाँ इस तरह लेटा है। गेट अप यू लायर! यू हेव टु टेक मी एराउंड द वर्ल्ड।"

"अच्छा।"

"कहो मेरी जान! कहो डार्लिंग! कहो माई स्वीट।"

16.

भारती का घर—पुष्पा की बातें—

"आपको पता है वात्स्यायन जी ने खुद अपने को इस नौकरी के लिए ऑफ़र किया था?" "आपको मालूम है प्रेमलता वर्मा का किस्सा?"

"शमशेर के साथ न?"

"नहीं, भाई साहब—वात्स्यायन जी के साथ! उसी के पास, सिर्फ उसी के पास तो पत्र आया है कि 10 जुलाई को वापस आ रहे हैं।"

"विद्यानिवास मिश्र को लिखा है 'जानता हूँ नौकरी मेरे लिए बहुत छोटी है, पर सोचता हूँ कि मेरे कर लेने से सात-आठ हिंदीवालों का भला हो जाएगा। और यूँ तो अपने ग्रहों का नियंता मैं स्वयं हूँ, फिर भी मेरी जन्मपत्री देखकर लिखिए कि यह नौकरी करनी चाहिए या नहीं।" और कि कपिलाजी को मैंने बुलाया है यह परामर्श करने के लिए कि नौकरी करूँ या नहीं?

"इंटरव्यू के लिए आए, तो 50 पेज की स्कीम लेकर आए थे। चंद्रगुप्त जी के चपरासी से कहा, "मैं वात्स्यायन हूँ।" उसने अंदर जाकर कहा कोई दाढ़ीवाले साहब हैं। उन्होंने कहलाया अभी फुर्सत नहीं है, इंतजार करें। अब वात्स्यायन जी पंद्रह मिनट कॉरीडार में ऊपर-नीचे टहल रहे हैं।"

"चंद्रगुप्त जी ने अपने लेख में संशोधन किया—अनुमानित उम्र से बहुत बड़े की जगह बहुत ...।"

"अधिकारी (महावीर) ने कहा, "भाई राकेश वगैरह के कोई सिद्धांत हैं जिनका विरोध कर रहे हो? विरोध ही है तो डार्विन के सिद्धांतों का करो।"

17.

मॉडर्न स्टूडियो में—'तीसरी कसम' का मेले का सेट। दुकानें, गाड़ीवानों का कटरा, पेड़, सड़क। "दो पेड़ और मिल जाएँगे?"

"कहो तो खरीद लाएँ।"

"एक पेड़ को रंग करो।"

लौटते हुए—

कमाल (अमरोही) का भट्टा बैठ जाएगा वह 'पाकीज़ा' पूरी कैसे करेगा?

मीना (कुमार) ने शर्त रखी है कि वह उसे तलाक दे दे और '67 तक का जो कांट्रेक्ट है महल पिक्चर्ज के साथ, उससे मुक्त कर दे तो वह 'पाकीज़ा' पूरी कर देगी।

"क्या कमाल फिर डायरेक्ट कर पाएगा?"

"यू थिंक एज़ इफ़ ए फिल्ममैन इज़ ए पर्सन ऑफ़ नार्मल इमोशन्ज़! क्यों नहीं कर पाएगा?"

18.

रेणु शराब पीकर रोते हुए शैलेन्द्र से—"दद्दा 'मैला-आँचल' तुम्हीं को बनाना है।"

दूसरे दिन बाशु से—"आप समझते हैं बाशु कि भाई शैलेंद्र अकेला बना सकता है? मैंने तो यही सोचकर कहा था कि आप डायरेक्ट करेंगे।"

बाशु सुब्रतो के बारे में—उसने रेणु को हलो तक नहीं किया। उसने नमस्कार का जवाब तक नहीं दिया। बोला, "यह आदमी है जिससे मैं बात करूँ?"

19.

श्री राजवंशी उर्फ श्री राज—

आप इंडस कोर्ट में पाँचवें माले पर रहते हैं। कैरेक्टर हैं।

"पुलिस इंस्पैक्टर को फोन किया। घर पहुँचने पर उसे मैसेज मिला, तो रोटी छोड़कर चला आया। बीवी उसकी कहती ही रह गई कि खाकर जाओ। वह बोला कि नहीं राज साहब ने बुलाया है, तो इतनी देर कैसे लगा दूँ। आया। हमने कहा कि भाई यह मामला है—देखो हमारा नाम कहीं न आए, पर उसकी पिटाई हो जाए। फिर क्या था? वह सेवा हुई उस आदमी की कि याद करता होगा।"

और "इस बिल्डिंग की वाइस प्रेसिडेंटशिप क्या चीज है। मैं मेरीन ड्राइव फ्लैट ओनर्स एसोसिएशन का वाइस चेयरमैन हूँ। मुझे यूनेस्को की डिफेंस कौंसिल का मैंबर चुना गया है। कमांडर इन-चीफ भी मैंबर नहीं है। अब देखिएगा, साल में दो बार मुझे जिनीवा जाना पड़ा करेगा।"

"मैं तो यहाँ गटर में पड़ा हूँ बेदी साहब। मेरी जगह तो प्राइम मिनिस्टर के केबिनेट में होनी चाहिए। पर इंस मुल्क में आदमी कद्र की नहीं है।"

इस आदमी के लड़के की एक तस्वीर राज की अनुपस्थिति में...ने एल.आई. सी. को बेच दी। उसके पोस्टर बन गए। इस पर उसने काफी हो-हल्ला किया।

बोला तुम लोगों ने उसके दस हजार ले लिए हैं, मुझे पैसा नहीं दिया। पचास ले भी लिए और नोटिस दे दिया। एल.आई.सी. के पी.आर.ओ. ने पेमैंट कन्फर्म की। फिर उसे फोन पर बुलाकर कहा, "नहीं नहीं, कोई बात नहीं। पोस्टर आप रीइशू कर दीजिए। सिर्फ एक कॉपी पोस्टर की मुझे भी भेज दीजिए।"

अब पोस्टर जड़ा कर कमरे में लगाए हैं। "सी, कितने खूबसूरत बच्चे हैं मेरे। एल.आई.सी. वालों ने पोस्टर निकाले हैं।"

खुद यू.पी. का है—शादी एक पंजाबिन से की है। लड़की बहुत खूबसूरत थी। मगर गरीब। एक बहिन विधवा थी, दो अनब्याही। भाई शादी करके लाया, तो उसे बाहर से ताला लगा कर जाया करता था।

बच्चे हो गए, तो ताला लगाना बंद करना पड़ा, पर चार-चार बार टेलिफोन कर दिया करता।

उस औरत के यहाँ पुरी (पर्सनल ऑफीसर बैनेट कोलमैन) का काफी आना जाना था। शायद रिलेशंस भी हों। महाबलेश्वर एक बार इनकी लड़ाई हो गई। यह गाली देकर कार स्टार्ट करके चला आया (जो करना है कर ले हरामजादे)—पुरी 200 गज पीछे पीछे दौड़ा। बाद में बोल चाल बन्द हो गई।

इस आदमी ने राज के ऑफिस इंडस कोर्ट से उठवाने और इन्हें इस फ्लैट से निकलवाने के लिए कई करतब किए क्योंकि राज ने इसके कहने से किसी और के गोदाम रखने की शिकायत के लिए उसकी फोटो उतारना या इसके चुनाव के लिए अपनी मालिक मकान को गाड़ी में ले आना मंजूर नहीं किया।

इसका लड़का टोनी तुषार का दोस्त है।

20.

सैर करते हुए भाभी ने बताया कि पुरी उनकी मदर का भी धर्मभाई था।

फादर की मौत के बाद दो महीने और अढ़ाई साल की दो बच्चियों को छोड़कर वह औरत किस तरह छह-छह महीने घर से गायब रहती थी, यह सब भी बतलाया।

यह भी कि किस तरह पुरी रमा (इनकी छोटी बहन) की शादी इस जगह नहीं होने देना चाहता था। इन्होंने चोरी से अरेंज करके चुपचाप उसकी शादी कराई।

कि किस तरह मदर के इन लक्षणों से दोनों भाई आवारा हो गए थे।

एक दिन वह औरत हिस्टीरिया के दौरे में ऐसे पड़ी कि पड़ी ही रही। ये लोग डरे।

इनके दादा ने कहा, "देखो बच्चो, जब मैं शादी से पहले लाहौर इसे देखने गया, तो मुझे किसी ने बताया था कि इसे हिस्टीरिया के दौरे पड़ते हैं। इस पर यह झट उठ बैठी और बोली, "शादी के बाद पड़ने शुरू हुए हैं दौरे या पहले

से पड़ते थे? खूब बात कहते हैं?"

इस पर बोले, "देखा, इसका दौरा छुड़ा दिया।"

दादा खूबसूरत थे, खूब मॉडर्न—मुर्गा-मटन के शौकीन, ताज में ड़िनर-डांस के शौकीन। पर फ़िरोज़पुर से इसलिए भाग आए थे कि घर के लोग उनकी दूसरी शादी करना चाहते थे। लड़का तब बहुत छोटा था। पर उनका कहना था कि इसी को बड़ा करके ब्याहूँगा तो मेरा घर फिर से बसेगा।

लड़के की मौत के कुछ ही रोज बाद उसके गम में वे भी चल बसे।

13.7.64

22.

जय हिंद कॉलेज के लड़के-लड़कियों में जो ज्यादा संपन्न घरों से हैं, वे जाकर नेपाल में बैठते हैं—प्रायः मिक्स्ड। जो लोअर-मिडिलक्लास हैं वे सत्कार में जाते हैं—लड़के अलग, लड़कियाँ अलग। हाँ, सिन्धनें किसी भी क्लास की हों, वे मिक्स्ड क्राउड में ही घूमती हैं और प्रायः बड़े होटलों में ही जाती हैं।

25.

दो चरित्र हैं—

बाई और रंगू।

बाई का बार-बार छोड़कर जाना और लौट आना।

रंगू का हर तीसरे महीने शादी कराने के लिए नौकरी छोड़ना।

दोनों का आपस में लड़ना। कभी एक के छोड़ देने पर दूसरी का बनी रहना, कभी दोनों का साथ-साथ छोड़ देना। फिर नीचे नौकरों में प्रचार करना—"साहब को तो दूसरे काम के वास्ते छोकरी माँगता है।" कोई और नौकरानी काम करने लगे तो उसे धमकाना, पीटने तक को तैयार हो जाना।

फिर नीचे अपने बॉय फ्रेंड्स के लिए खाने-पीने का सामान ले जाना। बॉय फ्रेंड्स का ऊपर चले आना।

और इन दोनों के बीच इस्मत की नमकीन आया।

27.

दूसरा पक्ष—

गिरधारी के सामने के फ्लैट में एक आदमी की चार रखैलें!

गिरधारी की अपनी (मुफ्त की) माशूकाएँ—एक गुजरातिन, एक पंजाबिन।

(जुहू-सी.सी.आई.) एक फिल्म एक्ट्रेस जो हर छह महीने बाद किसी और की रखैल हो जाती है। (वन्दना)

और भाभी का रिमार्क : "आजकल उससे ज्यादा डिमांड उसके भाई की है।"

29.

बंद फ्लैट जहाँ पहले एक पेशा करनेवाली औरत रहती थी। अब वहाँ एक आदमी अपनी खूबसूरत बीवी के साथ आया है। लोग अब भी गलती से वहाँ आते, घंटियाँ बजाते और चिटें भेजते हैं। वह औरत रिसीव करे, तो लोग लौटकर नहीं जाते, उसी से सौदा पटाना चाहते हैं। उसका खाविंद अंदर से उन पर शाउट करता है। जब वह रिसीव करता है, तब तो अल्लाह ही मालिक है।

31.

कुर्रतुल-ऐन-हैदर। किसी जमाने की खूबसूरत लड़की, आज फ्रस्ट्रेटेड स्पिंस्टर

पाकिस्तान की सर्वश्रेष्ठ कहानी लेखिका ('जमीला हाशिमी वगैरह मेरी चेलियाँ हैं') यहाँ की सेकेंड रेटर। (चेहरे का भाव सत्येंद्र शरत् जैसा!)

किस्सा मियाँ अब्बास का।

पहले वह पीछे पड़ा था, तब यह नहीं मानती थी। कहती थी अभी नहीं। जब इसने चाहा, तो अब्बास तैयार नहीं हुआ।

बीमारी—दुबली होती जा रही थी।

विभू सांधवी, रमेश सांधवी तथा रेखा रेवरी से दोस्ती लंदन के दिनों की। उन दिनों की यादें।

रेखा की तस्वीरें।

'आग का दरिया' में सुरेखा।

रेखा द्वारा सजेस्ट की गई दवाइयाँ...वगैरह।

उपनिषदों से कम बात ही नहीं करती। 'वैष्णवाज़' 'छान्दूगिया'।

उसके साथ कुछ बैठकें उसके घर में—अपने यहाँ।

"सरदार के यहाँ जाती हूँ, या रमेश के यहाँ।"

"रूसी लड़की मुझ पर रिसर्च कर रही है।"

उसकी माँ जो अंदर के कमरे में बीमार पड़ी रहती है।

"कौन आया है?"

"कौन हो तुम? क्या नाम है? क्या करते हो? शादीशुदा हो? बीवी कहाँ है? उसे साथ क्यों नहीं लाए?"

—यह कहाँ जाती है? किस-किस से मिलती है? वह हिंदू है या मुसलमान?

सलमा—अब तो कहती है कोई हो—हिंदू या मुसलमान।

"दिस कन्ट्री हैज़ लैट मी डाउन।"
नौकरी—फ़िल्मालय में (फिल्मालिया)
फिल्म डिवीज़न में।
अब—इम्प्रिंट में

32.
कमला और सरस्वती—(सरसू)
दोनों कोलाबा के एक फ्लैट में रहती हैं। रीडर्ज़ मैगज़ीन निकालती हैं। कमला पहले किसी की पत्नी फिर किसी की मिस्ट्रैस रह चुकी है।
चमन कभी इसका प्रशंसक था। फिर इसके खिलाफ बात करने लगा।
हरकृष्ण और जयदेव भी काफी दिन इनके चक्कर में रहे। "आती हैं, शराब पीती हैं, चली जाती हैं।"
कमला की ड्रेस—खादी की सलवार कमीज और—दोपट्टा। बाल भूरे-कटे हुए।
एक दिन कार में लंबी बातचीत।
"मैं फ़िल्म बनाना चाहती हूँ।"
"यू सी—दिस...ये जमादार सामने बैठते हैं, इन पर।"
बीच में वह स्टेट्स गई थी।
थोड़ा पेंट करती है, थोड़ा लिखती है। कुछ-कुछ स्विडलिंग भी कर लेती है।
रामन के बारे में उसकी राय—'बीवी के मरने पर मेरे कंधे पर सिर रखकर रोने लगा। बोला, "कमला अब क्या होगा?"
रामन—'हैड ए गुड टाइम विद हर?"
फ्लैट में रहन-सहन!
"आई वांट ग्राउंड फ़्लोर।"

33.
विजय लक्ष्मी—"जी मैं जाऊँ?"
"मेरी कहानी..."
"सत्यकाम जी ने कहा था...।"
गोल-गोल आँखें...
मोटा महल से ग्रांट रोड स्टेशन...फिर अवस्थी को फोन (त्यागपत्र दे चुकने पर)
फिर कमलेश्वर को (उसके संपादक 'नई कहानियाँ' के रूप में बंबई आने पर)। चर्चगेट स्टेशन पर सत्यकाम के साथ—"मैं किसी दिन फोन कर सकती हूँ?"

34.

रानी बाला। वार्डन रोड का कमरा। मास्टर जी (जालंधर के)। दूसरा प्रेमी जो अभी पटना से ( या कोलंबो से?) खर्च भेजता है। "मैंने उससे कहा है कि...।"

कमरा और किचन। पहनावा। पैडिंग। मॉडलिंग की कोशिश। "उम्र देखते हैं लोग, आर्ट को कोई नहीं देखता।"

"राज कपूर से मिल रही हूँ।"

"आई एम इन वैरी बैड...।"

"पाल साहब से...बट ही इज़ ए मैन यू सी...।"

"आई नीड मनी।"

प्रेम कपूर के साथ सड़क पर शर्त।

बाद में आनन्दम् के शोज़ में—अकेली।

35.

नारीमन गैस्ट हाउस का मैनेजर लड़का जो अपनी बहन को एक्ट्रेस बनाने लाया था और अपने चाचा या मामा की फ्री नौकरी कर रहा था—अगेंस्ट बोर्ड एंड लौजिंग। जाते हुए "वी विल कम हेअर अगेन" गैलार्ड और दूसरी जगहों पर वह लड़की अलग-अलग पोशाकों में। पहले हबीब तनवीर के साथ।

15.7.64

41.

Satyadev Dubey—The haunted individual always seems as if his hair is standing on end...as if he is about to plunge head forward into something...with piercing eyes and flashing broad teeth.

Chetan Anand—The man at ease both at Bombelli's. Chetan always talking about language—The 1940's idea of language.

43.

इंडस कोर्ट का लिफ़्टमैन (यंगर) मोम के चीनी पुतले जैसा—अनकन्सर्न्ड बटन दबाने, दरवाज़ा खोलने, बन्द करने के अलावा जैसे कोई काम ही न हो...लड़के-लड़कियों के मैसेज पास करते हुए भी वही चाबी के खिलौने की-सी मुद्रा।

44.

दूबे ने 'तोता मैना' खेला था।

टेपरिकॉर्डर पहले दिन फेल हो गया।

(गायक-वादक मिले नहीं—मैना एक दिन पहले भाग गई जिससे एक ऐल्डरली लेडी ने सब्सीच्यूट किया।)

डॉ. लाल के कमेंट्स—दूबे को तो एन्ट्रीज़-एग्ज़िट्स तक का कोई ज्ञान नहीं।

दूबे—"मुझे क्या है? 'आई विल जस्ट डू अडैप्टेशंस। आई कैन आलवेज़ डू दैट।"

49.

अवस्थी—हर एक का चमचा—हर एक दृष्टि से अपना लाभ ढूँढ़ता हुआ—हर जगह एक नकली चेहरा लिए—हर जगह लगभग सफल—उसका कैरियर—

सेटबैक (फॉल्स डिग्री के कारण)—नई नौकरी—हिंदुस्तान टाइम्स में—फ़िल्मी काम—

चिपकू—हाँ लेंगे, हाँ चलेंगे, हाँ रहेंगे।

50.

मनोहर श्याम जोशी—

हर एक से हर एक के बारे में कहकर, फिर उसके पास जाकर :

"मैंने उससे तुम्हारे बारे में यह कहा, तो वह बोला कि...।"

फिर पहले आदमी के पास जाकर :

"मैंने उसे जाकर बोल दिया कि तुम यह कहते हो, तो वह बोला कि..."

रोटी की तरह गोल चेहरा—छोटी-छोटी आँखें—बात करने का अंदाज़ अपने में रस लेते हुए—मगर आँखें खोजती हुई कि उस पर बात का क्या असर होता है—और कि क्या एडवान्टेज उस आदमी से मिल सकता है।

व्हिस्की मजलिस हो तो अनइन्वाइटेड भी शामिल हो जाए और सोचता कि मेरे आ जाने से साले कुढ़ रहे हैं और मैं कैसे इन्हें चूतिया बना रहा हूँ।

52.

मैरीन ड्राइव की शाम......

बैंचों पर बैठे पारसी—इस तरह उदास उजड़ी हुई आँखों से देखते हुए जैसे उनकी दुनियाँ उनके देखते-देखते दूसरों ने उनसे छीन ली हो...। कई परिवार घर से फ़ोल्डिंग कुर्सियाँ, स्टूल और मेज़ लेकर आए हुए।

मुंडेर पर के लोग जिन्हें उम्मीद है कि इस शहर के कल के वारिस वही

हैं.......

और बीच में चलते हुए लोग.....

इस शहर के आज के मालिक.....

53.

गणेश सिंह...ऑन द बिगनिंग ऑफ़ नारीमान पॉइंट रोड

नीचे मिल्क बार....

पीछे कॉयर बोर्ड का स्टाल...

नारियल बेचनेवाले...

मूँगफली बेचनेवाले...

गँडेरी बेचनेवाले...

पानी बेचनेवाले...

और

बातें बेचनेवाले...!

57.

सी.सी.आई. का पुराना पार्कर...(पी एन बी के बाहर)

"साहब आपको उधर देखा है...।"

"हाँ, वैद साहब के साथ। वैद साहब बहुत अच्छा आदमी है।"

"हम बीमार पड़ा था साहब! दो महीना का रज़ा पर गया। साहब लोग बोला कि इधर पार्कर है, वह काम करेगा। हम इधर भूखा मरता है साहब।"

"कुछ खाने को नहीं है। भूखा मरता है। उधर आएँगा तो आपका ख़िदमत करेगा साहब!"

58.

रोचक पंडित!

पी.एन.बी. के बाहर वह अचानक सामने आ खड़ा हुआ। बढ़े हुए सफ़ेद बाल. ...बढ़ी हुई सफ़ेद दाढ़ी...(लगा) कि कोई फुटपाथ का ज्योतिषी है जो अभी कोई भविष्यवाणी करने जा रहा है।

उसने परिचय दिया—बताया—पृथ्वीनाथ पुष्प का 'अनुज' है।

ब्रिस्टल में चाय पीने चले गए।

वह नर्वस जल्दबाज़ी में अपने बारे में बात करता रहा।

' 26 दिसंबर सन् उनचास से यहाँ हूँ....'

' 10 जून सन् 56 को उन्हें कहानी भेजी थी...।'

' 27 अगस्त सन् 59 को उनका पत्र आया...।'

' 10 मई सन् 63 से 12 जून सन् 63 तक अपने कमरे में बंद रहा। वह जगह आप देखेंगे? बिलकुल वैसी ही है जैसी जगह बैठकर दॉस्तावस्की ने अपने 'नोट्स फ्रॉम द अंडरग्राउंड' लिखे होंगे...।

ओंप्रकाश (राजकमल) और एस. चाँद को उपन्यासों की पांडुलिपियों के विषय में लिखा था।... ओंप्रकाश ने उत्तर नहीं दिया। बाद में लिखा कि 'बहुत पांडुलिपियाँ जमा हैं।' एस. चाँद ने कहा, 'भेज दो।' तीन महीने कुछ भी नहीं लिखा। 13 नवंबर 63 की रात को मैंने उठकर एक लाइन लिखी—'प्लीज़ रिटर्न माई मैन्यूस्क्रिप्ट', पर सोचा कि 'उनका क्या जाएगा? मैं अपने पैरों पर कुल्हाड़ी क्यों मारूँ?' पर अगले ही दिन उनका रजिस्टर्ड पार्सल आ गया। मुझे लगा जैसे मेरा खोया हुआ बच्चा मुझे वापस मिल गया हो! मुझे बहुत बहुत खुशी हुई।

'भैरव ने कहानी लौटा दी।' उनसे मेरी बहुत पहले ही लड़ाई हो गई थी। कमलेश्वर ने दो कहानियाँ लौटा दीं। पर और माँगी। फिर तीन भेजीं (कहानियों के नाम बताता रहा जैसे वह उसकी आइडेंटिटी हो)। वे भी लौट आईं। फिर नहीं भेजीं। वापस मिलीं तो बहुत-बहुत खुशी हुई कि आख़िर अपने घर में तो लौट आई हैं, दूसरे के यहाँ तो नहीं पड़ी रहीं।

'सुरुचि एडवरटाइज़िंग' खोला था। अपना सरमाया पाँच हज़ार उसमें खो दिया। मैं वास्तव में सुरुचि चाहता था। वही मेरा लक्ष्य है। पर जीवन में सुरुचि है कहाँ?

(क्या सुरुचि से ही वह रोचक पंडित हुआ? असली नाम है बाँके बिहारी शर्मा।)

फिर भारती जी ने एक चीज़ छापी। पचास रुपया भेजा। तब से चीज़ें छप रही हैं। मैंने भारतीजी को लिखा—'महीने में एक चीज़ छाप दिया करें, तो बहुत है। मैं गुज़ारा कर सकता हूँ।'

रतनलाल जोशी से लड़ाई हुई। पहले मुझे कहा, तुम कश्मीर सेक्शन के इंचार्ज हो। मैंने कई चीज़ें मँगवाईं और उनका अनुवाद किया। पर ली एक भी चीज़ नहीं। मैंने खूब खरी-खरी सुनाईं।

'चंद्रगुप्त ने मेरी 12-13 कहानियाँ लौटा दी हैं—अब मैं उन्हें भी नहीं भेजता।'

'आपको मिलना चाहता था, पत्र भी लिखा, पर बाद में पता चला आप छोड़ गए हैं।'

'पहले फ़िल्म डिवीज़न में था—कश्मीरी में लिखता था। कश्मीरी में...बंद होने

पर उर्दू में लिखता रहा। फिर वह भी छोड़ दिया। मैंने सोचा कमर्शियल काम नहीं करूँगा, समझौता नहीं करूँगा।'

'जब बंद रहा तो रियलाइज़ हुआ कि मैं तो लिखने के लिए ही पैदा हुआ हूँ। चाहे भूखा मरूँ, पर सिवाय लिखने के कुछ भी नहीं करूँगा। मेरा आइडियल वान गॉग है। उसकी बायोग्राफ़ी मेरे जीवन की गीता है।'

'कभी मेरी झोंपड़ी में आइए—देखिएगा बिलकुल झोंपड़ी ही है वह!'

'मेरी उम्र अभी 36 की भी नहीं है। पूरी जवानी मैंने इस शहर में गँवा दी है। (हेअर 90 प्रतिशत ग्रे, बियर्ड 70 प्रतिशत) अब तक बंबई ने मुझे चूसा है। अब मैं बंबई को चूसना चाहता हूँ।'

'काँपता हुआ दरिया' बहुत इंट्रैस्ट से पढ़ रहा हूँ।

19.7.64

114.

पुष्पा भारती के यहाँ—

कहा पुष्पा से, "आज भारती को बाहर ले जा रहे हैं। सब महिलाओं से कहा है कि वे घर पर रहकर सत्यकथाएँ लिखें।"

वह हँसी, पर कुछ फीकी पड़ गई। चलने लगे, तो भारती से बोली, "कब तक आएँगे? इसलिए पूछ रहे हैं कि हम खाना बनाएँ या नहीं?"

"आ जाएँगे बारह बजे तक...तुम खाना बनाना, पर हमारे आने तक खा लेना..." भारती दिखावटी मज़ाक करने लगा, "अच्छा ग्यारह तक आ जाएँगे, पर तुम तब तक खा लेना।"

"नहीं, बताकर जाओ," वह बोली, "तुम घर पर नहीं खाओगे, तो हम खाना नहीं बनाएँगे।"

"नहीं, तुम बना लेना...और खा भी लेना...।"

"नहीं, तब हम भी आज छुट्टी करेंगे। आज नहीं बनाएँगे।"

दो-चार बार यह बात दोहराई जा चुकी तो मैंने भारती से कहा, "उनका बनाने को मन नहीं है, तो क्यों मजबूर करते हो? तुम सचमुच हमारे साथ बाहर ही खा लेना।"

इस पर एक दम चमककर वह बोली, "वाह भाई साहब! तो हम भूखे रहेंगे क्या!"

और एक ठहाका लगा और पुष्पा को आश्वासन देकर वहाँ से चले कि भारती को जल्दी ही खाने के वक्त से पहले—घर भेज देंगे।

20.6.64

130.
पवनकुमार जैन...
उम्दा फ्लैट... के यहाँ से टेलिफोन...उसकी पत्नी द्वारा बंग्ला कहानियों का अनुवाद...लोक भारती प्रकाशन... से दोस्ती। "कृशनजी, अब आपकी सब चिंताएँ दूर हो जाएँगी..." (प्रकाशन खोलने पर)
...कुछ ऐसे ही थी मेहरा (नीहारिका)—कमलेश्वर से कही गई बात, "राकेश जी का और आपका महीने का जितना भी खर्च है मुझसे लीजिए...।"

134.
गिरधारी की खास बातचीत—
(कल उसने कहा था, खास बात करनी है—रुपए-पैसे का मामला है।)
"कि वह प्रेस है न...सोचता हूँ कि कुछ पब्लिकेशन का सिलसिला शुरू किया जाए। मॉडरेट स्केल पर...प्रोफेशनल नहीं...पत्रिका नहीं...पुस्तकें नहीं...और कोई क्वार्टरली या हाफ ईयरली—साल में 10-15 हजार का घाटा भी हो, तो ऐसे लोग हैं जो पूरा कर सकते हैं...भारती इज़ वैरी मच इंट्रेस्टिड..मेरी दोनों तरफ बात हुई है...जो पैसा लगाएँगे उनसे भी और लिट्रेरी साइड पर इनसे भी...सोचता हूँ कि इस तरह एक न्यूक्लस बन जाय, तो हो सकता है उससे थोड़ा बहुत प्रकाशन भी शुरू किया जा सके...यूँ एक कल्चरल न्यूक्लस।"

135.
बासु का लोन फ़िल्म फ़ायनेंस कॉरपोरेशन से—
बासु और गिरधारी—
बासु का ग्राउज़....
गिरधारी की फ़िलासफ़ी
"मैं तो टैक्सी में छोड़कर गाड़ी में चढ़कर हज़ार मील चला जाऊँ अगर तीन-चार लाख रुपया 9 प्रतिशत पर मिलता हो...।

21.7.64

137.
मारवाड़ी सेठ की शिकायत : प्राइस लेवल के बारे में :
"क्या करें? इधर बाई लोग का प्राइस इतनी बढ़ गई है कि जो बाई पहले

हज़ार बारह सौ रुपए महीने में मिल जाती थी, अब वह पाँच हज़ार से कम में बात ही नहीं करती।"

(वंदना को एक पंजाबी ने एन्गेज किया है—पाँच हज़ार रुपए महीने और फ़्लैट के किराए पर। डेढ़-दो लाख रुपया उसने पहले दिया है।)

सेठों के पास ऑफ़र आते हैं—

फ़लाँ बाई ख़ाली है—जनवरी से वह...रुपए महीने में मिल सकती है।

गिरधारी ने सेठ को सुमित्रा का ऑफ़र दिया था इसी तरह का। (बहुत ब्यूटीफ़ुल लड़की थी वह—कपूर। अब उसने कानपुर के किसी अमीर आदमी से शादी कर ली है।)

गिरधारी सेठ और एक्ट्रेस....।

जब वह एक्ट्रेस नहीं थी, सेठ उसके चाल में जाया करता था।

कृष्न एक लड़की एन्गेज करने के बारे में—"मैंने उससे पूछा, 'ख़ाली है?' तो उसने कहा, 'नहीं।' फिर छह महीने बाद उसने कहा, 'मैं अब ख़ाली हूँ।' तो मुझे इनकार करना पड़ा। मैं तब तक दूसरा इंतज़ाम कर चुका था।

39.

झुनझुनवाला (इन्कम टैक्स ऑफीसर)

उसका दोस्त—और दोनों की बीवियाँ।

रिट्ज़ में काफ़ी—शेरो-शायरी—

गाना-मुज़रा—नाटक-थियेटर—

भारती और झुनझुनवाला।

नाइट ड्राइव—बरसात की रात जब गाड़ी ख़राब हुई—पैट्रोल पंप पर प्रतीक्षा—

मज़ाक—औरतों और मोटरों के बारे में—

पहले भारतीय विद्या भवन में जाना—फिर शायद कालबा देवी में मिलेंगे।

हमारे फ़्लैट पर भारी पार्टी क्रिसमस की रात को।

रिमार्क्स अबाउट द लैंडलेडी—कॉन्सीक्वेंसी।

145.

The room at Sheikh Memon Street. Mrs. Bhatia and the rest (Tuteja, Sham, Gopu Mal and Munshi)

The day we had a sumptuous lunch after 72 hours fast.

146.

That boy S.P. who later joined a commercial shipping concern.

The day we didn't have an anna for the train.
The food cooked at Sheikh Memon street. Bhatia's grandfather who ate with us.
That man (Maruti?) who lived in a guest house near Taj—
He was a journalist—
The life of that intellectual.

153.
The psychology of a protege
Hari Krishan for example
The psychology of the one
Who has a protege
Sanghvi for example...

Between Mahim and Bandra Slum areas extend right up to the boundary of Bandra Station

154.
Shashi Bhushan then and now...
His story and story...
His brother Kulbhushan and he...!
Both having respective grouses against me while dismissing each other as writers.

156.
The night on the footpath in Bombay...! The morning...
The bottom of people's feet.

160.
The day Gandhiji died
The play Kalinga Vijay...
The journey on foot to
Walkeshwar Road
The cousin of B.G. Arora
The brother and sisters.

167.

Last Station on W.R.
Church Gate
Marine Lines
Charni Road
Grant Road
Bombay Central
Maha Laxmi
Lower Parel
Elphinstone Road
Dadar

| | |
|---|---|
| Slums are to | Matunga Road |
| the East of Rly. Line | Mahim |
| | Bandra |
| | |
| | Khar Road |
| | Santa Cruz |
| | Vile Parle |
| | Andheri |

Vareen—On the boredom of married life this boys disinter ested attitude on life : it is alright as it is!!

22.7.64

179.

Basu told Raj that a friend of his named Mohan Rakesh does not like his acting—and was apprehensive that he may not do justice to the role of Hiraman

"I said it, of course, while paying compliments to him, for the work he is doing is fantastic."

Raj asked him, "which of my films has this man seen? Has he seen 'Jagte Raho?'

"I don't know that, I said," Said Basu.

180.

The two girls. Swetlana and her friend who had come from U.S.S.R for research in Hindi and Urdu respectively.

Dr Nagendra told them : "You may see other people on your list but not Mohan Rakesh—He is not a good man."

185.

This man Ravi Shanker short statured good natured child like... Complexion, wheatish. Head growing baldish in Kurta and Dhoti Kurta Greenish, stays at Malabar hill.

23.7.64

189.

The official parties of Shri S.P. Jain,
at Taj Mahal Hotel
(Huge gathering)
another at Volga.

28.7.64

208.

Evening walk and corruption

Bedi's solution—shouting at the top of his voice...

Prem contradicting him.

Prem talks about the conduct rules of government servants. They have to declare their assets before joining and give a statement every year. But who gives? and who can check? ...—

Corruption at ministerial level—accepting and expecting gifts, entertainment, free guest house stay-helplessness—

One firm man at the top can remove corruption in no time.

The major malady is the mixed bastard economy. We are all party to it by accepting the company of friends who are corrupt...

2.8.64

243.

The sun bathers at Juhu house...the glorious evening with the silver living of sunshine on the fringes of dark waters.

The rough waves overlapping each other...the water in true colours...khaki and dark...the palm trees in the wind...this dream like... sequence of clouds. Rain far away at Versova beach...

5.8.64

252.

The walk onto the Nariman Point at late dusk. The solitary lamp post and the narrow road leading to eternity...The shimmering waves and the distant storm signal...The hazy outline of the houses on Cuffe Parade...The hazy humdrum figures walking towards you...becoming more and more solid. The voices of men and women muffed by the noise of the waves...The feel of the concrete slabs below...The moment you belong to eternity and eternity belongs to you. When the touch of wind is the touch of time and space. The drizzle from the clouds your communion.

## खंड आठ

# इंद्रधनुष

1. निबंध—ब्याह कर ही लूँ
2. आलोचना— (क) भारतमंजरी पर एक दृष्टि, (ख) 'नूरजहाँ' काव्य : एक परिचयात्मक दृष्टि, (ग) परंपरा-बोध और परंपरावाद?
3. आधी-अधूरी कहानियाँ— (क) पुनर्वास, (ख) भूख (ग) फ्लैश कट
4. 'शय्या' नाटक का एक दृश्य
5. बाल साहित्य— (क) सुनहरा मुर्गा, काला बंदर और लाल अमरूद का पेड़, (ख) पिता-पुत्री संवाद
6. कविताएँ
7. लतीफे

# इंद्रधनुष

पुस्तक के इस अंतिम खंड में मोहन राकेश की इंद्रधनुषी प्रतिभा के विविध रंग बिखरे हैं। इनमें से ज्यादातर एकदम आरंभिक या फिर आधी-अधूरी रचनाएँ हैं। लेकिन इनके माध्यम से राकेश के सृजनशील व्यक्तित्व के उन पहलुओं की झलक पा सकते हैं जो प्रायः उनके उपलब्धिपूर्ण एवं गुरु-गंभीर रचनाकार रूप के पीछे छिपे रह जाते हैं।

सबसे पहले है एक निबंध—'ब्याह कर ही लूँ'—जो 'सरस्वती' के जून, 1947 के अंक में छपा था और जिसमें राकेश के खुद अपने पर भी हँस सकनेवाले सहज हास्य-व्यंग्यपूर्ण रूप को देखा जा सकता है। उनके संस्कृतज्ञ एवं आलोचक रूप की झाँकी 'भारत मंजरी पर एक दृष्टि' तथा 'नूरजहाँ काव्य—एक परिचयात्मक दृष्टि' में दिखाई पड़ती है। ये दोनों लेख क्रमशः ओरिएंटल कॉलेज (लाहौर) मैगज़ीन में मई 1946 तथा 'विश्वज्योति' में जून, 1955 में प्रकाशित हुए थे। 'परंपरा-बोध और परंपरावाद' के प्वाइंट्स संभवतः 1967-68 के दौरान लिखे गए होंगे।

राकेश के हस्तलेख में प्राप्त पाँच पन्नों की अधूरी कहानी 'पुनर्वास' के कागज इतने पुराने और भुरभुरे हो चुके हैं कि छूने भर से टूटने लगते हैं। दारोगा रायसिंह वाली तीन पेज की कहानी भी अधूरी और शीर्षक विहीन है, किंतु वह टाइप की हुई है। दोनों कहानियों में यद्यपि दूर तक किसी प्रकार की कोई समानता दिखाई नहीं देती। फिर भी, सावित्री देवी का चरित्र एवं नाम-संदर्भ तथा महिलाओं के पुनर्वास के प्रश्न से जुड़ी होने के कारण इन दोनों को एक-साथ रख दिया गया है। इसके बावजूद कहानी पूरी नहीं होती और ऐसा लगता है जैसे यह किसी उपन्यास के अलग-अलग समय पर लिखे गए असंबद्ध-से अंश हैं! दूसरी कहानी 'भूख' राकेश के प्रिय विषय स्त्री-पुरुष संबंधों की विडंबना पर आधारित है और उसका अंतिम

अंश भी उससे अलग टाइप किए हुए पन्ने पर मिला है। नायिका की मनःस्थिति और मानसिकता को देखते हुए संपादक ने उन्हें परस्पर मिला दिया है—यह अलग बात है कि उसके अधूरेपन में इससे भी कोई फर्क नहीं पड़ता। तीसरी रचना 'फ्लैश कट' वास्तव में अपने कथा-चरित्र को साफ-साफ पहचानने और उसे संपूर्णता से व्यक्त कर सकनेवाले सही शब्द की तलाश में भटकते लेखक के छटपटाते अंतर्मन का बिंब है। दुर्भाग्य से यह बिंब भी अधूरा ही है।[1]

परीक्षा की पीले पड़े पन्नोंवाली कॉपी पर राकेश के हस्तलेख में मिला उनके किसी अज्ञात, आरंभिक और शायद अधूरे नाटक 'शय्या' के दूसरे अंक का यह पहला दृश्य भी आधा-अधूरा ही है। लेकिन चरित्र, परिवेश, भाषा और संवेदना की दृष्टि से राकेश का यह नाटकांश उनके आरंभिक दौर की कहानी 'भिक्षु' और 'कलिंग विजय' जैसे एकांकी की याद ताजा कर देता है।

'बाल साहित्य' के अंतर्गत प्रस्तुत 'सुनहरा मुर्गा, काला बंदर और लाल अमरूद का पेड़' बच्चों की दृष्टि से एक सार्थक एवं मनोरंजक कहानी तो है ही आज के परस्पर सहयोग और सद्भाव से शून्य समय में हम सबके लिए प्रासंगिक भी है। 'पिता-पुत्री संवाद' में राकेश और उनकी नन्ही बेटी पुर्वा की बातचीत/तकरार है, जो दिलचस्प और नाटकीय तो है ही, पिता-पुत्री के स्वस्थ एवं सहज संबंधों का संकेत भी करती है। ये संवाद राकेश के पुराने टेपों में से एक में मिला है।

सामान्य मध्यवर्गीय किशोरों/युवकों की तरह मोहन राकेश का भी पहला प्यार कविता ही थी। यह अलग बात है कि यह रोग उन्हें आठ वर्ष की उम्र में ही लग गया, जब उनकी पहली कविता एक अखबार के बच्चों के स्तंभ में छप गई। इसके बाद उन्होंने संस्कृत में अनेक कविताएँ लिखीं, जो कई संस्कृत-पत्रिकाओं में छपीं।[2] उन पर छायावादी कविता और विशेषतः पंत एवं महादेवी का काफी प्रभाव था। यहाँ संकलित 'दिन ढले', 'कलिंग विजय' और 'स्वयंवर' के गीतों में उस प्रभाव को स्पष्टतः देखा जा सकता है। जल्दी ही राकेश पद्य से गद्य में चले गए, लेकिन कविता वहाँ भी छूटी नहीं—'आषाढ़

1. अधूरी कहानियों के ये सभी शीर्षक संदर्भ-सुविधा के लिए संपादक द्वारा दिए गए हैं।
2. राकेश के अभिन्न मित्र सत्येन्द्र शरत् का कहना है कि राकेश द्वारा रचित संस्कृत की घोर शृंगारिक कविताओं की एक जिल्द वाली कापी उन्होंने राकेश के पास कई बार देखी थी। परंतु दुर्भाग्य से वह इस संपादक को कहीं नहीं मिली।

का एक दिन' के संवाद प्रमाण हैं। 13-8-57 को डलहौजी में राकेश ने अपनी डायरी में दर्ज किया था, " 'मिट्टी और पत्थर' आज बरसों बाद एक कविता लिखी।" स्पष्ट है कि कमोबेश बीच-बीच में काव्य रचना भी होती रही, लेकिन आज वह उपलब्ध नहीं है। राकेश की संवेदना के विकास एवं विस्तार का संकेत देने के लिए यहाँ 'छतरियाँ' की अंतिम कविता भी संकलित कर दी गई है।

राकेश एक खुले दिल और उन्मुक्त व्यक्तित्व वाले उपन्यासकार थे। वह दूसरों पर ही नहीं, खुद अपने पर भी हँस सकते थे। उनके छतफाड़ ठहाके उनकी पहचान बन गए थे। विदग्धता, हाज़िर जवाबी और हास-परिहास का वे भंडार थे। उनकी इसी विशेषता का संकेत देने के इरादे से ही इस खंड के अंत में उनसे संबद्ध कुछ लतीफे भी दिए गए हैं।

*निबंध*

# ब्याह कर ही लूँ?

आप मुझे नहीं जानते। मैं सीधा-सा लड़का हूँ। घरवालों को मुझ पर गर्व है कि मैं उनकी बात नहीं टालता। दूसरे शब्दों में नम्र स्वभाव का हूँ, मुँह में जबान तक नहीं। बाबा बहुत प्यार करते हैं। उनकी नजर में मैं भलमनसाहत के लिहाज से गाय या इसी श्रेणी के जानवरों से किसी तरह कम नहीं। कई बातों में बल्कि जानवरों को भी पीछे छोड़ गया हूँ। जानवरों से विशेषता यह है कि पढ़-लिख गया हूँ, चार पैसे कमाने लगता हूँ और फिर बिन ब्याहे इक्कीस बरस का हो गया हूँ।

मेरे गुणों के संबंध में वे जो कुछ कहते हैं, उसे डायरी में नोट न कर लूँ, तो बाद में भूल जाता हूँ। और मुझे अपने बारे में मालूम ही क्या है? अपना मुँह तक शीशे में देखकर पहचानता हूँ। बाबा ने बचपन से पाला है, वही नख-नख से परिचित हैं।

अब वही कहने लगे हैं कि मैं ब्याह के योग्य हो गया हूँ। यह योग्यता बिना कोई परीक्षा दिए अचानक कैसे आ गई, मेरी समझ में नहीं आता। पर बाबा भगवान की भक्ति करते हैं, झूठ नहीं बोल सकते। अवश्य ब्याह के योग्य हो गया हूँ। घर में हर रोज चर्चा रहती है।

अम्मी और भाभी के लिए मजाक है, पर मेरे सिर पर चिंता सवार हो रही है। बाबा की बाछें खिली रहती हैं, पर अपना जी घबराता है। ब्याह देखा-सुना जरूर है, पर कभी महसूस नहीं किया। राम जाने, अनुकूल बैठे, या न बैठे! सच कहता हूँ, चौबीस घंटे दिल धड़कता रहता है।

योगी मैं नहीं हूँ कि ब्याह की कल्पना से घबराऊँ और आँखें मूँदकर त्रिलोकी की सैर किया करूँ। किसी सुंदरी के सामने आ जाने पर न तो समाधि टूटने का डर रहता है, न समाधि लगाने की आवश्यकता का ही अनुभव होता है। चलती-फिरती कनकलताओं को देख लेता हूँ। किसी-किसी कोमलांगी के कटाक्ष से कुछ हलचल भी होती है। मित्रों में बैठकर प्रेम की कल्पित कहानियाँ सुनने और सुनाने में भी मजा रहता है। पर ये बातें हुईं और बीत गईं। ब्याह कमबख्त तो होकर बीतनेवाली चीज नहीं है। अगर आपका ब्याह हुआ है, तो आप आसानी से मेरी बात समझ सकते हैं।

बाबा कहा करते हैं कि मैं दक्खिन-पच्छिम कुछ भी नहीं समझता। सच जानिए,

मैं कुछ भी नहीं समझता। पास से देखकर यह नहीं पहचान पाता कि मोहल्ले की अमुक सुंदरी, जो अब पंद्रहवें बरस में पैर रख रही है, पाँच साल पहले नौ बरस की भद्दी-सी बालिका थी और मेरे साथ खेला करती थी। दूर से तो पंद्रह से पचीस तक की सभी नई-पुरानी युवतियाँ एक-सी लगती हैं। कभी-कभी नदी से नहाकर आती हुई प्रौढ़ाएँ चिरजात शिशुओं को बाँहों में दबाए, बगल में कुंभ लिए किशोरियाँ ही मालूम देती हैं। रात में सफेद गाय को देखकर भी श्वेतवसना सुंदरी का भ्रम हो जाता है। इस पर भी कोई कहे कि मैं ब्याह के योग्य हो गया हूँ, तो मेरी गलती नहीं।

मैट्रिक्युलेशन का सर्टिफिकेट घर में मौजूद है। इस बात से इनकार नहीं किया जा सकता कि मैं पूरे इक्कीस बरस का हो चुका हूँ। बड़े बुजुर्गों के अनुभव से यह भी जान चुका हूँ कि भारतवर्ष के सभ्य इस उम्र में दो-दो बच्चों के बाप होने का इकरारनामा लिखकर पैदा होते हैं। मैं फिर बाईसवें बरस में पैर रख चुकने पर भी ब्याह से आनाकानी करूँ, तो बाबा ईश्वर की अदालत में कौन-सा मुँह लेकर जाएँगे? आखिर उस दरबार की हाजिरी पहले उन्हीं को भरनी है।

गुत्थी उलझती जा रही है। मैं घुल रहा हूँ। घरवाले कहते हैं, बेटा बढ़ौती पर है। ब्याह के बारे में दबी जबान से भी अपनी राय प्रकट करने लगूँ, तो भाभी रोक देती है। ब्याह की बात करना पाप है, ब्याह कर लेना कुछ भी नहीं। शायद इसलिए कि पहली मानसिक प्रक्रिया है और दूसरी शारीरिक। धर्मशास्त्रों के अनुसार पाप का संबंध मन से है। शरीर तो आजकल विज्ञान की सहायता से निर्लेप, निर्विकार होता जा रहा है।

मेरे पास भावी कार्यक्रम का बहाना है, आदर्शवाद की दुहाई है, इसलिए फिलहाल किसी मृगशावाक्षी की माँग में सिंदूर भरने का विचार नहीं। बाबा चिढ़ते हैं कि मैं धर्मशास्त्रों के विरुद्ध आवाज उठा रहा हूँ। पर बाबा के धर्मशास्त्र शायद अभी अनुपलब्ध हैं और अप्रकाशित हैं। फिर भी उनका ज्ञान लुप्त नहीं हुआ। वह उनके अभिन्नहृदय मित्र पंडित लोकनाथ के गहन अंधकारमय मस्तिष्क-कूप में पड़ा है। जहाँ से आवश्यकता के समय बाहर उछल आता है।

पंडित लोकनाथ बाबा के शब्दों में एक रत्न हैं। ठीक होगा, पर समुद्रमंथन के समय नौ रत्नों के उपरांत जरा देर से निकले होंगे, इसीलिए देवों-दानवों के बँटवारा करके अपने-अपने लोक को जा चुकने पर ये बेचारे भूतल को ही पवित्र करने के लिए रह गए। अब आप हमारे पड़ोस में डेरा डाले हैं। वैसे अब भी देवलोक से इनके लिए बुलावे आते रहते हैं, पर यह इस मर्त्यलोक को सूना छोड़ जाना नहीं चाहते। डर है कि एक-आध बुलावा और आने पर ये देवताओं के हठ को टाल नहीं सकेंगे। बाबा का मत है कि इनके हृदय की आवाज भगवान की आवाज होती है। भगवान तो शून्य में रहनेवाले हैं! हो सकता है, इनके अंदर

भी हृदय के स्थान पर शून्य धरा हो।

पर इनके देव-दुर्लभ ज्ञान के विरुद्ध एक शब्द भी कहना सविनय आज्ञाभंग की श्रेणी में आ जाता है, तो धर्म-रक्षा-विधान के अनुसार अपराध है। तर्क और प्रमाण वकालत के लिए खड़े किए जाते हैं और यह सिद्ध किया जाता है कि प्रकृति ने मनुष्य को मनुष्य बनाया है, इसलिए कि वह सफेद दाढ़ीवालों की रुचि के अनुसार ब्याह करे। अपनी रुचि से तो पशु भी ब्याह कर लेते हैं। तर्कों पर कथावाचकों की मुहर रहती है और प्रमाण आधी हिंदी आधी संस्कृत में उन प्राग्वैदिक ऋचाओं से उधार लिए जाते हैं, जिनका अस्तित्व जानने के लिए सारी ज्ञानेंद्रियाँ बल खा-खाकर रह जाती हैं। आत्माराम फड़फड़ाकर भी वहाँ तक फटक नहीं पाते। उस सुदूर भूत के तमोमय गह्वरों से चलकर आए हुए आज्ञापत्र पर ऊँचे आकाश में रहनेवाले सितारों की गवाही भी डलवा दी जाती है। अपराधी को अपराध के दंडस्वरूप कोई-न-कोई लड़की लेनी ही पड़ेगी। बाबा ने मेरे लिए जो सूची तैयार कर रखी है, उसमें से मेरे सभी मित्र (चाहें तो आप भी) अपने लिए छाँट-छाँटकर दो-दो कुमारियाँ चुन सकते हैं। लड़की हर एक देखने में अच्छी, खाना पकाने में प्रवीण, सीने-पिरोने में निपुण, गृह प्रबंध में दक्ष (बच्चे पालने में चतुर) और यथासंभव पढ़ी-लिखी। कुछ विशेषताओं का उल्लेख दादा इस तरह किया करते हैं :

'श्रीधनजी की कन्या साँवली हुई तो क्या, ठाकुरजी की सेवा अपने हाथों से कर लेती है! मधुपुर के जमींदार की बेटी माना कि कद में चार फुट से दो इंच कम है, पर सिंगर मशीन पर अंगिया, कमीज, ब्लाउज सब सी लेती है। रानी की लाड़ली लंबी-दुबली जरूर है, पर चंदन का शरबत बनाने में अपना जोड़ नहीं रखती। मोहन बाबू की छोटी साली पढ़ने के नाम से चाहे बालबोध का ही अभ्यास करती है, उसे कुत्ते पालने का बहुत शौक है। (लाहौल विला कुव्वत!) डॉक्टर सुखलाल की भतीजी यद्यपि पेट में शूल उठने से शिथिल रहती है, बुद्धि उसकी बहुत विचित्र है—बिना रुके रामायण बांच लेती हैं।' इत्यादि-इत्यादि।

कभी-कभी होनेवाली वधू के मातृ-पक्ष व पितृ-पक्ष की चर्चा होती है : नगर के प्रसिद्ध साहूकार चानन सेठ के एक समधी के मित्र की कन्या अभी तक कुँवारी है! फतहपुर वाले चार मिलों के मालिक हैं और चचेरे-फुफेरे मिलाकर कुल सत्ताईस भाई-बहन हैं। बंगाली मोहल्लेवाली लड़की के पिता अपने चार साल के आत्मज को बड़ा होने पर लेफ्टिनेंट बनाने का विचार रखते हैं। श्यामू की माँ जिस लड़की की जन्मपत्री लिए फिरती है, उसके नाना की तीन कोठियाँ कभी अपनी होती थीं, और जो उनके पिता थे, उन जैसा हट्टा-कट्टा आदमी फिर नहीं देखा गया। इत्यादि।

सचमुच यदि ये सब बालाएँ मेरे द्वारा ही सौभाग्यवती बनने की प्रतीक्षा

में हैं, तो मुझे गेरुआ पहनकर वानप्रस्थ हो जाना चाहिए। ऐसा अँधेर मुझसे न होगा कि एक की कामना-पूर्ति करके कितने ही आशाविभोर हृदयों में निराशा का संचार कर दूँ। नहीं जी, ऐसी कल्पना भी नहीं की जा सकती। इतना बड़ा उत्तरदायित्व मैं कैसे ले लूँ? इतनी नवयुवतियों की (जिन्हें कल को भारत की माताएँ बनना है) उमंगें कैसे मसल दूँ? कैसे कर लूँ ब्याह?

पर यह बात आपसे कर रहा हूँ। बाबा सुन लें, तो अपने को बिना एकादशी के व्रत रखना पड़े। बाबा का मतलब बहू से है, और अपनी बात में दखल वह सहन नहीं करते। जो कोई हो, पर हो कन्या, उन्हें मंजूर है। कौन समझाए उन्हें कि आजकल मामूली दफ्तर की कलर्की के लिए भी सिफारिश के अलावा प्रमाणपत्र और सदाचारपत्र दिखाने पड़ते हैं, यह तो मुआमिला ब्याह का है!

बाबा की दृष्टि में ब्याह के कई लाभ हैं, और वह उनका बखान अच्छी-खासी भूमिका बाँधकर किया करते हैं। बहू के आने से अम्मी और भाभी, बाबा और बेबी, सब किसी-न-किसी तरह फायदे में रहेंगे। छिपकर सुनता हूँ, शायद मुझे भी कोई लाभ हो, पर नहीं। मोहल्ले की छोरियाँ तक लाल चूड़ेवाली दुलहिन से खेलेंगी, पर अपनी कहीं गिनती नहीं। दूध की मक्खी कहलाई दूध की, और फेंकी गई दूध के बाहर!

भाभी डरा देती है कि निश्चय होने में देर नहीं। निश्चय किसका होगा, यह महामाई वसुंधरा भी नहीं जानतीं। बाबा रात को ऊँघते-ऊँघते फैसला करें, तो रामायण बांचनेवाली का जन्म सफल होगा। किसी दिन दाल में नमक कम देखकर पुलाव पकानेवाली के लिए भी लालायित हो सकते हैं। नहीं तो तानपूरा बजाने वाली ही सही, अखरोट चबानेवाली ही सही—घर में आ जाएगी, कोई भी सही, कैसी भी सही।

इधर एक और मुसीबत है, जिसने जीना कठिन कर रखा है। अभी उस दिन की बात है, स्वदेशी स्टोर के आगे इतनी भीड़ थी कि अनजाने ही उस विलायती घीवाले की बेटी से टकरा गया, जो शायद अपने सौंदर्य को अनिंद्य और विशुद्ध समझती है। उसने आँखें तरेरकर देखा, तो मैं लड़खड़ाकर पीछे से आती हुई एक अल्हड़ नवयुवती पर गिरता-गिरता मुश्किल से सँभला। उस घबराई हुई कृष्ण-वदना चकोराक्षी से इतना कहा ही था कि क्षमा करना बहनजी, तब उसकी रेशमी लहँगेवाली अम्मा ने मेरे सिर पर हाथ फेरकर बड़े मीठे स्वर में पूछा—कहो काका (छोटों के लिए प्यार का संबोधन) जी, कैसे हो? पहचाना, तो यह वही कुंभवदना थीं, जो पिछले छह महीने से कन्यादान करने के लिए उतावली हो रही थीं।

और इसके बाद जब वह साइकलवाली सुंदरी छात्रा उस दिन खुली सड़क पर सबके सामने मुझे गिराकर निःसंकोच क्षमा माँगने लगी, तो मैंने रंचमात्रा भी क्रोध नहीं किया। सोचा, शायद इसके पिता भी बाबा से बात चलानेवाले हैं।

भाभी उस प्लास्टर ऑफ पेरिस की चलती-फिरती प्रतिमा की ओर संकेत करके कल कई बात जतला चुकी हैं कि इसी साँचे में ढली हुई देवरानी के लिए आर्डर दे दिया गया है। मेरी महत्त्वाकांक्षाएँ विद्रोह कर रही हैं। मेरे आदर्श मजबूत दीवार की तरह मुझे घेरे हैं। मैं बाबा से स्पष्ट कह दूँगा, ब्याह मानवीय असफलता की सीढ़ी है, मैं ब्याह नहीं करूँगा। मेरी धारणा प्रबल है। वह डगमगा नहीं सकती।

यही सोचते-सोचते रात भर नींद नहीं आई। चाय पीकर गरम-गरम बिस्तर से निकला और दस मिनट में फिर बिस्तर पर ही आ गया हूँ। पाँचों अँगुलियाँ बारी-बारी बत्तीस दाँतों के अंदर जाती हैं। घर में देवी का मुंडन मेला-सा बन रहा है। मैं ऊपर भाभी के कमरे तक गया था। भावी अपनी सगी मौसेरी बहन के बालों के पिन ठीक कर रही थीं। उसकी शोख आँखों ने मुझे देखा, तो मैं उलटे पैरों सीढ़ियाँ उतर आया।

वह साईकलवाली सुंदरी छात्रा भाभी की ही मौसेरी बहन है, यह पहले से मालूम होता, तो उस दिन उसकी साईकल से ठोकर खाकर तो न गिरता। उफ्! उसकी एक नजर ने ही मेरा आधा लहू सुखा दिया है। और कमबख्त महरी कह रही थी कि भाभी ने उसे देवरानी बनाने का हठ करके सबको पहले से मना लिया है। मेरे दिमाग में वे साईकल के पहिए घूम रहे हैं। उस दिनवाला सूट अभी तक ड्राईक्लीन होकर नहीं आया।

बाहर सीढ़ियों पर शायद उसी के सैंडलों की आवाज हो रही है—खट्! खट्! खट्!

हे भगवान! क्या करूँ? कर लूँ ब्याह? ब्याह कर ही लूँ?

*आलोचना*

# भारतमंजरी पर एक दृष्टि

महाकवि क्षेमेंद्र ने जहाँ कितने ही काव्यों का निर्माण करके अपनी असाधारण प्रतिभा का परिचय दिया है, वहाँ अपने मौलिक पर्यवेक्षण से काव्यालोचना का एक सर्वथा नूतन दृष्टिकोण हमारे सामने रखने की चेष्टा की है। इस दृष्टिकोण को स्वीकृत करना या न करना, अथवा तद्गत त्रुटियों और कमजोरियों की छानबीन करते हुए, उसकी स्थापना में बाधाएँ देखना, अन्यान्य समालोचकों के साहित्याध्ययन और साधना पर निर्भर करता है। पर क्षेमेंद्र को उसकी मौलिकता के श्रेय से वंचित नहीं किया जा सकता। कई दूसरे आलोचकों की तरह, जहाँ-तहाँ थोड़ी बहुत हेर-फेर करके अपने पूर्वजों के पद-चिह्नों का अंधाधुंध अनुसरण उसने नहीं किया। अपने लिए उसने इस क्षेत्र में एक नया मार्ग निर्धारित किया है, दूसरे चाहे उसे आपत्तिजनक अतः अग्राह्य समझकर छोड़ दें।

मेरे इस लेख के दो अंग हैं।

1. संक्षेप में क्षेमेंद्र के काव्यालोचना से सिद्धांतों का निर्देश।
2. उन सिद्धांतों के ही अनुसार क्षेमेंद्रकृत भारतमंजरी पर समालोचना।

क्षेमेंद्र के काव्यालोचना संबंधी विचार हमें उसके द्वारा रचित दो ग्रंथों में मिलते हैं, 'कवित कण्ठाभरण' और 'औचित्यविचार चर्चा।' 'कविकण्ठाभरण' में उसने क्रमशः पाँच बातों का निर्देश किया हैः कवित्ववाप्ति, शिक्षा, चमत्कृति, गुणदोषोद्गति और परिचयप्राप्ति।

कवित्वाप्ति के दो साधन हैं। पहला दिव्य, दूसरा पौरुष। दिव्य है वाग्देवता का आराधन। पौरुष है गुरु की सेवा में बैठकर श्रुतार्जन, प्राचीन महाकवियों की कृतियों का अध्ययन, तदंतर निरर्थक छंदोरचना, या किसी पूर्वलिखित श्लोक को लेकर उसमें जहाँ-तहाँ यथासंभव शब्द परिवर्तन। उदाहरण के लिए—

*'वागर्थाविव सम्पृक्तौ वागर्थप्रतिपत्तये।*
*जगतः पितरौ वन्दे पार्वतीपरमेश्वरौ।।'*

इस श्लोक का ऐसा रूपांतर तैयार करना—

*'वागर्थाविव संयुक्तौ वागर्थप्रतिपत्तये।*
*जगतौ जनकौ वन्दे शर्वाणीश शिशेखरौ।।'*

इसी तरह कवित्वेच्छु के लिए उसने आगे चलकर लिखा है कि—

*'महाकवेः काव्यनवक्रियायै तदेकचित्तः परिचारकः स्यात्।'*

क्षेमेंद्र ने तीन महाकाव्यों के आधार पर नवीकरण के रूप में अपनी तीनों मंजरियों का निर्माण इसी धारणा से प्रेरित होकर किया होगा।

इसी सिलसिले में एक बात बहुत रोचक है। क्षेमेंद्र को न जाने वैयाकरणों और तार्किकों से क्या लगाव है। कि वह स्थान-स्थान पर उन पर आक्षेप करने से नहीं चूकता। गुरु कैसा हो, इस संबंध में उसके विचार हैं :

*कुर्वीत साहित्यविदः सकाशे श्रुतार्जनं काव्यसमुद्भवाय।*
*न तार्किकं केवलशाब्दिकं वा कुर्याद्गुरुं सूक्तिविकासविघ्नम्!!*

इसी तरह, किसे कवितत्व प्राप्त नहीं हो सकता, इस संबंध में उसका कहना है।

*यस्तु प्रकृत्याऽश्मसमान एव कष्टेन ना व्याकरणेन नष्टः।*
*तर्केण दग्धोऽनलधूमिनावाऽप्यविद्धकर्णः सुकविप्रबन्धैः।।*
*न तस्य वक्तृत्वसनुद्भवः स्याच्छिक्षाविशेषैरपि सुप्रयुक्तैः।।*
*न गर्दभो गायति शिक्षितोऽपि संदर्शितं पश्यति नार्कमन्धः।।*

कवित्व प्राप्ति के उपरांत उसने कवि के लिए एक सौ शिक्षाओं का उल्लेख किया है। शिक्षित कवि को सूक्तियों में चमत्कार लाने की चेष्टा करनी चाहिए। चमत्कार के क्षेमेंद्र ने दस भेद किए हैं, अविचारित रमणीय, विचार्यमाणरमणीय, समस्तसूक्तव्यापी, सूक्तैकदेशदृश्य, शब्दगत, अर्थगत, शब्दार्थगत, अलंकारगत, रसगत और प्रख्यातवृत्तिगत। इसके अनंतर गुणदोष-विवेचन है। गुण तीन हैं। शब्द-वैमल्य, अर्थवैमल्य और रसवैमल्य। इसी तरह तीन दोष हैं, शब्द-कालुष्य, अर्थ-कालुष्य और रस-कालुष्य। काव्य के पाँच भेद हैं। सगुण, निर्गुण, सदोष, और सगुणदोष।

क्षेमेंद्र ने न तो चमत्कार का स्वरूप निरूपण किया है, न ही तत्तद्रग न चमत्कारों की कोई सुव्यवस्थित परिभाषाएँ दी हैं। यही बात गुणों और दोषों के विवेचन पर भी लागू होती है। कोई लक्षण न देकर एक-एक उदाहरण से किसी मंतव्य को स्थापित नहीं किया जा सकता। इसी तरह जो काव्य सगुण नहीं और निर्दोष है, वह हुआ निर्गुण। जो सदोष नहीं और निर्गुण है, वह हुआ निर्दोष। इस निर्गुण और निर्दोष में जो सूक्ष्म अंतर है उसका प्रतिपादन करने की भी क्षेमेंद्र ने चेष्टा नहीं की। निर्गुण का उसने उदाहरण दिया है :

*'स्तनौ सुपीनौ कठिनौ ठिनौ ठिनौ, कटिर्विशाला रभसाभसा भसा मुखं च चन्द्र प्रतिमं तिमं तिमं, आहो सुरूपा तरुणि रुणी रुणी।'* यह श्लोक प्रत्येक पद के अंत में निरर्थक शब्दों का प्रयोग होने के कारण असंदिग्ध रूप से सदोष है।

परिचय चारुता के प्रसंग में उसने लिखा है कि कवि को अपनी रचना में विभिन्न शास्त्रों, विद्याओं, स्थानों और अवस्थाओं से अपना परिचय किसी न किसी ढंग से व्यक्त करना चाहिए। उदाहरण के लिए भट्ट-मुक्ति कलश का व्याकरण—

परिचय :

*द्वन्द्वो द्विगुरपि चाहं गृह च मे सततमव्ययीभावः।*
*तत्पुरुष कर्मधारय येन हं स्यां बहुव्रीहिः।।*

*इसी तरह भट्ट वाचस्पति का रामायण परिचयः*
*जनस्थाने भ्रान्तं कनकमृगतृष्णान्धितधिया,*
*वचो वैदेहीति प्रतिपदमुदश्रु प्रलपितम्।*
*कृता लङ्काभर्तुर्वदनपरिपाटीषु घटना,*
*मयाऽऽप्तं रामत्वं कुशलवसुता न त्वधिगता।।*

इसी प्रकार उनतीस परिचयों के उदाहरण देकर क्षेमेंद्र ने, कवि-कण्ठाभरण का उपसंहार किया है।

औचित्य विचार चर्चा में क्षेमेंद्र ने औचित्य को काव्य का जीवित अर्थात् प्राण माना है :

*काव्यस्यालमलंकारैः कि मिथ्यागणितैर्गुणैः।*
*यस्य जीवितभौचित्यं वि चिन्त्यापि न दृश्यते।।*

काव्य शरीर में रस अलंकारादि की स्थिति का निर्देशं उसके अनुसार ऐसे है :

*अलंकारास्त्वलंकारा गुणा एव गुणाः सदा।*
*औचित्यं रससिद्धस्य स्थिरं काव्यस्य जीवितम्।।*

परस्परोपकारक रुचिर शब्द और अर्थ काव्य का रूप है।

उपमा उत्प्रेक्षादि बाह्य शोभा के हेतु होने के कारण कटककुंडल केयूरादि की तरह अलंकार हैं। शब्द वैमल्यादि भी आहार्य होने के कारण श्रत, सत्य, शीलादि की भाँति गुण हैं। शरीर में धातु रस आदि की स्थिति की तरह शृगांरादि रसों की स्थिति है जिसमें प्राणभूत औचित्य स्थित है। औचित्य के बिना गुणालंकार युक्त भी काव्य निर्जीव है। औचित्य के बिना गुण और अलंकार, गुण और अलंकार ही नहीं रहते :

*उचितस्थान-विन्यासादलङ्कतिरलङ्कृतिः।*
*औचित्याद-च्युता नित्यं भवन्त्येव गुणा गुणाः।।*

इस बात का विशदीकरण उसने इस प्रकार किया है :

*कण्ठे मेखलया नितंबफलके तारेण हारेण वा,*
*पाणै नूपुरबंधनेन चरणे केयूर-पाशेन वा।*
*शौर्येण प्रणते रिपौ करुणया निर्याति के हास्यता*
*मौचित्येन बिना रुचिं प्रतनुते नालंकृतिर्नो गुणातः।।*

यह औचित्य क्या है, इसका लक्षण क्षेमेंद्र ने यों किया है :

*उचितं प्राहुराचार्याः सदृशं किल यस्ययत्।*
*उचितस्य च यो भावस्तदौचित्यं प्रचक्षते।।*

इस औचित्य के कई भेद हो सकते हैं। क्षेमेंद्र ने अट्ठाइस ऐसी चीजों का निर्देश किया है, जहाँ औचित्य ढूँढ़ा जा सकता है, या जिनमें औचित्य की स्थिति होती है। ये हैं—पद, वाक्य, प्रबंधार्थ, गुण, अलंकार और रस इत्यादि। औचित्य की भावना को हृदयंगम करनेवाला, इन सबके अतिरिक्त और भी अनंत स्थानों में औचित्य की समीक्षा कर सकता है। औचित्य के दिए गए उदाहरणों में स्वभावौचित्य का उदाहरण यों है :

*कर्णोत्तालितकुन्तलान्तनिपतत्तोयक्षणासङ्गिना।*
*हारेणेव वृतस्तनी पुलकितं शीतेन सीत्कारिणी।*
*निर्धौतांजन शोणीकोण नयना स्नानावसानेङ्ग्ना*
*प्रस्पन्दत्कबरीभरा न कुरुते कस्य सपृहार्द्रे मनः।।*

यहाँ सिर से पैर नक जलार्द, सद्यस्नात, विवसना युवति मन को स्पृहार्द्र करती है। जो स्वयं आर्द्र है, वही दूसरे को आर्द कर सकता है, यह यहाँ पर स्वभावौचित्य है।

अनौचित्य का उदाहरण है :

*भक्तिः कातरतां क्षमा सभ्यतां पूज्य स्तुतिर्दीनतां।*
*धैर्ये दारुणतां मतिः कुटिलतां विद्याबलं क्षोभताम्।।*
*ध्यानं वंचकतां तप-कुहकतां शीलव्रतं षण्ढतां।*
*पैशुन्यव्रतिनां गिरां किमिव वा नायाति दोषार्द्रताम्।।*

यहाँ पर पिशुन वचन जो स्वयं तो आर्द्र स्वभाव नहीं है, वह किसी अन्य को आर्द्र करें, यह अनौचित्य है।

क्षेमेंद्र द्वारा इस औचित्य भावना को दिया गया महत्त्वपूर्ण स्थान कहाँ तक उचित है, इस विवाद में मुझे नहीं जाना। औचित्य का काव्य में कहाँ और कैसा स्थान हो और औचित्य तथा अनौचित्य की परिधियों का निश्चित विभाजन किन कसौटियों से हो, यह एक पृथक् विषय है। यहाँ तो अब क्षेमेंद्र के अपने मंतव्यों को ही निश्चित और ठीक समझते हुए उनकी कसौटी पर भारतमंजरी को कसा जाएगा। उसके लिए क्षेमेंद्र के इन आलोचनात्मक सिद्धांतों का अपेक्ष्य दिग्दर्शन करा देने के अनंतर अब भारतमंजरी की समीक्षा की जाएगी।

क्षेमेंद्र के मतानुसार भुवनोपजीव्य कवि हैं श्री वेदव्यास और उनकी कृति महाभारतख्यान। इस मत की पुष्टि के लिए उसने उद्धरण दिया है :

*इदं कविवरैः सर्वैराख्यानमुपजीव्यते।*
*उदयं प्रेप्सुभिर्भृत्यैरभिजात इवेश्वरः।।*

और उदीयमान कवि के लिए प्राचीन महाकाव्यों के नवीकरण में हाथ डालने की वांछनीयता में वह विश्वास रखता ही है। इस तरह महाभारत का यह रूपांतार तैयार करने में वह अपनी कवित्वसाधना के सोपान पर अग्रसर हो रहा है। यह रूपांतर उसके अपने कथनानुसार इस प्रकार है :

*मद्वचोदर्पणताले महाभारतदिग्द्विपः।*
*समस्तावयवोऽप्येष मुष्टिमेय इवेक्ष्यते।।*

इस रूपक में हम उस आत्मविश्वास की झलक देख सकते हैं जिसकी प्रेरणा से प्रभावित होकर क्षेमेंद्र ने किसी भी दुरूह प्रयत्न को दुरूह नहीं समझा।

कवि के लिए जिन सौ शिक्षाओं का क्षेमेंद्र ने उल्लेख किया है, वह उसके व्यक्ति अनुभव का ही परिणाम हो सकती हैं। इन शिक्षाओं का आरंभ होता है :

*व्रतं सारस्वतो यागः पूर्वे विघ्नेशपूजनम्।*

किसी भी काव्य-प्रयत्न में हाथ डालने से पहले यह चीजें आवश्यक हैं। भारतमंजरी की शारदा हस्तलिपि में मंगलाचरण आरंभ होने से पहले (श्री गणेशाय विघ्नहर्त्रो नमः) यह देखकर सहसा क्षेमेंद्र की इस भावना का ध्यान हो आता है। इस प्रकार का विश्वास रखनेवाला व्यक्ति अवश्य ही पहले व्रत और यागादि की पूर्ति करके ही अपने कार्य में हाथ डालता होगा। बाकी जो कवि गोष्ठियों और विद्वत्सभाओं में कवि की सफलता के लिए उसने उपदेश दिए हैं, उन पर व्यक्तिगत रूप से आचरण करके ही वह उन सब स्थानों में आदर—भाजन बन गया था। उसने लिखा है कि :

*क्षेमेन्द्रनामा तनयस्तस्यविद्वत्सपर्यया।*
*प्रयातः कविगोष्ठीषु नामग्रहणयोग्यताम्।*

और

*एष विष्णु कथातीर्थपुण्यवत्सलिलोक्षितः।*
*प्राप्तः सामान्य जल्पोऽपि क्षेमेन्द्रोऽद्य कवीन्द्रताम्।।*

क्षेमेंद्र के मतानुसार चमत्कारहीन सूक्तिसंदर्भ लावण्य-हीन अङ्गना के यौवन के समान है :

*एकेन केनचिदनर्धमणिप्रभेण,*
*काव्यं चमत्कृतिपदेन विना सुवर्णम्।*
*निर्दोषलेशमपि रोहति कस्य चित्ते*
*लावण्यहीनविन यौवनमङ्गनानाम्।*

पर यह चमत्कार की कसौटी स्फुट उद्धटों पर लागू की जाए तो भारतमंजरी में बिखरे हुए कुछ ऐसे श्लोक मिल जाएँगे जिनमें एक आध तरह का चमत्कार है। पूरे ग्रंथ को भी उसी कसौटी पर रखा जाए तो क्षेमेंद्र के द्वारा कथित चमत्कार से विरहित होने के कारण वह लावण्यहीन यौवन की तरह हृदयग्राही न होने

से फीका कहा जाएगा। पर चमत्कार की यह भावना शायद क्षेमेंद्र के हृदयानुसार भारत मंजरी जैसे प्रयत्नों के लिए नहीं थी, जहाँ बहुत अंश तक उसे कहीं छायोपजीवी, कहीं पदकोपजीवी, कहीं पादोपजीवी और कहीं सकलोपजीवी बनकर चलना पड़ा हैं। भारतमंजरी में हर तरह के चमत्कार के उदाहरण बहुत ढूँढ़ने पर भी नहीं मिलते। कुछ उदाहरण यह हैं :

शब्दगत चमत्कार :

*कन्द्राग्रकुण्डलित नाभिमृणाल दण्ड,*
*हृत्पुण्डरीक निविडामृतपानशौण्डाम्।*
*भृङ्गाङ्गनामिव सदोदित नादशक्ति—*
*संवेद्यवेद्यजननीं प्रपद्ये।।*

अर्थगत चमत्कार :

*प्रतिमित मुखलक्ष्म्या लक्ष्यफुल्लारविन्दाः,*
*स्मितसितकरसारैः संपतद्राजहंसाः।*
*कुरु चटुलकटाक्षैर्लोलनी लम्बुजाढ्या,*
*वरतनु पुनरुक्ता मद्गृहोद्यानवापीः।।*

नल के लिए लिखा है :

*यं विचार्य सुराः सत्यं सौन्दर्यान्तरवेदितः।*
*पुष्पचापपदे कुर्युरनङ्गः स्यान्नचेत्स्मरः।।*

अलंकार गत चमत्कार :

सखी, सखी के प्रति

*कम्पस्वेदवती कस्मादकस्मात्सखि मूर्छिता?*
*अपि कृष्णभुजङ्गेन न दष्टासि प्रमादिनी।।*

*अमुष्मिन् कुसुमारामे कृष्णषट्चरणेन किम्।*
*कृतव्रणा त्वमधरे येनासि विनतानना।।*

देखने पर भारतमंजरी के उन अंशों में उत्तम काव्यत्व प्रतिपादन के लिए बहुत कुछ मिल सकता है। बलदेव द्वारा यमुनाकर्षण के समय यमुना का वर्णन चामत्कारक न होकर भी अत्यधिक सहृदयहृदयग्राही है और लावण्यपूर्ण यौवन की तरह ही मादक है :

तां लोलनीलसलिलां हलाग्रेणाचकर्षसः।
संरम्भस्त्रस्तकबरीं मानिनीं कुपितामिव।।
क्षोभाकुलित हंसालीमेखला मुवरा हुः।
संलक्ष्यपुलकश्रणी क्वचित् स्रस्त जलांशुका।।
क्वचित्तरङ्गभ्रूभङ्ग परिवृत्ति पराङ्मुखी।
छिन्न फेनावली हाराकीर्णशीकरमौक्तिका।।
क्वचित् सलिलकल्लोलदुकूलग्रहणाकुला।
कांचद्वीचि कराच्छन्न चक्रवाकोन्नतस्तनी।।
वासाकुलित वां वालविहङ्गवलया क्वचित्।
आवर्त नर्तितोत्फुल्लनीलाब्ज चकितेक्षणा।।
क्वचिद्वारिकुहूत्कार सविःश्वास प्रलापिनी।
सावेगगमनायासविषम स्खलिता क्वचित्।।

द्रौपदी को जयद्रथ जब देखता है :

स ददर्शाश्रिभद्वारि कृष्णामायतलोचनाम्।
फुल्लनीलाब्जसुभगां कंदर्पनलिनीमिव।।
कदम्बशाखामालम्ब्य पाणिनाकमलत्विषा।
दर्शितैककुचाभोगं विलासललितं स्थिताम्।।
तां विलोक्यैव पूर्णेन्दु वदनां सिन्धुभूपतिः।
उल्लासितः स्मृतिभुवा शिबीनां नृपमभ्यधात्।।
लीलातरंगिणी केयं नयनानन्द कौमुदी।
यस्याः संदर्शनेनापि जृम्भते मदनानलः।।
प्रविष्टा हृदयाम्भोजे विबर्द्धे वदनेन्दुना।
इयं निर्यास्यति व्यक्तं न मे जन्मान्तरेष्वपि।।
अलं मम विवाहेन दृष्ट्वेमां हरिणोक्षणाम्।
भृङ्गः कल्पलतां वीक्ष्य यूथिकां कथमीहते।।

जलद समय वर्णन :

अथाययौ हरप्लुष्ट स्मरधूमैरिवावृतः।
विप्रयुक्त वधूकालः कालो जलदलाञ्छनः।।
शिखण्डिताण्डवाचार्यैर्मुरजध्वानबन्धुभिः।
गर्जितैर्नवमेघानां सोत्कण्ठेवाभवन्मही।।
नवाम्बुबिन्दु निर्व्याप्ता विरेजुर्वनराजयः।
घनगर्जित वित्रस्तैर्नक्षत्रैः पतितैरिव।।

ततस्तरलताराभिर्धाराभिरभितो बभुः।
स्फारहारानुकाराभिर्दिशोघन पयोधराः।।
चकाशे काननतटी नृत्यद्भिर्बर्हिमण्डलैः।
संरम्भे मत्त मेघानां भ्रष्टैरिन्द्रायुधैरिव।।
निर्ययुर्गर्भकोषेभ्यः शुभ्राः केतक सूचयः।
कलाइव भुवि व्युप्ताः शरच्चन्द्रस्य भाविनः।।
प्रियालुपल्लवापाति धारासाररवं मुहुः।
शुश्रुवुर्विषमोदञ्चदेककर्णं कुरङ्गकाः।।
पीत्वा कदम्बकोषेभ्यो मधुमत्तः समीरणः।
जग्राह केतकिलता परागाधर पल्लवम्।।
तस्मिन्पयोदसमये जलधौतसानुः,
फुल्लत्कदम्बकुटजः स गिरिश्चकाशे।
यवौधयौवनमदात्तटिनीवधूना
मासीदनङ्गनवभङ्गितरङ्गनृत्तम्।।
तत्राब्जखण्डकदलीदलवृन्दपाति।
धरारवस्तिमित कुञ्जरदत्तकर्णः।।
चक्रे मनः कुपतिकिन्नरकामिनीनां
प्रेयः प्रणामरसबद्धदृढाभिलाषम्।।
छिन्ने शनैर्घनघटोपटलेऽनिलेन।
चन्द्रानना शरददृश्यत हंसहासा।।
यस्याश्चकारविलसत् कमलाकरोत्थ,
भृङ्गवलीतरलकुन्तल संनिवेशम्।।

सखियों के मिथोवाक्य :

नायंतवगृहे मार्गः मार्गोयं विजने वने।
यमुनातीरवानीरवल्लरीकेलिवेश्मनः।।
गायन्ति यदि कृष्णस्य चरितं गोपकन्यकाः।
त्वं न स्मरसि किं मूढे स्रस्तं शीलमिवांशुकम्।।
दामोदरमतास्मीति मदान्धे किं न पश्यसि।
स कान्ताशतससंकेतसक्तो हि बहुवल्लभः।।
किं नु नाम स्तनौ तन्वि सोत्कम्पौ विनिगूहसे,
पुलकाङ्ककपोलस्य वदनस्य करोषिकिम्?
इयमिन्दीवरश्यामा श्यामा कुसुमहासिनी।
कृष्णश्च गूढसंचारी चरस्येकाकिनी कथम?

ऐसे-ऐसे अनेक संदर्भ उदाहरण के रूप में भारतमंजरी में से संगृहीत किए जा सकते हैं जिनमें एक स्वाभाविक शक्ति है जो रस अलंकारादि द्वारा व्यक्त होकर हृदय को प्रभावित करती है। चमत्कार—जो बहुधा कृत्रिमता से पैदा होता है—न रहने पर भी हम इनके मूल्य को गिरा देना उचित नहीं समझते। क्षेमेंद्र की चमत्कार की कसौटी की कमजोरी यहाँ झलकती है।

पहले लिखा जा चुका है कि क्षेमेंद्र ने अपने गुणों और दोषों को कोई निर्धारित परिभाषाएँ नहीं दीं। साधारणतया भारतमंजरी में तीनों तरह के गुण प्रचुर मात्रा में हैं। शब्द वैमल्य के लिए हम भारतमंजरी से किसी भी अंश को उपस्थित कर सकते हैं। वास्तविकता तो यह है कि क्षेमेंद्र का शब्द विन्यास सब जगह वांछनीय रूप से श्रुतिमधुर और अनुरूप ही रहा है। उदाहरण के लिए :

*देष्ट्रानिभिन्नभिन्नाञ्जनगिरिगहनसफारदैत्यान्धकार*
*श्चन्द्रार्कोदारताराापथरुचिरतरः प्रस्फुरच्छङ्खचक्रः।*
*पायान्नः शेषशीर्षक्रिमणसमुदितैर्व्याप्तिकायः फणाग्रैः*
*क्षुभ्यत्क्षीराब्धिफेणैरिव मणिशबलैर्मन्दराभो वराहः।।*

अर्थ—वैमल्य के भी असंख्य उदाहरण मिल सकते हैं :

*राजचन्द्रं समालोक्य विस्मितास्ते सुरोत्तमाः।*
*स्वभाव निःस्पन्दृशो निःस्पन्दमतयोऽभवन्।।*

और :

*मध्यें दासीसहस्राणां तामपश्यन्मृगेक्षणाम्।*
*लावण्याभग्णोदारां मिथ्यैवाहितभूषणाम्।।*
*प्रदीपशबलालोकामिव पूर्णेन्दुचन्द्रिकाम्।*
*कान्तांस्तनस्तबकिनीं सरागाधरपल्लवाम्।*
*सुधागर्भसमुद्भूतां पारिजातलतामिव।।*
*तनुमध्यां पृथुश्रोणीं घनोद्भिन्नपयोधराम्।*
*निःशेषित शरस्येव शक्तिं कुसुमधन्वनः।।*

शब्द कालुष्य, अर्थ कालुष्य और रस कालुष्य का यथासंभव परिहार करने की चेष्टा की गई है। भारतमंजरी को क्षेमेंद्र के शब्दों में बहुत हद तक सगुण और निर्दोष काव्य कहा जा सकता है। पर कहीं साहित्यदर्पण में गिनाए गए दोषों की सूची को सामने रखते हुए भारतमंजरी का अध्ययन किया जाए तो दोषों का वहाँ अभाव नहीं है। बहुत-से अंशों में बहुत तरह के दोष ढूँढ़े जा सकते हैं।

भारतमंजरी में कहीं परिचय चारुता रखने का प्रयत्न क्षेमेंद्र ने नहीं किया। हो सकता है यह क्षेमेंद्र का बाद का विचार रहा हो। पर ऐसे परिचयहीन कवि की भर्त्सना उसने बहुत कड़े शब्दों में की है :

*नहि परिचयहीनः केवले काव्यकष्टे*
*कुकविरभिनिविष्टः स्पष्टाशब्दप्रविष्टः।*
*विबुध सदसि पृष्टः क्लिष्टधीर्वेत्ति वक्तुं।।*
*नव इव नगरान्तर्गह्वरे कोऽप्यधृष्टः।*

खैर, अपनी अन्यान्य रचनाओं से परिचयचारुता के उदाहरण क्षेमेंद्र ने कविकण्ठाभरण में उद्धृत किए हैं।

औचित्य को यद्यपि किन्हीं सीमाओं में बाँधा नहीं जा सकता, तथापि क्षेमेंद्र ने जिस तरह अपने दृष्टिकोण को स्पष्ट किया है, उससे उसके अभिमत औचित्य, अनौचित्य के निर्धारण में सहायता मिल सकती है। यह कह देना आवश्यक होगा कि क्षेमेंद्र ने अपनी रचनाओं से उदाहरण देकर जहाँ औचित्य की परीक्षा की है, वहाँ अनौचित्य को व्यक्त करने के लिए भी बहुत से उदाहरण अपनी रचनाओं से ढूँढ़ निकाले हैं। 'अपना सो सुहागा' यह दृष्टिकोण उसका नहीं रहा। इससे यह भी निष्कर्ष निकलता है कि काव्य निर्माण और काव्य-समालोचना, यह दोनों गुण एक ही व्यक्ति में रहते हुए भी अपनी पृथक्-पृथक् सत्ता रखते हैं। जो एक समालोचक के रूप में अपने समालोचनात्मक दृष्टिकोण को सामने रखते हुए, काव्य का निर्माण कर सके—और अपनी धारणा के अनुसार उसे पूर्ण और सफल काव्य का रूप दे सके, ऐसा व्यक्ति विरला ही हो सकता है। औचित्य वांछनीय है और अनौचित्य अवांछनीय, यह विश्वास रखते हुए भी क्षेमेंद्र यह अच्छी तरह जानता है कि औचित्यमय अंशों के साथ ही साथ अनौचित्यमय अंशों का समावेश भी उसकी अपनी रचनाओं में हुआ है! वह उन पर आलोचना कर सकता है, उन्हें हटा नहीं सकता।

भारतमंजरी में क्षेमेंद्र की स्वतंत्र प्रतिभा के विकास की गुंजाइश सीमित रही है। जहाँ-जहाँ उसकी मौलिकता की छाप है, वहाँ-वहाँ पर ही हम औचित्य अनौचित्य की परीक्षा कर सकते है। जो अंश आख्यानप्रधान हैं, वहाँ उपसर्ग, निपात, क्रिया, कारक, लिंगवचन और विशेषण प्रभृति के औचित्य-अनौचित्य की परीक्षा हो सकती है। वैसे औचित्य के ऐसे-ऐसे बहुत से अंगों का अन्य-साहित्य-समालोचकों के दोषाभावों और अलंकारों में अंतर्भाव हो जाता है। सूक्ष्म दृष्टि से देखने पर किसी न किसी तरह का साधारण अनौचित्य सब जगह ही मिल जाएगा। भारतमंजरी जैसे सुविशाल प्रयास में उपसर्गों और निपातों का सर्वत्र औचित्य से प्रयोग किए जाने की आशा भी हम नहीं कर सकते। कई-कई जगह जो औचित्य के उदाहरण मिल सकते हैं, उनका स्वल्प निर्देश कर देना आवश्यक होगा :

(1) पूर्वोद्धृत-यमुनाकर्षण में, विलासोन्मत्त बलराम द्वारा खींचे जाने पर व्याकुलित प्रवाहमय यमुना में वर्णनभङ्गी से वनितात्व का आरोप।

(2) गोपी वर्णन :

*सलज्जाअपिमानिन्यः प्रकट स्मर विक्रियाः।।*
*तन्व्योऽपि तनुतां प्रापुस्तास्तदर्पितमानसाः।।*

(3) *मुनिः पुनातु नो व्यासः यस्य सन्निहिता मुखे।*
*त्रिमार्गगा वसुमती वसुमति सदासिद्धा सरस्वतौ।।*

(4) पूर्वाद्धृत जलदसमय वर्णन में गोपियों की उत्कंठा के प्रसंग में प्रकृति के सभी अंगों में शृंगारभावना का निदर्शन।

(5) गोपियों के विरह प्रसंग में प्रावृड् वर्णन :
*अदृश्यत ततः श्यामा नवोद्गतपयोधरा।*
*वधूर्नवेव कृष्णस्य प्रावृड् विहितकौतुका।।*
*नववारिधरैर्व्योम्नि चलत्कलभविभ्रमैः।*
*वियोगिनीमनोजन्मव ह्निधूमोद्गमायितम्।।*
*जयिनः स्मरराजस्य वीजयन् व्यजनैरिव।*
*ततो विरहिणीतिन्तानिः श्वासप्रसभोऽनिलः।।*

यहाँ सारा वातावरण ही रसानुकूल, अतः औचित्यप्राण है। इस तरह उदाहरण दिए जा सकते हैं। पर औचित्य-अनौचित्य की कसौटियाँ शिथिल हैं। हम बहुत अधिक उन पर निर्भर नहीं कर सकते।

क्षेमेंद्र ने भारतमंजरी को अपनी मौलिक रचनाओं में नहीं गिना और न ही दो अन्य मंजरियों को। उसके कविकंठाभरण में और औचित्यविचारचर्चा में उसके अपने उद्धरणों में से कोई भारतमंजरी या शेष दो मंजरियों से नहीं है। जहाँ से उसने उद्धरण लिए हैं, वह ग्रंथ अधिकतर अनुपलब्ध हैं। क्षेमेंद्र के अपने दृष्टिकोण में भी भारतमंजरी का ऐसा स्थान नहीं था कि उसे आलोचना के लिए महत्ता दी जा सके। पर यदि हम क्षेमेंद्र के आलोचनात्मक सिद्धांतों की छाया में भारतमंजरी का अध्ययन करने बैठते हैं तो यह तो अवश्य मालूम हो जाता है कि क्षेमेंद्र के सब प्रयत्नों में उसकी अपनी मौलिक विचारधारा की प्रेरणा काम करती रही है। वैसे चाहे हम क्षेमेंद्र की कसौटियों में सुधार अपेक्ष्य समझें।

# 'नूरजहाँ' काव्य—एक परिचयात्मक दृष्टि

नूरजहाँ वह नाम है जिसे सुनते ही गुले-लाला के गुच्छों, दूर-दूर तक फैली हुई रंगीन उपत्यकाओं और मरुभूमि को पार करती हुई ऊँटों की पंक्तियों का दृश्य सामने आने लगता है। जैसे असीम की पर्दे खुल जाते हैं और उनके पीछे से रूप की उस महारानी की मुस्कराती हुई आकृति सामने प्रकट हो जाती है। उस आकृति पर मुग्ध होकर अनेक कवियों ने—विशेषतया हिंदी और उर्दू के कवियों ने उसके प्रति भावों की अंजलियाँ अर्पित की हैं। गुँभक्तसिंह के महाकाव्य 'नूरजहाँ' की रचना भी ऐसी ही एक भावांजलि के रूप में हुई है।

नूरजहाँ एक प्रेमकाव्य है। हिंदी के अधिकांश महाकाव्यों का आधार इतिहास का वह युग है जो अपनी दूरी के कारण बहुत कुछ पौराणिक-सा हो गया है। 'नूरजहाँ' का युग हमारे बहुत पास का युग है, अतः यह अपने ही समय का महाकाव्य प्रतीत होता है।

अभावग्रस्त ग़यास की ईरान से भारत की ओर यात्रा से इस महाकाव्य का आरंभ होता है। अपनी पत्नी की प्रेरणा से उसे साथ लिए वह एक काफिले के साथ रेगिस्तान पार करने लगता है। तपती हुई बालू के खुले निर्जन प्रदेशों का कवि ने सुंदर वर्णन किया है :

*"जहाँ भू से मिलता नभछोर।*
*शीघ्र चल पड़े सभी उस ओर।।*
*और होता जाता वह दूर।*
*हुए जाते सब थक कर चूर।।*
*चतुर्दिक् बालू का संसार।*
*देख कर हिम्मत जाते हार।।"*

मार्ग की अनेक विपत्तियों में से होकर निकलते हुए उस दंपति के जीवन में एक नई विपत्ति कन्या के रूप में जन्म लेती है। परंतु वह विपत्ति नई ओस की तरह सुंदर है :

*"क्षितिज गर्भ से नव ऊषा का*
*जन्म हुआ ज्यों ही नभ पर।*

*ओसबिंदु सी लगी खेलने*
*तृणदल पर कन्या सुंदर।।"*

वह बालिका जंगल में अकेली छोड़ दी गई। वहाँ एक सरदार की दृष्टि उस पर पड़ी जो उसे अपने घर ले गया। वहाँ वह बालिका—मेहरुन्निसा धीरे-धीरे बढ़ने लगी और शैशव और यौवन के संधिकाल तक पहुँच गई।

"वासंती मृदु समीर खा खा
*ललिका यौवन बढ़ता जाता।*
*है मेहरुन्निसा सुंदरी पर*
*दिन दिन पानी चढ़ता जाता।।"*

और :

*"कितनी आँखों के जाल बिछे,*
*कितनों ही ने डोरा डाला।*
*संसारजाल में पानी सी*
*छन जाती थी वह सुखबाला।।"*

और एक दिन वाटिका में जब उसने अपने भोलेपन से शाहज़ादा सलीम के पकड़े हुए दो कबूतर उड़ा दिए तो सलीम उसकी मुग्धता पर न्योछावर हो गया। परंतु राजमंत्री की लड़की ज़मीला के भड़काने पर अकबर ने सरदार अली कुली—शेर अफ़गन के साथ मेहर का निकाह पढ़ा दिया। मेहर ने चुपचाप इस स्थिति को स्वीकार कर लिया। परंतु सलीम चैन से नहीं बैठ सका। वह शेर अफगन की हत्या कर मेहर को पाने के इरादे से आधी रात के समय मेहर के शयनकक्ष में पहुँच गया। परंतु मेहर अब अपने को पराई समझ चुकी थी। वह सलीम को देखकर कह उठी :

*"कौन कौन, क्या तू सलीम है?*
*क्या सलीम शहज़ादा?*
*पर घर जाकर तस्कर बनकर*
*ऐसा नीच इरादा?"*

और :

*"नहीं तुम्हारा राज चाहती अपने घर की रानी।*
*ऐसे नहीं गिराना होता कभी आँख का पानी।।"*

और सलीम उसका उग्र भाव देखकर यह कहता लौट आया :

*"अंतिम विदा! चूक सब मेरी करना क्षमा दया कर।*
*रमणी क्या रहस्य है भगवन्! सोचूँगा घर जाकर।।"*

शेर अफ़गन ढाका का हाकिम नियुक्त होकर चला। मेहरुन्निसा ने अपनी जीवन के वासंती सपनों की भूमि से इन शब्दों के साथ विदा ली :

*"यमुना का कलकल नाद बिदा,*
*आँखों का वह उन्माद विदा।*
*आमोदों का प्रासाद विदा,*
*वह जीवन का आह्लाद विदा।।"*

*x x x x*

*जो नहीं आ सके पुनः बाग में*
*मेरे विहग वसंत विदा।*
*घेरे घेरे जो फिरता था*
*मुझको ओ दिव्य दिगंत विदा।।*

*x x x x*

*छू नहीं सकूँगी तुमको अब*
*मेरे भविष्य के चाँद विदा।*
*सब तार नियति ने तोड़े हैं*
*मोदक सरोद के नाद विदा।*
*लंगर खींचे सब पाल खुले,*
*जाता विदेश जलयान विदा।*
*हृदयाम्बुधि के उर्मिल थपेड़*
*तट ले जाते नहिं मान विदा।।"*

और :

*"ओ भ्रांति विदा, ओ शांति विदा*
*ओ अपनी भोली भूल विदा।*
*ओ मेरी मुरझाई आशाओं*
*की समाधि के फूल विदा।"*

ढाका पहुँचकर मेहर का हृदय कुम्हलाने लगा क्योंकि उसे शेर अफ़गन से वह स्नेह और आदर नहीं मिला जिसकी उसे आशा थी। माँ बनकर भी उसके हृदय की अशांति बनी रही। उसे :

*"नहीं और कुछ की इच्छा थी मानवता की आशा थी।*
*शांतिमयी दंपतिजीवन सुख पाने की अभिलाषा थी—"*

जो पूरी नहीं हुई। उधर अकबर की मृत्यु हो जाने से सलीम शहंशाह जहाँगीर का नाम धारणकर सिंहासन पर आसीन हो गया। उसने शेर अफ़गन के स्थान पर कुतबुद्दीन को ढाका का हाकिम बना दिया। बाद में बर्दवान में रहते हुए शेर अफ़गन ने अपनी पत्नी की मान-मर्यादा के लिए अपने प्राण दे दिए।

और—"बड़े ही धूमधाम से मेहरुन्निसा बेचारी
बाहशाह के राजमहल में सादर गई उतारी।"

राजमहल जाकर मेहर बीमार हो गई। सलीम अब उसके लिए उसके पति का हत्यारा शहंशाह जहाँगीर था। जहाँगीर ने उसके पैरों पड़कर अनुनय की :

*"दोषी हूँ, पर प्रेम अंध हूँ या तो मुझे क्षमा दो।*
*या यह लो तलवार, खून के बदले खून बहा दो।"*

मेहर का हृदय पिघला, पर उसका निश्चय यही रहा कि :

*"इस पवित्र रेखा से बाहर पग नहीं धरूँगी।*
*दूर-दूर से ही पूजा दिनकर की किया करूँगी।"*

उसका स्वास्थ्य सुधारने के लिए जहाँगीर उसे अपनी साथ काश्मीर ले गया। वहाँ वह एक बार नदीतट पर पाँव फिसल जाने से बेहोश-सा हो गया। मेहर व्याकुल हो उठी। उन व्याकुलता के क्षणों में उससे अपनी एक बात मानने का वचन लेकर जहाँगीर ने कहा :

*"अच्छा तो अब नहीं मुकरना,*
*इच्छा है मेरी यह आज—*
*अपने नूर जहाँ के सिर पर*
*रख दूँ केवल अपना ताज।"*

मेहर स्नेह और आभार से भर उठी। जहाँगीर ने उसकी आँखों में संकोच की झलक देखकर फिर कहा :

*"तुम केवल यह ताज पहन कर*
*मेरे सम्मुख खिली रहो।*
*मैं अपनापन तुम में खो दूँ*
*तुम मुझ में ही मिली रहो।।"*

और मेहर जहाँगीर की नूरजहाँ बनकर उसके प्रति समर्पित हो गई।

कवि गुरुभक्तसिंह ने साधारण शब्दों में जगह-जगह मानवीय भावों की सुंदर अभिव्यक्ति की है। परंतु जहाँ तक भावभूमि का संबंध है, इस काव्य के पात्र मुस्लिम-संस्कृति में पोषित न होकर हिंदू-संस्कृति में पोषित हुए प्रतीत होते हैं। यह अस्वाभाविकता बहुत खटकती है।

# परंपरा-बोध या परंपरावाद ?

1. परंपरा एक निर्विष्ट और निर्धारित इकाई नहीं। बदलने और विकसित होने की अनिवार्य परिस्थिति। आज का विद्रोह और विच्छेद कल के संदर्भ में परंपरा का अगला आयाम।
2. प्राप्त परंपरा को समाहित या तिरस्कृत करना सचेत प्रयास नहीं, एक अनायासता।
3. कई एक राष्ट्रीय परंपराएँ और एक मानवीय परंपरा। विभिन्न परंपराओं का अध्ययन सही परिप्रेक्ष्य के लिए। जिसे आप जानते नहीं, उसे आप अस्वीकार भी नहीं कर सकते।
4. इसके बाद सृजन एक अनायास प्रक्रिया, युग की परिस्थितियों द्वारा निर्धारित।
5. नाप या माप का आला लेकर बैठना संभव नहीं कि हम इतने इंच परंपरा या इतने बिंदु प्राचीन-बोध का अपनी रचना में सर्जनात्मक दृष्टि से उपयोग करेंगे। पुनरुत्थानवादी साहित्य का अधिकांश अनुकरण। शेष वह भी नहीं।
6. परंपरा का अस्वीकार। आज तक के बिंदु से अलग होने की तड़प। इस तड़प में ही वास्तविक सर्जनात्मकता।
7. परंतु हर अलगाव अंततः परंपरा द्वारा संदर्भित। कालिदास और मल्लिका।
8. इस तरह परंपरा का विरोध और निषेध करके भी उसे विकसित किया जा सकता है। बल्कि मार्ग ही यह है—क्योंकि विरोध और निषेध कोरे अज्ञान पर आश्रित एक अंधी प्रक्रिया नहीं है। प्रक्रिया का नाम है विध्वंसकता हालाँकि उसकी भी अपनी एक अलग परंपरा है ही।

*आधी-अधूरी कहानियाँ*

# पुनर्वास

प्रकाश ने रुमाल से मुँह और माथे का पसीना पोंछा।

बरामदा काफी ठंडा था, या तेज धूप में आने के कारण उसे ऐसा लग रहा था। नीले कपड़ेवाली बड़ी-बड़ी चिकें आधे बरामदे को घेरे थीं। पुराना फर्श सीलन की बू दे रहा था। रौशनदान के पास दुबकी हुई कबूतरों की जोड़ी पाँव फड़फड़ा रही थी...नूररररर...नूररररर.....नू...।

माई उसकी चिट लेकर जिस कमरे में गई थी, एक उसी कमरे के बाहर खस की टट्टी लगी थी। बाईं ओर भूरे रंग की तख्ती पर छोटे-छोटे सफेद अक्षर चमक रहे थे—मिस ए.बी. चावला, डायरेक्टर पुनर्वास।

टिक टिक टिक टिक टिक टिक तेजी से किसी की उँगलियाँ टाइपराइटर पर चल रही थीं। कबूतरों की जोड़ी चोंच भिड़ा रही थी—थप थप थप थप थप—नू तररर...टररर...।

माई अंदर से आई। उसका दुपट्टा मैला था। चेहरे पर हलकी-हलकी मूँछें थीं। आँखों का भाव ऐसा था जैसे सारा संसार एक ओर दाँब लगा रहा हो और वह दूसरी ओर।

"मिस साहिबा बुला रही हैं।" उसने उसी की चिट, मसली हुई, उसके हाथ में दे दी।

एक साथ मिस साहिबा के कई चेहरे प्रकाश के सामने घूम गए—कटे हुए बाल, गोल चेहरा, होंठों पर लिपस्टिक..दुबला साँवला, रेखाओं से लदा हुआ चेहरा, कुढ़ा हुआ भाव...अधखिचड़ी बाल, सुनहरे फ्रेम का चश्मा और ईवनिंग इन पेरिस की गंध...।

उसने दुपट्टा ठीक किया, सलवार के पायँचों को देखा और अंदर चली गई।

सबसे पहले टेबल लैंप की रोशनी उसकी आँखों में टकराई। फिर रेखाएँ स्पष्ट हुईं—हरे कपड़ेवाली बड़ी-सी मेज, लाल गद्देदार कुर्सियाँ, कढ़े हुए भारी पर्दे, फूलदान, पैडेस्टल फैन, रंगीन जूट कार्पेट। वह क्षण भर के लिए ठिठक गई। सामने

बैठी हुई मिस साहिबा ने उसे देखकर कुर्सी से टेक लगा ली। वह चेहरा उसके लिए नया नहीं था। इंटरव्यू बोर्ड में वह इन मिस साहिबा को देख चुकी थी। उसके पूछे हुए प्रश्न अब भी उसे याद थे। उनकी आँखों का भाव अब भी वही था—जैसे किसी चीज की निगरानी कर रही हों, या किसी अज्ञात खतरे के लिए अपने को तैयार कर रही हों। प्रकाश ने हाथ जोड़ दिए।

"हूँ...तो तुम आज जॉइन कर रही हो...अ...अ...क्या नाम है तुम्हारा?...मिस लूथरा! हाँ!...बैठो, कुर्सी ले लो।...मैं अभी तुम्हें अटेंड करती हूँ।"

प्रकाश कमीज को नीचे से ठीक करती हुई कुर्सी पर बैठ गई। मिस साहिबा के सामने एक और महिला बैठी थीं। अंदर आकर उसने उनकी पीठ ही देखी थी—जालीदार ब्लाउज के नीचे से झलकता हुआ मांस का नदमी विस्तार। ब्लाउज या तो छोटा हो गया था, या जानबूझकर छोटा सिलाया गया था। ढीला मांस जैसे शिकंजे में कसा था। कुर्सी पर बैठकर उसने उनका चेहरा देखा—रूखापन और अस्वाभाविक-सी लाली। गरदन से लेकर पेट तक मांस की तीन अलग-अलग इकाइयाँ स्पष्ट दिखाई दे रही थीं। छोटी-छोटी आँखें जैसे माथे से बाहर फूट पड़ना चाहती थीं।

"यह मेरी नई असिस्टेंट है," मिस साहिबा उसकी ओर संकेत करके उनसे बोलीं।

महिला ने एक आँख से उसे देखा और फिर कागज काटने की छुरी को उठाने-गिराने की क्रिया में व्यस्त हो गईं।

"और मिस लूथरा," मिस साहिबा उससे बोलीं, "ये हैं श्रीमती सावित्री देवी...नाम तुमने सुना होगा।"

प्रकाश ने सिर हिलाया और मुसकराकर हाथ जोड़ दिए। श्रीमती सावित्री देवी ने मुसकराकर धीरे से सिर हिलाया। प्रकाश की आँखें कई क्षण उनके चेहरे पर टिकी रहीं। समाचार पत्रों में बड़े-बड़े पोस्टरों पर उसने वह नाम पढ़ा था...अमरीका द्वारा प्रशांत सागर में किए गए अणु-विस्फोट का विरोध करने के लिए श्रीमती सावित्री देवी सात दिन अनशन व्रत रखेंगी...7 से 9 मार्च तक महिला मंडल का बारहवाँ अधिवेशन गोखले हाल में होगा। सम्मेलन का सभा-नेतृत्व श्रीमती सावित्री देवी करेंगी...'काश्मीर भारत का अविभाज्य अंग है।'—श्रीमती सावित्री देवी का भाषण...।

मिस साहिबा कुहनियाँ मेज पर रखकर आगे को झुक गई थीं।

"खन्ना साहब ने बहुत प्रशंसा की थी कि ऐसी असिस्टेंट मुझे और नहीं मिल सकती। मलहोत्रा साहब का भी टेलिफोन आया था। मैंने उनसे कहा था कि अच्छी लड़की है तो मैं जरूर ट्राई करूँगी। आई वॉट ... और उनकी आँखें उसके चेहरे पर आ टिकीं। "मेरी पहली असिस्टेंट की तरह न हो कि यहाँ की बात वहाँ और

वहाँ की बात यहाँ!"

उनकी आँखें सावित्री देवी की ओर मुड़ गयीं और सावित्री देवी की आँखें उनकी ओर।

"बट शी इज ए गुड गर्ल, आई हेयर से।... आगे इसके काम पर निर्भर करता है।"

"खन्ना की सिफारिश है?" सावित्री देवी बोलीं। उनके चेहरे पर काफी परुषता थी, फिर भी उसे देखकर ऐसे भारी बैठे हुए मर्दाने स्वर की कल्पना नहीं होती थी।

मिस चावला ने जैसे सतर्क होकर सँभलते हुए सिर हिलाया।

"आजकल तुम्हारी उससे अच्छी पटती है?"

मिस चावला क्षणभर ओंठ काटती रहीं।

"अ...और सब बातें ज्यों की त्यों ही हैं।...मगर मुझे एक अच्छी असिस्टेंट की जरूरत थी और उन्होंने कहा था कि यह लड़की बहुत अच्छी है। मैंने कहा कि अच्छी लड़की है तो...अ...मैं जरूर चांस दूँगी। तुम्हें पता है मैं मिस दुग्गल के हाथों कितना तंग थी।"

मिस चावला पैर से पैर को मल रही थीं। उनके लाल सैंडल पास ही उतरे हुए रखे थे। पैर नीचे से इस तरह खाए हुए थे जैसे दिन भर वे पानी में काम करती हों। पैरों के ऊपर बड़ी-बड़ी सफेद चकत्तियाँ थीं पिंडलियों तक चली गई थीं। बात करते हुए उनकी बाँहें हिल रही थीं। सावित्री देवी स्थिर आँखों से उनकी ओर देख रही थीं।

"खन्ना आजकल सरस्वती के लिए काम कर रहा है। उसने कइयों से कहा है कि इस बार सावित्री को टिकट नहीं लेने दूँगा।"

मिस चावला की आँखों में परेशानी का भाव उमड़ आया। सावित्री देवी ने कागज काटने की छुरी को तलवार की तरह हाथ में पकड़ लिया।

"मैं कहती हूँ मेरी जूती को!" मुझे टिकट लेना है तो मैं ऐसे भी लेकर दिखा दूँगी। जिस दिन हिंदू-सिख फसाद हुआ था उस दिन सरस्वती कहाँ थी? उस दिन हमें एक सौ तीन टेंप्रेचर हो गया था और इलैक्शन के समय टिकट लेने के लिए यह आए हैं। मैं सबको समझ लूँगी, खन्ना हो, चाहे कोई हो। मैंने बहुत देखे हैं...माँ के खसम...!

उनके चेहरे की अस्वाभाविक लाली और भी अस्वाभाविक हो गई थी। कनखी से वे उसकी ओर भी देख रही थीं। प्रकाश को अपने गाल और कान कुछ नर्म महसूस हुए। सावित्री देवी की दृष्टि में उसके प्रति भी विरोध और प्रतिहिंसा की भावना झलक रही थी। मिस चावला की उँगलियाँ उलझ गई थीं और चेहरे पर परेशानी और बढ़ गई थी।

"मिस लूथरा, तुम माई के साथ जाकर अपनी टेबल देख लो।...मैं अभी थोड़ी देर में...अ...तुम्हें बुला भेजूँगी।" उनके माथे पर पसीने की बूँदें भी झलक रही थीं। उन्होंने अपने सफेद कॉटन के ब्लाउज के अंदर से रुमाल निकालकर माथा पोंछा और घंटी बजाई। माई अंदर आ गई।

"मिस लूथरा को इनकी टेबल दिखा दो," उन्होंने कहा।

प्रकाश माई के पीछे-पीछे कमरे में चली गई।

●

दारोगा राय सिंह—कुछ अजीब-सा नाम है न?—इसीलिए वे अपने को डी.आर. सिंह या सिंह साहब कहलाना पसंद करते हैं। सिंह साहब आज अपनी दोनों लड़कियों के साथ आए थे। विभा सिंह और आशा सिंह। लड़कियाँ दोनों देखने में अच्छी हैं। पर खूबसूरत नहीं कही जा सकतीं। शायद उम्र बड़ी हो गई है, इसलिए नहीं लगतीं। छोटी—आशा—का चेहरा तो बड़ी से भी ज्यादा पक गया है। आँखें काफी बड़ी-बड़ी हैं उसकी, हैरानी से देखती है तो और भी बड़ी लगती हैं। मगर गालों की खाल में काफी जर्दी और फीकापन आ गया है—एक तरह का बासीपन—हालाँकि उम्र उसकी सत्ताईस से ज्यादा नहीं है। वह उन लड़कियों में से हैं जिनका कँवारापन बीस-बाईस के बाद बुरी तरह बाहर उघड़ने लगता है। या यह कँवारापन न होकर कुछ और ही है। सिंह साहब के नाम के साथ जो किस्से जुड़े हैं, उनमें एक इन लड़कियों को लेकर भी हैं। पर लड़कियाँ जितनी गंभीर हैं, खासतौर से विभा, उससे विश्वास नहीं होता उस बात पर। विभा एक बार किसी स्कूल में पढ़ा भी चुकी है, पर ज्यादा दिन नहीं। बता रही थी कि सिंह साहब के कहने से उसने छोड़ दिया था। सिंह साहब को पसंद नहीं कि उनकी लड़कियाँ कहीं नौकरी करें।

सिंह साहब बड़े बाऊजी से मिलने आए थे। उनकी वे बहुत कद्र करते हैं। कई बार गाड़ी भेजकर उन्हें अपनी कोठी पर बुला लेते हैं, कई बार खुद चले आते हैं। खासतौर से जब उन्हें किसी राजनीतिक मसले पर उनसे राय लेनी होती है। बड़े बाऊजी अक्सर उनकी गुत्थियाँ सुलझा देते हैं। पाँच साल तक प्रदेश काँग्रेस के अध्यक्ष रह चुकने के कारण वे यहाँ के उतार-चढ़ावों को सिंह साहब से कहीं ज्यादा समझते हैं। दूसरे उन लोगों की कमजोरियों को भी अच्छी तरह जानते हैं जो सिंह साहब के दिमाग पर हौवा बनकर छाई रहती हैं। सिंह साहब दिल के मरीज हैं। जरा भी कोई बात इधर-उधर हो, तो उनकी चीफ कमिश्नर की कुरसी डोलने लगती है। कहते हैं कि वे किसी भी कीमत पर शांति बनाए रखना चाहते हैं। पर इधर आकर कीमतें उनके बस से बाहर होती जा रही हैं।

सिंह साहब महिला आश्रम और कल्याण केंद्र का निरीक्षण करने जा रहे

थे। समाचार-पत्रों में कुछ रिपोर्टें छपी थीं जिन्होंने उन्हें परेशान कर रखा था। वे चाहते थे कि बड़े बाऊजी उनके साथ चलें। पर बाऊजी ने इस बहाने टाल दिया कि उनकी तबीयत ठीक नहीं है। कहा मुन्नी साथ चली जाएगी। सिंह साहब चुप रहे। मैंने भी सोचा कि मेरे जाने से बाऊजी का जाना बच सकता है, तो कोई हर्ज नहीं।

महिला आश्रम तो मैं पहले भी कई बार जा चुकी हूँ—मिस खोसला के साथ—पर कल्याण केंद्र आज मैंने पहली बार देखा। अंदर दाखिल होते ही बरामदे में दस्तकारियों की नुमाइश-सी लगी थी—मेरा ख्याल है खासतौर से सिंह साहब के लिए लगाई गई थी। दस्तकारी के लिए कुछ नमूने काफी अच्छे थे, मगर केंद्र की संचालिका मुझे कुछ अजीब-सी लगी। उड़े-उड़े बाल, बार-बार कंधे से सरक जाता साड़ी का पल्लू और दिखावे की व्यस्तता। उम्र उसकी चालीस से कम नहीं थी, मगर वह इधर-उधर जाती-आती अट्ठारह-उन्नीस की लड़कियों की तरह। साड़ी उसने नए ढंग से काफी कसकर नाभि से नीचे बाँध रखी थी जिससे ब्लाउज के ऊपर नीचे गोरे मांस की रोयेंदार गद्दियाँ सिर टिका लेने का निमंत्रण देती-सी जान पड़ती थीं। बरामदा पार करके हम लोगों ने सब क्लासों का चक्कर लगाया। हर क्लास में जो लड़कियाँ दिखीं, वे पंद्रह और उन्नीस के बीच की होंगी। केंद्र संचालिका को वे बीजी कहकर बुलाती थीं। उनसे बात करते हुए बीजी की उम्र चालीस से भी सवाई हो जाती थी, मगर सिंह साहब की तरफ मुड़ते ही एकाएक तीन-चौथाई से कम होने लगती थी। "यहाँ सिर्फ, वही लड़कियाँ लाई जाती हैं जिनका अपना कोई घर-बार नहीं है," वे कह रही थीं। "या वे जो किन्हीं कारणों से अपने रिश्तेदारों के साथ नहीं रहना चाहतीं, या फिर रिश्तेदार उन्हें अपने साथ नहीं रखना चाहते। एक बार कोई लड़की घर छोड़कर भाग-वाग जाती है, तो आप जानते ही हैं कि फिर क्या-क्या गुजरती है उसके साथ। हम यहाँ इन्हें नए सिरे से जीने की शिक्षा देते हैं और कोशिश करते हैं कि जल्दी से जल्दी इन्हें किसी न किसी तरह बसा दिया जाए। जब से मैंने चार्ज सँभाला है, कोई लड़की एक साल से ज्यादा यहाँ नहीं रही।" सिंह साहब 'हूँ हूँ' करके मुसकराते और सिर हिलाते जा रहे थे। आशा और विभा की दिलचस्पी लड़कियों से ज्यादा दीवारों को देखने में थी। वे या तो बुरी तरह ऊब रही थीं, या कोशिश करके अपने को हँसने से रोक रही थीं। बीच-बीच में वे आँख के इशारे से कुछ बात कर लेती थीं जिसे सिर्फ वे दोनों ही समझ सकती थीं। आशा तो कभी मुसकरा भी देती थी, पर विभा के चेहरे की निश्चलता में कोई अंतर नहीं आता था। "मैं यही कोशिश करती हूँ कि केंद्र को ये सब अपना घर मानकर रहें। इसलिए सबसे रसोई में साथ काम करवाती हूँ। जो पंद्रह रुपए जेब-खर्च के लिए दिए जाते हैं, उनसे ऐसी चीजें खरीदवाती हूँ जो बाद में इनके काम आएँ। जहाँ तक इनके लिए लड़के

ढूँढ़ने का सवाल है...।" लड़कियों के चेहरे काफी सहमे हुए थे—जाने वे रोज ही ऐसे रहते थे या हम लोगों के आने की वजह से ऐसे हो रहे थे। मैंने उनमें से दो-एक से बात करनी चाही, तो मुझे उत्तर उनकी आँखों की हलकी चमक से ही मिला। वे बात न करना चाहती हों, ऐसा नहीं था। मगर कहीं कुछ अटकाव था जो उन्हें हलकी खुश्क मुसकराहट से आगे नहीं बढ़ने देता था। मेरा मन था कि कुछ देर और वहाँ रुकूँ, मगर मिस्टर सिंह का इशारा पाकर हमें जल्दी वहाँ से चल देना पड़ा।

अगले दिन शांति देवी को बीजी के साथ सेक्रेटेरियट जाना था। जाते हुए वे बड़े बाऊजी से कुछ बात करने हमारे यहाँ आईं, और मुझे जबर्दस्ती घसीटकर अपने साथ ले गईं। वहाँ वे जितनी देर बीजी के पास बैठीं, पॉलिटिक्स की ही बातें करती रहीं। उनकी पॉलिटिक्स में सबसे बड़ा नाम था सावित्री देवी एम.एल.ए. का जो उनकी नजर में एम.एल.ए. तो क्या, किसी हॉस्टल की माई लगने के लायक भी नहीं थी। दूसरा नाम था सुभाष को जिसकी वजह से सावित्री देवी इतनी ऊँची चढ़ गई थी। मैं उन लोगों का बातें करते छोड़कर साथ के कमरे में चली गई। वहाँ मिसेज सूरी और कांता मल्होत्रा काम कर रही थीं।

# भूख

उस दिन पाली ने कहा था कि जब दिमाग बहुत उलझने लगे, तो आदमी को डायरी लिखनी चाहिए। यह शायद इसलिए भी कहा हो उसने कि खुद देर-देर मेरी बातें सुनने से बचना चाहता हो। कुछ दिनों से मुझे उसकी आँखों में एक अजीब-सी छाया नजर आने लगी है। पता नहीं वह उदासी है या ऊब या कुछ और। कहता है, इन दिनों बहुत काम है उसके पास। बात करते हुए लगता है कि किसी तरह वक्त निकाल रहा है। मन में यही है कि कब उससे विदा ली जाए और वह दरवाजा बंद करके अकेला हो जाए। मुझे कई बार अफसोस भी होता है उसके यहाँ जाने के लिए। जाते हुए जितना उत्साह होता है, लौटते वक्त उतनी ही पस्ती महसूस होती है अपने अंदर। कैसे एक आदमी मिनटों में इतना बदल जाता है? अभी मुझसे लिपटकर मुँह से पागलों जैसी आवाजें निकाल रहा होगा और अभी तौलिया बाथरूम में फेंककर इस तरह बाहर निकलेगा जैसे मुरदा फूँककर श्मशान से चला आ रहा हो। कई बार मन होता है उससे पूछूँ, पर न जाने क्यों यह बात जबान पर नहीं ला पाती। डर लगता है कि सिलसिला बिलकुल टूट ही न जाए। कितनी बार तय किया है कि जब तक वह खुद नहीं बुलाएगा, अब उसके यहाँ नहीं जाऊँगी। लेकिन यह निश्चय दस दिन से ज्यादा नहीं चलता। उसे भी शायद इसीलिए इतना अहंकार है कि आखिर तो यह अपने-आप आ ही जाती है। ठीक उसके बताए वक्त पर—यानी दिन में तीन और चार के बीच। और बिलकुल उसी की शर्तों पर—यानी कि खिड़कियों के परदे अगर खुले हों, तो उसका मतलब है कि उसके यहाँ कोई आए हुए हैं, इसलिए दरवाजे पर दस्तक भी नहीं देनी है।

वह शायद समझता है कि केवल शरीर की ललक मुझे उसके यहाँ ले जाती है। इसलिए आधा घंटा उसके साथ बिताकर चुपचाप लौट आने में मुझे आपत्ति नहीं होनी चाहिए। लेकिन मुझे आपत्ति होती है क्योंकि मेरे अंदर की भूख कुछ दूसरी है। मुझे लगता है कि कोई चीज है जो उसके पास होनी चाहिए, मेरे पास होनी चाहिए, पर उसके पास भी नहीं है, मेरे पास भी नहीं है। अपने घर में और घर के बाहर जितने लोगों को मैं जानती हूँ, उनमें से किसी के भी पास

मुझे वह चीज नजर नहीं आती। सब लोग जैसे उसे खोजने के लिए बेचैन हैं, उसे पाने के लिए छटपटाते हैं, पर वह चीज हमेशा उनकी पहुँच से बाहर बनी रहती है। क्यों मुझे ऐसा लगता है, मैं नहीं कह सकती। लेकिन लगता है हर किसी को देखकर। उसे, अपने को, बाऊजी को, बड़े बाऊजी को, अम्मा को, बिशनी को, और जिस किसी से भी थोड़ा-बहुत परिचय है उसे। जैसे सब लोग दीवारें नोंच रहे हैं कि किसी तरह वह चीज उन्हें हासिल हो जाए। सबके अंदर एक-सा गुबार है और एक-सी शिकायत। और उस चीज के न मिलने की वजह से ही हर आदमी किसी तरह अपना वक्त बहला रहा है। यह काम, वह काम, पता नहीं क्या-क्या काम। बातें, दौड़-धूप, सुबह और शाम के बीच की खाना-पूरी। मेरे अंदर बार-बार उमड़ता है कि किसी से इस बारे में बात करूँ। उस चीज को अगर पाया नहीं जा सकता, तो उसके अभाव को तो कम-से-कम छुआ ही जा सकता है। पाली के प्रति मेरे आकर्षण का कारण भी यही था कि मुझे लगता था उससे बात की जा सकती है। बड़े बाऊजी बहुत तारीफ किया करते थे उसकी कि बहुत ब्रिलियेंट लड़का है—गलत शादी करके मार खा गया है, वरना...। मुझे तब बहुत हमदर्दी हुई थी उससे। उसकी पत्नी को कभी देखा नहीं, फिर भी मन में उसकी एक तसवीर बनाकर उससे दुश्मनी कर ली थी। शुरू-शुरू मे पाली से कई बार कहा था कि मैं उसे देखना चाहती हूँ। "जब आएगी यहाँ, देख लेना," वह उड़ते ढंग से कह देता, पर कब आएगी, यह नहीं बताता था। बाद में पता चला था कि वह किसी दूसरे शहर में नौकरी करती है—किसी स्कूल में टीचर है। छुट्टियों में आती है, या यह उसके पास चला जाता है। या दोनों साथ पहाड़ पर हो आते हैं। एक बार मेरे ज्यादा पूछने पर वह चिढ़ गया था। "क्यों तुम बार-बार यह बात छेड़ देती हो? मेरे लिए जैसे चल रहा है, ठीक है।" तब से मैंने इस बारे में बात करना छोड़ दिया था। और उसके कुछ ही दिन बाद, पहली बार, मैं अपने कपड़ों में उसके शरीर की गंध लिए हुए लौटी थी। मुझे लगा था कि मेरे नाखूनों ने अपने सामने दीवार में एक हलका-सा सुराख कर लिया है जिससे शायद दीवार के पार देखे सकना असंभव नहीं रहेगा। मगर पहली से दूसरी बार के बीच ही वह सूराख बंद हो गया था। पहले घंटा दो घंटे उसके पास बैठकर बात हो जाती थी, पर अब शुरुआत ही होती थी ब्लाउज के हुकों में उलझी उँगलियों की अटपटी खीझ से।

●

पता नहीं क्या हो रहा है आजकल मेरे अंदर। एक पटाखे की रस्सी जैसे सुलग रही है, सुलग रही है, और किसी भी क्षण वह पटाखा फट जाने को है। कुछ ऐसा होने को है जिससे मैं तो एकदम बदल ही जाऊँगी, और भी सब कुछ—आसपास

की सब चीजें, सब लोग और के और हो जाएँगे। यह शहर जिससे मुझे इतना प्यार है, यह गली, यह घर, ये दरवाजे, घर के लोग, आसपास के घर, आसपास के लोग—चाहती हूँ रात को सोकर सुबह उठने तक कुछ भी इस तरह न रहे। इतना बदल जाए कि जिसने कल देखा था, वह आज इसे पहचान तक न सके। सड़क पर चलते हुए मैं दुकानों, छतों और मोड़ों पर इस तरह नजर डालती हूँ, जैसे मेरा उन्हें देखना बस आखिरी बार का देखना हो—इसके बाद न उन्हें रहना हो, न मुझे वहाँ से गुजरना हो।

# फ्लैश कट

...कि एक औरत है...कि उसके सामने दो संभावनाएँ हैं...ऐसा कुछ है जो बार-बार दिमाग में कौंध जाता है। खाना खाते हुए भी ऐसा हुआ, किताब पढ़ते हुए भी, और अब भी हुआ...दो बार...कि वह औरत है...कि उसे कुछ करना है...।

अभी-अभी एक शब्द आया दिमाग में—फ्लैश कट। फ्लैश कट—यह शब्द कहाँ सुना है? तारा के साथ तो इसका कोई संबंध हो नहीं सकता...हो सकता है फोटोकॉपी के साथ हो...पर शायद फोटोकॉपी के साथ भी नहीं है...।

शायद उस औरत के बारे में किसी किताब में पढ़ा है...या सिर्फ सोचा है...या अपना देखा है। पर किताबों में कितना कुछ पढ़ा होगा...किताबों के बाहर कितना कुछ सोचा होगा...और अपने तो रोज देखता हूँ, बिलानागा। सुबह उठने तक हर सपना भूल जाता है और रह जाती है एक उदासी..जो जाने सपने के आने की होती है या खो जाने की...पर सुबह उठने पर सिर भारी होता है। सपने से बड़ा कोई वजन नहीं है सिर के लिए।

वह विचार फिर कई बार कौंध गया...कि एक औरत है...अबकी बार मैं उसे पकड़ने की कोशिश करूँगा...औरत को नहीं, विचार को...लगता है कि उस औरत के मसले में कहीं एक पुरुष भी है...या शायद एक से ज्यादा पुरुष हैं।

औरत को कुछ चुनना है...जाने क्या। एक कमरा है जिसमें वह औरत है और एक और कमरा है जिसमें एक या कई पुरुष हैं। चुनाव का अवसर...या मजबूरी...उसी कमरे की तरफ से है...पुरुषों के कमरे की तरफ से।

बीच में कुछ है...वह प्याली है क्या? दिमाग का डब्बा अभी बंद है। खुलने तक तय नहीं किया जा सकता कि वह प्याली है या क्या है।

...फ्लैश कट। औरत एक नहीं, दो हैं शायद। कि चुनाव का प्रश्न दोनों के लिए है...या दोनों के बीच में कहीं है...कि एक का चुनना दूसरी के लिए चुनाव आप कर देना या कि उसे चुनाव के बंधन से मुक्त कर देना।

चुनाव महत्त्वपूर्ण है। इससे बहुत कुछ बन-बिगड़ सकता है। बहुत कुछ क्या सभी कुछ।

...बात जहर की है या डॉक्टरी की? प्याली में कुछ है जिससे पता चल सकता

है।

...बाद में कुछ बदल जाता है। वह औरत कुछ स्वीकार कर लेती है, या अस्वीकार कर देती है। वह औरत नहीं है शायद। मतलब उस उम्र की नहीं है कि उसे औरत कहा जा सके।...एक लड़की की उम्र है उसकी। जिस कमरे में वह है, या रहती है, उसमें एक सलाखोंवाली खिड़की है, एक तख्त है...और क्या है?

चुनाव जो भी होता है मर्द के हक में होता है...मतलब जैसा वह कहता है, वैसा ही होता है...वास्तव में चुनाव की स्थिति पैदा करनेवाला भी वह मर्द ही है।

...कि कुछ है जो बदल जाता है...पर यह साफ नहीं है कि क्या बदल जाता है और क्यों बदल जाता है...

शायद औरत औरत को चांस देती है...या चांस करने के लिए मजबूर करती है। नहीं औरत लड़की को मजबूर करती है। औरत बड़ी है, लड़की छोटी है।

नाटकांश

# शय्या

## द्वितीय अंक

## प्रथम दृश्य

*[शयति का राजप्रसाद : दधीच का शयनागार। राजकुमार दधीच शय्या पर बैठे हैं। उषा की सुनहली किरणों का आलोक राजकुमार के चेहरे पर पड़ रहा है जो अत्यंत विक्षुब्ध दीख पड़ता है। एक दासी जलपात्र हाथ में लिए किंकर्त्तव्यमूढ-सी खड़ी है]*

**दासी :** *(धीरे से)* युवराज की जय! यह जल ले लीजिए युवराज! *(दधीच चुप रहता है)*

**दासी :** *(फिर धीरे से)* युवराज के आचमन का समय...

**दधीच :** ऊँह!

*[दासी कुछ क्षण मौन रहती है—फिर साहस करके राजकुमार के बिलकुल सामने आ जाती है।]*

**दासी :** आज युवराज इतने... *(दधीच चौंककर देखता है)*

**दधीच :** तुम यहाँ क्यों खड़ी हो दासी?

**दासी :** आचमन...युवराज!

**दधीच :** धृष्टता न करो दासी! जाओ।

*[दासी धीरे-धीरे पीछे फिरकर देखती हुई किसी तरह निकल जाती है। दधीच उठकर टहलने लगता है। फिर अपनी शय्या पर बैठ दोनों हाथों में सिर धर देता है। विकुक्षि शयनागार में प्रवेश करता है। वह धीरे-धीरे दधीच के पास आकर खड़ा हो जाता है। दधीच को कुछ भी पता नहीं चलता।]*

**विकुक्षि :** कुमार! *(दधीच एकदम विकुक्षि को देखकर कुछ लज्जित-सा हो उठकर खड़ा हो जाता है)*

**विकुक्षि :** आचमन नहीं किया कुमार? यह लाल-लाल आँखें, रूखा-सा मुख-मंडल, अस्त-व्यस्त केश! जिस भाल पर सदा प्रसन्नता खेलती है, उस पर सिकुड़न क्यों? सदा उल्लासपूर्ण रहनेवाले हृदय में आकुलता क्यों कुमार?

**दधीच :** मैंने स्वप्न देखा है।

**विकुक्षि :** स्वप्न और उस पर विश्वास? यदि उसमें कुछ भी यथार्थता होती तो फिर वह स्वप्न ही क्यों होता? स्वप्न एक मायाजाल है जिसमें फँसना धीर पुरुषों का काम नहीं।

**दधीच :** नहीं आर्य! स्वप्न अपने मन का विभ्रम है। जिन सच्ची घटनाओं को हम आँखों से नहीं देख पाते, उन्हें हमारा मन देखता है, और वह स्वप्न के रूप में हमारी आँखों के सामने आ जाती हैं। अविश्वास की ओट में मन को धैर्य बँधाना आत्म-प्रतारणा है। और यह मनुष्य की सबसे बड़ी कमजोरी है।

**विकुक्षि :** वृथा आशंका भी कई बार स्वप्न बन जाती है। सभी स्वप्न तो सच्चे नहीं हो सकते कुमार!

**दधीच :** पर यह स्वप्न!--ओह!! यह किसी आशंका का फल नहीं आर्य!

**विकुक्षि :** स्वप्न ने कुमार को विक्षुब्ध कर दिया है। क्या मैं वह स्वप्न सुन सकता हूँ?

**दधीच :** [1]

●

**विकुक्षि :** यह एक असंभव घटना है कुमार! इस स्वप्न का तो कोई भी आधार नहीं।

**दधीच :** आधार? पर मेरा चित्त शांत नहीं होता आर्य!

*[सुनंदा का प्रवेश। विकुक्षि और दधीच दोनों उन्हें प्रणाम करते हैं।]*

**सुनन्दा :** आज आचमन नहीं हुआ कुमार? स्वास्थ्य तो ठीक है? तुम्हारे मुखमंडल पर अवसाद की छाया क्यों?

**दधीच :** नहीं माँ! दधीच सदैव की भाँति स्वस्थ और प्रसन्न है।

**सुनन्दा :** प्रसन्न ही रहो कुमार। यह आँखें सदा तुम्हें प्रसन्न देखकर ठंडी रहें। आज माँ के लिए आह्लाद का दिन था। तुम्हारे तिलक के

---

1. स्वप्न के लिए स्थान रिक्त छोड़ दिया गया है—सं.

लिए संदेशा आया है कुमार! महाराज स्वयं प्रसन्नता के उद्रेक में तुम्हारे तक आने का विचार रखते हैं।

दधीच : तिलक? मेरे लिए माँ? नहीं माँ!

सुनन्दा : *(मुसकराकर)* मैं जानती हूँ मेरा दधीच संकोच और लज्जा का प्रतिबिंब है। और मैं यह भी जानती हूँ कि वह माँ की कामना को नहीं टालता।

दधीच : संकोच नहीं माँ! तपोवन की मृदुशीतल पवन, सच्छाय तरुवृंद, और कलकल करते झरने, यही तो मेरे लिए लक्ष्य हैं! एक तपस्वी के बेटे के लिए राजसी ठाठ और राजसी विवाह की चर्चा कैसी? इस वातावरण में तुम्हारे प्यार और नानाजी के स्नेह के रहते हुए भी एक अभाव का अनुभव मैं करता हूँ। मेरा हृदय व्याकुल रहता है। यज्ञधूम के साथ उड़ने के लिए, वेदध्वनि में खो जाने के लिए मुझे तपोवन में भेज दो माँ! वहाँ पिताजी के दर्शन भी होंगे, शांति भी मिलेगी।

विकुक्षि : कुमार उदास ही रहते हैं। राज्य कार्य में प्रारंभ से ही यह रुचि नहीं रखते। पर आज व्याकुलता बढ़ी है महा देवि!

सुनंदा : शैशव के भोलेपन को भुला दो कुमार! उस भूले से राग की लय को छोड़ दो। यह शरीर कठिन तपस्या के योग्य नहीं। माँ के जीवन की एक साध तो पूरी हो जाने दो!

दधीच : माँ, जो राग श्वासों पर पलता है, वह भी अपने शैशव के बाद यौवन को देखता है। पुत्र की परितुष्टि ही तो माँ के जीवन की सबसे बड़ी साध होती है माँ! माँ पुत्र को कर्तव्य-पथ से च्युत नहीं होने देती। पिता के पद-चिह्नों पर चलना पुत्र का कर्तव्य है। जो जीवन बना ही कष्ट सहने के लिए हो, वह कोमल सेजों पर बीत कैसे सकेगा।

सुनंदा : मुझे भुलावा मत दो कुमार! जो जीवन ही छलावा बनकर रह गया, उसमें संतोष की झलक का स्वप्न देखना भी पाप है शायद! माँ की साध क्या होती है, यह तुम उसे नहीं समझा सकते।

# सुनहरा मुर्गा, काला बंदर और लाल अमरूद का पेड़

सुनहरे मुर्गे पर बहुस-से कसाइयों की नजर थी।

काले बंदर को बहुत से चिड़ियाघर पकड़ने की कोशिश में थे।

और लाल अमरूद के पेड़ पर फलवाले और स्कूल के बच्चे ललचाए थे।

ये तीनों दोस्त थे और एक-दूसरे की रक्षा करते थे।

जब कोई कसाई आता तो पेड़ दो-तीन पके अमरूद टपका देता और कसाई मुर्गे को भूलकर अमरूद चखने में लग जाता, तभी बंदर मुर्गे को अपनी पीठ पर बिठाकर पेड़ की ऊँची टहनी पर चढ़ जाता।

जब चिड़ियाघर वाले आते तो पेड़ बंदर को अपनी घनी पत्तियों और शाखों में छुपा लेता और मुर्गा अपने पंख फड़फड़ाकर उनकी आँखों में धूल भर देता।

जब फलवाले या स्कूल के बच्चे आते तो बंदर उन्हें डराकर भगा देता।

उनके दिन मजे में कट रहे थे कि एक दिन जोर की वर्षा हुई और ओले गिरने लगे। उन तीनों में से कोई भी किसी की रक्षा न कर सका। मन-ही-मन वे तीनों अपने भीगने और नुकसान उठाने का दोष एक दूसरे को देने लगे। प्रत्येक को लग रहा था कि वही अकेला दुखी है, शेष दोनों जान-बूझकर उसकी मदद नहीं कर रहे सिर्फ अपने बचाव में लगे हैं। तीनों अपने साथी के गलत चुनाव पर दुखी हो रहे थे। उनमें एक दूसरे के प्रति अविश्वास पैदा हो गया था।

कुछ देर बाद ओले थम गए, बारिश रुक गई। दूसरे दिन तक तीनों ही सूखकर ठीक हो गए।

उसी दिन कसाई आया, पेड़ और बंदर ने मुर्गे की मदद नहीं की, कसाई उसे पकड़ ले गया।

दूसरे दिन चिड़ियाघर वाले आए और बंदर को पकड़ ले गए। पेड़ ने उसकी कोई सहायता नहीं की।

तीसरे दिन बहुत से लोगों ने पेड़ को घेर लिया, अकेला पेड़ अपनी रक्षा नहीं कर सका। पहले उसके फल तोड़े गए, फिर उसे जड़ से काट लिया गया।

# पिता-पुत्री संवाद

## पात्र

**पिता**—उम्र पैंतालीस साल
**पुत्री**—उम्र तीन साल

**स्थान**—डायनिंग रूम
**समय**—साढ़े ग्यारह-बारह बजे दोपहर

**पुत्री :** अब हम खाना खाएँगे।
**पिता :** ठीक है। मगर तू बैठेगी कहाँ?
**पुत्री :** इस कुर्सी पर।
**पिता :** ये तो मेरी कुर्सी है। तू अपनी छोटी कुर्सी पर क्यों नहीं बैठती?
**पुत्री :** वो टूट गई।
**पिता :** टूट कहाँ गई। वो तो साबुत है।
**पुत्री :** नहीं, मैं यहीं पर बैठूँगी। ये मेरी है।
**पिता :** ये तो बड़ों की कुर्सी है। पापा अपने लिए लाया है।
**पुत्री :** नईं, ये मेरी है। मैं बैठूँगी।
**पिता :** ठीक है। इसके पैसे दे।
**पुत्री :** *(हतप्रभ! चुप)*
**पिता :** तेरे को पैसे कौन देता है?
**पुत्री :** अम्मा।
**पिता :** अच्छा, अम्मा से पैसे ले के आ।
**पुत्री :** नईं, पैसे गमला देता है।
**पिता :** गमले से लेकर आ।
**पुत्री :** गमला टूट गया।
**पिता :** फिर कौन देगा पैसे?

पुत्री : बटुआ।
पिता : जा बटुए से लेकर आ।
पुत्री : बटुआ खो गया।
पिता : और कौन देता है पैसे?
पुत्री : बत्ती देती है।
पिता : तो बत्ती से लेकर आ।
पुत्री : पैसे नहीं हैं।
पिता : तो कुर्सी भी नहीं है।
पुत्री : नहीं। मैं यहीं बैठूँगी। ये कुर्सी मेरी है।
पिता : कुर्सी चाहिए तो पैसे ला। किससे लाएगी?
पुत्री : अम्मा से।
पिता : तो अम्मा के पास नहीं है। और किससे लाएगी?
पुत्री : मम्मी से।
पिता : मम्मी के पैसे खतम हो गए। अब कहाँ से लाएगी?
पुत्री : अपने पास से।
पिता : कपड़ा तो पहना नहीं हुआ। पैसे कहाँ से लाएगी?
पुत्री : बाथरूम से।
पिता : तुझे नहलाता कौन है?
पुत्री : आंटी।
पिता : आंटी का नाम क्या है?
पुत्री : गीता...नईं...मम्मी...नईं अनीता।
पिता : और अनीता के अंकल का क्या नाम है?
पुत्री : पता नईं। नईं...मोहन राकेश।
पिता : और तेरा नाम क्या है?
पुत्री : पुर्वा।
पिता : अच्छा, आंटी का नाम है अनीता और अंकल का नाम है मोहन राकेश और तू है पुर्वा तो पुर्वा मोहन राकेश की क्या लगती है?
पुत्री : *(चुप)*।
पिता : बोल। घाटी कहीं की!
पुत्री : *(चुप)*।
पिता : अच्छा बता, मोहन राकेश तेरा क्या है?
पुत्री : *(चुप)*।
पिता : जा, मम्मी से पूछ के आ।
पुत्री : *(पूछकर)* पापा।

**पिता** : शाबाश, मोहन राकेश तेरा क्या लगता है?

**पुत्री** : पापा।

**पिता** : शाबाश। और पैसे कौन देता है?

**पुत्री** : मैं।

**पिता** : क्या? और ये कुर्सी किसकी है?

**पुत्री** : मेरी!

**पिता** : चल बैठ और खाना खा—चुपचाप।

[*अम्मा के जोर से हँसने की आवाज।*]

# कविताएँ

## दिन ढले*

दिन ढले, दिन ढले,
आशा के उज्ज्वल दीप जले।
पच्छिम में छिप रहा उजेला, छल-छल बहता पानी
इनके ऊपर मस्त हवा से सुन-सुन नई कहानी,
मुख में ले नन्हे-से तिनके—
कहाँ बसेरा नया बसाने, यह दो पंछी साथ चले?
दिन ढले, दिन ढले।
यह भी दिन, वह भी दिन होगा, जब हम जा मंझधार
ढलते सूरज की लाली में खो सारा संसार,
लहरों में पतवार छोड़कर...
उस घाटी में जा पहुँचेंगे, जिसमें सुंदर स्वप्न पले।
दिन ढल, दिन ढले।

['दिन ढले' से]

## बेबस मन

बेबस मन जो आस लगाए—
उसकी डोरी हाथ न तेरे, फिर तू क्यों भरमाए?
पंख कटे हों जिस पंछी के, कहाँ भला उड़ पाए?
पंखुरियाँ बिखरी जिसकी, वह फूल कहाँ मुसकाए?
जिसमें तेल न बाती, कैसी दीपक वह जल जाए?

['कलिंग विजय' से]

---

*'उन्नीसवाँ सिंगार' और 'चाबुक' को छोड़कर शेष सभी शीर्षक मात्र सुविधा के लिए संपादक द्वारा दिए गए हैं।

## मधुमय बसंत

उदित ज्योतिमय किरण पुंज,
पुष्पित सुरभित लता कुंज,
मधुमय वसंत,
गा रहा पथिक पथ पर अनंत
कोकिल कल-कल,
सरिता छल-छल,
जलथल जलथल
हलचल हलचल।

*['स्वयंवर' से]*

## तुम

जब होती तुम दूर, हृदय में उठते हैं तूफान बवंडर,
सौ-सौ उर के भाव निकलने को हो हो जाते हैं आतुर
सम्मुख तुमको देख, सभी कुछ ...

*['स्वयंवर' से]*

## मैंने देखा था एक बार

मैंने देखा था एक बार,
मधु में निर्झरणी के तट पर
तू खेल रही थी, लहरों से;
उठती थी झीनी-सी फुहार,
जैसे हो जल का तरल हास,
जैसे सरिता की नवल प्यास,
जैसे ताराओं का विहार—

*['स्वयंवर' से]*

## दुनियाँ

दुनियाँ है यहाँ कोई नहीं हमदर्द किसी का
बनती है बिगड़ जाती है उम्मीद की दुनियाँ
वोह चमन वोह बुलबुलें वोह आशियाना भूल जा
कह रहा है आसमाँ...फसाना भूल जा
यूँ गिराया फलक से दम में दम बाकी रहा
तड़पते देखा तो बस सय्याद ने इतना कहा—
हुए हैं....तू अब चहचहाना भूल जा।[1]

## उन्नीसवाँ सिंगार

दिन का
उन्नीसवाँ सिगार—
पी लिया।
अपने आत्मदाह में
फिर एक बार जी लिया।

## चाबुक

'क्यों नहीं?'
यह बात
उस एक से ही नहीं,
हर एक से
एक-एक बार कही;
उत्तर के मौन की
विरक्त भाषा—एक-सी
अपनी अधूरी कामना
पीठ पर हर बार

1. डायरी संख्या-1 के अंतिम पृष्ठ पर उर्दू में लिखी कविता। नीचे का आधा पन्ना फटा हुआ है और रिक्त स्थानों के शब्द पानी की बूँदों से मिट गए लगते हैं। मदन मोहन 'राकेश' भी उर्दू में ही लिखा गया है। कोने में तारीख है : 7-8-46. —सं.

उसी तरह...उसी तरह...
उसी तरह
सही।

### जो हमें नहीं मिला

आओ
हम जूझें!
मिट्टी के
महामना को पूजें!
बूझें वह सब
जो हममें नहीं है,
जो हमें नहीं मिला,
उस सबसे सूझें![1]

### कुछ भी नहीं

भाषा नहीं, शब्द नहीं, भाव नहीं,
कुछ भी नहीं।
मैं क्यों हूँ? मैं क्या हूँ?
जिज्ञासाएँ डसती हैं बार-बार
कब तक, कब तक, कब तक इस तरह?
क्यों नहीं और किसी भी तरह?
आकारहीन, नामहीन,
कैसे सहूँ, कब तक सहूँ,
अपनी यह निरर्थकता?
जीवन को छलता हुआ, जीवन से छला गया।
कैसे जिऊँ, कब तक जिऊँ,
अनायास उगे कुकुरमुत्ते-सा
पहचान मेरी कोई भी नहीं आज तक।

---

1. यह शब्द स्पष्टतः पढ़ा नहीं जाता—सं.

लुढ़कता एक ढेले-सा
नीचे, नीचे और नीचे
मैं क्या हूँ? मैं क्यों हूँ?
भाषा नहीं,
शब्द नहीं,
भाव नहीं,
कुछ भी नहीं।

*['छतरियाँ' से]*

# लतीफ़े

किसी ने राकेश से उसकी दिनचर्या के विषय में पूछा। राकेश ने सुबह से सुबह तक का अपना कार्यक्रम बताया। "देखिए, दस बजे नींद खुलती है। सवा दस तक बेड-टी लेते हैं। नहाकर नाश्ता करने तक बारह-सवा बारह बज जाते हैं। नाश्ते के बाद डाक देखते हैं, पत्रों के उत्तर देते हैं। साढ़े तीन-चार के करीब दोपहर का भोजन करके कुछ देर सुस्ता लेते हैं। तब तक बाहर निकलने का वक्त हो जाता है। शाम के सात से रात के ग्यारह बजे तक दोस्तों की महफिल चलती है—हँसने-हँसाने और पीने-पिलाने में वक्त गुजरने का पता ही नहीं चलता। लौटकर खाना खाने में डेढ़-दो बज जाते हैं। तभी घंटा-डेढ़ घंटा कुछ पढ़ा जाता है और पढ़ते-पढ़ते नींद आ जाती है। उसके बाद फिर वही दस बजे आँख खुलती हैं।"

"तो आप लिखते कब हैं?" इस पर पूछा गया।

राकेश ने मुसकराकर उत्तर दिया, "कल।"

••• ••• •••

राकेश के मित्र सत्यपाल आनंद की शादी थी। वह सेहरा बाँधे और छत्र लगाए हुए घोड़ी पर बैठा था। राकेश ने मजाक में कुछ कहा और रवींद्र कालिया तथा कुछ दूसरे मित्र जोर से हँस पड़े। आनंद ने घोड़ी से थोड़ा झुककर हँसी का कारण पूछा। राकेश ने कहा, "मैंने तुम्हारी बजाए धर्मवीर भारती को घोड़ी पर सवारी करते देखा। तुम दोनों बहुत ज्यादा एक जैसे लगते हो।" आनंद ने पूछा, "क्या मैं सचमुच लगता हूँ?" राकेश ने मासूमियत से कहा, "हाँ, पर केवल उसकी प्रतिभा को छोड़कर।"

••• ••• •••

सी.सी.आई. बंबई। भारती, गिरधारी लाल वैद, राज बेदी और राकेश। बातचीत। राज ने गिरधारी से कहा, "तुम्हारे मुँह से शराब की गंध आती है।"

"तुम्हारे मुँह से तुलसी-पत्र की गंध आती है।" राज ने उससे कहा और फिर बोला, "और ये जो दो चले आ रहे हैं, इनके मुँह से प्रेम-पत्र की गंध आती है।"

इस पर भारती ने रुककर कहा, "क्यों गलत बात करते हो? राकेश के मुँह से तो हमेशा त्यागपत्र की गंध आती है।"

••• ••• •••

स्थान कनाट प्लेस। नेमिचंद्र जैन, धर्मवीर भारती और मोहन राकेश। बात चली कि 'उत्तर प्रियदर्शी' (लेखक अज्ञेय) की जो समीक्षा 'दिनमान' में छपी थी, उसमें कहा गया था कि दिल्ली में नाटक तो अनेक देखे, पर पहली बार यह पूर्व का नाटक प्रस्तुत हुआ। जिज्ञासा यह थी कि आखिर यह पूर्व का नाटक क्यों कहा गया?

भारती ने क्षण भर सोचने के बाद कहा—भाई, मेरा ख्याल है, यह निर्देशक पर मुनहसर होता है। चूँकि निर्देशक डॉक्टर लक्ष्मीनारायण लाल पूरब के हैं, अतः पूर्व का नाटक हुआ। अगर अलकाजी निर्देशक होते, तो यह मध्यपूर्व का होता।

नेमिचंद्र जैन बोले—अच्छा, तब तो अगर शंभू मित्रा निर्देशक होते तो यह धुर-पूर्व का होता।

—जी हाँ, आप लोग ठीक कहते हैं। मोहन राकेश बोले, और अगर लेखक स्वयं निर्देशक होता, तो यह नाटक भूतपूर्व का होता।

••• ••• •••

दुष्यंत कुमार ने मोटा उपन्यास लिखा और उसे दोस्तों को सुनाने की गरज से दिल्ली पहुँचे। राजेंद्र के घर ठहर गए, मोहन राकेश को बुलाने गए।

—यार, जल्दी राजेंद्र के यहाँ चल। मैं उपन्यास लिख रहा हूँ, तुम दोनों को सुनाना चाहता हूँ, दुष्यंत ने जाते ही कहा।

राकेश समझ गए कि बचने की कोई गुंजाइश नहीं है। उन्होंने अनीता को बुलाया और कहा—देखो अनीता, मैं सोचता था कि जिंदगी में कुछ और दिन हम साथ रहते पर...खैर...जो कहा-सुना हो, तो माफ कर देना और मेरे बाद मुझे भूलने की कोशिश करना...

वह परेशान—आखिर बात क्या है, कुछ तो कहो?

—इस दुष्यंत ने एक मोटा उपन्यास लिखा है और मैं उसे सुनने जा रहा हूँ! और राकेश ने एक लंबी साँस ली।

••• ••• •••

मोहन राकेश से एक नए कहानीकार ने कहा—हम आपके पड़ोस में पिछले एक बरस से रह रहे हैं। आप कभी हमारे यहाँ आए ही नहीं। यदि आप हमारे यहाँ एक बार आएँ, तो हम आपके यहाँ दस बार आएँ।

—इसीलिए तो मैं आता नहीं! मोहन राकेश ने उत्तर दिया।

••• ••• •••

टैरेस पर चाय और राजेंद्र यादव की लॉजिक से पैदा एक लतीफा—

—तो कहानीकार कुल तीन?

उसने हाथ मिलाया।

—और उपन्यासकार दो?

उसने फिर हाथ मिलाया।

—और नाटककार सिर्फ एक?

उसने हाथ हटा लिया...।

●●●